요한복음
신학적 주석

요한복음
: 신학적 주석

2025년 11월 21일 초판 1쇄 발행

지음 데이비드 F. 포드
옮김·펴냄 김지호

도서출판 100
전 화 070-4078-6078
팩 스 050-4373-1873
소재지 경기도 파주시 아동동
이메일 100@100book.co.kr
홈페이지 www.100book.co.kr
등록번호 제2016-000140호

ISBN 979-11-89092-62-7

© 2021 by David F. Ford
Originally published in English under the title
The Gospel of John by Baker Academic,
A division of Baker Publishing Group
P.O. Box 6287, Grand Rapids, MI 49516, U.S.A.
All rights reserved.

Used and translated by the permission of Baker Publishing Group
through rMaeng2, Seoul, Republic of Korea.
This Korean edition © 2025 by 100 Publishing House, Paju-si, Republic of Korea.

이 한국어판의 저작권은 알맹2를 통하여 Baker Publishing Group과
독점 계약한 도서출판 100에 있습니다.
무단 전재, 게시(온라인 포함), 복제 시 저작권법에 따라 처벌받을 수 있습니다.

※ 파본은 구매처에서 교환할 수 있습니다.

데보라에게

차례

감사의 말 7

머리말 11

서론: 왜 요한복음인가? 왜 지금인가? 15

1:1-18 비길 데 없는 지평
하나님과 모든 실재, 예수님과 우리, 궁극의 신비와 친밀감 55

1:19-51 배우는 공동체의 형성 85

2:1-25 영광과 새 생명의 표적들 115

3:1-36 깜짝 놀랄 가르침 149

4:1-54 놀라운, 생명을 주는 두 번의 만남 187

5:1-47 논란 속으로 215

6:1-71 풍성한 양식 세 드라마와 네 코스 243

7:1-52 위험과 분열, 정체성과 욕망 77

8:1-59 격렬하게 경쟁하는 정체성 드라마 295

9:1-41 "이 사람이 내 눈을 뜨게 하였으되" 321

10:1-42 경이로운 목자, 풍요로운 삶, 아버지와 아들 343

11:1-57 "죽은 자가 나오는데" 363

12:1-50 "때가 왔도다" 궁극의 영광, 매력, 결정 389

13:1-38 예수님처럼 사랑하라 완전하게, 친밀하게, 아플지라도, 서로서로 425

14:1-31 위로 그 이상 신뢰하기, 거하기, 기도하기, 사랑하기 455

15:1-27 "내 안에 거하라" 489

16:1-33 최종적인 현실 직시와 격려 519

17:1-26 사랑의 정점 557

18:1-40 체포와 재판 601

19:1-42 정죄와 십자가 처형 625

20:1-30 "마리아야!"
  십자가에 못 박히시고 부활하신 예수님의 자유롭고 놀라운 임재 669

21:1-25 계속되는 드라마 707

  에필로그 737

  참고 문헌 755
  성구 찾아보기 769
  주제 찾아보기 784
  저자 찾아보기 795

일러두기

- 기본 성경 본문으로 개역개정판(외경은 공동번역개정판)을 사용하였으나, 필요에 따라 다른 역본을 사용하거나 다음과 같이 일부 수정하였다.
  - '그리스도'는 저자가 인용한 NRSV를 따라 '메시아'로 표기했다.
  - 시간은 저자가 인용한 NRSV를 따라 로마식으로 표기했다(예: 열 시 → 네 시).
  - '인자'는 '하나님의 아들'과 운을 맞추고 '아버지'와 상대어로 인식하기 좋게 '사람의 아들'로 표기했다.
  - 장애인 차별적 언어는 임의로 순화하되 수정 사항을 따로 표시하지 않았다.
  - 기타 수정(저자가 의미한 바를 살리기 위한 수정) 부분 표시
    · 수정 문구가 한 어절인 경우: 수정문구⌜기본 성경 문구⌟ (예: 위에서⌜거듭⌟ 나야 하겠다)
    · 수정 문구가 두 어절 이상인 경우: ⌜수정 문구⌟⌜기본 성경 문구⌟ (예: ⌜빛을 이기지⌟⌜깨닫지 못하더라⌟)
    · 기본 성경 본문에 없는 문구 삽입: ⌜ ⌟ (예: 영접하는 ⌜모든⌟ 자)

- 독자의 이해를 돕기 위해 옮긴이가 첨언한 부분은 다음과 같이 표시했다.
  - 내용 삽입: [ ]
  - 앞말 보충: 가운데 첨자
  - 옮긴이 주: ●

- 여러 번역어를 제시하기 위해 저자가 사용한 사선은 역방향으로(\), 옮긴이가 사용한 사선은 정방향으로(/) 구분했다. 저자가 그밖의 용도로 사용한 경우 정방향으로 표기했다(예: 빛/어둠).

감사의 말

이 주석을 20년에 걸쳐 집필한 과정을 적은 에필로그에는 내가 가장 크게 빚진 여러 사람이 등장한다. 바로 아내 데보라 포드, 데보라의 아버지 대니얼 하비, 미홀 오쉬얼, 피터 옥스, 프랜시스 영, 한스 프라이, 새라 스나이더, 자일스 윌러, 시미언 잘, 프랜시스 클렘슨, 폴 니모, 레이첼 무어스, 마이클 볼랜드, 장 바니에,[1] 저스틴 웰비, 피터 맥도널드, 조너선 에이킨, 마리아 데케이크, 리처드 헤이스, 리처드 보컴, 마거릿 데일리덴튼, 수전 하일렌, 도로시 리, 비토리오 몬터마지, 로레인 겔스토프, 이언 랜덜이다.

이 주석에 중요한 역할을 한 단체도 에필로그에 언급했다. 이 주석을 집필한 20년 중 15년 동안 가르쳤던 케임브리지대학교 신학부, 특히 요한복음을 다룬 마지막 해 학부 수업과 요한 연구가 포함된 신학 석사 수업이 특히 도움이 되었다. 그리고 케임브리지에 있는 린즈하우스 공동

---

1 장 바니에와 관련해서는 에필로그의 〈계속되는 드라마〉 부분을 보라.

체, 옥스퍼드대학교에서 요한복음을 주제로 한 여덟 번의 뱀턴 강연에서 반응해 준 사람들, 맥도널드아가페 재단이 후원한 요한복음 심포지엄, 에모리대학교 캔들러신학대학원에서 요한복음 수업을 수강한 학생들, 램베스 궁전의 세인트안셀름 공동체, 영국 성공회를 비롯한 여러 교회에서 했던 교구 주교, 사제, 평신도 컨퍼런스들, 로즈캐슬 재단, 그리고 여러 종교인이 모인 경전숙의 커뮤니티에 매우 감사드린다.

그리고 주석 곳곳에서 다음과 같은 이 여정의 중요한 동반자들을 언급했다. 바로 톰 그렉스, 제레미 벡비, 리처드 차터스, 에이미 플랜팅가 포우, 애슐리 콕스워스, 폴 머레이, 레슬리 뉴비긴, 앤드루 링컨, 트룬 도카, 케이트 손더레거, 수재너 티치아티, 주디스 리우, 도널드 맥키넌, 피터 칸리, 마이크 힉턴이다.

그러나 이들이 전부는 아니다! 요한복음에 관한 나의 생각과 상당히 관련된 다른 공동체와 집단도 있다. 내 아내 데보라가 사제로 섬긴 교회들이자 내가 요한복음을 설교하고 가르친 곳—순서대로 세인트베네트 교회, 울프스탄 웨이의 세인트제임스교회, 지금 섬기는 체리 힌튼의 세인트앤드루교회—데보라가 섬기는 케임브리지의 애덴브룩병원 원목부, 영국 의료 사목회 네트워크, 저스틴 웰비가 캔터베리에서 주최한 신학 수련회 모임, 케임브리지 무슬림 칼리지, 베이징 민주대학교, 하리드와르 데브산스크리티대학교, 성프란치스코회, 웨일스의 권위자 성바너버스수도원, 웨스트 몰링의 성메리수녀원, 피터 캉이 주도한 루이지애나 주립교도소('앙골라'로도 알려져 있음)에서 두 번의 주간 모임, 2000-2003년 네 번의 세계 성공회 수장 모임, 토니 베이필드가 이끈 그리스도인과 유대인 협회 신학 프로젝트, 영국 라르슈와 국제 라르슈 연맹, 오만 무스카트에 있는 종교사무부, 칼람 리서치 앤 미디어, 페이스 인 리더십, 예루살렘의 엘리야 종교간 연구소도 있다.

이 외에도 이 주석을 형성하는 데 다양한 방식으로 도움을 준 만남과 관계가 있었다. 지금부터 언급할 긴 명단조차도 단지 대표적 예시에 불과하며, 이 책을 집필한 20년 동안의 사람들에 국한하였다. 목록을 더 줄이거나 살아 있는 사람들만 언급할까 고민도 했으나, 한 사람 한 사람을 떠올릴 때 감사가 밀려왔다. 그래서 모두에게 감사를 전한다. 애너 에이브럼, 닉 애덤스, 도널드 올친, 압둘라 알살미, 앤 수녀, 안셀름 수사 SSF, 퍼거스 암스트롱과 프랭크 암스트롱, 마이클 반즈 SJ, 토니 베이필드, 바바라 베넷, 조젯 베넷, 하노크 벤파지, 유 빈, 데이브 북리스, 제임스 브로드, 롭 브라운과 조애나 브라운, 존 캐슨, 프랭크 클루니 SJ, 데이비드 클러프, 크리스 콕스워스, 드루 콜린스, 켄 코스타, 딕 커티스와 레나 커티스, 팀 데이킨, 엘런 데이비스, 레이라 데미리, 베스 도드, 벤 에번스, 미리엄 펠드만케이, 제니퍼 필즈와 숀 필즈, 짐 포도르, 앨런 포드, 애니 포드, 필리스 포드, 니콜라스 푸르니에와 비르지니 푸르니에, 제이슨 파우트, 벤 풀포드, 조셉 갈갈로, 제임스 가돔과 주디스 가돔, 제마 수녀 CJ, 나이젤 젠더스, 줄리 기토스, 레이첼 글레드힐, 폴라 구더, 알론 고센고트슈타인과 테레스 고센고트슈타인, 토마스 그래프, 마티아스 그레베, 헤더 그렉스, 로빈 그리피스존스, 이사벨 해머리, 페린 하디, 애니 하그레이브와 앨런 하그레이브, 리처드 하먼, 새라 힐스, 카메론 하우스, 양 휘린, 피터 예빈스와 캐서린 예빈스, 디니스 잉지, 캐롤 어윈, 팀 젠킨스, 앤더슨 제러마이아, 그렉 존스, 에밀리 켐슨, 스티브 켑네스, 캐런 킬비, 대니얼 킹, 그레이엄 킹스, 바시트 코슐, 도미닉 크라우터, 캐트리오나 랭, 패트릭 레키, 로비 리, 더그 레너드, 나탄 레비, 미리엄 로리, 존 막스와 웨나 막스, 에드 마르키스, 빅토리아 메이슨, 조지아 메이와 오언 메이, 에드워드 맥케이브, 이언 맥팔랜드, 크리스틴 맥그리비, 패트릭 맥카니, 도미닉 맥멀런, 윌리엄 맥베이, 수지 밀러, 월터 모벌리, 아레프 나예드, 레이첼 노엘, 마들린 오캘러핸, 아미엘 오스마스턴, 친메이 판디야, 테레지아 파케, 장크리스토프 파스칼, 자넷 피어슨, 안티 펜테카이넨, 체이스 페퍼, 스티븐 플랜트, 레오나드 폴론스키, 필립 파월, 벤 쿠아시, 알렉스 래드포드, 크리시 라발, 클로에 레더웨이, 캐빈 로, 미카 루오카넨, 윌리엄 살로몬, 샘 수도사 SSF, 크리스토프 슈뵈벨, 브라이언 스크리브너와 도로시 스크리브너, 그렉 시치, 유타 실리와 마틴 실리, 휴 실슨 토머스, 새라 심슨, 니콜라 슬리, 대니얼 스미스, 존 스나이더, 재닛 소스키스, 질리언 스펜스, 존 스윈튼, 나디야 타콜리아, 린지 테일러거서츠, 조너선 튜브너, 개비 토머스, 안젤라 틸비, 마지 톨스토이, 그레이엄 탐린, 이안 토렌스, 미로슬라브 볼프, 카린 포트하만, 짐 월터스, 대니얼 와이스, 캐롤라인 웰비, 조 웰스와 샘 웰스, 크리스티나 웰츠, 제리 화이트, 앤디 울프, 앨리슨 우드, 존 우드, 알렉산드라 라이트, 톰 라이트, 존 영과 소피 영, 피터 영, 보니 잘, 로리 졸로스.

마지막으로, 우리 자녀와 그 배우자인 레베카와 조, 레이첼과 존, 대니얼과 알렉스, 그리고 우리 손주 솔로몬과 어젤리아가 있다. 이들은 요한이 말한 풍성한 생명, 빛, 사랑을 보여 주는 생생한 표적이고, 이들이 상상할 수 있는 것보다 훨씬 더 많이 이 책에 영향을 미쳤다. 이들에게 모두 고마움을 전한다. 그러나 누구보다 데보라에게 감사의 말을 전하고 싶다. 이 책을 데보라에게 바친다.

머리말

원래 이 책은 신학자들이 집필하는 성경 주석인 웨스트민스터 존 녹스 출판사의 빌리프Belief 시리즈로 출간하기로 계약한 것이다. 이 훌륭한 시리즈를 접해 본 사람이라면 잘 알겠지만, 이 책은 폭넓은 독자층을 대상으로 하고 있다. 특히 여러 지역 다양한 전통의 교회에 속한 사람들을 대상으로 삼고 있다. 하지만 교인만을 위해 쓴 것은 아니다. 지적인 믿음에 열려 있는 사람들, 그래서 성경 및 현대 세계와 매우 깊이 씨름하고 있는 다양한 문화의 모든 사람을 위해 쓴 것이기도 하다. 원래 편집 주간이었던 윌리엄 플래처와 에이미 플랜팅가 포우가 썼듯이, "이 주석은 전통에서 배우지만, 무엇보다 오늘날을 중요하게 여기는 주석이다. 이 시리즈의 저자들은 자신의 작업이 성경 본문과 정직하게 씨름하면서 성경에 더 충실한 만큼이나 더 현대적이고 더 신실하며 더 급진적이라는 확신을 공유한다."[1]

1 이 시리즈는 윌리엄 플래처의 유작인 *Mark*로 문을 열었다. 시리즈의 모든 책에 실린 〈시리즈 서문〉을 보라.

나는 이 성명을 보며 가슴이 벅차올랐고, 이 시리즈의 여러 요구사항을 이행하려고 노력했다. 내 목표는 요한복음을 통해 오늘날을 위한 그리스도교의 지혜를 찾는 것이었다. 빌리프 시리즈는 두 가지 핵심 물음을 설정했고, 내 서론과 후기는 이를 바탕으로 한다. "왜 요한복음인가?" 그리고 "왜 지금인가?"[2] 나는 이 두 물음을 지침으로 삼으면서 책임과 해방을 동시에 경험했다.

그 책임이란 오늘날 요한복음을 해석하는 데 가장 관련이 있는 학문 및 신학의 영역에 가능한 한 잘 기반하여 집필하는 것이다. 주요한 두 영역 중 하나는 성서학이고, 다른 하나는 교리신학, 조직신학, 교의학, 구성신학으로 다양하게 불리는 분야다. 이들 각 영역은 (당연히) 매우 전문적이고 기술적인 측면이 있다—예를 들어, 연대, 저자 문제, 최초 청중, 역사적 신빙성, 언어, 문학적 기교, 상호본문성을 비롯한 요한복음 관련 쟁점에 관한 방대한 학술 문헌이 있다. 또한 요한복음이 핵심 역할을 하는 삼위일체론과 그리스도론을 둘러싼 신학적·철학적 개념과 논의들도 떠오를 것이다. 나는 (에필로그에서 설명한 대로) 다른 곳에서는 이런 주제 중 일부를 다루었다. 하지만 이 주석에서 목표한 바는 전문적인 문헌 및 쟁점을 길게 논하지 않으면서도 그것들과 확실하게 관계 맺는 것이다.

그 해방은 요한복음이 던지는 삶을 형성하는 깊은 물음들을 탐구할 수 있었던 것에서 비롯한다. 성서학 및 다양한 신학만을 바탕으로 삼지 않고, 시, 역사, 그리스도인의 삶을 통해서도, 종교 간 참여를 통해서도, 그리고 대체로 세속적인 환경과 사상-세계들에 대한 관여 등을 통해서

---

[2] 빌리프 시리즈는 후기에서 주석 집필 과정을 되돌아보도록 저자들을 권면하는데, 이 책에도 그러한 후기가 있다.

도 이런 물음들을 자유롭게 탐색할 수 있었다. 요한의 복음서에 나오는 예수님의 첫 말씀은 "너희는 무엇을 찾느냐(구하느냐)?"(1:38)이다. 나는 이 복음서를 누차 반복하여 읽으면서, 찾고자 하는 탐구 열정이 더욱 고무되었다. 그리고 읽는 과정을 통해 욕망을 교육받고 있다는 사실을 깨달았다. 이는 신학적 결실뿐만 아니라 영적인 결실로도 이어지는데, 두 결실 모두 요한복음에 나오는 첫 질문인 "네가 누구냐?"(1:19)를 중심으로 이루어진다. 더 나아가 요한 르네상스의 전망이 얼마나 유망하고 또한 얼마나 우리 시대와 관련 있는지 엿볼 수 있었다.

이 주석의 분량은 빌리프 시리즈의 기준보다 두 배가량 늘어났다. 이 책이 다른 책보다 훨씬 길어서 시리즈에 (말 그대로) 맞지 않는다는 의견에 서로 마음이 통했다. 나는 웨스트민스터 존 녹스 출판사에 고마움을 느끼고 있으며, 특히 수년간 격려하고 인내하며 지원해 준 에이미 플랜팅가 포우에게 감사의 말을 전한다.

베이커 아카데믹은 이 주석을 따듯하고 너그럽게 받아 주었다. 최고 수준의 출판팀이 출간과 관련된 여러 일을 처리해 주었을 뿐만 아니라, 귀중한 조언을 보태고 필요한 모든 것을 지원해 주었다. 저자들은 좋은 편집자를 원하는데, 나는 누구나 바랄 만한 그런 경험을 했다. 편집자 데이브 넬슨은 이 책을 면밀하게 읽고 평가하고 예리한 지적을 해 주었고, 어떤 작업을 더 해야 하는지에 관한 명확한 지침을 제시해 주었다. 넓고 풍부한 현장 경험과 더불어 신뢰할 수 있는 판단력을 갖춘 이와 함께 일하는 것은 큰 기쁨이었다. 또한 제임스 코스모는 매우 뛰어나고 유능한 프로젝트 편집자로 그의 기민함과 전문성이 큰 도움이 되었다.

마지막으로 요한복음의 두드러진 특성에 관해 이야기하며 마쳐야겠다. 요한복음은 처음 접하는 사람이 쉽게 다가갈 수 있는 용이성과, 여러 번 읽은 사람을 도전하고 먹일 수 있는 능력을 겸비하고 있다. 이 책에서 전자와 후자 모두 가치 있는 것을 발견하길 바라는 마음으로, 그리고 시간이 지남에 따라 전자에 해당했던 사람이 후자에 해당하게 되기를 바라는 마음으로 이 책을 썼다.

서론

왜 요한복음인가? 왜 지금인가?

풍요의 복음

"우리가 다 그의 충만한 데서 받으니 은혜 위에 은혜러라"(1:16). 요한복음은 풍요의 복음이다. 요한복음은 먼저 프롤로그에서 이 풍요의 선율을 들려준다. 예수님께서 행하신 첫 번째 표적은 어마어마한 양의 물을 좋은 포도주로 바꾼 것이다. 성령은 자신이 원하는 곳으로 부는 바람이며, 하나님께서는 성령을 "한량없이" 주신다(3:34). 예수님께서 주시는 "생수"living water는 "영생하도록 솟아나는 샘물"이다(4:14). 예수님께서 보리떡 다섯 개로 오천 명을 먹이시자 남은 조각이 열두 바구니에 가득 찼다. 예수님을 통해 영광, 치유, 빛, 생명, 진리, 열매, 기쁨, 사랑이 풍성하게 존재한다. 예수님께서 행하신 마지막 표적은 큰 물고기를 엄청 많이 잡게 하신 것이다. 요한복음을 마치는 마지막 문장은 불가능한 과제, 즉 예수님께서 행하신 일에 관해 이야기될 수 있는 모든 내용을 기록하는 과제에 대한 대답이다. "예수께서 행하신 일이 이 외에도 많으니, 만일 낱낱이 기록된다면 '내 생각에' 이 세상이라도 이 기록된 책'들'을 두기에 부족할 것이다[줄 아노라]"(21:25).

이러한 풍요로움은 독자의 사유와 상상력을 확장하는데, 요한의[1] 글쓰기 방식도 이를 강화한다. 일상적인 단어가 평범하고 일상적인 의미뿐만 아니라 더 깊은 뜻으로 사용된다—이 복음서를 통해서 말씀, …안에, 모든, 빛, 어둠, 오라, 세상, 영접하다/받다, 믿다, …같이as, 아버지, 아들, 보라(이는 그저 프롤로그에 있는 단어 중 일부만 선별한 것이다) 같은 단어들을 따라가 보면, 요한이 의미한 깊은 뜻에 이르고 있음을 알게 될 것이다. 나는 이를 '깊고도 평이한 의미'deep plain sense 라고 부른다. 이는 독자가 평범한 단어들 속에서 더 깊은 의미를 찾도록 초대한다. 이런 평범한 단어들은 여러 방식으로 풍성해진다. 이를테면 요한복음 3장에서 예수님과 니고데모의 대화처럼 요한이 애매성과 겹의미를 사용함으로써 (여기서 사용하는 헬라어 단어 하나는 '위로부터'와 '다시'를 모두 의미할 수 있고, 또 다른 단어는 '바람'과 '영'을 모두 의미할 수 있다) 풍성해지고, 요한이 다양하게 변형하며 반복하여 사용함으로써, 풍부한 이미지를 무궁무진하게 사용함으로써, 등장인물을 복잡하게 묘사함으로써 풍성해진다.

하지만 의미를 풍성하게 하는 단연코 가장 중요한 방식은 다른 본문과, 무엇보다도 요한의 성경과 연관시켜서 보는 것이다. 요한이 히브리어를 잘 알고 있었을지도 모르지만, 요한이 주로 사용한 본문은 칠십인역(LXX), 즉 요한이 복음서를 쓰기 약 2세기 전에 알렉산드리아에서 유대인들이 히브리어 성경을 헬라어로 옮긴 번역본이다. 칠십인역은 유대교 성경과 그리스도교 성경을 잇는 위대한 연결 본문이며, 요한은 칠십

---

1 이 복음서의 저자 문제에 관해서는 21:24-25에 관한 주석을 보라. 이 복음서가 직접 이 구절에서 저술자에 관하여 언급한다. 나는 저자를 간단히 '요한'으로 지칭할 것이다.

인역에 깊이 발 담그고 있었다. 요한복음을 시작하는 말은 칠십인역을 시작하는 말과 같다. "태초에…"(창 1:1; 요 1:1). 요한의 칠십인역 인용은 자주 나타나고, 칠십인역에 대한 되울림²은 훨씬 더 빈번하다. 모든 장이 칠십인역에 절여져 있다. 칠십인역 없이는 그가 의미한 바를 피상적으로 이해하거나 오해하거나 핵심을 놓치게 된다. 칠십인역과 함께 보면, 요한복음과 칠십인역을 이리저리 오가며 계속해서 읽고 또 읽으면, 하나의 본문이 여러 본문의 망과 연결된다는 점을 발견한다. 이것이 내가 요한의 '상호본문' 사용이라고 부르는 것이다. 이러한 사용은 요한이 쓴 내용과 다른 본문을 상호 연관시키도록 독자를 초대한다. 나는 요한의 상호본문들을 자주 주목하고 때때로 인용하겠지만, 아주 가끔은 본문들의 상호 작용을 자세히 탐구할 여지를 남겨 둘 것이다—독자가 이를 자세히 탐구하도록 권하는 것이다.

칠십인역은 명백한 상호본문이지만, 요한복음은 또한 공관복음—마태복음, 마가복음, 누가복음—또는 공관복음에 반영된 자료들과도 어느 정도 관계 맺고 있다. 이제 많은 학자가 요한이 실제로 공관복음을 알고 있었거나, 혹은 적어도 마가복음과 누가복음을 알고 있었다고 본다. 나는 요한이 공관복음 세 권을 모두 알고 있었다고 생각한다(요한복음 6장 주석을 보라). 요한복음이 왜, 어떻게 공관복음의 특정 구절을 포함하거나 해석하거나 변경하거나 생략했는지 묻는 것은 우리의 이해에 매우 도움이 될 수 있다. 나는 자주 그렇게 할 것이다.

요한이 자신의 성경(그리고 공관복음)을 읽은 방식을 따라가면 매력적

---

2 네 복음서 전체에서 이러한 측면을 훌륭하게 연구한 책은 헤이스의 《복음서에 나타난 구약의 반향》(*Echoes of Scripture*, 감은사 역간)이다. 이 책에서 요한복음에 관한 장은 요한이 자신의 성경을 관련시키는 방식들을 간결하게 보여 주는 최고의 연구다. 헤이스의 연구에 대한 응답으로는 Ford, "Reading Backwards, Reading Forwards"를 보라. 이는 본 주석에서 취한 요한복음에 대한 접근법을 더 자세하게 설명한다.

인 결실을 하나 얻을 수 있다. 바로 요한이 자기 글이 어떤 식으로 읽히기를 바라는지 우리가 배울 수 있다는 점이다. 요한이 요한복음을 쓸 때 본인이 성경을 쓰는 중이라고 생각하며 썼을 것이라는 데 많은 학자가 동의한다. 그렇다면 요한은 자신이 가진 성경을 해석하고 그 방식을 보여 주면서 우리가 그의 글을 어떻게 읽어야 할지에 관한 본을 보이는 중이다. 이 주석에서 나는 요한복음을 어떻게 읽어야 할지를 요한에게서 배워서 독자들과 나누고자 한다.

요한복음 주석가는 그의 푸짐한 본문이 생성한 넘치는 의미와 마주할 뿐만 아니라, 2천 년에 가까운 세월 동안 이 복음서에 응답한 사람들과도 마주하고, 이 복음서에 관한 다른 이의 독해에 응답한 사람들과도 마주하게 된다. 이 복음서에 대한 응답은 결코 주석이라는 형식에 그치지 않는다. 찬송과 노래와 음악과 시, 기도와 영성, 예전과 예식, 미술과 건축, 드라마와 영화, 신학과 철학, 수용사 이야기, 윤리학과 정치학을 아우른다. 그리고 (아마도 가장 적합하게는) 자기 삶과 공동체의 삶으로 응답해 왔다. 이 책은(본문을 장별로 거쳐 간다는 점에서 형식상 주석이지만, 다른 장르들도 제대로 보여 주려고 노력했다—색인은 주요 주제를 연결하는 데 도움이 될 수 있게 고안하였다) 수용사의 여러 요소에 의해 깊이 형성되었지만, 그런 요소를 명시적으로 좇는 경우는 거의 없다. 취사선택이라는 때로는 괴로운 과정이 반복되지만, 그 결과 어마어마한 양의 자료를 통해 한 가지 길을 제시함으로써 독자들에게 도움이 되기를 바란다. 요한복음의 저자도 20장과 21장 말미에서 밝혔듯이 비슷한 어려움에 직면했다. "다른 표적도 많이" 있었고(20:30), "예수께서 행하신 일이 많이" 있었다(21:25). 요한의 선택이 대단히 중요했듯이(20:31에 관한 주석과 서론 후반부에서 〈왜 지금 요한복음인가?〉 부분을 보라), 요한의 결정보다는 덜하겠지만 각 응답자가 어디에 초점을 둘지를 결정하는 것도 중요하다.

그런데 이러한 응답 중 마땅히 가장 중요한 자리를 차지해야 할 것으로 여겨질 만한 텍스트가 있다. 요한일서는 아마 요한복음의 저자가 썼거나, 아니면 같은 전통에 속한 사람이나 요한복음에 깊이 물들어 있는 사람이 썼을 것이다—그 언어가 요한스럽다. 요한일서는 문제들을 안고 있는 어느 그리스도교 공동체에 쓴 것이며, 그 문제들에서 돌이켜서 요한복음의 본질로 돌아갈 것을 요구한다. 그 모든 본질의 핵심에는 사랑이 있으며, "하나님은 사랑이시다"라는 반복되는 진술에서 최고조에 이른다(요일 4:8, 16). 예수님은 이 사랑이 육화된 화신이며, 이 세상의 구주시다. 예수님을 믿는 사람에게 가장 중요한 것은 그분의 영을 받는 것과 서로 사랑하는 것이다(요일 4:7-21).

이 책은 이러한 것들을 요한복음의 본질로서 여실히 보여 주려고 노력한다—고별 강론에서 가장 완전하게 표현된다(13-17장). 이로부터 도출한 세 가지 주요 강조점은 이어지는 세 가지 제목하에 제시된다. 하지만 이를 다루기 전에, 우리는 요한복음의 더 놀라운 특징에 주목해야 한다. 이 복음서는 처음 접하는 사람이 쉽게 다가갈 수 있으면서도 재차 읽을수록 점점 더 도전하는 텍스트임이 드러났다. 요한복음의 헬라어는 상당히 간단하고 쉬워서, 내가 12살 때 신약 헬라어를 배우기 시작하며 처음 읽은 글이기도 하다. 그러나 반세기가 지난 지금, 내가 요한복음을 연구해 온 20년을 돌이켜 보니 이 과제는 내가 지금껏 수행한 것 중 가장 어려운 과제였다.

이에 관해서는 이 주석 뒤에 개인적인 이야기를 풀어 놓은 에필로그에서 더 말하겠지만, 나는 요한복음과 함께한 이 경험에서 결코 혼자가 아니었다. 초심자도 이해하기 쉬우며 매력적인 것을 발견할 수 있지만, 이 점을 마음에 새길수록—특히 예수님을 마음에 새길수록—이 복음서의 풍요로운 차원들이 더욱 열릴 것이다. 요한의 상호본문 중 하나인 에스겔의 환상에서 성전으로부터 흘러나와서 계속 점점 깊어지는 물처럼 (겔 47:1-12), 초심자들이 전에 물장구칠 수 있었던 본문의 장소들은 이제 초심자들의 수영 능력을 더 길러 준다.

이어 '왜 요한복음인가?'라는 물음에 세 가지로 답할 것인데, 셋은 서로 연관된다. 요한복음에 흔히 나타나는 형식인 의미의 세 '물결/단계'waves처럼 말이다—바로 요한의 첫 문장(1:1)이 이를 보여 주는 간결한 예다.

왜 요한복음인가?(1): 예수님은 누구신가

요한복음의 풍요로움은 무엇보다 예수님을 통해 주어진다. '예수님은 누구신가?'는 요한복음 전체를 관통하는 가장 중요한 물음이다. 물론 이 물음은 다른 복음서를 비롯한 신약 전체의 핵심 관심사지만, 요한복음은 독특한 방식으로 이 물음에 집중하며 더 발전시킨다. 예수님에 대한 요한의 이해는 오랜 성찰로부터 얻은 유익을 담고 있다. 이는 목격자의 증언과 공관복음을 숙고하며, 아마 바울의 가르침도 숙고하며,[3] 또한 그리스도교 공동체에서 살며 가르치며[4] 얻은 것이다. 이는 신약에서 예수님에 관한 증언의 정점이다. 본 주석은 이러한 점이 어떻게 이루어졌는

---

[3] 요한에 관한 다른 많은 부분에서도 그렇듯, 요한과 바울의 관계에 관해서도 학자들은 서로 생각이 다르다. 나는 요한이 바울과 바울 '학파'의 가르침을 알고 있었다고 보는 사람들의 주장이 설득력 있으며, 특히 요한이 공관복음의 이야기를 바울 신학의 일부 주요한 기둥(이를테면 하나님의 영광, 사랑, 믿음, '그리스도 안에', 성령, 풍요로움)과 결합하고 있다고 본다.

[4] 어디에서 살고 가르쳤을까? 나는 다양한 근거를 가지고 (현재 튀르키예의 에게해 연안인) 소아시아의 에베소라고 주장하는 학자들이 설득력 있다고 본다. 이렇게 보면 바울의 교회들과 연관이 있게 되고, 특히 요한복음과 함께 읽으면 가장 유익한 상호본문 중 하나인 에베소서와 연관이 있게 된다.

지를 자세히 추적할 것이다. 하지만 지금은 요한복음의 각 부분에서 어떤 식으로 예수님의 정체성에 관심을 두고 있는지를 먼저 간단히 정리해 보는 것이 좋겠다.[5]

예수님께 맞춰진 프롤로그의 지평과 초점

프롤로그(1:1-18)는 요한의 '선언문'을 제시한다. 이 선언문은 말씀('로고스'λόγος)을 예수님과 동일시하고 하나님과 모든 실재라는 궁극의 지평 안에 위치시킨다. 또한 예수님에 대한 머리글headline 설명은 예수님을 육신이 되신 하나님 말씀으로 묘사한다. "만물이 그로 말미암아 지은 바 된"(3절) 하나님 말씀으로 예수님을 묘사한다. 이러한 묘사는 예수님을 하나님과 하나로 식별하는 동시에 인류와도 하나로 식별한다. 그뿐만 아니라 예수님을 유대교 성경 전체와도 관련시키고, 로마 제국의 헬레니즘 문명과도 관련시키며, 또한 모든 피조물과도 관련시킨다.

프롤로그를 읽다 보면, 독자들은 빛과 어둠을 마음속에 떠올리며 예수님에 대해 상상하게 된다. (세례자 요한에서 시작되는) 증언에 주의를 기울이게 된다. 예수님의 이름을(예수님이 어떤 분이신지를) 믿고 신뢰하는 가족 구성원이 될 가능성이 열리기 시작한다. 하나님의 자녀가 되는 것이다. 어떤 사건이 일어났음을, 어떤 사람이 왔음을 인지하기 시작한다. 우리와 관련된 하나님의 모든 의미와 현실이—성육신한 하나님의 풍요로움이, 즉 "아버지의 독생자의 영광이요, 은혜와 진리가 충만함"(14절)이—그 사람 안에 있음을 인식하기 시작한다. 그리고 이 "충만함"을 나

---

5   내 추측에 이 책과 같은 주석을 활용하는 흔한 방식은 처음부터 끝까지 읽는 것이 아니라 특정 구절이나 주제를 찾아보는 것이다. 따라서 서론에서 전체에 관한 감각을 좀 얻는 것이 도움이 될 수 있다. 그래서 나는 이를 위해 서론에서 간단히 정리해 보겠지만, 단편적인 사용도 고려하여 주석 본문에서 핵심 주제를 '변주하며' 어느 정도 '반복'할 것이다. 앞으로 분명히 나타나겠지만, 요한도 빈번하게 변주하며 반복한다.

누어 받게 된다. 이 충만함이 모세를 통해서는 율법의 "은혜와 진리"로 주어졌지만, 이제는 예수 그리스도를 통해 직접 다가온다(16-17절).

그런 다음 절정에 이른다(18절). 이 절정은 다음 세 요소를 결합한다. 보이지 않는 하나님의 신비. 하나님과 모든 실재의 핵심heart에 있는 사랑의 관계("아버지 '품속에'/'마음 heart 가까이에' 있는 독생자 하나님"). 예수님의 임무(하나님을 "알려 주시는"[나타내시는] 것).

머리글로 다루어지는 '누구인가'라는 물음(1:19-51)

그런 다음 이 복음서에 나오는 첫 번째 물음이자 주된 물음이 제기된다. "네가 누구냐?"(19절). 간략했던 프롤로그에서 이 복음서 메시지의 주된 전달 형식으로 바뀌면서, 즉 예수님이 중심을 이루는 드라마적인 이야기로 바뀌면서 이 질문이 등장한다. 이 질문은 세례자 요한에게 건넨 질문이지만, 세례자 요한은 이 질문이 자신에 관한 물음이 아니어야 함을, 자신이 길을 예비하고 있는 다른 누군가에 관한 물음이어야 함을 분명히 한다. 그런 다음 세례자 요한은 일련의 언급으로 이 다른 누군가가 누구인지를 가리킨다. 첫 번째 말은 가장 위험한 발언이다. "주"(23절). 다음 말도 비슷하게 놀라운 발언이다. "세상 죄를 없애시는[제거 가는] 하나님의 어린양이로다"(29절). 그리고 '누구인가'라는 물음에 대한 답변들이 더 이어진다. "성령"이 내려서 머무는 이, "성령으로 세례를 베푸는 이", "하나님의 아들"(33-34절).

요한복음 1장의 나머지 부분에서는 예수님의 정체성들이 쏟아져 나온다. 하나의 칭호에 이어 또 다른 칭호가 나오고, 각각의 칭호는 요한복음의 나머지 부분을 통해 공명하고, 여러 사건과 가르침과 논쟁을 통해 더 많은 의미로 채워진다. "랍비" 내지 "선생"(38절), "메시아" 내지 "그리스도"(41절), "모세가 율법에 기록하였고 여러 선지자가 기록한 그이"

곧 "요셉의 아들 나사렛 예수"(45절), "하나님의 아들"(49절), "이스라엘의 왕"(49절), 예수님의 입에서 나온 유일한 칭호인 "사람의 아들"(51절).

그래서 종합해 보면, 1장에서는 요한복음의 주된 초점이 더없이 명확해질 수밖에 없다. 그 초점은 '예수님은 누구신가'이다.

예수님의 표적과 만남과 가르침(2-17장)

이러한 초점은 이어지는 열여섯 장에서 계속된다.

예수님의 주요 활동을 가리키는 표현 중 요한이 매우 좋아하는 말은 '표적'이다. 요한은 표적들의 더 폭넓은 의미를 강조한다. 표적을 둘러싼 대화에서, 표적 전후의 강론에서, 복음서 저자의 논평에서, 이러한 의미가 펼쳐질 때 핵심 쟁점은 거듭하여 예수님은 누구신가 하는 것이다. 저자가 첫 번째 표적을 들려준 다음 머리글로 진술한 내용은 그가 누구인지에 대한 계시와 그 계시에 대한 반응—그를 믿음, 그에 대한 신앙을 가짐, 그를 신뢰함—에 초점을 둔다. "예수께서 이 첫 표적을 갈릴리 가나에서 행하여 그의 영광을 나타내시매 제자들이 그를 믿으니라"(2:11). 베데스다 연못에서 고침을 받은 사람은 "…한 사람이 누구냐?"(5:12)라는 질문을 받는다. 그리고 이 질문은 예수님의 긴 강론으로 이어진다(5:19-47). 예수님이 아버지와 관련하여 자신에 대해 강론하신 것이다. 가장 긴 강론은 오천 명을 먹이신 후에 나온다. 이 강론은 예수님이 누구신지에 관한 요한복음의 가장 독특한 특징인 "나는 있다/…이다"* 선언—여기서는 "나는 생명의 떡이니 … 나는 하늘에서 내려온 떡이라 … 나는 생명의 떡이니라"(6:35, 41, 48)—을 중심으로 휘몰아친다. 시각 장애

* 옮긴이 주: 이는 구약성경(출애굽기, 신명기, 이사야 등)에서 하나님께 귀속된 표현으로, 요한복음에서 보어 없이, 혹은 보어와 함께 예수님의 입에서 나온다. 이 한국어판에서는 이러한 "I am"을 "나는 있다/…이다"로 옮길 것이다.

인으로 태어난 사람을 둘러싼 요한복음 9장의 논쟁도 예수님이 누구인지를 중심으로 하고, 요한복음 11장에서 나사로의 부활도 마찬가지다.

예수님과의 만남 및 대화는 적대적이기도 하고 우호적이기도 한데, 이 역시 예수님은 누구인가를 주제로 하고 있다. 이에 대한 머리기사headline는 요한복음 2장의 성전 정화 사건이다. 여기서 예수님은 자기 몸을 성전과 동일시하신다. 이 부분은 또한 요한복음에서 예수님을 그릴 때 사용하는 핵심 방식을 명확하게 보여 준다. 그것은 부활 전 관점과 부활 후 관점의 결합이다(더 자세한 내용은 뒤에서 다룬다). 그다음 니고데모와의 대화는 "하나님의 독생자의 이름을" 믿는 것(3:18)에 관한 강론으로 이어진다. 다음으로 우물가에서 사마리아 여인과 나눈 대화는 예수님의 정체성을 "선지자", "메시아", "나는 있다/…이다", "랍비", "세상의 구주"로 식별한다(4:19, 25, 26, 29, 31, 42). 요한복음 7-10장에서의 논쟁도 마찬가지로 예수님은 누구인가로 거듭하여 되돌아간다. 예수님의 공생애가 끝날 무렵인 요한복음 12장에서는 예수님이 누구인가에 관한 물음이 완전히 중심에 자리하게 된다.

고별 강론(13-17장)은 예수님이 누구인지에 관하여 더 깊게 파고든다. 이 주제는 여러 가지로 드러난다. 즉, 발 씻김을 통해 드러나고, "내가 곧 길이요 진리요 생명이니"(14:6), 자기 목숨을 버리는 친구, 포도나무(또는 포도원)와 같은 근본적인 진술들을 통해 드러난다. 또한 예수님의 이름으로 기도하는 것과 행함으로 사랑하는 것이 불가분하다는 점을 통해 드러나고, 무엇보다도 요한복음 17장의 기도에 나타난 아버지와의 결정적인 관계에서 예수님이 누구인지 알게 하는 계시를 통해 깊이 드러난다.

잡히심, 재판, 십자가 처형, 부활(18-21장)

요한복음에서 예수님의 정체성이 얼마나 중요한지를 가장 생생하게 보여 주는 것은 그가 예수님의 체포 이야기를 들려주는 독특한 방식일 것이다. 이 이야기에는 두 개의 "누구인가" 물음과 세 개의 "나는 있다/…이다" 진술이 있다(18:4-8). 이후 빌라도 앞에서 받는 재판도 예수님의 정체성을 중심으로 전개되는데, 이는 "네가 유대인의 왕이냐?"(18:33)라는 빌라도의 질문으로 요약된다. 이 주석은 요한복음이 들려주는 재판과 십자가 처형 이야기가 이러한 정체성 문제를 다루는 미묘한 방식을 드러낼 것이다.

그 후 예수님은 부활 후 처음 나타나실 때 눈물을 흘리고 있는 막달라 마리아에게 "너는 누구를 찾느냐?"라고 물으신다. 그리고 예수님은 "마리아야!" 하고 그녀의 이름을 부르시고, 마리아는 "랍오니!" 하고 대답한다. '누구에게 누구인가'를 보여 주는 이 극적인 만남은 이후 '예수님은 누구신가'에 관한 도마의 확언으로 보완된다. 이는 절정에 이른 비길 데 없는 확언이다. "나의 주님이시요 나의 하나님이시니이다"(20:28). 마지막으로 에필로그는 세 번 "주님이시다"—문자적으로는 '주님이 계신다!'('호 퀴리오스 에스틴' ὁ κύριός ἐστιν, 21:7에 두 번, 21:12에 한 번)—를 반복하면서 예수님의 계속되는 영속적 임재를 암시한다. 이런 의미는 번역본이 대개 담지 못한다. 예수님의 "나는 있다/…이다"는 이렇게 삼인칭으로 변형되어 반복된다. 그중 세 번째 반복은 1:19에 처음 나온 "누구냐" 물음이 마지막으로 반복되면서 짝을 이루며 나온다. "제자들이 주님이신 줄 아는 고로 '당신이 누구냐?' 감히 묻는 자가 없더라"(21:12).

이 사안들은 모두 이 책의 본론에서 자세히 다룰 것인데, 종합적인 결론은 매우 분명하다. 그것은 '왜 요한복음인가?'라는 물음에 대한 첫 번째 답변이다. 요한복음이 예수님은 누구신가에 대한 신약 증언의 절정으로, 매우 풍성하고 심오하기 때문이다.

왜 요한복음인가?(2):
계속되는 사랑의 드라마를 위해 한량없이 주어지는 성령

두 번째 답변은 첫 번째 답변에 의존하고 있고, 첫 번째 답변과 불가분하며, 요한복음의 독특한 요소들을 한데 묶는다.

성령

첫째, 요한복음은 다른 복음서들보다 성령에 관하여 훨씬 많이 말한다. 독자들은 요한복음을 통해 성령이 바로 생각나게 된다.

이는 세례자 요한이 예수님 위에 머무는 성령을 증언하면서 시작된다(1:32-33). 이는 예수님의 모든 말씀과 행동과 전인격이 성령과 하나로 이해되어야 한다는 의미다. 성령을 통해 영감받은 것으로, 성령의 성품을 나타내는 지표로 이해되어야 한다는 의미다. 그래서 성령이 언급되지 않더라도 항상 성령이 관련된다고 이해해야 한다(예를 들어, 요한복음 17장의 예수님의 기도에서처럼). 예수님과 니고데모의 대화에서 성령은 하나님 나라(요한은 "영생" 내지 "더 풍성한 생명/삶"이라는 용어를 선호하는데, 이러한 삶은 죽음의 저편은 물론 이편에도 있다)에서 생명을 낳는 이로, 바람처럼 불시에 스며드는 이로 보인다(3:1-16). 예수님은 성령으로 세례를 베풀기 위해 보내심받았고(1:33), "하나님이 보내신 이는 하나님의 말씀을 말하나니 이는 하나님이 성령을 한량없이" 주시기 때문이다(3:34). 사마리아 여인은 "아버지께 참되게 예배하는 자들은 영과 진리로 예배할" 것이라는 말을 듣는다(4:23). 예수님의 가장 긴 강론은 예수님께서 "살리는 것은 영이니 육은 무익하니라. 내가 너희에게 이른 말은 영이요 생명이라" 하고 말씀하실 때 드라마적 최고조에 이른다(6:63). 그리고 초막절의 절정에서, 예수님은 "누구든지 목마르거든 내게로 와서 마시라. 나를 믿는 자는 '마시라.' 성경에 이름과 같이 '믿는 자의 속[그 배]에서 생수의 강이 흘러나오리라'" 하고 외치신다. 그리고 요한은 "이는 그를 믿는 자들이 받을 성령을 가리켜 말씀하신 것이라. 예수께서 아직 영광을 받지 않으셨으므로 성령이 아직 그들에게 계시지 아니하시더라"라고 덧붙인다(7:37-39).

성령에 가장 주의를 기울이는 부분은 고별 강론이다. 예수님은 이 강론에서 자신의 죽음을 앞두고 제자들을 준비시키시고, 또한 이후에도 계속될 드라마에서 제자들이 그들의 역할을 담당하도록 준비시키신다. 세례자 요한은 예수님 위에 성령이 거하는 것을 보았는데, 제자들도 그러한 성령을 약속받는다. 성령이 "영원토록 너희와 함께 있게 하리니 … 너희는 그를 아나니, 이는 그가 너희와 함께 거하시기 때문이며, 또 너희 속에 계시겠음이라"(14:16-17). 성령은 '파라클레토스'^{παράκλητος}, 즉 북돋는 분, 돕는 분, 위로하는 분, 변호하는 분, 우리 '곁에서 부르짖는' 분이다. 하나님은 성령을 "한량없이" 주시고(3:34), 성령은 예수님의 풍요로움을 나누어 주시며 "너희에게 모든 것을 가르치고, 내가 너희에게 말한 모든 것을 생각나게" 하실 것이다(14:26). 예수님은 이렇게도 말씀하신다. "내가 너희에게 실상을 말하노니, 내가 떠나가는 것이 너희에게 유익이라. 내가 떠나가지 아니하면 보혜사가 너희에게로 오시지 아니할 것이요"(16:7). 이분은 "너희를 모든 진리 가운데로 인도"하실 "진리의 성령"이시다(16:13). 또한 (특히 프롤로그에 나타난 하나님과 모든 실재라는 지평을 고려할 때) 더 놀라운 약속으로 인도하실 것이다. 그리고 고별 강론에 나오는 예수, 성령, 성부의 매력적이고 신비한 상호 관계는 이후 초기 그리스도교 사상 발전의 핵심이 되었고, 이는 서서히 하나님을 삼위일체로 확언하는 데 이른다.

이 주석은 예수님이 자기 죽음이라는 마지막 행위에서 성령을 처음으로 주신다고 보는 해석자들과 의견을 같이한다. 예수께서 "머리를 숙이고 자기[문자적으로는 '그'the] 영['영/성령'the spirit 또는 the Spirit]을 포기하셨다[문자적으로는 '내주셨다' 또는 '넘겨주셨다']"[머리를 숙이니 영혼이 떠나가시니라](19:30). 이 부분의 헬라어는 단순히 숨을 멈추고 죽으셨다는 의미일 수 있다. 그러나 죽음의 순간이자 동시에 자기 죽음을 통해 주어지는 새로운 생명의 시작이라는 깊고도 평이한 의미일 수도 있다―또한 한 군인이 예수께서 정말로 죽으셨는지 확인하려고 찔렀을 때 죽은 예수님의 옆구리에서 흐른 피와 물이 이를 상징할 수도 있다(19:31-37).

성령에 관한 마지막 언급은 예수님께서 십자가에 못 박히신 후 부활하셨을 때다. 예수님은 제자들을 향하여 숨을 내쉬며 "성령을 받으라"라고 말씀하신다(20:22). 이 말씀은 성령을 주는 일과 예수님 자신을 최대한 밀접하고 긴밀하게 연결한다. 예수님께서 이렇게 말씀하신 것은 또한 이 선물과 계속되는 드라마를 밀접하게 연결한다.

계속되는 드라마

예수님께서는 성령의 숨을 내쉬기 직전에, "아버지께서 나를 보내신 것같이 나도 너희를 보내노라" 하시며 제자들에게 사명을 위임하셨다(20:21). 요한복음은 다른 복음서들보다 훨씬 명시적으로 내가 '계속되는 드라마'로 부르는 것, 즉 예수님의 십자가 처형과 부활 이후 예수님을 따르는 일에 관심을 둔다―고별 강론들은 이에 관한 것이며, 요한복음의 마지막 두 장도 대부분 그렇다. 예수님께서 보내심을 받은 것처럼 자기 제자들을 보내신 것에는 어떤 함의가 있는가?

첫째, 이는 예수님께서 보내심을 받은 방식으로부터 계속 배울 것을 요구한다. 예수님의 사역 드라마(특히 제자\배우는 이를 모으신 것, 생명을 주는 표적을 행하신 것, 깊고 도전적인 대화에 참여하신 것, 진리를 증언하는 모범을 보이신 것, 사랑의 섬김, 우정, 친밀한 기도)와 수난, 십자가 처형, 부활, 승천,

성령 주심에서 볼 수 있듯이, 계속 배워야 한다.

이는 또한 저 위임, 발을 씻어 주라는 명령(13:12-20), 사랑의 계명(13:34; 15:12-17)에 나오는 "…것같이 …하라"는 악보를 따라 예수님의 영 안에서 계속해서 창의적으로 연주할 것 improvisation 을 장려한다. 예수님이 사랑하신 것같이 제자들도 사랑해야 한다. 예수님을 따르는 이들은 예수님이 그러신 것같이 사랑하고 섬기는 데 있어 대담하게 행동하며, 놀라움을 불러일으키고, 심지어 예수님이 하신 것보다 더 큰 일도 하도록(14:12) 영감을 받게 된다. 이것은 계속 진행되는 영감받은 사랑의 드라마가 될 것이다.

이와 불가분한, 예수님의 이름으로 하는 끊임없는 기도도 있을 것이다(14:13; 15:16; 16:23-24). 무엇보다도 요한복음 17장에서 예수님이 하신 기도에서 영감을 받아서 말이다. 17장은 이 복음서의 가장 심연에서 나는 소리가 들리며 이 복음서의 가장 높은 데까지 이르는 곳이다. 또한 친밀한 상호 내주의 가장 깊숙한 곳에 있는 비밀이 열리는 곳이며, 독자의 욕망이 예수님의 궁극적 욕망과 일치를 지향하게 하는 곳이다.

그리고 이 모든 것은 무엇보다도 당신을 겨냥한 것이다. 요한의 글을 읽는 독자를 말이다. 요한은 이를 직접적으로 밝히고 있다. "오직 이것을 기록함은 너희로 예수께서 하나님의 아들 메시아[또는 '그리스도']이심을 믿게 하려 함이요[또는 '계속 믿게 하려 함이요'] 또 믿어서 그의 이름으로 생명을 얻게 하려 함이니라"(20:31). 이는 요한이 자신의 복음서를 기록한 핵심 동기이며, 각 장을 읽을 때 이를 염두에 두는 것이 현명하다. 요한의 열렬한 바람은 그가 증언하고 있는 살아계신 예수님을 그의 독자인 우리가 만나는 것이다. 이것은 요한이 부활 이전의 관점과 부활 이후의 관점을 결합한 주된 이유다. 즉, 요한은 우리가 예수님이 누구신지를 이해하길 바라는데, 우리가 예수님이 행하시고 말씀하신 것을 읽는 바로 그 순간에 이 십자가에 못 박히시고 부활하신 분의 임재 가운데 있기를 바라는 것이다. "나는 있다/…이다"라고 말씀하시는 분의 임재, 비할 데 없이 우리를 사랑하시는 분의 임재, 무엇보다도 지금 우리가 그를 신뢰하고 사랑하고 따르기를 갈망하시는 분의 임재 가운데 있기를 바라는 것이다. 이 선한 목자는 계속되는 드라마 속으로 들어오도록 각 독자의 이름을 부르신다. 그러나 놀랍게도 모델로 여겨지는 제자, 즉 이 복음서가 저자로 간주하고 있는 "예수께서 사랑하시는 그 제자"(21:20)의 이름은 언급되지 않는다—아마도 예수님을 따르는 이들이 각자 자기 정체성을 예수께서 사랑하시는 사람으로 생각할 수 있게 하려는 것 같다.

그래서 '왜 요한복음인가?'라는 물음에 대한 두 번째 답변은 다음과 같다. 요한복음이 계속되는 드라마에 몸담은 제자들에게, 즉 십자가에 못 박히시고 부활하신 예수님의 영 안에서 살아가는 제자들에게 심오하면서도 실제적인 영감과 지침을 주기 때문이다.

왜 요한복음인가?(3): 하나님과 모든 백성, 모든 피조물

세 번째 답변은 예수님께 헌신한 추종자 집단을 훨씬 넘어선다. 이는 요한복음이 열어 보이는 사랑과 빛과 모든 실재의 하나님에 대한 비전을 진지하게 받아들인 결과다.

이미 언급한 바와 같이 프롤로그는 먼저 모든 것, 모든 생명, 모든 사람을 포괄하는 이러한 지평을 열어 보인다. 여기에는 창세기와 지혜서가 상호본문으로 사용되었다. 창세기는 전체 피조물의 창조에 관한 내용이 있다. 지혜서는 헬라어를 사용하는 헬레니즘 문명의 문화, 학식, 지혜를 유대인의 성경과 풍성하게 관계시킨다. 특정 공동체, 사람 유형 등을 비롯하여 여타 구별의 경계를 넘어서는 이러한 개방성은 이 복음서의 나머지 부분에서도 계속된다.

예수님께서 첫 제자들에게 하신 첫 질문은 "너희는 무엇을 찾느냐[구하느냐]?"이다(1:38). 제자들 마음 중심에 있는 욕망을 살피시는 것이다. 요한복음 전체가 인간의 욕망을 시험하고 교육한다. 뒷장들이 이 점을 보여 줄 것이다. 예수님의 욕망은 요한복음 17장 기도에 가장 온전하게 표현되지만, 그전에도 행하신 표적들을 통해서 예수님은 자신의 욕망을 보여 주신다. 즉, 사람들이(그들이 예수님을 따르고 있든 그렇지 않든) "생명 life을 얻고 더 풍성히" 얻기(10:10)를 바란다는 것을 보여 주신다. 예수님의 표적은 인생 life, 사랑, 헌신의 약속을 기념하는 전형적인 행사인 혼인 잔치에 엄청난 양의 포도주를 제공하는 것으로 시작된다. 예수님이 먹이시고 치유하신 것은 사람의 삶을 유지시키고 회복시키고 향상시키는 것과 관련된다. 사람의 종교, 인종, 성별, 권력, 부, 지위에 상관없이 도움이 필요한 사람에게 그렇게 하신다. 우물가에서 사마리아 여인과 나눈 대화도 종교, 민족, 성별의 경계를 넘어서 관여하신 것이다. "나는 세상의 빛이다"(8:12)라는 선언은 예수님의 관계성에 제한이 없음을 보여 준다.

하지만 여기에 승리주의적인 '포괄적 해결책'은 없다. 예수님이 모든 사람과 만물과 맺는 관계에서 가장 깊은 비밀은 그의 죽음에 있다. 요한복음 12장에서 몇몇 이방인, 즉 헬라인이 예수님께 접근하자 이에 대한 응답으로 예수님은 자신의 죽음, 죽음의 결실, 모든 부류의 사람을 함께 이끌 능력에 관해 말씀하시기 시작한다. "내가 땅에서 들리면 모든 사람[또는 '만물']을 내게로 이끌겠노라"(12:32). 요한복음 17장의 예수님의 기도에서 절정에 이르는 고별 강론은 이 사건을 위해, 그리고 이 사건에서 흘러나오는 성령을 받도록 제자들을 준비시킨다. 이는 예수님이 무엇을 위해 자기 목숨을 내려놓는지를, 즉 예수님의 궁극적 욕망에 관한 비전을 제시한다. 그 욕망은 상상할 수 있는 가장 완전한 연합이다. 사랑과 평화 안에서의 연합이다.

실제로 예수님이 자기 목숨을 바치는 과정은 가장 가까운 추종자 중 하나의 배신, 그리고 로마 제국으로 대표되는 종교적·정치적·경제적·군사적 권력과 성전의 지배 계층의 결합이 한데 어울려 예수님을 반대하는 일이었다. 마찬가지로 이 계속되는 드라마도 예수님을 따르는 이들을 예수님이 당하신 그런 일에 연루되게 할 것이다. 고별 강론에서 경고하셨던 것처럼, 또한 베드로의 순교를 예언하셨던 것처럼 말이다(21:18-19). 일부 해석자들은 요한의 그리스도교 공동체를 '종파주의'로 본다. 즉, 그러한 압력으로 인해 공동체가 내부를 향하게 되었고, 원수에 대한 사랑보다 끼리끼리 사랑하는 것에 관심을 두고 있고, '세상'에 대한 완강한 경계를 쳤다고 보는 것이다. 이 주석은 요한복음의 취지를 다음과 같이 보는 쪽을 지지한다. 즉, 도움이 필요한 모든 이에게 생명을 주는 표적을 나타내고, 깊은 분열을 대담하게 거스르고, 진리를 더욱더 추구하고, 자신이 속한 문명에 대해 비판적이며 건설적으로 참여하고, 권력의 병적 측면들을 예언자적으로 도전하고, 종으로 섬기는 리더십의 모범을 보이며, 모든 사람과 모든 피조물을 향한 하나님의 사랑을 받드는 기도·사랑·친교의 공동체를 세우고, 예수님의 마지막 기도에 나타난 예수님의 욕망을 성취하는 일에 동참하는 것이 요한복음의 취지에 맞다고 보는 쪽이다(요한 공동체가 실제로 어떻게 살았는지에 대한 상반된 추측들이 있지만, 이에 대한 명확한 증거는 많지 않다).

그래서 '왜 요한복음인가?' 하는 물음에 대한 세 번째 답변은, 모든 사람과 모든 피조물이 사랑과 평화 안에서 궁극적으로 연합하기를 바라시는 예수님의 욕망이 곧 독자의 마음이 되게 하는 포괄적 지평을 요한복음이 독자들에게 길러 주기 때문이다.

왜 지금 요한복음인가?(1): 지금 예수님

요한복음에 대한 이러한 세 가지 차원은 이것들이 각각 오늘날에도 깊이, 실질적으로 관련 있음을 보여 준다.

예수님의 "나는 있다/…이다"는 예수님이 계속 관련된다는 점을 가장 직접적이고 심오하게 나타낸다. 요한복음은 예수님을 모든 시대, 모든 시간과 관련시킨다. 과거와 관련하여, 프롤로그에서 세례자 요한은 "내 뒤에 오시는 이가 나보다 앞선 것은 나보다 먼저 계심이라"라고 말한다(1:15, 또한 1:30에서 반복한다). 예수님도 "진실로 진실로 너희에게 이르노니 아브라함이 나기 전부터 내가 있느니라"라고 말씀하신다(8:58). 또한 "아버지여, 창세전에 내가 아버지 곁에서[아버지와 함께] 가졌던 영화로써 지금도 아버지와 함께 나를 영화롭게 하옵소서"라고 기도하신다(17:5; 또한 17:24 참조). 미래와 관련하여, 예수님은 제자들을 위해 "거처"를 예비하시는 자기 죽음 너머를 보고 계신다(14:1-7). 그리고 예수님의 마지막 말씀은 예수님의 오심과 예수님의 욕망이 중심을 이루는 미래를 상정하고 있다. "만일 내가 올 때까지 그를 머물게 하고자('텔레오' θέλω, '나는 바란다') 할지라도 네게 무슨 상관이냐?"(21:23). 그러나 주된 초점은 현재 – 모든 그때그때의 현재 – 에 있다. 그런데 이 현재는 그냥 지나가는 덧없는 현재 present가 아니다. 하나님이 임재하시 present듯이 임재하시는 예수님의 임재로 정의되는 현재다. 이 계속되는 임재와 관련되는 핵심어는 '거하다\머무르다' abide\remain\dwell이다. 이는 예수님, 예수님의 아버지, 성령, 이들을 믿고 사랑하는 사람들에 대해 사용된다. 이들의 상호 내주 內住는 17:20-26의 예수님의 기도에서 최고조에 이르고, "…안"이라는 말을 여러 번 사용함으로써 표현되는데, 첫 번째 제자들의 뒤를 이어가는 사람들까지도 분명하게 아우른다. 어떤 복음서도 예수님과 모든 '지금'의 관련성을 요한복음보다 강하게 주장하지 않는다.

예수님의 이 계속되는 임재를 독자들이 절실히 느끼게 하는 방식은 다양하다. 가장 중요한 방식 중에는 다음 세 가지가 있는데, 서로 철두철미하게 연관된다.

가장 분명하고 가장 강조되는 것은 성령이라는 선물이다. 성령은 결코 예수님의 임재나 성부의 임재를 대체하지 않는다—이 셋 모두 항상 함께 있으면서 동시에 서로 구별되고 서로 관련된다. 이 셋은 나중에 이해되었고 수 세기에 걸쳐 삼위일체적 사유와 기도와 예배로 표현된 사랑의 하나님의 부요한 임재를 나타낸다. 성령이 "너희와 함께 거하심이요, 또 너희 속에 계시겠음이라"(14:17)는 모든 '지금'을 위한 약속이다. 성령과 예수님과 아버지의 관계는 분명하다. "보혜사, 곧 아버지께서 내 이름으로 보내실 성령, 그가 너희에게 모든 것을 가르치고, 내가 너희에게 말한 모든 것을 생각나게 하리라. … 그가 내 영광을 나타내리니, 내 것을 가지고 너희에게 알리시겠음이라. 무릇 아버지께 있는 것은 다 내 것이라. 그러므로 내가 말하기를 그가 내 것을 가지고 너희에게 알리시리라 하였노라"(14:26; 16:14-15).

둘째, 예수님의 말씀 내지 선포에 관한 언급이 반복되는 것을 주목하라. 이는 다른 데서도 성령과 나란히 강조된다. "하나님이 보내신 이는 하나님의 말씀을 말하나니 이는 하나님이 성령을 한량없이 주심이니라"(3:34); "내가 너희에게 이른 말은 영[또는 '성령']이요 생명이라"(6:63). 예수님 안에 거하는 삶에 필수적인 것은 "내 말이 너희 안에" 거하는 것이다(15:7). 그리고 예수님은 아버지께 드리는 기도에서 자신이 할 수 있는 일을 간략하게 말씀하셨는데, 다음과 같은 부분이 있다. "나는 아버지께서 내게 주신 말씀들을 그들에게 주었사오며, 그들은 이것을 받고 내가 아버지께로부터 나온 줄을 참으로 아오며"(17:8). 마지막에 예수님께서 제자들에게 성령을 불어넣으실 때, 그 숨결이 예수님의 말씀을 전달한다(20:22). 요한복음에서 예수님의 말씀이 아버지, 성령을 주심, 거함, 풍요로운 삶, 믿음과 갖는 상호 관계는 아무리 강조해도 지나치지 않을 만큼 중요하다. 요한복음은 이 역동적인 관계로 독자들을 초대하기 위해 쓰인 것이다(cf. 20:31). 요한복음 본문을 읽는 것, 듣는 것, 그리고 그 말씀이 우리 안에 거하게 하는 것은 예수님과 그의 영의 임재를 지금 경험하는 방법이다. 예수님의 호흡이 말씀을 전달하듯이, 말씀은 예수님의 영을 전달한다. 호흡으로 묘사하는 방식이야말로 시시각각의 임재를 가장 생생하게 나타낸다. 예수님과 예수님을 신뢰하고 사랑하는 사람들이 상호 내주한다는 것은 예수님의 말씀에 참여하고 예수님을 증언함을 통해 지금도 저 첫 호흡이 계속되고 있다는 의미다.

셋째, 하지만 본문 자체는 본문 너머까지 가리키고 있다. 부분적으로는 상호본문들을 통해서 가리키고, 모든 것, 모든 생명, 모든 사람의 창조를 예수님께 연결함으로써 가리키고, 성령이 더욱더 진리로 인도하실 것이라는 약속을 통해서 본문 너머를 가리킨다. 이 모든 것의 핵심은 임재하시고 활동하시며 하나님의 생명과 함께 살아 계신 예수님은 누구신가 하는 것이다. 예수님은 자유롭게 임재하시며, 자유롭게 여러 방식으로 소통하시며, 자유롭게 놀라운 일을 일으키시는 분이다—예수님이 사역하시는 동안, 특히 부활 이후 사역하실 때 그리하셨던 것처럼 말이다. 본문을 안다고 해서(그런데 대체 누가 이 본문을 충분히 잘 알고 있을까?) 예수님과 예수님의 활동을 일반화할 수 있는 것은 아니다. 발을 씻어 주고 사랑하라는 예수님의 핵심 명령에는, 계속되는 드라마로 자기 제자들을 보내는 마지막 위임에는 "…것같이 …하라"가 있는데, 이는 창의적 연주와 혁신으로 초대한다. 이는 열려 있고 포용력 있어서 다양하게 변주될 수 있기에 또한 위험과 놀라움을 감수하는 것이다. 만일—모든 상황 속에, 모든 사람에게, 모든 가정과 문화와 사업과 종교와 국가와 환경에—하나님이 임재하시듯이 예수님이 지금 임재해 계신다면, 예수님을 발견하고 만나기 위해 지속적으로 새로운 만남에 자기를 개방할 필요가 있다. 부활 이후의 모든 만남은 놀라움이었지, 뻔하거나 훤히 보이는 것이 아니었다. 예수님의 자유로운 자기 계시를 인지하는 것이 이제는 덜 어렵고 덜 놀랍다고 생각할 이유는 없으며, 현재 예수님을 따르는 사람이든 다른 누구든 간에 예수님의 자유로운 자기계시가 누구에게, 어떻게 허락될지 예상할 수 없다.

그때 예수님: 역사적 예수와 요한

지금의 예수님은 그때의 예수님, 즉 역사적 예수를 상정하고 있다. 이는 과거를 연구하는 역사비평적 방법들이 등장하면서 최근 몇 세기 동안 특별히 관심받은 문제다. 여기서 살피기에는 너무 방대할 만큼 매우 다양한 접근 방식과 결과가 있다.[6] 나의 접근 방식의 경우 다음 세 가지 사항(이는 언급될 문헌을 통해 더 파고들 수 있다)이 특히 중요하다.

첫째, 증언은 요한복음에서 본질적인 것이며, 학자들을 비롯하여 여러 사람이 하는 것처럼 이 증언에 대해 반대 심문하는 것은 적절하다.[7]

---

[6] 나는 이 주석에서 역사비평과 관련하여 토대를 단단히 하려 한다. 즉, 나는 명시적 판단과 암묵적 판단 모두에 대해 변호할 준비가 되어 있다. 그러나 전문적인 역사 연구 작업이었다면 응당 필요했을 다양한 입장에 대한 자세한 논의로 들어가지는 않을 것이다. 수많은 주석과 연구가 이러한 논의를 하고 있지만, 역사적 연구의 주된 관심사와는 다른 나의 주된 목표를 위해서, 즉 복음과 현재의—생각하고, 상상하고, 기도하고, 공동체 안에서 살고, 사랑하는—삶을 연결하기 위해서 수많은 우회로를 거쳐 가지 않으려 한다. 나는 또한 역사신학, 교리신학, 조직신학과 관련해서도 토대를 단단히 하려 한다(다시 말하지만, 나는 내 판단을 변호할 준비가 되어 있지만, 이를테면 그리스도론에 대해서, 완전한 입장을 펼쳐 내지는 않을 것이다—에필로그에서 언급한 다른 작업들이라면 이와 관련되긴 하지만 말이다). 그리고 문학 비평, 해석학, 영성, 윤리학, 철학을 비롯한 여타의 담론에 대해서도 마찬가지다.

법정에서와 마찬가지로, 반대 심문 후에 그 증언을 기본적으로 신뢰할 수 있는지에 관한 판단을 내리게 된다. 즉, 그 증언이 십자가에 못 박히고 부활한 예수가 누구인지에 대한 믿을 만한 증언인지 여부가 판단 내려진다. 다른 많은 사람처럼 나도 그 증언이 믿을 만한 증언이라고 확신한다.[8] 예수님에 관한 복음서 이야기들 사이에는 많은 차이가 있지만, 네 복음서 모두 그가 말씀하시고 행하신 것, 그의 만남과 갈등, 그의 수난과 십자가 처형과 부활에 관해 말함으로써 그가 누구신지를 증언한다. 핵심 요소에 대해서 비슷한 것이 많이 있는데, 서로 갈라지는 부분들(공관복음과 요한복음의 차이가 가장 크다)은 대개 예수님에 관해 더 깊이 성찰할 수 있는 유익한 방법들을 제공한다.

둘째, 그때의 예수님과 지금의 예수님을 연결하는 중요한 사건은 부활이다. 모든 복음서와 신약의 그 밖의 책들이 부활에 비추어 기록되었지만, 요한복음은 예수님에 관한 부활 이전의 관점과 부활 이후의 관점을 모두 제시하는 일에 더욱 명시적으로 관심을 두고 있다(이 주석은 이 점을 분명하게 보여 줄 것이다). 이러한 관심은 요한이 성령에 대해, 부활 이후 계속되는 제자도의 드라마에 대해 더욱 강조한다는 점과 잘 맞아떨어지고, 하나님과 모든 사람과 만물에 관한 요한의 지평과도 잘 어울린다. 이러한 관점의 결합을 제대로 다루려면, 이와 같은 신학적 해석과 다양한 문제의 관련성에 대해 고려하고 판단을 내려야 하는데, 여기에는

---

7   예수님을 증언하는 신약의 증언에 대해 학술적으로 수행하는 역사적 조사(examination)에 관한 표준적 설명 중 이 주석의 접근법과 맞는 것은 Young, "Prelude: Jesus Christ"이다.

8   내 접근 방식에 관한 전반적인 설명으로는 다음을 보라. Ford, "Who Is Jesus Now?" 역사적·성서적 학문과 해석을 고려한, 예수님에 관한 신학적 이해에 대한 더 자세한 논의로는 다음을 보라. Ford, *Self and Salvation*, 7장과 8장; Ford, *Christian Wisdom*, 2장과 5장.

다음과 같은 것들이 포함된다—어떻게 역사와 전기와 신학이 그 시대의 문헌 속에 결합될 수 있었는지, 어떻게 신성한 텍스트를 비롯한 여타 텍스트를 다시 쓰는 것이 새로운 상황에서 그것들을 받아들이고 해석하는 방법이었는지,⁹ 그리고 계속해서 성령을 통해 더 깊은 진리로 인도되는 것이 요한에게 중요했다는 점도 포함된다.

셋째, 예수님의 부활은 다른 사건들(이를테면 십자가 사건)과 나란히 하나의 역사적 사건으로만 이해될 수 없다. 뒤에서 요한복음 20장을 해석하며 논하겠지만, 요한복음에서 부활은 '신적 규모의' 사건이다. 하나님이 행동하시고 예수님이 나타나시고 제자들이 성령을 통해 변화되는 사건이다. 반대 심문될 수 있는 증언도 부활 사건에 중요하지만, 하나님이 누구시며 예수님이 누구신지를 인식하고 인격적인 신뢰와 사랑으로 응답하는 믿음도 중요하다—"나의 주님이시요 나의 하나님이시니이다"(20:28)에서 "나의"가 겹으로 나타난다.¹⁰

그때와 지금 사이의 예수님: '요한복음의 예수' 수용사

요한복음은 지난 2000년 동안 단일 텍스트로서는 그리스도교 사상에 가장 큰 영향을 미쳤을 것이다. 요한복음의 영향력이 너무 지대해서, 요

---

9 스토리텔링으로 신선한 통찰이나 강조점을 전달하고자 하는 작가들은 그들이 본질적이라고 여기는 것들을 그대로 유지하면서도 거리낌 없이 이야기를 색다르게 들려줄 수 있다는 점을 기억해야 한다. 이러한 점은 성경에서도 볼 수 있는데, 사복음서에서뿐만 아니라 출애굽기와 신명기의 차이, 역대상하와 그보다 앞선 책인 사무엘상하 및 열왕기상하의 차이에서도 볼 수 있다. 유대인의 다시 쓰기와 헬레니즘의 다시 쓰기에 관해서는 다음을 보라. Brodie, *The Quest for the Origin of John's Gospel*.

10 예수님과 그의 부활에 관하여 아마도 가장 중요한 단 한 권의 책은 나에게 *The Identity of Jesus Christ*이다. 이 책은 한스 프라이가 썼는데, 그는 사실적인 내러티브, 역사적 증언, 부활의 상호 관계를 특히 잘 조명한다. 이 책은 프라이의 다른 작품들, 이를테면 《성서 내러티브의 상실》(*The Eclipse of Biblical Narrative*, 감은사 역간)과 *Types of Christian Theology*에 의해 뒷받침된다.

한복음 수용사는 그리스도교 사상, 예전, 음악, 미술 등을 아우르는 엄청난 양의 역사일 것이다. 그중에서도 지금 나는 내 해석과 관련된 네 가지 대표적 요소에 초점을 맞출 것이다.

첫째는 예수 그리스도와 삼위일체에 대한 주류 교리의 형성과 발전에 미친 영향이다. 요한복음은 예수님에 관한 가장 완전한 계시로 여겨졌고, 그리스 전통에서 요한복음 저자는 '그 신학자'로 알려졌다. 초기 몇 세기 동안 가장 강력하게 교회의 분열을 초래한 교리적 쟁점은 그리스도의 인격에 관한 가르침, 즉 그리스도론이었다. 이는 요한복음의 핵심이기도 하다. 예수님은 누구신가로 수렴되는 이 핵심 문제는 무엇이 그리스도교 신앙의 중심으로 여겨지는지를 가리킬 뿐만 아니라, 이와 직접적으로 관련되지 않은 다른 쟁점들이 교회를 분열시키지 않도록 매우 경계해야 한다는 점을 함의한다. 그리스도론, 삼위일체론, 다양한 점에서의 일치에 관해서는 다음 장들에서 더 언급할 것이다.[11]

둘째는 특정 시대에, 그리고 특정 저자들이 요한복음 수용에 집중적인 관심을 기울인 결실이다. 이 장르에서 여러 가지 중 하나를 꼽아서 이야기하자면, 근대 초기 영문학과 신학에서의 요한복음에 관한 폴 세파루의 연구는 거듭해서 자극을 주고 이해를 넓혀 주고 있다.[12] 나는 특히 그의 "요한 르네상스"Johannine Renaissance 개념에 매력을 느끼는데,[13] 이 개

---

11 초기 그리스도교에서 교리와 성경의 관계라는 맥락에서 예수님과 요한복음에 대한 나의 이해에 가장 큰 영향을 미친 학자는 프랜시스 M. 영(Frances M. Young)이다. 특히 다음 책에 영향을 받았다. *Ways of Reading Scripture*; *Exegesis and Theology in Early Christianity*; *Biblical Exegesis and the Formation of Christian Culture*; *From Nicaea to Chalcedon*; 그리고 출간 예정인 그녀의 역작 "Doctrine as Making Sense of Scripture"도 마찬가지인데, 그녀가 집필 중에 공유해 주었다.
12 Cefalu, *The Johannine Renaissance*.
13 '르네상스'는 거듭남(rebirth)을 뜻하며, 하나님 나라를 보고 그곳으로 들어가는 것, 성령을 받는 것, 예수님을 믿고 신뢰하는 것, 영생을 소유하는 것, "하나님 안에서" 살고 행하는 것과 관련하여 요한이 생성한 이미지 중 하나다(3:1-21). 요한 르네상스를 조

넘이 21세기 교회와 세계에 큰 유익이 되리라 생각하기 때문이다.

셋째는 지난 세기에 그리스도교 사상에 미친 요한복음의 영향력이다. 주도적인 사상가들과 흐름이 이 복음서를 특출나게 유익한 것으로 여겨 왔다는 점이 두드러진다. 칼 바르트, 루돌프 불트만, 한스 우르스 폰 발타자르와 같이 서로 차이가 심한 사람들조차도 여러 복음서 중 요한복음을 주된 신학적 지침으로 삼았다. 전 세계의 다양한 그리스도교 전통에서도—가톨릭, 정교회, 성공회, 루터교(요한복음은 루터가 가장 좋아한 복음서였다), 개혁파, 감리교, 퀘이커교(요한복음은 조지 폭스가 가장 좋아한 복음서였다)—마찬가지였다. 또한 에큐메니칼 운동에서 요한복음 17:20-26보다 더 영향력 있는 본문은 없었다.[14] 오순절 신학과 은사주의 신학에서는 지금까지 대체로 누가-행전 및 바울 이해가 지배적이었는데, 앞으로 이를 요한복음의 성령과 어떻게 통합할지 지켜보는 것은 특히 흥미로울 것이다.[15]

마지막은 요한복음에 대한 여러 예술적 반응을 대표하는 요한 제바스티안 바흐의《요한 수난곡》이다.[16] 바흐는 내가 이 서론에서 식별한 세 가지 주요 주제를《요한 수난곡》안에 통합한다. 시작하는 합창곡과 바로 이어서 나오는 체포 장면에서부터 예수님이 누구인지에 중점을 두고, 첫 번째 코랄에서는 예수님을 향해 개인적으로, 열정적으로 웅변함으로써 이를 강화한다—"오 크신 사랑이여, 한량없는 사랑이여, 당신을

성하는 것은 내가 계속 작업하고 있는 주제로, 예를 들면 다음과 같은 것들이다. Ford, *Meeting God in John*; Ford and Cocksworth, *Glorification*.

14 Ford, "Mature Ecumenism's Daring Future"를 보라.
15 지난 세기 그리스도교 신학의 너비에 관한 설명으로는 포드·무어스,《현대신학자 연구》(*The Modern Theologians*, CLC 역간)를 보라.
16 이에 관한 주요 연구 중 하나는 Chafe, *J. S. Bach's Johannine Theology*다. 그는 고전 교부 및 중세의 '성경에 관한 감각', 상호본문성(특히 공관복음 및 시편과의), 교회력, 바흐가 속한 루터교 전통의 특별한 영향력과 바흐의 성경 이해의 연결점을 보여 준다.

이 수난의 길로 이끈 사랑!"¹⁷ 그리고 예수님을 따르는 계속되는 드라마와 유사한 관심사가 있다. 예컨대 앞부분에 나오는 아리아가 그렇다—"나는 행복한 발걸음으로 당신을 따르리. 당신을 떠나지 않으리, 나의 생명, 나의 빛이시여. 당신의 여정을 쫓아가고 멈추지 않도록, 계속해서 나를 이끄시고, 나를 밀어주시고, 나를 재촉해 주소서." 이러한 점은 혼자 부르는 독창에서도 함께 부르는 합창에서도 표현되고 있다. 바흐의 음악과 노랫말은 굳어 있던 제자로서의 생각과 마음과 행동이 넓혀지고 있음을 전달한다—"내 생각으로는 당신의 자비를 어떻게 본받을 수 있을지 알 수 없습니다. 그렇다면 내 행동으로 당신의 사랑의 행적에 어떻게 보답할 수 있을까요?" 그리고 시종일관 욕망과 갈망의 형태가 있다 —"오 사랑하는 주님! 당신께서 받으신 것만 나에게 주십시오. 더는 바라지 않습니다!" 그리고 세 번째 주제인 하나님과 모든 사람, 모든 피조물은 언어로 표현되지만, 무엇보다도 음악과 언어가 통합되어 표현된다. 소리, 악기, 목소리, 풍부한 선율, 리듬, 화음, 음색과 신학의 대칭,¹⁸ 변주되는 반복, 종지가 언어적 의미와 결합하면서 말이다.¹⁹ 이러한 《요한 수난곡》이 예수님 따르는 무리 바깥에서도 이해할 수 있으며 매력적이라

---

17 체프는 《요한 수난곡》에서 예수라는 이름과 예수님의 정체성을 가리키는 다른 표지들 (이를테면 "나는 있다/…이다")이 중심 역할을 한다는 점을 명확히 한다. 그는 예수님이 누구신지에 대한 바흐의 음악적 표현을 "아마도 요한복음에 대한 다른 예술적 해석가들"(이를테면 레오나르도 다빈치의 그림 〈최후의 만찬〉)과 "바흐가 어깨를 나란히 해야 한다는 사실에 관한 가장 강력한 증거"로 본다(*J. S. Bach's Johannine Theology*, 30).
18 이는 Chafe, *J. S. Bach's Johannine Theology* 전체에서 특히 잘 다루는 주제다.
19 신학과 음악의 상호 작용에 관해서는 *Resounding Truth*와 *Theology, Music and Time*을 비롯한 제레비 S. 벡비의 통찰력 있는 글을 보라. 나는 악보를 보며 함께 《요한 수난곡》을 듣는 데 시간을 내어 주고 음악과 신학의 연관성을 제시해 준 제레미에게 감사를 표한다. 특히 바흐의 《요한 수난곡》의 우주적 차원에 관해서는 다음을 보라. Plantinga, "The Integration of Music and Theology in the Vocal Compositions of J. S. Bach."

는 점은 지난 300년 동안 입증되었다.[20] 《요한 수난곡》은 죄, 악, 고통, 죽음으로 정복되지 않는 풍요로운 생명/삶에 대한 감각을 수많은 경계와 차이를 넘어 계속해서 전달하고 있다.

왜 지금 요한복음인가?(2): 지금 교회

내가 보기에 세 가지 주요 주제는 각각 21세기 교회에 대단히 중요한 것 같고, 따라서 지금 교회에서 요한 르네상스를 장려해야 한다고 생각한다.

지금이든 언제든 예수님이 누구시냐면, 하나님이 임재하신 것처럼 살아 계셔서 임재하시는 분이고, 성령 안에서 타인과 사랑하는 이 생명의 삶을 나누기를 갈망하고 계신 분이고, 교회의 중심에 계신 실재시다. 이 점을 인식할 때 일차적인 반응은 놀라며 인정하는 것이다. "나의 주님이시요 나의 하나님이시니이다"(20:28). 이러한 인정은 헌신과 예배로 이어진다. 요한은 한 사람씩 일대일로 각 사람의 이름을 부르시며 각 사람에게 민감하신 예수님과의 첫 만남이 이루어지기를 바라고 있다. 그뿐만 아니라 각 사람이 사랑의 가족 공동체에 들어오게 되기를 바라고 있다. 이는 배우는 사람들의 공동체이며, 이 공동체의 주된 물음은 '예수님, 당신은 누구십니까?'이다. 이 배움은 끝이 없으며, 여기에는 다음과 같은 것이 포함된다. 즉, 다른 텍스트와의 지속적인 상호본문적 관계 속에서 요한복음 읽기를 배우는 것, 요한복음의 프롤로그와 나머지 부분

---

20 마이클 메리슨은 그의 독창적이고 음악적이고 개념적인 연구인 *Lutheranism, Anti-Judaism, and Bach's St. John Passion*에서 바흐가 루터의 반유대주의에 어떻게 저항하는지를 보여 준다—예를 들면, 그는 유대인뿐만 아니라 죄 있는 온 인류에게 예수님의 죽음에 대한 책임을 지운다.

의 지평 안에서 생각하는 법을 배우는 것, 요한복음 17장의 지평 안에서 기도하기를 배우는 것, 무엇보다도 예수님께서 사랑하고 섬기셨던 것처럼 사랑하고 섬기는 법을 배우는 것이 포함된다.

이러한 배움의 공동체는 예수님이 누구신지를 중심으로 읽고 생각하고 기도하고 사랑하는 일에 확실히 집중할 뿐만 아니라, 집중하지 못하게 방해하는 것은 무엇이든지 경계해야 한다. 요한은 많은 자료(20:30, 21:25) 중에서 그가 독자들에게 필수라고 여긴 것, 즉 "믿어서 그의 이름으로 생명을 얻게"(20:31) 하기 위한 것을 선별한다. 그러므로 모든 그리스도인과 교회는 요한이 강조하지 않은 것을 필수적인 것으로 여기는 행위를 극도로 경계해야 한다. 또한 여러 욕망, 관심, 쟁점, 계획, 갈등이 예수님이 누구신지에 우선적으로 주의를 기울이지 못하게 방해하고 있지는 않은지 지속적으로 의식해야 한다.

성령은 예수님이 누구이며 그를 따르는 이들이 누구인가 하는 점과 별개일 수 없다. 함께 예수님을 따르는 계속되는 드라마의 핵심에는 예수님께서 자기 말씀을 담은 자기 영을 불어넣으신 사람들과 예수님의 친밀한 관계가 있다. 예수님을 따르는 이들은 이러한 관계 속에서, 무엇이 예수님께 사랑받는 것과 예수님을 사랑하는 것과 관련되는지를 끊임없이 더욱더 배울 수 있다. 요한복음이 가르치는 계속되는 드라마의 놀라운 특징 하나는 더 많은 진리와 혁신적인 사랑과 섬김—이 모든 것이 예수님이 누구신지와 부합한다는 조건하에—에 대담하게 자신을 열어 두는 것이다.

그리고 이를 위한 지평은 다름 아닌 하나님과 모든 실재다. 이는 개인과 전체 공동체들이 '자신을 통해 만물이 창조되고 또 그 모든 것과 계속 관계 맺으시는 하나님의 말씀이신 분'을 제대로 인식하여 생각과 상상과 기도를 확장하도록 도전한다. 모든 사람과 모든 피조물이 하나가 되기를 바라는 예수님의 욕망은 예수님처럼 온 세상을 위해 여기 존재하는 교회에 영감을 준다. 이것의 한 가지 함의는 경계들, 서로를 가르는 담들, 그리고 벽에 둘러싸여 종종 대립하고 갈등하는 정체성들에 관하여 예언자적으로 묻는 것이다. 예수님은 끊임없이 경계를 가로질러서 이동하시고, 말씀하시고, 행동하고 계신다. 그리고 우리가 인정하든 안 하든, 부활하신 예수님은 분열의 어느 한쪽에만 임재하시지 않고, 어떤 분열 어느 쪽에 속한 사람에게든지 임재해 계신다. 이것이 지역적으로나 전 세계적으로 예수님을 따르는 사람들에게 함의하는 바는 그들에게 가장 큰 도전 중 하나다. 요한복음에 나오는 예수님은 먼저 집에서, 얼굴을 맞대는 공동체에서 이를 직면하게 하신다. "만일 너희가 서로 사랑하면 이로써 모든 사람이 너희가 내 제자인 줄 알리라"(13:35) 하신 사랑의 명령에서 "만일"이라는 조건에 이러한 도전이 있다. 그리고 "그들로 완전히[온전함을 이루어] 하나가 되게 하려 함은 아버지께서 나를 보내신 것과 또 나를 사랑하심같이 그들도 사랑하신 것을 세상으로 알게 하려 함이로소이다"(17:23) 하신 기도에서 "완전히[온전함을 이루어]"에는 훨씬 더 급진적인 도전이 있다.

그런데 오늘날 예수님을 따르는 사람들과 그들의 공동체인 지금의 교회 모습과 관련하여 두 가지 매우 심각한 단서가 붙는데, 하나는 부정적인 것이고 다른 하나는 긍정적인 것이다.

부정적인 현실은 요한이 잘 쓰는 이미지를 사용하자면 어둠이 계속된다는 것이다—특히 교회 안에서 말이다. 이는 그저 세상이 비극적으로 잘못되고 있는 방식에 대해서만 완전히 현실적인 것이 아니라, 예수님을 따르는 이들의 공동체에 대해서도 똑같이 아픈 사실성을 보여 준다. 제자들은 실수하고, 현혹되고, 무능하고, 잘못된 확신에 차 있고, 믿음과 사랑은 부족하고, 두려워하고, 불충하고, 도둑질하고, 배반하는 모습으로 나온다. 심지어 이들은 예수님께서 직접 선택하시고 가르치신 사람들이다! 요한복음에서 예수님을 따르는 이들이 오류투성이인 모습은 그저 부활 이전에만 해당하는 그림이 아니다. 교회에 떠도는 거짓 소문은 요한복음이 마지막 일화를 담게 했고, 요한일서는 교리로 분열되었으며 사랑을 북돋울 필요가 절실했던 죄인들의 교회라는 그림을 강화한다.

오류에 빠지기 쉬운 이 공동체는 온갖 죄에 취약한 비극적인 모습으로 역사를 통해 계속되어 왔다. 요한이 가장 강조했던 죄들―예수님에 대한 신뢰와 헌신의 결여, 진리에 대한 맹목과 무심, 사랑 없음―을 비롯하여 말이다. 아마도 가장 부끄러운 죄는 예수님이 마지막 기도에서 욕망하신 것과는 반대로 사랑 안에서의 연합/일치, 신뢰, 평화, 기쁨이 없었다는 점일 것이다. 요한복음 수용사는 여러 면에서 문제가 있었다. 최근 많은 관심을 받아 마땅한 문제 하나는 유대인과 유대교에 대해 반대하는 식으로 요한복음을 사용한 점과 여전히 계속되는 끔찍한 반유대주의 anti-Semitism 및 반유대교주의 anti-Judaism 역사에서 차지하는 요한복음의 비중이다. 오랫동안 요한복음 해석은 유대인에 대한 경멸을 가르쳤고, 유대교와 관련하여 대체주의 supersessionism를 가르쳤다. 아우구스티누스, 마르틴 루터를 비롯한 주요 인물도 그렇게 요한복음을 해석했고, 수 세기에 걸쳐 그러한 가르침이 되풀이되어 온 것이다.

이 주석은 여러 지점에서 이러한 문제를 비롯하여 여타 고통스러운 문제와 마주할 것이다.[21] 전반적인 접근 방식은 요한복음이 어떻게 문제 있는 방식으로 그려져 왔는지를 확인하고, 요한복음과 요한복음의 상호 본문 및 이 전통의 다른 줄기들이 손상을 복구하고, 상처를 치유하며, 미래에는 더 나은 수용사를 낳는 데 도움이 되도록 지금부터 어떻게 그려

---

21   다음과 같은 것들도 쟁점에 포함된다. 예정론, 권력과 권위, 젠더, 성찬, 윤리적·정치적 함의 및 지향, 종교(faiths) 간 관계, 악과 죄와 죽음, 개인적·사회적 정체성.

질 수 있는지를 찾아보는 것이다. 이러한 접근 방식을 따르지 않는다면 어떤 요한복음 르네상스가 되었든지 간에 그리스도교 역사상 몇몇 최악의 잘못을 재연할 위험이 있다.

교회를 향한 긍정적인 비전을 보여 주는 긍정적인 단서는 예수님의 임재와 활동이 그를 따르는 이들의 공동체에 제한된다는 암시가 요한복음에 없다는 점이다. 예수님을 따르는 우리는 사랑받고 있고, 교화되고 있고, 예수님이 보내심받은 것처럼 보내심받았고, 한량없이 성령을 받고 있으며, 이에 대한 응답으로 신뢰하고 섬기고 기도하고 사랑하도록 초대받는다. 그러나 우리가 어떤 식으로 반응하든, 계속되는 드라마는 교회의 드라마보다 훨씬 크다. 세상 또한 사랑받고 있으며, 예수님은 자유롭게 세상과 관계를 맺으신다. 이것은 '왜 지금 요한복음인가?'하는 문제가 한층 나아간 차원이다.

왜 지금 요한복음인가?(3): 지금 세상

하나님과 모든 실재에 관한 프롤로그의 지평은 의미의 풍성함, 삶의 풍성함, 사랑의 풍성함을 더 넓힌다. 이 중 어떤 것도 예수님을 따르는 사람들에게만 국한된다고 상상할 수 없다.

의미

의미는 프롤로그에서 '말씀' 곧 '로고스'λόγος라는 주요 개념에 의해 전달된다. 로고스는 하나님과 동일시되며, 만물의 창조와 연결되고, 충만함의 근원인 빛과 연결되며, 또한 예수 그리스도와 동일시된다. 이 책의 연구는 예수님의 한없는 의미를 통해 사유하려고 노력하지만, 이를 총괄하는 관점이 마치 나에게 있다는 식으로 내비쳐지지 않게 하려 한다. 오직 그 말씀만이, 하나님과 하나이신 말씀만이 전체를 아우르는 관점을 가지고 있다. 우리는 어렴풋이 일별할 뿐이다. 의미, 이해, 지식, 진리에 대한 욕망은 무한하며, 이제 이 욕망은 요한이 따라갔던 길과 비슷한 다음과 같은 길로 이어진다. 성경을 비롯한 여러 텍스트 읽기, 증언과 개인적 경험에 주의를 기울이기, 주변 문화 및 문명과의 교류, 공동체 안에서 다른 사람들과 함께 생각하고 기도하기, 거짓과 진리를 구분하려고 노력하기, 소통의 형태들을 실험하기, 제대로 묻고 의심하고 발견하기 위해서 굳어진 생각과 마음과 상상을 넓히기. 이 모든 것에서 진리의 영은 역사적 시대, 젠더, 문화, 예술, 미디어, 종교, 학문 분야, 정치적 소속과 충성심, 계급, 능력을 비롯하여 여타 의미와 정체성의 원천이 되는 것들의 경계를 가로질러 자유롭게 불고 있다. 예수님과 예수님이 내쉬는 영에 열려 있다는 것은 의미와 진리가 어디에서 발견되든 관계없이 의미와 진리에 열려 있음을 뜻한다. 따라서 신선한 이해에, 사물을 바라보는 새로운 방식에, 우리의 마음을 바꾸는 일에, 그리고 우리 자신과 현실 모두에 대해 다시 생각하고 다시 상상하는 일에 지속적으로 열려 있는 것을 중요하게 여긴다.

그러나 거짓, 가짜 뉴스, 오해, 거짓말과 기만, 믿을 수 없는 증언, 무지, 지식과 욕망의 왜곡과 조작, 얄팍하거나 혐오로 가득한 의견이나 편견을 열심히 부추기는 것, 인신공격, 폭력 선동, 돈과 인종차별과 성 불평등과 지배 권력에 봉사하는 이데올로기들, 생명을 주는 의미를 찾지 못하고 절망으로 이어지게 생각하고 상상하게 하는 습성을 지닌 세계관들—이것들 또한, 그리고 더 많은 것들이 현실이다. 프롤로그는 "빛이 어둠에 비치되 어둠이 '빛을 이기지'[개역개정] 못하더라"(1:5)라고 말한다. 이 말씀은 어둠이 지속됨을 인식하게 하면서도 동시에 진리를 추구하고 증언하는 계속되는 드라마에 대한 확신을 준다. "내가 이를 위하여 태어났으며, 이를 위하여 세상에 왔나니, 곧 진리에 대하여 증언하려 함이로라. 무릇 진리에 속한 자는 내 음성을 듣느니라"(18:37). 예수님은 재판장에서 이 말씀을 하시고 죽음에 이르게 되었고, 이제 이 진리의 증인들은 날마다 굴욕과 고문과 죽임을 당한다. 예수님께서 보내심을 받은 것처럼 보내심을 받은 이들, 곧 예수님을 따르는 이들에게 가장 큰 도전 하나는 진리를 배우고 진리에 속하고 진리를 증언하는 것이며, 또한 진리를 증언하는 타인들(종종 놀라게 만드는 타인들)과 연대하는 것이다.

생명

생명/삶은 요한의 핵심 범주 중 하나다. 생명/삶은 예수님이 누구신지를 제시하는 데 필수다. 예수님을 따르는 데 필수다. 또한 모든 인류와 모든 살아 있는 것들을 끌어안기 위해 손을 뻗는 데도 필수다. 프롤로그는 이를 머리글로 기술한다. "그 안에 생명이 있었으니, 이 생명은 사람들의 빛이라"(1:3-4). 예수님의 소명과 사명은 진리와 관련되어 있듯이 생명/삶과도 명확히 관련되어 있다. 따라서 충만하고 다면적인 생명/삶에 대한 헌신은 예수님께서 보내심을 받은 것처럼 보내심을 받은 사람들에게 필수다. "내가 온 것은 양으로 생명을 얻게 하고 더 풍성히 얻게 하려는 것이라"(10:10).

그런데도 질병, 정신 질환, 장애, 굶주림과 목마름, 가난, 격한 분열, 폭력적 갈등, 강제 이주, 물과 공기와 땅의 오염, 종의 멸종, 불의, 잔인함과 고문, 착취와 노예, 여러 종류의 굴욕과 비참함, 불신과 절망, 죽음ㅡ이것들을 비롯하여 유사한 수많은 것들 또한 지금 우리 세계의 현실이기도 하다. 예수님을 따른다는 것은 드라마의 일부가 되는 것인데, 우리 자신이나 타인에 관한 마지막 결론이 우리 중 누구에게도 있지 않으며 십자가에 못 박히시고 부활하신 예수님이 첫 번째, 현재, 마지막 말씀이시라는 것을 신뢰하는 사람들의 드라마의 일부가 되는 것이다. 이는 우리 자신과 다른 이들을 위한 것이다. 이는 우리가 그러한 악 가운데서 우리 자신의 몫을 감당하게 하고, 가능하면 때로는 예상치 못한 사람·조직과 협력하게 하고, 비용도 많이 들고 오래 걸리고 거의 드러나지도 않는 섬김을 수시로 행하게 한다.

사랑

머리글에서 사랑은 "아버지 품속에" 있는 아들(1:18)이라는 프롤로그의 최고조 묘사를 통해 어렴풋하게 암시적으로 표현된다. 이후 표어와도 같은 다음 진술에 처음으로 명시적으로 언급된다. "하나님이 세상을 이처럼 사랑하사 독생자를 주셨으니, 이는 그를 믿는 자마다 멸망하지 않고 영생을 얻게 하려 하심이라"(3:16). 하나님의 품/마음에서 일어나서 예수님 안에서 체현된 세상을 향한 이 사랑은 요한이 증언하는 가장 중요한 단 하나의 현실이다. 또한 이 사랑은 예수님과 예수님의 아버지와 불가분하며, 성령의 영감으로 계속되는 드라마와도 불가분하다. 이 드라마에는 모두가 초대받는다. 고별 강론은 이 사랑의 상호성과 이 사랑의 너비와 길이와 깊이와 높이를 열어 보여 준다. 예수님의 십자가 처형은 이 사랑을 실연實演하고, 예수께서 사랑하시는 그 제자와 예수님의 어머니를 중심으로 새로운 가족을 이루어 낸다. 그리고 부활 후에 예수님은 자신의 사랑의 영을 자신을 따르는 이들에게 불어넣으시고, 자신이 보냄받은 것처럼 그들을 보내신다—세상을 사랑하시는 마음으로.

하지만 사랑의 결핍, 왜곡된 사랑, 상처 받은 사랑, 실망한 사랑, 비극적인 사랑, 사랑의 실패, 착취당하는 사랑 또는 착취하는 사랑, 기만적인 사랑, 사랑에 대한 배신, 일방적이고 거절된 사랑, 굴욕적인 사랑—이것들을 비롯한 여타 병적인 사랑은 바로 지금 수많은 사람이 경험하는 것이다. 요한복음이 던지는 가장 큰 도전은 예수님의 사랑을 신뢰하고 사랑으로 응답하는 것이다. 독자들은 신뢰할지 안 할지, 사랑할지 안 할지 결정하는 상황에 몇 번이고 직면한다(때로는 충격 요법에 가까워 보이는 방식으로). 예수님의 적들도, 예수님과 가장 가까운 이들도 병적인 사랑의 사례를 보여 준다. 풍성한 사랑의 길은 십자가 처형을 통하는 길이다. 위태로운 일에 기꺼이 목숨을 걸면서, 심지어 타인을 향한 사랑에 목숨을 내놓으면서 이르는 길이다. "한 알의 밀이 … 죽으면 많은 열매를 맺느니라"(12:24).

여기 사랑 안에서 이 복음서의 세 가지 주요 요소가 한데 모인다. 즉, 예수님이 누구신지와 예수님 안에 있는 의미와 생명과 사랑의 풍성함. 예수님께 사랑받고 예수님 안에 거하는 친밀한 상호 관계를 중심으로 계속되는 사랑의 드라마를 위해 한량없이 주시는 성령. "내가 땅에서 들리면 모든 사람[또는 '만물']을 내게로 이끌겠노라"(12:32) 하신 눈부신 약속의 대상, 곧 하나님이 사랑하시는 세상. 우리는 이 사랑의 신비 전체를, 즉 예수님을 따르는 자들 사이에서와 그 너머에서 이 사랑이 취할 수 있는 형태 전체를 아울러서 볼 수 없다. 하지만 요한복음은 (요한복음의 상호본문들과 함께) 그 사랑을 바라고 받아들이고 신뢰하도록, 그 사랑 안에 거하도록, 그 사랑의 놀라움에 철저히 열려 있도록, 상상력과 대담함으로 그 사랑에 반응하도록 부추긴다.

지금

내가 이 글을 쓰고 있는 지금 이 세상은 전례 없는 놀라운 일에 대처하고 있다. 바로 전 세계적인 코로나19 팬데믹이다. 이와 분리할 수 없는 또 다른 전례 없는 전 세계적 현상도 있는데, 그중에서도 특히 두 가지가 그렇다. 바로 계속 심각해지고 있는 생태 위기와 전자 통신의 영향력이다. 전자 통신은 컴퓨터, 스마트폰, 인터넷, 가상 상호 작용 및 가상 커뮤니티, 원격 업무 및 교육, 온라인 사업과 온라인 도박과 온라인 예배, 소셜 미디어, 새로운 중독, 확대되는 감시, 전자전 및 전자 범죄 등으로 '정보 문명'을 형성하고 있고, 여기에는 부, 권력, 지식의 엄청난 불평등이 동반되고 있다.

이러한 놀라운 일들이 요한복음을 읽고 또 읽음으로써 오는 놀라움 및 풍성함과 만나면 무슨 일이 벌어질까? 물론 무슨 일이 생기기 전에는 이에 대한 답도 없다. 그리고 서로 다른 사람, 집단, 국가, 지역, 종교에 따라 서로 다른 일이 일어날 것이다. 요한복음의 독자인 우리가 더욱 깊어지는 이해와 사랑 안에서 예수님과 그분의 아버지께로 더 가까이 가도록 우리에게 성령이 주어졌다. 동시에 우리를 다른 사람과 함께하는 공동체 속으로 더 깊이 이끌고 또한 사랑 안에서 세상 속으로 더 깊이 더 멀리 이끌기 위해 성령이 주어졌다. 팬데믹, 생태 위기, 정보 문화와 같은 전 세계적인 도전은 각 사람이 의미, 생명, 사랑의 영역에서 직면하는 매우 특수하고 개인적이고 지역적인 도전과 결합된다. 이 모든 것을 아우르는 관점은 없는데, 심지어 우리 자신의 집단이나 가족 내에서도 전체를 아우르는 관점은 없다—"내가 올 때까지 그를 머물게 하고자 할지라도 네게 무슨 상관이냐? 너는 나를 따르라!"(21:22). 스티븐 툴민이 매우 통찰력 있게 기술한 유럽의 르네상스처럼,[22] 요한복음 르네상스는 창조와 생명의 풍부한 흔적들, 저마다 이름이 있어도 상당수는 감추어져 있는 꽃들이 피어남에 관한 것이다.

이 시기 동안 혼자서 그리고 다른 사람들과 더불어 요한복음을 계속

---

22 Toulmin, *Cosmopolis*.

다시 읽으면서[23] 계속되는 풍요로움의 한복판에서 나에게, 나의 삶과 사랑이라는 작은 영역에서 한 가지가 분명해졌다. 바로 요한복음이 지금 그 어느 때보다도 신선하고 생산적인 방식으로 시의적절하다는 점이다. 이를 발견하는 주된 방식은 단순히 요한복음 본문을 적절한 상호본문과 함께 혼자서 그리고 다른 사람들과 함께 읽고 또 읽는 것이다. 의미, 삶, 사랑에 대한 열정적인 욕망이 읽고 생각하고 대화할 동기를 부여하면서 발견이 일어난다. 그 목표는 애나 로웬하우프트 칭이 송이버섯 채집자들에게 섞여 들어가서 설명한 일종의 탐색이다(글상자에서 칭의 글을 보라).

나는 이 주석의 독자 여러분이 지금 이 세상에서 어떻게 읽고 생각하고 살지를 분별하려고 노력하면서 이러한 탐구—열정적인 탐구, 천천히 하는 탐구, 얼기설기 얽힌 생명선에 민감하게 주의를 기울이는 탐구, 무엇보다도 이 복음서에 기록된 것을 읽고 신뢰함으로써 만나게 될 주체the Subject에게 민감하게 주의를 기울이는 탐구—에 휘말린 자신을 발견하기를 소망한다.

---

23 이 팬데믹 시기에 내 아내 데보라 및 '세인트 앤드루스 체리 힌턴' 직원팀과 나눈 대화 외에도, 애슐리 콕스워스 및 로비 리와의 줌(Zoom) 미팅, '경전숙의' 줌 모임, 버밍엄의 '퀸즈 에큐메니칼 신학 재단'의 연구 공동체 모임 구성원들과의 요한복음 줌 토론이 있었으며, 요한복음을 위에서 언급한 세 가지 전 세계적 흐름과 연결하는 데 특히 유익했던 두 가지 교류가 있었다. 마거릿 데일리덴튼(그녀의 Earth Bible commentary 요한복음 주석은 이 책에서 나중에 중요한 부분을 차지한다)은 요한복음을 팬데믹과 관련하여 다시 읽은 첫 결과를 공유해 주었다. 그리고 미홀 오쉬얼과 나는 함께 요한복음을 재차 읽고, 우리의 정보 문명과 생태 위기와 관련된 수많은 저술을 요한복음과 나란히 놓고 팬데믹에 대해서도 반성하면서 읽어 왔다. 이러한 현대의 요한복음 상호본문 중에서도 가장 유익한 것은 다음 세 가지였다(모두 내 아이들[children]이 추천한 것이다). Zuboff, *The Age of Surveillance Capitalism*; Krznaric, *The Good Ancestor*; Tsing, *The Mushroom at the End of the World*. 칭의 책은 "세상에서 가장 귀중한 버섯"인 송이버섯과 관련된 문화, 경제학, 다종 생태학(multispecies ecology)에 관한 사회-인류학적 연구다(글상자에서 칭의 글을 보라). 아직은 결론에 이르지 못했지만, 우리는 이러한 교류들이 시와 신학 출간으로 이어지길 바란다.

탐색에는 열정적이면서도 고요한 리듬이 있다. 채집자들은 숲에 들어가고자 하는 열망을 "열광"fever이라고 표현한다. 가끔 그들은 갈 계획이 없다고 말하지만, 열광이 당신을 사로잡는다. 눈이나 비가 올 때도 누군가는 열광적으로 채집하고, 밤에 등불을 켜고서도 채집한다. 어떤 사람은 다른 사람들이 버섯을 찾을까 봐 여명이 밝기 전에 일어나서 먼저 그곳에 간다. 하지만 숲에서 서두름으로써 버섯을 찾을 수는 없다. 나는 늘 "천천히"라는 충고를 들었다. 경험이 부족한 채집자는 너무 빨리 움직여서 대부분의 버섯을 놓친다. 조심스럽게 관찰해야만 부드럽게 솟은 것이 드러나기 때문이다. 차분하지만 열광적으로, 열정적이지만 고요하게. 채집자의 리듬은 이러한 긴장이 침착하게 준비된 민감함으로 응축된 것이다.

채집자들은 또한 숲을 연구한다. … 어떤 채집자들은 흙에 주의를 기울인다고 말한다. … 그러나 내가 상세한 설명을 요구하면 그들은 항상 난색을 표한다. 어떤 채집자는 아마도 나의 요구에 지쳤던 것 같다. 그래서 다음과 같이 설명했다. 좋은 토양은 송이버섯이 자라는 토양입니다. 전달 가능한 말은 여기까지입니다.

채집자는 토양의 분류보다 생명선을 살핀다. … 생명선은 얼기설기 얽혀 있다: 캔디케인●과 송이버섯, 송이버섯과 숙주인 나무들, 숙주인 나무와 허브와 이끼와 곤충과 토양 세균과 숲 동물들, 볼록 솟은 부분과 버섯 채집자들. 송이버섯 채집자들은 숲의 생명선에 민감하다. 모든 감각을 사용하여 탐색하면 이러한 민감함이 생성된다. 이는 숲을 알고 감지하는 한 형태지만, 분류 체계를 완성하여 감지하는 것은 아니다. 그 대신, 탐색은 대상이 아니라 주체들이 주체로서 경험하는 생생한 삶 속으로 우리를 데려간다.

— 애나 로웬하우프트 칭,《세상 끝의 버섯》*The Mushroom at the End of the World*, 242-43

● 옮긴이 주: 송이버섯의 균사체를 먹는 식물.

결론: 예수께서 사랑하시는 개별 독자에게

이 서론은 시작 지점으로 돌아와서 요한복음 읽기로 들어가며 끝난다. 지금까지의 독자들은 복수형이었다. 여기서 나는 요한복음의 독자이자 이 주석의 요한복음 독해를 읽는 개별 독자에게 집중할 것이다. 요한복음에서 예수님의 첫 말씀은 "너희는[복수형] 무엇을 찾느냐[구하느냐]?"(1:38)이다. 마지막쯤에서, 십자가에 달리셨다가 부활하신 예수님은 막달라 마리아에게 "너는[단수형] 누구를 찾느냐?"(20:15) 하고 말씀하신다. 수십 년 이상 요한복음을 읽은 나 자신의 개인적인 이야기는 에필로그에 있다. 나는 여기서 당신이 누구든 간에 당신을 단수로 언급하며 말을 건넨다.

   모든 복음서 중에서 요한복음은 예수님과의 만남에서도 예수님의 가르침에서도 개인에게 가장 관심을 두고 있다. 선한 목자는 각 사람의 이름을 부른다. 예수님은 부활하셔서 하나님이 임재하시는 것과 같이 언제 어디에나 임재하시기 때문에, 예수님에 대해 읽는 사건은 또한 예수님을 일대일로 만나는 사건일 수 있다. 이것이 의미하는 바는 바로 당신이 지금 예수님의 임재 가운데 있다는 것이다. 요한복음의 저자가 그랬듯이 예수님께 사랑받으면서, 풍부한 의미와 생명과 사랑으로 더 깊게, 더 넓게, 더 높게 영원히 들어오도록 초대받고 있다는 것이다. 나의 주된 바람은 당신이 이 초대를 받아들이도록 도움이 되는 것이다. 이런 일이 일어나기에 가장 좋은 방법은 요한복음을 읽고 생각하고 그에 따라 순종하고 기도하며 살아 내는 것이다. 당신이 그렇게 하고자 할 때 "한량없는" 성령을 약속받는다(3:34). 이 책은 그저 도움이 될 만한 하나의 상호본문일 뿐이다. 요한복음 본문은 굵은 글씨로 제시할 것이다. 당신이 요한복음 본문에 주로 집중하기를. 그리고 놀랄 준비가 되어 있기를.

요한복음 1:1-18

비길 데 없는 지평

하나님과 모든 실재, 예수님과 우리, 궁극의 신비와 친밀감

요한복음의 프롤로그, 즉 첫 열여덟 절은 아마도 그리스도교 신학사에 가장 큰 영향을 미친 단문일 것이다. 그것은 하나님과 모든 실재에 관한 대담하고도 혁신적인 설명이며, 이러한 설명은 예수 그리스도와 그를 따르는 이들의 계속되는 드라마를 이해하기 위한 맥락이다. 프롤로그는 예수님의 작품이 아니다. 예수님에 관하여 오랫동안 골똘히 생각하여 나온 무르익은 신학이다. 저자[1]는 예수님과 친밀한 관계에 있으며, 예수님의 친구들로 된 그리스도교 공동체에 참여하면서 예수님의 의미의 깊이와 넓이를 탐구한다.

> [1] 태초에 말씀이 계시니라. 이 말씀이 하나님과 함께 계셨으니, 이 말씀은 곧 하나님이시니라. [2] 그가 태초에 하나님과 함께 계셨고, [3] 만물이 그로 말미암

---

[1] 요한복음의 저자 문제에 관해서는 21:24-25에 관한 주석을 보라. 나는 우리가 지금 가지고 있는 요한복음을 쓴 사람이 누구든 그 사람도 기억하고 해석하는 공동체의 구성원이었음을 인정하지만, 저자를 지칭할 때는 단순히 '요한'이라고 할 것이다.

아 지은 바 되었으니, 지은 것이 하나도 그가 없이는 된 것이 없느니라. ⁴ 그 안에 생명이 있었으니, 이 생명은 모든 사람의[사람들의] 빛이라. ⁵ 빛이 어둠에 비치되 어둠이 빛을 이기지[깨닫지] 못하더라.

⁶ 하나님께로부터 보내심을 받은 사람이 있으니 그의 이름은 요한이라. ⁷ 그가 증언하러 왔으니 곧 빛에 대하여 증언하고, 모든 사람이 자기로 말미암아 믿게 하려 함이라. ⁸ 그는 이 빛이 아니요 이 빛에 대하여 증언하러 온 자라. ⁹ 참 빛, 곧 세상에 와서 각 사람에게 비추는 빛이 있었나니,

¹⁰ 그가 세상에 계셨으며, 세상은 그로 말미암아 지은 바 되었으되, 세상이 그를 알지 못하였고, ¹¹ 자기 땅에 오매 자기 백성이 영접하지 아니하였으나, ¹² 영접하는 모든 자, 곧 그 이름을 믿는 자들에게는 하나님의 자녀가 되는 권세를 주셨으니, ¹³ 이는 혈통으로나 육신의 뜻[육정]으로나 사람의 뜻으로 나지 아니하고 오직 하나님께로부터 난 자들이니라.

¹⁴ 말씀이 육신이 되어 우리 가운데 거하시매, 우리가 그의 영광을 보니, 아버지의 독생자의 영광과 같고[영광이요], 은혜와 진리가 충만하더라. ¹⁵ 요한이 그에 대하여 증언하여 외쳐 이르되, "내가 전에 말하기를 '내 뒤에 오시는 이가 나보다 앞선 것은 나보다 먼저 계심이라' 한 것이 이 사람을 가리킴이라" 하니라. ¹⁶ 우리가 다 그의 충만한 데서 받으니 은혜 위에 은혜러라. ¹⁷ 율법은 모세로 말미암아 주어진 것이요, 은혜와 진리는 예수 그리스도로 말미암아 온 것이라. ¹⁸ 본래 하나님을 본 사람이 없으되, 아버지 품속에 있는 독생자 하나님이 하나님을 알려 주셨느니라[독생하신 하나님이 나타내셨느니라].

프롤로그는 다음과 같은 요한복음의 주요 주제, 이미지, 핵심 범주를 소개한다. 하나님, 말씀, 창조, 만물, 모든 사람, 생명, 빛, 어둠, 요한(세례자, 예수님의 예고자), 증언과 증거, 믿음, 세상, 앎, 예수님의 자기 백성, 예수라는 이름, 권세, 하나님의 자녀, 하나님께로부터 남, 육신, 영광, 아버

지, 독생자, 은혜, 진리, 충만, 율법, 모세, 예수 그리스도, 봄^{seeing}, 예수님과 아버지의 가까움. 이것들은 이 복음서가 진행되면서 점점 더 많은 내용이 부어져서 의미가 깊어지고 확장되어 의미를 담아내는 큰 그릇으로 보이게 될 것이다.

프롤로그는 시적인 찬송으로, 예수 그리스도의 빛에 비추어 성경을 새롭게 해석한 것으로 읽을 수 있다. 프롤로그는 또한 요한복음 전체의 도입으로 공들여 빚은 것이다. 그리고 그 자체가 성경으로 여겨져야 함을 암시하고 있다. 프롤로그는 말씀을 하나님 및 만물과 연결하며 문을 열고, 하나님이 중심에 계신 의미 있는 우주를 확언한다(1:1-5). 그런 다음 말씀이 사람이 되면서 역사와 일상의 복잡성과 혼란 속으로 돌입한다(1:6-17). 프롤로그의 절정은 예수님과 아버지 사이의 친밀함에 관한 것이다(1:18). 요한복음은 모든 독자를 이 친밀함으로 초대한다.

이 초대를 받아들인 사람("우리"[1:14], "우리가 다"[1:16])은 "하나님의 자녀"(1:12)다. 또한 요한복음 나머지 부분이 보여 주듯이 "모든 진리 가운데로" 인도하고(16:13) 예수님이 하신 것보다 "더 큰 일"을 하도록 영감을 주려고(14:12) 예수님이 제자들(문자적으로는 '배우는 자')에게 내쉰 성령을 받은 사람들이다. 이처럼 프롤로그의 지평은 하나님과 모든 실재를 포괄할 만큼 비길 데 없이 광대한데, 이러한 광대함이 예수님과 아버지 사이의 궁극적인 강렬한 친밀함과 결합된다. 그리고 이는 예수님의 삶, 죽음, 부활 및 성령 주심의 드라마를 도입하고 또한 드라마의 틀이 된다. 그뿐만 아니라 예수님의 친구들과 더불어 예수님을 따르는 계속되는 드라마의 시작이자 그 틀이 된다(21:19, 22).

성경으로 시작하기: 요한에게 성경 읽는 법 배우기(1:1)

"태초에"('엔 아르케' ἐν ἀρχῇ)는 히브리 성경의 헬라어 번역본인 칠십인역을 시작하는 문구다.² 요한은 이 번역본을 가지고 있었다. 이 문구는 창세기 첫 절의 첫 단어들이다. 요한이 성경으로 시작하고 또한 이 복음서 전체에 성경을 암시적으로 인용한 것이 가득하므로, 요한복음을 이해하려면 다른 성경 본문들과 나란히 놓고 읽어야 한다. 의미가 더 깊어지도록 요한복음이 우리를 초대하는 주된 방식 중 하나는 요한복음에 기록한 내용 및 거기에 언급된 성경 둘 다를 다시 읽도록 우리를 이끄는 방식이다. 따라서 이 주석 전체에 걸쳐 그런 유익한 '상호본문들'을 제안할 것이다.

이런 식으로 시작하는 것은 요한복음이 성경으로서 기록되었다는 여러 암시 중 하나일 뿐이다. 요한복음이 성경으로 기록되었다는 점은 우리가 요한복음을 읽도록 초청받는 방식에서 특히 중요하다. 즉, 반복적으로 읽고, 음미하고 묵상하고, 기도와 실천을 통해 그 말씀 안에 거하고, 다른 성경 본문과 연결하고, 계속해서 다른 독자들과 나누어야 하는 본문으로 읽도록 초청받는다.

그러나 그 이상으로 시사하는 바가 있다. 요한이 성경을 쓰는 중이라면, 요한이 자기가 읽었던 성경을 해석한 방식은 독자들이 요한이 쓰고 있는 내용을 해석하기 위한 지침이 될 수 있다—요한의 읽기 방식은 우리에게 읽기의 모범이 될 수 있다. 요한은 이 프롤로그에서 창세기 1:1을 어떻게 읽을까? 우리가 아는 한 그 누구도 이전에 그런 식으로 저 말씀을 읽은 적 없었던 것처럼 생각에 잠겨서 대담하고 놀랍게 읽는다. 창세

---

2 이 번역은 예수님이 오시기 두 세기 전에 이집트 알렉산드리아에서 유대인들이 한 것으로, 신약 저자들 대다수가 사용한 성경이다.

기 구절을 계속 인용하여 "태초에 하나님이 … 창조하시니라"('엔 아르케 에포이에센 호 테오스' ἐν ἀρχῇ ἐποίησεν ὁ θεός)라고 말하는 대신, 하나님이 말씀하심으로 창조하셨다는 창세기 구절("하나님이 '빛이 있으라' 말씀하시니"[창 1:3])을 취해서 "태초에 말씀이 계시니라"라고 말한다. 그런 다음 프롤로그의 나머지 부분에서 요한은 더 나아가서 저 말씀을 하나님과 동일시하고, 또한 하나님의 완전한 자기 표현인 예수 그리스도와 동일시한다. 우리가 요한복음을 읽을 때 이것은 어떤 의미가 있는가? 처음에 프롤로그에서 도출하여 요한복음의 나머지 부분에서 확인할 수 있는 가이드라인이 적어도 세 개가 있다.

- 본문의 평이한 의미를 진지하게 취해야 하지만, 평이한 의미는 풍부한 뜻을 지닌 '깊은 의미'이기도 하다. 다시 읽을 때 창세기나 요한복음이나 혹은 이에 대한 이전의 해석을 그저 반복하는 것이 아니라, 더 많은 의미에 열려 있어야 한다. 성령께서 요한을 더 많은 진리로 인도하셨다면(16:13), 마찬가지로 성령이 다른 이들에게도 나누어졌고(20:22) 또 성령을 "한량없이" 주시기 때문에(3:34) 요한복음의 독자들도 더 많은 진리에 열려 있다. 요한이 창세기를 읽을 때 창의적으로 연주하듯 읽은 것처럼, 요한의 독자들도 요한이 쓴 것을 창의적으로 연주하듯 읽을 수 있다.
- 이 창의적 연주는 제멋대로의 연주가 아니며, '뭐든 다 된다'는 식도 아니다. 본문의 평이한 의미를 진지하게 취해야 할 뿐만 아니라, 거기에는 기본 규칙과 기준도 있다 ─ 바로 예수 그리스도다.[3] 예수 그

---

3   요한이 창세기 1:1의 첫 단어들을 확언하며 변형하는 방식은 요한의 미묘하고 심오한 성경 읽기와 쓰기를 아름답게 보여 준다. 이는 하나님의 창조를 확언하는 창세기 1:1의 평이한 의미가 드러나도록 명백히 의도한 것이다. 그러나 '하나님이 창조하셨다'를

리스도는 요한의 창세기 다시 읽기의 영감이었다. 그러나 예수 그리스도에 대한 이해도 앞서 기록된 텍스트나 증언이 말한 것을 그저 반복한 것이 아니다. 요한은 공관복음을 창의적으로 연주한다. 요한복음에서 어떤 구절을 읽을 때든, 해야 하는 가장 중요한 일 하나는 그 구절이 다른 복음서의 구절들과 어떻게 연결되는지를 묻는 것이다(예를 들어, 요한복음 1:1을 마가복음 1:1, "하나님의 아들 예수 그리스도의 복음의 시작이라"와 함께 숙고하는 것이다. 마가복음 1:1은 "시작/태초"beginning, 증언, 아버지와 아들의 관계를 아우르고 있어서 요한복음의 프롤로그가 창의적으로 연주하고 있는 주제와 비슷해 보인다. 요한복음은 이것들 각각을 확언하고 심화한다). 요한복음에는 공관복음과는 다른 확언, 생

의미하는 '에포이에센 호 테오스'(ἐποίησεν ὁ θεὸς)가 나오지 않고, 이 표현이 나와야 할 것 같은 지점에서 칠십인역에 대한 직접 인용이 중단된다. '창조하셨다'에 해당하는 헬라어 '에포이에센'은 '했다'(did)나 '만들었다'(made)를 의미할 수도 있는데, 이는 요한복음이 매우 좋아하는 단어로 종종 예수님과 결부되어 나온다. 그리고 우리가 요한복음의 끝에서 발견하는 것은 무엇인가? 요한복음의 두 '결말'(20:30-31과 21:25)을 보면, 모두 "예수께서 … 행하셨다"(Jesus did, '에포이에센 호 이에수스'[ἐποίησεν ὁ Ἰησοῦς])는 표현이 나온다. 그렇다면 이는 '예수님'이 '하나님'으로서 나오는 창세기 1:1인 것이다. 마치 요한이 칠십인역 창세기 1:1 인용을 완성하지만, 단순히 인용하는 게 아니라 이러한 대체를 통해 변형하는 것으로 보인다. 요한복음 1:1에서 요한은 "하나님이 창조하셨다"까지 인용하지 않고, 그 앞에서 인용을 멈추고 요한복음 전체에서 계속 이 인용을 유보한다. 그런 다음 20장에서 재개한다. 도마가 예수님을 향해 "나의 주님이시요 나의 하나님이시니이다" 하고 말한 직후, 요한은 "예수께서 행하신(만드셨다\창조하셨다)"이라는 말로 창세기 인용을 재개하며 새롭게 창의적으로 연주한다. 그리고 마지막으로 '이 세상'('호 코스모스'[ὁ κόσμος])을 언급하는 결론에서 이를 반복한다. "예수께서 행하신(만드셨다\창조하셨다) 일이 이 외에도 많으니"(21:25). 이렇게 더 확장된 의미는 창세기 1:1과 경합하거나 모순되지 않는다. 요한복음 전체를 이 확장된 의미가 창세기와 깊이 일치하는 이유에 대한 요한의 설명으로 볼 수도 있다. 이는 독자들을 깊은 신학으로 이끄는 요한의 절제된 문학 솜씨를 보여 주는 하나의 예일 뿐이다. 다른 솜씨들도 이 복음서를 통해 나타날 것이다. 아직 발견되지 않은 것도 많을 것이다. 칠십인역, 공관복음, 그리고 요한 자신의 복음서의 '깊고도 평이한 의미'는 무궁무진하게 풍부하며, 요한은 주의 깊은 독자들이 다양한 깊이에 도달할 수 있도록 글을 쓴다.

략, 추가, 변형이 있고, 이를 통해 생각해 봄으로써 우리는 예수님이 누구신지를 더 깊이 이해할 수 있고, 공관복음과 요한복음 모두를 더 잘 인식하게 될 수 있다.
- 칠십인역 성경과 공관복음을 가지고 하는 이중적인 창의적 연주는 단지 본문 읽기에 관한 것이 아니라, 실제 삶의 모델이자 삶을 형성하기 위한 것이다. 새로운 '빛'과 새로운 '생명/삶'은 프롤로그에서 그리고 요한복음의 나머지 부분에서도 불가분하게 같이 간다. 요한은 무엇보다도 예수님의 영에 인도받는 공동체(프롤로그의 "우리")의 계속되는 드라마에 관심을 두고 있다. 이는 "만물"과 "모든 사람"에 관한 프롤로그의 지평 안에서, 현실 및 사람들과 새롭게 관계 맺으며 창의적으로 연주할 수밖에 없는 새로운 상황 속으로 예수님을 따라 들어가는 드라마다.

말씀의 의미: 자기 표현, 성경, 문명(1:1, 14)

태초에 말씀이 계시니라. 이 말씀이 하나님과 함께 계셨으니, 이 말씀은 곧 하나님이시니라. … 말씀이 육신이 되어 우리 가운데 거하시매, 우리가 그의 영광을 보니(1:1, 14). 요한은 왜 **말씀**('호 로고스' ὁ λόγος)을 글을 여는 핵심 용어로 사용할까? 수 세기 동안 이에 대해 많은 의견이 제시되었다. 어떤 의견으로도 충분히 설명될 수 없지만, 내가 볼 때 그중 세 가지 제안을 한데 놓고 보면 그나마 나을 것 같다.

첫째(이게 가장 확실한데), 요한은 말들words로 구성된 글을 시작하고 있고 자신이 아는 가장 중요한 의미와 진리를 전달하려고 노력하고 있는데, 그는 이를 추적하여 하나님에게까지 거슬러 올라간다. 요한의 하나님 개념의 핵심에는 예수님과 아버지의 관계가 있으며(1:14, 18 참조) 이는 상호 내주의 관계다. 예수님과 아버지는 완전하게, 불가분하게 서로 연관되어 있지만, 또한 서로 구별될 수 있다. "말씀"이라는 단어는 이러한 전달, 동일시, 친밀함, 구별의 조합을 포착해 준다.

요한은 자주 그렇듯이 의미를 받아들이고 있을 뿐만 아니라 변형하고 있다. 요한은 복음서 나머지 부분에서 자신이 '말씀'이라는 말로 의미한 바를 채워 나간다. 대부분의 발화는 화자가 말하고 있는 무언가를 표현할 뿐이더라도 부분적으로는 자기 표현이다. 그런데 이것은 완전한 자기 표현이다. 하나님은 예수님 안에서 하나님이 누구신지를 완전하게, 자유롭게 표현하신다. 역사에서 이처럼 독특한 자기 계시 행위는 주로 이야기 형식의 증언을 통해 전달되어야 한다. 이야기 형식의 증언은 사람들이 관련된 독특한 사건을 전달하기에 가장 적합한 매개이기 때문이다. 그래서 요한복음은 대부분 드라마적인 이야기 형식으로 되어 있다. 하지만 하나님이 자신의 현실에 관한 진리를 인간과 나누시는 활동의 개시를 핵심 용어로 요약하고자 한다면 '말씀'이 잘 어울린다. 이는 그리스도교 신학에서 '말씀'이 문화, 세계관, 문명을 가로질러 수 세기 동안 맺은 풍부한 결실로 확인된다. 나머지 두 제안은 이에 대한 주요 이유 중 일부를 담고 있다.

둘째, "말씀"은 성경 전체와의 관계로 이어진다. '로고스'λόγος라는 용어의 분명하고도 평이한 의미는 칠십인역에서 유래한다. '로고스'를 비롯하여 '말하다'에 해당하는 단어들은 인간의 평범한 발화를 가리키는 데 사용되기도 하고, 창세기 1장의 창조 이야기에서처럼 하나님이 말씀하심을 가리키는 데 사용되기도 한다. '로고스'는 하나님 말씀에 의한 창조 외에도 칠십인역의 세 부분, 곧 토라(율법서), 예언서, 성문서 각각과 관련하여 사용될 수도 있다. 또한 '로고스'는 토라를 지칭할 수도 있다—

예를 들어, 십계명은 '열 말씀'으로 불릴 수 있다(데칼로그Decalogue, '데카 로고이'δέκα λόγοι). '로고스'는 선지자들이 말한 "여호와의 말씀"에도 사용된다. 그리고 '로고스'는 성문서에서 지혜를 지칭할 수 있고, 시편에 자주 등장한다. 그래서 요한이 글을 여는 핵심 용어는 그가 가진 성경 전체와 공명한다. '로고스'는 창조, 율법, 예언, 지혜, 그리고 하나님께 예배로 응답하는 것을 상기시킨다.

게다가 다른 신약에서도 '로고스'가 사용되었다. '로고스'는 종종 그리스도교의 좋은 소식(눅 8:11; 딤후 2:9; 요일 1:1; 계 1:9), 즉 사도들이나(행 6:2) 바울이나(행 13:5; 살전 2:13) 예수님이(눅 5:1) 가져온 복음의 메시지를 의미한다. 주된, 그리고 가장 중요한 신학적 요지는 공관복음이 그 이야기를 통해 예수님의 메시지, 즉 '로고스'가 예수님의 인격과 분리될 수 없음을 보여 준 것이다—예수님의 사역에서는 가르침과 행동에 있던 강조점이 예수님의 인격 안에서 일어난 일, 곧 죽음과 부활로 이동한다. 그리고 요한의 프롤로그는 "나는 있다/…이다" 발언 및 가르침·표적·죽음·부활에 관한 이야기와 더불어 예수님의 인격과 메시지와 사역을 동일시해야 한다는 주장을 가장 명시적으로, 직접적으로 담아낸다. '예수님은 누구신가?'하는 물음은 요한복음에서 가장 핵심이며, 요한이 이 물음에 대한 대답을 시작하는 방식은 "말씀"이고, 이것의 의미는 모든 성경과 공명한다. 마르틴 헹엘이 말했듯이 요한복음의 "프롤로그는 성경 전체에 관한 신학을 증언한다"[4](글상자에 더 길게 인용한 헹엘의 글을 보라).

셋째, 요한 시대의 헬라어권 세계에 뿌리를 둔 또 다른 평이한 의미가 있다. '로고스'는 언어 표현이나 인간의 추론 능력 등 일상적인 범위에 속하는 의미가 있을 뿐만 아니라 다양한 유형의 철학 담론에서도 나타난

---

[4] Hengel, "The Prologue of John," 289.

> 얼마나 단순하고 얼마나 비범한 상징인가, 그러나 또한 얼마나 복잡하고 얼마나 포괄적인가! 그것은 상상력을 자극하면서, 보통 뿔뿔이 흩어지는 경향이 있는 인간 경험의 측면들을 융합할 수 있다. 듣는 것과 행하는 것, 생각하는 것과 느끼는 것, 기억하는 것과 희망하는 것, 예전적인 것과 윤리적인 것, 교리적인 것과 신비한 것, 들을 수 없는 것과 들을 수 있는 것, 영원한 것과 역사적인 것을 말이다.
>
> — 마르틴 헹엘, 〈요한복음의 프롤로그〉 The Prologue of John, 289

다. 플라톤 철학에서 형상 내지 이데아, 스토아 철학에서 모든 실재의 이성적 원리 및 그에 대한 언어적 표현, 신플라톤주의에서 신의 유출 또는 지성과 같이 다양한 의미로 나타난다. 헬라어를 사용하는 유대인들, 특히 필론은 '로고스'라는 용어에 기대어 철학을 유대교의 성경적 사상과 연관시킬 수 있었다. 이러한 요한복음의 헬레니즘적 배경의 문제는 지속적으로 논쟁이 되어 왔지만, 요한이 칠십인역과 이에 대한 해석을 통해 유대인이 '로고스'와 같은 단어들을 수 세기에 걸쳐 사용한 방식을 물려받았다는 점은 분명하다. 이런 단어들은 더 넓은 문화에서 공통으로 통용되고 있었다. 요한의 성경과 요한의 문명은 이 용어 안에서 합쳐진다.

따라서 이 근본 용어의 선택에 따른 신학적 잠재력은 엄청나다. 요한이 사용하는 방식은 상호문화적 신학을 종용한다. 왜냐하면 예수 그리스도가 이미 모든 사람과 문화와 관련되므로 모든 사람과 문화 안에서 "말씀의 씨앗"을 발견하여 경작할 수 있다는 확신이 있기 때문이다. 수사학이 강한 헬레니즘 세계 문화에서는 말-주도적 신학이 특히 매력적이었다. 보다 지적인 양상에서 '로고스'는 사유 및 합리성과 밀접하게 연관되므로, 그리스도교 사상가들은 프롤로그를 통해 철학을 비롯한 지성과 지식의 모든 분야에서 최선을 다해 문명의 사유에 참여하도록 종용받는다.

하나님과 실재 전체라는 지평은, 그리스도교적 사유 및 상상과 관련하여 제한을 둘 수 없으며 모든 형태의 담론이 잠재적으로 유익할 수 있음을 의미한다. 20세기와 21세기는 아마도 그리스도교 역사상 신학적으로 가장 생산적인 시기일 것이다. 여러 대륙, 문화 정체성, 배경, 학문 분야의 타자들과 더불어 여러 새로운 목소리가 있어 왔고, 무엇보다도 여성의 새로운 목소리가 있었다. 그 결과 그리스도교의 사상과 상상력이 꽃피게 되었고, 신학의 고전적 주제들(이를테면 하나님, 창조, 죄와 악, 섭리, 예수 그리스도, 성령, 구원, 교회, 윤리, 정치, 미래)뿐만 아니라 예술, 시, 드라마, 춤, 영화, 자연과학 및 인문과학, 다른 종교 등과 활발하게 교류하게 되었다. "만물"과 "모든 사람"을 끌어안는 요한의 지평은 그리스도인을 비롯하여 다양한 사람들이 이러한 방식으로 자신의 마음과 상상력을 확장하도록 계속 영감을 주고 있다.

예수님과 관련하여 하나님을 다시 생각하기: 친밀함, 성육신, 보이지 않음(1:1-9, 14-15, 18)

¹ … 이 말씀이 하나님과 함께 계셨으니, 이 말씀은 곧 하나님이시니라. ² 그가 태초에 하나님과 함께 계셨고 ³ … 만물이 그로 말미암아 지은 바 되었으니, … ⁴ 그 안에 생명이 있었으니, 이 생명은 모든 사람의[사람들의] 빛이라. ⁵ 빛이 어둠에 비치되 어둠이 빛을 이기지[깨닫지] 못하더라. …

¹⁴ 말씀이 육신이 되어 우리 가운데 거하시매, 우리가 그의 영광을 보니, 아버지의 독생자의 영광이요 … ¹⁸ 본래 하나님을 본 사람이 없으되, 아버지 품 속에 있는 독생자 하나님이 하나님을 알려 주셨느니라[독생하신 하나님이 나타내셨느니라].

신약 저자들은 모두 예수 그리스도를 통해 알려진 하나님의 임재 속에서 성경을 썼고, 전례 없는 놀라운 실재를 제대로 다룰 수 있도록 언어를 구사하고자 했다. 요한의 프롤로그는 가장 심오한 이중 물음을 정면으로 직면하고 있다. 하나님은 누구신가? 예수님은 누구신가?

실재의 핵심에 있는 친밀함

요한은 **말씀** 개념뿐만 아니라 관계 개념으로 답한다. 요한은 말씀 개념을 통해 하나님은 누구신가에 관한 온전한 자기 표현이자 자기 계시인 예수님에 관해 말할 수 있게 된다(말씀 개념은 앞서 보았듯이 성경 및 요한의 문명 전체와 공명하고, 요한이 복음 이야기를 들려주는 방식을 통해 드라마로 재연된다). 관계 개념은 **아버지 품속에 있는 독생자**[독생하신] **하나님**이라는 하나님 안에서의 관계 개념이다.

이것이 프롤로그에서 최고조에 달한 통찰이다. 여기서 요한은 실재의 가장 깊은 비밀, 즉 아버지와 아들의 관계를 가리키고 있다. 여기서 사랑이 언급되지는 않았지만, 이것이 무엇보다도 사랑의 관계임이 요한복음의 나머지 부분에서 분명해진다. 이 사랑은 하나님과 "만물"과 "모든 사람"(1:3-4)이라는 비길 데 없는 지평의 중심에 있다. 프롤로그는 저 넓이에서 이러한 깊이와 친밀함으로 이동한다. 요한복음의 가장 두드러진 특징 하나는 이 복음서가 아버지와 아들의 관계에 굉장히 빠져 있다는 점이다. 이 관계는 다른 신약의 기록과는 달리 반복되는 주제로 나온다. 이에 관한 절정에 이른 통찰은 요한복음 17장에서, 예수님께서 죽기 전날 밤 드리신 긴 기도에서 볼 수 있다. 17장의 기도는 또한 이 관계가 신뢰와 사랑으로 들어오는 모든 사람에게 열려 있음을 가장 생생하게 확언해 준다.

정말로 요한복음 전체는 아버지와 아들 사이의 사랑에 온전히 참여하라는 초대로 읽을 수 있다. 1:18의 이미지는 의미심장하다. 헬라어를 문자 그대로 읽으면 "아버지 품['콜폰'^{κόλπον}]속에"$^{into\ the\ bosom\ of\ the\ Father}$ * 있는 아들이다(존 맥휴는 "이제 아버지의 품으로 돌아가신"$^{who\ is\ now\ returned\ into\ the\ bosom\ of\ the\ Father}$으로 옮긴다).[5] 이 이미지는 나중에 최후에 만찬에서 "예수께서 사랑하시는" 제자가 처음으로 명시적으로 등장할 때 사용된다. 즉, 그가 "예수의 품에"(NRSV가 "예수 옆에"$^{next\ to\ Jesus}$ ** 로 옮긴 것은 헬라어 '콜폰'^{κόλπον}, 즉 '품'을 담아내지 못한다) 비스듬히 기대었다고 묘사한다(13:23). 이 "사랑하시는 제자"의 이름은 언급되지 않지만, 그는 중요한 시점에 나타나고(마지막 만찬, 십자가 처형, 빈 무덤, 부활하신 예수님과의 마지막 만남), 이 복음서 전체가 그의 기록으로 여겨진다(21:24). 그의 익명성에 관한 설득력 있는 설명 하나는 그가 특정한 사람일 뿐만 아니라 예수님을 따르는 모든 사람을 상징한다는 것이다. 그는 제자도의 모델이다. 그는 예수님께 사랑받는 존재로 자신을 정의했고, 예수께서 아버지의 가슴에 의지하셨듯이 예수님의 가슴에 의지했으며, 예수님을 증언했다. 그는 이 사랑으로의 초대를 받아들였다. 독자들은 마지막 만찬 때 예수님의 가슴에 의지했던 그를 이 복음서의 끝부분에서 다시 떠올리게 된다(21:20). 이 사람에 관하여 예수님께서 마지막으로 하신 말씀은 이렇다. "내가 올 때까지 그를 머물게['메네인'^{μένειν}] 하고자 할지라도 네게 무슨 상관이냐?"(21:22, 그리고 21:23에서 반복된다). 앞으로 보겠지만[6] '남아 있다, 거하다, 그대로 있다, 거주하다, 살다, 머무르다, 존속하다, 지속하다, 기다리다'를 의미하

- * 옮긴이 주: 개역개정은 위와 같은 헬라어 원문의 문자적 의미를 반영하고 있지만, 저자가 사용한 NRSV는 "아버지 마음/가슴 가까이"(close to the Father's heart)로 옮긴다.
- ** 옮긴이 주: NRSVue(2021)에서는 "close to his heart"로 수정되었다.
- 5 McHugh, *John 1-4*, 49.
- 6 1:35-42에 관한 주석에서 〈계속되고 있는 삶: "어디 계시오니이까\머무시나이까\거하시나이까?"〉 부분과 14:1에 관한 주석 및 15:1-17에 관한 주석을 참고하라.

는 저 단어 '메네인'ᵘᵉᵛᵉⁱᵛ은 요한복음에서 가장 중요한 단어 중 하나다. 요한복음의 끝 무렵에 예수께서 사랑하시는 제자는 예수님의 어머니를 자기 집에 모셔 들였고, 그래서 그곳은 문자 그대로 그가 거하는 곳이자 예수님이 십자가에서 이루신 '가족을 초월하는 공동체'다(19:26-27). "이제 아버지의 품으로 돌아가신" 예수님이라는 이미지와, 예수님의 품에 있는 그리고 그의 어머니와 집을 공유하는 예수께서 사랑하시는 제자라는 이미지는 이 복음서의 시작과 절정과 결말을 연결하는데, 이 연결은 무엇보다도 사랑의 연결이다.

어둠 그리고 성육신의 드라마

그렇다고 프롤로그가 서두의 광대한 지평에서 마지막 구절로, 아버지와 아들 사이의 친밀함으로 비약하는 것은 아니다. 그 사이에 단절이 있는 것이 아니다. 어떤 사상가들은 광대한 지평을 주로 강조하거나 실재 전체를 이해할 철학과 신학의 필요성을 주로 강조하며 지적 신앙에 적합한 세계관을 제시해 왔다. 또 다른 사상가들은 예수님과 아버지의 친밀한 관계를 강조해 왔고, 요한복음은 영성, 신비주의 및 기도로 교제하는 여타 실천에서 매우 사랑받는 책이었다. 둘 다 진정으로 요한에게 영감을 받은 것이다. 하지만 프롤로그 중간 부분에는 그러한 생각들이 예수님께 충실한지 시험하는 내용이 나온다. 이는 또한 요한복음의 나머지 부분의 주안점, 곧 모든 어둠과 혼란과 죄, 악, 죽음이 있는 역사에 하나님이 관여하시는 드라마를 가리킨다. 큰 그림과 영성 모두 예수님의 말씀, 행동, 관계, 고난, 죽음, 부활 이야기에 묘사된 것처럼 예수님이 누구신지에 의해 결정적으로 형성된다.

어둠은 1:5에서 일찍부터 도입되며, 이 복음서 전반에 걸쳐 반복적으로 나온다. 어둠이란 무엇인가? 그리스도교 신학에는 두 가지 고전적인 신비가 있는데—악, 죄, 고난, 죽음에 관한 어두운 신비와 하나님에 관한 밝은 신비—두 신비 모두 프롤로그에 나온다. 이것들은 그저 풀리지 않을 문제로 여겨야 할 실재, 그저 잔혹한 사실로 받아들이고 더 생각하지 말아야 할 실재라는 의미의 신비가 아니다. 오히려 이것들은 너무 중심을 차지하고 만연해 있어서 우리가 계속해서 생각해야 할 것들이며, 우리가 수수께끼처럼 복잡한 실재에 열려 있다면 이것들은 계속해서 우리를 도전할 것이다. 어느 쪽에도 깔끔한, 일괄적인 '해답'은 없다. 오히려 해답이 있다고 주장하는 것이 가장 위험할 수 있다—명확히 확정된 확실성을 추구하고자 하는 신학자를 비롯한 온갖 이념론자들은 특히 이런 유혹을 받는다. 이것들은 끊임없이 씨름해야 한다는 의미에서 신비이고, 이것들에 대한 이해를 발전시키는 것은 언제나 가능하다. 이는 우리가 알고 있다고 생각했던 것을 다시 생각하게 하는 신선한 통찰과 경이에 실제로 열려 있어야 한다는 의미다.

아마도 이에 관한 가장 심오한 성경의 교훈은 욥기에 있을 것이다. 욥의 친구들은 욥의 끔찍한 고통에 대해 확신에 찬, 일괄적인 해답을 제시한다. 하지만 욥은 그 답들을 거부하고 자신의 고통과 씨름한다. 하나님과 창조와 창조에서 잘못된 것에 관한 신비를 다시 생각하고자 자기 마음과 상상력을 확장한다. 욥기의 마지막에서 신비에 대한 그의 물음과 고뇌에 찬 몰입은 결정적으로 긍정된다.[7]

서구 문명에서 악, 죄, 고통, 죽음의 신비와 계속 씨름하며 얻은 심오한 교훈은 비극을 통해 배울 수 있다. 특히 그리스 비극 작가들(아이스킬로스, 소포클레스, 에우리피데스)과 셰익스피어를 통해 배울 수 있다. 요한

---

7 나 자신이 욥기와 씨름한 내용 중 일부는 다음에 나와 있다. Ford, *Christian Wisdom*, 3장 "Job!"과 4장 "Job and Post-Holocaust Wisdom."

과 마찬가지로 신비에 대한 이들의 반응은 주로 개념이나 논증이나 설명을 통해서가 아니라(물론 이것들을 배제하지는 않지만) 드라마적 이야기, 인물, 사건의 상호 작용을 통해서, 단순한 조망이나 해결책에 저항하는 다양한 관점을 통해서 이루어진다. 사실 대부분의 문화권에서는 영화, 연속극, 소설, 뉴스 등 대중문화에서 볼 수 있듯이, 삶을 받아들이는 법을 배움에 있어 이야기 형식으로 된 이런 식의 실재를 우선시하고 있다.

우리는 욥, 셰익스피어, 요한복음과 씨름한 다음에도 여전히 삶이라는 드라마 한복판에 남게 되지만, 삶에 대한 이해가 어딘가 변화된 채로 남는다. 무엇보다도 이들 드라마에 영향받은 우리 자신의 작은 드라마의 미래로 들어간다. 다양한 형태로 나타나는 어둠의 도전을 마주할 때 가장 중요한 점 하나를 꼽자면 아마도 그것이 현실 문제라는 점일 것이다. 우리는 어둠과 직면하여 실제로 삶을 어떻게 꾸려갈 것인가? 요한의 복음서는 무엇보다도 이런 의미에서 현실적이다. 이론적 해결책이 아니라 현실에서 나아갈 길을 제시한다. 요한복음은 예수님의 이야기를 통해 그가 누구신지를 배우고, 그의 영 안에서 살고 예수님과 친밀한 관계를 맺으며 앞으로 나아가라고 말한다. 요한복음 1:5는 어둠이 말씀 안에 있는 생명과 빛을 **이기지**(또는 '깨닫지' comprehend, 또는 '통달하지' master) 못한다는 근본적인 격려를 제시하지만, 어둠이 이미 사라졌다거나 무해하다는 암시를 내비치지는 않는다. 어둠은 계속된다. 예수님께서 깊은 어둠이 있는 세상으로 보내심을 받은 것처럼, 예수님을 따르는 사람들도 다른 때와 장소의 어둠 가운데로 보내심을 받는다. 이 복음서의 마지막 장면에서 베드로는 자신과 예수님 사이의 사랑을 긍정한 다음, 자신이 고난받고 죽임을 당할 것이라는 말을 듣게 된다(21:15-23). 요한복음은, 최후의 결론이 어둠이 아니라 사랑에 있다고 확신하며 예수님을 따라 어둠으로 들어가는 이 계속되는 사랑의 드라마로 사람들을 끌어들이기 위해 쓴 것이다.

우리는 빛과 어둠이 상호 작용하는 인생의 특성을 인지한 다음 프롤로그의 핵심 진술에 이르게 된다. **말씀이 육신이 되어 우리 가운데 거하시매**(1:14). 이는 성육신 incarnation (문자적으로는 '육신 안에, 또는 안으로' in or into flesh를 의미), 곧 하나님이 구체적인 인간 존재가 되심을 확인한 것이다. 말씀, 곧 만물을 창조하신 하나님과 이미 동일시된 분이 인간이 되셨다는 것은 놀랍고도 대담한 발상이다.

육신이란 무엇인가? 여기서 육신은 예수님의 온전한 인간성, 인간 자아를 나타낸다. 육신이 인간의 혼 내지 영과 열등한―혹은 더 부정적으로는, 죄가 있는 위험한―짝이라는 이원론을 요한이 함의하고 있지 않다는 점이 중요하다. 그리스도교 역사에서 '육신적' 또는 '육체적'이라는 말은 대개 부정적인 내용을 담고 있으며, 성적인 의미로 자주 쓰인다. 도로시 리의 말처럼, 요한복음에서 육신은 "연약함과 유한함, 한계성, 고통과 슬픔과 비탄과 거절과 억압과 죽음에 대한 취약성"[8]을 함의한다. 하지만 또한 리는 요한복음에서 '육신'이 이보다 더 많은 것을 의미한다는 점을 보여 준다. 육신이 되신 분은 또한 자신으로 말미암아 "만물이 지은 바" 된 분이므로, 그분의 육신에서 보이는 영광은 피조물 전체에 미친다. 특히 우리 시대에 그 연약함과 취약함이 분명해진 피조물 전체에 미친다. 요한복음의 나머지 부분에서는 요한이 예수님 육신의 의미를 표적과 말씀과 사건을 통해서 확장하는 모습을 보여 준다.[9] 요한복음 마

---

8   Lee, *Flesh and Glory*, 50.
9   예수님의 몸은 하나님 영광의 중심 장소인 성전과 동일시되고(2:18-22), 예수님의 살을 먹고 피를 마시는 것은 영생을 소유하는 것이며(6:54), 군인이 예수님의 죽은 몸을 창으로 찔렀을 때(19:33-37) 옆구리에서 흘러나온 피와 물은 깊은 상징적 울림을 주고(19:31-37에 관한 주석 참조), 죽음을 지나 부활하신 예수님의 몸에는 여전히 그 창과 십자가의 못 자국이 남아 있다(20:26-29). 예수님과 성령님에 관한 이야기를 통해 요한은 '하나님'의 의미를 재정의한 것처럼 '육신'의 의미도 재정의한다.

지막 부분에는 하나님과 육신의 차이가 남아 있지만, 이 둘이 예수님 안에서 연합됨에 대한 놀라운 고백이 나온다. "나의 주님이시요 나의 하나님이시니이다"(20:28)라는 도마의 말은 최고조에 이른 고백이다. 프롤로그에서 '차분하고' 침착한 진술로 시작된 것이 저 '뜨겁고' 강렬한 외침으로 이어지는 드라마를 통해 그 완전한 내용을 전달한다.

이는 수 세기에 걸쳐 놀라움을, 심지어 불쾌감을 불러일으켰다. 이는 때때로 "특수성의 스캔들"로 불린다—보편적인 만물의 신이 특정한 한 사람으로 체화되었다는 것이다. 성육신에 관한 찬송가, 시, 신학은 성육신이 얼마나 놀랍고 반직관적이며 명백히 역설적인지를 나타내는 표현들로 가득하다(글상자에서 나지안조스의 그레고리오스의 글을 보라).

성육신 가능성에 의문을 제기하거나 거부하는 사람들은 성육신의 놀라운 성격에서 좀 더 상식적인 결론을 도출한다. 성육신이 사실일 것 같지 않다는 것이다. 그러나 이 프롤로그는 요한복음 및 신약의 다른 부분과 마찬가지로, 놀라운 사건과 인물에 가장 적합한 형태로 진실을 나타낸다. 바로 증언의 형태다. 진정으로 새로운 무언가가 일어난다면(무에서 모든 것을 창조하시는 하나님의 자유로운 독창성보다 더 진정으로 새로운 것이 있을까?) 그것은 옛 범주와 개념의 경계를 무너뜨리는 새로운 범주와 개념을 요구할 가능성이 크다. 그래서 옛 범주와 개념이 새로운 사건이나 사람을 제대로 다루는 데 가장 좋은 길잡이일 것 같지 않다. 우리가 그런 낡은 것들을 결정적인 것으로 여기고 있다면 새로운 것에 마음이 열리지 않을 것이다. 이런 상황에서는 새로운 것의 가능성을 미리 구상해 볼 수 없으며, 그 가능성이 실제로 발생해야만 볼 수 있다. 그것은 뉴스news이며 목격되어야 알려질 수 있다. 목격하지 않은 사람이 이를 알려면 증언을 신뢰하는 길밖에 없다. 역사는 다시 되풀이될 수 없고 단 한 번 일어나므로, 역사적 진실의 주요 형태는 증언이다. 법정에서와 마찬가지

> 오, 새로운 섞임이여! 오, 모든 예상을 뒤엎는 혼합이여! 존재이신 분의 되심이며 becomes, 창조되지 않으신 분의 창조되심이고, 담길 수 없는 분이 생각하는 영혼을 통해 담기셔서, 두께를 지닌 육신과 신성을 중재하셨도다. 부요하신 분이 가난해지심이여, 그가 내 육신을 위해 가난해지신 것은 나를 부요하게 하려 하심이라. 충만하신 분이 비우심이여, 그가 잠시 자기 영광을 비우신 것은 나를 그의 충만함에 참여하게 하심이라. 나는 그 형상을 받고 지켜 내지 못했으나, 그가 내 육신에 참여하신 것은 그 형상마저 구원하여 육신을 죽지 않게 하심이로다.
>
> — 나지안조스의 그레고리오스, 《거룩한 부활절》 On the Holy Passover 45.633-36

로 증언은 끝없이 반대 심문될 수 있지만(요한복음에 대한 반대 심문에 종사하는 전체 학문 산업이 있다), 결국 문제는 판사와 배심원이 증인들을 믿는가 하는 점이다. **요한은 … 증언하러 왔으니 곧 빛에 대하여 증언하고, 모든 사람이 자기로 말미암아 믿게 하려 함이라. 그는 이 빛이 아니요, 이 빛에 대하여 증언하러 온 자라. … 요한이 그에 대하여 증언하여 외쳐 이르되, "내가 전에 말하기를 '내 뒤에 오시는 이가 나보다 앞선 것은 나보다 먼저 계심이라'"**(1:6-8, 15).

이 놀라운 증언이 신뢰할 만하다고 해도, 이를 이해하는 일은 또 다른 도전이다. 요한은 이 문제를 정면으로 직시하고, 이전에 없었던 방식으로 이 문제를 깊이 생각한다. 그 결과 성육신하신 말씀을, 하나님이 사랑 가운데 완전히 자기를 표현하시고 자기를 내어 주신 것으로 생각하게 되었다. 즉, 표적과 가르침, 십자가 처형과 부활, 성령 나눔으로 실현된 하나님의 자기 표현이자 자기 내어 주심으로 생각하게 된 것이다. 이는 수백 년 동안 더 많은 생각과 토론을 낳았고, 신약 증언의 영향으로 인해 다음과 같은 고전적 가르침으로 이어졌다. 예수 그리스도라는 분은 하나님과 '한 존재'('호모우시오스'ὁμοούσιος)이며, 이 사랑의 한 하나님은 본질적으로 관계적인 아버지, 아들, 성령의 삼위일체이시다. 따라서 예수님에 대한 증언은 두 번째 고전적 신비, 곧 하나님의 신비를 다시 생각하게 했다. 요한복음에서 어둠과 빛이라는 두 신비를 하나로 묶는 용어는 '영광'이다.

영광과 보이지 않는 하나님

요한은 성육신하신 말씀에 대해, **우리가 그의 영광을 보니**(1:14)라고 말한다. 성경에서 영광은 하나님과 강하게 관련되어 있으며, 사람들에게 가까이 다가올 수 있지만 사람들을 압도하는 신의 임재, 거룩함, 광채, 자기 전달, 초월을 떠올리게 한다. 말씀은 이미 하나님과 동일시되었다. 그러나 1:18에서 요한은 이렇게 말한다. **본래 하나님을 본 사람이 없으되**. 이 명백히 역설적인 혹은 모순적인 진술은 우리를 요한의 신학에 더 깊이 들어가도록 초대한다. 요한이 예수님에 비추어서 하나님을 다시 생각하는 사유의 핵심은 영광에 대한 재개념화다.

이 재개념화는 여기 프롤로그에서 시작된다. 요한이 하나님의 영광을 육신이 되신 말씀과 연결하면서 시작된다. 그 영광은 **아버지의 독생자의 영광과 같고**[영광이요]라고 유비로 묘사된다. 나중에 드러나겠지만, 요한복음에서 가장 중요한 신학 용어 중 하나는 바로 이 작은 단어 "…와 같은"as이다.[10] 여기서, 아버지와 아들이라는 언어(요한복음에서 매우 중요한 언어)가 하나님을 남성적인 존재로 극히 단순하게 식별하는 게 아니라 유비라는 제안은 남성적 하나님 이미지를 문자 그대로 받아들이는 것을

---

[10] 3:11-21에 관한 주석에서 《"…것같이 …하라": 대담한 신학적 상상력》 부분과 다음에 관한 주석을 보라. 10:11-21; 13:15, 31-35; 15:12; 17:18; 20:21.

저지하는 역할을 할 수 있다. 다른 저지 요소로는 예수님의 인성에 관한 요한의 언어(예: '육신', '몸', '인간'['안트로포스' ἄνθρωπος]은 젠더를 특정하지 않는다), 이 복음서에서 여성들의 두드러짐, 지혜 언어의 사용, 다른 풍부한 이미지들(예: 빛, 떡, 물, 태어남, 바람) 등이 있다. 예수님의 특수성 중 하나는 남성성이다. 하지만 그가 유대인이며, 여러 언어 중 특정 언어를 사용했으며, 가난했고, 1세기 팔레스타인에 살았다는 점보다 그의 남성성이 더 '스캔들'이 될까? 어떤 사람들은 그렇다고 말한다. 이에 대한 논쟁은 계속되고 있다.[11]

그런데 **아버지의 독생자의 영광과 같고**[영광이요]는 어떤 의미일까? 앞서 논한 바와 같이, 그것은 **아버지 품속에 있는 독생자 하나님**, 즉 깊고 친밀한 사랑의 영광이라는 1:18 본문으로 조명된다. 이 복음서가 전개되면서, 특히 요한복음 17장에 나오는 예수님의 기도에서, 영광과 사랑에 관한 더 많은 내용이 주어진다.[12] 그리고 영광과 사랑이 가장 완전하게 실현되고 드러나는 결정적인 순간은 예수님께서 십자가에 달리실 때다.

11 Lee, *Flesh and Glory*는 금세기 초 이 논쟁의 상황을 설명한다(introduction, 2장, 4장, 5장, 6장, 8장, conclusion을 보라). 나는 그녀가 내린 결론들에 동의한다. 또한 다음을 보라. Soskice, *The Kindness of God*, 4장 "Calling God 'Father'"와 6장 "Trinity and the 'Feminine Other.'"
12 영광과 사랑, 이것들 각각은 이 복음서 전체를 보는 렌즈다. 사랑에 대해서는 다음에 구절에 관한 주석을 보라. 3:16; 13:1-38; 15:12-17; 17:20-26; 21:15-23. 영광에 대해서는 다음을 보라. Ford, "'To See My Glory'"; Ford, "Ultimate Desire." 또한 다음 구절에 관한 주석을 보라. 2:11; 11:4, 40; 12:28; 13:31-32; 17:1-5, 20-26; 21:19. 공관복음에서는 예수님의 영광을 에피소드에서, 특히 예수님의 변모(transfiguration)에서 일별할 수 있는 반면, 요한은 처음부터 영광을 머리글로 쓴다―변모는 그의 복음서 전체에 퍼져 있다. 여기 프롤로그에만 있는 게 아니다. 영광은 예수님의 첫 번째 표적(2:11)과 이른바 표적의 책의 결론(12:23, 28; cf. 12:43)에서 강조된다. 또한 고별 강론의 앞부분(13:31-32)과 마무리 기도(17:1-5, 10, 22, 24)에도 등장한다. 따라서 영광은 이 복음서의 첫 부분과 두 번째 부분을 감싸는 틀이고, 이 과정에서 무엇보다도 예수님의 죽으심을 예수님의 영화(glorification)로 봄으로써 재정의 된다.

예수님께서 자신의 생명을 내려놓는 것은 지극한 사랑의 행위이자 (15:13) 영화롭게 되는 시간이다(예: 7:39; 12:16, 23; 13:31). 십자가에 달리신 그분 안에서 어둠의 신비와 하나님의 신비가 함께 드러난다. 거기서 영광과 사랑이 육신에 드러난다. C. K. 바레트는 이를 가리켜 "이 복음서 전체를 관통하는 역설"이라고 부른다. 즉, "'독사'δόξα [영광]는 그 '사르크스'σάρξ [육신]와 나란히 보거나 창문을 통해서 보듯이 그 '사르크스'를 통해서 보아야 하는 것이 아니라, 그 '사르크스'에서 보아야 한다. 다른 데서는 볼 수 없다."[13] 이와 같이 요한복음의 핵심에 있는 중요한 문제는 '이 사람, 완전히 육신이며 완전히 신인 이 사람은 누구인가?'이다.

그렇다면 **본래 하나님을 본 사람이 없으되**(1:18)라는 구절은 어떤가? 이 구절은 예수님의 인성에 관한 모든 우상숭배를 철저히 거부하고, 더 나아가 언어로든 다른 형태로든 하나님에 대한 절대적인 또는 결정적인 모든 표현을 거부한다. 어떤 매개를 통해서만 하나님에 관한 지식이 있는데, 여기서 그 매개는 **하나님을 알려 주신**(1:18) 예수님 안에 있다. 보이는 것은 하나님이 아니라 하나님의 '영광'이다. 그리고 하나님은 오직 한 분, 창조의 하나님(1:1-2), 모세의 하나님(1:17), 세례자 요한을 보내시고(1:6) 예수님을 보내신 하나님이시다. 예수님은 마지막 기도에서 가장 강렬하고 포괄적으로 영광을 일깨우시고(17:1) 바로 이어서 "영생은 곧 유일하신['모노스' μόνος] 참 하나님과 그가 보내신 자 예수 그리스도를 아는 것이니이다"(17:3)라고 말씀하신다. 최근 신학에서 한 분 하나님의 완전한 단일성 unicity 과 유일성 uniqueness 은 캐서린 손더레거에 의해 심오하게 재긍정되고 탐구되었다.[14]

---

13   Barrett, *The Gospel according to St. John*, 165.《요한복음》(알맹e 역간).
14   다음을 보라. Sonderegger, *The Doctrine of God*과 *The Doctrine of the Holy Trinity*.

이 복음서에서 두 번째로 영광이 언급될 때, 한 분 하나님의 비가시성이 강조된다. 이는 예수님께서 혼인 잔치에서 물을 포도주로 바꾸실 때인데, 그 이야기는 다음과 같이 끝난다. "예수께서 이 첫['아르케' ἀρχή: 태초] 표적을 갈릴리 가나에서 행하여['에포이센' ἐποίησεν: 행했다\창조했다] 그의 영광을 나타내시매, 제자들이 그를 믿으니라"(2:11). 이 표적은 신적 창조 행위에 가장 가까운 용어로 기술되지만, 하나님은 보이지 않는다. 예수님은 표적을, 볼 수 있는 것을, 이번 경우에는 맛볼 수도 있는 것을 창조하신다. 그리고 그것은 그가 누구인지를 인정하도록 이끄는 의미도 있다. 즉, "그의 영광"이 나타났고, "제자들이 그를 믿었다."

이 복음서 나머지 부분의 패턴은 표적, 상징, 대화, 사건이다. 모두 예수님이 누구신지와 관련하여 풍부하고 풍요로운 의미가 있는 이것들은 항상 유일하신 한 분 하나님을 단언하는 증언(이를 믿을 수도 있고 믿지 않을 수도 있지만)을 제공한다. 프롤로그는 믿느냐 믿지 않느냐의 문제를 도입하고—**자기 백성이 영접하지 아니하였으나, 영접하는 모든 자, 곧 그 이름을 믿는 자들에게는 하나님의 자녀가 되는 권세를 주셨으니**(1:11-12)—또한 풍요로움을 불러일으킨다—**우리가 다 그의 충만한 데서 받으니 은혜 위에 은혜러라**(1:16). 이 두 진술은 **우리가 그의 영광을 보니**라는 핵심 증언과 더불어 프롤로그와 요한복음 전체의 의미에 또 다른 중대한 물음을 제기한다. "우리"는 누구를 말하는 것인가?

우리, 하나님의 자녀:
풍요로운 삶, 믿음, 그리고 갈등(1:10-13, 16-18)

이미 살펴본 프롤로그의 세 가지 주요 주제—하나님과 만물이라는 틀,

성육신의 드라마, 아버지와 아들의 친밀한 사랑—에 이어 네 번째 주제는 요한이 속한 공동체, 즉 그가 말하는 "우리"다. 이는 주로 역사 드라마의 일부로 등장하지만, 또한 다른 두 이야기와도 깊이 연관되어 있다.

프롤로그의 시작인 **그 안에 생명이 있었으니, 이 생명은 모든 사람의**[사람들의] **빛이라**(1:4)는 이 사람들에게도 해당하는 말씀이다. 예수님은 풍요로운 생명을 가져다주러 오셨다(1:10). 요한은 계속해서 이 풍요로움을 강조하며 여러 방식으로 이 풍요를 창의적으로 나타낸다. 많은 양의 포도주, 자유롭게 부는 성령의 바람, 영생하도록 솟아나는 샘물, 떡이 남은 떡 바구니, 집에 가득한 향유 냄새, 가득 잡은 물고기 등. '영생'은 그가 가장 자주 사용하는 표현으로, 지금부터 시작된 사랑의 삶이며, 이러한 사랑의 삶에는 본질적으로 공동체가 있다. 즉, 사랑의 삶은 다른 사람과 함께하는 삶이다. 프롤로그의 마지막은 이 생명의 가장 완전한 표현인 아버지와 아들 사이의 사랑, 즉 모든 사람을 초대하는 사랑을 나타낸다. 풍성한 사랑에 응수하는 것이 요한복음의 핵심 도전이라고 볼 수 있다.

모든 것을 포괄하는 시작부의 외적 넓이와 결말부 친밀함의 내적 깊이 사이에는 역사적 삶의 복잡성이 있다. **그가 세상에 계셨으며, 세상은 그로 말미암아 지은 바 되었으되, 세상이 그를 알지 못하였고, 자기 땅에 오매 자기 백성이 영접하지 아니하였으나, 영접하는 모든 자, 곧 그 이름을 믿는 자들에게는 하나님의 자녀가 되는 권세를 주셨으니, 이는 혈통으로나 육신의 뜻**[육정]**으로나 사람의 뜻으로 나지 아니하고 오직 하나님께로부터 난 자들이니라**(1:10-13). 이는 예수님의 오심, 거절당하심, 공동체를 모으심을 직접적으로 언급하는 내용일 수도 있고, 1:14에서 성육신을 발표하기에 앞서 이스라엘 역사 속 말씀에 대해 이야기하는 것일 수도 있다. 나는 웨스트콧과 마찬가지로[15] 이 둘 모두에 관한 것이라 생각한다—요한은 종종 둘 이상의 의미가 가능하게 글을 쓴다. 이 구절은 적어도 세 가지 주요 쟁점을 제기하는데, 이것들은 이 복음서 전체에 중요하다.

첫째, "자기 백성", 즉 이스라엘과 유대교와 관련된 쟁점은 무엇인가? 요한복음을 둘러싼 가장 첨예한 논쟁 중 일부는 요한복음이 유대인들에 관한 내용 때문에 반유대교주의 내지 반유대주의라는 혐의와 관련된다. 이 문제는 요한복음 2장을 주석할 때, 그리고 특히 예수님과 유대인 사이의 갈등이 가장 극심해지는 8장에 이르러 논할 것이다. 프롤로그에서도 마지막쯤인 1:17에서 "율법은 모세로 말미암아 주어진 것이요, 은혜와 진리는 예수 그리스도로 말미암아 온 것이라"라고 할 때 이 문제가 발생한다. 이스라엘 역사 및 성경과 요한의 관계에 관한 보다 일반적인 문제는 이미 논했지만, 계속해서 이 주석 전체에서 반복될 것이다.

둘째, "그 이름을 믿는"이란 어떤 의미인가? '믿다, 신뢰하다, 신앙을 갖다'를 의미하는 헬라어 동사 '피스튜에인' πιστεύειν은 요한이 즐겨 사용하는 단어다. 그는 20:31에서 이 복음서의 전체 목적을 "너희로 예수께서 하나님의 아들 메시아이심을 믿게 하려 함이요, 또 너희로 믿고 그 이름을 힘입어 생명을 얻게 하려 함"이라고 요약한다. 일부 사본에는 다른 형태로 되어 있어서 '믿게 하려' 대신 '계속 믿게 하려'라는 의미가 될 수 있다. 이는 종종 주석가들을 당혹스럽게 했던 요한복음의 놀라운 주안점 하나를 적절히 설명해 준다.

한편으로 요한복음은 초심자도 매우 다가가기 쉬우며, 흔히 구도자나 새신자에게 선물로 주기도 한다. 요한복음의 언어는 직설적이며, 그 이

---

15 "이 말씀이 세례자 요한이 증거한, 예수님 안에서의 말씀의 역사적 임재만 가리키는 것은 불가능하다. 이 구절의 전체 범위와 연결성은 더 넓은 의미를 요구한다. 말씀은 그분의 특별한 강림뿐만 아니라 그분의 임재를 통해 활동한다. 만유의 지속과 진행은 그 원래의 구성만큼이나 그분을 알게 하는 데 적합하다." Westcott, *The Gospel according to St. John*, 8.

야기는 잘 짜여 있고, 그 이미지(특히 자연에서 가져온 이미지—물, 바람, 빛, 어둠)는 이해하기 쉬우며, 그 윤리적 가르침이 사랑과 섬김을 중심으로 한 몇 가지 핵심 계명으로 단순화되어 있기 때문이다.

다른 한편으로, 경험 많은 그리스도인들, 즉 '계속 믿는' 사람들에게 요한복음은 성경에서 가장 도전적인 본문일 수 있으며, 다시 읽을 때마다 더 깊은 곳으로 초대하여 우리의 마음과 상상력을 더 멀리까지 확장해 준다. 그 모든 것의 중심에는 십자가에 못 박히시고 부활하신 예수님과의 지속적인 교류가 있다. 예수님이 사랑하신 것처럼 사랑하고, 예수님이 보내심받은 것처럼 성령을 받아 보내심을 받고, 예수님이 하신 것보다 더 큰 일까지도 하라고 급진적으로 우리를 부르시는 분과 계속 교류하는 것이다.

요한복음에서 믿는다는 것은 때때로 양자택일의 결정으로 여겨져 왔다. 믿거나 믿지 않는 것, 빛 가운데 살거나 어둠 속에 사는 것이다. 하지만 나는 좀 더 미묘한 견해를 가진 사람들의 생각에 납득이 된다.[16] 이 복음서는 믿는 다양한 방법과 단계를 묘사한다. 믿음과 신뢰에 대한 이 복음서의 접근 방식은 물음, 의심, 애매함, 시험, 갑작스러운 깨달음은 물론 점진적인 깨달음, 성장, 성숙의 공간을 두고 있다. 이는 제자들('마테타이'$^{\mu\alpha\theta\eta\tau\alpha\iota}$: 배우는 자)에게 가르치는 복음이다. 그 교육적인 방법들은 숙련되고 경험이 풍부한 교사의 방법이며, 이 주석을 통해 그 방법들을 살펴볼 것이다. 주요 방법은 독자들을 드라마 속으로 끌어들여 주인공 예수님을 지금 믿고 사랑하고 따르도록 초대하고자, 다양한 인물과 관점으로 잘 구성된 이야기를 들려주는 방법이다. 그가 누구신지, "그의 이

---

16 다음을 보라. Hylen, *Imperfect Believers*; Dokka, "Irony and Sectarianism in the Gospel of John."

름"이 무엇을 의미하는지는 무엇보다도 이야기를 통해서 전달되므로, 신뢰와 믿음으로 예수님과 관계 맺는다는 것은 이야기를 따라가며 이야기가 의미하는 바에 점점 깊이 들어가는 것을 포함한다.

따라서 믿는다는 것은 여러 양상과 형태가 있지만, 완전한 의미에서 믿음은 하나님과 다른 사람들과 함께하는 인격적인 삶 전체를 포함한다. 즉, 아버지와 아들이 서로 사랑하고 신뢰하고 서로를 영화롭게 하는 일에 들어가는 것, 이로부터 삶의 모든 측면—기도와 예배, 지식과 이해, 윤리와 정치, 고통과 죽음—이 영향받으며 살아가는 것이 포함된다.

셋째, 요한이 "우리"라는 말로 직접적으로 가리킨 요한의 공동체와 관련된 쟁점은 무엇인가? '요한 공동체'에 관하여 엄청 많은 글이 쓰였다. 이 복음서와 요한서신을 제외하면 이와 관련된 역사적 증거는 거의 없다. 따라서 이 문헌들을 바탕으로 한 추측만 난무할 뿐 일치된 의견은 거의 없다. 일부 학자들은 요한 공동체 역사의 각기 다른 시기들, 특히 모체인 유대교 공동체와의 관계가 달라지는 시기들을 각각 반영하고 있는 요한 공동체의 여러 구성 단계를 요한복음에서 발견한다.[17] 이러한 읽기는 종종 독자의 생각을 자극하고 신학적으로 생산적일 수 있지만 (이는 본문의 평이한 의미 뒤에 또 다른 의미를 보는 알레고리적 읽기와 다소 비슷하다), 전반적으로 나는 학자들 사이에서 크게 다른 역사적 재구성에 대해 불가지론적 태도를 유지하고자 한다.

---

[17] 다음을 보라. 마틴, 《요한복음의 역사와 신학》(History and Theology in the Fourth Gospel, CLC 역간); R. 브라운, 《요한 교회의 신앙과 역사》(The Community of the Beloved Disciple, 한국장로교출판사 역간). 내가 보기에 가장 자극을 주는 더 최근의 설명은 다음 작품이다. Ashton, The Gospel of John and Christian Origins(본서의 17:1-26에 관한 주석에서 각주 4를 보라). 나는 데이비드 램이 그의 연구 Text, Context and the Johannine Community를 마무리하는 "plea for caution"과, 읽기와 해석이 중요하고 형성적인 역할을 하는 "an embryonic textual community"(p. 209)라는 그의 신중한 묘사에 매료되었다.

이 주석에서는 요한 공동체에 대해 추측하기보다는 이 복음서가 명시적으로 많이 언급하고 있는 다른 두 공동체에 주로 초점을 둘 것이다. 첫 번째는 이야기에 등장하는 공동체, 즉 예수님 주변에 모인 배우는 자들이다. 두 번째는 첫 번째 공동체와 연속선상에 있는 공동체로, 오늘날까지 이어져 왔고 이후에도 계속되는 신자들의 공동체다. 요한은 이 계속되는 공동체와 관련해서 다른 복음서들보다 더 많이 말한다. 실제로, 이 복음서의 목적 진술 "너희로 … 그 이름을 힘입어 생명을 얻게 하려 함이니라"에서 "너희"는 프롤로그를 비롯한 다른 구절에 비추어 볼 때 잠재적으로 모든 인류를 포괄한다고 볼 수 있으며, 그 생명은 시간적 한계가 없는 영원한 생명이다. 예수님과 그 추종자들의 드라마는 오늘날에도 계속되고 있다. 이 복음서는 오늘날 추종자들이 예수님을 따라 새로운 상황에서 "그 이름을 힘입어" 신실하고 담대하게 창의적으로 연주하고자 할 때, 풍부한 지침과 영감의 원천이 된다.

요한 공동체와 관련하여 마지막으로 한 가지 중요한 물음이 있다. 그것은 배타적이고 폐쇄적인 공동체라는 의미에서 내부자와 외부자가 극명하게 구분되는 '종파적인' 공동체였을까? 이에 대한 근거로는 요한의 이원론적 언어(빛/어둠, 진리/거짓, 생명/죽음), '유대인'과의 첨예한 갈등, 세상이 미워할 것에 대한 예견(예: 15:18-20), 서로 사랑하라(이웃을 사랑하라도 원수를 사랑하라도 아닌, 서로 사랑하라)는 명령 등이 있다. 외부의 압력을 받는 증오와 적대의 대상이 된 공동체였던 것 같다.

하지만 그러한 압력에 요한 공동체가 어떻게 반응했든, 요한이 다른 두 공동체(예수님의 생애, 죽으심, 부활 이야기에서 예수님을 중심으로 한 공동체와 특히 고별 강론과 부활 이야기에서 그리고 있는 계속되는 공동체)에 관하여 말한 증거는 종파주의와는 매우 다른 것을 가리킨다. 그 지평은 보편적이다. 예수님은 세상을 향한 아버지의 사랑으로부터 보내심을 받았고,

여러 공동체에서 온 다양한 사람들과 관계를 맺으셨고, 유다의 발도 씻어 주셨으며, 예수님의 죽으심은 모든 사람을 예수님께로 이끄는 것이다.[18] 그리고 고별 강론에 그려진 계속되는 공동체는 비종파적인 예수님을 중심으로 하며, 경계가 열려 있고, 다른 여러 사람을 끌어들이는 사랑의 공동체다. 하나님 중심의 공동체 생활의 강렬함은 사람들을 끌어당긴다. "아버지여, 아버지께서 내 안에, 내가 아버지 안에 있는 것같이 그들도 우리 안에 있게 하사, 세상으로 아버지께서 나를 보내신 것을 믿게 하옵소서"(17:21). 이 믿음이 앞서 말했던 것과 상통한다면, 여기서 그려진 공동체는 예수님과 마찬가지로 종파적이지 않다.

이 복음서의 길잡이인 프롤로그

프롤로그에서 도출될 수 있는 것은 여기서 제시한 것보다 훨씬 더 많다. 도서관 전체를 프롤로그에 관한 글로 채우더라도 여전히 더 채울 것이 남아 있으며, 대화, 설교, 기도, 예전, 찬송, 음악 및 기타 모든 예술로도 완전히 채울 수 없다. 독자들은 프롤로그의 방대함, 깊이, 밀도를 어떻게 감당할 수 있을까? 나는 특히 성경 전체와 프롤로그의 관계, 프롤로그의 포괄적인 지평, 성육신 개념, 영광 개념, 믿음 개념, 하나님에 대한 프롤로그의 재고찰, 프롤로그 배후의 공동체와 그 안에 있는 공동체와 프롤로그를 통해 생성된 공동체 등 여러 각도에서 프롤로그를 탐구해 왔다.

---

[18] "아버지는 아들의 죽음으로 자기 원수에게 생명을 주신다. 이는 이 내레이터가 독자들에게 전하고자 하는 계시의 '궁극의 미친 짓'이다. 이 미친 짓을 믿으려면 성령을 통한 거듭남이 필요하다. 적대적인 세상은 사랑받는 세계이고, 사랑받는 세계는 적대적인 세계이다." Minear, *John: The Martyr's Gospel*, 41.

그러면서 드러나기 시작한 그림은 그 신학에 있어 엄격하면서도 대담한 복음서의 모습이다. 이러한 복음서의 모습은 독자들이 엄격하게(성경으로, 무엇보다도 예수 그리스도를 향한 관심으로 규율하여) 그리고 대담하게(사려 깊고 상상력이 풍부한 해석으로, 무엇보다도 행동으로) 자신들의 신학을 다루도록 격려한다.

이 복음서의 나머지 부분으로 넘어가면서 한 가지 더 짚고 갈 것이 있다. 프롤로그가 복음서의 전체 길잡이 역할을 할 수 있다는 것이다. 각 장을 읽을 때마다 앞뒤로 오가며 프롤로그를 다시 읽으면 유익할 것이다. 이렇게 하면 프롤로그의 이미지와 개념에 더 많은 의미가 부여돼서 프롤로그를 더 완전히 이해할 수 있을 뿐만 아니라, 각각의 새로운 장이 저자가 바라는 주된 맥락에 자리하게 될 것이다. 이 주석은 몇몇 장에서만 명시적으로 그렇게 하겠지만, 독자는 직접 모든 장을 그렇게 읽어 보기를 권한다.

요한복음 1:19-51
배우는 공동체의 형성

이제 드라마가 시작된다. 세례자 요한은 프롤로그에서 이미 두 번 언급되었다.[1] 이제 그는 프롤로그에 이름이 나온 또 다른 인물인 예수님과 마찬가지로 직접 등장한다. 그런 다음 예수님은 제자(문자 그대로 '배우는 자') 공동체를 모으기 시작하신다. 이는 프롤로그가 드라마화된 것이고, 땅과 하늘의 교류에 관한 매혹이고 신비로운 마지막 환상(1:51)은 하나님을 알려 주시는 "아버지 품속에 있는" 예수님의 모습(1:18)으로 볼 수 있다.

요한은 예루살렘에서 온 종교 지도자들에게 "네가 누구냐?"라는 질문을 받는다. '누구'인지 묻는 물음은 이 복음서 전체의 핵심으로 드러난다. 이후 요한은 예수님을 보고 그를 "세상 죄를 없애시는[저고 가는] 하나님의 어린양"으로, "하나님의 아들"로 식별하고, 성령이 오셔서 그 위에 머

---

[1] 세례자 요한에 관한 더 자세한 논의로는 3:22-36에 관한 주석에서 〈사랑과 기쁨〉 부분을 보라.

무심\거하심을 증언한다. 그런 다음 요한은 자신의 두 제자에게 예수님을 증거하고, 두 제자는 예수님을 만나서 근본적인 물음을 주고받는다. 예수님은 "너희는 무엇을 찾느냐[구하느냐]?" 물으시고, 두 제자는 "랍비여, 어디 계시오니이까\머무시나이까\거하시나이까?" 하고 묻는다. 이 새로운 공동체는 쌍방 질문으로 시작된다.

두 제자 중 하나인 안드레는 동생 시몬 베드로를 찾아가 증거함으로써 증언의 연쇄를 이어간다. 그런 다음 예수님께서 빌립을 찾아 부르시고, 빌립은 나다나엘을 찾아 증언하면서 배우는 자의 범위가 넓어진다. 이러한 대화 과정에서 예수님이 누구신지에 관한 추가적인 정체성 식별이 쏟아져 나오고, 유일하게 예수님의 입에서 나온 단 하나의 정체성이 그 절정을 이룬다. 바로 "사람의 아들."

이 본문은 중요한 신학적 내용, 다방면의 이미지와 칭호들, 복음서가 진행됨에 따라 확장되고 깊어지는 단어와 문구로 가득하다. 이러한 것들은 다층적이고 근본적인 세 가지 물음을 중심으로 열린 구조로 된 이야기에 담겨 있다. 그 세 물음은 다음과 같다. "네가 누구냐?", "너희는 무엇을 찾느냐[구하느냐]?", "어디 계시오니이까\머무시나이까\거하시나이까?" 이 복음서의 나머지 부분은 이 물음들에 대한 응답으로 볼 수 있다.

"네가 누구냐?"와 첫 번째 물결(1:19-28)

¹⁹ 유대인들이 예루살렘에서 제사장들과 레위인들을 요한에게 보내어 "네가 누구냐?" 물을 때에, 요한의 증언이 이러하니라. ²⁰ 요한이 드러내어 말하고 숨기지 아니하니, 드러내어 하는 말이 "나는 메시아가 아니라" 한 대, ²¹ 또 묻되 "그러면 누구냐? 네가 엘리야냐?" 이르되 "나는 아니라." 또 묻되 "네가 그

선지자냐?" 대답하되 "아니라." ²² 또 말하되 "누구냐? 우리를 보낸 이들에게 대답하게 하라. 너는 네게 대하여 무엇이라 하느냐?" ²³ 이르되 "나는 선지자 이사야의 말과 같이,

    '주의 길을 곧게 하라'고

       광야에서 외치는 자의 소리로라"

하니라.

²⁴ 그들은 바리새인들이 보낸 자라. ²⁵ 또 물어 이르되 "네가 만일 메시아도 아니요, 엘리야도 아니요, 그 선지자도 아닐진대, 어찌하여 세례를 베푸느냐?" ²⁶ 요한이 대답하되 "나는 물로 세례를 베풀거니와, 너희 가운데 너희가 알지 못하는 한 사람이 섰으니, ²⁷ 곧 내 뒤에 오시는 그이라. 나는 그의 신발 끈을 풀기도 감당하지 못하겠노라" 하더라. ²⁸ 이 일은 요한이 세례 베풀던 곳 요단강 건너편 베다니에서 일어난 일이니라.

세례자 요한에게 **"네가 누구냐?"** 하고 물을 때, 그의 첫 대답은 **"나는 메시아**['크리스토스' Χριστός: 그리스도, 기름부음받은 자]**가 아니라"**였다. 머지않아 예수님이 메시아로 불리므로, 이 대답을 비롯한 요한의 다른 두 번의 부정문은 이 복음서를 지배하는 '예수님은 누구신가?'라는 물음을 묻기 위한 공간을 깨끗이 비워 둔다. "나는 …이 아니다"라는 요한의 말은 나중에 "나는 있다/…이다" I am로 시작하는 예수님의 여러 진술을 예비한다.

요한의 일련의 부정적 진술은 이 장의 나머지 부분에서 예수님을 긍정적으로 식별하는 네 가지 의미의 물결로 이어진다.² 첫 번째 물결은

---

2   이 복음서가 가장 중요한 가르침을 연속적인 의미의 물결로 전달하는 방식에 대해서는 3:1-36에 관한 주석에서 니고데모에 관한 논의를 보라. 이것의 가장 압축된 형태의 원형은 첫 절이다. "태초에 말씀이 계시니라. 이 말씀이 하나님과 함께 계셨으니, 이 말씀은 곧 하나님이시니라"(1:1).

이사야 선지자의 말에 대한 인용을 중심으로 요한의 역할을 **소리**, 곧 증인으로 겸손하게 제시하면서, 동시에 예수님이 누구신가에 관한 물음에 프롤로그와 같이 대담한 대답을 내놓는다. 세례자 요한이 **주의 길을 곧게 하려고** 왔다면, 그리고 이것이 예수님을 증언하는 것이라면, 예수님은 주님과—즉, 하나님과—동일시되고 있다.

이 첫 번째 물결은 요한이 예수님을 **너희 가운데** 계시나 너희가 알지 못하는 분, **곧 내 뒤에 오시는 그이**로 식별하며 끝난다. 이제부터 이 누군지 모르는 "그이"는 프롤로그에서 중심이었던 것처럼 드라마의 중심이 된다.

두 번째 물결, 그다음 날(1:29-34)

²⁹ 이튿날 요한이 예수께서 자기에게 나아오심을 보고 이르되, "보라, 세상 죄를 없애시는[지고 가는] 하나님의 어린양이로다! ³⁰ 내가 전에 말하기를 '내 뒤에 오는 사람이 있는데 나보다 앞선 것은 그가 나보다 먼저 계심이라' 한 것이 이 사람을 가리킴이라. ³¹ 나도 그를 알지 못하였으나, 내가 와서 물로 세례를 베푸는 것은 그를 이스라엘에 나타내려 함이라" 하니라. ³² 요한이 또 증언하여 이르되, "내가 보매 성령이 비둘기같이 하늘로부터 내려와서 그의 위에 머물렀더라. ³³ 나도 그를 알지 못하였으나, 나를 보내어 물로 세례를 베풀라 하신 그이가 나에게 말씀하시되 '성령이 내려서 누구 위에든지 머무는 것을 보거든 그가 곧 성령으로 세례를 베푸는 이인 줄 알라' 하셨기에, ³⁴ 내가 보고 그가 하나님의 아들이심을 증언하였노라" 하니라.

세상 죄를 없애시는 하나님의 어린양

두 번째 의미의 물결은 "**보라, 세상 죄를 없애시는**[지고 가는] **하나님의 어린양이로다!**"라는 놀라운 외침을 중심으로 한다. 이 구절은 수 세기 동안 그리스도교 예전, 상징, 예술, 찬송, 시에 울려 퍼지는 대표적 진술이 되었다. 이는 세례자 요한이 방금 거부한 칭호들과는 매우 다른 놀라운 외침이다. 이 말의 신선함과 상상력을 요하는 도전이 오늘날에도 새롭게 다가올 수 있을까?

드니스 레버토프는 "아뉴스 데이"Agnus Dei (하나님의 어린양)[3]에서 이를 탐구하는 묵상을 제시한다(글상자에서 레버토프의 시를 보라). 나중에 시인은 이 시를 쓰는 과정에서 "알지 못하는 것이 나에게 하나님으로, 더 나아가 성육신에 계시된 하나님으로 계시되기 시작했다"고 말했다.[4] 토머스 가드너는 그녀의 시를 통해 "세례자의 말에 담긴 끔찍하고도 전혀 예상치 못한 취약성에 관한 비전"을 본다. 그는 하나님께서 "상한 채로 상한 세계에" 다가오셔서 "예수님 안에 표현된 하나님의 취약함"으로 "얼어붙은 마음"을 "휘저어서 따듯해지게" 하시며 이를 "어린양의 몹시 연약함"을 통해 알게 하신다는 점을 어떻게 설명할 수 있는지 묻는다.[5]

어린양 이미지는 성경에서 많이 되울리기도 한다. 무엇보다도 모세의 지도하에 이스라엘이 이집트에서 해방된 근본 이야기(출 12장)에 유월절 어린양이 있다. 요한복음의 십자가 사건 설명에서 예수님은 유월절 어린양이 죽임을 당하는 시점에 죽으셨다. 출애굽기 이미지와 모세에 대

---

[3] 드니스 레버토프의 "성 디두모 도마 축일 미사"(Mass for the Day of St. Thomas Didymus)라는 제목하에 6부로 구성된 "불가지론적 미사"(agnostic Mass)의 마지막 시다. Levertov, *Candles in Babylon*, 113-15; 또한 Levertov, *The Collected Poems*, 677-78에도 실려 있다.

[4] Levertov, "A Poet's View," 241.

[5] Gardner, *John in the Company of the Poets*, 27, 29.

아뉴스 데이 Agnus Dei

어린양은 아이 같고
겁 많고 어리석으며,
자기 보호 수단도
분노도 발톱도
독도 교활함도 없는데,
그렇다면
이 '하나님의 어린양'은 뭐지?

이 예쁜 생명체,
힘껏 젖을 빠는 자,
보송보송한 털, 매매 울음소리,
공중에 뛰어올라 생의 즐거움을 만끽하는 자,
네 발로 착지한 것에 놀라는 자,
풀밭이 세상 전부인 줄 아나 봐?
우리가 함께 놀고 싶은 자,
리본을 달아 데려가고 싶지만,
똥으로 바닥을 더럽힐까 싶어
집 안에는 들일 수 없겠지?

이 낯선 언어,
오, 세상 죄를 없애시는 하나님의 어린양:
순수함이 무지를 풍기고,
피 묻은 눈 더미에서 태어나,
온 양 떼를 합친 것보다 더 총명한
자제심 뛰어난 개들이 핥는 존재,
여기엔 어떤 공포가 숨겨져 있을까?

그렇다면 하나님,
만물을 아우르는 분은
무방비한가?
전능함을 내던지고 젖은
양털 한 줌으로 작아지셨나?

그런데 우리는
두렵고 지루하며,
재앙이 휘몰아치고 부딪히고 끓어오르다
우리를 두고 사라질 때까지
잠들어 있기만 바랄 뿐이고,
그러다 고통의 기억 없이
조용히 깨어나길 바라는데,

수치스러운 은밀한 희망 속에서
불 구덩이에서 구출되기를 바랐고,
이렇게 상상한 것만으로
받을 자격이 있다고 생각하며
축복을 기대했던 우리,

우리에게 젖을 찾으러 들어오는
이 별나고 약한 동물을
우리가 보호해야 한다는 말인가?
떨고 있는 하나님을
우리의 얼어붙은 가슴에
붙잡아 두어야 한다는 말인가?

·

> 그러면 그렇게 하자.
> 와라,
> 매섭게 떨리는 누더기여,
> 희미한 별이여.
> 인간적인 무언가로
> 여전히 너를 보호할 수 있는지
> 시험해 보자,
> 저 멀리 빛나는 불꽃이여.
>
> — 드니스 레버토프, 《바벨론의 촛불》 Candles in Babylon, 113-15

한 언급은 프롤로그부터 시작하여 요한복음에서 계속 이어지며, 그것들이 암시하는 원래 본문들과 대화하면서 재차 반복해서 요한복음을 읽도록 유도한다. 어린양과 관련된 또 다른 여러 언급도 마찬가지다. 그중에서 가장 중요한 것은 아마도 창세기에 나오는 이삭을 '제물'로 바치는 사건과 이사야에 나오는 고난받는 종의 노래일 것이다.

하나님께서 아브라함에게 사랑하는 외아들 이삭을 제물로 바치라고 시험하실 때, 이삭은 제사 장소로 가는 길에 제물로 바칠 어린양은 어디 있냐고 묻는다. 아브라함은 "내 아들아, 번제할 어린양은 하나님이 자기를 위하여 친히 준비하시리라"(창 22:8)라고 대답한다. 이것이 하나님의 어린양이다. 그리고 이 구절에서 세례자 요한이 예수님께 사용한 또 다른 칭호는 "하나님의 아들"(1:34)이다.

이사야의 종의 노래들[6]은 신약과 이후 교회 전통에서 예수님이 누구신지를 이해하는 방식으로서 엄청 중요해졌다. 종의 노래에서 종은 **세상**

---

6   사 40-55장, 특히 42:1-7과 52:13-53:12.

죄를 없애시는[제고 가는] **하나님의 어린양**을 확장해서 볼 수 있게 묘사되어 있다. "그가 찔림은 우리의 허물 때문이요, 그가 상함은 우리의 죄악 때문이라. … 그가 곤욕을 당하여 괴로울 때에도 그의 입을 열지 아니하였음이여, 마치 도수장으로 끌려가는 어린양 … 같이 그의 입을 열지 아니하였도다. … 나의 의로운 종이 … 많은 사람을 의롭게 하며, 또 그들의 죄악을 친히 담당하리로다. 그러므로 내가 그에게 존귀한 자와 함께 몫을 받게 하리니 … 이는 그가 자기 영혼을 버려 사망에 이르게 하며, 범죄자 중 하나로 헤아림을 받았음이니라. 그러나 그가 많은 사람의 죄를 담당하며, 범죄자를 위하여 기도하였느니라"(사 53:5, 7, 11, 12). 게다가 놀랍게도 이 노래는 종이 "위로 들리는"(사 52:13) 장면으로 시작하는데, 이는 십자가 처형에 관한 요한복음의 가장 독특한 이미지 중 하나다.[7]

그리스도교 신학에서 반복적으로 주목받는 주제 하나는 예수님의 사역(예수님이 하신 일)과 관련하여 예수님의 인격(예수님은 누구신가)을 확인하는 것이다.[8] 요한복음의 나머지 부분도 그렇지만, "세상 죄를 없애시는[제고 가는] 하나님의 어린양"은 이 두 가지를 불가분하게 결합한다. 의심할 여지 없이 '누구신가'라는 점이야말로 지배적이고, 가장 독특하게 강조된다. 이 복음서의 좋은 소식은 주로 "그의 이름을 힘입은 생명"(20:31)이며, 그와 인격적으로 관계 맺고, 그에게 사랑받으며, 그를 신뢰하고, 그의 친구가 되며, 그의 영으로 살아가는 것이다. 하지만 또한 그 삶은 행동하는 삶이며, 무엇보다도 사랑하는 삶이며, 예수님이 하신 일에서 계속 영감을 받는 삶이다. 나중에 예수님께서는 "내가 너희를 사랑한 것같이 너희도 서로 사랑하라"(13:34)라고 말씀하신다. 이 사랑은 예

---

7 요 3:14; 12:32-33.
8 이는 신학 용어로 구원론(구원, 화해, 또는 속죄에 관한 교리)과 그리스도론(예수 그리스도에 관한 교리)의 관계다.

수님이 그러셨듯이, 자기 목숨을 내려놓는 데까지 확장될 수 있다.

이것은 또한 **세상 죄**의 의미를 가리키는 것이기도 하다. 요한복음에 나타난 기본적인 죄는 신앙\신뢰\믿음이 없는 것이며, 이는 필연적으로 사랑이 없음을 수반한다. 하나님의 욕망\뜻은 신뢰와 분리될 수 없는 사랑을 향한 욕망\뜻이다. 예수님의 궁극적인 욕망은 특히 요한복음 17장의 절정의 기도에 표현되는데, 이는 사람들이 예수님을 통해 하나님과 신뢰와 사랑으로 하나 되고 또한 사람들 서로가 하나 되기를 바라시는 것이다. 이는 창조 세계 전체가 포괄되는 하나 됨의 욕망이다. 이것이 바로 '사랑의 극치', 기쁨, '영생', 평화이며, 사람들은 이를 위해 창조되었고 이것으로 초대되는데, 이를 방해하거나 왜곡하거나 변조하거나 반대하는 것은 모두 죄다.

예수님께 대한 참여가 깊어져서 상호 내주에까지 이르고("내가 너희 안에 거하는 것같이 너희도 내 안에 거하라" [내 안에 거하라 나도 너희 안에 거하리라][15:4]), 예수님이 하신 것같이 행하다가 심지어 예수님이 하신 것보다 더 "큰 일"까지 행하더라도(14:12), 더 큰 존재가 누구인지, 주가 누구인지, "아브라함이 나기 전부터 내가 있느니라"(8:58) 할 수 있는 유일한 자가 누구인지에 대해서 혼동할 여지는 없다. 이 결정적인 차이를 세례자 요한은 처음부터 집요하게 구분했다. "내 뒤에 오시는 이가 나보다 앞선 것은 나보다 먼저 계심이라"(1:15, 그리고 1:30에서도 반복된다). "나는 그의 신발 끈을 풀기도 감당하지 못하겠노라"(1:27). 예수님 인격의 이러한 독특성은 예수님의 죽으심을 이해하는 데, 그리고 예수님께서 **세상 죄를 없애시는**[저고 가는] 것이 어떤 의미일지 이해하는 데 특히 중요하다.[9] 이 복음서는 여기서

---

[9] 드니스 레버토프의 또 다른 시, "줄리안의 20장 주제에 부쳐"(On a Theme from Julian's Chapter XX)는 이 점을 강력하게 보여 준다. 19:28-29에 관한 주석을 보라.

곧장 예수님의 죽으심을 가리키지만, 독자를 그 의미 속으로 끌어들이는 일은 서서히 진행한다. 그래서 우리는 나중에 몇몇 지점에 이르러서, 특히 요한복음 12장과 고별 강론에서 이 핵심 문제로 돌아올 것이다.

성령이 예수님 위에 머무름

이 두 번째 의미의 물결은 훨씬 더 멀리 나간다. 세례자 요한은 성령이 내려와서 예수님 위에 "머무름\거함"(헬라어 동사는 '메네인'^{μένειν}이다[이 단어는 뒤에서 자세히 설명할 것이다])을 증거하는데, 이는 곧장 **그가 하나님의 아들**이라는 증언으로 이어진다.

요한복음은 공관복음보다 더 명시적으로, 반복적으로 예수님이 누구인지에 관한 물음을 다루고 있는 것처럼, 성령에 관해서도 훨씬 더 많이 말한다. 사복음서에서 각각 두드러지는 두 가지 내용 – 하나는 예수님의 인격, 다른 하나는 성령을 주심 – 은 요한복음에서 더욱 강화되고 심화된다. 요한은 핵심을 단순하게 전달하기 위해, 무엇보다도 예수님이 누구인지에 집중하기 위해, 공관복음의 여러 세부 설명과 여러 중요한 사건(탄생 이야기, 유혹, 변모, 성찬 제정, 승천)[10]을 생략한다. 그 결과 '깊고도 평이한 의미'[11]를 담은 설명이 자주 나온다. 이는 재차 읽고 묵상함으로써, 요한복음의 서로 다른 부분을 연결함으로써, 공관복음과 바울 서신과 칠십인역을 다시 읽음으로써, 그리고 지금 살고 있는 삶에서 새로운 의미를 발견할 수 있도록 마음을 열어 둠으로써, 그 의미를 더 깊이 탐구하도록 초청한다. 물론 다른 성경과 글에도 이러한 깊고도 평이한 의미가 있지만, 요한은 문학적 솜씨, 신학, 자기 자료에 대한 창의적 연주,

---

10 하지만 이러한 내용에 관한 요한의 암시적 언급은 발견할 수 있다.
11 이 용어에 관해서는 서론과 1:1-18에 관한 주석을 보라.

성령께서 "너희를 모든 진리 가운데로 인도하실" 것에 대한 확신—"너희"는 요한 자신과 이후의 사람들을 포함하는 말이다—을 통합하는 정도와 철저함에서 이례적이다.

여기서 예수님의 세례에 관한 공관복음 이야기와 비교해 보면, 우리가 어디에 집중하기를 요한이 원하고 있는지 알 수 있다. 바로 **성령으로 세례를 베푸시는** 예수님께 성령이 머물고 계신다는 점, **하나님의 아들로** 확인된 예수님께 성령이 머물고 계신다는 점에 집중시키고자 한다. 요한은 세례자 요한이 예수님께 세례를 주었다고 언급하지는 않지만, 아마 그 점을 상정하고 있을 것이다. 또한 공관복음처럼 하늘로부터 나는 소리, "너는 내 사랑하는 아들이라. 내가 너를 기뻐하노라"(막 1:11; cf. 마 3:17; 눅 3:22)에 대한 언급도 없다—이는 이미 이 아들이 "아버지 품속에"(1:18) 있다는 점에 함의되어 있다. 요한은 그 대신 성령이 예수님의 정체성(성령이 그 위에 머무심)과 예수님의 사역(성령으로 세례를 베푸심)에 영구적으로 내재해 있다는 점에 초점을 둔다. 요한복음에서 성령을 주시는 절정의 사건은 예수님께서 "자기 영[또는 성령]을 포기하실[넘겨주실]"(19:30) 때, 그리고 부활하신 예수님이 "그들을 향하사 숨을 내쉬며 '성령을 받으라' 하실"(20:22) 때이므로, 이러한 초점은 나중에 더 강화된다. 따라서 성령은 예수님 자신 및 예수님의 십자가 처형과 부활이라는 절정의 사건과 최대한 밀접하게 연결되어 있다.

이것은 프롤로그와 어떤 관련이 있는가? 프롤로그에서는 성령이 등장하지 않는 것처럼 보일 수도 있지만, 칠십인역과 공관복음의 맥락에서 이 복음서 전체를 읽고 나서 프롤로그를 다시 읽어 보면 성령이 곳곳마다 암시되어 있음을 보게 된다. 창세기의 시작 부분은 수면 위에 계신 '프뉴마 테우' πνεῦμα θεοῦ(하나님의 영 또는 하나님의 바람)를 떠올리게 한다(창 1:2). 말씀과 말씀이신 예수님의 삶은 성령과 밀접한 관련이 있다. "살리는 것은 영이니 육은 무익하니라. 내가 너희에게 이른 말은 영이요 생명이라"(6:63). 예수님을 증언하는 것은 성령이 하는 주요한 일, 성령이 영감을 주는 주요한 일 중 하나다(1:7-8, 15; cf. 15:26-27; 16:12-15). "하나님의 자녀가 되는 권세"와 "하나님께로부터" 나는 것(1:12, 13)도 성령과 관련된다(예: 3:1-10). 빛, 진리, 충만함도 마찬가지다. 그리고 신약의 다른 부분과 마찬가지로(그리고 그리스도교 신학의 역사에서도 줄곧 그렇듯이) 요한복음에서도 은혜(1:14, 16, 17)는 성령에 대해 말하는 주요 방법 중 하나다. 따라서 프롤로그 전체가 성령을 내쉬고 있으며, 이는 삼위일체로서의 하나님에 대한 이해의 발전에 중요한 영향을 미쳤다.

세 번째 물결, 그다음 날: 선생님이 배우는 자 공동체를 형성하신다(1:35-42)

> ³⁵ 또 이튿날 요한이 자기 제자 중 두 사람과 함께 섰다가, ³⁶ 예수께서 거니심을 보고 말하되 "보라, 하나님의 어린양이로다!" ³⁷ 두 제자가 그의 말을 듣고 예수를 따르거늘, ³⁸ 예수께서 돌이켜 그 따르는 것을 보시고, 물어 이르시되 "너희는 무엇을 찾느냐[구하느냐]?" 이르되 "랍비여, 어디 계시오니이까?" 하니 (랍비는 번역하면 선생이라), ³⁹ 예수께서 이르시되 "와서 보라." 그러므로 그들이 가서 계신 데를 보고 그날 함께 거하니 때가 네 시쯤 되었더라. ⁴⁰ 요한의 말을 듣고 예수를 따르는 두 사람 중의 하나는 시몬 베드로의 형제 안드레라. ⁴¹ 그가 먼저 자기의 형제 시몬을 찾아 말하되 "우리가 메시아를 만났다" 하고 (메시아는 번역하면 '기름부음받은 자'[그리스도]라), ⁴² 데리고 예수께로 오니, 예수께서 보시고 이르시되 "네가 요한의 아들 시몬이니, 장차 게바라 하리라" 하시니라(게바는 번역하면 베드로라).

세 번째 의미의 물결은 세례자 요한이 자기 제자 두 명에게 예수님을 **하나님의 어린양**으로 가리키는 등 앞선 물결들과 같은 주제를 담고 있다. 그런 다음 이 물결과 네 번째 물결에 이어 마지막 구절까지 여러 칭호가 등장한다. **랍비\선생, 그리스도\메시아\기름부음받은 자, 모세가 율법에 썼고 선지자들이 기록한 자, 나사렛 요셉의 아들 예수, 이스라엘의 임금, 사람의 아들.** 이 복음서의 나머지 부분에 이러한 칭호들이 다시 나타나면서 각각에 더 많은 의미가 부여될 것이다.

따라서 분명한 것이 있다면, 우리가 예수님께 더 집중해야 한다는 것이다. 요한복음 첫 장에서는 이 점이 지배적이며, 그 중요성은 계속 강조하고 또 강조할 필요가 있다. 이 우선순위에 대한 고전적 진술이 있다. 디트리히 본회퍼는 "예수 그리스도, 하나님의 말씀, 하나님의 로고스λόγος, 당신은 누구십니까?"[12]라는 질문—즉, 예수님과의 만남에 관한 질문—이 그리스도교 신학의 핵심이라고 주장한다. 그것은 확실히 요한복음의 핵심이다. 이 복음서의 대부분은 사람들과 만나시는 예수님께 몰두하고 있으며, 대부분의 만남에서 핵심 질문은 예수님은 누구신가다. 여기에 담긴 신학적 함의는 어마어마하다. 예수님에 관한 질문은 '누구'라는 질문으로 시작해야 할 뿐만 아니라, 가장 먼저 기도로 살아 계신 예수님께 말을 건네며 이러한 질문으로 시작해야 할 뿐만 아니라(본회퍼는 다른 질문들과 관련하여 이것이 어떤 의미인지를 매우 명확하게 제시한다), 다른 모든 신학적 질문도 이 질문에 대한 대답에 영향을 받는다. 삼위일체 교리에 이르는 길이 열린다. 예수님이 누구신지에 따라 인간이 된다는 것의 의미도 달라진다. 구원을 생각할 때, 각각의 측면(고통, 죄, 죽음, 믿음, 제자도, 공동체, 윤리, 정치, 미래에 대한 희망)을 먼저 이 사람이 누구인지와 관련해서

---

12   Bonhoeffer, *Christ the Center*, 32.

생각해 보면 구원에 대한 이해도 달라진다. 요한복음이 주는 것은 모든 질문에 대한 답이 아니라(요한복음은 많은 부분에서 성경의 다른 부분보다 훨씬 덜 명확한 지시를 제공한다), 답을 찾는 방법에 대한 명확한 이정표다. 즉, 성경을 다시 읽고, 예수님 드라마에 새롭게 참여하고, 그 드라마의 정신에 따라 살고 생각하고 기도함으로써 다른 사람들과 함께 문제들을 숙고할 수 있는 공동체의 일원이 되어, 예수님 안에 거하며, 진리 속으로 더욱 이끌릴 수 있게 마음을 열라고 한다.

예수님 주변에서 배우는 공동체의 DNA

이 공동체의 성격은 요한복음 1장의 또 다른 주된 주제다. 그것은 예수님이 누구신지에 관한 물음과 불가분하게 얽혀 있다. 우리는 이미 프롤로그에서 그 공동체의 요소를 살펴보았다. 이제 나머지 장에서는 공동체 형성의 드라마가 시작된다. 먼저 제자, 즉 배우는 자를 모으는 이야기다. 이 구절은 배우는 공동체로서의 교회의 기본적인 '코드', 곧 DNA 같은 것을 제시한다.

예수님에 대해—말하기, 읽기, 생각하기, 질문하기, 기도하기, 따르기, 타인과 관계 맺기, 소속되기 등의 실천을 포함하여 그리스도인의 믿음, 소망, 사랑에 대해—누구나 알고 있는 것이라면 이미 전부 배웠다. 각자의 삶에서 가장 중요한 질문 하나는 '누가 나를 가르치는가?'다. 모든 공동체에서 가장 중요한 질문 하나는 '어떤 식의 배움이 우리를 형성하는가?'다. 그리고 어떤 배움 공동체에서든 배움의 역동성과 깊이는 그 공동체를 사로잡고 활력을 불어넣는 질문의 역동성과 깊이에서 시작된다.

우리는 이미 요한복음에서 예수님을 둘러싼 공동체를 사로잡은 핵심 질문이 '당신은 누구십니까?'임을 살펴보았다. 이 질문에 부합하는 가르침과 배움에는 어떤 유형들이 있을까?

증언과 전인적 가르침

세례자 요한은 첫 번째 답을 구현한다. 바로 증언이다. 요한복음은 공관복음에 나오는 세례자 요한에 관한 세부 정보를 대부분 제거하여—그의 부모, 출생과 작명, 그의 어머니와 예수님 어머니의 관계, 그가 무엇을 입고 먹었는지, 그의 회개 촉구, 실제로 예수님께 세례를 베푼 일 등—그가 예수님을 증언하는 일에 헌신했다는 사실에 집중하고 있다.[13] 이 복음서에서는 그를 증언자 요한이라고 부르는 것이 더 적절할 것이다.

누군가를 직접 만나 보지 않았다면(때로는 만난 적이 있더라도) 그 사람이 누구인지 아는 주된 방법은 증언을 통한 방법이다. 우리보다 앞서 살았던 사람을 알려면 전적으로 증언에 의존할 수밖에 없다. 증언은 검사 대상이 될 수 있고 반대 심문도 가능하지만, 우리는 결국 '그것을 신뢰하는가?' 하는 질문에 항상 봉착한다. 증언과 믿음(또는 믿지 않음) 사이에는 불가피한 상관관계가 있다. 요한복음 전체가 예수님이 누구신지 믿게 하려고, 그래서 "믿고 그 이름을 힘입어 생명을 얻게 하려고"(20:31) 독자들에게 믿음을 권하는 증언이다. 이 이름으로 불린 사람이 누구인지, 그 이름이 무엇을 의미하는지는 증인들의 증언을 통해서만 알 수 있다.

또한 증거되는 인물이 우리에게 그를 따르고 우리의 온 삶을 그에게 맡기라고 요구한다면, 이러한 요구는 가르침과 배움의 형태에 영향을 미친다. 가르침과 배움은 그를 알고 그를 믿는 것과 관련된다. 토머스 브로디는 "보라, 세상 죄를 없애시는[제고 가는] 하나님의 어린양이로다!"(1:29)라는 희생과 관련된 외침에 뒤이어 배움의 공동체가 모인다는 점에 주목하면서, 다음과 같은 심오한 언급을 한다. 이 구절이 "희생이라는 자

---

13 하지만 이 복음서는 공관복음에 없는 요소를 추가하기도 한다. 3:22-36에 관한 주석을 보라.

기 내어 줌을 전인적 가르침이라는 자기 내어 줌으로 바꾼다."[14]

이 가르침은 '전인적'인데, 왜냐하면 단지 정보나 '머리로만 아는 지식'에 그치는 것이 결코 아니기 때문이다. 물론 그런 것들도 관련되지만, 얼굴과 얼굴을 대하는 사람 사이의 가깝고 풍성한 관계, 전심으로 신뢰하는 관계에 관한 것이기 때문이다. 이러한 깊은 만남의 맥락에서, 가르침은 다음과 같은 것들과 관련된다. 바라보고, 보고, 보임받기(1:36, 38, 39, 42, 46, 47, 48, 50, 51), 듣기(1:37, 40 등 곳곳), 따르기(1:37, 38, 40, 43), 예수님께서 돌아서서 마주하게 되기(1:38, 42), 구하고, 탐색하고, 질문하고, 의심하기(1:38, 46, 48, 50), 언어 간에 번역하기(1:38, 41, 42), 오기(1:39, 46), 함께 있기\머물기\거하기\살기(1:38, 39), 찾기(1:41, 43, 45), 증언하기\증거하기(1:36, 41, 45, 46, 49), 이름하며 알아보기(1:36, 42, 45, 47, 49), 성경 읽기(1:45), 알고 알려지기(1:48), 믿기\신뢰하기(1:50), 예수님을 중심으로 하는 땅과 하늘 사이의 새로운 관계의 일부가 되기(1:50-51). 이 목록의 거의 모든 요소는 기본 활동으로, 그 내용이 요한복음의 나머지 부분에서 풍부해지고 깊어지고, 20-21장에서는 이 내용들이 대부분 반복되며 절정에 이른다. 이는 레이몬드 브라운의 말처럼 "그리스도인의 소명에 관한 개요"다.[15]

배움의 성장과 욕망의 교육: "너희는 무엇을 찾느냐?"

이러한 배움과 이해는 단번에 일어나는 것이 아니다. 여기에는 진전과 성장이 필요하며, 1장에 기록된 마지막 이틀의 이야기(1:35-42, 43-51)가 이 점을 잘 보여 준다. 이 기간에 심화와 확장이 생기고, 이 복음서

---

14 Brodie, *The Gospel according to John*, 159.
15 R. Brown, *The Gospel according to John*, 1:77. 《앵커바이블 요한복음》(CLC 역간).

의 나머지 부분은 이러한 교육을 이어간다.

예수님의 칭호들이 부분적으로 이를 나타낸다. 세 번째 물결에서 예수님은 **하나님의 어린양**, **랍비\선생**, 이어서 **메시아\그리스도\기름부음 받은** 자로 불렸고, 네 번째 물결에서는 여전히 **랍비\선생**이라는 칭호도 중요하지만, 또한 **하나님의 아들**, **이스라엘의 임금**, 그리고 신비한 마지막 구절에서는 **사람의 아들**로 불린다. 마지막 날의 이러한 칭호들은 요한복음의 나머지 부분에서 가장 중요한데, 그 내용의 전개는 이후 장들에서 언급될 것이다. 이 칭호들은 '랍비\선생'과 연결되어 브로디가 통찰한 "전인적 가르침이라는 자기 내어 줌"을 강조한다. 즉, 예수님이 하나님 및 인간과 완전히 연대하며 이들을 위해 하나님의 어린양으로서 죽으실 선생님이시라는 점을 강조한다. 이 복음서에서 '어린양'이 마지막으로 나오는 것은 부활하신 예수님께서 베드로에게 "내 어린양을 먹이라"(21:15)고 말씀하실 때다(비록 1:29, 36과는 다른 헬라어 단어로 쓰였긴 하지만). 이는 베드로가 순교자로 죽을 것을 예고하는 대목이다. 이 지도자적 증인이자 목회자이자 교사는 자기 목숨을 바칠 준비가 되어 있어야 한다는 것이다. '랍비'라는 칭호가 마지막으로 나오는 것은 부활하신 예수님께서 막달라 마리아에게 "너는 누구를 찾느냐?"라고 물으신 직후 이어지는, 요한복음에서 어쩌면 가장 감명 깊은 개인적 만남 장면에서다(20:15-16).

거기서 예수님이 사용하신 동사는 "찾다"('제테인' ζητεῖν)로 번역되는데, 요한복음의 핵심 용어 중 하나다. 이 동사의 의미 범위에는 '구하다, 찾다, 시도하다, 노력하다, 분투하다, 원하다, 바라다, 요구하다, 요청하다, 기대하다, 고심하다, 검토하다, 조사하다'가 포함된다. 이는 배움의 진전에 핵심이 되는 활동이며, 이 동사가 요한복음에서 처음으로 사용된 것은 예수님의 첫 말씀에서다. "**너희는 무엇을 찾느냐?**[구하느냐](1:38).

예수님이 하신 첫 번째 말씀이 질문이라는 점은 제자도에 필수적인 배움을 강조한다. 이는 질문, 탐색, 성찰의 공동체다. 저 질문이 제자들이 무엇을 '찾는가'에 관한 질문이라는 점은 예수님이 자신이 만난 사람들의 교육은 물론 그들의 욕망 충족에도 관심이 있으심을 나타낸다. 이는 매력적인 공동체로, 풍요로운 삶과 사랑의 공동체다. 이 공동체의 중심에는 예수님의 사랑의 매력/끌어당김이 있다. "내가 땅에서 들리면 모든 사람을 내게로 이끌겠노라"(12:32). 그리고 이 공동체 안의 사랑은 다른 사람들을 끌어당기는 것이다. "너희가 서로 사랑하면 이로써 모든 사람이 너희가 내 제자인 줄 알리라"(13:35).

이 복음서 전체를 욕망의 교육으로 읽을 수 있다. 제자들은 배워야 할 것이 많고 잘못도 자주 저지른다. 그들의 믿음은—예수님에 대한 그들의 이해와 신뢰는—자라고 성숙해야 한다. 그들의 상상력과 지평은 예수님이 행하시는 표적으로, 예수님과의 만남으로, 예수님이 베푸시는 가르침으로, 무엇보다도 예수님의 십자가 처형과 부활로 풍부해지고 넓어져야 한다. 우리가 욕망해야 하는 것의 가장 깊은 비밀은 예수님의 기도에 드러나 있다. "아버지여, 내게 주신 자도 나 있는 곳에 나와 함께 있어, 아버지께서 창세전부터 나를 사랑하시므로 내게 주신 나의 영광을 그들로 보게 하시기를 욕망하옵나이다[원하옵나이다]"(17:24). 예수님께서 주시는 저 영광의 첫 번째 표적은 가나 혼인 잔치에서 나타난다(2:1-11). 혼인 잔치는 욕망의 성취, 함께하는 기쁨, 새 생명의 약속을 기념하는 자리다. 그리고 17:24의 비밀의 핵심에는 예수님의 "나는 있다/…이다"('에고 에이미' ἐγώ εἰμι), 즉 예수님이 누구신가가 자리하고 있다. 그래서 부활하신 예수님께서 막달라 마리아를 만나실 때는 "너희는 무엇을 찾느냐?[구하느냐]"(1:38)였던 첫 물음이 "너는 누구를 찾느냐?"(20:15)로 바뀐다. 예수님은 "마리아야!" 하고 그녀가 누구인지 이름을 부름으로써 자신이 누구인지 알아보게 하셨다(20:16).

계속되고 있는 삶: "어디 계시오니이까\머무시나이까\거하시나이까?"

질문하기가 이 공동체에 기본이라는 점은 제자들이 예수님의 질문에 **"어디 계시오니이까?"** 하고 질문으로 답할 때 더욱 강조된다. 여기 사용된 동사 '메네인'μένειν은 '머물다, 거하다, 남아 있다, 거주하다, 살다, 유하다, 영속하다, 계속하다, 존속하다, 기다리다'를 비롯한 폭넓은 의미가 있다. 이 동사는 요한복음에서 가장 매력적인 단어 중 하나다. 1장에서 예수님 위에 머무시는 성령을 묘사하면서 이미 두 번 등장했고, 이제 새 제자들이 예수님이 머물러 계신 곳을 물으면서 세 번째로 사용된다. 물론 이 단어의 직접적이고 평이한 의미는 예수님이 숙박하시는 곳, 즉 물리적인 숙소를 의미한다. 하지만 프롤로그의 독자들은 예수께서 "아버지 품속에"(1:18), 즉 아버지의 마음/가슴 가까이에 계신다는 점을 읽었을 것이다. 그래서 우리는 이 점으로 인해, 그리고 성령과 예수님과 관련하여 이 동사가 사용되었다는 점으로 인해, 평이한 의미의 깊이에 주의를 기울이도록 유도된다.

칠십인역을 읽어 본 사람이라면 이미 이 점에 주의를 기울이고 있을 것이다. 요한복음이 가장 좋아하는 상호본문 두 가지는 시편과 이사야다. 두 본문에서 '메네인'은 하나님에 대해, 또는 영원히 지속되는 하나님의 지혜, 의로움, 말씀에 대해 사용된다(히브리어에서 옮긴 영어 성경은 보통 헬라어로 번역된 칠십인역의 언어들을 반영하고 있지 않지만, 요한의 주요 텍스트는 칠십인역이었다). "여호와여, 주는 영원히 보좌에 계시나이다['에이스 톤 아이오나 메네이스'εἰς τὸν αἰῶνα μένεις]"(LXX 시 101:13[한글 성경 102:12]; cf. LXX 시 9:8; 32:11; 110:3; 116:2[한글 성경 9:7; 33:11; 111:3; 117:2]). "하나님의 말씀은 영원히 서리라['메네이 에이스 톤 아이오나' μένει εἰς τὸν αἰῶνα]"(LXX 사 40:8; cf.

LXX 사 14:24; 30:18; 66:22). 이런 식으로 '메네인'με´νειν은 헬라어 구문 '에이스 톤 아이오나'εἰς τὸν αἰῶνα(영원히) 및 형용사 '아이오니오스'αἰώνιος(영원한, 무궁한)와 밀접하게 연결되어 있다. 칠십인역에서는 이런 표현들이 매우 흔하며, 요한은 특히 그의 핵심어인 '영생'을 표현할 때 이 형용사를 사용한다.

복음서가 진행되면서 '메네인'με´νειν과 그 파생어의 의미는 더 넓어지고 깊어진다. 영생과의 연관성이 더 분명해지고(사람의 아들이 주는 "영생하도록 있는"[6:27] 양식), 조금 더 가면 상호 내주라는 핵심 개념이 도입된다("내 살을 먹고 내 피를 마시는 자는 내 안에 거하고 나도 그의 안에 거하나니"[6:56]). 나중에 '메네인'με´νειν은 참된, 장기적인 제자도와 연결된다("그러므로 예수께서 자기를 믿은 유대인들에게 이르시되 '너희가 내 말에 계속 거하면['메이네테'μείνητε] 참으로 내 제자가 되고'"[8:31]). 고별 강론에서는 동사에서 파생된 명사 '모네'μονή가 궁극의 다양성으로 보이는 것을 암시하는 흥미로운 방식으로 사용된다("내 아버지 집에 거할 곳들['모나이'μοναί]이 많도다"[14:2]). 나중에 '메네인'με´νειν은 예수님과 아버지의 관계도 묘사한다("아버지께서 내 안에 계셔서"[14:10]). 그리고 성령님과 제자들의 관계도 묘사한다("그는 너희와 함께 거하심이요, 또 너희 속에 계시겠음이라"[14:17]). 하지만 이 동사가 가장 집중적으로 사용된 것은 열두 구절에서 열두 번이나 나오는 15장의 포도나무(또는 포도원) 비유다. 여기서는 앞선 여러 용례를 모아 더 발전시키기 위해 포괄적인 유기적 이미지가 사용된다. 그래서 상호 내주가 실질적인 결과들을 가져온다("그가 내 안에, 내가 그 안에 거하면 사람이 열매를 많이 맺나니"[15:5]). 그리고 이는 사랑에 관한 것이다("아버지께서 나를 사랑하신 것같이 나도 너희를 사랑하였으니, 나의 사랑 안에 거하라"[15:9]). 이렇게 사랑 안에 거하는 상호 내주의 역동성은 17장에서 예수님이 드리시는 기도에서 더욱 심화된다. 하지만 이제 '메네인'με´νειν은 더 이상 사용되지 않는데, 그 본질이 단순하지만 헤아릴 수 없을 만큼 깊은 전치사 '…안에'라는 말에 농축되어 계속해서 표현되기 때문이다(17:10, 11, 12, 13, 17, 19, 21, 23, 26).

그러나 이 단어는 우리를 요한복음의 깊숙한 곳으로 인도할 수도 있지만, 새 제자들에게 하셨던 첫 질문에서처럼 장소와 시간에 대한 일상적인 언급에 사용되기도 한다. 이렇게 언어를 사용하는 것은 요한복음의 특징이며—예컨대 '하다, 만들다, 창조하다'를 의미하는 동사 '포이에인' ποιεῖν 사용 방식—이는 성육신에 대한 언어적 표현으로 볼 수 있다. 즉, 평범한 인간 활동과 신적인 활동을 동시에 유지하면서, 명백한 표면적 의미와 더 깊은 층위의 심층적 의미를 모두 가능하게 한다.

어떤 종류의 공동체?

따라서 제자들의 첫 질문은 복음서의 가장 중요한 주제 중 일부와 통한다. 1장의 주요 과제는 '예수님은 누구신가?'라는 핵심 질문에 대한 답을 시작하는 것인데, 그런 맥락에서 이 두 추가 질문은 예수님과 관계 맺기의 핵심으로 나아간다. 예수님 주위에 모인 공동체의 일원이 됨으로써 말이다. 여기에 어떤 종류의 공동체가 그려져 있는가?

이 공동체의 근본 특징은 하나님과 모든 실재라는 지평 안에서 예수님이 누구신지 알아보고 증거하고, 다른 사람들과 함께 예수님을 따르고, 예수님께 배우는 것과 관련된다. 예수님과의 관계 안에서 욕망이 자극되고 교육되고 채워지며, 예수님께 질문받고 부름받고 가르침받음으로써 마음과 상상력이 확장되는 공동체. 이 공동체에서 구성원 모두에게 장기적인 물음은 그들이 예수님의 삶에, 예수님 위에 머무시는 성령께, 예수님이 아버지와 세상과 맺으시는 관계에 참여하고 있는지—그들이 예수님 안에, 예수님이 그들 안에 거하고 있는지—이다. 제자들은 가서 예수님이 머물고 **계신**['메네이' μένει] 데를 보고 그날 함께 거하면서['에메이난' ἔμειναν] 이러한 삶의 첫발을 내디뎠다. 복음서의 나머지 부분은 이러한 머무름\거함\생활함\지속함이 의미하는 바를 배우는 여정으로 볼 수 있다.

네 번째 물결, 그다음 날: 예수님과 함께하는 삶―
성경적 삶, 놀라운 삶, 간문화적 삶, 체험적 삶, 더불어 사는 삶 (1:43-50)

⁴³ 이튿날 예수께서 갈릴리로 나가려 하시다가, 빌립을 만나 이르시되 "나를 따르라" 하시니, ⁴⁴ 빌립은 안드레와 베드로와 한 동네 벳새다 사람이라. ⁴⁵ 빌립이 나다나엘을 찾아 이르되 "모세가 율법에 기록하였고 여러 선지자가 기록한 그이를 우리가 만났으니, 요셉의 아들 나사렛 예수니라." ⁴⁶ 나다나엘이 이르되 "나사렛에서 무슨 선한 것이 날 수 있느냐?" 빌립이 이르되 "와서 보라" 하니라. ⁴⁷ 예수께서 나다나엘이 자기에게 오는 것을 보시고, 그를 가리켜 이르시되 "보라, 이는 참으로 이스라엘 사람이라. 그 속에 속임수가 [간사한 것이] 없도다!" ⁴⁸ 나다나엘이 이르되 "어떻게 나를 아시나이까?" 예수께서 대답하여 이르시되 "빌립이 너를 부르기 전에, 네가 무화과나무 아래에 있을 때에 보았노라." ⁴⁹ 나다나엘이 대답하되 "랍비여, 당신은 하나님의 아들이시요! 당신은 이스라엘의 임금이로소이다!" ⁵⁰ 예수께서 대답하여 이르시되 "내가 너를 무화과나무 아래에서 보았다 하므로 믿느냐? 이보다 더 큰 일을 보리라."

이 물결의 몇몇 요소는 이미 논했다. 질문이 계속되고 있고, 이 공동체의 양상에 관한 다른 유익한 정보도 있다.

- 이 물결에 나타난 공동체는 성경을 담고 있다. 이는 직접 인용이 아니라 성경의 의미 세계를 당연시하는 다양한 암시 인용으로 나타난다. 그러나 성경이 단순히 반복되는 것은 아니다. 요한은 새로운 성경을 쓰는 중인데, 왜냐하면 새롭고 전례 없던 일이 일어나고 있기 때문이다.
- 이는 뜻밖의 일에 마음을 열어 둔다는 의미다. 즉, 예수님이 오셨다는 매우 놀라운 일, 성령님이 더 많은 일을 일으키실 것에 마음을 열어 둔다는 의미다. **"나사렛에서 무슨 선한 것이 날 수 있느냐?"** … **"어떻게 나를 아시나이까?"** … **"이보다 더 큰 일을 보리라."**
- 이 공동체는 다국어적, 간문화적이다. 번역이 세 번 주어졌다(1:38, 41, 42). 이름들이 유대인이 쓰는 말과 헬라어로 주어진 것이다.
- 이 공동체는 만나고, 듣고, 와서 보고, 찾고, 함께 삶을 나누고, 놀라는 등 매우 체험적이다.
- 이 공동체는 개인의 솔선을 통해, 서로 만나는 사이의(특히 친족 집단 안의) 관계망을 통해, 삶의 우발적 상황 가운데 발생하는 기회 포착을 통해 확산된다.

신비한 마지막 구절(1:51)

> ⁵¹ 또 이르시되 "진실로 진실로 너희에게 이르노니, 하늘이 열리고 하나님의 사자들이 사람의 아들 위에 오르락내리락하는 것을 '너희가' 보리라" 하시니라.

레이몬드 브라운이 "제4복음서의 다른 어떤 단일한 구절보다 주석가들을 골치 아프게 했다"라고 말한 이 마지막 구절을 어떻게 이해해야 할까?[16] 나다나엘은 **모세가 율법에 기록하였고 여러 선지자가 기록한** 내용을 알고 있을 것으로 예상되는 사람으로 제시된다. 예수님은 그를 가리켜 **참으로 이스라엘 사람**이라고 부르시고, **그 속에 속임수가**[간사한 것이] **없다**고 말씀하신다. 이는 창세기에서 야곱이 속임수를 쓴 것과 대비를 내비치는 말이다. 나다나엘은 예수님을 향해 **하나님의 아들**이라고, 또한 **이스라엘의 임금**이라고 부른다. 이렇게 우리는 여기서 이스라엘 세계와 그들의 성경 속에 있으며, 마지막 구절은 창세기 28:10-22에 나오는 야곱의 꿈에 관한 신비한 "작은 미드라쉬"다.[17] 이것은 시적 또는 신화적 꿈 이미지를 사용하여 상상으로 초대한다. 종종 그렇듯이 복음서 저자는 이에 대해 신학적으로 대담한 해석을 제시하고 있다. 존 애쉬튼은 이를 많은 사람이 직면한 도전이라고 지적한다(글상자에서 애쉬튼의 글을 보라).

창세기에서 야곱은 잠에서 깨어난 후 "여호와께서 과연 여기 계시거늘, 내가 알지 못하였도다" 하고 말하며 그 장소를 '하나님의 집'을 뜻하는 벧엘로 부른다(창 28:16, 19). 여기 나다나엘과의 만남의 끝에서, 예수님은 야곱의 꿈 사다리와 사람의 아들이신 자기 자신을 융합하여 여러 의미를 담아내고 계신다.

- 무엇보다도 절정의 climactic[18] 진술에서, 예수님은 자신이 누구인가에 초점을 맞추신다. 즉, 예수님 자신이 하나님이 임재하시는 장소이자, 땅과 하늘 사이의 소통 장소라는 것이다. 이는 프롤로그의 절정("아버지 품속"에서 하나님을 알려 주시는 예수님[1:18])과 상상력을 통하여 미드라쉬적으로 평행을 이룬다. 야곱의 하나님은 또한 예수님의

---

16   R. Brown, *The Gospel according to John*, 1:88.
17   Ashton, *Understanding the Fourth Gospel*, 250.
18   문자 그대로다—'클리막스'(κλῖμαξ)는 헬라어로 '사다리'를 의미한다.

> 이것은 21세기 서구인들이 흔히 경험하는 일이다. 즉, 그들은 신화를 보면서 왠지 탈신화화해야 한다는 강박을 느낀다. 하지만 탈신화화된 신화가 건조된 물보다 더 쓸모 있어야 할 이유가 있을까? 매체가 곧 메시지다—매체는 메시지를 담는 것이 아니며, 풀려나기를 기다리는 병 속 요정처럼 메시지를 가두어 둔 것이 아니다. 그렇다면 우리는 아랫부분은 땅에 윗부분은 구름 꼭대기에 있는 사다리 그림이 사람의 아들 그림과 융합되도록 두어야 하며, 이와 동시에 일부는 올라가고 일부는 내려가며 바쁘게 오르락내리락하는 천사들이 메시지를 전달하게 두어야 한다. 복음서 저자가 천사들에게 달아 놓은 메시지를 말이다. 그런데 이 메시지는 무엇인가? 메시지는 **그림**에 있다. 그 그림은 단순히 하늘과 땅 사이에 사람의 아들 외에는 다른 **경로**가 없다는 것이다.
>
> — 존 애쉬튼, 《제4복음서의 이해》 Understanding the Fourth Gospel, 249-50(강조는 원문의 것)

하나님이시다—그리고 이제 이 사람 안에 임재하신다.

- '사람의 아들'이라는 칭호는 가장 눈에 띄는 마지막 자리에 나온다. 권위 있는 말인 "진실로 진실로"(아멘 아멘 ἀμὴν ἀμὴν)로 말문을 열면서 말이다. 그리고 이 장에서 예수님께서 직접 입에 올리신 유일한 칭호이기도 하다. 학계에서 이 칭호를 둘러싼 논쟁이 오랫동안 있어 왔다. 예수님께서 자신을 다른 인간들과 동일시하고 계신다는 상식적인 함의는 부정하기 어렵다. 하지만 이 용어의 배경에는 다니엘서에 나오는 하늘의, 왕적인, 영광스러운, 묵시론적 인물이 있다(단 7:13-14).[19] 공관복음에서는 이러한 승리적이고 미래적인 측면과 함

---

19 다니엘서의 이 구절은 '밤에 본 환상'의 일부이며, 하늘, 권위, 모든 것, 영광, 영원, 왕권\왕국 등 예수님과 관련된 요한의 몇몇 용어가 다니엘 칠십인역에 있다는 점은 주목할 만하다.

께 고난받는 자로서의 사람의 아들에 관한 말씀이 나온다(요한복음과 마찬가지로 예수님만 '사람의 아들'이라는 말을 사용하신다). 요한은 예수님 안에 있는 인성, 왕권, 영광, 고난을 결합한다. 그리고 미래적 측면보다 예수님의 개인적인 임재를 중시한다. 신학적인 측면에서 요한은 그리스도론을 종말론의 중심에 둔다. 궁극의 미래와 관련하여 가장 중요한 것은 그 미래가 언제, 어떻게 일어나는가가 아니라, 그 미래의 중심이신 분, 즉 예수님을 신뢰하는 것이다. 시간과 관련해서는 세상의 웅장한 종말이 아니라, 지금 계속되고 있는 사랑의 드라마에 초점을 두고 있다(21:20-23에 관한 주석을 보라).

- 오르락내리락하는 이미지는 이 복음서의 나머지 부분에 중요하며, 세례자 요한의 "성령이 하늘로부터 내려"오는(1:32) 환상에서 이미 부분적으로 도입되었다. 애쉬튼은 1:51에서 꿈에 기반한 작은 미드라쉬의 기능 하나는 "독자가 지나치게 문자적으로 해석하지 않게 막는 것"[20]이라고 본다. 그것은 앞으로 나올 드라마를 펼쳐 내기 위한 하나님과 실재 전체에 관한 하나의 틀[21]을 제공하므로 프롤로그와 평행한다고 볼 수 있다.

- 예수님께서 나다나엘에게 하신 말씀 중 뒷부분에는 눈에 띄는 인칭 변화가 있다. 51절 전까지는 예수님이 나다나엘에게 2인칭 단수형으로 말씀하신다. 그러다가 51절에서는 복수형으로 바꾸신다. "**너희에게**[복수형] **이르노니**, … **너희가**[복수형] **보리라**." 그 효과는 결말을 나다나엘 너머로 넓혀서 모든 독자를 아우르는 것—프롤로그의 마지막 말과 같이 "알려"주시기—이다.

---

20 Ashton, *Understanding the Fourth Gospel*, 276.
21 이것의 포괄적인 성격은 "땅의 모든 족속이 너와 네 자손으로 말미암아 복을 받으리라"(창 28:14)는 약속이 포함된 야곱의 꿈 내용을 통해 강화된다.

- 예수님의 인격을 하나님의 집인 벧엘과 암묵적으로 동일시하는 것은 다음 장에서 예수님께서 자기 몸이 성전이라고 말씀하시면서 예루살렘 성전을 깨끗하게 하시는 일을 예고한다.

이것은 이 구절에서 발견된 의미 중 극히 일부에 불과하다. 또 다른 독창적인 제안은 존 맥휴가 한 것인데, 그는 이사야 64:1, "원하건대 주는 하늘을 가르고 강림하시고"와 관련성이 있다고 말한다. 이 구절은 포로 생활에서 돌아오기를 간절히 바라는 열망을 표현한 것으로, 맥휴는 서기 70년 성전 파괴 이후 메시아, 회개, 쉐키나(하나님의 임재)가 성전 성소로 돌아오는 것을 "모두 절실히 바라는" 이 구절에 관한 랍비 주해에 의존하고 있다.[22] 그는 내가 깊고도 평이한 의미라고 부르는 것을 읽어 내면서, 계속해서 하늘이 열리는 것을 성령 및 세례와 연결하고(1:32에서처럼), 성찬과 연결한다(6장에서 하늘에서 내려온 떡에서처럼).

결론

복음서의 이 두 번째 이야기의 시작은 프롤로그에 비해 주목을 훨씬 덜 받아 왔지만, 신학적 풍부함과 이후 장들에 나올 핵심 주제를 여는 데 있어서는 프롤로그에 필적할 만하다. 프롤로그와 마찬가지로 이 이야기는 요한복음의 다른 모든 장과 나란히 두고, 그리고 다른 성경 본문들과 대화하면서,[23] 다시 읽고 다시 생각해 볼 가치가 있다. 그러면 이 이야기

---

22 McHugh, *John 1-4*, 167.
23 다음 성경 본문들을 요한복음 1:19-51과 나란히 놓고 읽으면 특히 유익하다. 신 18장; 시 2편; 사 7장, 9장, 40장, 53장; 겔 34장; 습 3장.

의 주요 질문(예수님은 누구신가? 무엇을 찾느냐? 어디 계시오니이까?)에 답해 보게 되고, 이 이야기의 만남, 등장인물, 칭호, 단어, 이미지, 개념이 더 많은 의미로 채워질 것이다.

요한복음 2:1-25
영광과 새 생명의 표적들

두 가지 생생한 장면이 이 복음서의 시작을 이어간다. 첫 번째 장면은 요한복음에만 나오는 내용이다.

가나 혼인 잔치에서 예수님은 자신의 첫 표적을 행하신다. 즉, 표적을 시작('아르케' ἀρχή)하신다(2:11). 2-12장은 때때로 '표적의 책'으로 불린다. 이는 무엇보다도 예수님이 누구신지에 관한 표적이며, 예수님이 주시는 생명에 관한 표적이다. 표적의 의미는 예수님이 다양한 사람들과 나눈 대화를 통해, 공관복음과 칠십인역과 주변 문화와의 공명을 통해 더 풍부해진다. 극적인 이야기 솜씨와 풍성한 생명(10:10)의 상징(결혼, 포도주, 태어남, 바람, 물, 떡, 중병이나 장애에서 건강하게 회복됨, 심지어 죽고 나서 회복된 삶)이 한데 어우러져 많은 이미지를 연상하게 된다. 이 모든 것은 예수님이 누구시며 무엇을 하시는지에 초점을 맞추고 있다. 특히 "나는 있다/…이다" 진술을 통해서 말이다. 이 진술들은 절대적이면서도(4:26; 6:20; 8:24, 28, 58) 동시에 설명적이다("나는 생명의 떡이니"[6:35, 41, 48], "나는 세상의 빛이니"[8:12], "나는 선한 목자라"[10:11, 14], "나는 부활이요 생명이니"[11:25]). 공관복음에서 '이적'miracle ('뒤나미스' δύναμις)이라는 표현을 사용한 지점에서 요한은 '표적' sign ('세메이온' σημεῖον)이라는 표현을 택한다. 이는 의미의 차원을 강조하지만, 결코 기적적인 차원을 경시하는 것은 아니다. 오히려 요한은 공관복음보다 표적·이적을 훨씬 적게 담고 있지만, 그가 포함하기로 선택한 표적·이적은 특히 인상적인 경우가 많다.

이번 장의 두 번째 장면은 거룩한 성 예루살렘을 배경으로 한다. 때는 이스라엘 백성이 이집트 종살이에서 해방된 출애굽을 매년 재연하는 유월절이다. 무대는 성전으로, 그 건물 가운데는 하나님이 임재하시는 지성소가 있다. 여기서 예수님은 성전이 자기 아버지께 봉헌된 것을 확실히 하고자 장사와 환전을 강압적으로 저지하신다. 예수님은 표적을 보이라는 요구를 받자, 성전의 무너짐과 일으켜짐에 관한 말씀으로 답하시는데, 이는 죽었다가 부활하실 자기 몸을 가리키는 것으로 해석된다. 이렇게 이스라엘의 기본 드라마, 곧 출애굽은 예수님 드라마와 연결되고, 이스라엘에서 하나님이 임재하시는 장소는 하나님의 아들이신 예수님 자신과 동일시된다. 이 과정에서 요한은 의미의 층위에 관한 교훈을 준다. 이는 성경을 읽는 방법과 자기가 제공하는 본문을 읽는 방법을 가르치는 한 걸음 더 나아간 단계다.

가나 혼인 잔치는 예수님이 행하시는 표적들에 관한 머리기사로, 풍성한 삶을 상징한다. 성전 정화는 예루살렘을 중심으로 펼쳐지며 예수님의 죽음과 부활로 이어지는 갈등 드라마의 머리기사로, 무엇보다도 예수님이 누구신지에 초점을 맞추고 있다. 그리고 예수님이 가나에서 "내 때"를 언급하신다는 점, 성전에서 표적을 요구받는다는 점, 가나에서 나타난 영광이 명시적으로 언급되고 성전은 성경에서 영광과 강하게 연관된다는 점, 두 이야기 모두 예수님에 대한 믿음을 강조한다는 점에서 이 두 이야기는 서로 연결되어 있다.

또 다른 공통점도 있다. 예수님은 혼인 잔치에서 어머니가 제기한 문제에 대응하실 뿐만 아니라 필요를 넘어서는 일을 하셨다(리처드 윌버가 표현한 "달콤한 과잉"[이 장 뒷부분의 〈결혼 건배사〉를 보라]). 마찬가지로 성전에서는 자기 행동을 정당화할 표적 요구에 대해 요한 메시지의 핵심인 예수님에 대한 '표적', 곧 죽음과 부활을 가리키는 대답으로 대응하시며, 질문자들이 상상할 수 있는 것을 훨씬 뛰어넘으신다.

첫 번째 표적: 드라마적이며 성경적이며 보편적인 표적(2:1-12)

¹ 사흘째 되던 날 갈릴리 가나에 혼례가 있어, 예수의 어머니도 거기 계시고 ² 예수와 그 제자들도 혼례에 청함을 받았더니, ³ 포도주가 떨어진지라. 예수의 어머니가 예수에게 이르되 "저들에게 포도주가 없다" 하니, ⁴ 예수께서 이르시되 "여자여, 나와 무슨 상관이 있나이까? 내 때가 아직 이르지 아니하였나이다." ⁵ 그의 어머니가 하인들에게 이르되 "너희에게 무슨 말씀을 하시든지 그대로 하라" 하니라. ⁶ 거기에 유대인의 정결 예식을 따라 두세 통 드는 돌 항아리 여섯이 놓였는지라. ⁷ 예수께서 그들에게 이르시되 "항아리에 물을 채우라" 하신즉 아귀까지 채우니, ⁸ "이제는 떠서 연회장에게 갖다주라" 하시매 갖다주었더니, ⁹ 연회장은 포도주가 된 물을[물로 된 포도주를] 맛보고도 어디서 났는지 알지 못하되, 물 떠온 하인들은 알더라. 연회장이 신랑을 불러 ¹⁰ 말하되 "사람마다 먼저 좋은 포도주를 내고, 취한 후에 낮은 것을 내거늘, 그대는 지금까지 좋은 포도주를 두었도다" 하니라. ¹¹ 예수께서 이 첫 표적을 갈릴리 가나에서 행하여 그의 영광을 나타내시매, 제자들이 그를 믿으니라.

¹² 그 후에 예수께서 그 어머니와 형제들과 제자들과 함께 가버나움으로 내려가셨으나, 거기에 여러 날 계시지는 아니하시니라.

이 첫 번째 표적은 나머지 표적에 대한 전형으로, 놀라운 이야기를 간결하고 정확하게 전달하는 잘 구성된 드라마적 장면이다. 동시에 드라마를 방해하지 않으면서도 깊고도 평이한 의미를 담아내는 전형적인 예다. 요한복음의 나머지 부분과 함께 읽으면, 이 이야기의 인물들—예수님, 예수님의 어머니, 제자들—의 중요성이 더 전개되고, 핵심 용어들—'내 때', '행하신\만드신\창조하신', '표적', '영광', '믿다'—의 의미가 더 풍부하게 확장된다. 그리고 "내 피는 참된 음료로다"(6:55)와 "나는 참포도나무요"(15:1)와 같은 이후 진술들과의 연관성도 많이 묵상해 볼 가치가 있다. 구약성경, 공관복음, 주변 헬레니즘 문명, 결혼을 축하하는 모든 문화와 대화하면서 함께 읽으면 그 의미가 더욱 깊어지고 넓어진다.

드라마: 당혹, 표적·이적, 그리고 두 가지 교훈

이 장면은 갈릴리 가나에서 혼인 잔치가 벌어지는 도중이다(당시 유대인의 결혼식은 대개 7일간 계속되었다). 이때 포도주가 다 떨어진다. 이곳은 나다나엘의 고향이므로, 어쩌면 예수님께서 1:50에서 나다나엘에게 약속하신 "더 큰 일을 보리라" 하신 말씀을 성취하신 표적으로 의도된 것일 수도 있다. **예수의 어머니**는 요한복음에서는 이름 없이 이곳과 예수님의 십자가 처형 장면(19:26-27)에서만 등장하는데, 이곳에서는 예수님께 포도주가 떨어졌다는 사실에 대해 말한다.

그러자 예수님은 당혹스러운 반응을 보이신다. **"여자여, 나와 무슨 상관이 있나이까? 내 때가 아직 이르지 아니하였나이다."** 자기 어머니에게 "여자여"라고 부르는 것은 무례해 보인다. 적어도 무뚝뚝하고 거리를 두는 것처럼 보인다. 19:26에서도 한 번 더 그렇게 부르신다. 이 말은 요한이 예수님의 죽으심을 가리키는 표현인 "내 때" 언급과 짝을 이루며, 예수님이 자기 사명에 헌신하면서 가족 관계를 상대화하는 것과 연결된다. 예수님의 어머니가 하인들에게 **"너희에게 무슨 말씀을 하시든지 그대로 하라"**[1]라고 말하고, 예수님은 그들에게 큰 정결 예식 항아리에 물로 채우라고 말씀하신다. 그러자 물이 포도주로 변했다. 당혹감이 커진다. 처음에는 내켜 하지 않으시다가 완전히 놀라운 일을 하신 것이다. 마음 불편해하시다가 적절한 행동을 취하시는 장면은 요한복음의 다른 곳에도 나온다. 특히 나사로를 살리시는 부분에 나온다. 이 두 표적은 예수님께서 자유롭게 자기 방식대로 행동하신다는 점과 겉보기와 달리 예수님을 신뢰하는 데서 나오는 선하고 놀라운 일들을 강조한다.

이 놀라운 일은 조용히 일어난다. 하인들과 예수님의 어머니만 무슨 일이 일어났는지 아는 것 같다(분명 제자들도 알게 되지만). 이야기의 초점은 예수님이 하신 말씀과 말씀하신 결과로 일어난 일에 맞춰져 있다. 예수님은 어머니와 제자들과 함께 결혼식 하객으로서 이 사건의 일부를 이루지만, 또한 다른 사람들과는 구별된다. 예수님은 이 이야기에서 이름이 언급되는 유일한 사람이고, 도움을 줄 것으로 기대되는 분이다. 예수님의 어머니는 하인들에게 예수님이 말씀하시는 바를 하라고 지시하고, 예수님은 하인들에게 지시를 내림으로써 책임을 떠맡으신다. 그 결과는 엄청나게 풍성한 포도주. 예수님이 하시는 일은 다른 사람들이 한 일—예수님 어머니의 주도, 항아리에 물을 채우는 하인들의 노고—과 분리될 수 없지만, 아무튼 문제 해결에 없어서는 안 될 결정적이고 주된 요소다.

물이 실제로 포도주로 변하는 과정은 놀라울 정도로 숨겨져 있다. 본문에서 **포도주가 된**은 종속절이다. "되다"는 프롤로그에서 반복적으로

---

[1] 요한의 깊고도 평이한 의미의 전형으로, 그녀의 지시는 제자도의 기본 격언이기도 하다.

사용된 것과 같은 헬라어 동사('기노마이' γίνομαι)를 번역한 것이다. "만물이 그로 말미암아 지은 바 되었으니, 지은 것이 하나도 그가 없이는 된 것이 없느니라. 그 안에 생명이 있었으니"(1:3-4). "하나님께로부터 보내심을 받은 사람이 있으니"(1:6). "하나님의 자녀가 되는 권세를…"(1:12). "말씀이 육신이 되어"(1:14). "내 뒤에 오시는 이가 나보다 앞선 것은"(1:15). "은혜와 진리는 예수 그리스도로 말미암아 온 것이라"(1:17). 이 단어는 행위 주체를 특정하지 않고 '일어남'(1:28에 직접적으로 나타난 의미)을 나타내는 광범위한 단어지만, 종종 신적인 행위성을 암시한다. 발화 행위 외에 명백한 예수님의 행위는 없다. 이 일에 대한 증언은 어떻게 일어났는지도 모르는 연회장의 입을 통해 극적인 아이러니와 함께 제시된다.

무슨 일이 일어났는가? 전혀 예상치 못했지만 되돌아보니 이 상황에 완전히 적절할 뿐만 아니라 적절한 반응 그 이상인 것—모든 필요를 넘어서는 풍요로움—을 예수님께서 가져다주신 것이다. 이는 요한이 이미 우리에게 선사했던 언어로 말하자면, "만물이 그로 말미암아 지은 바 된"(1:3) "말씀"의 창조 발화이며, 그의 "영광"의 나타남이며(1:14, 2:11), "그의 충만한 … 은혜 위에 은혜"(1:16)이고, 성령이 "내려와서 … 머무는" 분에 의한 성령의 활동이며(1:32, 33), 그를 통해 일어나리라 예상할 만한 "더 큰 일"의 표본이다(1:50). 내레이터의 주된 관심은 분명 예수님의 영광이지만, 예수님의 영광은 일차적으로 개념이나 이미지나 교리가 아니다. 예수님의 영광은 성육신 드라마에서 추상화해 낼 수 없다. 예수님의 영광은 삶, 관계, 우연성, 상호 작용하는 사람들, 주도권, 반응에서 구현된다. 예수님의 영광은 계속해서 나타날 수 있으며, 무궁무진하게 부요하고, 창조적이며, 놀랍다—심지어 도취하게 만들기도 한다. 그리고 예수님 영광의 구현은 종종 조용한 방식으로 나타나며, 어떤 사람은 이를 인식하지만, 또 어떤 사람들은 지금처럼 인식하지 못한다.

　이러한 점은 기적에 대해 무엇을 말해 주는가? 아마 가장 눈에 띄는 점은 일상적인 것과 비일상적인 것이 긴장감이나 모순 없이 함께 어우러지는 방식일 것이다. 일상성에 관해 우리가 일반적으로 가지고 있던 생각이 하나님의 실재와 하나님의 창조성, 자유, 후하심을 고려하기 위해 그야말로 확장되어야 할 것 같다. 이 점을 진지하게 받아들인다면, 당연히 놀랄 일이 있을 것이다. 우리는 전례 없이 일어나는 일에 대해 열린 마음을 가져야 한다. 이는 하나님 중심으로 현실을 이해하는 것이다. 세계의 규칙성(오늘날 우리가 '자연의 법칙'으로 부를 만한 것)이, 우리가 신뢰할 수 있고 대부분 예측 가능한 질서 속에 살기를 바라시는 하나님의 변함 없으심constancy과 신실하심에 기인한다는 현실 이해다. 하지만 또한 하나님은 새로운 것을 하시고, 새로운 방식으로 사람들과 관계 맺으시며, 기도에 자유롭게 응답하실 수 있다—여기서 어머니의 호소에 예수님께서 대답하신 것처럼, 대답이 반드시 우리의 기대와 일치하는 것은 아니다. 아마도 첫 번째 표적으로서 이것이 갖는 핵심 의미는 이것이 프롤로그를 실행했다는 점일 것이다. 즉, 창조의 말씀이 물질적 현실에 완전히 관여하신 것이다. 그 말씀이 우리 가운데 거하셨다. 자신이 참여하고 있는 것—여기서는 위기에 처한 혼인 잔치—에 연대하시고 변화시키심으로써, 사랑과 풍요로움과 은혜의 하나님의 영광을 보여 주셨다.

　이 드라마는 두 가지 명백한 교훈을 준다. 첫 번째는 연회장의 말이다. **"그대는 지금까지 좋은 포도주를 두었도다."** 이 말은 이야기의 마지막 말이 됨으로써 강조된다. 이는 전형적인 다층적 진술이다. 이야기 안에서 이 말의 의미는 분명하다. 하지만 독자들에게 연회장의 놀람은 이 표적이 가리키는 하나님 중심의 더 큰 놀라움을 내비친다. 그리고 여기서 문구가 "마지막까지"가 아니라 "지금까지"라는 점에 주목해야 한다.

이 "지금"은 요한에게 중요하며, 복음서의 나머지 부분에서 이 관념(헬라어 '아르티'ἄρτι, 그리고 의미가 거의 같은 '뉜'νῦν)을 계속 따라가면, 왜 예수님이 직접 현전하시는 것이 완전히 핵심인지를 보게 된다. 시간 자체는 절대적인 "나는 있다/…이다"라는 말씀에서 볼 수 있듯이 예수님께 상대적이다. 물이 순간적으로 포도주로 변한 것은 시간의 가속 또는 집중, 또는 시간을 가지신 하나님의 자유에 대한 상징으로 볼 수 있다. 혹은 요한의 언어로 표현하면, '영생'을 나타내는 상징으로 볼 수 있다. 예수님이 오신다는 것은 '지금' 영생이 도래했다는 것이며, 좋은 포도주가 떨어지지 않는다는 것이다. 그리고 '지금'은 또한 이 복음서 드라마의 이 시점, 즉 예수님의 첫 번째 표적 시점이다.

두 번째 교훈은 내레이터의 해설에 있다. **예수께서 이 첫 표적을 갈릴리 가나에서 행하여 그의 영광을 나타내시매, 제자들이 그를 믿으니라.** 이는 이 이야기에 대해 고찰하기 위한 네 가지 기본적인 신학적 범주를 제공한다. 이 범주들은 이 이야기를 다시 읽도록 부추길 뿐만 아니라, 이 복음서의 나머지 부분을 해석하는 데 필요한 용어들을 제공한다.

- 첫 번째 범주는 **예수께서 … 행하여**이다. 이는 '예수님이 창조하셨다'로 번역할 수도 있다. 이 문구는 프롤로그에 관한 논의와 앞서 기적에 관한 논의에서 이미 언급했다. 창조하시는 하나님의 행위와 하나인 예수님의 행동(여기서 창세기 1:1에서처럼 "첫", 즉 '아르케'ἀρχή, '태초'beginning라는 표현이 사용되면서 이러한 점이 강조된다)은 이 복음서의 근본 범주이며, 아마도 죽은 자를 살리신다는 말에서 가장 두드러지게 표현된다. "아버지께서 죽은 자들을 일으켜 살리심['조오포이에이'ζωοποιεῖ; 문자적으로 '생명을 만들다\창조하다'를 의미]같이 아들도 자기가 원하는 자들을 살리느니라['조오포이에이'ζωοποιεῖ]"(5:21). 이러한 점

이 사람과 사건이 상호 작용하는 이 드라마의 내용을 매우 중요하게 만들고 있고, 그래서 요한복음의 신학은 예수님을 주인공으로 하는 이야기를 통해 주로 전달된다. 이는 또한 인간의 행동을 결정적으로 중요하게 만들며, 예수님을 믿는\신뢰하는 사람이 예수님이 "하는 일['포이에세이' ποιήσει]을" "할 것이요 또한 그보다 큰 일도 하리니['포이에세이']"(14:12)라는 놀라운 약속의 척도이기도 하다.

- 두 번째는 앞서 설명한 것처럼 **표적**이다. 표적은 예수님의 상징적 행동과 기적의 의미 차원을 강조함으로써 그것들을 반복적으로 폭넓게 성찰하도록 부추긴다.

- 세 번째는 **영광**이다. 영광의 계시는 요한의 신학에서 중요한 역할을 하는데, 가장 독특한 특징은 십자가가 예수님의 영광스럽게 됨의 핵심이라는 점이다. 이 첫 번째 표적은 예수님의 "내 때"(2:4) 언급을 통해 십자가를 암시한다. 하지만 이 표적이 주로 가리키는 것은 프롤로그에서 특히 그의 영광과 연관된 것들이다. 즉, 우리 가운데 거하심, 풍요로움, 그리고 자신의 어머니와 제자들이 결혼식에서 함께 잔치를 즐기신 것처럼 가족이자 가족 이상인 새로운 공동체다.

- 네 번째는 **제자들이 그를 믿으니라**는 것이다. 예수님에 대한 믿음을 배우는 것이 요한복음의 목적이며(20:31), 표적은 이러한 것의 일부다. 이 철저히 교육적인 복음서는 독자들이 예수님과 만나고 또 만나기를 거듭하도록 이끌어서, 더 많이 이해하고 더 깊이 신뢰하도록 초대한다. 요한복음이 보여 주는 이 의미 세계는 하나님과 모든 창조된 현실을 향해 열린 지평을 지니고 있으며, 그 핵심에는 "그를 믿는" 사랑의 친밀함이 있다. 무한한 지평과 사랑의 깊이를 결합하는 드라마적 이야기에는 더 많은 의미가 촘촘하게 있고, 다음 단락에서는 그중 일부를 열어 보이고자 한다.

혼인 잔치와 포도주: 더 넓은 공명

혼인 잔치에서 있었던 일을 예수님의 첫 번째 주요 행위로 배치한 요한의 결정은 인상적이다. 이는 다른 복음서 저자들과는 대조적이다. 마태는 예수께서 제자들을 부르시고 나서 가르치시고 치유하시고 귀신을 내쫓으시는 모습을 묘사하고, 그다음에 산 위에서 설교하시는 모습을 첫 번째 '두드러진 장면'으로 그린다(마 4:23-7:29). 마가는 가르치심, 귀신을 내쫓으심, 치유하심에 대해 이야기한다(막 1:21-31). 누가는 예수님께서 제자들을 부르시기도 전에 나사렛 회당에서 이사야에 기반하여 논쟁적이고 강령적인 선포를 하시고, 이어서 귀신을 내쫓으시고 치유하시는 모습을 그린다(눅 4:14-39). 요한복음에서 이다음에 나오는 여섯 가지 '표적'과는 달리, 가나 혼인 잔치와 직접적으로 평행한 내용은 공관복음에 없다.

요한의 이러한 결정은 무엇을 의미하는가? 2:11에 이르면 요한은 마침내 우리가 이를 이해하도록 자신의 범주들을 제시하지만, 거기에 이르기 전에도 우리는 그의 취지를 어느 정도 파악할 수 있다. 혼례는 새로운 이름으로 부르고 새 생명을 기대하며 새로운 가족의 시작을 축하하는 기쁨의 축제다. 혼례는 문화와 세대를 뛰어넘어 공감을 불러일으킨다. 동시에, 혼인은 성경 전체의 핵심 관계인 하나님과 이스라엘 사이의 언약 관계에 대한 주된 이미지이므로, 혼례는 성경 전체를 관통한다. 예를 들어 이사야 62장을 읽으면 요한복음 2:1-12와 그 혼례에 관한 성경의 함의를 어느 정도 깨닫게 된다. 여기에는 영광, 빛, 구원, 새 이름, 아름다움, 기쁨, 포도주, 찬미, 백성을 위한 표적이 언급된다—이스라엘 백성이 하나님과 결혼한다는 핵심 은유를 중심으로 이 모든 것이 언급된다.

² 이방 나라들이 네 공의를,

　　뭇 왕이 다 네 영광을 볼 것이요

　너는 여호와의 입으로 정하실

　　새 이름으로 일컬음이 될 것이며,

³ 너는 또 여호와의 손의 아름다운 관,

　　네 하나님의 손의 왕관이 될 것이라.

⁴ 다시는 너를 버림받은 자라 부르지 아니하며

　　다시는 네 땅을 황무지라 부르지 아니하고

　오직 너를 헵시바라 하며

　　네 땅을 쁄라라 하리니

　이는 여호와께서 너를 기뻐하실 것이며

　　네 땅이 결혼한 것처럼 될 것임이라

⁵ 마치 청년이 처녀와 결혼함같이

　　너를 만드신 분께서[또는 네 아들들이] 너를 취하겠고

　신랑이 신부를 기뻐함같이

　　네 하나님이 너를 기뻐하시리라 (사 62:2-5)²

혼례의 공명에 풍성한 포도주의 공명이 더해지면, 우리는 앞부분에서처럼 하나님의 임재 가운데 축하, 잔치, 기쁨, 미래 축복에 대한 기대에 더욱 빠져들게 된다.

⁶ 만군의 여호와께서 이 산에서 '모든 사람을'[만민을] 위하여,

　　기름진 음식[젓]과 오래 저장하였던 포도주로 연회를 베푸시리니,

2　이사야 62장이 특히 예루살렘에 초점을 둔 점은 다음 장면, 곧 성전 정화와도 연결된다.

곧 골수가 가득한 기름진 음식[계]과 오래 저장하였던 맑은 포도주로
하실 것이며,

⁷ 또 이 산에서 모든 민족의 얼굴을 가린 가리개와
열방 위에 덮인 덮개를 제하시며

⁸ 사망을 영원히 멸하실 것이라.
주 여호와께서 모든 얼굴에서 눈물을 씻기시며,
자기 백성의 수치를 온 천하에서 제하시리라.
여호와께서 이같이 말씀하셨느니라.

⁹ 그날에 말하기를,
이는 우리의 하나님이시라 우리가 그를 기다렸으니,
그가 우리를 구원하시리로다.
이는 여호와시라. 우리가 그를 기다렸으니,
우리는 그의 구원을 기뻐하며 즐거워하리라.
할 것이며,

¹⁰ 여호와의 손이 이 산에 나타나시리니. (사 25:6-10)³

공관복음에서 혼인 잔치는 하나님 나라에 관한 비유로 나온다(예: 마 22:1-14). 그리고 예수님은 네 복음서 모두에서 신랑으로 표현된다(마 9:15; 막 2:19; 눅 5:34; 요 3:29). 이는 공관복음에서 새 포도주에 관한 말씀과 연결되는데, 예수님을 반대하는 사람들은 예수님이 포도주를 즐겨 마신다고 말한다(마 11:19; 눅 7:34). 또한 예수님이 포도주 잔을 자기 피로 나타내며 나누시는 마지막 만찬에 관한 공관복음의 기록이 있고(마 26:27-28; 막 14:23-24; 눅 22:20), 요한복음 6:54-56과 15:1도 있다.

---

3   cf. 사 55:1과 욜 3:18(풍성한 물과 포도주를 결합하는 내용); 호 2:22; 암 9:14.

따라서 혼례와 포도주는 요한의 그리스도교 공동체가 지닌 텍스트, 전통, 의식에 관해 아는 사람들에게 풍부한 연관성이 있다. 하지만 문화와 종교를 가로질러서도 공명할 수 있다. 헬레니즘 세계에서 풍성한 포도주는 특히 디오니소스('바커스'로도 알려진) 신화 및 디오니소스 축제와 강한 연관성이 있다. 이것이 요한이 의도한 것인지에 대해서는 학자마다 의견이 분분하지만, 의도 여부와 상관 없이 헬레니즘 문화권의 많은 독자가 이러한 연관성을 보았을 것이다. 그리고 다른 문명, 어느 문화권에서나 혼례는 축하받는 일이고, 일반적으로 우리가 경험하는 가장 진심으로 기뻐하는 행사 중 하나다. 그리고 아가서도 있다. "네 사랑이 포도주보다 나음이로구나. … 우리가 너로 말미암아 기뻐하며 즐거워하니, 네 사랑이 포도주보다 더 진함이라"(아 1:2, 4). 아가서는 상호 사랑의 강렬함과 자연 이미지를 통한 삶의 풍요로움에 대해서 요한복음과 대화하며 읽으면 유익하고, 두 책이 서로를 풍부하게 한다. 혼인 잔치에서 일어난 첫 번째 표적은 이러한 읽기를 위한 지평과 분위기를 설정한다.

가나 혼인 잔치에 대한 가장 통찰력 있는 현대 해석 중 하나는 미국의 위대한 시인 리처드 윌버가 아들 결혼식을 위해 쓴 〈결혼 건배사〉다(글상자에서 윌버의 시를 보라). 이 시는 가족의 경사를 축하하는 동시에 요한복음의 핵심을 암시한다. 즉, "달콤한 과잉", 넘치는 사랑의 현실, 평범한 생명수가 비범하게 좋은 포도주가 되는 것이다. 토머스 가드너는 이렇게 말한다. "따라서 나는 요한복음의 모든 표적에 대해 주장하건대, 표적들이 우리 안에 더 많이 펼쳐지게 할수록, 그것들은 더욱 '가나 포도주의 풍미'를 낼 것이다."[4]

---

[4] Gardner, *John in the Company of the Poets*, 39.

> **결혼 건배사** A Wedding Toast
>
> 성 요한이 말했지.
> 가나 혼인 잔치 물 항아리가
> 포도주를 얼마나 부었던지
> 말짱한 정신으로 보니 백 갤런도 넘었다고.
>
> 사랑이 축복을 선택할 때
> 달콤한 과잉으로 차올라
> 떨어지지 않고 넘쳐나는 것을 보여 주지 않는다면
> 땅에서는 이해할 수 없는 일이지.
>
> 그러니까 사랑이 보는 것이 진실이라고.
> 세상의 충만함은 만들어지지 않고 발견되며,
> 삶이 갈망하는 풍요를
> 너희 같은 이들을 위해 부어 낸다고.
>
> 자, 너희 사랑이 내 사랑에 귀를 기울이니
> 착한 아들과 소중한 새 딸을 위해 잔을 들자.
> 너희에게 물이 부족하지 않기를,
> 그 물에서 가나 포도주의 풍미가 나기를.
>
> — 리처드 윌버, 《마인드 리더》 *The Mind-Reader*, 12

성전에서의 드라마: 하나님, 돈, 그리고 더 깊은 의미 (2:13-25)

¹³ 유대인의 유월절이 가까운지라. 예수께서 예루살렘으로 올라가셨더니,
¹⁴ 성전 안에서 소와 양과 비둘기 파는 사람들과 돈 바꾸는 사람들이 앉아 있

는 것을 보시고, ¹⁵ 노끈으로 채찍을 만드사 양이나 소를 다 성전에서 내쫓으시고, 돈 바꾸는 사람들의 돈을 쏟으시며 상을 엎으시고, ¹⁶ 비둘기 파는 사람들에게 이르시되 "이것을 여기서 가져가라. 내 아버지의 집으로 장사하는 집을 만들지 말라!" 하시니, ¹⁷ 제자들이 성경 말씀에 "주의 전을 사모하는 열심이 나를 삼키리라" 한 것을 기억하더라. ¹⁸ 이에 유대인들이 대답하여 예수께 말하기를 "네가 이런 일을 행하니 무슨 표적을 우리에게 보이겠느냐?" ¹⁹ 예수께서 대답하여 이르시되 "너희가 이 성전을 헐라. 내가 사흘 동안에 일으키리라." ²⁰ 유대인들이 이르되 "이 성전은 사십육 년 동안에 지었거늘, 네가 삼 일 동안에 일으키겠느냐?" 하더라. ²¹ 그러나 예수는 성전 된 자기 육체를 가리켜 말씀하신 것이라. ²² 죽은 자 가운데서 살아나신 후에야 제자들이 이 말씀하신 것을 기억하고, 성경과 예수께서 하신 말씀을 믿었더라.

²³ 유월절에 예수께서 예루살렘에 계시니, 많은 사람이 그의 행하시는 표적을 보고 그의 이름을 믿었으나, ²⁴ 예수는 그의 몸을 그들에게 의탁하지 아니하셨으니, 이는 친히 모든 사람을 아심이요, ²⁵ 또 사람에 대하여 누구의 증언도 받으실 필요가 없었으니, 이는 그가 친히 사람의 속에 있는 것을 아셨음이니라.

신학적으로 역사 쓰기

이스라엘 성경에 예루살렘과 성전에 대한 언급이 매우 많이 나온다는 점에서 알 수 있듯이, 예루살렘과 성전의 신학적 중요성은 엄청나다. 마찬가지로 매년 이른 봄 유월절에 기념하는 노예 생활 탈출은 이스라엘과 하나님의 관계에서 근본을 이룬다. 시편과 선지자들 역시 출애굽, 예루살렘, 성전에 대해 자주 이야기한다. 따라서 예수님께서 유월절 기간에 성전에서 동물과 상인들을 쫓아내신 이 이야기에는 성경이 밀도 있게 스며들어 되울리고 있다. 이는 시편 69편 인용문에 명시적으로 드러난다. 이 구절은 성경에 묘사된 하나님과 관련된 유대인의 정체성을 집약적으로 떠올리게 한다.

공관복음과의 공명도 크다. 그런데 한 가지 역사적 문제가 있다. 이것이 공관복음마다 나오는 성전 '정화'(마 21:12-13; 막 11:15-17; 눅 19:45-46)에 대한 요한복음판인가? 한데 공관복음에서는 이 이야기가 다른 지점, 곧 예수님이 죽기 전 주간에 나온다. 어떤 이들은 비슷한 사건이 두 번 있었다고 말하고, 어떤 이들은 사건은 하나였으며 예수님의 사역이 시작될 때로 배치한 요한이 맞다고 한다. 또 어떤 이들(오늘날 학계의 성경 주석자 대다수)은 사건이 하나였으며 공관복음의 배치가 맞다고 한다. 루돌프 슈낙켄부르크는 요한의 접근 방식을 "신학적으로 역사 쓰기"라는 말로 요약했는데, 이는 사실일 것 같다. 요한은 예수님이 누구신지에 대한 증언에 관심을 두고 있는데, 이는 성경과 예수님에 대한 다른 증언을 묵상함으로써 조명된 것이다. 요한은 사건과 본문에서 더더욱 많은 의미를 끌어내고 있으며, 이런 과정을 독자들이 계속 이어가도록 부추기고 있다.

요한은 공관복음을 어떻게 해석하는가? C. K. 바레트는 여기서 요한이 한 일에 깊은 인상을 받았다. "요한의 이 이야기는 언뜻 보면 기교도 없고 단순하다. 하지만 실제로는 요한이 흩어진 공관복음 자료를 수집하고, 그 주제들을 모아서 한 덩이로 결합하여, 본인이 해명하려 하지도 해명할 수도 없었던 권위를 가지고 행동하신 예수님에 관한 공관복음 서술의 진정한 의미를 명료하게 드러내서, 이 역설적인 권위를 예수님의 죽음과 부활에 집중시키는 방식을 확연하게 보여 주는 예가 바로 이 이야기다."[5] 그래서 요한은 성전 정화, 유월절, 예수께서 하나님을 자기

---

[5] Barrett, *The Gospel according to St. John*, 196.

아버지라 말씀하신 것, 성전 파괴, 표적과 권위에 관한 물음, 예루살렘 유대인들과의 갈등, 성경 인용, 예수님의 몸, 예수님의 죽음과 부활—이 모든 것이 공관복음에 나온다—을 통합하여, 이 사건을 예수님의 공생애 머리기사로 삼는다. 이는 더 깊은 신학적 의미를 만들고자 자료에서 의미를 추출하는 요한 특유의 방식을 보여 주는 전형이다.

여기서 더 깊은 의미는 무엇일까? 그것은 특히 예수님과 아버지의 관계, 성육신과 죽음과 부활, 거함 또는 거주함이라는 주제, 회고적 이해 등에서 볼 수 있으며, 이러한 것들은 요한복음 전체의 기본을 이루는 요소들이다.

내 아버지의 집, 성전 된 자기 육체, 하나님과 돈

"내 아버지의 집으로 장사하는 집을 만들지 말라!" 공관복음과 달리 여기서는 성전을 "내 아버지의 집"이라고 부름으로써 예수님이 하나님의 아들임을 강조한다. 또한 공관복음과 달리 상인들과 돈 바꾸는 사람들을 강도라 부르지 않는다. 그보다 성전이 장사하는 집이 되는 것에 반대하신다. 예수님의 예언자적 행위는 성전에 있는 사람들에 대한 심판이지만, 부정직한 행위에 대한 심판이라기보다 성전의 주된 목적, 곧 하나님을 예배하는 목적을 제대로 인지하지 못한 것에 대한 심판이다. 이 점은 공관복음에도 나오는데, 마가복음이 이사야 56:7을 더 길게 인용하며 포괄적으로 다룬다. "내 집은 만민이 기도하는 집이라"(막 11:17). 장사하는 집에 대해 예수님이 요한복음에서 지적하신 것은 "하나님과 재물[맘몬]을 겸하여 섬기지 못하느니라"(마 6:24; 눅 16:13)라는 공관복음의 가르침과도 공명한다. 요한복음은 이렇게 하나님 중심성을 예수님과 연결하여 더욱 발전시키는 것이 특징이다. 요한은 단지 하나님을 예수님의 아버지로 식별하는 내용을 추가한 게 아니다—도로시 리가 쓴 것처럼, "요한복음의 예수님은 처음부터 하나님과의 독특한 관계를 선언하며, 하나님을 '우리 아버지'(마 6:9 및 평행 구절)가 아니라 '내 아버지'(cf. 눅 2:49; 또한 마 26:39)로 부를 자격을 자신에게 부여하셨다. 하나님을 향한 예수님의 소유격 호칭 방식은 예수님의 정체성과 사역에 결정적이며, 자신이 한 '일'에 대한 근거와 정당성이다."[6] 이뿐만 아니라 요한은 이어서 성전을 예수님의 몸과 동일시하는 데로 나아간다.

이는 프롤로그의 핵심 진술을 되울리는 중대한 움직임이다. "말씀이 육신이 되어 우리 가운데 거하시매, 우리가 그의 영광을 보니, 아버지의 독생자의 영광과 같고[영광이요] 은혜와 진리가 충만하더라"(1:14). 요한의 성전 드라마는 예수님이 아들이시라는 점과 그의 육체적 삶의 중요성을 또 한 번 확인하는데, 이번에는 예수님의 죽음과 부활을 강조함으로써 프롤로그를 넘어선다. 성전은 하나님의 영광 및 임재와 지대한 연관이 있다. 특히 성전 중심에 있는 성소인 지성소에서의 영광 및 임재와 연관 있다. 1:14에서 "거하시매"에 해당하는 헬라어는 '천막에 있는'으로 번역될 수도 있으며, 동족 명사 '스케네'(σκηνή)는 칠십인역에서 '회막' 내지 성막을 가리키는 말로 사용되었다. 성막은 하나님의 임재와 영광의 장소였고 성전 지성소의 전신이었다. 요한은 여기 2장에서 성전에 해당하는 헬라어 사용에 변화를 준다. 상인들에 대해 이야기할 때는 '히에론'(ἱερόν)을 사용하고(14-15절), 성전과 예수님의 몸을 헐고 일으키는 것에 관해 이야기할 때는 '나오스'(ναός)를 사용한다(19-21절). 이렇게 함으로써 예수님과 성소의 연관성을 강조하고 있다. 전자는 성전 전체를 가리키는 말이고, 후자는 특별히 성소, 곧 지성소를 가리킬 수 있다.

따라서 하나님의 임재와 영광이 하나님의 아들이신 예수님의 몸과 인

---

6   Lee, *Flesh and Glory*, 115.

격과 분리될 수 없다는 점에 초점이 있고, 이는 **주의 전을 사모하는 열심이 나를 삼키리라**는 시편 69편 인용문으로 강화된다(다음 섹션 참조). 요한복음은 성전에 계신 예수님과 예루살렘에서 명절을 보내시는 예수님에 대해 공관복음보다 훨씬 더 많은 내용을 담고 있다. 우리는 이 머리기사 장면에서 다음과 같은 점을 알 수 있다. 즉, 이 장면에 비추어서 다른 모든 장면을 읽으면, 예수님의 측면에서 성전과 명절에 대해 생각하고 성전과 명절의 측면에서 예수님에 대해 생각해 봄으로써, 다른 장면들에서 하나님이 누구시며 예수님이 누구신지에 대해 더 깊은 이야기를 읽어 낼 수 있다.

여기서 **내 아버지의 집**이라는 독특한 문구는 이 집의 측면에서 예수님의 몸을 보게 할뿐더러, 성전과 명절보다 요한복음의 훨씬 더 포괄적인 차원을 열어 준다. 그것은 바로 거함, 거주라는 주제다. 우리는 이 주제에 대해 이미 1장의 핵심 주제로 주목한 바 있다. "우리 가운데 거하시는" 육신이 되신 말씀, 아버지 품속에 있는 아들, 예수님 위에 머무시는 성령, 예수님이 어디에 머무시는지 묻는 제자들의 첫 질문, 벧엘 곧 '하나님의 집'으로 불리는 곳에서 야곱이 꾼 꿈에 관한 절정에 이른 언급으로 말이다. 이는 혼례라는 주제와도 연결된다. 이 문화권에서는 신부를 신랑 아버지의 집으로 데려간다.[7]

또한 예수님과 아버지와 제자들의 상호 내주에 관한 요한복음의 나머지 부분(특히 15장, 17장)에 비추어 보면, 이렇게 예수님의 몸을 성전과 동일시하는 것은 "아버지 품속에 있는"(1:18) 예수님의 친밀함에 참여하는

---

[7] 예수님을 신랑으로, 세례자 요한을 신랑의 친구로 보는 3:29-30의 관점에서, 요한복음을 시작하는 장들을 다시 읽으면, 이 주제를 다양한 측면에서 볼 수 있을 것이다(예수님과 제자들을 이어 주는 친구의 역할, 신랑 아버지의 집에서 열리는 가나 혼인 잔치, 니고데모 이야기에서 새로 태어남).

새로운 공동체 생활, 배우고 사랑하고 기도하는 공동체 생활도 나타낸다. 이는 성전과 성스러운 공간의 의미에 변화를 가져왔다. 고대 세계에서 성전은 주로 신들을 위한 집으로 보통 제사장이 종처럼 신을 섬기는 곳이었지, 백성 전체가 모이는 장소는 아니었다. 이는 예루살렘 성전의 지성소가 일 년에 한 번 대제사장만 들어갈 수 있는 하나님의 임재 장소였다는 점에서도 알 수 있다. 이제 성소는 거주 장소, 집으로서 예수님의 몸과 동일시되고 있고, 이 복음서의 나머지 부분은 예수님을 따르는 모든 이들이 그곳에 들어가서, 그곳에 삶의 기반을 두라는 초대가 된다. 메리 콜로는 거함과 하나님의 가정이라는 주제를 중심으로 공동체와 영성에 관한 요한의 풍부한 이해를 제시했다(글상자에서 콜로의 글을 보라). 이러한 변화에 관해서는 4:20-26에서 예수님이 야곱의 우물에서 사마리아 여인과 만날 때 더 자세히 논하시는데, 그 부분에서 "영과 진리로" 드리는 예배가 예수님의 "나는 있다/…이다"와 연결된다.

그러나 이러한 변화는 날카로운 도전과 함께 찾아온다. 이 성전 정화 이야기는 1세기 예루살렘보다 오늘날 글로벌 자본주의 세계와 훨씬 더 관련이 깊은 급진적인 물음을 던지는 것 같다. 장 바니에의 말처럼 "세계는 그저 시장일 뿐인가?"[8] 하는 물음이다. 20세기에는 인종 중심의 파시즘과 계급 중심의 공산주의가 몰락하고(물론 이러한 몰락이 얼마나 오래 갈지 누가 알겠는가?), 돈 중심의 자본주의가 전 세계를 지배하는 길이 열렸다. 돈의 매력과 힘 앞에서 어떻게 마음과 뜻과 목숨과 힘을 다하여 하나님을 예배하고 사랑할 수 있을까? 어떻게 광고, 경제적 동기와 필요, 궁핍에 대한 두려움이 낳은 공상과 욕망에서 자유로워져서, 하나님

---

8 바니에, 《요한복음 묵상》(*Drawn into the Mystery of Jesus*, 겨자씨 역간)의 5장 제목이다.

> 이 책은 '가정'이 요한 공동체에 대한 가장 생생한 은유라는 제안으로 시작했다. 성령을 통해 매개된, 여전히 함께하시는 예수님의 임재를 생생히 경험하면서, 공동체 구성원들은 자신들이 하나님이 거하시는 처소라고 인식했다. 예수님과 아버지의 독특한 관계로 인해 예수님의 물리적 몸이 성전 내지 하나님의 집으로 불릴 수 있었던 곳에서(1:1, 18; 2:16, 19, 21), 부활절 이후 요한 공동체 구성원들 역시 아버지, 성령, 예수님이 내주하시는 임재를 경험했다(14:10, 27, 23, 25). … 신자 공동체는 십자가에서 예수님의 '가족'이 되어 아버지의 집에 들어가게 됨으로써 하나님이 거하시는 처소가 된다(19:25-30).
>
> — 메리 콜로, 《하나님의 집에 거하기》 Dwelling in the Household of God, 102

을 기뻐하고 다른 사람들을 기뻐하며 섬길 수 있을까? 하나님에 대한 열심과 예배가 돈을 벌고 소비할 때 느끼는 매력과 경쟁할 수 있을까? 우리의 관심과 시간을 두고 경쟁할 수 있을까?

요한은 이 근본적인 문제, 곧 하나님 및 돈과 관련된 인간의 욕망, 헌신, 실천에 관한 문제를 예수님의 공생애 시작 부분에 딱 눈에 띄게 배치하여, 앞으로 독자들이 이 문제에 대해 더 깊이 골몰하게 한다. 우리는 구약성경과 공관복음, 특히 누가복음에서 경제 정의, 빚 탕감, 가난하고 소외된 이들에 대한 후한 마음, "하나님에 대하여" 부요하다는 것(눅 12:21)을 다루는 여러 관련 본문을 더 많이 숙고해 볼 수 있다.

무엇보다도 우리는 요한복음의 나머지 부분에 비추어 이 이야기를 다시 읽을 수 있다. 뒤로 가면서 상호 내주라는 주제가 깊이 발전한다(특히 15, 17장). 여기서 예수님께서 보이셨던 열심이 나중에 예수님을 삼킨다. 이 유월절은 이후 유월절로, 즉 유월절 양들이 죽임을 당할 시간에 하나님의 어린양이신 예수님이 죽임을 당하시는 유월절로 이어진다. 그러나 부활하신 후에는 자신이 보냄받으신 것처럼 제자들을 보내신다. 그들에게 성령을 내쉬어서 예수님을 따를 수 있게 하신다(20:21-22). 위임령을 받은 우리가 보냄받은 곳에서는 하나님의 매력과 돈의 매력이 적어도 긴장 관계에 있고 최악의 경우 둘이 대립하는 상황이 계속되고 있고, 우리는 상호 내주하는 현실 속에서—"내가 너희 안에 거하는 것같이 너희도 내 안에 거하라[내 안에 거하라 나도 너희 안에 거하리라]"(15:4)—기도하며 살고 있다. 그런데 이때, 요한은 예수님이 아버지의 집에서 예언자적 행동을 하신 이 머리기사 이야기를 다시 들려줌으로써, 제자들에게 아마도 가장 중요할 만한 질문을 제시하고 있는 것이다. 예수님이 보내심받은 것과 같이 우리도 보내심받았다면, 같은 성령 안에서 지금 우리는 어떻게 행동해야 할까?

요한은 이 질문에 대해 분별력 있는 답을 찾기 위한 지침도 제공한다. 점점 더 깊어지는 이해의 여정을 기술하면서 말이다.

"제자들이 기억하고": 회고적으로 이해하고 믿기

우리는 요한이 본인의 성경을 읽는 방식을 보았고, 이를 통해 그가 우리에게 그가 쓴 글을 읽는 방식을 교육하고 있다는 점에 관해 이미 고찰했다.[9] 지금까지는 이러한 교육이 암시적이었다. 하지만 이제 예수님이 처음으로 공적으로 등장하면서 요한이 이런 교육을 명시화하기 시작했고, 그럼으로써 그 중요성을 강조한다.

요한복음에서는 보통 어떤 내용이 반복해서 나올 때—여기서는 **제자들이 기억하고**—중요한 점을 나타낸다. 처음 나온 내용은 성경을 아는

---

9 서론에서 〈풍요의 복음〉, 〈계속되는 드라마〉, 〈왜 지금 요한복음인가?(1): 지금 예수님〉, 〈결론: 예수께서 사랑하시는 개별 독자에게〉 부분과 1:1-18에 관한 주석을 보라.

제자들이 예수님의 예언자적 행동과 말씀에 즉각적으로 반응한 것이다.[10] 이는 의미는 있지만 제한적이다. 아마 성경에 푹 빠져서 이렇게 성경과 현재의 사건을 연결하는 것이 옳다는 교훈 같다.

이어지는 내용은 그들이 더 많은 이해에 열려 있어야 한다는 점을 보여 준다. 두 번째로 나오는 내용은 그들이 예수님의 죽음과 부활 이후 이 일을 다시 기억하고, 예수님의 죽음과 부활에 비추어 예수님이 성전을 헐고 일으키시는 것에 대해 하신 말씀의 의미를 파악하고 믿는다는 내용이다.

이 단락은 적어도 세 가지 핵심 교훈을 준다. 이는 요한복음의 나머지 부분에서 더 풍부해지고 더 확장되는 교훈이다. 첫째, 예수님에 대한 온전한 믿음과 신뢰는 부활 이후에야 생긴다. 요한은 자신의 관점이 부활 이후의 관점임을 분명히 한다(이는 이 구절에서 **그러나 예수는 성전 된 자기 육체를 가리켜 말씀하신 것이라**는 통찰로 이어진다). 그리고 이러한 점은 공관복음보다 요한복음에 더 분명하게 배어 있다. 이는 부활 이후에야 성령을 받게 된다는 주장과도 맞물린다(예: 7:39). 요한은 자신의 복음서를 이해·욕망·믿음의 교육학으로 정교하게 구성한다. 그는 예수님에 대한 온전한 믿음이 부활 이후에 처음으로 일어나면서, 어떻게 개인들과 집단들이 다양한 유형의 이해·욕망·믿음에 이르는지(혹은 이르지 못하는지)에 관한 여러가지 예를 보여 준다. 20:8에서 예수께서 사랑하시는 그 제자는 예수님을 보지 않고도 이러한 믿음에 처음으로 이르렀다. 그리고 이는 다른 독자들에게 모범이 된다—"보지 못하고 믿는 자들은 복되도다" (20:29).

---

10 루터는 제자들과 같은 평범한 사람들이 성경을 외워서 알고 있었다는 점을 강조한 반면, 칼뱅은 제자들이 훨씬 나중에 기억한 것으로 본다(Farmer, *John 1-12*, 81, 82)

2:23-25에서 이 성전 드라마의 결론은 다양한 유형의 믿음을 강조한다. **많은 사람이 그의 행하시는 표적을 보고 그의 이름을 믿었으나**, 예수님은 이것만으로는 온전히 신뢰하기에 충분치 않음을—이는 온전히 상호적이지 않으며, 아직 상호 내주에 관한 믿음도 아니다—분명히 하셨다.

둘째, 회고적 이해는 표상적 해석figural interpretation을 포함한다. 리처드 헤이스는 자신의 주저를 통해 사복음서에서 이스라엘 성경을 회고적으로 읽는 것에 대해 탐구했는데, 그는 거기서 '표상적 해석'을 "계속되는 시간의 흐름 가운데 앞선 사건과 나중 사건이, 또는 앞선 인물과 나중 인물이 예상치 못한 방식으로 대응하는 패턴을 식별하는 것"으로 정의한다.[11] 헤이스는 예수님의 몸을 성전과 동일시하면서 기억 및 부활에 관한 언급을 동반하는 것이 요한의 성경 접근 방식을 보여 주는 전형적인 예라고 본다. 이는 우리도 예수님에 비추어서 표상적으로, 상징적으로 읽도록 가르치는 것이다. 이 단락에서 "예수님은 이제 하나님과 인간을 매개하는 장소로서의 성전의 기능을 이어받으신다."[12]

다른 곳에서 요한은 아브라함, 야곱, 모세와 출애굽, 엘리야, 이사야, 여러 시편의 다윗, 이스라엘 명절, 예수님의 여러 칭호, 이스라엘을 나타내는 여러 상징 등에 관한 표상적 해석을 제시한다. 헤이스의 결론은 "요한복음이 다른 복음서들보다 훨씬 포괄적으로 구약성경을 예수님을 예표하는prefiguring 방대한 상징의 모체로 이해한다"는 것이다.[13] 독자들은 다른 많은 본문과 상호 작용하면서 요한복음을 읽고 또 읽음으로써, 자신의 상상이 계속해서 이 모체를 통해 형성되도록 부추김당한다. 이는

---

11 Hays, *Echoes of Scripture*, 347.
12 Hays, *Echoes of Scripture*, 312(강조는 원문의 것).
13 Hays, *Echoes of Scripture*, 343.

신학자 데이비드 트레이시가 "유비적 상상"이라고 부른 것—상징과 은유의 공명에, 패턴과 등장인물과 이야기의 유사점과 차이점에, 이것들이 오늘날 신선한 창의적 연주에 영감을 불어넣는 방식에 끊임없이 주의를 기울이는 것—을 형성하고 수행하는 일에 관한 것이다.

셋째, 성경과 예수님을 함께 더 깊이 이해하면서 믿음이 더 온전해지고, 예수님을 더욱 따르게 되며, 예배가 더 풍성해진다. 제자들은 예수님이 부활하신 후에 기억하며 떠올린 결과 **성경과 예수께서 하신 말씀을 믿었다**. 부활 이후의 이러한 온전한 믿음은 신자가 예수님 안에, 예수님이 신자 안에 거하는 예수님을 따르는 삶 전체를 아우르는 것이다. 이 공동체에는 성경과 예수님 말씀이 모두 주요 영감과 지침과 자양분이 된다. 이는 요한이 자기 글을 보는 방식을 가리킨다. 요한이 여기서는 "예수께서 하신 말씀"을 증언하고 프롤로그에서는 예수님을 "말씀"the Word으로 증언하므로, 자신이 기록 중인 것을 성경과 같은 수준으로 여기고 있는 것이며, 자신의 글을 성경처럼 믿고, 다시 읽고, 배우고, '그 속에 거주'해야 한다고 여기는 것이다.

요한복음의 나머지 부분에 비추어 읽으면, 22절의 평이한 의미가 더욱 깊어진다. 모든 장을 예로 들 수 있겠지만, 여기서는 세 구절만 연결해 보려 한다.

첫째, 여기서 예수님과 함께 사용된 단어 "말씀"('로고스' λόγος)은 프롤로그를 상기시킨다. 이는 부활 이후 하나님, 예수님, 모든 창조 세계, 모든 사람, 성경 전체에 대한 이해의 폭을 넓히기 위한 지평을 설정한다.

둘째, 요한복음 6장에서 성경은 모세, 출애굽, 그리고 광야에서 이스라엘 백성을 먹이신 장면의 형태로 나타나며, 예수님께서 오천 명을 먹이신 말씀 및 행위와 연결된다. 요한복음에서 오천 명을 먹이신 사건은 공관복음과는 달리 그 의미에 관한 긴 가르침을 제시한다. 이 풍부한 강론에 대해서는 해당 본문을 다루며 살펴볼 것이고, 지금은 두 가지 점이 중요하다. 첫째, 성전 드라마에서처럼 거기서도 예수님의 몸에 매우 집중하는데, 이번에는 거처 이미지가 아니라 음식 이미지다. "내가 줄 떡은 곧 세상의 생명을 위한 내 살이니라"(6:51). 둘째, 예수님은 "이 말씀['로고스'λόγος]은 어렵도다"(6:60)라고 말하는 제자들에게 대답하시는데, 부활 이후의 관점, 성령, 자신의 말씀, 믿음을 종합하여 대답하신다. "이 말이 너희에게 걸림이 되느냐? 그러면 너희는 사람의 아들이 이전에 있던 곳으로 올라가는 것을 본다면 어떻게 하겠느냐?'생명을 주는[살리는] 것은 영the Spirit이니, 육은 무익하니라. 내가 너희에게 이른 말은 영이요 생명이라. 그러나 너희 중에 믿지 아니하는 자들이 있느니라"(6:61-64). 예수님의 말씀을 영과 생명과 동일시하는 것은 요한이 자기 글을 성령과 풍성한 생명의 전달체로 여기고 있음을 다시금 보여 준다.

셋째, 고별 강론(13-17장)에서 성령에 대한 언급이 많아지고, 무엇보다 부활 이후 제자들의 삶은 보혜사로 불리는, 곧 격려자\변호자\위로자\돕는 자로 불리는 성령에 의해 형성된다. 보혜사는 진리와(14:17; 15:26) 거주함\내주함과(14:17), 심판과(16:8-11) 연관된다—이것들 모두 성전 정화와 관련 있다. 그러나 특히 주목해야 할 것은 가르침에서 성령의 역할이다. 성령은 예수님께서 말씀하신 것을 되짚게 하고, 제자들의 기억을 촉발하고, 점점 더 진리에 이르게 한다. 성령은 "너희에게 모든 것을 가르치고, 내가 너희에게 말한 모든 것을 생각나게" 할 것이며(14:26), "너희를 모든 진리 가운데로 인도"할 것이다(16:13). 한편으로는 더 완전하게, 더 깊게 기억하고, 한편으로는 더 많은 진리 가운데로 들어가는 이 중 역학은 요한 특유의 신학과 글쓰기와 예수님을 따르는 삶에 대한 구상에 필수다.

성경이 예수님과 더욱 관련될수록 22절의 평이한 의미는 무한정 더 깊어지고 넓어질 수 있다. 그리고 예수님을 증언하는 다른 많은 글이 있기 때문에, 이런 많은 글—무엇보다 나머지 신약—도 관련지을 수 있다. 나는 요한이 공관복음과 바울 서신을 알고 있었다고 보는 학자들의 견해에 동의한다. 하지만 그가 알지 못했더라도 모든 진리로 인도하는 성령에 관한 그의 포괄적인 신학은 그의 시대와 이후 시대와 수 세기를 거친 오늘날에 이르기까지 전 세계 사람들이 프롤로그에서 설정된 지평 안에서 기억하고, 유비적으로 상상하고, 이해하고, 진리에 마음을 열 때, 성령의 영감을 받을 공간을 마련해 두고 있다.

저 방대한 성경의 지평에서 이 사건 이야기에 인용된 구체적인 본문으로 돌아가면, 제자들이 시편 69편 말씀 인용을 통해 예수님의 말씀과 행위에 반응하면서 '성경'과 '예수님 말씀'이 한데 모이는 것을 보게 된다. 그런데 제자들이 인용한 문구는 1인칭이므로 '성경 말씀'이 '예수님이 하시는 말씀'이 되고 있다. **주의 전을 사모하는 열심이 나를 삼키리라**. 마거릿 데일리덴튼은 그녀의 훌륭한 요한복음 속 시편 연구에서 이에 관해 말했다. "예수님의 발언이 어떤 의미에서 성경인 것처럼, 성경은 매우 실제적인 의미에서 예수님의 발언이다."[14]

이 구절은 "자기 땅에 오매 자기 백성이 영접하지 아니하였으나"(1:11)라는 프롤로그 구절을 되새기며 앞으로 다가올 갈등과 죽음을 암시한다. 특히 유월절이 배경이라는 점에서, 뒤로는 예수님께서 "하나님의 어린 양"(1:29, 36)으로 불렸던 것을 되새기고, 앞으로는 예수님께서 유월절에 죽임당하실 것을 내다본다. 그리고 칠십인역의 "삼켰다"를 "삼키리라"로 변형한 것도 미래에 관심을 두게 한다. 먹는 이미지는 유월절과도 공명하고 6장에서 오천 명을 먹이시는 이야기와도 공명한다. 시편 69편에서

---

[14] Daly-Denton, *David in the Fourth Gospel*, 121.

도 시편 시인의 생명이 위태로운 상황이며, 69:9는 이러한 맥락에 있는 구절이다.

시편 69편은 신약과 초기 그리스도교 문헌에서 예수님의 수난과 죽음을 묘사하는 핵심 본문이며, 이 시편을 요한복음을 비롯한 다른 복음서와 함께 읽으면 더 많은 유비가 나온다. 공관복음은 시편을 수난 이야기에 국한하여 인용하는 반면, 요한복음은 이 시편을(그리고 다른 시편도) 복음서 앞부분에 가져온다는 점이 획기적이다. 성전의 맥락에서 시편을 끌어온 것이 특히 적절한데, 성전에서 시편이 예전의 중심이었기 때문이다.

요한복음에 인용된 성경 구절 중 60퍼센트 정도가 시편이며, 그러한 시편과 요한복음과 예수님을 따르는 계속되는 드라마 사이의 삼자 대화는 요한이 우리에게 가르친 대로 그의 복음서를 읽는 법을 배우는 가장 유익한 길 중 하나다. 아마 시편은 그리스도인(그리고 유대인) 개인 및 공동체의 기도와 예배에 가장 많이 사용되는 성경이며, 아마 가장 많이 기억되고, 가장 많이 곡이 붙었으며, 그리스도인의 상상을 형성하는 데도 가장 중요할 것이다. 그리스도인과 유대인은 이스라엘 성경의 주된 주제 및 신앙과 실천의 주요 요소―창조, 족장, 출애굽, 율법, 예언, 지혜―를 시와 예배에 담아냈다. 예수님과 요한은 분명 시편에 흠뻑 젖어 있었을 것이다. 복음서와 대화하면서 시편을 계속 읽으면 우리의 이해가 깊어지고 더 온전한 믿음, 더 풍성한 예배의 자양분이 되며, 예수님을 더욱 따를 힘을 얻을 것이다.

추가 고찰: 예수님은 성전을 대체하시는가? 요한은 대체주의자인가?
― 요한복음과 유대인-그리스도인 관계의 도전

그리스도인에게 매우 중요한 물음 하나는 유대인과의 관계 문제다. 이 관계의 역사에서 요한복음은 매우 문제가 되는 역할을 자주 해 왔다. 최근 수십 년 동안 요한복음의 이러한 측면에 관한 집중적인 논의가 있었고, 이 주제는 요한복음 8장을 다루는 과정에서 반복할 것이다. 8장에서는 예수님과 '유대인들' 사이의 가장 격렬하고 모진 논쟁이 벌어진다. 여기에서 하는 성전 정화에 관한 추가 고찰은 나중에 더 많은 내용을 다룰 접근 방식의 대략적 윤곽을 제시한다.

예수님이 성전을 대체하시는가에 특히 초점을 두면, '대체주의'supersessionism 내지 '대체 신학'replacement theology으로 불리는 것에 관한 보다 일반적인 문제에 도움이 된다. 이런 신학에 따르면, 그리스도교는 유대교를 대체 내지 교체한다. 그리스도교의 '새 언약'은 유대교의 '옛 언약'을 폐기한다. 유대인이 그리스도인이 되지 않으면 언약 바깥에 있는 것으로 간주되고 하나님께 버림받는다. 따라서 유대인으로 계속 존재해야 할 신학적 근거가 없다. 이러한 신학적 정당성 박탈은 박해를 비롯하여 유대인들을 물리적으로 멸절하려는 시도에 이바지했다. 나는 여기서 '이바지'가 뜻하는 책임의 정도를 규정하려는 것이 아니다. 그러나 유대인에 대한 그리스도인의 경멸과 박해는 그리스도교 역사에서 가장 어두운 주제 중 하나이며, 요한복음에 대한 해석들도 여기에 한몫했다. 600만 명의 유대인을 학살한 홀로코스트, 즉 쇼아로 인해 그리스도교 신학을 유대인과 관련하여 철저하게 재평가하게 되었다. 수많은 개신교 교회와 로마 가톨릭교회를 비롯하여 다른 여러 그리스도교 교회, 집단, 학자, 신학자, 개인이 대체 신학을 단호히 거부했지만, 만장일치로 한 것은 결코 아니다.

성전 정화에 관한 요한의 설명은 어떠한가?

이 본문은 보통 예수님의 몸이 성전을 대체하는 것으로 해석된다. 여기서 사실은 요한이 글을 쓸 당시에 성전이 이미 파괴된 상태였으며, 공유 유산을 두고 당시 회당 중심의 유대교와 경쟁이 있었다는 점이다. 그리스도교와 랍비 유대교가 등장했는데, 둘 다 이스라엘의 성전, 명절, 성경과의 연속성을 주장했지만, 그 방식은 매우 달랐다.

예수님을 메시아로, 메시아 이상으로 인식하는 것은 당시 유대인들을 깊이 갈라놓았고, 지금도 대부분의 유대인을 그리스도인과 계속 갈라놓는다. 하지만 그렇다고 해서 그리스도인이 대체주의자가 되어야 한다는 뜻은 아니며, 요한이 대체 신학을 제시했다고 보는 것은 여기서든 다른 곳에서든 요한을 오독하도록 유혹하는 관점이다. 루스 에드워즈는 성전뿐만 아니라 다른 유대교적 요소들(성경, 토라, 할례, 언약, 안식일, 음식법, 정결법, 명절, 예배, 민족, 유일신론)에 대해서도 요한이 대체 신학을 제시하고 있지 않다는 점을 (내가 볼 때 설득력 있게) 보여 주는 수많은 학자의 연구를 요약해 놓았다.[15] 요한이 예수님에 대해 대담하게 신적 언어를 사용한 것이 유일신론을 포기한 것으로 보일 수 있는 것처럼, 그의 '성취' 개념은 대체를 함의하는 것으로 왜곡될 수 있고 또 종종 왜곡되어 왔다. 그러나 둘 다 잘못된 인식이다. 요한은 이스라엘과 맺은 하나님의 언약을 예수님이 대체한다고 보지 않았고, 오히려 그 언약을 모든 사람에게 열어 준다고 보았다. "모세가 광야에서 뱀을 든 것같이 사람의 아들도 들려야 하리니, 이는 그를 믿는 자마다 영생을 얻게 하려 하심이니라" (3:14-15). 요한은 '언약'이라는 단어를 전혀 언급하지 않았지만, 그의 복

---

15   R. Edwards, *Discovering John*, 11-12장.

음서는 언약적 언어로 가득하며, 언약의 대체나 폐기가 아니라 언약의 극적인 개방을 증언한다.[16]

요한의 성전 정화에는 **내 아버지의 집**인 성전에 대한 분명한 긍정과 존중이 있다(따라서 때때로 제시되는 해석 중 하나인 '제도 종교'에 대한 거부도 없다). 시편 69편 인용은 성전을 언급하는 성경에 대한 긍정과 존중이므로, 성전이 파괴된 후에도 그 의미는 이어진다. 랍비 유대교 역시 성전 파괴로 인해 성경을 의미 전달체로 여겼다. 그리스도인이 신약의 예수님과 관련하여 재해석한 것은 탈무드에 구체화된 랍비의 재해석과는 매우 다르지만, 둘 다 대체 신학을 담고 있지는 않다. 둘 모두에서 분명 새로운 것이 발생하고 있지만, 요한복음에 대한 B. F. 웨스트콧의 판단은 두 신흥 전통의 자기 이해에 적용될 수 있을 것이다. "옛 교회는 변화된 것이지 파괴된 것이 아니다. 계시의 연속성은 결코 깨지지 않는다."[17]

하지만 이 둘 사이의 차이는 깊고, 종종 잔혹한 결과를 초래했다. 요한의 시대에는 박해할 힘이 회당에 있었지만, 나중에는 교회에 힘이 생겼다. 그 결과 불화, 오해, 폭력의 비극적 역사가 종종 일어났다.

이러한 역사는 오늘날 그리스도인에게 큰 도전을 제기한다. 우리가 가진 권위 있는 텍스트 중 하나인 요한복음은 대체주의적이고 반유대주의적인 방식으로 거듭 해석되어 왔다. 요한복음이 이 역사를 치유하고 더 나은 미래를 만드는 데 기여하도록 진정성 있게 다시 읽힐 수 있을까? 이 주석의 목적 중 하나는 '그렇다!'라는 대답에 실질적인 내용을 제공하는 것이다. 이는 부분적으로, 20년 이상 유대인들과 함께 요한복

---

16 예수님에 대한 요한의 기록은 '언약'이라는 단어를 전혀 사용하지 않으면서도 예레미야가 말한 것, 즉 변함없는 방식으로 사람들 안에 내주하는 마음에 기록된 옛 언약인 '새 언약'(렘 31:31-34)을 구현한다고 할 수 있다.

17 Westcott, *The Gospel according to St. John*, 43.

음을 비롯한 다른 성경을 지속적으로 읽으며 경전숙의 Scriptural Reasoning 라 부르는 연습을 했던 것에 기초한다(이에 관해서는 이 주석의 〈에필로그〉를 보라). 이는 결코 신학적 일치로 이어지지 않았다. 오히려 불일치의 질 개선이라 할 만한 것, 그리고 상호 참여를 더욱 심화하는 노력이라 할 만한 것으로 이어졌다. 이 주석은 요한복음을 읽음으로써 그리스도인들이 역사에서 매우 두드러졌던 대체주의를 거부할 뿐만 아니라 랍비 유대교로부터 배우는 것을 포함하는 새로운 단계의 유대인-그리스도인 관계로 들어가도록 부추길 것이다.[18]

이에 관한 요한의 머리글 본문은 다음과 같다. "율법은 모세로 말미암아 주어진 것이요, 은혜와 진리는 예수 그리스도로 말미암아 온 것이라"(1:17). 이 구절에 대한 상충하는 해석이 있는데, 대체주의적 해석도 있다. 나는 이 구절을 "은혜에 이어 은혜러라"라는 앞 구절에 대한 설명으로 보는 루스 에드워즈의 의견에 동의한다. 그녀는 다음과 같이 말한다. "요한은 토라를 하나님의 은혜로운 선물로 인정하지만, 예수님이 주신 계시가 훨씬 더 크다고 본다."[19] 그런데 나는 그녀의 "더 크다"라는 표현에 단서를 달고 싶다. 그것은 크기에 관한 것이 아니다—토라와 예수님은 모두 같은 하나님을, 지극히 풍성한 은혜의 하나님을 계시하므로 양적인 비교가 있을 수 없다.[20] 다만 차이는 모세를 통해 말씀 내지 교훈('로고스'λόγος)을 주신 것과 육신이 된 '로고스', 즉 예수님이 직접 오신 것의 차이다. 1:17에는 이 복음서에서 처음으로 예수 그리스도가 이름으로

---

18 경전숙의 연습을 동반하여 5년간 대화하고 저술하면서 유대인-그리스도인이 상호 참여(나도 참여하는 특권을 누렸다)한 예로는 다음을 보라. Bayfield, *Deep Calls to Deep*.
19 R. Edwards, *Discovering John*, 144.
20 나는 다음 책에서 철저하고 심오한 비대체주의적인 그리스도교 신론을 발견했다. Sonderegger, *The Doctrine of God* and *The Doctrine of the Holy Trinity*.

언급된다. 이미 프롤로그는 '로고스'를 하나님, 창조, 이스라엘 역사와 연결했고, '로고스'는 칠십인역의 모든 부분—토라, 예언서, 성문서—을 모아 총괄한다. 독특하고 새로운 점은 나중에 이 모든 것이 특정 인물, 곧 그리스도, 메시아이신 예수님과 동일시된다는 것과, 요한이 이제 풀어내기 시작한 예수님의 삶과 죽음과 부활에 관한 극적인 이야기다. 이 은혜에 관한 그리스도교의 독특성을 간과할 수는 없지만, 그리스도인이 "모세로 말미암아 주어진" 다른 은혜를 부정해서도 안 된다. 이는 하나님의 선물이며, 그 범위가 우주적이며, 유대인과 그리스도인 모두에게 계속해서 중요하다.

그리스도인과 랍비 유대인의 상호 참여는 잘하면 '더 깊어지는' 참여가 된다. 여기에는 여러 가지 심화와 확장이 있을 수 있다. 각자의 텍스트와 전통으로, 타인의 텍스트와 전통으로, 하나님이 창조하시고 보전하시는 세계 이해로, 공동선을 위한 협력으로, 일치와 불일치로, 하나님에 대한 이해와 순종과 찬양으로, 이렇게 참여한 사람들로 구성된 새로운 종류의 공동체로 함께 더욱 나아가면서 말이다. 요한복음은 21세기 유대인-그리스도인 관계에서 계속되는 드라마의 한 부분으로서 이러한 참여를 위한 하나의 자원이 되는 것이 바람직하다.

결론

이 장에서는 두 사건을 머리기사로 썼고, 이는 요한복음의 나머지 부분에 대한 함의를 담고 있다. 가나의 혼인 잔치는 예수님을 통해 누릴 수 있는 풍요로운 삶의 표지/표적이었다. 즉, 결혼, 축하, 포도주 마시기 등 놀라운 경험으로 가득한 "달콤한 과잉"을 보여 주었다. 그것은 의미의 풍부한 차원, 예수님과 어머니와 제자들의 관계, 무엇보다도 예수님과 피조물과 하나님의 관계를 열어 보여 준다.

이 극적인 예루살렘에서의 대립 역시 다중적인 차원을 지닌다. 예수님은 유대인으로서 자신의 경험과 실천에서 근본적 의미를 담고 있는 두 가지―성전과 출애굽을 기념하는 유월절―를 배경으로 성전을 내 아버지의 집이라고 주장하셨고, 성전과 돈과 시장의 관계에 이의를 제기하셨고, "성전 된 자기 육체"를 가리키셨다.

독자에게 이 두 사건은 프롤로그의 핵심 요소들을 극적으로 상연한다. 또한 이후의 표적과 대립을 머릿속에 그리기 위한 준비물이기도 하다. 그리고 무엇보다도 예수님이 누구신지를 더 드러내고, 여러 상호본문으로 풍부하게 드러낸다. 본문을 다시 읽는 독자는 저자로부터 회고적 해석에 참여하도록 초대받는다. 부활 후의 자리에서, 이 요한복음 본문에 결부되어 있는 증언 및 성경을 통해 이해된 부활하신 예수님의 임재를 경험하는 공동체에서, 회고적으로 해석하도록 초대받는다.

요한복음 3:1-36

깜짝 놀랄 가르침

이 장은 요한복음의 핵심 주제에 관한 두 가지 가르침을 담고 있다. 첫 번째 가르침은 니고데모와의 만남에 나온다. 이는 예수님과 개인이 관계 맺는 몇 가지 중요한 만남(4장, 5장, 9장, 11장에 이런 만남이 또 나온다) 중 첫 번째다. 두 번째 가르침은 세례자 요한이 또다시 등장하며 나온다. 두 가르침 모두 깜짝 놀랄 만한 진술을 담고 있다.

한 선생이 가르침을 받다:
새로 남, 영으로 남, 하나님의 사랑, 하나님의 아들, 영생(3:1-2)

유대인의 지도자이자 선생인 니고데모가 밤중에 예수님을 찾아와서 예수님이 하나님으로부터 온 스승임을 인정한다. 예수님은 **"진실로 진실로 네게 이르노니"** 로 시작하는 세 차례 가르침을 통해 이 복음서의 놀라움을 열어 보이신다. 가나 포도주 표적과 성전에서 표적 요구에 대한 예수님의 대답이 모두 예상을 뛰어넘었던 것처럼, 여기서 니고데모도 자신이 예상한 것을 완전히 뛰어넘는 대답에 놀라서 당황한다.

> ¹ 그런데 바리새인 중에 니고데모라 하는 사람이 있으니, 유대인의 지도자라. ² 그가 밤에 예수께 와서 이르되 "랍비여 우리가 당신은 하나님께로부터 오신 선생인 줄 아나이다. 하나님이 함께하시지 아니하시면 당신이 행하시는 이 표적을 아무도 할 수 없음이니이다."

니고데모는 다른 복음서에는 언급되지 않지만, 요한복음에서는 이곳과 다른 두 곳에 등장한다. 7:50-52에서 그는 예수님과 관련하여 정당한 법적 절차를 요구하며 바리새인들에게 이의를 제기하다가 조롱받는다. 19:38-42에서 그는 아리마대 사람 요셉과 함께 예수님의 시신을 가져다 무덤에 모시고, 값비싼 몰약과 침향을 많이 가져온다. 수 세기를 지나 오늘날에 이르기까지 주석가들은 니고데모가 온전한 신자가 되었는지, 예수님을 이해하지 못하고 믿지 못한 사람의 표본인지, 아니면 애매하게 중간쯤에 머무는 사람인지에 대해 의견이 분분하다.

나는 세 번째 의견이 그와 가장 잘 어울린다고 생각한다.[1] **밤에** 왔다는 것은 그가 예수님과 공개적으로 관계를 맺고 싶지 않지만 예수님께 매료되었음을 시사하며, 그의 첫 마디는 예수님을 **하나님께로부터 오신 선생**으로 받아들이는 매우 대담한 것이었다(그의 지위를 고려할 때). 그런 다음 그는 몹시 혼란스러운 사상을 듣고 자신의 핵심 정체성에 급진적인 도전을 받는다. 그의 마지막 말은 해결되지 않은 물음이다. **"어찌 그러한 일이 있을 수 있나이까?"** 이후 이 드라마에 등장하는 그의 모습은

---

1 니고데모에 관한 더 자세한 논의로는 다음을 보라. Ford, "Meeting Nicodemus."

예수님에 대해 계속 관심을 두고 있다. 그는 예수님을 기꺼이 대변하고, 예수님의 죽음에 예우를 표하고자 큰 비용을 쓴다. 하지만 이는 요한복음이 의미하는 예수님에 대한 온전한 믿음에는 미치지 못하는 것들이다. 따라서 독자들을 온전한 믿음으로 이끌기 위한 이야기(20:31)에서 니고데모는 구도자인 독자들에게 심오한 물음을 던지는 인물이며, 어떤 면에서는 모델이다. 하지만 온전한 제자도라는 목표의 모델은 다른 사람들, 특히 "예수께서 사랑하시는 그 제자"다.[2]

첫 번째 물결: 하나님 나라, 위에서 새로 남, 그리고 예수님(3:3-4)

> [3] 예수께서 대답하여 이르시되 "진실로 진실로 네게 이르노니, 사람이 '위에서 나지'[거듭나지] 아니하면 '아무도' 하나님의 나라를 볼 수 없느니라." [4] 니고데모가 이르되 "사람이 늙으면 어떻게 날 수 있사옵나이까? 두 번째로 모태에 들어갔다가 날 수 있사옵나이까?"

예수께서 니고데모에게 하신 첫 번째 말씀은 몇 가지 중요한 물음을 유발하는데, 세 가지 물음이 특히 중요하다.

하나님 나라

첫째, **하나님 나라**란 무엇인가? 마태, 마가, 누가의 공관복음을 읽은 사람들은 공관복음에서 예수님의 핵심 메시지가 예수님을 통한 하나님 나라의 도래, 예수님의 가르침(특히 생생한 비유로 된), 예수님의 사역, 그

---

[2] 13장, 19장, 20장 21장에 관한 주석을 보라.

리고 예수님의 죽음과 부활에 관한 내용임을 알 것이다(나는 요한 본인이 공관복음을 어떤 형태로든 알고 있었을 뿐만 아니라 자기 글을 읽는 독자들도 공관복음을 알고 있을 것으로 예상하고 썼다고 생각한다). 요한복음은 하나님 나라(마태복음에서는 종종 천국으로 부른다—요한복음 3:12-13에서도 하늘에 관해 언급한다) 메시지나 하나님 나라 비유들을 문자 그대로 반복하지 않고, 다른 복음서들과 다르면서도 비슷하게 기록함으로써, 독자들이 다른 복음서를 더 잘 이해하도록 돕고, 동시에 새로운 통찰도 제공한다. 공관복음에서 하나님 나라에 관해 이야기하는 지점에서, 요한복음은 보통 생명, 성령, 사랑, 신뢰와 믿음, 빛, 진리, 그리고 무엇보다도 영생에 관해 이야기한다.

여기서 요한은 다른 평행 용어들을 사용하여, 예수님의 메시지와 사명을 이해하는 방식을 확장하라고 공관복음 독자들에게 가르치는 것으로 보인다. 우리는 생명(하나님 나라를 보고 거기에 들어가는 것은 탄생으로, 생명에 들어감으로 간주된다), 성령 내지 숨\바람(뒤에서 두 번째 물결을 보라), 예수님에 대한 믿음, 영생, 사랑, 빛, 진리(뒤에서 세 번째 물결을 보라)의 측면에서 하나님 나라, 곧 천국을 생각하도록 청함을 받고 있다. 그리고 이 모든 것의 핵심은 요한의 관심사, 곧 예수님은 누구신가이다.

요한은 왜 이런 일을 하는 걸까? 예수님이 누구신지, 예수님을 따르고 신뢰한다는 것이 어떤 의미인지에 더 깊이 들어가게 하는 (이 복음서 전반에 걸쳐 명확하게 나타나는 분명하고) 포괄적인 관심 외에도, 적어도 세 가지 개연적인 이유를 생각해 볼 수 있다.

하나는 접근성에 관한 것이다. '하나님 나라'라는 언어는 유대교와 유대교 성경에만 뿌리를 두고 있지만, 생명, 영, 사랑, 빛, 진리 같은 언어는 유대교와 유대교 성경뿐만 아니라 주변의 헬레니즘 문화에서도 발견되기 때문에, 더 많은 사람이 요한의 글에 다가갈 수 있다.[3]

두 번째 이유는 통치 및 권력에 관한 요한의 이해와 관련 있다. 그는 '하나님 나라'가 함의하는 권력과 권위의 위계적 언어에 매력을 덜 느낀다. 요한은 예수님이 죽기 전날 밤 이야기를 전하면서, 공관복음에서 하나님 나라와 관련시킨 성찬 내지 주의 만찬 제정을 생략하고, 그 대신 예수님이 제자들의 발을 씻기신 이야기를 담음으로써 왕과 종의 위계를 뒤집어 놓는다. 그리고 예수님과 본디오 빌라도가 대면한 이야기에서 왕권 문제를 핵심에 놓은 것은 단지 진리를 증언하는 측면에서 왕권을 규정하기 위해서다(18:33-38).

세 번째 이유는 요한이 예수님과 관련해서 미래를 상상하는 방식에 있다. 요한복음에는 도래하는 하나님 나라에 관한 생생한 종말론적 이미지가 없다. 예컨대 마가복음 13:26에는 "사람의 아들이 구름을 타고 큰 권능과 영광으로 오는 것"과 같은 이미지가 있다. 그는 미래가 예수님과 완전히 결부되어 있지만 영생은 죽음 너머에서는 물론이거니와 지금도 가능하다는 점을 분명히 한다. 요한복음에서 두 번이나 반복되는 예수님의 마지막 말씀, 곧 "내가 올 때까지 그를 머물게['메네인' μένειν: 거하다] 하고자 할지라도 네게 무슨 상관이냐?"(21:22, 23)는 추측, 짐작이나, 종말론적 상상을 부추기는 것이라기보다, 예수께서 사랑하신 제자가 계속해서 신실하게 거하는 일에 관한 것이며, 이는 예수님의 권위와 재림을 모두 가정하고 있다.

이렇게 전반적으로 이미지의 균형이 바뀐다. '하나님 나라' 내지 '천국'이 대체되는 것은 아니지만, 이제 균형이 또 다른 사회적 언어(이는 공관복음 및 구약성경에도 나타난다)를 강조하는 쪽으로 기울고 있다. "하나님

---

3   요한이 왜 '로고스'(λόγος), 곧 말씀에 초점을 두고 복음서를 시작하기로 했는지에 대해 논할 때도 비슷한 이야기를 했다(1:1-4에 관한 주석을 보라). 또한 '사랑'에 해당하는 단어들에 관해서는 15:12-14에 관한 주석과 21:15-19에 관한 주석을 보라.

께로부터 난"(cf. 1:12-13) 하나님의 자녀로서의 가족생활, 성령께 영감받아 따르고 배우는 공동체, 친구의 사랑, 또는 (가장 뚜렷하게 요한적인) 상호 내주 내지 거함이라는 사회적 언어를 강조하는 쪽으로 말이다. 관계가 깊어지고 확장되는 동안에도 정치적인 것은 그대로 남아 있다.

아마도 가장 깊고 가장 광범위한 것은 땅과 하늘, 위와 아래의 역동적인 통합일 것이다. 이는 요한복음 17장의 예수님의 기도에 표현된 상호 내주와 사랑 안에서의 연합/일치에 대한 욕망에서 절정에 이른다. 곧 보겠지만, 거기에는 궁극의 "사랑받는 공동체"[4]가 있다.

니고데모와의 만남 이후 요한이 '하나님 나라'라는 언어에서 벗어난 데서 오는 실제적인 효과 하나는 독자들이 공관복음과 대화하면서 그의 복음서를 다시 읽도록 유도하는 것이다. 예를 들어, 혼인 잔치를 비롯한 축제의 장소로서의 하나님 나라에 대한 모든 비유는 풍요로운 포도주, 물, 음식, 물고기, 생명, 영, 빛, 진리, 사랑에 관한 요한의 이미지를 조명하고, 또한 역으로 조명된다. 마찬가지로 바울도 '하나님 나라'라는 언어를 거의 사용하지 않으며, 교회에 관한 (그리스도의 몸, 상호 내주, 가정, 하나님의 백성, 언약, 사랑, 성령, 풍요로움, 영생 등의 측면에서 기술된) 그의 비전은 공관복음 및 요한복음과 삼자 간 상호본문적 읽기를 유도한다.

위에서 새로 남

둘째, **위에서 난다**는 것은 어떤 의미인가? 헬라어 '아노텐' ἄνωθεν은 하나 이상의 의미로 이해될 수 있다—부연 성경 Amplified Bible은 "거듭(위로부터

---

4 이는 미국 철학자 조사이어 로이스의 사유가 절정에 달한 그의 말년 저술인 *The Problem of Christianity*에서 그의 사상이 놀랍게 발전했음을 보여 주는 문구다. 로이스 사상에서 성경적 차원은 주로 바울 서신에서 영감을 받았다. 이 주석은 요한복음과 그의 상호본문들을 통해 이를 보완하는 성경의 차원을 제시한다.

새롭게)난다"로 번역한다. 수많은 그리스도인에게 '거듭남'은 정체성의 핵심을 이룬다. 앞으로 살펴보겠지만, 니고데모와 전체 구절(3:1-21)을 통해 '거듭난 그리스도인'이 된다는 것을 이해할 때 그 정체성은 변혁적이고, 깊고, 다면적이다. 그 정체성은 요한이 제시하는 복음 전체와 관련된다. 즉, 성육신하시고 십자가에 못 박히시고 부활하신 예수님을 만나고 신뢰하는 것, 예수님이 누구신지를 그의 아버지와의 관계에서 이해하는 것, 하나님이 주신 새로운 시작을 갖게 되는 것, 성령 안에서 살며 놀라운 일에 열려 있는 것, 하나님께 사랑받는 것과 관련된다. 그리고 하나님 앞에서 펼쳐지는 계속되는 생명의 드라마 속에서 예수님을 온전히 믿고 신뢰할 것인가 말 것인가 하는 중대한 결정에 끊임없이 직면하는 것과 관련된다. 이미 언급했듯이 니고데모는 어느 쪽으로든 결정할 수 있는 인물로, 예수님의 도전에 직면한 모든 사람의 모델이다.

이러한 정체성은 전체 구절에 나타나며, 요한복음의 나머지 부분에 비추어 다시 읽으면 더 명확해진다. 그리고 공관복음과 바울 서신과 나머지 신약과 구약과 상호 작용하며 읽을 때 훨씬 더 명확해진다. 그리고 하나님과 모든 실재에 관한 프롤로그의 지평을 통해, 그리고 지금 예수님을 따르는 계속되는 드라마에 관심을 두는 고별 강론을 통해 이해할 때 가장 명확해진다. '거듭난' 그리스도인이라는 정체성과 관련된 명백한 위험은 이러한 차원 중 일부를 무시한 채, 이 정체성을 일회성 결단이나 간결한 꾸러미로 축소하여, 예수님이 가져오신 풍성한 빛과 삶의 상당 부분을 빠뜨리는 것이다.

니고데모가 오해했던 것과 이 단락의 나머지 부분에서 알 수 있듯이, 요한이 '아노텐'이라는 애매한 말을 사용한 것은 의도적이다. 니고데모는 이를 **두 번째로 모태에 들어갔다가 난다**는 의미로 받아들였다. 한 단어가 둘 이상을 의미하는 또 다른 언어유희가 6-8절에 두 번 나오는데,

하나는 '프뉴마'πνεῦμα로 '바람'이나 '영\성령'을 의미할 수 있고, 다른 하나는 '포네'φωνή로 '소리'나 '목소리'를 의미할 수 있다. 이를 알아본다면, 요한의 글에 오직 한 의미만 있다고 가정하며 읽었던 습관을 점검해 보게 된다. 즉, 요한의 글에는 우리가 점점 많은 의미를 찾아보게 하려는 의도가 담겨 있다. 이렇게 하기 위한 방법 하나는 각각의 의미를 할 수 있는 한 차례대로 추적하면서, 두 선생에 관한 이 단락에서 요한이 자기 독자에게 가르치는 바를 배우려고 노력하는 것이다.

니고데모가 이해한 대로 '거듭\새로 남'이라는 첫 번째 의미를 취하면 얻을 수 있는 한 가지 교훈은 독자들이 문자 그대로가 아닌 의미에 주의를 기울이고 은유적으로, 상상적으로, 상징적으로 생각하는 데 열려 있어야 한다는 점인 것 같다. 요한복음의 나머지 부분이 이를 뒷받침한다. 요한은 매우 풍부한 은유, 이미지, 상징이 가능하게 글을 써서 독자들이 더 깊이 탐구할 여지를 두는 것을 좋아한다. 니고데모가 예수님 말씀을 너무 문자 그대로 취한 것일 수도 있지만, 그가 취한 '아노텐'의 의미, 즉 '거듭\새로 남'에 관해서는 더 추구해 볼 가치가 있다. 이번에는 하나님 나라, 성령 안에서 사는 삶, 영생, 하나님께 사랑받는 것, 예수님을 따르는 것과 관련된 생생한 이미지로 살펴볼 필요가 있다.

지금까지 요한복음을 주의 깊게 읽은 독자라면 '거듭남'이 프롤로그와 공명할 것이다. 이는 하나님이 주신 새로운 시작에 관한 것이다. 프롤로그는 "태초에 말씀이 계시니라"(1:1)로 시작해서, 그 말씀을 "영접하는 '모든' 자, 곧 그 이름을 믿는 자들에게는 하나님의 자녀가 되는 권세를 주셨으니, 이는 혈통으로나 '육신의 뜻'(육정)으로나 사람의 뜻으로 나지 아니하고 오직 하나님께로부터 난 자들이니라"(1:12-13)라고 말하기에 이른다. 궁극의 시작자이신 분은 새로운 시작을 낳을 힘을 나누어 주신다. 여기서 '거듭남'과 '위에서 남'의 의미가 합쳐지며, 이러한 점에 비추어 볼 때 3:3과 3:7의 의미를 가장 잘 번역한 것은 '위로부터 거듭남'이다.

요한은 프롤로그에서 난다는 것에 관해 언급함으로써 아마도 마태복음과 누가복음의 시작 부분에 있는 예수님의 탄생 이야기와 대화하며 읽도록 의도했을 것이다. 많은 차이가 있지만 마태와 누가 모두 예수님의 탄생이 육체적 탄생이자 하나님으로부터의 탄생이라는 점에서는 일치한다. "위로부터"나 "하나님께로부터"라는 높음의 은유가 마태복음에서는 성령(마 1:18, 20), 꿈(1:20-24; 2:12-13), 성경의 성취(1:23; 2:6, 15), 예수님을 "하나님이 우리와 함께 계시다"를 뜻하는 "임마누엘"로 이름하는 것(1:23)으로 나타난다. 누가복음에서는 성령(눅 1:15, 35, 41, 67; 2:25-26), 천사(1:11-19, 26-38; 2:8-15), 수많은 성경의 메아리들로 나타나고, 예수님을 "지극히 높으신 이의 아들"(1:32), 그의 "나라가 무궁할" 다윗 자손의 왕(1:32-33), "하나님의 아들"(1:35), "위로부터 임한" "돋는 해"(1:78)로 칭하는 것에 나타난다. 니고데모가 예수님을 만난 이야기에는 탄생, 신적 기원(요 3:2, 16-17), 아들 됨(3:13-17), 성령, 나라, 하늘, 높음이라는 주제 외에도, 가브리엘 천사에게 보인 마리아의 놀란 반응에 대한 확연한 메아리가 있다. 마리아는 "어찌 이 일이 있으리이까?"(눅 1:34)라고 말했다. 예수님이 니고데모에게 **놀랍게 여기지 말라**고 하셨지만, 니고데모가 예수님께 한 마지막 말은 **"어찌 그러한 일이 있을 수 있나이까?"**였다. 이렇게 요한은 예수님과의 연합 주제, 예수님과 신자들의 상호 내주 주제, 그리고 예수님의 생명과 영에 참여라는 주제(이 주제들은 고별 강론에서 더 충분히 탐구되고, 요한복음 17장의 예수님의 기도에서 절정을 이룬다)와 긴밀히 연결하여, 프롤로그에서 "하나님께로부터 난"이라는 말로 의미한 바를, 그리고 그렇게 나는 것과 예수님의 연관성을 여기서 더 열어 보여 준다. 이는 이번 가르침의 첫 물결에 대한 세 번째 물음으로 이어진다.

아무도? 누가?

"사람이 위에서 나지[거듭나지] 아니하면 아무도 하나님의 나라를 볼 수 없느니라." 그렇다면 실제로 "위에서 난" 사람이 있을까? 이렇게 묻는다면 요한의 대답은 분명하다. 예수님! 다음 물결은 세 번째 물결이 이를 명시적으로 나타내기에 앞서 조금 더 분명하게 한다.

두 번째 물결: 물과 육, 바람\성령과 소리\음성(3:5-10)

⁵ 예수께서 대답하시되 "내가 진실로 진실로 네게 이르노니, 사람이 물과 성령으로 나지 아니하면 아무도 하나님의 나라에 들어갈 수 없느니라. ⁶ 육으로 난 것은 육이요 영으로 난 것은 영이니, ⁷ 내가 네게 '위에서[거듭] 나야 하겠다' 하는 말을 놀랍게 여기지 말라. ⁸ 바람이 임의로 불매, 네가 그 소리는 들어도 어디서 와서 어디로 가는지 알지 못하나니, 성령으로 난 사람도 다 그러하니라." ⁹ 니고데모가 대답하여 이르되 "어찌 그러한 일이 있을 수 있나이까?" ¹⁰ 예수께서 그에게 대답하여 이르시되 "너는 이스라엘의 선생으로서 이러한 것들을 알지 못하느냐?"

두 번째 **"진실로 진실로 네게 이르노니"**로 시작되는 다음 물결은 첫 번째 물결과 같은 땅을 덮지만, 해변으로 더 올라간다. 여전히 "위에서 남"(3:3)에 관한 것이지만, 이제 **물과 성령으로 나는**(3:5) 것으로 설명된다. 이어지는 구절은 성령을 육과 비교한다. **"육으로 난 것은 육이요 영**the Spirit**으로 난 것은 영**spirit**이니"**(3:6). 프롤로그처럼, 여기서도 물(물 역시 물리적 탄생과 연관되며, 지금까지 이 복음서에서 물은 예수님의 첫 표적의 물질로 창조와 공명하고 있다)⁵과 육(육은 지금까지 이 복음서에서 육신이 되신 예수님과 연관되어 있다)은 물질적 창조 및 이러한 창조와 예수님의 긴밀한 연관성을 나타내기 위해 함께 사용된 것으로 보인다. 따라서 여기서 육과 관련하여 부정적인 함의는 없지만, 육은 사람에게 전부가 아니다.

다른 차원은 '영\성령'spirit\Spirit ('프뉴마' πνεῦμα)으로 불린다. 원래 사본에는 대소문자 구분이 없으며, 요한이 '프뉴마'라는 말을 사용하는 방식은 인간의 영 내지 생명의 호흡(특히 예수님의 호흡)과 성령을 똑떨어지게 구분하지 않는다. 예를 들어, 예수님이 죽으실 때 "'프뉴마'τὸ πνεῦμα를 내주셨다"[영혼이 떠나가시니라](19:30)라는 표현이 나오는데, 이는 '호흡\영\성령'을 의미한다. 그리고 부활 후 예수님이 제자들에게 성령을 나누어 주실 때 사용된 20:22의 "숨을 내쉬며"에 해당하는 동사는 칠십인역 창세기 2:7에서 하나님이 아담에게 생명의 숨을 불어넣으실 때 사용된 동사다. 영 역시 요한복음 1장에서 예수님과 가장 밀접하게 연관되고, 위로부터 오는 것과도 밀접하게 연관된다. "내가 보매 성령이 비둘기같이 하늘로부터 내려와서 그의 위에 머물렀더라"(1:32). 게다가 예수님은 "성령으로 세례를 베푸는 이"(1:33)로 불린다. 그리고 니고데모와의 만남 직후, 예수님과 제자들은 세례자 요한처럼 물로 세례를 베푼다고 묘사된다(3:22-23).⁶ 물은 살과 바람\숨처럼 선한 창조물이지만, 거기에는 예수님이 가져오신 변화가 있다. 예수님의 말씀을 담은 숨결이 제자들의 삶을 바꾼 것처럼, 물을 포도주로 바꾸신 것도 이런 변화를 상징한다.

---

5   2:1-12.에 관한 주석을 보라.
6   요한복음이 세례 성사 및 성찬 성사(미사, 성찬례, 주의 만찬)와 어느 정도 관련되는지에 대해서는 상당한 논란이 있다. 나는 성사들과의 관련성이 요한복음의 '깊고도 평이한 의미'의 일부이며, 독자들이 탄생, 죽음, 물, 포도주, 피, 마시기, 떡, 몸, 먹기, 말씀, 성령, 빛, 어둠, 봄, 발 씻김 등과 같은 요한적인 주제의 도움을 받아 그 의미를 탐구하는 것이 옳다고 본다. 특히 6:25-65에 관한 주석과 13장에 관한 주석을 보라.

성령에 관해서는 이 복음서의 뒷부분에서 더 자세히 다루겠지만(요한복음은 다른 복음서보다 성령이라는 주제에 관해 훨씬 많은 내용을 담고 있다), 여기서 니고데모를 놀라게 하는 핵심 진술은 3:8이다. 독자들은 이미 예수님을 말씀이 육신이 되신 분으로, 성령이 그 위에 머무시는 분으로 알고 있다. 드라마의 이 장면에서 니고데모는 이 사실을 모르지만, 그럼에도 그는 "우리가 당신은 하나님께로부터 오신 선생인 줄 아나이다"(3:2)라고 생각한다. 8절은 이러한 확신에 찬 인식을 깨뜨린다. 그는 "선생"이라는 예수님의 역할과 "하나님께로부터" 왔다는 예수님의 기원을 본인이 안다고 생각했을 수 있다. 이는 틀린 것은 아니지만, 첫 두 장에서 이미 예수님이 누구신가에 관해 말한 것과 비교할 때 너무 불충분한 이해다. 8절은 명확한 경계로 규정할 수 없는 바람과 같은 신비를 열어 준다. 이 구절은 하나님을 상상하게 한다. 자유로우신 분(바람\성령은 **임의로 불매**), 우리의 범주에 담기지 않으시는 분, 기원과 목적에 관한 우리의 지식에 도전하시는 분(**어디서 와서 어디로 가는지**), 우리가 활용할 수 없는 에너지를 가지신 분, 끝없는 놀라움을 일으키시는 분, 보이지 않으나 영향을 미치시는 분, 새로운 방향으로 우리를 불어 날리시는 분으로 말이다. 이와 같은 선상에서, 톰 그렉스는 영감을 불러오는 교회 신학, 모든 피조물을 향한 하나님의 사랑, 경계를 넘나들며 놀라움을 불러일으키는 성령을 보여 준다(글상자에 있는 그렉스의 글을 보라).

바람\영의 이미지는 특히 요한복음과 성경에서 영에 관한 다른 언급들과 관련하여 이해하면 놀라운 통찰을 얻을 수 있다. 사실상 독자들은 예수님께서 니고데모에게 던지신 **"너는 이스라엘의 선생으로서 이러한 것들을 알지 못하느냐?"**[7]라는 질문을 통해, 성경의 나머지 부분을 탐구

---

[7] 니고데모가 칠십인역에서 '아노텐'(ἄνωθεν)이라는 단어를 추적했다면, '위에서'라는 의

> 교회에서 성령의 특수한 활동이 창조 세계에서의 활동을 기회비용으로 지불한다는 것은 말이 안 된다. 성령은 당연히 무한하고 자유롭다. … 성령은 널리 다면적으로 강력하게 피조물 안에 임재하시는 분이다. 주변 사람을 영원히 사랑하도록 지음받은 그대로 사랑하며 살 수 있도록 인간을 자유롭게 하는 성령의 역사는 **모든** 사랑하는 사람들 안에서 그리스도인과 비그리스도인을 하나로 묶고, 교회와 세상의 구분이 아무리 중요하고 의미 있을지라도 절대적이거나 궁극적이지 않음을 보여 준다. 성령은 주님이시며, 그 뜻하신 대로 불며(cf. 요 3:8), 교회는 성령에 의존한다―성령이 교회에 의존하시는 것은 아니다. 하지만 성령은 또한 성령이 행동하시는 사건인 교회 속에 **강력하고도 특별하게** 임재하신다. 교회는 성령으로 말미암아 그리스도의 몸과 형상에 적극 참여하고 그리스도 십자가의 현실 안에서 그리스도의 모습과 사랑을 의도적으로 적극적으로 닮고자 하는 사람들의 몸이다.
>
> ― 톰 그렉스, 《교의적 교회론》 *Dogmatic Ecclesiology*, 1:413-14 (강조는 원문의 것)

하도록 자극받는다. 예수님은 니고데모가 모르는 것에 대해 안내하셨지만, 고정적으로 명확하게 담아낼 수 있는 지식을 안내하신 것은 아니다. 16:13에서 말씀하신 것처럼, "모든 진리 가운데로" 이끄시는 성령님의 인도를 안내하신 것이다. 여기서 그 진리가 풍요롭다는 점과 그 진리를 담아낼 수 없다는 점이 바람으로 상징된다.

> 미를 여러 번 발견했을 것이다―예컨대, "위로 하늘의 복"(창 49:25); "거기서 내가 너와 만나고 속죄소 위, 곧 증거궤 위에 있는 두 그룹 사이에서, 내가 이스라엘 자손을 위하여 네게 명령할 모든 일을 네게 이르리라"(출 25:22; cf. 40:20); "모세가 회막에 들어가서 여호와께 말하려 할 때에, 증거궤 위 은혜의 속죄소 위의 두 그룹 사이에서 자기에게 말씀하시는 목소리['포네'(φωνή)]를 들었으니"(민 7:89); "그리하면 위에['아파노텐'(ἀπάνωθεν)] 계신 하나님께서 내리시는 분깃이 무엇이겠으며"(욥 31:2); "하늘이여 위로부터 공의를 뿌리며, 구름이여 의를 부을지어다"(사 45:8). 마찬가지로 성령의 부으심은 "위로부터" 임한다(사 32:15: '프뉴마 아프 휩셀루'[πνεῦμα ἀφ' ὑψηλοῦ]).

8절에는 중요한 언어유희가 또 있다. **네가 그 소리**['포네' φωνή]**는 들어도**는 "네가 그 음성은 들어도"로도 번역할 수 있다. '포네'와 '프뉴마'는 모두 자연 이미지이면서 동시에 신자들과도 예수님과도 연결된 이미지다. 앞서 세례자 요한은, 예수님을 가리키기 위해 "광야에서 외치는 자의 소리"(1:23)로 묘사되었다. 예수님 자신의 소리\음성은 복음서 전체에서 중요한 역할을 한다. 이는 자신을 선한 목자로 묘사하실 때 가장 강조되는데, 이때 '포네'가 5번 나온다(10:3, 4, 5, 16, 27). 그리고 그다음 진술은 니고데모와의 대화에 나왔던 영생이라는 주제를 이어가는데, 여기서 소리\음성의 역할이 절정에 이른다. "내 양은 내 음성을 들으며, 나는 그들을 알며, 그들은 나를 따르느니라. 내가 그들에게 영생을 주노니, 영원히 멸망하지 아니할 것이요"(10:27-28). 그리고 그다음 장에서, 예수님의 가장 극적인 표적인 나사로를 죽음에서 살리신 사건의 절정은 열린 무덤에서 예수님께서 "큰 소리로 '나사로야 나오라!'"(11:43) 하고 부르실 때다.

이 놀라운 신비를 이해하는 첫걸음은 **알지** know **못한다**(3:8)는 것과 **알지** understand **못한다**(3:10)는 것을 인정하는 일이다. 그다음 걸음은 놀라며 질문하는 것으로, 니고데모가 한 것이 바로 그것이다. **"어찌 그러한 일이 있을 수 있나이까?"** 이에 대한 대답은 세 번째 물결로, 어마어마한 물결이다.

세 번째 물결: 예수님, 하나님의 사랑, 영생, 어둠과 빛(3:11-21)

¹¹ "내가 진실로 진실로 네게 이르노니, 우리는 우리가 아는 것을 말하고 우리가 본 것을 증언하노라. 그러나 너희가 우리의 증언을 받지 아니하는도다. ¹² 내가 땅의 일을 말하여도 너희가 믿지 아니하거든, 하물며 하늘의 일을 말

하면 어떻게 믿겠느냐? ¹³ 하늘에서 내려온 자, 곧 사람의 아들 외에는 '아무도' 하늘에 올라간 자가 없느니라. ¹⁴ 모세가 광야에서 뱀을 든 것같이 사람의 아들도 들려야 하리니, ¹⁵ 이는 그를 믿는 자마다 영생을 얻게 하려 하심이니라."

¹⁶ "하나님이 세상을 이처럼 사랑하사 독생자를 주셨으니, 이는 그를 믿는 자마다 멸망하지 않고 영생을 얻게 하려 하심이라."

¹⁷ "하나님이 그 아들을 세상에 보내신 것은 세상을 심판하려 하심이 아니요, 그로 말미암아 세상이 구원을 받게 하려 하심이라. ¹⁸ 그를 믿는 자는 심판을 받지 아니하는 것이요, 믿지 아니하는 자는 하나님의 독생자의 이름을 믿지 아니하므로 벌써 심판을 받은 것이니라. ¹⁹ 그 정죄는 이것이니, 곧 빛이 세상에 왔으되 사람들이 자기 행위가 악하므로 빛보다 어둠을 더 사랑한 것이니라. ²⁰ 악을 행하는 자마다 빛을 미워하여 빛으로 오지 아니하나니, 이는 그 행위가 드러날까 함이요, ²¹ 진리를 행하는[따르는] 자는 빛으로 오나니, 이는 그들의[그] 행위가 하나님 안에서 행한 것임을 나타내려 함이라."[함이라" 하시니라].

또 한 번 **"진실로 진실로 네게 이르노니"**로 시작되는 세 번째 물결은 이 복음서의 요약으로 보는 게 맞을 것이다. 이는 1장에서 이미 머리글로 다룬 여러 주제를 이어가고 있고—예컨대 공관복음 및 구약성경과의 상호 작용, 앎, 증언, 봄, 받음, 믿고 신뢰함, 오르락내리락함, 사람의 아들, 세상, 빛과 어둠, 진리—복음서가 진행됨에 따라 각각의 주제에 의미가 더해진다. 그런데 세 번째 물결은 그러면서도 더 나아간다. 요한복음의 서론 격인 다른 물결처럼, 세 번째 물결도 새로운 핵심 주제들, 곧 **"…것같이 …하리니\하라" 패턴, 영생, 사랑, 심판, 악, 하나님 안에서**를 머리글로 다룬다.

요한이 이 새로운 주제를 머리글로만 다루어서 자세한 의미가 나중에 펼쳐질 수 있게 했듯이, 나도 지금은 몇 가지 기본 요점을 제시한 다음 더 자세히 펼쳐질 부분을 가리킬 것이다. 하지만 먼저 여기서 누가 말하고 있는지, 누구에게 말하고 있는지에 관한 문제가 있다.

누가 말하고 있을까? 예수님의 "내가"[1]는 적어도 한동안 계속된다—몇몇 번역본은 예수님 말씀에 대한 인용 표시를 21절에서 끝맺는 NRSV와 달리 15절 마지막에서 끝맺는다. 16절부터는 복음서 저자의 목소리일 수도 있다. 헬라어 원문에는 따옴표가 없으므로 판단은 복음서를 읽는 사람의 몫이다. 우리가 결정해야 할까? "위에서\거듭", "바람\영", "소리\목소리"와 같은 언어유희처럼, 이 부분도 두 가지 방식으로 읽어도 유익할 수 있다. 하지만 여기에는 추가적인 요소가 있다. 예수님이 말씀하신 것과 요한이 기록한 것이 명확한 구분 없이 합쳐질 수 있다는 사실(이곳뿐만 아니라 요한복음의 다른 곳에서도)은 요한의 관점이 부활 후 관점임을 강조한다. 성전 정화에 관한 기록에 이미 분명히 드러난 것처럼 말이다. 요한이 성령의 인도를 받고 있다고 생각한다면, 예수님께서 말씀하신 것을 기억나게 할 수 있고 그에 따라 진리로 더욱 인도할 수 있는 성령의 인도를 받는다고 생각한다면(14:26; 16:13), 그렇다면 그 구분이 모호해진다. 중요한 것은 진리이기 때문이다.

세 번째 물결은 누구에게 말하고 있는 것일까? 니고데모일까, 아니면 폭넓은 청중일까? 3:1-21 전체 구절은 단수와 복수 사이에서 전환하고 있다.[8] 다시 말하자면, 요한은 우리가 두 가지 노선을 함께 따르며 생각하기를 바라는 것으로 보이며, 이는 3:1-21에서 다음과 같이 의미상 개

---

8   대화가 시작될 때 니고데모는 "우리가 … 아니이다"라고 말하고, 예수님은 단수로도 ("'내가' … 네게 이르노니", "내가 … 하는 말") 복수로도("우리는 '우리가' 아는 것 … '우리가' 본 것을 증언") 말씀하신다. 예수님은 니고데모에게 단수형 "네/너"(3, 5, 6, 8, 10, 11절)와 복수형 "너희"(11, 12절)를 써서 말씀하시는데, 11절에서 단수형으로 시작해서 복수형으로 끝나는 눈에 띄는 전환이 일어난다. "'내가' 진실로 진실로 네게[단수형] 이르노니 … 그러나 너희가[복수형] 우리의 증언을 받지 아니하는도다."

인도 복수도 될 수 있는 일반 단수를 여러 번 사용하는 것으로 확인된다.
아무도(2, 3절) … **사람이**(4절)[9] … **사람이**(5절) … **사람도 다**(8절) … **자**(13절) … **자마다**(15절) … **자마다**(16절).[10] 따라서 세 번째 물결은 니고데모에게 말을 건네는 것으로 시작하지만, 끝에서 니고데모는 그림에서 사라지고 모든 초점이 일반 청중—즉, 모든 독자—에게 맞춰진다. 그러면서 더 분명하게 독자들을 도전하고 있다. 예수님을 믿고 헌신하며 예수님의 빛 가운데 살며, "하나님 안에서"(21절) 행하도록 말이다.

결론은 분명해 보인다. 요한은 독자들이 자기 말을 동시에 둘 이상의 방식으로 이해하도록 가르치고 있다. 이는 내가 요한의 '깊고도 평이한 의미'라고 부르는 것의 한 부분이다. 하지만 이는 다양한 의미로 언어유희를 즐기는 문제가 결코 아니다. 이 모든 의미는 "하나님 안에서" 살고 행하라는 부르심으로 수렴된다.

들어가는 길: 증언 신뢰하기, 놀라운 일에 대해 열린 마음, 그 한 분 외에는

이미 1장에서 예수님이 누구신지에 관한 증언이 요한복음에 근본적인 것으로 나타났다. 여기 11-13절에서는 그 논리를 이어받아 예수님의 자기 증언이 무엇보다 중요해진다. 이는 부활 이후의 관점이며, 앞의 두 물결에 암시되었던 것이 여기서 명시적으로 드러난다. 예수님은 3절과 5절에 나오는 "'아무도' … 없느니라"의 예외시다. **"하늘에서 내려온 자,**

---

9   4절에서 이 단어는 문자적으로 '사람'('안트로포스'[ἄνθρωπος])을 뜻하는데 1절에서 니고데모를 가리키는 말이기도 하므로, 여기서 매우 구체적이면서 동시에 매우 일반적인 의미이다. 19절에서는 복수형 '안트로포이'(ἄνθρωποι)가 사용되었는데, NRSV는 이를 "사람들"(people)로 번역한다.

10   18-21절에서, 헬라어에서는 모두 단수형인 것을 NRSV는 심지어 일련의 복수형으로 번역한다—"those who … those who … all who … those who"(옮긴이 주: 개역개정은 이를 모두 "자"[者]로 번역하고, 새번역은 모두 "사람"으로 번역하며, 공동번역 개정은 "사람 … 사람 … 자 … 사람"으로 번역한다).

곧 사람의 아들 외에는 '아무도' 하늘에 올라간 자가 없느니라"(13절). 요한복음 전체가 예수님을 증언하는 활동이다(21:24-25). 증언은 항상 질문을 유발한다. 증언을 믿고 신뢰할 수 있는가? 그 증인을 믿고 신뢰할 수 있는가?

이런 물음은 또 다른 물음을 낳는다. 우리는 어떤 틀로 증언을 판단하는가? 무언가 또는 누군가가 우리의 현재 틀과 기대에 맞지 않는다면 어떻게 할까—우리는 이전의 이해를 바꿀 수 있을 만큼 열려 있는가? 자신의 현실 이해가 포괄적이라고 얼마나 확신하는가? 급진적인, 신적인 놀라운 일에 열려 있는가? 신약 전체는 우리에게 놀라움을 안기는 누군가에 관한 이야기로, 그의 가르침, 행동, 죽음, 부활은 놀라운 소식이었고, 그런 소식들에 대한 증언을 통해서만 그에게 접근할 수 있다. 니고데모는 이전의 이해에 들어맞지 않는 메시지와 사람과 마주하고 있고, 변화하도록 도전받고 있다. 독자들은 이미 프롤로그의 틀을 접했다. 그리고 지금은 아직 거기에 이르지 못한 채 "어찌 그러한 일이 있을 수 있나이까?"(9절) 하고 질문하는 사람의 여실한 모습을 니고데모에게서 접한다.

이 물음에 관한 대답으로, 첫 번째 요지(11절)는 증언 신뢰하기에 관한 것이다. 두 번째 요지(12절)는 땅과 하늘의 놀라운 일에 열려 있기에 관한 것이다. 세 번째 요지(13절)는 복음서의 놀라움을 제대로 인식하기 위해, 질문의 틀을 "어찌"에서 '누가'로 재구성해야 한다는 것이다. 그런 다음(14-15절) 예수님이 누구신지에 관한 충격적이고 놀라운 핵심 내용의 힌트가 나오는데, 신선한 이미지로 베일에 싸여 나온다.

사람의 아들도 들려야 하리니: 상상할 채비(3:14)

요한은 첫 장부터 예수님이 결국 죽으실 것을 독자들이 상상할 수 있게 준비시킨다. 그는 먼저 "세상 죄를 없애시는[지고 가는] 하나님의 어린 양"(1:29; cf. 1:36)이라고 하고, 그다음 예수님의 "때가 아직 이르지 아니하였다"(2:4)고 전한다. 그런 다음 십자가에 못 박히셨다가 부활하신 예수님의 몸을 성전과 동일시한다. "너희가 이 성전을 헐라. 내가 사흘 동안에 일으키리라"(2:19). 이 이미지와 이후의 이미지들(이를테면 10:11, "선한 목자는 양들을 위하여 목숨을 버리거니와")은 우리가 요한복음을 다시 읽을 때 다양한 방식으로, 그리고 다양한 상호본문과 연관하여 더 깊이 들어가게 해 준다. 여기 14절에서 두 가지 눈에 띄는 새로운 요소가 등장한다.

하나는 예수님이 **들려** 올려지는 이미지의 도입이다. 이는 나중에 8:28에서 다시 힌트로 사용되고, 12:32-33에 이르러 예수님의 죽음과 관련하여 명시화된다. "'내가 땅에서 들리면 모든 사람을 내게로 이끌겠노라' 하시니, 이렇게 말씀하심은 자기가 어떠한 죽음으로 죽을 것을 보이심이러라." 예수님의 죽음을 높아짐으로 묘사하는 이 그림은 예수님의 죽음을 영화로워짐으로 묘사하는 요한 특유의 표현과 맞닿아 있다. 이는 또한 제자들의 발을 씻기시는 모습과 빌라도 앞에서 진술하신 것을 통해 하나님 나라와 예수님의 왕권을 재상상하는 것과도 연결된다. 여기 3:14에서 "들려"는 앞서 사용했던 높음과 관련된 표현—"위에서"와 "올라간"—에 즉시 전환을 가져온다. 이제 높음은 굴욕적인 죽음과 떼어 놓을 수 없다.

이 모든 것은 서서히 도입된다. 이를테면 이야기가 절정으로 치달으면서 초기 물결이 나중에 더 큰 가르침으로 이어지듯이 말이다. 다른 본문들이 언급되면서 놀라움의 충격을 담을 틀이 구성되고, 그 의미가 열리고, 그 낯섦이 덜해진다. 여기에는 공관복음과 유대교 성경이 농후하게 메아리치고 있다.

작은 단어 하나가 공관복음과의 연관성을 압축해서 보여 준다. 즉, 3:14의 "…야 하리니"('데이'δεῖ)는 마태복음(16:21), 마가복음(8:31), 누가복음(9:22)에서 예수님이 '사람의 아들'로서 당하실 수난과 죽음을 예견할 때 사용되면서, 그것이 하나님의 뜻임을 암시한 표현이다. 요한도 같은 것을 암시하지만, 요한 특유의 십자가 신학은 구원함, 매력적임, 들어 올림이라는 십자가 처형의 역설을 강조한다. 공관복음은 십자가를 굴욕으로 보고 부활·승천을 높아지심과 영화로워지심으로 보는 반면, 요한복음은 십자가를 영광에 본유적인 것으로 간주한다. 슈낙켄부르크는 이를 "그리스도론에서 매우 중요한 단계"라고 불렀다. 왜냐하면 십자가는 일련의 사건에서 예수님이 '누구신가'하는 물음으로 관심을 옮기기 때문이다. 그 사건들의 중심에 계시고 그 사건들을 통해 식별되는 분으로 말이다. 그의 영광은 십자가에 못 박히시고 부활하신 분의 영광이며, "나는 있다/…이다"라고 말씀하시는 분의 영광이다. 그는 자신이 누구인지를 통해 영광을 재정의하신다.

모세가 광야에서 뱀을 들어 올려(민 21:8-9에 관한 언급이다) 이스라엘 백성을 독뱀으로부터 구한 것은 예수님의 구원적 들어 올림의 예표다. 이는 요한복음 특유의 관점이다—신약의 다른 곳에는 민수기 21장에 대한 이러한 해석과 유사한 내용이 없다.

그런데 이 상호본문성은 민수기와만 관련된 게 아니다. 무엇보다도 초기 그리스도인에게 중요한 칠십인역 이사야 본문에 '들어 올리다' 내지 '높이다'라는 동사가 나온다. "내 종['파이스' παῖς: '아이'를 의미하기도 함]이 받들어 높이 들려서 지극히 영화롭게[존귀하게] 되리라"(사 52:13). 여기서 고난받는 하나님의 종과 관련하여 높아짐과 영광이 함께 나온다.[11]

---

11   요한복음에서 자주 그렇듯이, 의미의 공명이 계속 이어진다. 예를 들어 요한복음은 이

이 농후한 상호본문 구절은 예수님의 죽음을 다시 그리기 시작할 뿐만 아니라, 요한복음에서 특징적인 매우 중요한 사고 패턴을 처음으로 예시한다. 이것은 3:14에서 새롭게 등장한 두 번째 요소다.

"…것같이 …하라": 대담한 신학적 상상력

요한복음에서 가장 풍부한 신학적 단어는 아마 "…것같이 …하라/하리니"as... so...와 "…안에"일 것이다. 이 두 단어는 니고데모 이야기에 나오고, 복음서 전체에 반복해서 나온다.

"…것같이 …하라"(때로는 "…같이"만 나온다) 패턴은 독자들이 예수님을 따르는 계속되는 드라마에서 각자의 역할을 맡을 때 그들의 사고와 행동에 필수적인 내용을 다루는 부분에 자주 나온다. 이 패턴은 고별 강론의 발 씻기기("내가 너희에게 행한 것같이 너희도 행하게"[13:15]), 새로운 사랑 계명("내가 너희를 사랑한 것같이 너희도 서로 사랑하라"[13:34]), 예수님의 마지막 기도("아버지께서 나를 세상에 보내신 것같이 나도 그들을 세상에 보내었고"[17:18; cf. 20:21])에서 절정에 이른다.

이 각각의 말씀은 제자들에게 "…처럼"이 의미하는 바와, 각자의 상황에서 그 의미에 맞게 행동할 방법에 대해 가능한 한 충분하게 생각하라는 폭넓은 책임을 부여한다. 오늘날에는 발 씻기기와 유사한 것이 무엇일까? 예수님은 어떻게 사랑하셨으며, 그것은 우리 상황에서 어떤 지점

사야 52:13-53:12의 고난받는 종 구절에 나오는 헬라어 단어를 "들려"(lifting up), "영광" 외에도 많이 사용한다. 이를테면 "놀라다", "왕", "듣다", "깨닫다", "주", "나타나다", "목마르다[마른]", "보다", "알다", "죄"(sin), "평화", "나음", "길", "양", "넘기다[담당하다]", "심판[심문]", "생명[영혼]", "죄악"(transgression), "백성", "사망/죽음", "악", "빛", "종"이 그렇다. 그리고 지혜서 16:5-7은 민수기 21:8-9 본문을 해석하면서, 치유나 구원이 그저 뱀을 보았다고 해서 일어나는 게 아니라, "모든 사람의 구원자"이신 하나님을 통해서만 일어난다는 점을 강조한다. 이는 요한이 3:16에서 하나님의 주도성 및 믿음의 반응을 강조한 것과 잘 어울린다.

으로 이어질 수 있을까? 예수님은 어떻게 무엇 때문에 보냄받으셨으며, 오늘날 이와 유사한 것은 무엇일까? 독자들은 유비적 상상력을 발휘하여 예수님이 행하신 것과 말씀하신 것 그 이상을 창의적으로 연주하도록 권면받는다. 성령에 관한 고별 강론의 가르침에 비추어 볼 때, 독자들은 예수님이 하신 것 "보다 큰 일"(14:12)을 하는 데까지 대담하게 창의적으로 연주하도록 청함받고 있다. 예수님의 영 안에서 우리는 상상, 이해, 실천을 확장해야 한다. 이는 성령 안에서 예수님과 유사한 삶을 살면서 요한의 신학과 유사한 신학을 수행하라는 헌장이다.

여기 3:14의 사고는 두 가지 복잡한 사건—모세가 뱀을 든 사건, 예수님께서 십자가에서 죽으시는 사건—을 포함하는데, 두 사건은 각각 풍부하고 광범위한 의미의 맥락을 지닌다. 모세의 경우, 그 공명은 출애굽 이야기(하나님을 "나는 있다/…이다"로 이름한다), 오경의 나머지 부분, 후대의 해석(이를테면 지혜서의 해석), 역사에서 모세와 토라의 역할을 통해 퍼져 나간다. 예수님의 경우, 그 의미의 맥락은 바로 하나님과 모든 창조 현실, 삶과 죽음과 부활과 자기 영 나눔의 전체 드라마, 요한복음과 나머지 신약과 그리스도교 역사에서 예수님의 죽음을 이해하는 그 밖의 방식이다. 요한은 이 두 가지 사건을 "…것같이 …하리니"라는 패턴으로 결합한 다음, 독자들이 더 탐구할 여지를 남겨 둔다.

특히 "나는 있다/…이다"라는 말씀과 밀접하게 연관된 "…것같이 …하라" 패턴은 아마도 요한 자신이 본을 보인 묵상하는 대담한 신학과 같은 것을 독자들도 스스로 수행하도록 초대하는 가장 포괄적인 방법일 것이다. 그는 민수기, 출애굽기, 이사야를 비롯한 칠십인역의 여러 부분을 공관복음 및 여타 전통에서 예수님을 증언하는 내용과 함께 읽는다. 그리고 독자들도 이 글들과 요한의 글을 함께 읽으라고, 성령의 인도를 받아 함께 읽으라고, 유비적으로 깊이 있게, 신학적이며 실천적인 방식으로 함께 읽으라고 권하고 있다.

예수님을 믿어 얻는 영생: 요한복음의 핵심(3:15)

이 구절은 요한이 자신의 복음서 전체가 무엇에 관한 것인지 독자들에게 직접 말한 다음의 구절과 같은 내용이다. "너희로 믿고 그 이름을 힘입어 생명을 얻게 하려 함이니라"(20:31). 따라서 이 주석 전체는 3:15, **이는 그를 믿는 자마다 영생을 얻게 하려 하심이니라**에 대한 해석이다.

동사 '피스튜에인' πιστεύειν은 진리를 믿다, 사람을 신뢰하다, 자기 삶을 누군가에게 의탁하다 등 요한복음에서 폭넓은 의미로 쓰인다. 이 동사에 대해 이미 약간 논했는데,[12] 특히 요한의 믿음 드라마가 절정에 이르는 20장의 여러 지점에서 더 자세히 살펴볼 것이다. 그런데 흔히 저지르는 실수가 있다. 단지 믿는다는 것에 관한 요한의 명시적 진술을 통해서만 믿는다는 것이 무엇인지 이해하려는 실수다. 이번 장의 니고데모와 같은 인물들을 통해, 그리고 그들의 상호 작용을 통해 믿는다는 것이 어떻게 이해되고 있는지 보는 것도 마찬가지로 중요하다. 앞서 언급했듯이, 니고데모에게 믿음이 있는지 없는지에 관한 주석가들의 견해는 매우 다양하다. 나는 그러한 질문과 토론을 유발하여 독자들의 믿음을 자극하고, 믿음에 의문도 제기해 보고, 믿음이 깊어지도록 도전하는 것이 요한의 의도 중 일부일 것이라 생각한다.[13]

'생명'은 복음서 시작부터 예수님과 관련된 주요 주제였다. "그 안에 생명이 있었으니, 이 생명은 모든 사람의[사람들의] 빛이라"(1:4). 이 주제는

---

12 1:1-18에 관한 주석에서 〈우리, 하나님의 자녀: 풍요로운 삶, 믿음, 그리고 갈등(1:10-13, 16-18)〉 부분을 보라.
13 게일 R. 오데이와 수전 E. 하일렌이 쓴 주석 *John*이 이에 대해 특히 통찰력 있게 설명한다.

나중에 여러 지점에서도 살펴볼 것이다. 3:15의 새로운 요소는 이 생명을 **영생**으로 부르는 것이다. 영생에 관한 흔한 오해는 영생을 죽음 이후의 삶으로 보는 것이다. 물론 영생에는 죽음 이후의 삶이 포함된다—예수님은 11:25에서 "나를 믿는 자는 죽어도 살겠고"라고 말씀하신다. 하지만 영생은 죽음 이후에 시작되는 삶이 아니라 이미 시작된 삶이므로, 육체적 죽음은 상대화되고 사람에게 가장 결정적인 사건도 아니다. 영생은 예수님과 동일시되며, 예수님을 신뢰하는 사람들은 죽음 이후뿐만 아니라 이전에도 예수님의 생명/삶을 나누어 받는다. 따라서 결정적인 사건은 예수님의 죽음과 부활이며, 영생은 '우리의 죽음 이후'의 삶이 아니라 '예수님의 죽음과 부활 이후'의 삶이다—즉, 지금 예수님과 함께하는 삶을 의미한다.

여기서 두 번째 새로운 요소는 믿음과 영생이 바로 다음 구절에서 반복되며 하나님의 사랑과 연결되는 것이다.

세상을 향한 하나님의 사랑: 깊고도 위험한 진실(3:16)

하나님이 세상을 이처럼 사랑하사는 앞 구절의 기본 확언에 대한 가장 깊은 이유 제시다. 요한은 다른 복음서보다 사랑을 더 강조하는데, 이것이 사랑에 대한 요한복음의 첫 번째 명시적 언급이다. 사랑에 대한 언급의 정점은 마지막 장에 나온다. 믿음이나 생명과 마찬가지로, 사랑도 이야기를 통해 나타날 때 탐구할 것이다. 지금은 두 가지 주제만 다룰 것이다. 하나님이 아들을 주신 것, 그리고 어떻게 하나님의 사랑과 멸망의 위험이 함께할 수 있는지를 다룰 것이다.

독생자를 주셨으니라는 진술은 요한복음에서 일어나는 일을 하나님 중심으로 요약하는 요한 특유의 표현이다. 우리는 이미 프롤로그에서 요한이 이를 어떻게 소개했는지 보았다. 프롤로그에서 하나님 말씀, 예수님 안에서 하나님의 자기 표현이 강조되었고, "아버지 품속에 있는 독생자"(1:18) 그림은 그 말씀을 사랑과 암시적으로 연결한다. 이제 여기서 하나님의 사랑, 즉 예수님을 주신 일이 명시적으로 강조된다. 이는 요한복음의 나머지 부분(예를 들어, 이후에 나오는 아버지의 주심에 관한 단락의 결론에서 예수님은 "나와 아버지는 하나이니라"[10:30]라고 말씀하신다)에 비추어 볼 때 예수님 안에서 하나님의 자기 내어 줌이라 할 수 있다. 하나님의 자유로운 자기 표현과 자기 내어 줌은 오랜 세월 동안 하나님이 말씀하신 것과 행하신 것에 관한 그리스도교의 주요 개념이자, 또한 하나님이 누구신지에 대한 결정적 단서였다. 요한복음에서 하나님이 누구신지에 관한 우리의 숙고는 도마가 "나의 주님이시요 나의 하나님이시니이다"(20:28) 하고 외치는 20장에서 절정에 이른다.

공관복음에서 아들이신 예수님에 대한 하나님의 사랑은 요한이 기술하지 않은 사건들에, 곧 예수님의 세례(요한은 1:29-34에서 이를 암시한다)와 변모에 명료하게 표현된다. 요한은 이러한 사건들의 신학을 3:16과 같은 핵심 진술에 농축시켜 놓을 뿐만 아니라, 그 의미를 복음서 전체에 걸쳐 분산시켜 놓는다. 그러한 사건들의 몇몇 핵심 요소들(성령, 영광, 모세, 출애굽, 무엇보다 아버지-아들의 사랑의 관계 같은 요소들)을 공관복음보다 강조하면서 말이다. 요한복음은 신자들을 예수님과 아버지의 내적인 삶속에 끌어들이며(특히 17장에서 예수님의 기도를 통해), 세상을 향한 하나님의 사랑을 그러한 신적인 삶/생명과 사랑이 넘쳐흐른 것으로 보고, 마찬가지로 신자들 사이의 사랑도 넘쳐흘러서 세상을 끌어들이기 위한 것으로 본다.

그렇다면 **멸망하지 않고**에 암시된 끔찍한 가능성은 어떻게 보아야 할까? 세상을 향한 하나님의 사랑은 조건이 없고, 요한복음의 지평은 처음부터 모든 것, 모든 생명, 모든 사람을 아우르고 있으며, 예수님의 십자가에 구현된 하나님의 사랑은 "모든 사람을 내게로 이끌겠노라"(12:32)라고 약속한다. 그러나 동시에 이 복음서는 이러한 사랑을 거부하고, 이 사랑으로부터 자신을 끊어 내며, 이 단락에서 계속 이어지는 내용처럼 빛을 미워하고 악을 행한다고 정죄받을 수 있는 무서운 가능성도 고려하고 있다. 하나님이 궁극적으로 누군가를 정죄하시는지는 수 세기 동안 깊은 분열을 초래하는 문제였으며, 일부 가톨릭과 개신교 전통에서 하나님이 일부는 구원하시고 일부는 지옥에 보내시기로 예정하셨다고 ('이중 예정론') 가르치면서 문제가 더욱 첨예해졌다. 이 문제는 뒤에서 요한복음 9장을 주석하면서 자세히 논할 것이다. 지금은 세 가지 관련된 요점만 짚고 갈 것이다.

첫째, 요한복음이 '모든 사람'을 강조하므로 12:32의 약속이 성취되기를 바라는 것은 적절하다. 칼 바르트는 그가 속한 칼뱅주의 전통의 이중 예정 신학에 근본적인 도전을 가했는데, 그가 취한 입장은 그리스도인이 예수 그리스도를 고려한다면 모든 사람의 최선을 희망할 수 있다는 것이다. 심지어 예수님을 배반한 유다까지도 그 모든 사람에 포함해서 말이다.[14] 이는 궁극의 미래나 하나님의 생각을 알고 있다는 주장이 아니라, 십자가에 못 박히기까지 아들을 내어 주심으로 세상을 사랑하신 하나님에 대한 신뢰와 희망의 행위다. 요한복음의 마지막은 개인의 운명에 관해서는 불가지론이지만, 그러면서도 개개인에게 예수님과 그의 사랑을 신뢰하도록 초대한다. "내가 올 때까지 그[예수께서 사랑하시는 그 제자]를 머물게['메네인' μένειν, '거하다'] 하고자 할지라도, 네게 무슨 상관이냐?"(21:22, 23).

---

[14] 유다와 관련해서는 다음을 보라. Barth, *Church Dogmatics* II/1. 《교회 교의학》 II/1(대한기독교서회 역간).

둘째, 예수님은 베드로에게 "나를 따르라!"(21:22)라고 하시며 이 말씀을 마치신다. 이는 이 복음서의 핵심 지향점이 예수님을 따르는 계속되는 드라마에 있음을 보여 준다. 이 드라마에서 사람들은 끔찍한 일을 저지를 수 있다. 이 드라마에는 어둠, 기만, 잔인함, 악, 증오, 비극, 부인, 배신, 폭행, 살인이 있다. 이러한 것들에 관한 하나님의 의로운 심판은 무엇과 관련될까? 이 드라마 전체를 아우를 수 있는 인간의 관점은 없으며, 모든 사람이 필연적으로 하나님의 사랑에 예라고 답하리라 가정하는 것은 사람들의 자유를 박탈하여 로봇으로 만드는 것이다. 모두가 예라고 대답하기를 마땅히 바랄 수는 있지만, 우리는 이 계속되는 드라마를 최대한 진지하게 여겨야 하며, 이 드라마가 결정을 요구할 때 극도로 진지하게 임해야 한다. 세상은 위태로움이 없는 곳이 아니며, 하나님과의 관계도 마찬가지다.

셋째, 결국 결정해야 하는 사람은 단 한 사람, 바로 나 자신이다. "나를 따르라!"는 예수님께서 베드로에게 일대일로 건네시는 말씀이다. 예수님은 베드로에게 그의 사랑에 관한 질문을 하신 다음, 그가 책임을 맡을 공동체를 돌보라고 하시고, "원하지 아니하는 곳으로", 죽음으로 하나님께 영광을 돌릴 곳으로 기꺼이 끌려갈 것이라고 말씀하신다(21:18-19). 베드로가 필연적으로 그의 책임을 다할 수밖에 없는 것은 아니며, 그는 이미 예수님을 십자가에 달리시기 전에 부인하기도 했다. 우리는 모두 우리의 관계와 삶이 심각하게 잘못될 수도 있으며 결혼, 우정을 비롯한 우리의 여러 헌신이 비극적으로 끝날 수도 있음을 안다. 모든 것이 어떻게 끝날지에 대한 위험 요인도 드라마도 없는 관점을 취한다면, 실제 삶의 드라마, 위험, 의미가 무색해질 것이다. 이렇게 역사에서 벗어나고자 하는 것은 예수님으로부터, 예수님의 삶과 죽음과 부활의 의미로부터 멀어지는 것이다. 무엇보다 내가 아는 것은 내가 선택해야 할 중요한 결정, 따라야 할 길, 이행해야 할 책임, 응답해야 할 부르심, 섬기고 사랑해야 할 사람들이 있다는 것과, 내가 맹목적이며 어리석고 무책임한 태도로 사랑하지도 않고 더 나빠질 가능성도 너무 크다는 것이다. 3:16의 "멸망하지 않고"는 무엇보다도 계속되는 드라마의 한복판에서 하나님과의 관계 가운데 각 사람에게 주어진 말씀이며, 다른 사람과의 비교나 다른 사람에 대한 추측에 빠지는 것은 내가 따르도록 부름받은 길에서 멀어지는 위험한 일이다. "내가 올 때까지 그를 머물게 하고자 할지라도 네게 무슨 상관이냐? 너는 나를 따르라!"(21:22).

심판, 믿느냐 안 믿느냐: 개인적 도전(3:17-20)

그리스도인을 비롯한 많은 사람이 종교의 자유에 마땅히 관심을 갖고, 다른 사람의 믿음과 헌신을 존중하며, 다른 전통의 사람들과 논쟁적으로 대립하고 정죄하기보다 대화에 참여하는 시대에 3:17-21을 어떻게 이해해야 할까? 수많은 학자는 이 본문이 요한이 속해 있던 그리스도인 공동체와 유대교 회당 공동체 사이의 분열과 논쟁을 반영한다고 본다. 또한 요한 공동체가 자신들이 유대교 회당 공동체로부터 고통스럽게 갈라져 나왔다는 생각을 품고 있었다는 것이 학자들의 견해다. 니고데모가 어떤 공동체에 속해야 할지 결정하는 상황에 직면한 유대인들을 대표하는 인물이라면, 결정을 내리라고 날카롭게 호소하는 것은 당연한 일이다. 우리는 다른 장들에서 '유대인들'에 대한 요한의 기록을 살펴본다(특히 앞선 2장과 이후 8장에서). 그리고 14장[15]을 주석하면서 요한복음이 그리스도교와 다른 종교의 관계에 어떤 함의가 있는지도 논할 것이다.

---

[15] 특히 14:6. "예수께서 이르시되 '내가 곧 길이요 진리요 생명이니, '그 누구도' 나로 말미암지 않고는 아버지께로 올 자가 없느니라.'"

지금 핵심은 사랑의 관계가 상호적이려면 예수님을 믿고 신뢰하고 의탁하는(세 가지를 모두 의미하는 '피스튜에인' πιστεύειν) 것이 필수라는 점이다. **하나님이 그 아들을 세상에 보내신 것은 세상을 심판하려 하심이 아니요, 그로 말미암아 세상이 구원을 받게 하려 하심이라**는 하나님 편에서 오는 확신이 있다. 그러나 상호 사랑과 신뢰가 있을지가 아직 결정되지 않은 상태이며, 사랑의 선물은 주는 사람을 신뢰해야만 받을 수 있다. 하나님의 사랑에 자신을 맡기지 않는 것은 자기 판단/심판이며, 당연히 함께 사랑하는 삶이 있을 수 없다는 의미다. 게일 오데이와 수전 하일렌이 이를 잘 설명했다(글상자에서 오데이와 하일렌의 글을 보라).

3:16에 대한 논의와 같이, 기억해야 할 핵심은 무엇보다도 개인적인 도전이며, 이는 예수님과 한 특정 인물의 만남에서 비롯되어 각 독자에게 전달되는 것이다. 하나님의 사랑과 빛에 자신을 개방하는 일은 날마

> **17-18절**은 성육신, 곧 육신이 되신 말씀이 심판이 아니라 새로운 생명/삶의 가능성에 관한 것임을 강조한다. 성육신하신 말씀이신 예수님의 임재는 세상이 믿느냐 믿지 않느냐 하는 결정에 직면하게 하고, 그 결정을 내리는 것은 자기 판단/심판의 순간이다. 믿음은 하나님이 주신 예수님이라는 선물에 사람들이 반응하는 방식이며, 공동체는 이 하나님의 선물에 신앙이라는 선물로 반응할 수 있다. 하나님이 주신 예수님이라는 선물은 영생이므로, 이 선물을 반갑게 맞이하고 받는 것은 이 선물이 주는 생명을 받는 것이다. 이 선물을 받지 않으면 이 선물이 주는 생명을 받을 수 없으며, 그것은 요한복음의 표현을 빌리자면 정죄받는다—주신 생명의 선물에 참여하지 않는다—는 의미다. 정죄라는 언어를 주의 깊게 읽어야 한다. 영생과 정죄는 같은 경험의 양면이다. 선물을 받아들인 사람은 생명을 얻지만, 받아들이지 않은 사람은 죽음과 어둠의 영역에 계속 그대로 갇혀 있는다.
>
> — 게일 오데이, 수전 하일렌, 《요한복음》 John, 46

다 계속되는 도전이다. 이는 다른 누군가의 만남, 반응, 미래에 대한 접근권을 주지 않고(그리고 여기에 시간표가 없다는 것—기회가 열려 있다는 것—이 중요하다), 다른 사람들이 하나님과 어떻게 관계를 맺는지에 대한 접근권도 주지 않는다. 우리는 다른 사람에 관해서는 세상을 향한 하나님의 사랑을 확신해야 하며, 성령은 하나님의 사랑이 원하는 대로 자유롭게 움직이는데 종종 매우 놀라운 방식으로 움직인다는 점을 의식하고 있어야 한다.

하나님 안에서 한 행위: 계속되는 드라마와 지금 읽기(3:21)

믿음과 행위의 불가분한 연결은 요한복음 전체에 분명하게 나타나며, 행위는 자신이 사랑받고 있음을 알고 신뢰하는 데서 비롯된다. "예수께서 사랑하시는 그 제자"가 이를 보여 주는 모델이다. 요한복음 전체의 방향이 십자가에 못 박히시고 부활하신 예수님을 따르는 계속되는 드라마를 안내하는 데 맞춰져 있다. 이 인도는 복음서의 빛과 진리, 무엇보다도 예수님이 누구시며 무엇을 가르치셨는지에 독자를 노출시키는 것이다. 저 신앙과 이해와 사랑의 관계 안으로부터 행하는 것은 **진리를 행하는**[따르는] **것**이다. 그리고 그 관계는 **하나님 안에** 뿌리를 두고 있다.

"…안에"는 요한복음에서 가장 풍부한 신학적 단어 중 하나이며, 그 다양한 차원이 요한복음 17장의 예수님의 기도에서 극에 달한다. 여기 두 선생의 만남에서 하나님에 대한 강조가 반복된다. 이야기의 흐름은 예수님에 대해 니고데모가 "하나님께로부터" 오셨다고 말하고 또 "하나님이 함께하시지 아니하시면" 할 수 없는 표적들을 행하신다고 말하는 데서, 예수님이 "하나님 나라"와 "성령"에 관해서 말씀하신 다음, 예수님이(또는 복음서 저자가) "하나님이 세상을 이처럼 사랑하사 독생자를 주셨으니"라고 말씀하시는 데로 이어진다. 이 흐름의 정점은 3:21의 "하나님 안에서"라는 중요한 짧은 문구다. 무슨 뜻일까? 이후 장에서 그 의미가 점점 채워지겠지만, 이 시점에서는 두 가지를 언급하는 것이 적절하다.

첫째, 요한복음의 독특한 강조점 중 하나는 하나님께 참여하는 것이며, 요한복음 17장은 이를 가장 집중적으로 표현한다. 따라서 3:21의 "하나님 안에서"라는 언급을 요한복음 나머지 부분에 비추어 다시 읽으면, 이 구절의 의미가 더욱 열리게 된다. 하지만 이 단락에서 하나님의 정체성은 프롤로그와 긴밀히 연결되어 아버지와 아들뿐만 아니라 성령과 사랑과 영생에 대한 언급을 통해 이미 더욱 열렸다. 하나님은 사랑 안에서 영원하고 역동적인 관계를 본유적으로 맺는 분이시다.

둘째, 독자들에게 가장 놀라운 교훈은 이 하나님의 사랑 안에서 예수님께 자기 삶을 의탁하고 성령께 힘을 받는 삶을 살아갈 가능성이다. 물론 이는 "하나님 안에서 행한" "그들의[의] 행위" 중 하나가 요한복음을 읽고 또 읽는 것임을 의미한다. 이것이 바로 지금 우리가 계속해서 빛에 노출될 수 있는 방식이다.

사랑의 소리: 기쁨, 한량없는 성령, 신뢰(3:22-36)

3장의 나머지 부분은 요한복음 시작 부분의 결말을 장식하며, 앞 세 장의 놀라운 가르침을 요약하고 더욱 발전시킨다. 요한복음 1장에서 예수님의 첫 증거자였던 세례자 요한이 직접 등장하는 것은 여기가 마지막이다.[16] 여기서 그가 친구로서 예수님을 증언하고 자신은 종속적인 역할임을 거듭 주장하고 퇴장하면서 예수님과 그 제자들이 스포트라이트를

---

16 그는 나중에 5:33-36과 10:40-41에서 증인 역할과 관련하여 두 번 더 언급된다.

받는다. 이제 드라마의 나머지 부분을 위한 무대가 준비되었다.

²² 그 후에 예수께서 제자들과 유대 지방[땅]으로 가서, 거기 함께 유하시며 세례를 베푸시더라. ²³ 요한도 살렘 가까운 애논에서 세례를 베푸니 거기 물이 많음이라. 그러므로 사람들이 와서 세례를 받더라. ²⁴ 요한이 아직 옥에 갇히지 아니하였더라.

²⁵ 이에 요한의 제자 중에서 한 유대인과 더불어 정결예식에 대하여 변론이 되었더니, ²⁶ 그들이 요한에게 가서 이르되 "랍비여, 선생님과 함께 요단강 저편에 있던 이, 곧 선생님이 증언하시던 이가 세례를 베풀매, 사람이 다 그에게로 가더이다." ²⁷ 요한이 대답하여 이르되 "만일 하늘에서 주신 바 아니면 사람이 아무것도 받을 수 없느니라. ²⁸ 내가 말한 바 '나는 메시아가 아니요, 그의 앞에 보내심을 받은 자'라고 한 것을 증언할 자는 너희니라. ²⁹ 신부를 취하는 자는 신랑이나, 서서 신랑의 음성을 듣는 친구가 크게 기뻐하나니, 나는 이러한 기쁨으로 충만하였노라. ³⁰ 그는 흥하여야 하겠고, 나는 쇠하여야 하리라" 하니라.

³¹ 위로부터 오시는 이는 만물 위에 계시고, 땅에서 난 이는 땅에 속하여 땅에 속한 것을 말하느니라. 하늘로부터 오시는 이는 만물 위에 계시나니, ³² 그가 친히 보고 들은 것을 증언하되, 그의 증언을 받는 자가 없도다. ³³ 그의 증언을 받는 자는 하나님이 참되시다는 것을 인쳤느니라. ³⁴ 하나님이 보내신 이는 하나님의 말씀을 '말'하나니, 이는 하나님이 성령을 한량없이 주심이니라. ³⁵ 아버지께서 아들을 사랑하사 만물을 다 그의 손에 주셨으니, ³⁶ 아들을 믿는 자에게는 영생이 있고, 아들에게 순종하지 아니하는 자는 영생을 보지 못하고, 도리어 하나님의 진노가 그 위에 머물러 있느니라.

학자들은 세례자 요한을 따르는 자들과 예수님을 따르는 자들이 서로 어떤 관계였는지를 비롯하여, 이 단락의 역사와 지리적 배경에 대해 서로 의견이 갈라진다. 하지만 이 단락의 취지는 분명하다. 바로 예수님이 친구, 신랑, 하나님 말씀, 증언하시는 분, **성령을 한량없이** 주시는 분, **만물을 다 그의 손에 주신** 아버지의 사랑받는 아들이라는 점을 기쁘게 확언하는 것과, 독자들에게 예수님을 신뢰하고 믿고 순종할 것인지 말 것인지 도전하는 것이다.

예수님이 4장에서 사마리아로 가시기 전에, 예루살렘에서 **유대 지방**[영]: countryside **으로** 이동하신 것은 예수님이 여기서 여전히 유대인 영토에 있다는 의미다. 이는 예수님께 매우 다양하게 반응한 동료 유대인들(1장에서 첫 제자들을 비롯한 사람들, 2장에서 예수님의 어머니와 성전에 있던 사람들, 3장에서 니고데모 등)과의 일련의 중요한 만남 중 마지막 만남이다. 그 첫 번째 만남은 세례자 요한과의 만남이었는데, 이제 그가 다시 등장하여 자신의 메시지를 반복하고 강화한다. 이 이야기는 **요한이 옥에 갇혔다**는 공관복음의 이야기를 독자들이 안다고 가정하고 있으며, 이는 공관복음을 요한복음과 나란히 읽는 관행을 더욱 지지해 준다.

니고데모와의 만남 장면에 나온 요한복음 3:16의 예수님 목소리가 복음서 저자의 목소리로 이어진 것인지 불분명했던 것처럼, 여기서도 세례자 요한이나 예수님이 아니라 저자가 3:31부터 말하고 있는 것일 수 있다(NRSV는 그렇게 판단했다). 어쨌든 모두 관점은 부활 이후의 것이며, 그 효과는 프롤로그와 긴밀히 연결된 풍부한 신학적 틀을 제공하는 것이다.

사랑과 기쁨

11장부터 두드러진 주제가 되는 사랑은 처음 두 장에서는 명시적으로 언급되지 않는다. 그러다가 3:16의 근본 진술에서 세상을 향한 하나님의 사랑이 소개된다. 이제 사랑과 사랑의 이미지는 복음서의 시작 부분 중 절정인 이 지점에서 핵심을 이룬다.

다음과 같은 이 복음서의 핵심 주제와 이미지는 이후 장들에서 그 의미가 더 채워지며 재차 확인될 것이다. **하나님, 아버지, 아들, 성령, 메시아**, 풍요로운 물, 하늘에서 주신 바, 증인들, 증언과 증언을 받지 않음, 보내심, 음성, 말씀, 이루어짐, 그가 친히 보고 들은 것, 만물, 믿음, 영생, 머무름('메네인' μένειν: 거함).

그러나 이는 새로운 물결이기도 한데, 이 물결은 무엇보다 사랑에 관한 것이다. 이 복음서에서 처음으로 하나님과 예수님의 관계가 사랑이라는 언어로 언급된다. **아버지께서 아들을 사랑하사**('아가파' ἀγαπᾷ). '사랑'('필레인' φιλεῖν: 사랑하다)을 뜻하는 요한의 또 다른 핵심 용어인 '필로스' φίλος (친구)('필리아' φιλία · '필레인' φιλεῖν과 '아가페' ἀγάπη · '아가판' ἀγαπᾶν은 보통 서로 대체해서 쓸 수 있는 말이다)도 여기서 처음으로 사용되었다. **신랑의 음성을 듣는 친구**('필로스' φίλος).

신랑과 축하의 이미지는 사랑과 공명할 뿐만 아니라, 가나 혼인 잔치에서 예수님의 첫 표적을 떠올리게 한다. 게다가 세례자 요한과 예수님의 초기 관계를 곱씹으며 다시 읽어 보게 한다. 당시 문화에서 신랑의 친구는 신부 중매를 담당했고, 세례자 요한은 자기 제자들에게 예수님을 소개하였으며, 이후 그들은 예수님을 따랐다. 요한이 가진 성경에서 이스라엘은 하나님의 신부로 언급되고,[17] 나머지 신약에서 교회는 예수님의 신부로 이해될 수 있다.[18] 따라서 제자들을 세례자 요한이 알선하여 예수님과 하나 된 신부로 볼 수 있다. 이 이미지를 한층 더 확장하면,

---

17 예컨대, 사 62:4-5; 렘 2:2; 겔 16:8; 23:4; 호 2:19-20.
18 예컨대, 고후 11:2; 엡 5:25-27; 계. 21:2; 22:17.

가나의 혼인 잔치(새로운 '신부'인 제자들과 신랑의 어머니가 있다)에 이어서, 제자들이 "내 아버지의 집"에 있는 장면이 나오고(이 문화에서 신부는 신랑 가족의 집에 가서 산다), "위에서 새로 나"(3:3, 7)서 새로운 가족생활이 시작된다. 그리고 이제 신랑의 친구는 자기 역할을 다했으므로 "쇠하여" 장면에서 물러난다(3:30).

이 복음서에서 대체로 세례자 요한은 순전히 예수님을 증언하는 사람으로 이야기되지만, 이 단락은 더 많은 것을 들려준다. 요한은 세례 주는 사람, 예수님(**함께 요단강 저편에 있던 이**)과 어울려 지낸 사람으로 언급되며, 기쁨, 우정, 축하, 사랑의 암시가 전혀 없었던 공관복음의 세례자 요한 그림에 내용이 더해진다. 이 증언자는 친구이기도 하다. 우정의 기쁨 속에서 세례자 요한이 예수님과 맺은 관계의 강렬함이 연상되면서, 풍요로운 삶과 사랑에 대한 요한복음의 언급이 여기서도 들린다. 또한 세례자 요한이 자신의 추종자들과 예수님의 추종자들이 경쟁하는 것으로 보이는 분쟁에 반응한 모습에서, 예수님에 대한 그의 전적인 신뢰와 믿음이 확인된다. 이 복음서의 첫 부분에서 예수님과 그 하신 말씀을 전적으로 신뢰하는 두 사람은 예수님의 어머니("너희에게 무슨 말씀을 하시든지 그대로 하라"[2:5])와 **신랑의 음성을** 듣고 **크게 기뻐**하는 세례자 요한이다.

신랑의 음성과 넘치도록 풍요로운 성령

이 단락에서 가장 흥미로운 새로운 요소는 아마 34절일 것이다. **하나님이 보내신 이는 하나님의 말씀을 말하나니, 이는 하나님이 성령을 한량없이 주심이니라.** 여기서 "하나님이 보내신" 하나님의 말씀이며 또한 "하나님의 말씀을" 말하시는 예수님은 이 단락의 다면적인 주제인 음성, 말하기, 증언하기(세례자 요한과 예수님의 증언, 그리고 당연히 저자의 증언)와 공명한다. 또한 성령이 넘치도록 풍요롭다는 점과도 연결된다.

이는 요한복음에서 가장 중요한 진리 중 하나다. 말씀과 성령은 불가분한데, 하나님 말씀과 동일시되는 예수님 위에 성령이 비둘기처럼 머물러 있는 이미지가 처음부터 두 번 반복적으로 묘사되었다. 예수님의 말씀과 성령이라는 선물이 동일시되는 것은 생명의 떡에 관한 강론의 절정부에서 재확인된다. "내가 너희에게 이른 말은 영[또는 '성령']이요 생명이라"(6:63). 이 메시지는 다른 여러 방식으로도 나오는데, 특히 고별 강론에서 보게 될 것이다. 마지막으로 부활하신 예수님이 아버지께서 자신을 보내신 것같이 제자들을 보내시는데, 이때 제자들에게 숨을 내쉬면서 동시에 말씀하심으로써 성령을 나누어 주신다(20:21-22). 전반적으로 요한복음은 예수님께 집중적으로 초점을 두는 동시에 다른 복음서보다 성령에 관해서 훨씬 많이 말한다. 예수님과 성령은 불가분한 관계다.

말씀과 성령의 이 구분된 일치는 하나님이 누구신지에 관한 무궁무진한 신비로 더 깊이 들어가도록 그리스도인의 사유를 이끌어 왔으며, 이는 부활하신 예수님을 함께 따라가는 계속되는 드라마의 핵심이기도 하다. 요한복음 언어의 애매함도 이 신학을 심화하는 역할을 한다. "성령을 한량없이 주시는" 분은 누구신가? 헬라어 본문상 예수님도 가능하고 하나님도 가능하다. 앞서 설명한 니고데모 이야기의 몇몇 용어와 마찬가지로, 이 겹의미는 독자들이 두 가지를 모두 탐구한 다음 둘을 하나로 묶어 보도록 유도한다. 예수님이 성령을 주시는 분이시라면, 우리는 계속 진행되는 드라마의 방향에 먼저 주목하게 된다. 하나님이 성령을 주시는 분이시라면, 우리는 먼저 아버지와 아들의 관계에 주목하게 된다. 그러나 어느 측면도 다른 측면을 배제할 필요는 없다. 오히려 이 구절을 읽는 두 측면을 통해 요한복음이 삼위일체 교리 — '내재적' 삼위일체 교리(하나님 자신의 존재 안에 계신 하나님, 영원한 아들과 성령의 '발출', 아버지와 아들과 성령의 상호 관계)와 '경륜적' 삼위일체 교리(창조와 역사에 관여하시는 하나님, 아들과 성령을 '파송하심') 모두—발전에 그토록 중요했던 이유를 볼 수 있다.

이 단계에서 요한복음을 읽는 것이 우리에게 어떤 의미가 있을지 묻는 것이 좋겠다. 요한이 예수님의 말씀을 기록하고 이를 "성령이요 생명이라"(6:63)고 믿었다면, 그의 복음서를 읽고 믿는 것은 곧 성령과 생명을 받는 것과 다름없다. 그는 독자들에게 "이것을" 기록한 의도가 "너희로 예수께서 하나님의 아들 그리스도이심을 믿게 하려 함이요, 또 너희로 믿고 그 이름을 힘입어 생명을 얻게 하려 함"(20:30-31)이라고 분명히 밝히고 있다. 그 이름, 그 말씀, 그 생명에는 "성령"이라는 선물이 "한량없이" 담겨 있다.

풍부하고 다층적이며 '깊고도 평이한 의미'를 넘치도록 풍성한 생명 이미지로 담아내는 요한의 글쓰기 자체가 그에게 주셔서 그를 "모든 진리 가운데로"(16:13) 인도하시는 성령의 연주로 볼 수 있다. 그의 글을 통해 깊이 마시고 음미하고 계속 양분을 공급받으며, 예수님의 "말이 너희 안에 거하게"(15:7) 하는 것은 말씀에 내재하는 성령을 받는 것이다. "우리가 다 그의 충만한 데서 받으니 은혜 위에 은혜러라"(1:16). 이는 세례자 요한의 말처럼 **서서 신랑의 음성을 듣는 친구**가 되는 일, 그리고 그 음성을 듣고 **크게 기뻐하는** 일, 이러한 **기쁨으로 충만**한 일에 관한 것이다. 이는 예수님의 바람이다. "내가 이것을 너희에게 이름은 내 기쁨이 너희 안에 있어 너희 기쁨을 충만하게 하려 함이라"(15:11).

하나님의 진노

그러나 드라마는 아직 끝나지 않고 계속된다. 요한복음 자체가 이 드라마의 한복판에 있는 독자에게 호소하는 것이다—그게 아니라면 왜

썼겠는가? 니고데모 이야기의 마지막 부분에서 정죄, 심판, 악한 행위의 드러남에 관해 이야기했던 것처럼, 여기서도 어떤 철저하고 확고한 인식이 있다. 이는 루돌프 불트만의 표현을 빌리자면 "결정의 이원론"[19]에 관한 인식이다.

악, 죄, 사랑과 연민에 대한 거부, 부패, 잔인함, 진리의 부인 또는 왜곡, 생명과 선의 파괴, 신뢰와 우정에 대한 배신을 비롯하여 어둠과 불순종을 구성하는 그 어떤 것 앞에서도 하나님은 중립적이지 않으시다. **하나님의 진노**라는 현실이 있다. 하나님은 결단과 헌신을 요구하신다. 따라서 우리에게도 중립은 없다.

앞서 니고데모 이야기를 주석할 때 논했듯이, 예수 그리스도의 빛 안에서 우리는 모든 사람의 최선을 바랄 수 있으나, 다른 사람들이 하나님에 대해 궁극적으로 어떤 입장을 취할지를 전망할 수는 없다. 하나님이 누구신지를 고려할 때 우리가 확신할 수 있는 유일한 것은 너무 놀랄 만한 일이 있으리라는 것이다. 각 독자는 복음서의 증언에 응답하며 중요한 결정을 내려야 한다. 궁극적으로 이는 생명, 사랑, 기쁨을 택할지, 아니면 그것들을 부정하게 되는 선택을 할지에 관한 것이다.

19　Bultmann, *Theology of the New Testament*, 2:76. 《신약성서신학》(성광문화사 역간).

요한복음 4:1-54

놀라운, 생명을 주는 두 번의 만남

요한복음은 예수님과의 일대일 만남에 특별한 관심을 기울인다. 3장의 니고데모에 이어서 이제 4장에서는 일대일 만남이 두 번 더 나온다. 우물가 여인과의 만남, 그리고 왕실 관리와의 만남이다. 각 만남에서 예수님은 생명을 주시는 분이다. "내가 주는 물은 그 속에서 영생하도록 솟아나는 샘물이 되리라"(4:14). "네 아들이 살아 있다"(4:50, 53).

예수님은 유대에서 이방인 지역인 사마리아로 이동하셨다. 사마리아에서의 만남은 갑절로 놀랍고 당시 문화를 거스르는 일인데, 사마리아인과의 만남일 뿐만 아니라 여성과의 만남이기 때문이다. 니고데모는 유대인에다 남성이며 저명한 고위 지도자이자 정통적인 선생이었지만, 이번에 만나는 사람은 사마리아인으로 (유대인에게는) 비정통 이단이고 여성이자 무명이며 또한 배우자가 아닌 남성과 동거 중이다. 하지만 (밤중에 찾아온) 니고데모와의 만남에서는 아무런 결단도 발생하지 않았던 반면, (한낮에 예수님을 만난) 사마리아 여인은 예수님을 신뢰하고 인정하게 되며, 동네로 가서 자신이 만난 예수님에 대해 증언하여 많은 사람이 예수님을 믿게 된다.

그 후 예수님은 첫 번째 표적 무대인 갈릴리 가나로 돌아오셔서 죽어 가는 아이를 고치는 두 번째 표적을 행하신다. 이로써 왕의 신하와 그의 가족이 예수님을 믿게 된다.

몇 가지 놀라운 점, 여러 간극, 광범위한 함의가 담긴 이야기(4:1-42)

사마리아 여인과 예수님이 깊은 우물가에서 만나 젠더, 인종, 종교의 차이를 뛰어넘는 이야기가 펼쳐지면서, 다음과 같은 요한복음의 몇몇 핵심 주제가 들린다. 믿음과 이해의 자라남, 물과 목마름이라는 상징, 결혼, 먹을 것과 굶주림과 추수, 예배와 진리와 성령, 일과 증언. 이 모든 것을 관통하는 가장 깊은 주제는 예수님은 누구신가 하는 것이다. 다음과 같이 그를 지칭하는 말들도 예수님이 누구신지를 가리킨다. **유대인**, **야곱보다 더 크니**, **선지자**, **메시아**(그리스도), **사람**('안트로포스' ἄνθρωπος [29절]), **랍비**(선생), **세상의 구주**. 그리고 예수님은 가장 독특하고 대담한 자기 묘사인 **"내가 그다"**('에고 에이미' ἐγώ εἰμι — 간단하게 "나다" I am: 나는 있다/…이다로 번역하는 것이 더 낫다[26절])라는 신적인 발언을 요한복음에서 처음으로 하신다. 하지만 이 이야기는 암시, 애매함, 힌트, 간극도 있어서 여러 의문을 낳을 것이다. 신학적 주제의 풍부함과 불가분한 이러한 요소들은 독자들이 만남의 광범위한 함의들을 탐구하며 계속 다시 읽어 보도록 유도한다.

영구적인 갈증 해소제(4:1 - 15)

¹ "예수께서 제자를 삼고 세례를 베푸시는 것이 요한보다 많다" 하는 말을 바리새인들이 들은 줄을 주께서 아신지라. ² (예수께서 친히 세례를 베푸신 것이 아니요 제자들이 베푼 것이라.) ³ 유대를 떠나사 다시 갈릴리로 가실새, ⁴ 사마리아를 통과하여야 하겠는지라. ⁵ 사마리아에 있는 수가라 하는 동네에 이르시니 야곱이 그 아들 요셉에게 준 땅이 가깝고, ⁶ 거기 또 야곱의 우물이 있더라. 예수께서 길 가시다가 피곤하여 우물 곁에 그대로 앉으시니, 때가 정오쯤 되었더라.

⁷ 사마리아 여자 한 사람이 물을 길으러 왔으매, 예수께서 "물을 좀 달라" 하시니, ⁸ 이는 제자들이 먹을 것을 사러 그 동네에 들어갔음이러라. ⁹ 사마리아 여자가 이르되 "당신은 유대인으로서 어찌하여 사마리아 여자인 나에게 물을 달라 하나이까?" 하니, 이는 유대인이 사마리아인과 상종하지 아니함이러라. ¹⁰ 예수께서 대답하여 이르시되 "네가 만일 하나님의 선물과 또 네게 '물 좀 달라' 하는 이가 누구인 줄 알았더라면 네가 그에게 구하였을 것이요, 그가 생수를 네게 주었으리라." ¹¹ 여자가 이르되 "주여, 물 길을 그릇도 없고 이 우물은 깊은데, 어디서 당신이 그 생수를 얻겠사옵나이까? ¹² 우리 조상 야곱이 이 우물을 우리에게 주셨고, 또 여기서 자기와 자기 아들들과 짐승이 다 마셨는데, 당신이 야곱보다 더 크니이까?" ¹³ 예수께서 대답하여 이르시되 "이 물을 마시는 자마다 다시 목마르려니와, ¹⁴ 내가 주는 물을 마시는 자는 영원히 목마르지 아니하리니, 내가 주는 물은 그 속에서 영생하도록 솟아나는 샘물이 되리라." ¹⁵ 여자가 이르되 "주여, 그런 물을 내게 주사 목마르지도 않고, 또 여기 물 길으러 오지도 않게 하옵소서."

예수님과 여인이 주고받는 말은 복잡하다. 예수님은 물을 달라 하시고, 여인은 유대인이 왜 사마리아 여자인 자신에게 물을 달라 하냐고 이의를 제기한다. 그러자 예수님은 여인에게 생수를 제안하시며 형세를 뒤집는다. 여인은 예수님이 하신 말을 문자 그대로 받아들이면서 다시 예수님께 이의를 제기한다. 예수님은 자신이 의미한 바를 확장하신다— 예수님이 주는 물을 마시는 사람은 다시 **목마르지 아니하리니**, 그 물은 **그 속에서 영생하도록 솟아나는 샘물이 될 것이다**. 여인은 이마저도 문자 그대로 받아들이는 것으로 보이며, 대화가 엇갈린다. 여기서 어떻게 해결될 수 있을까?

이 대화는 요한복음에서 가장 풍부한 용어 중 하나인 '물'의 의미를 더 열어 준다. 물은 이미 세례, 가나 혼인 잔치, 위에서 새로 남과 연관되었다. 복음서 후반부에서는 치유, 발 씻기기, 죽은 예수님의 옆구리를 칼로 찔러 "피와 물이 나오는"(19:34) 장면, 21장 디베랴 호수에서의 마지막 장면과 연관되며 물의 의미가 다양해진다. 그리고 십자가에서 "내가 목마르다"(19:28) 하시는 예수님의 외침은 이 복음서의 핵심에 있는 다음과 같은 역설을 매우 생생하게 보여 준다. 어둠 속에 비치는 빛, 연약한 육신이 되신 하나님, 목마른 자에게 생명을 주는 물의 원천, 죽으며 생명을 주는 이.

4장에서는 갈증을 해소하고 생명을 주는 물의 역할에 초점을 둔다. 이는 성경을 배경으로 한다. 성경에서 식수는 흔히 육체적 필요를 총족시키는 하나님의 선물로 여겨지기도 하고, 인간의 가장 깊은 욕망들이 하나님의 임재, 지혜, 율법, 말씀, 구원, 영을 통해 채워지는 방식을 표상한다고 여겨진다.

하지만 사마리아 여인은 이러한 성경의 배경을 충분히 접할 수 없었다. 사마리아인들은 유대인 성경의 첫 다섯 권만 인정했다. 물론 거기에도 물에 관한 언급은 많지만 대체로 문자적 의미로 사용된다. 예수님의 성경 중 나머지 부분인 예언서와 성문서(후자에는 시편, 아가, 지혜 문헌들이 포함된다)에서 물의 상징적 의미가 발전했다. 그 발전에 관해서 고찰해 볼 필요가 있다.

대예언서인 이사야, 예레미야, 에스겔은 하나님과 구원을 비롯한 요한복음 4장의 여러 주제와 관련된 물의 이미지가 풍부하게 나온다. 이사야에 이는 머리글로 나온다.

> 그러므로 너희가 기쁨으로 구원의 우물들에서 물을 길으리로다(사 12:3).

제2이사야(40-55장)의 언어는 요한복음 곳곳에 배어 있는데, 물에 대한 언급도 많다. 특히 지금 우리의 본문과 관련된 부분은 이사야 44장 서두다. 거기에는 야곱, 물, 하나님의 영, 하나님과 관련된 이스라엘의 독특한 정체성이 한데 어우러져 있다.

> ¹ 나의 종 야곱, 내가 택한 이스라엘아,
>   이제 들으라!
> ² 너를 만들고 너를 모태에서부터 지어 낸
>   너를 도와 줄 여호와가 이같이 말하노라.
> 나의 종 야곱, 내가 택한 여수룬아,
>   두려워하지 말라.
> ³ 나는 목마른 자에게 물을 주며
>   마른 땅에 시내가 흐르게 하며,
> 나의 영을 네 자손에게
>   나의 복을 네 후손에게 부어 주리니,
> ⁴ 그들이 풀 가운데에서 솟아나기를
>   시냇가의 버들같이 할 것이라.

⁵한 사람은 이르기를 "나는 여호와께 속하였다" 할 것이며

또 한 사람은 야곱의 이름으로 자기를 부를 것이며,

또 다른 사람은 '자기가 여호와께 속하였음'을 그의 손으로 기록하고

이스라엘의 이름으로 존귀히 여김을 받으리라.

(사 44:1-5[cf. 41:17-20])

55장에 나오는 제2이사야의 절정은 훨씬 더 확연하게 관련될 것이다. 이는 풍성한 물, 생명, 초대, 영구한(또는 영원한—이 헬라어 단어는 이사야 55:3, 13과 요한복음 4:14에 똑같이 나온다) 것, 이스라엘 너머에 있는 이들에 대한 증언, 이스라엘의 하나님을 찾는 것이라는 주제를 한데 엮어 놓을 뿐만 아니라, 요한복음 4장의 또 다른 핵심 요소인 다음과 같은 것들도 포함하고 있다. 먹을 것과 마실 것, 풍요로운 추수, 하나님이 보내신 물이신 하나님 말씀, 하나님의 놀라운 생각과 방법.

¹오호라, 너희 모든 목마른 자들아,

물로 나아오라.

돈 없는 자도 오라.

너희는 와서 사 먹되

돈 없이, 값 없이 와서

포도주와 젖을 사라.

²너희가 어찌하여 양식이 아닌 것을 위하여 은을 달아 주며

배부르게 하지 못할 것을 위하여 수고하느냐?

내게 듣고 들을지어다. 그리하면 너희가 좋은 것을 먹을 것이며

너희 자신들이 기름진 것으로 즐거움을 얻으리라

³너희는 귀를 기울이고 내게로 나아와 들으라.

그리하면 너희의 영혼이 살리라.

내가 너희를 위하여 영원한 언약을 맺으리니

곧 다윗에게 허락한 확실한 은혜이니라.

⁴ 보라, 내가 그를 만민에게 증인으로 세웠고

만민의 인도자와 명령자로 삼았나니,

⁵ 보라, 네가 알지 못하는 나라를 네가 부를 것이며

너를 알지 못하는 나라가 네게로 달려올 것은

여호와 네 하나님, 곧 이스라엘의 거룩하신 이로 말미암음이니라.

이는 그가 너를 영화롭게 하였음이라 [하였느니라].

⁶ 너희는 여호와를 만날 만한 때에 찾으라.

가까이 계실 때에 그를 부르라.

⁷ 악인은 그의 길을, 불의한 자는 그의 생각을 버리고

여호와께로 돌아오라.

그리하면 그가 긍휼히 여기시리라.

우리 하나님께로 돌아오라. 그가 너그럽게 용서하시리라.

⁸ 이는 내 생각이 너희의 생각과 다르며

내 길은 너희의 길과 다름이니라.

여호와의 말씀이니라.

⁹ 이는 하늘이 땅보다 높음같이

내 길은 너희의 길보다 높으며

내 생각은 너희의 생각보다 높음이니라.

¹⁰ 이는 비와 눈이 하늘로부터 내려서 그리로 되돌아가지 아니하고

땅을 적셔서 소출이 나게 하며

싹이 나게 하여 파종하는 자에게는 종자를 주며

먹는 자에게는 양식을 줌과 같이,

> ¹¹ 내 입에서 나가는 말도
>   이와 같이 헛되이 내게로 되돌아오지 아니하고
>   나의 기뻐하는 뜻을 이루며
>   내가 보낸 일에 형통함이니라.
> ¹² 너희는 기쁨으로 나아가며
>   평안히 인도함을 받을 것이요,
>   산들과 언덕들이 너희 앞에서
>   노래를 발하고
>   들의 모든 나무가 손뼉을 칠 것이며,
> ¹³ 잣나무는 가시나무를 대신하여 나며
>   화석류는 찔레를 대신하여 날 것이라.
>   이것이 여호와의 기념이 되며
>   영영한 표징이 되어 끊어지지 아니하리라 (사 55).¹

선지자 예레미야는 하나님이 자신을 "생수의 근원"으로 밝히시는 부분을 두 번 담아냈다 (렘 2:13; 17:13). 에스겔 47장은 생명을 주는 강이 성전에서 나와 흐르는 환상을 담고 있다.

강 좌우 가에는 각종 먹을 과실나무가 자라서, 그 잎이 시들지 아니하며, 열매가 끊이지 아니하고, 달마다 새 열매를 맺으리니, 그 물이 성소를 통하여 나옴이라. 그 열매는 먹을 만하고 그 잎사귀는 약재료가 되리라 (겔 47:12).²

---

1 제3이사야(56–66장)에는 하나님으로부터 오는 "끊어지지 아니하는" 물(58:11)과 같은 더욱 공명을 울리는 이미지가 추가된다.
2 7:25–52에 관한 주석을 보라.

요한복음 2장에서 예수님의 몸이 성전과 동일시되는 것과 요한복음 7장에서 예수님이 다음과 같이 외치신 말씀을 기억해 보면, 4장의 물은 성령을 역동적 이미지로 제시하는 3장의 바람과 평행을 이룬다고 볼 수 있다. "'누구든지 목마르거든 내게로 와서 마시라. 나를 믿는 자는….' 이는 그를 믿는 자들이 받을 성령을 가리켜 말씀하신 것이라. 예수께서 아직 영광을 받지 않으셨으므로 성령이 아직 그들에게 계시지 아니하시더라"(7:37-39). 예수님과 사마리아 여인이 나눈 대화의 두 부분, 곧 물에 관한 첫 번째 부분과 "영과 진리로" 드리는 예배에 관한 그다음 부분 간에도 풍부한 연관성이 드러난다(뒤에서 설명).[3]

예수님의 성경의 세 번째 부분인 성문서로 넘어가 보면, 시편은 요한에게 특히 중요한데, 그는 다른 어떤 성경보다 시편을 많이 인용하고 암시한다. "시편은 그[요한]의 전체 구성에 깊은 영향을 미쳤다."[4] 시편은 하나님을 향한 목마름에 대해 열정적으로 말하는데, 예수님과 사마리아 여인이 예배에 관해 주고받는 말과도 연관된다.

> 하나님이여, 사슴이 시냇물을 찾기에 갈급함같이
>   내 영혼이 주를 찾기에 갈급하나이다.
> 내 영혼이 하나님,
>   곧 살아 계시는 하나님을 갈망하나니(시 42:1-2[cf. 시 63:1; 143:6])

---

[3] 7:39에서 "영광을 받지"라는 언급은 요한복음에서 특히 예수님의 죽음과 관련되는데, 이는 다음과 같은 십자가 처형과의 공명점도 알려준다. 예수님께서 돌아가시며 '토 프뉴마'(τὸ πνεῦμα)(영\성령, 숨)를 넘겨주신 것(19:30; 19장에 관한 논의를 보라), 죽은 예수님의 옆구리에서 흐르는 물, 그리고 4장에서 나오는 "때"에 관한 말씀(21, 23절), 예수님의 사명이 "그의[아버지의] 일을 온전히 이루는 것"이라는 언급.

[4] Daly-Denton, *David in the Fourth Gospel*, 287. 뒤에 나오는 시 78:16이 인용된 요한복음 7:38에 관한 논의와 pp. 144-63에 나오는 데일리덴튼의 통찰력 있는 논의를 보라.

여인과 예수님의 대화 후반부에 나오는 결혼 주제는 우물가 만남 이후 주선되는 결혼 이야기들(뒤에서 설명)을 통해서도 물 이미지와 공명하고, 아가의 물 이미지와도 공명한다.

> 내 누이, 내 신부야, 네 사랑이 어찌 그리 아름다운지!
> … 너는 동산의 샘이요 생수의 우물이요
> 레바논에서부터 흐르는 시내로구나(아 4:10, 15)

예수님이 말씀을 통해 주신 물을 여인이 받는 사건에서 특히 중요한 것은 말과의 연관성, 지혜와의 연관성이다.

> 입의 말은 깊은 물과 같고
> 지혜의 샘은 솟구쳐 흐르는 내와 같으니라(잠 18:4).

> 지혜는 그에게 배움의 떡을 먹이고
> 지혜의 물을 마시게 할 것이다(집회 15:3, NRSV에서 번역함).

따라서 여기에는 여러 차원의 의미가 있다. 이 이야기 속에서 예수님은 여인의 상상력이 그녀의 성경 너머에 이르도록, 그리고 예수님께 이르도록 열어 주고 계신다. 독자가 이전 장들에서 형성해 온 물 이미지는 유대교 성경과 그리스도교 성경을 통한 연상 작용으로,[5] 그리고 사람과 동물과 식물에 필수적인 물이라는 보다 일반적인 공감대를 통한 연상 작용으로 더 풍부해진다. 그리고 요한복음을 다시 읽으면 성령의 의미

---

5   특히 계 7:17; 21:6; 22:1, 17를 보라.

에 대해, 예수님 죽음의 의미에 대해, 예수님이 누구신지에 대해 더 깊이 들어가게 된다.

엇갈리는 대화를 넘어서: 여인의 결혼과 선지자 예수님(4:16-19)

> ¹⁶ 이르시되 "가서 네 남편을 불러오라." ¹⁷ 여자가 대답하여 이르되 "나는 남편이 없나이다." 예수께서 이르시되 "네가 '남편이 없다' 하는 말이 옳도다. ¹⁸ 너에게 남편 다섯이 있었고 지금 있는 자도 네 남편이 아니니, 네 말이 참되도다!" ¹⁹ 여자가 이르되 "선생님, 내가 보니 선지자로소이다."

이미 언급했듯이 대화가 엇갈리고 있었다. 하지만 예수님이 여인의 결혼 생활을 꿰뚫는 말씀을 하시면서 교착 상태에서 벗어날 돌파구가 생겼다. 대화가 갑작스럽게 전환되므로 해석자마다 이 부분을 매우 다르게 읽는다.

이 부분이 우물을 배경으로 한 성경의 몇몇 결혼 발단 장면들을 변형하여 결혼 주제를 다룬다고 보는 것이 일반적이고 유익한 접근이다. 아브라함의 종이 이삭을 위해 리브가를 찾은 곳(창 24), 야곱이 라헬을 만난 곳(창 29:1-14), 모세가 십보라를 만난 곳(출 2:15-22)이 바로 우물이다. 이러한 접근은 요한복음 2장에 나오는 가나 혼인 잔치와 요한복음 3:29에서 세례자 요한이 예수님을 "신랑"으로 부른 일로 보강된다. 이는 신랑\남편과 신부\아내라는 관점에서 본 하나님과 이스라엘의 언약 관계라는 주제를 통해 또 다른 의미의 층위와 연결된다. 그리고 이렇게 보면, 예수님과 사마리아 여인의 다음 대화 주제인 예배라는 주제가 자연스럽게 이어진다―예를 들어, 이스라엘이 다른 신들을 예배하는 것이 보통 간통으로 여겨지기 때문이다.[6] 예배는, 프롤로그에서 예수님을 하나님으로 지칭하는 방식과 요한복음 2장에서 예수님의 몸을 성전과 동일시하는 것을 통해 이미 예수님과 연결되어 있다.

이렇게 여러 연결 고리가 있는데—남자가 여자를 우물가에서 만나는 주제, 결혼 주제, 예배 주제—이러한 주제들은 이미 신랑이자 성전인 예수님과 연관되어 있으므로, 이것들이 아우르는 관심사는 예수님은 누구신가이다.

이러한 이해에서 한 가지 놀라운 점은 '신부'의 정체성이다. 즉, 신부가 이스라엘이나 유대인이 아니라 남편이 여럿 있었던 사마리아 여인이라는 점이다. 이는 많은 물음을 낳는다. 여인은 그중 한 문제, 곧 유대인 예배와 사마리아인 예배의 관계 문제를 제기하는데, 이는 조금 뒤에 살펴볼 것이다. 지금 살펴볼 문제는 여성의 과거 남성 관계에 관한 것이다.

결혼이라는 주제가 갑작스럽게 도입되었기 때문에, 이를 염두에 두고 앞부분을 다시 읽게 될 수 있다. 해롤드 애트리지는 이 장면을 문학적, 시각적으로 표현한 오랜 역사에 주목한다. 그는 전체 이야기를 드라마 대본으로 제시하면서, 드라마 감독이 마주할 문제들에 대한 메모를 덧붙인다.[7] 에로틱할 가능성을 높일 것인가, 낮출 것인가? 여인이 우물에 도발적으로 다가갈 것인가, 무심하게 다가갈 것인가? 여인이 수치심이나 정숙함을 보이거나, 아니면 성적인 관계의 여지를 표출할 것인가? 여인이 예수님께 처음 말을 건넬 때 어떤 어조로 할 것인가—정중하게, 아니면 비꼬듯이, 아니면 추파를 흘리며 노닥거리듯이? 그녀는 예수님이 물을 달라고 하신 것을 성적인 접근으로 이해하고 있는가? 예수님이 "생수"를 제안했을 때 그녀의 반응은 진정으로 놀라며 마음을 연 것인가, 비꼬는 말로 일축한 것인가, 애절한 갈망인가?

---

6 예를 들어 렘 3:8-9; 겔 23:37; 호 1-3장.
7 Attridge, "The Samaritan Woman."

애트리지는 예수님이 남편을 데려오라는 말로 갑자기 주제를 바꾸신 것이 "전체 대화가 돌아가는 중심축"이라고 본다. "예수님이 그녀의 동거 상황을 알고 있음을 내비치시자, 여인은 여지를 흘리며 노닥이기를 그치는데, 그러면서도 예수님께 끌리는 마음은 더 진지해진다."[8]

다섯 번의 결혼 생활은 어떤 의미인가? 다섯 번의 결혼 생활을 사마리아인들이 수용한 모세의 책 다섯 권이나, 고대 사마리아인들의 다섯 신으로 보는 알레고리적 의미도 가능하다. 또한 그녀가 부도덕하다고 보는 전통적인 독해도 있는데, 현재 그녀의 생활이 혼외 관계라는 점이 이러한 읽기를 강화한다. 하지만 이야기에는 그녀가 부도덕하다거나 수치스러워한다는 어떤 명백한 암시도 없으며, 최근에는 다른 설명들을 제시하는 해석 흐름이 있다. 그녀가 다섯 번 이혼당했을 수도 있다—남편들은 비교적 사소한 이유로도 이혼을 요구할 수 있었다. 그리고 이혼과 사별이 섞여 있을 수도 있다. 그러나 진실이 무엇이든, 실망과 고통과 슬픔으로 점철된 삶이었다는 점을 암시한다. 그녀가 이 교착된 삶의 난관을 헤쳐 나갈 길은 예수님이 누구인지를 알아보는 것이다.

스티븐 헌트는 이 모든 것이 그녀의 상황과 공동체에 어떤 의미였을지 상상력을 발휘하여 글을 썼다. 헌트는 그녀 마을 사람들이 예수님께 와서 믿었을 때 그녀의 현재 남자가 그들 중에 있었는지, 사마리아인들이 "자기들과 함께 유하시기를 청하니, 거기서 이틀을 유하"(4:40)실 때 예수님이 그들의 집에 머무셨을지, "요컨대 여인과 동거하는 남자가 여인 때문에 예수님을 세상의 구주신 줄 알게 되었는지" 추정하는 것으로 끝맺는다.[9]

---

8 Attridge, "The Samaritan Woman," 276.
9 Hunt, "The Men of the Samaritan Woman," 291.

브렌던 번도 물에서 결혼으로 대화가 전환된 것이 중추적이라고 본다. 그는 이런 전환이 "영적인 지도에 참여하는 모든 사람에게 익숙한 것"이라고 말한다. "여인은 당장의 필요를 초월하여 자신의 '갈증'을 더 깊은 수준에서 인정하게 되기 전에는, 예수님이 누구신지와 그분이 주시는 선물에 대해 더 깊은 인식에 이를 수 없다. 자신의 개인적 상황을 더 심도 있게 살피기 전에는 문자적 수준에서 상징적 수준에 다다를 수 없다."[10] 그녀가 예수님이 누구신지에 관한 중요한 통찰에 이르게 되는 것은 바로 이때다. "**주여** Sir ['주님' Lord 을 의미하기도 하는 '퀴리오스' κύριος], **내가 보니 선지자로소이다**." "내가 보니"로 표현될 수 있는 이런 식의 증언은 요한복음의 핵심이다. 1:14절에 나오는 성육신의 기초적인 선포도 "우리가 … 보니"로 시작한다. 이 여인은 "와서 보라"(4:29)라는 초대의 말을 통해 마을 전체의 증인이 되는데, 첫 장으로 거슬러 올라가 보면 이 표현은 예수님과 빌립이 사용한 말이기도 하다(1:39, 46).

사마리아와 유대의 예배 중심지를 넘어서:
"나는 있다/…이다"와 영과 진리로 드리는 예배(4:20-26)

[20] "우리 조상들은 이 산에서 예배하였는데, 당신들의 말은 '예배할 곳이 예루살렘에 있다' 하더이다." [21] 예수께서 이르시되 "여자여, 내 말을 믿으라. 이 산에서도 말고 예루살렘에서도 말고 너희가 아버지께 예배할 때가 이르리라. [22] 너희는 알지 못하는 것을 예배하고 우리는 아는 것을 예배하노니, 이는 구원이 유대인에게서 남이라. [23] 아버지께 참되게 예배하는 자들은 영과 진리로 예배할 때가 오나니, 곧 이때라. 아버지께서는 자기에게 이렇게 예배하는 자들을 찾으시느니라. [24] 하나님은 영이시니, 예배하는 자가 영과 진리로 예배할

10　Byrne, *Life Abounding*, 83-84.

지니라." ²⁵ 여자가 이르되 "메시아, 곧 그리스도라 하는 이가 오실 줄을 내가 아노니, 그가 오시면 모든 것을 우리에게 알려 주시리이다." ²⁶ 예수께서 이르시되 "네게 말하는 내가 그라" 하시니라.

여인은 곧바로 사마리아인과 유대인을 갈라놓는 근본 문제, 곧 서로 다른 예배 중심지—그리심산(사마리아 성전 유적은 이 장면의 배경인 우물에서 보일 만한 위치에 있다)과 예루살렘 성전(이 복음서가 기록될 당시 로마인들이 파괴한 상태였다)—문제에 대해 말한다.

이 대화의 나머지 부분은 여러 관점에서 읽을 수 있다.

이야기 속에서 여인은 중대한 사건이 일어나고 있다고 믿도록 초청받고 있다(**"내 말을 믿으라. … 때가 이르리라. … 때가 오나니, 곧 이때라"**). 이는 그녀가 구원과 예배에 관해 생각할 때 밑바탕이 되었던 기본 발상들을 바꾸는 사건이다. 여기서 두 곳의 예배 중심지 사이에서 거짓 양자택일 대신, 한데 어울려 요한복음을 요약하는 진술들의 조합이 나온다. 즉, 유대교에 뿌리를 두고 있으며, 예수님의 인격과 하나님의 아버지 되심을 중심으로 하고, 예배와 영\성령과 관련되며, 또한 이 모든 것과 분리될 수 없는 특정한 진리 이해를 포함하는 내용이다.

니고데모와의 대화에서 '세 번째 물결'(3:11-21)은 유대인 교사이자 지도자에게 그가 속한 전통의 언어들—사람의 아들, 광야의 모세, 영생, 하나님의 사랑, 심판, 어둠과 빛—을 빌려서 요한복음의 정수를 도발적으로 풀어내지만, 그 핵심은 새로운 사건, 곧 하나님이 사랑하사 "독생자를" 주신 사건이었다. 마찬가지로, 영생수의 근원이신 예수님과 선지자이신 예수님에 대해서 나눈 처음 두 대화에 이어, 여기서 사마리아 여인과 주고받는 세 번째 물결은 한 사건에서 절정을 이룬다. 이 사건은 곧 한 인격이다. **예수께서 이르시되 "네게 말하는 내가 그라**['에고 에이미'ἐγώ εἰμι: '나는 있다/…이다'I am: 나다]"**하시니라.** 요한복음의 전형적인 의미 차원에서 볼 때, 이 말은 메시아에 대한 그녀의 예상을 긍정해 주는 것일 수도 있고(그 자체로 중요한 사건), 이 복음서의 나머지 부분에 비추어 다시 읽어 보면 예수님과 하나님을 동일시하는 '나는 있다/…이다'가 처음 나오는 것으로도 볼 수 있으며, 따라서 예수님의 인격을 니고데모에게 말한 것보다 훨씬 더 급진적으로 묘사한 것일 수 있다.

하나님께서 특정한 민족과 전통을 통해 이 사람을 주신다는 점(**구원이 유대인에게서 남이라**)과 미래 예배에 대한 보편적인 전망(**예배하는 자가 영과 진리로 예배할지니라**)이 있다는 점도 요한복음에서 중요한 요소다. 요한복음의 전형적인 이야기 방식은 사건의 무대를 넘어서 부활 이후의 관점을 도입하는 것이다. 이는 **때가 오나니, 곧 이때라**라는 구절과 **예배할지니라**의 미래 시제에 잘 드러나 있다. 저 "때"의 의미는 2:4에서 처음 언급된 후 십자가 처형과 부활의 때가 이를 때까지 천천히 펼쳐진다. 요한복음을 처음 읽는 독자도 프롤로그와 첫 세 장을 읽었으므로 이미 우물가의 여인보다 더 풍부한 관점을 가지고 있다. 특히 예수님께서 성전을 "내 아버지의 집"으로 부르셨고 자기 몸을 성전과 동일시하신 것(2:16, 19-22)이 아버지께 예배드리는 것과 연관된다. 그러나 요한복음에서 하나님의 아버지 되심이 예수님을 넘어 예수님을 따르는 이들에게까지 확장된 것은 부활 이후다. 이때 예수님은 막달라 마리아에게 "내 아버지 곧 너희 아버지"라고 말씀하시고(20:17), 이때 비로소 명시적으로 예수님을 "나의 주님이시요 나의 하나님이시니이다"라고 도마가 부른다(20:28).

이 복음서의 전체 맥락과 복음서의 그리스도교적, 유대인적, 헬레니즘적 맥락에서 볼 때, **하나님은 영이시니**의 의미와 **아버지께 영과 진리로 예배한다**는 말의 의미는 무엇일까?

하나님은 영이라는 말은 하나님은 생명을 주는 활동이시며, 하나님은 자유롭게 놀라움을 불러일으키시고, 하나님은 바람이나 숨처럼 또는 끊임없는 물의 공급처럼 생명에 필수이시며, 하나님은 진리를 찾고 가르치고 증거하고 사랑하며 섬기도록 영감을 주시고, 하나님은 예수님을 통해 아낌없이 자신을 주신다는 의미다—"하나님이 보내신 이는 하나님의 말씀을 '말'하나니, 이는 하나님이 성령을 한량없이 주심이니라"(3:34). 영과 성령에 관해서는 나중에 더 자세히 이야기할 것이다.

아버지이신 하나님은 사랑으로 생명을 주시는 분이며, 성령이 영원히 머무시는 예수님의 아버지시고, 자기 영광을 나누어 주시는 분이시다—예수님께서 아버지께 "내게 주신 영광을 내가 그들에게 주었사오니"(17:22)라고 말씀하셨듯이 말이다. 요한복음은 시편과 시편의 예배에 관한 언급과 암시로 가득하다. 예배의 '생태'—찬양, 감사, 고백, 애통, 청원—속에서, 요한은 예배에서 하나님을 부르는 가장 포괄적인 행위와 "내 이름으로"(14:13; 15:16; 16:24; cf. 17:6, 11-12, 26) 요청하는 예수님을 부르는 행위를 불가분하게 연결한다. 따라서 예배에 더 깊이 들어간다는 것은 이 이름을 통해 식별되는 예수님이 누구인지에 더 깊이 들어가는 것을 포함한다. 이는 예수님과 아버지의 관계에 참여한다는 의미이며, 결과적으로 상호 사랑하고 '영화롭게 하며' 살아가게 된다는 것이다. 영화롭게 한다는 것은 하나님과의, 하나님 안에서의 역동적 상호 작용을 나타내는 요한의 핵심 용어다(17:1-5, 24).

영도 마찬가지로 예수님과 최대한 밀접하게 연결되어 있다. 예수님 위에 머물러 계신(거하시는) 성령에 대한 첫 번째 언급에서(1:32-33), 부활하신 예수님이 제자들에게 숨을 불어넣으심으로써 성령을 주시는 절정의 순간(20:22)에 이르기까지 말이다. **진리** 또한 예수님과 동일시된다. "내가 곧 길이요 진리요 생명이니"(14:6).

그리스도교적 관점에서 이렇게 예수님을 중심에 놓는 것이 더 넓은 관련성을 배제하는 것은 아니다. 프롤로그에서 시작된 "만물"과 "모든 사람"이라는 지평은 "영과 진리로 예배"하기 위한 지평이기도 하다. 이는 성경 전체와의, 지식과 문화와 문명의 모든 영역과의, 다른 종교 전통과의 끝없이 풍부한 연결점(이는 다소 긍정적일 수도 있고 다소 부정적일 수도 있다)을 탐구하도록 유도한다. 여기서 예수님은 자신의 종교 전통의 경계를 넘어, 자기 전통과 갈등과 분열의 역사가 있는 다른 전통에 속한 사람과 일대일로 깊은 관계를 맺는 본을 보이셨다. 주류 유대인 사회의 중심에 있는 니고데모에서 사마리아 여인에게로 넓어진 관계의 확장은 다음 이야기인 왕실 관리 이야기에서도 계속된다.

이 넓은 지평은 예수님이 여기서 말씀하신 내용에서 더욱 중요한 요소를 위한 맥락이다. 예수님은 여기서 '추구하다, 찾다, 기대하다, 바라다, 욕망하다, 구하다'를 의미하는 '제테인'(ζητεῖν)이라는 핵심 용어를 사용하신다. **"아버지께서는 자기에게 이렇게 예배하는 자들을 찾으시느니라."** 이 동사는 요한복음에서 예수님이 처음으로 사용하신 동사로, 첫 번째 제자들에게 말을 건네실 때 사용하셨다. "'너희는' 무엇을 찾느냐[구하느냐]?" (1:38). 그리고 요한복음의 나머지 부분에서도 이 동사는 다양한 배경에서 서른 번 이상 사용된다. 요한복음은 — 하나님이, 예수님이, 제자들이, 친구들이, 원수들이 — 찾고 욕망하는 드라마다. 그 중심에는 **참되게 예배하는 자들**을 바라시는 하나님의 욕망과 "내가 땅에서 들리면 모든 사람을 내게로 이끌겠노라"(12:32)[11] 하시는 사랑의 끌어당김이 있다. 도로시 리의 말처럼, 예수님은 새로운 "신성한 장소"다(글상자에서 도로시 리의

---

11 '이끌다'를 의미하는 동사 '헬케인'(ἑλκεῖν)은 부활 이후 물고기를 어마어마하게 잡는 이야기에서 다시 사용되는데, NRSV는 이를 "haul"(들다/끌어올리다)로 번역한다. "그물을 들(haul) 수 없더라 … 시몬 베드로가 올라가서 그물을 육지에 끌어올리니

> 새로운 '신성한 장소'는 요한의 예수님으로, 여성이든 남성이든 생명에 목마른 이에게 값으로 따질 수 없는 성령이라는 선물을 주신다. 이 선물로 인해 성육신이라는 종말론적 현재에 신적 예배를 드릴 수 있다. 따라서 물은 이야기의 끝에 이르러 완전한 상징이 된다. 물은 예수님께서 자신의 인격 안에 구현하여 목마른 이들에게 주시는 성령과 말씀/계시/지혜를 모두 의미한다. 여인이 구하고 찾는 것은 예수님이 마음에 심어 주신, 성령의 우물에서 흘러나오는 지혜라는 물이다. 인종이나 성별의 장벽은 이러한 선물을 가로막을 수 없다.
>
> ─도로시 리,《육신과 영광》Flesh and Glory, 76-77

글을 보라). 그리고 이 폭넓음과 보편성은 요한복음 17장에 예시된 것처럼 일종의 예배, 상호 욕망, 사랑이 넘쳐흐르기 때문이다. 예수님은 자신과 아버지의 친밀한 교제 속으로 제자들을 끌어들이셔서 "세상으로 … 믿게"(17:21) 하려 하신다.

이중 충격: 여성과의 대화! 증언하는 여성!(4:27-30)

²⁷ 이때에 제자들이 돌아와서 예수께서 여자와 말씀하시는 것을 이상히 여겼으나, '무엇을 구하시나이까?', '어찌하여 그와 말씀하시나이까?' 묻는 자가 없더라. ²⁸ 여자가 물동이를 버려두고 동네로 들어가서, 사람들에게 이르되 ²⁹ "내가 행한 모든 일을 내게 말한 사람을 와서 보라. 이는 메시아가 아니냐?" 하니, ³⁰ 그들이 동네에서 나와 예수께로 오더라.

(hauled)"(21:6, 11). 이는 예수님이 공관복음에서 추종자를 끌어들이기 위해 사용하는 이미지와 공명한다. "나를 따라오라. 내가 너희로 사람을 낚는 어부가 되게 하리라"(막 1:17).

이제 문화를 거스르는 놀라운 장면을 바라보는 시선은 유대인이 사마리아인을 만난 것에서 남자가 여자와 대화하는 것으로 옮겨 간다. 제자들은 **예수께서 여자와 말씀하시는 것**을 보고 충격받는다. 이는 경계를 넘나드는 일이 일어났음을 강조하고 그다음 놀라움을 준비한다. **여자가 물동이를 버려두고** 마을 사람들에게 증언했고, 사람들은 그녀의 말을 듣고 예수님께 이끌린다. 여인이 물동이를 버려둔 것은 공관복음에서 제자들이 그물을 버린 소명 이야기와 유사하다. 그것은 새로운 부르심에 헌신하는 결정적 행동이다. 이는 남성보다 여성에게 훨씬 더 급진적인 것이며, 가정에서 맡은 전통적인 책무들을 넘어서는 사명을 암시한다. 많은 아픔을 겪은 사마리아의 비주류 여인은 이런 반응을 보인 반면, 고위 남성 지도자 니고데모가 당황하며 떠난 모습은 이 복음서의 다른 역설들과도 일맥상통한다. 특히 발을 씻기는 스승, 십자가에 달리신 하나님의 아들을 중심으로 하는 구원 드라마 같은 역설과 일맥상통한다.

제자들이 이에 대해 묻지 않은 것에 주목하는 것이 중요하다. 그들은 예수께서 종교 전통, 사회적 지위, 젠더가 다를 뿐만 아니라 전례 없는 상황에서 힘차게 증언하는 역할을 하는 사람을 기꺼이 받아들이실 때조차도 예수님을 신뢰한다. 이후 교회사에서 경계 넘기와 포용하기의 주요 발전은 어머니 공동체 안에서 이러한 신뢰를 종종 그 한계점까지 확장한 것이다. 사도행전과 바울 서신에 나와 있듯이 초대 교회에 이방인(비유대인)을 포함시킨 것이 그 예다. 보다 최근에는 노예제도, 여성 목회, 결혼과 성찬을 둘러싼 규율, 은사주의의 은사들, 선교, 성, 타 종교인과 관계에 대한 논쟁들이 이와 관련된다.

니고데모처럼 이 여인도 이야기에서 마지막으로 하는 말이 질문이다. **"이는 메시아가 아니냐?"** 여인은 자신의 경험을 증언하고, 이를 듣는 사람들에게 질문을 남긴다. 그 후 사람들이 직접 예수님을 만나러 온다.

양식, 일, 추수, 영생(4:31-38)

> ³¹ 그 사이에 제자들이 청하여 이르되 "랍비여 잡수소서." ³² 이르시되 "내게는 너희가 알지 못하는 먹을 양식이 있느니라." ³³ 제자들이 서로 말하되 "누가 잡수실 것을 갖다 드렸는가?" 하니, ³⁴ 예수께서 이르시되 "나의 양식은 나를 보내신 이의 뜻을 행하며 그의 일을 온전히 이루는 이것이니라. ³⁵ 너희는 '넉 달이 지나야 추수할 때가 이르겠다' 하지 아니하느냐? 그러나 나는 너희에게 이르노니, 너희 눈을 들어 밭을 보라. 희어져 추수하게 되었도다. ³⁶ 거두는 자가 이미 삯도 받고 영생에 이르는 열매를 모으나니, 이는 뿌리는 자와 거두는 자가 함께 즐거워하게 하려 함이라. ³⁷ 그런즉 '한 사람이 심고 다른 사람이 거둔다' 하는 말이 옳도다. ³⁸ 내가 너희로 노력하지 아니한 것을 거두러 보내었노니, 다른 사람들은 노력하였고, 너희는 그들이 노력한 것에 참여하였느니라."

여인이 출발하는 장면과 그녀 동네 사람들이 믿음으로 반응하는 장면 사이의 막간에는 제자들과 예수님의 대화가 나오는데, 다른 이미지로 끌어당김이라는 주제를 이어간다. 즉, **영생에 이르는 열매를 모은다**는 것이다. 이는 제자들이 예수님께 잡수시라고 청하는 것과 예수님께서 **너희가 알지 못하는 먹을 양식이 있다**고 말씀하시는 것으로 촉발된다. 그 양식은 하나님의 **뜻**(또는 '욕망' — '텔레마' θέλημα 는 둘 다 의미할 수 있다)을 행하는 것이다.

요한은 이어지는 물결로 가르침을 제시하는 그의 방식에 따라, 나중에 더 다룰 주제를 여기서 도입한다. 예컨대 양식(특히 6장에서), 예수님의 일과 아버지의 일의 상호 관계(특히 5장에서), 제자들을 보내심(특히 13-17장의 고별 강론과 20-21장의 부활 이야기에서)과 같은 주제다. 우리는 해당 장에서 이 주제들을 다룰 것이다. 그런데 여기서는 벌어지는 일의 놀라운 성격을 두드러지게 강조한다. 씨를 뿌린 후 추수를 기다릴 필요가 없다.

"나는 있다/…이다"이신 예수님이 오심으로써 시간의 변화가 일어나서 지금 영생을 맛보게 된 것이다(글상자에서 데일리덴튼의 글을 보라).

절정: 세상의 구주를 앎(4:39-42)

³⁹ 여자의 말이 "내가 행한 모든 것을 그가 내게 말하였다" 증언하므로, 그 동네 중에 많은 사마리아인이 예수를 믿는지라. ⁴⁰ 사마리아인들이 예수께 와서, 자기들과 함께 유하시기를 청하니, 거기서 이틀을 유하시매 ⁴¹ 예수의 말씀으로 말미암아 믿는 자가 더욱 많아, ⁴² 그 여자에게 말하되 "이제 우리가 믿는 것은 네 말로 인함이 아니니, 이는 우리가 친히 듣고 그가 참으로 세상의 구주신 줄 앎이라" 하였더라.

믿는 사마리아인들은 여인에게 전해 들은 것에 만족하지 않고, 예수님께 함께 유하시기를('메네인' μένειν: 거하다) 청한다. 그 결과 믿는 사람의 수와 믿음의 깊이가 더해지고—**믿는 자가 더욱 많아**—여인이 말해 준 것 이상의 깨달음에 이르게 된다—**"그가 참으로 세상의 구주신 줄 앎이라."** 이 만남에서 마지막으로 놀라운 점은 유대인과 사마리아인, 또는 남자와 여자의 경계를 넘어서, 예수님을 온 세상의 치유자, 경계를 넘는 자, 화해자로 보게 되는 것이다. **세상의 구주**('소테르 투 코스무' σωτὴρ τοῦ κόσμου)는 요한복음의 다른 여러 핵심 용어와 마찬가지로 요한의 성경(하나님이 비길 데 없는 구원자로 제시된다[사 43:3, 11; 45:15, 21]) 및 주변 문명(로마 황제가 구원자로 불린다)과 강한 연관성이 있다. 이 표현은 나중에 예수님이 자기가 온 것은 "세상을 구원하려 함"(12:47)이라고 말씀하심으로써 강화된다. 여기서 사마리아인들은 **구원이 유대인에게서 난다**는 소화하기 힘들었을 법한 말을 받아들이되, 유대인이나 사마리아인보다 더 큰 것을 통해 유대인과 사마리아인을 모두 포괄하는 방식으로 받아들이는 모습이 나온다.

아모스는 "파종하는 자가 곡식 추수하는 자의 뒤를 이으며, 포도를 밟는 자가 씨 뿌리는 자의 뒤를 이을" 날에 관해서 썼지만(암 9:13-14), 예수님이 여기서 말씀하신 것은 이를 훨씬 뛰어넘는다. 예수님은 하나님께서 자신을 보내셔서 하게 하신 일을 이루는(헬. '텔레이오오' teleioō: 실현하다, 완수하다; 요 19:30[예수님께서 죽으실 때]에서도 이 단어가 사용된다) 것에 대해 말씀하셨다. 성경을 아는 청중들에게는 성경의 메아리가 크고 분명하게 들릴 것이다.

이는 비와 눈이 하늘로부터 내려서, 그리로 되돌아가지 아니하고, 땅을 적셔서 소출이 나게 하며, 싹이 나게 하여 파종하는 자에게는 종자를 주며, 먹는 자에게는 양식을 줌과 같이, 내 입에서 나가는 말도 이와 같이 헛되이 내게로 되돌아오지 아니하고, 나의 기뻐하는 뜻을 이루며, 내가 보낸 일에 형통함이니라(사 55:10-11).

이 사마리아 밭은 "하늘에서 내리는 비로 물을 마시는 땅"이라는 이스라엘에 대한 신명기의 비전이 놀랍게 실현된 것이며, 이 때문에 신적 돌봄의 지속적 표현은 놀랍도록 생산적이다(신 11:10-12 RSV). 예수님 안에서 하나님이 보내신 말씀은 지구에 물을 주었다. 사실, 말씀은 속히 달리고(시 147:15[LXX 147:4]) 아주 민첩하여서, 일상적인 시간과 계절이 완성과 성취의 한 순간으로 수렴되는 지점까지 지구의 계절적 리듬은 가속된다. "내가 너희로 노력하지 아니한 것을 거두러 보내었노니"(요 4:38)라는 말씀은 마가복음에서 예수님이 '바실레이아' the basileia ['나라']를 농부가 잠자는 동안 씨가 신비롭게 싹 트고 자라는 방식에 비유하신 것(막 4:26-29)과 많은 공통점이 있다. 제자들은 다시금 '에피게이아' the epigeia—땅의 것들의 존재 '방식: 인간의 개입이 없이도 신적인 물 주기가 목마른 땅을 채워 작물이 자랄 수 있게 한다(시 104:13-14)—를 통해 도전받는다. 이 복음서 후반부에서 예수님이 또 다른 각도에서 이 주제를 발전시키실 것이다. 즉, 추수의 전제 조건인 곡식 알갱이가 죽어 묻힘이라는 측면에서 말이다(요 12:24).

—마거릿 데일리덴튼, 《요한복음》 John, 91-92

결론: 예수님이 누구신지 인지하고 반응하는 법 배우기

이 이야기를 통해 일어나고 있는 일은 무엇인가? 예수님과 사마리아 여인의 극적인 만남은 여인에게, 그녀의 공동체에, 제자들에게, 따라서 요한복음의 독자들과 재독하는 이들에게 배움의 과정이라고 읽을 수 있다. 배움의 지평은 전 세계다. 배움은 계속되는데, 방대한 이미지와 개념들―물, 영생, 결혼, 예배, 구원, 영, 진리, 양식, 일―이 경험을 통해, 요한복음 독서와 재독을 통해, 다른 성경들을 함께 읽음으로써, 그리고 관련하여 질문을 던져 봄으로써 더 완전한 의미를 얻게 된다. 그리고 이러한 이미지와 개념들이 예수님이 누구신지에 대한 더 풍부한 이해에 반영되고―인간, 유대인, 야곱보다 큰 분, 선지자, 메시아\그리스도, "나는 있다/…이다", 세상의 구주이신 예수님―또한 경계를 넘나드는 삶, 증언, 예배에 영감을 주면서 예수님과의 관계가 더욱 깊어진다.

두 번째 표적: 믿는 것과 생명(4:43-54)

이것은 요한복음에 나오는 예수님의 첫 번째 치유 사건으로, 첫 장에 많은 치유 사건이 있는 마가복음에 비해 상대적으로 늦게 나온 것이다. 이러한 늦어짐은 **표적과 기사**가 아니라 무엇보다도 예수님은 누구신가에 초점을 두고 독자들을 성숙한 신앙으로 이끌고자 했던 요한의 관심사에 걸맞은 것이다―이는 이제까지 요한복음의 핵심 관심사였고, 앞으로도 그럴 것이다. 예수님을 믿고 신뢰하는 것과 예수님을 통해 다양한 형태로 생명을 받는 것은 분리될 수 없다. 그 다양한 형태 중 하나가 바로 육체적 건강이다.

> 43 이틀이 지나매, 예수께서 거기를 떠나 갈릴리로 가시며, 44 친히 증언하시기를 "선지자가 고향에서는 높임을 받지 못한다" 하시고, 45 갈릴리에 이르시매 갈릴리인들이 그를 영접하니, 이는 자기들도 명절에 갔다가 예수께서 명절 중 예루살렘에서 하신 모든 일을 보았음이더라.

예수님의 **고향** own country (헬라어로는 '아버지'에서 유래한 '파트리스' πατρίς)은 어디인가? 학자들은 이것이 갈릴리를 가리키는 것인지, 아니면 예루살렘과 유대를 가리키는 것인지에 대해 서로 의견이 엇갈린다. 갈릴리일 가능성이 작아 보이는 까닭은 여기서 **갈릴리인들이 그를 환영**했기 때문이다. 예루살렘이나 유대는 요한복음 전체에서 예수님이 반대자들과 마주하신 곳이고, 또한 조금 전 사마리아 여인과 대화할 때 예수님이 유대인으로 식별되기도 했다. 그러나 아버지와 함께한 진정한 기원이 프롤로그에서 분명해졌기에, 예수님의 '파트리스'의 지리적 위치에는 아이러니가 있다. 예수님 **높임**을 거부하는 것은 프롤로그의 머리글 진술과도 상통한다. "자기 땅에 오매 자기 백성이 영접하지 아니하였으나"(1:11).

> 46 예수께서 다시 갈릴리 가나에 이르시니, 전에 물로 포도주를 만드신 곳이라. 왕의 신하가 있어 그의 아들이 가버나움에서 병들었더니, 47 그가 예수께서 유대로부터 갈릴리로 오셨다는 것을 듣고 가서 청하되 "내려오셔서 내 아들의 병을 고쳐 주소서" 하니, 그가 거의 죽게 되었음이라. 48 예수께서 이르시되 "너희는 표적과 기사를 보지 못하면 도무지 믿지 아니하리라." 49 신하가 이르되 "주여, 내 아이가 죽기 전에 내려오소서." 50 예수께서 이르시되 "가라, 네 아들이 살아 있다" 하시니, 그 사람이 예수께서 하신 말씀을 믿고 가더니, 51 내려가는 길에서 그 종들이 오다가 만나서 "아이가 살아 있다" 하거늘, 52 그 낫기 시작한 때를 물은즉 "어제 오후 한 시에 열기가 떨어졌나이다" 하는지

라. ⁵³그의 아버지가 예수께서 "네 아들이 살아 있다" 말씀하신 그때인 줄 알고, 자기와 그 온 집안이 다 믿으니라. ⁵⁴이것은 예수께서 유대에서 갈릴리로 오신 후에 행하신 두 번째 표적이니라.

사마리아 여인 이야기와의 연결점은 예루살렘에 대한 언급뿐만이 아니다. 그 만남과 마찬가지로 이 이야기 역시 예수님 믿기와 예수님을 통한 생명이라는 요한복음에서 두 가지 핵심 현실의 상호 연결로 독자를 인도한다. 반복은 그 핵심을 강조하는데, 믿음에 관한 언급이 세 번, 생명에 관한 언급이 세 번, 예수님에 관한 언급이 여섯 번 반복된다.

또 다른 유사점은 믿는 법을 배우는 놀라운 과정이다. 여기서 놀라운 것은 먼 곳에서 치유되도록 **예수께서 하신 말씀**의 효과다. 가나 혼인 잔치의 첫 번째 표적처럼, 여기서도 예수님 **말씀**의 효과와 예수님이 **행하셨다**(또는 '예수님이 창조하셨다', '에포이에센 호 이에수스' ἐποίησεν ὁ Ἰησοῦς)의 반복을 통해 창조의 메아리가 울린다.¹²

왕의 신하가 겪는 학습 과정은 첫 번째 표적의 몇몇 요소를 반복한다. 누군가가 앞서서 예수님께 호소하고, 예수님이 처음에는 내켜 하지 않으시지만, 사람들이(처음에는 예수님의 어머니가, 여기서는 왕의 신하가) 포기하지 않자, 예수님이 기대를 훌쩍 뛰어넘게 응답하시는—엄청난 양의 최고급 포도주, 예수께서 가나에서 가버나움으로 **내려오시지** 않고도 일어난 아들의 완전한 회복—패턴이 서로 유사하다.

사마리아 여인의 경우와 마찬가지로, 이 두 경우 모두 예수님과의 활발한 쌍방 상호 작용이 있었다. 신앙은 예수님과 동등해지는 관계가 아니라, 신자를 시험하고, 적극적인 반응을 이끌어 내며, 신뢰가 복합적으

---

12 1:1; 20:30; 21:25에 관한 주석을 보라.

로 성장하게 하는 완전히 상호적인 관계를 포함한다. 마르틴 루터가 이 왕의 신하에 대해 말했듯이, "그리스도께서는 우리의 신앙이 성장할 수 있도록 우리가 도전받게 하신다."[13] 이러한 도전은 예수님이 첫 제자들에게 질문하며 하신 첫 번째 말씀(1:38)에서 시작하여 복음서 곳곳에서 계속되며, 십자가에 못 박히시며 절정에 이른다. 그리고 부활 후 만남에서도 여러 가지 도전이 이어진다.

요한복음 전체가 "믿고 그 이름을 힘입어 생명을 얻게 하려"(20:31)고 기록되었다. 이 짧은 이야기는 '믿음'과 '생명'을 독특한 방식으로 결합하는데, "그 이름"과, 즉 예수님이 누구신지와 뗄 수 없게 결합한다. 이 이야기는 또한 이 믿음과 생명이 또 다른 경계를 넘어, 유대인과 사마리아인을 넘어, 이 왕의 신하와 **그 온 집안**을 포용했음을 시사한다.

이 왕실 관리는 이방인을 대표할까? 공관복음에도 이교도 이방인 장교에 관한 비슷한 원거리 치유 이야기가 나온다(마 8:5-13; 눅 7:1-10). 이 왕의 신하는 이방인이든 아니든 로마에 부역하는 헤롯 안디바 정권에 봉사했다. "따라서 어떤 이들은 이 왕의 신하를 이교도로 상상할 수도 있지만, 그는 헤롯당 유대인일 수도 있다. 즉, 요한은 그가 애매하게 헬레니즘을 상징할 여지를 남겨 둔 것이다."[14] 어느 쪽이 맞든, 예수님은 놀라울 정도로 다양한 신자 무리를 자신에게로 끌어모으고 계신다. 유대인 제자, 사마리아인, 그리고 이제 왕실, 로마 제국, 헬레니즘 문명이 연상되는 한 집안까지 말이다.

---

13 Martin Luther, "Sermon on Twenty-First Sunday after Pentecost"(1525). 다음에서 인용함. Farmer, *John 1-12*, 154.
14 Keener, *The Gospel of John*, 1:631. 《키너 요한복음》(CLC 역간).

요한복음 5:1-47

논란 속으로

1-4장에서는 예수님을 이해하기 위한 하나님과 모든 실재라는 지평을 열어 왔다. 그리고 창조, 탄생, 세례, 성령, 예수님을 따르라는 부르심, 결혼이라는 언어를 사용한 여러 시작이 있었다. 예수님은 자신의 유대 공동체 안에서, 그리고 그 공동체를 넘어서 깊은 만남을 가지셨다. 이제 이야기의 새로운 단계인 5-12장에서는 예수님의 일련의 행동과 가르침이 사안의 핵심을, 즉 예수님은 누구시며 그가 어떤 생명/삶을 주시는지를 반복적으로 나타낸다(대개 논쟁의 맥락에서 나온다). 이러한 기본 주제는 반복과 변형을 통해 물결처럼 표현된다. 그리고 갈등이 깊어지면서, 예루살렘이 주요 무대가 되면서, 드라마가 절정을 향해 나아가면서 독자들을 더욱 심도 있게 끌어들인다. 여기 5장에서는 세 가지 핵심 문제가 있다. 예수님은 치유를 행하시며 자신을 생명을 주는 분으로 나타내신다. 안식일에 대한 예수님의 접근 방식은 아버지와의 관계에 대한 가르침으로 이어지며 안식일의 새로운 차원을 열어 준다. 그리고 예수께서 행하시는 일과 자기 정체성 주장의 놀라운 본질은 엄청난 진리 물음을

제기한다. 이는 하나님, 생명, 성경, 영광에 관한, 그리고 무엇이 가능한지에 관한 일반적인 가정에 도전하는 것이다.

이 장이 강렬하게 역동적인 것은 상호 관련된 요한의 몇몇 주요 동사가 집중적으로 나타나기 때문이다—원하다/…고자 하다, 구하다와 찾다/발견하다, 보다와 듣다, 알다와 믿다, 행하다와 일하다, 사랑하다와 생명을 주다, 심판하다와 증언하다, 놀랍게 여기다와 즐거워하다, 구원하다와 거하다, 오다와 취하다/받아들이다. 이 각각의 동사들을 따라가 보면, 요한복음 첫 열두 장까지는 이야기와 가르침을 통해 그 의미가 풍부해지는 것을 볼 수 있다. 그런 다음 고별 강론과 이후 장을 거치며 더 깊은 의미로 들어갈 뿐만 아니라, 계속 진행되는 드라마에서 신선한 방식으로 그 동사들을 삶으로 구현해 내도록 초대받는다.

"네가 낫고자 하느냐?": 충만한 생명/삶의 표적(5:1-9a)

¹ 그 후에 유대인의 명절이 되어, 예수께서 예루살렘에 올라가시니라. ² 예루살렘에 있는 양문 곁에 히브리 말로 베데스다라 하는 못이 있는데, 거기 행각 다섯이 있고 ³ 그 안에 많은 병자, 시각 장애인, 다리 저는 사람, 혈기 마른 사람들이 누워 있었다 [누워 [물의 움직임을 기다리니 4 이는 천사가 가끔 못에 내려와 물을 움직이게 하는데 움직인 후에 먼저 들어가는 자는 어떤 병에 걸렸든지 낫게 됨이러라]) ⁵ 거기 서른여덟 해 된 병자가 있더라. ⁶ 예수께서 그 누운 것을 보시고 병이 벌써 오래된 줄 아시고, 이르시되 "네가 낫고자 하느냐?" ⁷ 병자가 대답하되 "주여, 물이 움직일 때에 나를 못에 넣어 주는 사람이 없어, 내가 가는 동안에 다른 사람이 먼저 내려가나이다." ⁸ 예수께서 이르시되 "일어나 네 자리를 들고 걸어가라" 하시니, ⁹ᵃ 그 사람이 곧 나아서 자리를 들고 걸어가니라.

여기서 예수님은 생명/삶을 가져오는 생생한 표적을 보이신다. 다리 저는 사람을 38년간의 질병과 실망에서 구하신 것이다. 예수님이 못가에 있는 **많은 병자, 시각 장애인, 다리 저는 사람, 혈기 마른 사람** 모두를 치유하신 것은 아니다. 이는 모든 건강 문제에 대한 즉각적인 해결책도, 아픈 사람을 돌보는 일에 대한 대안도, 또는 비슷한 상황에서 항상 반복되어야 하는 일도 아니다. 또한 사람들이 **베데스다**에서 하던 일에 대한 비판도 아니다. 이는 표적이다. 예수님께서 보내심을 받은 것처럼 보내심을 받은(20:21) 독자들에게 이 표적은 어떤 의미일까?

먼저 무엇보다도 이 표적은 아픈 사람에 대한 적극적인 긍휼에 관한 것이다. 앞서 왕의 신하 이야기에서는 예수님이 긴급한 도움 요청에 반응하시는 모습이 나왔다면, 여기서는 예수님이 먼저 도움의 손을 내미시는 모습이 나온다.

둘째, 이러한 긍휼함은 각 사람을 진지하게 생각하고, 그들의 특수한 역사와 상황에 주의를 기울이는 것이다. **예수께서 그 누운 것을 보시고 병이 벌써 오래된 줄 아셨다.**

셋째, 여기에는 아픈 사람의 존엄성, 자유, 욕망을 존중하는 대화가 있다. **"네가 낫기를 원하느냐?**['텔레이스'$^{\theta\epsilon\lambda\epsilon\iota\varsigma}$: 욕망하다]" 이 질문은 질병, 중독, 슬픔, 우울증, 또는 자기나 타인과의 역기능적 관계 습관이 오래 지속되다 보니 자신의 일부가 되어서, 이런 것에서 벗어나려는 의지나 욕구를 상실했을 수도 있음을 암시한다. 요한복음에 나온 예수님의 첫 말씀은 "'너희는' 무엇을 찾느냐(구하느냐)?"(1:38)인데, 이는 처음부터 예수님이 그 만나는 사람들에게 이러한 욕망, 갈망, 동기 부여, 희망의 영역을 열어 주시는 분이심을 보여 준다.

넷째, 하지만 이야기의 나머지 부분은 의미의 또 다른 파장으로 이어진다. 건강은 육체적인 것 그 이상이다―"더 심한 것이 생기지 않게, 다시는 죄를 범하지 말라"(5:14). 완전한 생명은 바로 "영생"(5:24)이다. 무엇보다도 이 표적은 표적을 주신 분이 누구신지로 되돌아가고, 이는 하나님이 누구신지에 대한 신선한 이해로 이어진다(5:17-47).

그러나 이러한 의미의 확장은 예수님이 처음에 행하신 긍휼의 가치와 온전함을 약화하지 않는다. 예수님은 그 사람을 치유하는 것이 선한 일이었기 때문에 그 일 자체를 목적으로 하셨고, 그런 다음 "자리를 뜨셨다"(5:13). 그래서 치유받은 사람은 누가 자신을 고쳤는지, "그가 누구인지 알지 못했다"(5:13). 예수님의 활동은 우리의 활동과 마찬가지로 익명으로 행해질 수 있다.

하나님의 안식일 —
그런데 하나님은 누구신가? 동등이란 무엇인가? (5:9b-18)

안식일을 지키는 것은 실제로 유대인에게 매우 중요한 문제였다. 안식일을 범하는 것에 대한 처벌은 사형이었다(출 31:14-15, 민 15:32-36). 여기서와 마찬가지로 공관복음에서도 안식일 논쟁은 예수님은 누구신가라는 근본 물음을 수반했고("사람의 아들은 안식일의 주인이니라"[마 12:8]), 예수님의 생명을 위협했다("바리새인들이 나가서 곧 헤롯당과 함께 어떻게 하여 예수를 죽일까 의논하니라"[막 3:6]). 여기서는 요한복음의 부활 이후의 관점 및 1-4장에서 설정한 지평에 걸맞게, 반대자들에 대한 예수님의 대응은 곧장 신학적 문제의 핵심을 파고든다. 예수님은 자신이 안식일에 일하는 것을 하나님이 일하시는 것과 동일시하며 반대자들을 도발하신다.

⁹ᵇ 이날은 안식일이니, ¹⁰ 유대인들이 병 나은 사람에게 이르되 "안식일인데 네가 자리를 들고 가는 것이 옳지 아니하니라." ¹¹ 대답하되 "나를 낫게 한 그가 '자리를 들고 걸어가라' 하더라" 하니, ¹² 그들이 묻되 "너에게 '자리를 들고 걸어가라' 한 사람이 누구냐?" 하되, ¹³ 고침을 받은 사람은 그가 누구인지 알지 못하니, 이는 거기 사람이 많으므로 예수께서 이미 자리를 뜨셨음[피하셨음]이라. ¹⁴ 그 후에 예수께서 성전에서 그 사람을 만나 이르시되 "보라, 네가 나았으니 더 심한 것이 생기지 않게 다시는 죄를 범하지 말라" 하시니 ¹⁵ 그 사람이 유대인들에게 가서 자기를 고친 이는 예수라 하니라. ¹⁶ 그러므로 안식일에 이러한 일을 행하신다 하여, 유대인들이 예수를 박해하게 된지라. ¹⁷ 예수께서 그들에게 이르시되 "내 아버지께서 이제까지 일하시니, 나도 일한다" 하시매, ¹⁸ 유대인들이 이로 말미암아 더욱 예수를 죽이고자 하니, 이는 안식일을 범할 뿐만 아니라, 하나님을 자기의 친아버지라 하여, 자기를 하나님과 동등으로 삼으심이러라.

"더 심한 것이 생기지 않게 다시는 죄를 범하지 말라" 는 말씀에서, 예수님은 죄와 질병 사이의 연관성을 암시하시는가? 나중에, 날 때부터 시각 장애인으로 태어난 사람의 경우 그러한 연관성을 부인하시지만(9:1-3), 그것이 일반 규칙을 뜻해야 하는 것은 아니다. 그러한 연관성이 있을 수도 있고, 예수님도 여기서 연관성을 제시하시는 것처럼 보이지만, 이 또한 일반 규칙이어야 하는 것은 아니다. 그것은 개별적으로 판단되는 문제다. 치유는 예수님을 생명 주시는 분으로 나타냈고, 그런 다음 이 진술은 예수님을 판단자/심판자로 나타낸다. 하나님은 안식일에 쉬셨지만 계속하신 활동도 있다는 것이 당시 유대인의 일반적인 생각이었는데, 이 두 활동이 바로 그런 것이다. 안식일에도 생명은 하나님에 의해 계속 유지되고 있고, 아기가 태어나기도 한다. 안식일에도 하나님은 예배, 사랑, 진리 추구, 선함, 그리고 우리 각자의 삶에 대해서 그 질이 어떠한지 계속 판단/심판하고 계시며, 안식일에 죽은 사람에 대해서도 심판하고 계신다. 생명과 심판은 이 강론의 다음 부분(5:19-30)에서 핵심 요소다.

따라서 **"내 아버지께서 이제까지 일하시니, 나도 일한다"**는 이어질 내용의 머리글이며, 생명 주심과 심판 집행을 비롯하여 예수님과 아버지의 모든 활동을 포괄한다. 이 주장에 대해, 예수님이 **하나님을 자기의 친아버지라 하여, 자기를 하나님과 동등으로 삼으셨다**는 적대적인 반응이 나온다. 예수님은 분명 하나님을 자기의 친아버지로 부르셨지만, 자신을 하나님과 동등으로 삼으신 것일까? 레슬리 뉴비긴은 아니라고 답한다 (글상자에서 뉴비긴을 글을 보라).

"동등함이 아니라 하나 됨"이라는 뉴비긴의 도발적인 원리는 상호 관계와 상호성이라는 근본 관심을 잘 간파한다. 자율적이고 자기충족적인 개인주의로 이어지거나 상호 의존성을 부인하고 공동체를 훼손하는 일종의 독립성으로 이어지는 모든 동등 개념에 대한 부정도 잘 간파하고 있다.

하지만 뉴비긴이 주장한 "사랑과 순종"의 하나 됨은 이 본문의 나머지 부분과 정확히 맞아떨어지지는 않는다. 사랑은 언급되지만(5:20에서 동사 '필레인'φιλεῖν은 친구 간의 사랑을 가리킨다) 순종에 대한 언급은 없다. 실제로 요한복음에서 예수님이나 제자들은 순종에 대해 전혀 언급하지 않는다. 물론 요한복음에 밀접하게 관련된 단어들이 많이 나오고(예컨대, '테레인'τηρεῖν: 지키다, 준수하다; '엔톨레'ἐντολή: 계명; '엔텔레스타이'ἐντέλλεσθαι: 명령하다; '메네인'μένειν: 거하다, 머무르다; '아쿠에인'ἀκούειν: 듣다; '아콜루테인'ἀκολουθεῖν: 따르다), 이 단어들은 모두 순종을 요구하는 말이다. '퀴리오스'κύριος (주님), '테오스'θεός (하나님)도 순종을 함의하는 말이다. 하지만 요한의 주된 관심사

유대인들은 "동등"이라는 단어를 사용했다. 예수님은 이 단어를 완전히 건너뛰신다. 아버지와 아들의 하나 됨은 '동등'의 하나 됨이 아니라, 사랑과 순종의 하나 됨이다. 예수님은 아버지께 전적으로 의존하고 계시고, 바로 그렇기 때문에 생명을 주고 심판하는 아버지의 권능을 완전히 위임받으신 것이다. 이 권능은 아버지께서 "이제까지" 행사하시는 권능이고, 따라서 아들이 아버지에 대한 절대적인 순종으로 행사하실 권능이다. 아들이 이 권능 행사할 수 있는 것은 아버지의 사랑이 아들에게 충만하게 주어졌기 때문이다.

유대인들은 예수님의 말씀을 아버지와 동등을 주장하신 것으로 이해했다. 예수님은 이에 대답하시면서, 동등함이 아니라 하나 됨이 계시되고 있음을 보여 주신다. 예수님이 끊임없이 반복하시는 "내 아버지"라는 말로 전달되는 독특한 친밀함은 완전한 하나 됨을 함의하는데, 이는 동등함이 아니다. 하나 됨과 동등함은 매우 다른 관계 형태, 심지어 상반되는 관계 형태다. 동등이라는 이상(우리 문화가 이교도 유산에서 받아들인 합리적 요소)은 독립으로 이어진다. 모든 면에서 동등한 사람은 서로에게 의존할 필요 없이 스스로 설 수 있다. 부모 역할을 하는 것은 인간의 삶에서 피할 수 없는 현실로 보이지만, 부모 자녀 관계는 동등하지 못하고 의존을 수반하기 때문에 인간의 존엄성을 해친다고 비난받는다. 인간 존엄을 향한 우리의 이상은 사실 뱀이 주장했던 아주 오래된 것으로(창 3:5), 아무것도 필요 없으며 선과 악에 대한 우리의 판단 외에 다른 어떤 판단에도 의존하지 않는 것이다. 예수님이 말씀하신 자신과 아버지 사이의 관계는 이러한 동등에 대한 비전과 완전히 대조된다. 즉, 예수님이 말씀하신 관계는 아버지가 자녀를 전적으로 사랑하는 만큼 자녀가 전적으로 순종하는 관계다. … '하나님'이라는 단어의 의미와 관련된 모든 생각은 … 완전히 겸손하시고 완전히 순종하신 이 사람의 말과 행동을 통해 검사되어야 한다. 여기에 삼위일체 교리의 싹이 있다는 것은 분명해질 것이다.

— 레슬리 뉴비긴 《레슬리 뉴비긴의 요한복음 강해》 *The Light Has Come*, 66-67

는 그가 순종이라는 말을 실제로 꺼내지 않음으로써 강조되며, 독자들을 순종 너머의 무언가로 끌어들인다. 그것은 상호 사랑의 측면, 종이 아닌 친구가 되는 측면(15:15), 상호 내주의 측면(17:20-26), 같은 생명과 영을 공유하는 측면(20:22)에서 가장 잘 이해되는 것이다.

여기에는 일종의 동등함이 있는데, 이는 뉴비긴이 거부한 것을 피하는 동등함이다. 그것은 여러 다양한 불평등, 의존, 차이를 끌어안을 수 있는 사랑 안에서의 우정이라는 동등함이다.

역동적인 신적 하나 됨:
사랑하기, 생명 주기, 심판하기, 공경하기, 말하기, 뜻대로 하기 (5:19-30)

요한복음에는 특정 진술의 특별한 중요성을 강조하는 몇 가지 방법이 있다. 그중에는 변형을 통한 반복도 있고, 예수님이 **"내가 진실로 진실로 너희에게 이르노니"**('아멘 아멘 레고 휘민/소이' ἀμὴν ἀμὴν λέγω ὑμῖν/σοι)[1]라는 문구로 운을 떼는 방식도 있다. 여기서 예수님의 말씀에는 이 문구가 두 번 반복되어 나온다. 또한 단락 전체 내용도 5:17의 메시지, "내 아버지께서 이제까지 일하시니, 나도 일한다"를 변형하여 반복한 것이다. 아버지와 아들의 능동적 하나 됨은 가장 먼저 프롤로그에 머리글로 나왔고(1:18), 니고데모와의 만남(3:16)과 이후 가르침(3:35)에도 나타났고, 사마리아

---

[1] 이 문구는 요한복음에서 25번 사용되며 종종 공관복음과의 연관성을 나타내는데(때로는 직접적 연관성으로, 때로는 대조로 나타나는데, 전부 숙고할 가치가 있다), 공관복음에서도 "아멘 레고 휘민/소이"(ἀμὴν λέγω ὑμῖν/σοι)(요한복음에는 '아멘'이 이중으로 사용된다)는 예수님 특유의 문구다(마태복음에는 30번, 마가복음에는 13번, 누가복음에는 6번 나온다).

여인과의 대화에도 암시되어 있다(4:19-26). 이제 이 역동적인 하나 됨이 매우 중요한 것으로 강조되고, 처음으로 그 명시적 의미가 드러난다.

요한복음이 보통 그렇듯이 여기서도 마무리 없이 시작된다. 여기서의 주제들이 이후 장에서 반복될 뿐만 아니라 각 핵심 용어도 칠십인역과 공관복음을 통해 더 넓게 공명하므로, 독자들은 계속해서 이해를 깊게 하고 확장하도록 초대된다. 그러나 그 초대는 이해 그 이상으로 들어가도록 하는 초대다. 그 초대는 이미 다양한 방식으로 생생하게 드러났듯이 전심으로 하는, 삶을 변화시키는 참여―어떤 가족으로 태어나고 (1:12-13; cf. 3:1-10), 믿고 신뢰하며(1:12; 2:11; 3:15-16; 4:42, 50, 53), 따르고(1:43), "하나님 안에서" 행하고(3:21), 성령을 한량없이 받으며(3:34; cf. 3:8; 4:13-14), 영과 진리로 예배하는 것―에 관한 것이다. 고별 강론(13-17장)은 현재 단락에서 펼쳐지기 시작한 아버지와 아들 사이의 역동성에 참여하는 것과 특히 관련된다.

[19] 그러므로 예수께서 그들에게 이르시되 "내가 진실로 진실로 너희에게 이르노니, 아들이 아버지께서 하시는 일을 보지 않고는 아무것도 스스로 할 수 없나니, 아버지께서 행하시는 그것을 아들도 그와 같이 행하느니라. [20] 아버지께서 아들을 사랑하사 자기가 행하시는 것을 다 아들에게 보이시고, 또 그보다 더 큰 일을 보이사 너희로 놀랍게 여기게 하시리라. [21] 아버지께서 죽은 자들을 일으켜 살리심같이 아들도 자기가 원하는 자들을 살리느니라. [22] 아버지께서 아무도 심판하지 아니하시고 심판을 다 아들에게 맡기셨으니, [23] 이는 모든 사람으로 아버지를 공경하는 것같이 아들을 공경하게 하려 하심이라. 아들을 공경하지 아니하는 자는 '누구든지' 그를 보내신 아버지도 공경하지 아니하느니라. [24] 내가 진실로 진실로 너희에게 이르노니, '누구든지' 내 말을 듣고 또 나 보내신 이를 믿는 자는 영생을 얻었고 심판에 이르지 아니하나니, 사망에서

생명으로 옮겼느니라."

²⁵ "진실로 진실로 너희에게 이르노니, 죽은 자들이 하나님의 아들의 음성을 들을 때가 오나니, 곧 이때라. 듣는 자는 살아나리라. ²⁶ 아버지께서 자기 속에 생명이 있음같이 아들에게도 생명을 주어 그 속에 있게 하셨고, ²⁷ 또 사람의 아들 됨으로 말미암아 심판하는 권한을 주셨느니라. ²⁸ 이를 놀랍게 여기지 말라. 무덤 속에 있는 자가 다 그의 음성을 들을 때가 오나니, ²⁹ 선한 일을 행한 자는 생명의 부활로, 악한 일을 행한 자는 심판의 부활로 나오리라."

³⁰ "내가 아무것도 스스로 할 수 없노라. 듣는 대로 심판하노니, 나는 나의 뜻대로 하려 하지 않고 나를 보내신 이의 뜻대로 하려 하므로 내 심판은 의로우니라."²

"이 부분은 요한복음 전체에서 가장 깊은 부분 중 하나다."³ "치유 뒤에 이어지는 강론은 요한복음에서 가장 높은 부분 중 하나다."⁴

아들이 **아버지께서 하시는 일을 본다**는 것은 무엇인가? 기본적인 신적 활동 하나는 창조다. "하시는"('포이에인' ποιεῖν)으로 번역된 헬라어 동사는 (창 1:1에서처럼) '만들다, 창조하다'를 의미하기도 한다. 요한은 복음서 처음부터 예수님이 창조와 **생명**의 생성에 관여하시는 모습을 봐 왔다(1:1-4).

이 부분에서 가장 먼저 아버지가 하시는 일로 언급된 것은 사랑이다.

---

2   "나는 나의 뜻대로 하려 하지 않고 나를 보내신 이의 뜻대로 하려 하므로"에 해당하는 헬라어 원문은 "οὐ ζητῶ τὸ θέλημα τὸ ἐμὸν ἀλλὰ τὸ θέλημα τοῦ πέμψαντός με"인데, 문자적으로는 "나는 내 뜻\욕망을 구하지\찾지 않고 나를 보내신 이의 뜻\욕망을 구하다\찾다"를 의미한다. 후자, 곧 하나님의 욕망은 이 욕망의 복음서에서 포괄적인(encompassing) 욕망이다.

3   Schnackenburg, *The Gospel according to St. John*, 2:99.
4   R. Brown, *The Gospel according to John*, 1:216.

아버지께서 아들을 사랑하사. 그래서 우리는 아들이 아버지처럼 사랑하는 상호 사랑의 관계를 생각해야 한다. 이 사랑의 의미는 무엇인가? 그 의미를 찾을 분명한 곳이 있다. 만일 **아들이 아버지께서 하시는 일을 보지 않고는 아무 것도 스스로 할 수 없나니 아버지께서 행하시는 그것을 아들도 그와 같이 행한다**면, 그렇다면 예수님의 말씀과 행동으로 된 요한복음의 이야기는 사랑의 구현으로 볼 수 있다. 예수님이 행하시고 말씀하시는 모든 것이 저 사랑의 의미에 반영되므로, 그 의미는 무궁무진하다.

그 의미의 절정은 십자가 처형에서 볼 수 있다. "사람이 친구를 위하여 자기 목숨을 버리면, 이보다 더 큰 사랑이 없나니"(15:13). 예수님의 죽음에서 보게 되는 이 "더 큰 사랑"은 아버지께서 아들에게 **보이실 그보다 더 큰 일**과 관련이 있을까? 요한이 볼 때 예수님의 십자가 처형이 부활과 불가분하다면, 이는 **아버지께서 죽은 자들을 일으켜 살리심같이 아들도 자기가 원하는 자들을 살리느니라**는 이어지는 진술과 잘 어울린다. 그리고 예수님이 십자가에 못 박히시고 부활하신 것도 **너희로 놀랍게 여기게 하시리라**는 예언과 부합한다.

이 놀라운 **더 큰 일**을 다른 방식으로 식별할 수도 있다. 이는 나사로를 살리신 일을 비롯하여(11장) 예수님께서 나중에 행하신 표적일 수도 있다. 혹은 예수님이 죽으시고 부활하신 후에 제자들이 예수님의 이름으로 할 수 있을 것이라고 말씀하신 더 큰 일들일 수도 있다. "내가 진실로 진실로 너희에게 이르노니, 나를 믿는 자는 내가 하는 일을 그도 할 것이요, 또한 그보다 큰 일도 하리니, 이는 내가 아버지께로 감이라"(14:12). 이 세 가지 방식의 읽기를 동시에 하는 것도 가능하다. 요한복음을 한 번 읽은 후 재차 읽는 독자들에게는 두 번째와 세 번째 읽기 방식이 보이고, 놀라움이 커질 것이다.

이 단락이 어떻게 "깊고"도 "높은"지는 '사랑', '말씀', '부활', '음성' 등 핵심 용어가 논의되는 다른 구절을 통해 더 자세히 살펴볼 수 있다. 지금은 **그 속에** 있는 **생명**과 **심판**에 초점을 맞출 것이다.

하나님의 생명과 자기

"아버지께서 자기 속에 생명이 있음같이 아들에게도 생명을 주어 그 속에 있게 하셨고." 이 "…같이 …하다"는 하나님의 현실을 어느 정도 제대로 다루기 위해 해가 지날수록 사고와 상상력을 계속 확장하라고 도전한다.

누가 아버지의 "자기"를 헤아릴 수 있을까? 아버지의 자기를 헤아리는 시도는 결코 끝나지 않는다. 이스라엘의 성경, 공관복음, 이 복음서를 거쳐 수 세기 동안 기도와 예배, 신학, 철학, 시를 비롯한 예술, 경험을 통해 계속되고 있다. 이러한 헤아림의 시도는 압도적이거나 겁날 만큼 어려운 전망이나 기획이 아니라, 끝없이 매력적인 전망과 기획이다. 조금씩 조금씩 (때로는 큰 도약으로) 이해가 성장할 수 있음을 신뢰하는 기획이고, 아무도 하나님이 누구신지 모조리 헤아려서 놀람과 기쁨을 끝마칠 수 없는 기획이다. 이것이 사랑의 **영생**이며, 요한복음 5장은 그 역동적인 요소 중 일부를 제시한다. 그것은 행하고 창조하고 생명을 주는 것, 놀랍게 여기는 것, 공경과 영광, 진리, 즐거워하는 것이다.

여기서 강조되는 것은 하나님의 자유로운 자기 내어 줌이다. 이는 사랑 안에서 완전히 공유되는 "자기"다. 살아 계신 하나님은 하나님 자신 자체를 본질적으로 특징짓는 것, 곧 생명과 사랑을 나누신다. 심지어 하나님의 '영광'—요한복음 17장에 나올 것이다—도 나누신다(뒤에서 31-47절에 관한 주석을 보라). 하지만 이 신적 자기에 관한 '것'은 '누군가' 안에서만, 곧 아들의 자기 안에서만 완전하게 표현될 수 있다. 이는 그리스도교 유일신론의 핵심이다. 거기에는 신적인 생명, 사랑, 영광의 하나 됨이 있다. 하나님은 자유롭게 하나님 자신을 온전히 내어 주신다. 그러나 이러한 자기 내어 줌은 전혀 자기를 상실하지 않는다. 오히려 하나님의 자기가 완전히 관계적이라는 점이 드러난다. 이는 아들이신 분—성령이 그 위에 머무르시는 아들(1:32-33)—과 사랑의 하나 됨을 통해서만 아버지의 자기가 신적인 자기가 되는 그런 자기성이다. 이 독특한 하나 됨은 구별성을 지우지 않는다. 아버지와 아들은 다르지만 분리될 수 없는 하나이시다.

이는 외부에서, 또는 중립적인 관점에서 조사하거나 인식할 수 있는 하나 됨이 아니다(다음 부분인 31-47절에 나오겠지만, 요한은 이러한 근본적인 문제를 중립적으로 볼 수 있는 위치를 인정하지 않는다—모든 사람은 어떤 위치에 서 있고, 어떤 삶의 방식에 헌신하고 있다). 이 "생명"은 맛보고 공유해야만 제대로 알 수 있으며, 요한복음은 이런 일이 생기도록 돕기 위해 기록되었다—"너희로 믿고 그 이름을 힘입어 생명을 얻게 하려 함이니라"(20:31). 그 이름, 곧 예수님이 누구신지는 완전히 관계적이며, 아버지가 누구신지와 분리될 수 없다.

이는 어떤 식의 삶인가? 그것은 영원한 삶, **영생**이다(24절). 이 삶의 시간은 하나님의 시간이며, 따라서 모든 시간과 관련된다. 늘 시간에 쫓기고 미래에 대한 불안이 자주 삶을 망치는 문화에서, 포괄적인 현실인 하나님의 영원한 삶은 묵상할 가치가 있다. 하나님 중심의 시간에 대한 인식은 우리의 제한된 시간에서 우선적인 일을 정하는 데 도움이 된다. 이를테면 하나님이 하나님 되시게 예배하고 다른 사람들을 사랑하는 일에 우선순위를 두는 것이다. 이러한 인식은 또한 미래에 관한 위대한 진리에, 즉 아버지와 아들 사이의 영원한 사랑의 삶에 초점을 두므로 불안한 마음에 안정감을 준다.

이것이 의미하는 바에 관한 가장 깊은 통찰은 요한복음 17장(요한복음 5장의 메아리가 많이 있다)에서 예수님의 기도에 나타난다. 이 기도는 상상할 수 있는 한 최대한 다른 사람들이 이 사랑에 참여하도록 기원하여, "나를 사랑하신 사랑이 그들 안에 있고, 나도 그들 안에 있게 하려"(17:26) 한다. 이 기도는 예수님께서 사랑으로 자기 삶/생명을 내려놓음으로써 구현되고, 그 후 십자가에 못 박히시고 부활하신 예수님이 제자들에게 성령을 내쉼으로써(20:22) 참여가 성취된다. 요한이 이 내쉼을 가리키려고 사용한 동사 '엠퓌사오'ἐμφυσάω는 하나님께서 첫 사람 아담에게 "생기"를 "불어넣으심"(창 2:7)을 서술할 때 사용한 동사다. 말씀이 육신이 되어(1:18) 예수님 안에서 하나님과 인간의 삶이 하나가 된 것처럼, 피조물의 일상적인 삶도 성령의 영원한 삶과 하나가 된다.

심판과 결단, 죽음과 삶

이 단락의 큰 주제는 생명이기도 하지만 **심판**이기도 하다. 심판/판단이 선하고 필요한 일이라는 점은 당연하게 받아들여진다. 그렇지 않으면 누구를, 무엇을 **공경하고 믿어야** 하는지를 어찌 알며, **선**과 **악**을 어떻게 구별할 수 있겠는가? 판단이 없이는 윤리도, 정치도, 지식이나 **진리**도, 가치 있는 **삶**도 있을 수 없다. 우리는 모두 매일 판단을 내린다. 그런데 가장 중요한 문제에서, **죽음**과 **삶**의 문제에서 누구의 판단을 가장 신뢰해야 할까? 예수님의 대답과 유대교 전통의 대답은 분명하다. 하나님의 판단이다. 생명과 선의 창조주이신 하나님은 판단자이신 하나님과 분리될 수 없다—그래서 예컨대 시편에서, 특히 시편 119편에서 하나님의 판단에 열중하는 모습을 볼 수 있다.

"아버지께서 아무도 심판하지 아니하시고 심판을 다 아들에게 맡기셨으니." 여기에는 새로운 사상이 있다. 하나님은 여전히 심판자이시나, 그 수행에 있어 예수님과 연합되어 있다. 따라서 이제 심판은 예수님이 누구신지에 의해 정의된다. 이 심판자는 다리 저는 사람을 치유할 뿐만 아니라 죄짓지 말라고 경고하는 분이시다. 이 심판자는 아버지의 사랑을 받고 있고 세상을 향한 아버지의 사랑으로 보냄받으셨으므로, 심판의 핵심은 사랑이다. (성 아우구스티누스는 자기 어머니보다 하나님께 심판받고 싶다고 말했다.) 이 심판자는 **자기가 원하는 자들을 살리신다**. 그리고 그가 원하는 것은 "모든 사람을 내게로 이끄는"(12:32) 것이다. 중요한 문제는 사람들이 이끌릴 것인가, 사랑에 사랑으로 화답할 것인가, 상호 관계에 필수적인 경청과 신뢰가 있을 것인가다. **"내가 진실로 진실로 너희에게 이르노니, '누구든지' 내 말을 듣고 또 나 보내신 이를 믿는 자는 영생을 얻었고 심판에 이르지 아니하나니, 사망에서 생명으로 옮겼느니라."** 이 "누구든지"는 열려 있다. 영생은 예수님을 청종하고 신뢰하고 사랑함으로써 지금 바로 시작될 수 있다.

그렇다면 **생명의 부활**과 **심판의 부활**은 어떤 것인가? 간혹 요한의 "이원론"[5]으로 불리는 것이 있는데, 이는 세상을 향한 하나님의 사랑이 그 원하는 반응을 완전히 성공적으로 얻을 것이라 보지 않는다. 거절의 가능성은 허용될 뿐만 아니라, 예수님이 반대에 직면하는 부분에서 드라마로 묘사된다. 이 갈등에 관해서는 나중에 더 자세히 이야기할 것이다. 지금 이 단락은 루돌프 불트만의 "결정의 이원론"이라는 측면에서 읽으면 더 잘 이해된다. 복음에 대한 반응이 미리 결정되어 있거나 다른 선택이 불가능한 것이라면, 복음서를 쓰는 일도 무의미했을 것이다. 사

---

[5] 이 문제에 관한 통찰력 있는 논의로는 보컴, 《요한복음 새롭게 보기》(*Gospel of Glory*, 새물결플러스 역간) 6장을 보라. 또한 다음을 보라. Barton, "Johannine Dualism and Contemporary Pluralism"과 Volf, "Johannine Dualism and Contemporary Pluralism."

실 이 복음서는 독자들이 예수님을 믿기로 결단하는 반응을 하도록 하는 호소다. 이 단락에서 "누구든지"가 반복됨으로써 결정이 어느 쪽으로도 가능하다는 점이 강조된다.

따라서 궁극의 심판이 어떻게 흘러갈지에 관한 전망도 없고, 사람들이 어떻게 믿고 행동하든 모두에게 보편적인 구원이 있으리라는 단순한 확언도 없다. 오히려 결정이 결과를 가져오는 계속되는 드라마가 있을 뿐이다. **내 말**('로고스' λόγος)**을 듣는** 각각의 독자는 이 말—그리고 이 말을 하는 사람—을 신뢰할지 말지를 결정해야 하는 상황에 직면한다.

증언, 증언이 참임을 아는 문제, 하나님의 영광을 구하는 문제(5:31-47)

예수님은 **"나를 위하여 증언하시는 그 증언이 참인 줄 아노라"** 하고 말씀하신다. 그런데 예수님이 안다고 하시는 주장이 참인지 아닌지를 우리는 어떻게 알 수 있는가?

이는 가장 중요한 물음 중 하나다. 이 딜레마는 현실에 관한 모든 근본적이고 포괄적인 긍정에 적용된다. 우리가 어떤 탁월한 진리를 긍정할 때, 그 진리가 다른 어떤 진리를 통해 충분하게 증언된다고 주장하면, 이는 그 다른 진리를 포괄적 진리로 만드는 것으로 보인다. 캔터베리의 안셀무스는 하나님을 "그보다 더 큰 것을 생각할 수 없는"[6] 존재로 보았다. 하나님과 별개인 어떤 실재의 틀 속에서 하나님을 있는 그대로 보일 수 있다는 생각은 하나님보다 큰 무언가를 생각할 수 있다는 의미다. 요

---

[6] 안셀무스, 《프로슬로기온》 2.

한은 프롤로그에서부터 하나님과 모든 실재에 대한 비길 데 없는 포괄적인 지평을 펼쳐 놓았다. 예수님은 이 둘, 즉 하나님과 모든 실재와 분리될 수 없으며, 요한과 그 공동체의 기본적인 증언은 다음과 같다. "우리가 그의 영광을 보니, 아버지의 독생자의 '영광과 같고'[영광이요], 은혜와 진리가 충만하더라."

여기서 그는 문제에 직면한다. 이 포괄적인 이해가 어떻게 검증될 수 있는가? 그리고 그는 **유일하신 하나님께로부터 오는 영광을 구해야 한다**는 가장 급진적인 도전도 제기한다.

31 "내가 만일 나를 위하여 증언하면 내 증언은 참되지 아니하되, 32 나를 위하여 증언하시는 이가 따로 있으니, 나를 위하여 증언하시는 그 증언이 참인 줄 아노라. 33 너희가 요한에게 사람을 보내매, 요한이 진리에 대하여 증언하였느니라. 34 그러나 나는 사람에게서 증언을 취하지 아니하노라. 다만 이 말을 하는 것은 너희로 구원을 받게 하려 함이니라. 35 요한은 켜서 비추는 등불이라. 너희가 한때 그 빛에 즐거이 있기를 원하였거니와, 36 내게는 요한의 증거보다 더 큰 증거가 있으니, 아버지께서 내게 주사 이루게 하시는 역사, 곧 내가 하는 그 역사가 아버지께서 나를 보내신 것을 나를 위하여 증언하는 것이요, 37 또한 나를 보내신 아버지께서 친히 나를 위하여 증언하셨느니라. 너희는 아무 때에도 그 음성을 듣지 못하였고, 그 형상을 보지 못하였으며, 38 그 말씀이 너희 속에 거하지 아니하니, 이는 그가 보내신 이를 믿지 아니함이라.

39 너희가 성경에서 영생을 얻는 줄 생각하고 성경을 연구하거니와, 이 성경이 곧 내게 대하여 증언하는 것이니라. 40 그러나 너희가 영생을 얻기 위하여 내게 오기를 원하지 아니하는도다. 41 나는 사람에게서 영광을 취하지 아니하노라. 42 다만 하나님을 사랑하는 것이 너희 속에 없음을 알았노라. 43 나는 내 아버지의 이름으로 왔으매 너희가 영접하지 아니하나, 만일 다른 사람이 자

기 이름으로 오면 영접하리라. ⁴⁴ 너희가 서로 영광을 취하고, 유일하신 하나님께로부터 오는 영광은 구하지 아니하니, 어찌 나를 믿을 수 있느냐? ⁴⁵ 내가 너희를 아버지께 고발할까 생각하지 말라. 너희를 고발하는 이가 있으니, 곧 너희가 바라는 자 모세니라. ⁴⁶ 모세를 믿었더라면 또 나를 믿었으리니, 이는 그가 내게 대하여 기록하였음이라. ⁴⁷ 그러나 그의 글도 믿지 아니하거든, 어찌 내 말을 믿겠느냐?" 하시니라.

여기서 핵심적인 검증은 32절에 언급된다. **나를 위하여 증언하시는 이가 따로 있으니**. 그런 다음 37절에서 명확하게 진술된다. **나를 보내신 아버지께서 친히 나를 위하여 증언하셨느니라**. 하나님만이 하나님을 적절하게 증언하실 수 있다.

이는 선지자들이 다룬 심오한 주제다. 예를 들어 이사야 43장은 이스라엘 백성에게 하나님의 증인이 되라는 여러 호소를 다각적으로 하고 있으며(칠십인역 헬라어에 요한복음 5장의 여러 언어적 메아리가 있는데, 아래 인용 구절에 밑줄로 표시했다), 그들의 증언은 하나님 자신의 증언에 따라 하나님이 누구시며 하나님이 무엇을 하시는지를 인식하는 데 기초한 것이다.

⁹ 열방은 모였으며
　　민족들이 회집하였는데
　그들 중에 누가 이 일을 알려 주며
　　이전 일들을 우리에게 들려주겠느냐?
　그들이 그들의 증인을 세워서 자기들의 옳음을 나타내고
　　<u>듣는 자들이 "참되다[옳다]</u>"고 말하게 하여 보라.
¹⁰ 나 여호와가 말하노라.

너희는 나의 증인, 나의 종으로 택함을 입었나니,
이는 너희가 나를 알고 믿으며
내가 그인 줄 깨닫게 하려 함이라.
나의 전에 지음을 받은 신이 없었느니라.
나의 후에도 없으리라.
¹¹ 나, 곧 나는 여호와[LXX '테오스' θεός: 하나님]라.
나 외에 구원자가 없느니라.
¹² 내가 알려 주었으며 구원하였으며 보였고
너희 중에 다른 신이 없었나니,
그러므로 너희는 나의 증인이요, 나는 하나님이니라.
여호와의 말씀이니라.
¹³ 과연 태초로부터 나는 그이니
내 손에서 건질 자가 없도다.
내가 역사하리니[행하리니] 누가 막으리요? (사 43:9-13)

이 영어 번역(히브리어를 바탕으로 한 NRSV를 인용했다)에 반영되지 않은 헬라어의 한 가지 흥미로운 측면은 10절과 12절에 있다. 그 내용을 문자 그대로 옮기면 "너희는 나의 증인, 나는 증인, 여호와 하나님의 말씀이라"가 된다. 이는 하나님이 누구시며 하나님이 무슨 일을 하시는지에 대한 주된 증인이 하나님임을 강조한다. 이 장 전체는(그리고 이사야 40-55 장의 다른 많은 부분은) 하나님께서 자유롭게 역사하시는 점을 증거한다. 따라서 이전의 생각들과 맞지 않는 놀라운 새것에 열려 있어야 할 필요성도 증거한다.

¹⁸ 너희는 이전 일을 기억하지 말며
　　옛날 일을 생각하지 말라.
¹⁹ 보라 내가 새 일을 행하리니
　　이제 나타낼 것이라.
　너희가 그것을 알지 못하겠느냐?
　　반드시 내가 광야에 길을, 사막에 강을 내리니
²⁰ 장차 들짐승, 곧 승냥이와 타조도
　　나를 존경할 것은
　내가 광야에 물을,
　　사막에 강들을 내어
　내 백성, 내가 택한 자에게 마시게 할 것임이라.
　　²¹ 이 백성은 내가 나를 위하여 지었나니
　　나를 찬송하게 하려 함이니라. (사 43:18-21)

이는 요한복음 5장의 영광과 공경이라는 주제(이 주제는 요한복음 17장에서 영광을 다른 사람들과 완전히 공유하시려는 예수님의 욕망에서 절정에 이른다)와도 연결되며, 요한복음 4장의 물 이미지와도 연결된다.

　하지만 이것은 어떤 종류의 검증인가? 그 답은 신학적 지혜의 두 가지 근본 영역으로 이어진다.

하나님의 자기 전달: 매개된, 간접적인 앎

　첫 번째 영역은 하나님께서 자신이 누구인지를 전달하시는 방식, 즉 흔히 '매개'로 불리는 방식에 관한 것이다. 하나님은 직접적으로 알려지지 않고 다양한 매개를 통해 알려진다. 구두 및 기록 등 다양한 형태의 언어, 행동과 사건, 명절과 상징, 동물과 사람 등이 매개가 될 수 있다.

요한복음에는 이 모든 것이 있으며, 예수님이 하나님의 주요 매개자로 등장한다. 이는 프롤로그에서 최고조에 이른 통찰이다. "본래 하나님을 본 사람이 없으되, 아버지 품속에 있는 독생자 하나님이 하나님을 알려 주셨느니라"(독생하신 하나님이 나타내셨느니라)"(1:18). 여기 요한복음 5:37-38에서는 이를 부정적으로 표현한다. **"너희는 아무 때에도 그 음성을 듣지 못하였고, 그 형상을 보지 못하였으며, 그 말씀이 너희 속에 거하지 아니하니, 이는 그가 보내신 이를 믿지 아니함이라."** 이러한 간접적 인식의 이유를 이해하고자 하는 여러 방식이 있다. 성경에서는 가장 일반적으로 다음 중 하나를, 또는 둘 다를 그 이유로 든다. 하나는 하나님의 온전한 실재가 인간의 능력을 완전히 압도할 것이라는 점이고, 다른 하나는 인간의 죄, 거룩하지 않음이 장애물이라는 점이다.

이 단락에서는 예수님을 증거하는 세 가지 형태의 매개를 언급한다. 바로 세례자 **요한**의 증언, **아버지께서 내게 주사 이루게 하시는 역사, 성경 … 곧 내게 대하여 증언하는 것**이다. 이것들 각각은 사람들에게 **진리**를 확신시키는 데 도움이 될 수 있다. 유대 율법에 따르면 한 주장을 뒷받침하기 위해 두 명 이상의 증인이 있어야만 그 주장이 타당하다고 인정될 수 있었는데, 예수님도 이에 따라 말씀하신다. **"내가 만일 나를 위하여 증언하면, 내 증언은 참되지 아니하되."**

그리스도교를 옹호하는 한 가지 고전적 방법이자 아마 여전히 가장 효과적인 방법은 누적 논증이다. 다리가 여러 개인 탁자처럼 여러 매개를 통해 받쳐지는 것이다. 여기에 주어진 것은 개인의 증언, 예수님이 행하신 "역사"들의 증거, "성경"이다. 그리고 더 많은 것을 추가할 수 있다. 예수님은 "만물이 그로 말미암아 지은 바 된 분"(1:3)으로 여겨지며 성령은 "모든 진리 가운데로"(16:13) 인도하기 위해 주신 분이므로, 예수님과 관련된 진리의 원천은 무한하며, 예상치 못해서 놀라울 때가 많다.

그러나 이 중 어느 것도 이 논거를 결정적으로 마무리하는 확실한 증명을 하지는 못한다. 개인의 증언과 예수님이 행하신 일에 대한 증언들은 신뢰해야만 하는 것이 아니며, 성경은 다른 여러 방식으로도 해석될 수 있다. 마찬가지로 다른 모든 관점도 상충되는 방식으로 이해될 수 있다. 세상에서 가장 똑똑하고 최고의 교육을 받은 사람들도 이러한 논쟁에서 각기 다른 편에 서기 때문에, 이 문제는 지성이나 합리성이나 교육의 문제가 아니다. 그리고 중립적인 사람도 없다. 모두가 각자 어떤 위치에 서 있고, 특정한 가정을 상정하고 있으며, 특정한 방식으로 형성되었고, 인간관계와 이해관계의 망 안에 들어가 있다.

이것이 논쟁과 토론을 포기해야 한다는 말은 아니다. 예수님도 논쟁에 참여하셨다. 그러나 예수님이 그런 것들에 두신 신뢰는 제한적이었다. **"나는 사람에게서 증언을 취하지 아니하노라. 다만 이 말을 하는 것은 너희로 구원을 받게 하려 함이니라."** 이는 그러한 진리 매개의 한계와 유용성을 모두 포착하는 말씀이다. 성경에 관하여 예수님은 다시 읽어 보라고 도전하신다. 하나님께서 모세에게 다음과 같이 약속하신 신명기를 아마 특히 염두에 두셨을 것이다. "내가 그들의 형제 중에서 너와 같은 선지자 하나를 그들을 위하여 일으키고, 내 말을 그 입에 두리니, 내가 그에게 명령하는 것을 그가 무리에게 다 말하리라. 누구든지 ‘그 선지자가’ 내 이름으로 전하는 내 말을 듣지 아니하는 자는 내게 벌을 받을 것이요"(신 18:18-19). 예수님은 자신이 그 선지자임을 밝히고 계시며, 예수님 믿기를 거부한다는 것은 **너희를 고발하는 이가 … 모세**라는 것을 의미한다.

예수님께서 자신의 모든 신뢰를 두는 곳은 **아버지**와의 관계다. 예수님은 다른 사람들도 그 관계에 참여하도록 끌어들이고자 그 관계 안으로부터 말씀하신다. 아버지는 예수님을 자신의 말씀으로, 곧 완전한 자기 표현이자 자기 내주심으로 보내셔서 예수님을 증거하신다. **이루실 역사**와 **영광**을 모두 예수님께 주신다. 이 모든 것의 진실성에 관한 독립적인 증거는 없다. 예수님과 대면한 사람들은 신뢰와 사랑으로 반응할 수 있으며, 달리 반응할 수도 있다. 요한은 모든 범위를—예수님을 전적으로 믿는 것에서, 배신하고 살인적인 적대감을 드러내는 것에 이르기까지—묘사한다. 그는 독자들이 결정에 직면하게 한다. 이 드라마에서 당신은 어떤 등장인물과 같은가? 그 핵심은 예수님께서 원하는 방식으로 예수님과 관계를 맺을지 결정하는 것이다. 즉, 예수님이 누구신지 인식하고 그가 하신 말씀과 행동을 신뢰할 것인지 결정하는 것이다.

이해를 추구하는 신앙

이는 신학적 지혜의 두 번째 기본 주제인 이해를 추구하는 신앙으로 우리를 안내한다. 이는 현실적으로 말해서 그 누구의 궁극적이고 포괄적인 틀도 검증될 수 없다는 것인데, 왜냐하면 그것이 검증될 수 있다면 검증하기 위한 더 궁극적이고 포괄적인 것이 존재한다는 의미이기 때문이다. 따라서 가장 좋은 접근 방식은 우선 그러한 틀을 신뢰하고 내면에서 그것을 실험해 보고, 마음, 정신, 상상력의 모든 역량을 동원하여 그것을 이해하고 시험하고 그 틀에 따라 살아 보는 것이다. 우리 대부분은 태어날 때부터 한 가족, 문화, 종교의 세계관과 삶의 방식에 들어가서 우선 신뢰하며 살아간다. 하지만 세상에는 그러한 틀과 삶의 방식이 많이 있으며, 우리가 자라 온 틀은 크고 작은 도전을 받을 수 있다. 그때 우리는 어떻게 반응할지 결정해야 한다.

예수님의 반대자들은 자신들의 종교 이해에 대해 동료 유대인이 제기한 급진적인 도전에 직면하고 있다. 예수님은 그들이 물려받은 틀에 맞지 않는 말과 행동을 하고 계신다. 여기서 예수님은 그들이 예배하는 하나님께 보내심을 받았다고 주장하지만, 그들은 예수님을 믿지 않는다. **"그 말씀이 너희 속에 거하지 아니하니, 이는 그가 보내신 이를 믿지 아니함이라."** 하나님의 말씀이 "너희 속에 거"한다면 너희가 '믿기' 때문인데, 이런 신앙의 위치에 있었다면 이해를 추구할 수 있었을 것이다. 이런 위치에 있지 않다는 것은 그들이 다른 틀 속에서 예수님을 판단하고 있다는 의미다. 요한복음 전체는 독자들이 그 "말씀"을 '믿고' 그들 안에 말씀이 "거하"게 하여, 다른 진리가 아닌 이 진리 안에서부터 이해하고 살도록 초대한다.

그 틀 안에서 자란 사람이 아니라면, 이는 패러다임 전환을, 현실을 이해하는 새로운 방식을 의미한다. 하지만 그 틀 안에서 자란 사람에게도 요한복음은 계속해서 급진적인 도전을 가한다. 이해를 추구하는 신앙의 과정은 끝이 없다. 신자들은 어둠 속으로 보냄받아 모욕당하고 십자가에 못 박히신 분의 영에 의해 "모든 진리 가운데로"(16:13) 인도되어, 근본적으로 다시 생각하고 회개하고 다시 방향을 정할 수 있고 그래야 한다. 한 번이 아닌 여러 번 그럴 수 있고 그래야 한다.

그러나 이것을 단지 틀, 세계관, 패러다임, 방향성, 혹은 성경을 해석하는 다른 방식의 측면에서만 본다면, 문제의 핵심에 도달하지 못한다. 예수님께서 **"그러나 너희가 영생을 얻기 위하여 내게 오기를 원하지 아니하는도다"** 하고 말씀하실 때 그 핵심이 드러난다. 예수님을 만나고 알아보는 것은 완전히 중요하다. 요한복음은 그 만남과 인식을 가능하게 하고, 이를 바탕으로 예수님을 믿는 신앙의 삶을 격려하여, 점점 더 깊고 충만한 이해를 추구하게 하는 것을 목표로 한다. 이전 장에서 주요 이미지 중 하나였던 결혼을 떠올려 볼 수 있는데, 거기서 예수님은 "신랑"이셨고, 세례자 요한은 "신랑의 친구"였다(3:29). 결혼 생활에는 신뢰와 사랑으로 관계 맺은 오랜 세월을 통해서만 얻을 수 있는 이해가 있다. 이

것이 이해를 추구하는 신앙의 지혜다.

우리 삶이라는 계속되는 드라마에서 많은 부분이 우리가 누구를 믿고 신뢰하고 사랑하는지에 달려 있다. 이러한 문제에는 관련된 많은 고찰과 신빙성을 보여 주는 것들이 있을 수 있지만, 증명이나 절대적인 검증이나 확실성은 있을 수 없다. 그러나 우리가 어떤 이유로든(부적절한 이유로 올바른 관계에 들어갈 수도 있다) 신뢰와 사랑의 헌신 속에 들어가면, 그 헌신은 새로운 이해와 진리의 무대가 된다. 요한복음은 그러한 무대에 들어가서 머물게 하는 초대장이다.

누구로부터 오는 영광을 구하는가?

요한복음 5장 주제 중 정점은 **영광**이다. 누가 누구에게 영광을 주고, 누가 누구를 공경하는지의 역학 관계는 요한복음과 성경 전체에서 매우 중요하다—요한이 다른 어떤 성경보다 시편을 많이 인용하는 것은 결코 우연이 아니다. 이 요한복음 전체가 아버지의 영광과 분리될 수 없는 예수님의 영광에 대한 증거다(예: 1:14; 12:27-28; 17:1-5). 그것은 예수님이 행하신 모든 표적을 통해(2:11), 무엇보다도 십자가 처형과 부활을 통해 계시된 영광이다. 이는 예수님께서 제자들의 발을 씻기시는 모습에서 볼 수 있듯이(13:1-20), 다른 식으로 고안된 영광, 공경, 권력 개념에 급진적으로 도전한다. 이 영광은 사랑과 밀접하게 연결되어 있다(예: 13:31-35; 17:20-26).

개인이나 집단의 성격은 공경하기, 존중하기, 영광 돌리기, 찬양하기, 예배하기, 즐거워하기, 기뻐하기, 사랑하기의 역학 관계에 분명하게 드러난다. 이는 우리가 누구를, 무엇을 중요하게 생각하는지, 우리가 헌신하는 방향이 어느 쪽인지, 우리의 핵심 가치가 무엇인지 적극적으로 보여 준다. 성경에서 "마음을 다하고 뜻을 다하고 힘을 다하여 네 하나님 여호와를 사랑"(신 6:5)하는 것보다 중요한 것은 없다.

예수님은 이미 5:19-23에서 이 점을 전하셨다. 아버지께서 아들을 사랑하시므로 자기에게 합당한 공경을 아들과 나누고자 하셨는데, "이는 모든 사람으로 아버지를 공경하는 것같이 아들을 공경하게 하려 하심이라. 아들을 공경하지 아니하는 자는 누구든지 그를 보내신 아버지도 공경하지 아니하느니라"(23절). 이제 이 주제가 서로 연결된 세 가지 책망과 더불어 다시 나온다. **"하나님을 사랑하는 것이 너희 속에 없음을 알았노라." "너희가 영접하지 아니하나." "너희가 서로 영광을 취하고, 유일하신 하나님께로부터 오는 영광은 구하지 아니하니."** 이는 잘못 공경하고 영광을 돌리는 병으로 진단할 수 있다. 여기서 가장 앞선 문제는 하나님을 사랑하지 않는 것이다. 그래서 예수님을 공경하지 못한다. 하나님이 아닌 다른 사람에게서 명예를 얻고자 하는 것이 주된 욕망이기 때문이다.

혹자는 이렇게 물을 수 있을 것이다. 예수께서 유대교 신봉자들에게 자기 권위와 자기가 행한 표적의 권위를 바탕으로 이런 급진적인 발상을 받아들이기를 기대하시는 것은 불합리하지 않은가? 심지어 그들이 공유하는 성경에 따르면 오히려 문제가 되지 않는가? 그들이 예수님을 거부해야 한다는 점은 이해할 만하지 않은가?

요한복음은 부활 이후의 시각으로 보기 때문에 **유대인**과의 논쟁들이 더욱 첨예해진다. 공관복음과 마찬가지로, 요한은 예수님이 예루살렘에서 동족 종교 지도자들과 벌이신 논쟁을 분명하게 언급하고 있는데, 이는 예수님이 결국 처형당하시는 핵심 요소 중 하나였다. 하지만 이것 말고도, 요한 자신의 그리스도교 공동체가 그 모체인 유대교 회당 공동체와 끊어지는 고통을 겪었을 가능성이 크다(학자들은 9:22, 12:42, 16:2에 나오는 회당 출교에 관한 언급이 이 점을 가리킨다고 제안해 왔다). 요한의 글에는 이러한 트라우마를 비롯해서 아마도 계속되고 있었던 박해가 반영된 듯하다.

그러나 요한은 예수님의 원래 논쟁과 요한 공동체의 논쟁을 넘어, 시공간을 가로지르는 더 넓은 독자층에 관심을 두고 있다. 이러한 관심은 프롤로그에서부터 계속 증언되고 있다. 따라서 독자들은 이러한 책망을 비롯한 단락 전체를, 예수님께서 첫 제자들에게 하신 첫 말씀, "너희는 무엇을 찾느냐[구하느냐]?"(1:38)에서 시작된 욕망 교육의 한 단계로 받아들일 수 있다. "찾다" 또는 "구하다"로 번역된 동사 '제테인'ʒητεῖν은 요한복음에서 매우 중요한데, 여기서는 예수님께서 반대자들이 **유일하신 하나님께로부터 오는 영광은 구하지 아니한다**고 하신 책망에 사용된다.

이 본문은 명예를 중시하는 우리의 지배적인 욕망과 관행에 대해서, 그리고 우리 자신의 가치, 존엄, 의미, 목적을 느끼기 위해 무엇에, 누구에게 의존하는지에 대해서 독자들이 자신을 살펴야 한다고 도전한다. 개인과 공동체 전체가 거짓된 것, 왜곡된 것, 악한 것, 부적절한 것을 존중하고, 영화롭게 하고, 우상화하는 병든 역학 관계에 빠질 수 있는데, 우리 시대에는 미디어가 전례 없는 속도와 강도로 이러한 것들이 퍼지게 한다. 병든 이를 치유했고, 발을 씻겼고, 십자가에 처형당했던 사람에게 신적인 영예를 주는 것은 불합리한 스캔들로 보인다.

그러나 그리스도인들의 요한복음 수용사에는 '유대인'과 관련된 끔찍한 아이러니가 있다. 여기서 유대인들은 근본적인 신앙 차이 때문에 예수님을 영접하기를 거부하고, 예수님을 죽이고자 하는 이들로 묘사된다. 후대에 상황이 역전되어 그리스도인들이 다른 신념을 가진 사람들을 박해할 수 있는 권력을 얻자, 그리스도인들은 여기서 예수님의 반대자들이 한 것보다 나쁜 행동을 자주 했다. 요한복음 8장에서 예수님과 반대자들의 논쟁이 최고조에 달할 때 이에 대한 더 자세한 내용이 나오겠지만,

지금 고려할 점은 요한복음을 읽을 때 '유대인'을 역사적 예수의 반대자나 요한 공동체의 반대자로만 간주한다면 부적절하다는 것이다. 독자로서 우리는 우리의 가장 소중한 신념과 관행에 근본적 도전을 가하는 사람들과 마주하는 모든 상황에서, 유대인들의 반대를 거울삼아 우리 자신도 그럴 가능성이 있는지 살펴야 한다.

요한복음 6:1-71

풍성한 양식

세 드라마와 네 코스

요한복음 6장은 세 개의 미니 드라마와 네 개의 가르침의 물결로 전개되는데, 후자는 여기서 '코스'로 부른다. 이 말은 먹고 마시는 일에 초점을 둔 것과도 어울리며, 배움의 단계를 나타내기에도 적합하다. 이 부분은 요한복음의 다른 부분, 공관복음(모든 복음서에 먹이시는 이야기와 물 위를 걸으시는 이야기가 있다), 예수님과 요한의 성경과 특히 풍부하게 공명하지만, 요한복음만의 독특한 강조점도 있다.

"보리떡 다섯 개와 물고기 두 마리"로 오천 명을 먹이신 극적인 표적(9절)은 이후 "주께서 축사하신 후 여럿이 떡 먹던" 사건으로 명명된다(23절). '축사하다'에 해당하는 헬라어 동사는 '유카리스테인' εὐχαριστεῖν 인데, 여기서 전 세계 대다수의 그리스도인에게 핵심 예식 중 하나인 "성찬식"Eucharist이라는 단어가 유래되었다. 이는 주의 만찬, 영성체, 미사로도 불린다. 요한복음은 다른 세 복음서와 달리, 예수님이 돌아가시기 전날 밤에 성찬식을 제정하신 일을 기록하지 않았다(이 생략에 대해서는 뒤에서 논할 것이다). 그러나 이 장에서 요한은 성찬식의 언어—축사, 떡, 양식, 나눠 주심, 먹고 마심, 피, 너희를 위하여, 팔다, 죽음, 영생—를 사용하여, 신선한 방식으로 다음과 같이 그에게 가장 핵심적인 것을 확인시켜 준다. 예수님은 누구신가, 예수님이 주시는 생명, 예수님을 믿는 것이 "하나님의 일"이라는 대답(29절), 상호 내주—신자들이 "내 안에 거하고 나도 그들[그의] 안에 거함"(56절).

그리고 동시에, 예수님은 누구신가, 예수님이 주시는 생명, 예수님께 대한 반응은 모두 출애굽 사건에 대한 암시적 인용을 통해 이해된다. 출애굽은 모세가 이끄는 백성이 이집트 노예에서 해방된 이스라엘의 근본 사건이다. 이러한 암시적 인용은 유월절, 바다 건너기, 광야에서 만나 먹기, 불평하기, 홀로 산에 오르기에 관한 언급에서 가장 분명하게 드러나지만, 이것 말고도 여러 가지가 있다.[1] 출애굽기는 요한복음 6장과 함께 읽어야 한다.

첫 번째 드라마:
오천 명을 먹이시고 왕 삼으려는 것을 피하심(6:1-15)

요한복음의 메시지를 이해하기 위해 공관복음에서 예수님이 먹이신 평행 기록들(마 14:13-21과 15:32-39; 막 6:32-44과 8:1-10; 눅 9:10-17)을 읽는 것이 좋다. 요한복음과 공관복음에서 핵심 요소는 수많은 사람, 예수님이 그 많은 사람을 배불리 먹이기 위해 떡 다섯 개와 물고기를 가지사

---

[1] 이러한 암시적 인용과 그것들이 여러 세기에 걸쳐 어떻게 해석되어 왔는지에 관한 역사를 탁월하게 탐구한 것으로는 다음을 보라. Hylen, *Allusion and Meaning in John 6*.

감사(또는 축복)하신 것, 남은 음식이 열두 바구니인 점이다. 공관복음을 아는 요한복음의 독자들은 예수께서 큰 무리를 보시고 불쌍히 여기사 (마 14:14; 15:32; 막 6:34; 8:2) 가르치시고 치유하시는 일을 먹이시는 일과 병행하셨다는 것을 읽었을 것이다(마 14:14—"예수께서 … 병자를 고쳐 주시니라"; 막 6:34—"예수께서 … 여러 가지로 가르치시더라"; 눅 9:11—"예수께서 … 하나님 나라의 일을 이야기하시며 병 고칠 자들은 고치시더라"). 요한은 핵심 기적 또는 표적을 보존하면서, 몇 가지 중요한 요소를 덧붙인다.

예수님이 풍요를 창조하시다

¹ 그 후에 예수께서 디베랴의 갈릴리 바다 건너편으로 가시매, ² 큰 무리가 따르니, 이는 병자들에게 행하시는 표적을 보았음이러라. ³ 예수께서 산에 오르사 제자들과 함께 거기 앉으시니, ⁴ 마침 유대인의 명절인 유월절이 가까운지라. ⁵ 예수께서 눈을 들어 큰 무리가 자기에게로 오는 것을 보시고, 빌립에게 이르시되 "우리가 어디서 떡을 사서 이 사람들을 먹이겠느냐?" 하시니, ⁶ 이렇게 말씀하심은 친히 어떻게 하실지를 아시고 빌립을 시험하고자 하심이라. ⁷ 빌립이 대답하되 "각 사람으로 조금씩 받게 할지라도, 육 개월 치 품삯으로 떡을 사도[이백 데나리온의 떡이] 부족하리이다." ⁸ 제자 중 하나, 곧 시몬 베드로의 형제 안드레가 예수께 여짜오되 ⁹ "여기 한 아이가 있어 보리떡 다섯 개와 물고기 두 마리를 가지고 있나이다. 그러나 그것이 이 많은 사람에게 얼마나 되겠사옵나이까?" ¹⁰ 예수께서 이르시되 "이 사람들로 앉게 하라" 하시니, 그곳에 잔디가 많은지라. 사람들이 앉으니 수가 오천 명쯤 되더라. ¹¹ 예수께서 떡을 가져 축사하신 후에 앉아 있는 자들에게 나눠 주시고 물고기도 그렇게 그들의 원대로 주시니라. ¹² 그들이 배부른 후에 예수께서 제자들에게 이르시되 "남은 조각을 거두고 버리는 것이 없게 하라" 하시므로, ¹³ 이에 거두니 보리떡 다섯 개로 먹고 남은 조각이 열두 바구니에 찼더라. ¹⁴ 그 사람들이 예수께서

> 행하신 이 표적을 보고 말하되 "이는 참으로 세상에 오실 그 선지자라" 하더라.

가나에서 물이 포도주로 변한 요한복음 이야기와 유사하게, 네 복음서에서 이 먹이심은 표면에 드러나는 드라마가 없는 조용한 사건으로, 단순히 예수님의 말씀을 통해서 일어난다. 2:1-11절에서 기적과 창조주 하나님에 관해 이야기했던 것은 특히 이 부분과 관련 있다.[2] 물론 이 먹이심에는 전혀 믿을 수 없을 만한 의미의 틀이 있으며, 이를 자연주의적 관점에서 이해하려는 시도들도 있어 왔다—예컨대, 저 아이가 떡 다섯 개와 물고기 두 마리를 기꺼이 나누려는 마음씨가 군중에게 후한 마음이 일어나도록 불 지펴서 모두가 서로 먹을 것을 나누게 되었다. 각 사람이 가진 것을 조금씩 베푼다면, 하나님의 축복으로 모두가 모자람이 없을 것이다. 이런 이해는 나눔을 장려하는 데 도움이 된다. 그러나 네 기록의 주된 신학 메시지는 다음과 같은 삼중 메시지다. 예수님의 자비로운 사랑, 아주 적은 것에서 자유롭게 풍요를 창출하신 창조주 하나님과 예수님의 독특한 관계, 성찬식을 비롯한 많은 것을 떠올리게 하는 떡과 식사에 관한 풍부한 상징. 요한은 이 장에서 이러한 가르침들을 각각 강화하고 심화한다.

군중을 먹이시는 예수님의 사랑의 자비는 나중에 예수님이 "세상에 생명을"(33절) 주신다는 말씀을 통해 더욱 분명히 드러난다. 이는 곧 예수님이 "세상의 생명을 위해"(51절) 자기 살을 주신다는 말씀으로 이해되고, 따라서 예수님의 죽음과 연결되고, 성찬식에서 떡과 연결되고 먹는 일과 연결된다.

[2] 2:1-12에 관한 주석을 보라.

그 후 강론도 예수님과 아버지의 독특한 관계(27, 32, 37-40, 42-47, 57, 65절)와 풍족히 먹이심을 거듭 강조하는데, 이는 광야 40년 동안 하나님이 주신 "만나"(31, 49절)라는 후한 선물을 메아리처럼 되울리고, "영생"(27, 47, 54절), "하늘로부터 온 참 떡"(32절), "참된 양식"과 "참된 음료"(55절)의 끝없는 풍족함을 가리키며 다시 성찬식과 연결된다.

요한은 먹이는 일에 관한 설명에서 선명한 대비로 풍족함을 강화하여 독자들의 상상력을 준비시킨다. 빌립과의 대화는 6개월 치 품삯으로 떡을 사더라도 각 사람에게 얼마나 **조금씩** 돌아갈지를 강조하고(**각 사람으로 조금씩 받게 할지라도 … 부족하리이다**. 반면 마가복음 6:37에 따르면 그 정도면 되었을 것이다), 소년의 음식으로는 충분하지 않다는 안드레의 체념적 언급도 비슷한 점을 강조한다. 마태와 마가도 잔디를 언급하지만, 요한은 **그곳에 잔디가 많은지라**고 한다—요한은 유월절 무렵 봄, 그 지역 자연 자체의 풍요로움을 연상시킨다. 그리고 요한은 군중의 만족도를 두드러지게 하고, 그것과 예수님의 직접적인 연관성을 강화한다. **예수께서 … 나눠 주시고 … 그들의 원대로 주시니라**.

예수님과의 관계는 요한(언제나처럼 예수님이 누구신지에 특히 관심이 많은 요한)이 복음서 저자 중 유일하게 군중의 반응을 언급함으로써 강조된다. **그 사람들이 … 말하되 "이는 참으로 세상에 오실 그 선지자라."** 이는 아마도 신명기 18:18-19에 약속된 모세와 같은 선지자를 가리키는 것이다. 요한복음 5장을 읽은 독자라면 알겠지만 앞서 논했듯이[3] 예수님은 자신을 그 선지자와 동일시하셨다.

---

3 5:31-47에 관한 주석에서 〈하나님의 자기 전달: 매개된, 간접적인 앎〉 부분을 보라.

위험한 놀라움: 유혹과 분별

¹⁵ 그러므로 예수께서 그들이 와서 자기를 억지로 붙들어 임금으로 삼으려는 줄 아시고, 다시 혼자 산으로 떠나가시니라.

모세는 선지자와 왕의 역할을 겸비한 지도자로도 널리 알려져 있으며, 출애굽 당시 백성들이 해방되도록 이끌었다. 군중은 이러한 점과 연결 지었고, 이는 다른 복음서에는 없는 놀라운 일로 이어진다. 사람들이 **와서** 예수님을 **억지로 붙들어 임금으로 삼으려** 했다. 그러나 예수님은 이를 피해서 **다시 혼자 산으로 떠나가신다**. 여기서 무슨 일이 일어나고 있는가?

예수님께 "임금"이라는 칭호가 적용된 것은 이번이 두 번째다. 1:49에서 예수님은 "이스라엘의 임금"으로 불렸는데, 이는 이스라엘의 왕이신 하나님과도 관련되고, 하나님이 다윗과 세우신 영원한 언약, 곧 그의 후손이 왕이 될 것이라는 약속과도 관련된다. 그러나 로마 황제도 왕으로 불렸고, 로마 황제는 제국 전역에 소왕들을 임명했다. 그 밖의 사람이 왕권을 주장하면 반란자로 간주되어 처형당했다. 따라서 군중이 예수님을 "임금으로 삼으려는" 것은 예수님이 로마에 반역하고 반란을 이끌어서 선지자이자 왕인 모세가 성취했던 일종의 해방을 추구하라는 뜻이었을 것이다.

이는 요한복음과 로마 제국의 관계에 대한 전체 사안의 문을 연다.[4] 이 문제는 요한복음 18-19장에 나오는 로마 총독 본디오 빌라도 앞에서 예수님이 재판받는 장면에서 절정에 이르는데, 거기서 핵심을 이루

---

4 이에 관해서는 다음을 보라. Carter, *John and Empire*.

는 것은 예수님이 왕이냐는 물음이다. "왕"은 예수님의 여러 칭호 중 하나일 뿐이며, 유대교 성경과 전통에서도 사용되었고 로마 제국 주변 헬레니즘 문명에서도 사용된 말이다. 다른 칭호로는 "목자", "세상의 구주", "하나님의 아들", "주"와 "하나님"도 있다. 이 칭호들은 로마 황제와 직접적인 경쟁 관계에 있는 언어로, 로마 황제에게도 이 칭호들이 전부 사용되었다. 게다가 "메시아\그리스도"나 "사람의 아들" 등 유대인 특유의 칭호 중 일부는 로마 제국의 권리 주장에 도전하는 정치권력 및 지배권과 연관된다. 다른 주요 사안도 마찬가지다. "영생"은 영원한 도시인 로마와 대비되며, 예수님이 하나님의 심판을 행하시는 것은 제국 최고의 재판관인 황제와 대비된다. 예수님의 "아버지"이신 하나님은 제국의 아버지인 황제와 대비되고, "주님"이신 예수님은 위계질서의 꼭대기에 있는 황제와 달리 오히려 노예처럼 발을 씻기신다(13:1-10).

예수님이 주님 되신 영역과 황제의 주권 영역은 그 특성이 확연하고 명백하게 대조된다. 그리고 각각에 의해 형성된 공동체들도 그렇게 대조된다. 로마 제국에 사는 요한복음의 독자들은 매일 이 긴장을 조율해야 했을 것이다. 그리고 후대 그리스도인들도 어떤 사회에 살고 있든지 비슷한 과제를 안고 살아왔다. 어떤 요한복음 해석자들은 요한복음이 그 모체인 유대 공동체와의 조율과 긴장을 어떻게 반영하고 있는지를 주로 강조해 왔는데, 이는 의심할 여지 없이 계속 유의미한 방식으로 중요하다.[5] 그러나 정도의 차이는 있겠지만 유대인과 그리스도인 모두 제국 안에서 소수에 불과했고, 제국 안에서 어떻게 살아야 할지 고민해야 했을 것이다.

---

5   이는 예수님과 '유대인'의 갈등이 가장 첨예한 8장에서 주로 논한다. 또한 2:13-25에 관한 주석도 보라.

해석자마다 요한의 첫 독자들이 이 문제를 어떻게 다루고 있었는지에 대해 의견이 갈린다. 요한복음이 회당 및 주변 사회와 단절된 채 살아가는 종파적 공동체를 굳건하게 하려고 쓴 글로 읽힐 수도 있을 것이다. 혹은 공동체가 제국의 방식에 너무 순응하고 있어서 제국과 거리를 두도록 도전하는 글로 읽을 수도 있다. 나는 다른 식으로 본다.

요한복음 독자들의 주된 성향이 지나치게 종파적으로 자기 안에 갇혀 배타적으로 울타리를 치는 쪽이든, 주변 사회에 지나치게 순응하고 개방적인 쪽이든, 나는 저자가 오랜 숙고와 경험을 통해 복음서를 형성하고 있으며, 따라서 경계와 개방에 대해 책임 있는 결정을 내릴 수 있는 성숙한 신앙으로 독자들을 인도하려 한다고 본다. 전체를 아우르는 현실은 수많은 경계와 구분을 상대화하면서(예: 4:1-42에서 유대인과 사마리아인의 경계와 구분) 모든 이에게 풍성한 생명을 주시는 하나님이시다. 하지만 판단과 결정이 필요하다. 이 생명/삶의 풍요로움은 값비싼 사랑과 뗄 수 없으며, 예수님을 따르려면 오랜 시간 시험을 거친 신뢰와 인내가 필요하고, 그런 시간을 보낼 때 제자들은 "너희도 가려느냐?"(6:67)는 예수님의 물음에 직면하게 된다. 요한복음 6장은 하나님께서 주신 넘치는 풍요에 대한 확신과 현명한 결정을 내리라는 급진적인 도전이 결합해 있다.

여기서 도전받는 이는 예수님이다. 예수님은 왕이 되고 싶어 하시는가? 요한복음 6장을 마태복음 4:1-11과 누가복음 4:1-13에 나오는 예수님을 유혹하는 이야기와 나란히 읽으면, 세 가지 주제—떡, 화려한 표적, 권위—와 각각 관련하여 흥미로운 평행과 변형이 있다.

마태복음과 누가복음에서의 예수님의 시험과 모세의 시험은 광야라는 배경, 시내산에서 홀로 금식한 모세의 40주야, 모세를 인용(신 8:3; 6:13, 16)하시는 예수님을 통해 연결된다. "사람이 떡으로만 살 것이 아니요, 하나님의 입으로부터 나오는 모든 말씀으로 살 것이라"(마 4:4; cf. 눅 4:4; 신 8:3)는 구절은 요한복음 6장 전체를 위한 본문일 수도 있다. 예수님 자신이 떡이자 하나님 말씀이기 때문이다. 그리고 아들과 아버지의 관계를 반복해서 강조하는 것은 마귀가 "네가 만일 하나님의 아들이어든…"(마 4:3, 6; 눅 4:3, 9)을 반복하는 것과 상응한다.

군중이 예수님께 "그러면 우리가 보고 당신을 믿도록 행하시는 표적이 무엇이니이까?"(6:30)라고 말할 때—이 질문은 군중을 먹이신 표적 후 받은 질문이라 이상해 보이지만, 아마 그 일이 얼마나 조용하고 평범하고 일시적이었는지를 강조하는 것으로 보인다—예루살렘 성전 꼭대기에서 뛰어내리는 것과 같이 인상적이고 극적인 무언가로 자신이 누구인지를 증명하라는 유혹이 메아리처럼 되울린다.

하지만 요한복음 6장에서 가장 명시적인 유혹은 왕권에 대한 유혹이다. 마태복음과 누가복음에서 예수님이 "천하만국"에 대한 "권위"를 제안받으신 것처럼 말이다(마 4:8-9; 눅 4:5-6). 왕이신 예수님에 대해서는 요한복음 18-19장에서 더 많이 이야기될 것이며, 특히 13장에서 그 내용이 준비될 것이다.

여기서 예수님은 **다시 혼자**['모노스' μόνος] **산으로 떠나가신다**['아나코레인' ἀναχωρεῖν]. 이는 모세를 떠올리게 한다. 칠십인역에서 모세도 '혼자'('모노스') 산에 40주야 동안 있었고(출 24:2), 그뿐만 아니라 온 백성에 대한 책임의 무게를 혼자 짊어지고 있었다(민 11:14). 마태복음과 마가복음은 바다를 건너는 이야기에서 예수님이 홀로 계신 일에 대해 말하지만, 요한복음은 바다를 건너는 사건을 오병이어 이야기의 끝에 둠으로써 모세와의 평행점이 강조된다. 이는 공관복음의 시험과 마찬가지로 고독의 중요성을 시사한다.

토머스 브로디는 6:3에서 제자들과 함께 앉아 계신 예수님이 6:15에서 홀로 산에 계신 예수님과 "신중하게 조화를 이루고" 있다고 제안한다. 즉, "자신들의 약함을 어느 정도 인식하는" 제자 공동체와 연대하시는 모습은 억지로 대중의 기대에 맞추는 "강권적 왕 만들기" 시도에 저항하시는 모습과 대조를 이룬다는 것이다.[6] 스티븐 헌트는 "브로디의 설명은 증명될 수 없겠지만, 보통 같으면 평범해서 신중히 고려하지 않았을 세부 사항에 깊은 영적 의미와 신학적 의미를 덧붙이는 요한과 같은 저자에게 잘 어울린다"[7]고 평한다.

요한복음 6:1-15에 대한 헌트의 탁월한 분석은 요한복음에 관한 이러한 설명을 설득력 있게 뒷받침한다. 헌트는 여기서 자세히 설명할 수 없는 여러 방식으로 이 구절이 얼마나 "사려 깊게 숙고할" 가치가 있는지를, 특히 칠십인역과 공관복음과 공명하는 부분의 가치를 보여 준다. 그의 연구는 다음과 같이 결론 내린다. 요한은 칠십인역에 깊이 물들어 있을 뿐만 아니라 "공관복음 세 권을 모두 읽었다(그리고 부지런히 연구했다). 그리고 이런 입장은 사실 옛날 입장이다."[8] 지금 이 주석도 그런 입장을 취하고 있다.

여기서 예수님이 떠나신 것은 마크 스티브가 요한복음의 "도피하는 그리스도" 주제라고 부른 것과 부합한다.[9] "떠나가시니라"로 번역된 동사 '아나코레인' ἀναχωρεῖν(마태는 예수님께서 먹이시기 전 장면에서 이 단어를 사용한다[마 14:13])은 '은둔자'anchorite 라는 단어의 어원이다. 은둔자들(예컨대

---

6   Brodie, *The Gospel according to John*, 264.
7   Hunt, *Rewriting the Feeding of the Five Thousand*, 279.
8   Hunt, *Rewriting the Feeding of the Five Thousand*, 283.
9   스티브는 5:1-15에서 안식일 치유 이후에 변화가 일어났다고 본다. 살해당할 위험이 의미하는 바는 "이 시점부터 예수님이 도피적이고 비밀스러워진다는 것이다. 예수님의 행동과 운동은 숨은 메시아의 행동과 운동이다. 예수님의 대화는 그 대화를 듣는 사람들을 완전히 당혹스럽게(mystifies) 하는 불연속성으로 특징지어진다"(*John*, 83).

14세기 노리치의 줄리안 수녀)은 대체로 고립된 삶을 사는 전통에 속하며, 오늘날 세계 곳곳에는 새로운 형태로 은둔자 생활을 하는 사람들이 있다. 이러한 삶의 형태는 소속과 순응에 대해, 사회 및 정치적 압력에 대한 저항에 대해 깊은 의문을 제기한다.

이 장에는 예수님의 영역과 로마 황제의 영역(또는 다른 정치적, 문화적, 종교적 배경)과 어떻게 동시에 관계 맺으며 살아야 하는지 고민하는 독자들을 위한 구체적인 정치적 지침이나 윤리적 지침이 없다. 오히려 예수님이 누구신지에 초점을 맞추고, 새로운 읽기와 사고와 상상을 북돋고, 예수님을 따를 때 수반되는 풍요, 도전, 시험, 그리고 분별력 성장으로 초대하고, 압력을 받을 때 고독을 소중히 여기도록 격려하는 것을 볼 수 있다. 놀라운 점은 요한이 '유혹' 내지 "시험"을 뜻하는 단어(6절: '페이라제인' πειράζειν)를 사용한 곳에서 제자들을 시험하는 분이 예수님이라는 사실이다.

두 번째 드라마:
바다를 건너심—"내니 두려워하지 말라"(6:16-21)

제자들이 왜 예수님을 두고 어둠 속에서 항해를 떠났는지는 분명하지 않지만, 그들이 거친 풍랑을 만나자마자 예수님이 그들에게 오신다. 바다 위를 걸으시는 예수님의 모습은 놀랍고 두려운데, 그가 하시는 말씀이 더 놀랍다.

> 16 저물매 제자들이 바다에 내려가서 17 배를 타고 바다를 건너 가버나움으로 가는데, 이미 어두웠고, 예수는 아직 그들에게 오시지 아니하셨더니, 18 큰 바

람이 불어 파도가 일어나더라. ¹⁹ 제자들이 노를 저어 십여 리쯤 가다가, 예수께서 바다 위로 걸어 배에 가까이 오심을 보고 두려워하거늘, ²⁰ 이르시되 "내니 두려워하지 말라" 하신대, ²¹ 이에 기뻐서 배로 영접하니, 배는 곧 그들이 가려던 땅에 이르렀더라.

모세가 백성을 이끌고 홍해의 마른 땅을 건넜던 반면, 예수님은 제자들을 이끌고 **그들이 가려던 땅에** 가실 때 물 위를 걸어가셨다—이는 성경에서 오로지 하나님만 가능한 일이다. 칠십인역 욥기 9:8은 여기서와 똑같은 헬라어 단어를 사용하여 하나님께서 물 위를 걸으심을 나타낸다. 두 번째 출애굽을 약속하는 이사야 51장은 하나님이 바다와 바다에 불어친 폭풍을 지배하신다는 점을 확언하고, 두려움에서 구원하실 것을 약속하면서, 하나님을 "바다 깊은 곳에 길을 내어 구속받은 자들을 건너게 하신 이"(10절)로 묘사한다. 그런 다음 "너희를 위로하는 자는 나, 곧 나이니라"라는 반복 문구로 백성을 안심시킨다(LXX 12절: "에고 에이미 에고 에이미 호 파라칼론 세" ἐγώ εἰμι ἐγώ εἰμι ὁ παρακαλῶν σε ["위로하다"에 해당하는 헬라어는 나중에 요한이 성령을 가리킬 때 사용하는 말이다]).¹⁰ 여기서 "**내니**"로 번역된 말은 사마리아 여인에게 대답하실 때 "내가 그라"(4:26)로 번역된 말과 마찬가지로 '에고 에이미'εἰμι ἐγώ다. 이는 번역된 말을 의미할 수도 있고, 출애굽기 3:14나 이사야 곳곳에 나오는 하나님의 자기 선언self-identification일 수도 있다. 공관복음에서도 예수님께서 물 위를 건너는 장면에 이 말을 사용하고 요한도 이 말을 쓰지만, 요한은 이 말이 하나님을 예수님과 동일시하는 표현임을 공관복음보다 더 분명히 한다. 이 장에서 이 표현은 예수님의 "나는 있다/…이다"라는 진술로 반복된다(6:35, 48, 51).

10　14:15-17에 관한 주석을 보라.

그러므로 예수님은 여기서 하나님의 자유로 행동하고 계신다. 부활 후 문이 잠겼는데도 나타나신 것처럼 말이다. 예수님은 또한 하나님의 긍휼로 행동하시며 위로를 가져다주신다. 그러나 가나 포도주의 양과 질, 그리고 사람들을 먹이신 후 열두 바구니가 남은 것처럼, 필요 이상의 무언가도 있다는 느낌이 든다. 배가 침몰할 위기에 처했다는 징후는 없었다ㅡ두려움은 예수님이 물 위를 걸으신 것을 보고 나타난 반응이다. 이 표적은 예수님이 누구신지 제자들에게 친밀하게 계시해 주신 것으로, 필요 때문이 아니라 그냥 베푸신 것이다. 제자들은 예수님을 좌지우지할 수 없다. 예수님은 (산에 오르실 때처럼) 자유롭게 가실 수 있고 예수님만의 놀라운 방식으로 오실 수 있다. 상황이 아무리 어둡고 불안정하더라도, 예수님이 물리적으로 부재하시든 임재하시든, 중요한 진리는 예수님이 누구신가이다.

이어지는 강론은 이에 대해 더 자세히 설명한다. 예수님 말씀에 대한 제자들의 반응은 **기뻐서 배로 영접**한 것이다. 이는 이후 예수님이 하신 "어려운 말씀"(60절)에 대한 제자들의 수용성에 결정적인 단서를 제공한다. "영접"에 해당하는 동사('람바네인' λαμβάνειν)는 요한이 예수님을 믿고 영접하는 것을 나타낼 때 즐겨 사용하는 표현으로, 1:12와 1:16에서부터 나온다.[11] 제자들이 예수님에 대해 마음과 생각을 열어 두고 있었던 것이 그들의 욕망에, 그들이 "기뻐한"wanted 것에 드러난다. 이 표적은 제자들을 놀라게 하고, 그들의 욕망을 불러일으키고, 예수님이 누구신지에 대해 더 마음을 열도록 하는 그 목적을 달성했다.

---

11 또한 특히 13:20; 20:22를 보라.

첫 번째 코스: 예수님을 믿는 것은 하나님이 바라시는 가장 기본적인 일이다(6:22-29)

군중이 **예수님을 찾고** 있었지만, 예수님은 그들이 **썩을 양식**에 대한 욕망에 집착하고 있다고 보신다. 욕망을 교육하는 일에 대한 예수님의 관심은 예수님이 첫 제자들에게 하신 첫 말씀 "너희는 무엇을 찾느냐[구하느냐?"(1:38)에서 시작되었다.

이 장에서는 그 교육을 이어가면서, 요한복음 1장에서 예수님 주변에 모인 배움 공동체의 핵심에 있었던 두 가지 물음을 더 추구해 나간다. 이 두 물음은 "네가 누구냐?"와 "어디 계시오니이까\거하시나이까\머무시나이까?"로, 서로 관련된 중대한 물음이다.[12] 25-58절에서 이어지는 가르침의 '코스'는 단계적으로 진행되며, "이 말씀은 예수께서 가버나움 회당에서 가르치실 때에 하셨다"는 59절 말씀이 암시하는 바와 같이 대화 설교로 이해하는 것이 가장 좋다. 당시 회당 예배에는 토라(성경의 첫 다섯 책) 및 예언서 낭독 및 시편을 통한 기도가 있었다. 여기서 출애굽기 16:4, 15에 해당하는 토라 본문은 군중이 말한 것이다 — "하늘에서 그들에게 떡을 주어 먹게 하였다"(요 16:31). 이사야 54:9-55:5는 예언서 본문으로, 요한복음 6:45에 인용되어 있고(사 54:13), 또 여러 번 암시적으로 인용되어 있다. 그리고 시편 78:24도 메아리처럼 되울리고 있다.[13] 따라서 이 강론은 오병이어와 바다 건너기에서 발전했는데, 성경의 메아리도 많이 있고 공관복음 세 권 모두를 창의적으로 연주한 것이기도 하다. 토라, 예언서, 시편이 풍부하게 엮여 있고, 공관복음의 암시적 인용

---

12 1:19-51에 관한 주석을 보라.
13 회당 관행이 여기에 어떻게 반영되어 있는지에 대한 더 자세한 설명으로는 다음을 보라. Lincoln, *The Gospel according to Saint John*, 223-25.

들도 포함하고 있다. 그리고 이 모든 것이 군중과 대화 속에 결합되어 놀라운 가르침을 제시한다. 이 가르침은 여러 본문을 숙고하며 다시 읽도록 부추기는데, 그 중심축은 곧 드러나겠지만 35절에 있다. "예수께서 이르시되 '나는 생명의 떡이니, 내게 오는 자는 결코 주리지 아니할 터이요, 나를 믿는 자는 영원히 목마르지 아니하리라.'"

이 첫 번째 코스는 배우는 자의 기본 요건에 관한 것이다. 그것은 예수님께 열려 있으며, 욕망의 방향 전환과 심화를 기꺼이 감당하고, 영구적으로 헌신할 준비가 되어 있는 것이다. 이 모든 요소가 요한이 사용한 '피스튜에인' πιστεύειν 의 용례―예수님께 귀 기울이고, 예수님을 믿고 신뢰하며, 예수님과 장기적인 관계를 맺는 것―에 담겨 있다.

22 이튿날 바다 건너편에 서 있던 무리가 배 한 척 외에 다른 배가 거기 없는 것과, 또 어제 예수께서 제자들과 함께 그 배에 오르지 아니하시고 제자들만 가는 것을 보았더니, 23 (그러나 디베랴에서 배들이 주께서 축사하신 후 여럿이 떡 먹던 그곳에 가까이 왔더라) 24 무리가 거기에 예수도 안 계시고 제자들도 없음을 보고, 곧 배들을 타고 예수를 찾으러 가버나움으로 가서, 25 바다 건너편에서 만나 "랍비여, 언제 여기 오셨나이까?" 하니, 26 예수께서 대답하여 이르시되 "내가 진실로 진실로 너희에게 이르노니, 너희가 나를 찾는 것은 표적을 본 까닭이 아니요, 떡을 먹고 배부른 까닭이로다. 27 썩을 양식을 위하여 일하지 말고, 영생하도록 지속되는 [있는] 양식을 위하여 하라. 이 양식은 사람의 아들이 너희에게 주리니, 사람의 아들은 아버지 하나님께서 인 치신 자니라." 28 그들이 묻되 "우리가 어떻게 하여야 하나님의 일을 하오리이까?" 29 예수께서 대답하여 이르시되 "하나님께서 보내신 이를 믿는 것이 하나님의 일이니라" 하시니.

예수님의 대답은 무리의 질문에 대한 답이 아니라, "'너희는' 무엇을 찾느냐[구하느냐]?"(1:38)라는 예수님 자신의 핵심 질문에 대한 답이다. 예수님은 무리가 예수님의 먹이심을 표적이 아니라 단순히 배고픔을 채우는 것으로 여겼다고 말씀하신다. 그들의 에너지는 어디에 집중되어야 하는가? 예수님은 그들에게 말씀하신다. **"썩을 양식을 위하여 일하지 말고, 영생하도록 지속되는[있는] 양식을 위하여 하라. 이 양식은 사람의 아들이 너희에게 주리니, 사람의 아들은 아버지 하나님께서 인 치신 자니라."** 이는 양식 이미지를 통해 요한복음을 아주 간략히 요약한 것이다. 여기에는 요한복음 1장의 세 가지 중요한 질문에 대한 답이 담겨 있다. 즉, 무엇을 욕망하고 무엇을 위해 일해야 하는지,[14] 무엇이 머무는지\지속되는지\남는지\계속되는지,[15] 예수님은 누구신지, 즉 요한복음 1장에서 예수님이 자신에게 부여한 유일한 칭호인 "사람의 아들"이 어떤 분인지에 대한 답이다. 여기서 미래 시제인 "주리니"는 죽음에서 절정에 이른 예수님의 자기 내어 줌을 미리 가리키고 있다. 이는 나중에 나오는 미래 시제, "내가 줄 떡은 곧 세상의 생명을 위한 내 살이니라"(51절)와 어우러진다.

이 집약적인 27절은 또한 인을 치는 이미지—아버지 하나님께서 인 치신 자—를 통해 프롤로그의 절정에 있는 확언, "아버지 품속에 있는 독생자 하나님"(1:18)을 연상시킨다. 인장은 권위의 표시로, 어떤 사물이나 사람이 신뢰할 만하고, 진짜이며, 믿을 만하다고 인증하는 것이다.

---

14 나중에 중추적인 35절에서는 양식과 관련된 또 다른 기본 욕망 이미지인 '목마름'이 도입된다.

15 27절에 "지속되는[있는]"(endures)으로 번역된 동사는 헬라어로 '메네인'(μένειν)이다. 이는 1:32, 33에서 '머물다'(remain)로 번역되었고, 1:38에서는 '계시다'(stay)로 번역되었다. 그리고 뒤의 56절과 요한복음 15장의 포도나무(포도원) 비유를 비롯한 다른 곳에서는 '거하다'(abide)로 번역되었다.

그런 다음 기본 물음과 놀라운 답변이 이어진다. **"우리가 어떻게 하여야 하나님의 일을 하오리이까?" "하나님께서 보내신 이를 믿는 것이 하나님의 일이니라."** 바울 서신에 반영되어 있듯이, 믿음faith과 행위work의 관계는 초대 교회에서 매우 논쟁적인 주제였고, 특히 종교개혁에서 이에 관한 논쟁이 자주 되풀이되었다. 이 문제는 그리스도인의 신앙과 삶에서 핵심을 관통하는 쟁점이다. 여기서 예수님은 믿음과 행위 사이의 경합은 물론, 단순한 구분조차 거부하신다. 예수님은 믿음을 가장 기본적인 "하나님의 일"the one basic "work of God"로 재정의하신다. 이 문구는 '하나님께서 이루어지기를 바라시는 일' 또는 '하나님이 직접 하시는 일'을 의미할 수 있다. 이는 요한복음에 전형적으로 나타나는 비경합적인 겹의미다.

이는 심오한 신학이기도 하다. 이는 신의 행동과 인간의 행동을 같은 수준에 두는 것을 거부한다. 이는 예수님을 보내신 하나님의 철저한 주도권을 인지하는 것이다. 예수님은 풍성한 은혜의 선물이시며, 그에 대한 단 한 가지 적절한 반응은 철저히 받는 것이다. "우리가 다 그의 충만한 데서 받으니 은혜 위에 은혜러라"(1:16). 따라서 예수님을 믿는다는 것은 '수동적인 행동'이며, 이는 먹을 양식을 받는 것으로 잘 상징된다. 신자들은 자신의 창조나 탄생에 어떤 식으로도 역할 하지 않은 것처럼, 예수님을 보내는 일에도 아무런 역할을 하지 않았다. 왜 어떤 사람은 믿고 어떤 사람은 믿지 않는지에 관한 수수께끼가 있지만(뒤에서 더 자세히 다룰 것이다), 신자에게 하나님과 독립적이며 자율적인 행위 주체성을 부여한다고 해서 해결될 문제는 아니다. 신자들은 안다. 하나님의 은혜에 대한 반응은 그저 순전히 감사일 뿐이라는 것을 말이다. 자기가 은혜를 받을 자격이 될 만한 무언가를 했다고 주장하지 않는다. 자신의 창조나 탄생이 일어나도록 무언가를 하지 않은 것과 마찬가지다. 그러나 하나님의 주도권은 인간의 자유를 없애지 않고 오히려 더 강화한다. 인간의 자유는 인간이 신뢰와 사랑으로 하나님께 참여하는 것에 정비례하여 커진다. 하나님이 자유를 창조하셨기 때문이며, 자유는 창조주에 대한 신뢰를 통해 실현되기 때문이다.

따라서 믿음과 행위 논쟁에 관한 요한의 대답은 믿음의 철저한 우선성이다. 믿고 신뢰하는 관계를 통해 우리는 은혜, 자유, 에너지, 영감, 진리, 사랑, 넘치는 생명을 받게 된다. 물론 이런 것들은 다양한 종류의 행위로 흘러나온다. 무엇보다도 사랑의 행위로 흘러나온다. 믿음과 행위의 이러한 결합에서 가장 깊은 비밀은 예수님과 상호 내주하며 연합하는 것이다. 상호 내주\거함은 요한복음 6장에서 처음 소개되고 13-17장에서 가장 심오하게 밝혀진다.

두 번째 코스: "나는 생명의 떡이니"(6:30-40)

이제 두 번째 코스가 온다. 이는 전체 설교 대화의 중추적인 구절을 중심으로 펼쳐진다. **예수께서 이르시되 "나는 생명의 떡이니, 누구든지 내게 오는 자는 결코 주리지 아니할 터이요, 누구든지 나를 믿는 자는 영원히 목마르지 아니하리라."**[16] 이는 오병이어의 떡으로, 바다를 건너시며 말씀하신 "내니"로, 영생하도록 지속되는 첫 번째 코스의 양식으로, 예

---

16 이 구절이 어휘, 문체, 문학적 구조, 상호본문성, 이미지, 신학과 관련하여 어떻게 중추적인지에 관한 통찰력 있는 분석으로는 다음을 보라. Maritz and Van Belle, "The Imagery of Eating and Drinking in John 6:35." 이들의 연구는 다른 문학적·신학적 접근 방식과 더불어 요한복음 6장의 정합성을 보여 주는데, 서로 다른 신학을 가진 다양한 저자나 편집자에게 그 요소를 귀속시킬 필요가 없는 방식으로 보여 준다. 마리츠와 반 벨이 말했듯이 "이 장은 … 인상적인 단위를 형성하도록 창의적으로 구성되어 있다"(p. 334).

수님을 믿는 것인 하나님의 일로 거슬러 올라간다. 이는 세 번째 코스와 네 번째 코스에서 반복되는 주제인 믿음, 떡, 생명, 예수님으로 이어지며 먹는 것에 마시는 것이 더해진다. 배고픔에 목마름이 더해져서 욕망에 대한 몰입이 강화될 것이다.

> ³⁰ 그들이 묻되 "그러면 우리가 보고 당신을 믿도록 행하시는 표적이 무엇이니이까? 하시는 일이 무엇이니이까? ³¹ 기록된 바 '그가' 하늘에서 그들에게 떡을 주어 먹게 하였다' 함과 같이, 우리 조상들은 광야에서 만나를 먹었나이다." ³² 예수께서 이르시되 "내가 진실로 진실로 너희에게 이르노니, 모세가 너희에게 하늘로부터 떡을 준 것이 아니라, 내 아버지께서 너희에게 하늘로부터 참 떡을 주시나니, ³³ 하나님의 떡은 하늘에서 내려 세상에 생명을 주는 것이니라." ³⁴ 그들이 이르되 "주여, 이 떡을 항상 우리에게 주소서."
> ³⁵ 예수께서 이르시되 "나는 생명의 떡이니, '누구든지' 내게 오는 자는 결코 주리지 아니할 터이요, '누구든지' 나를 믿는 자는 영원히 목마르지 아니하리라. ³⁶ 그러나 내가 너희에게 이르기를 '너희는 나를 보고도 믿지 아니하는도다' 하였느니라. ³⁷ 아버지께서 내게 주시는 자는 다 내게로 올 것이요, '누구든지' 내게 오는 자는 내가 결코 내쫓지 아니하리라. ³⁸ 내가 하늘에서 내려온 것은 내 뜻을 행하려 함이 아니요, 나를 보내신 이의 뜻을 행하려 함이니라. ³⁹ 나를 보내신 이의 뜻은 내게 주신 자 중에 내가 하나도 잃어버리지 아니하고 마지막 날에 다시 살리는 이것이니라. ⁴⁰ 내 아버지의 뜻은 아들을 보고 믿는 자마다 '누구든지' 영생을 얻는 이것이니, 마지막 날에 내가 이를 다시 살리리라" 하시니라.

무리는 광야에서 이스라엘 백성에게 만나를 주신 것과 맞먹는 표적을 요구한다. 만나는 한 번만 주신 게 아니라 40년 동안 계속 주신 것이다.

먼저 예수님은 만나를 주신 분, 곧 **내 아버지**를 강조하며 군중이 제시한 본문을 해석하신다. 이어서 그들에게 주어진 것이 **하늘로부터 온 참 떡**이자 **하늘에서 내려 세상에 생명을 주는 … 하나님의 떡**이라고 밝히신다. 당시에는 지혜와 토라(율법 및 이와 관련된 언약 관계 안에서 하나님 앞에서 예배하고 생활하는 방식)를 떡, 양식, 생명을 주는 영양소, 하나님이 베푸시는 잔치로 보는 오랜 전통이 있었다.

그래서 예수님은 **만나**와 **떡**의 의미를 넓혀서, 하나님과 하나님이 주시는 모든 것에 대한 지평을 여신다. 그리고 이 지평 안에서 중추적인 35절이 도입된다. 군중은 더 넓은 의미를 파악하지 못하고, 만나를 계속 공급해 달라고 요청한다. 이는 사마리아 여인의 오해와도 매우 유사한 평행을 이룬다. 예수님이 사마리아 여인에게 "영생하도록 솟아나는 샘물"을 주신다고 말씀하시자, 여인은 주여, 그런 물을 내게 주사 목마르지도 않고, 또 여기 물 길으러 오지도 않게 하옵소서"라고 요청했다(4:14-15). 요한은 예수님처럼 독자들도 **하늘**과 **세상**을 하나로 묶어서, 동시에 여러 차원에서 상상하고 생각하고 소망하도록 가르치고 있다.

이 결합은 예수님을 통해 극적으로 표현된다. **"나는 생명의 떡이니."** 이는 프롤로그와 상통하는 하나님의 "나는 있다/…이다"다. 이는 궁극적 실재일 뿐만 아니라 전적으로 욕망해야 할 분이다. 예수님은 다른 모든 실재와 욕망을 상대화하신다. 이 궁극의 실재이자 욕망의 대상이 다른 욕망이나 실재와 필연적으로 갈등하거나 경쟁하는 것은 아니다. 이번 장은 그러한 점을 보여 준다. 예수님은 문자 그대로 사람들을 먹이시지만, 사람들이 떡으로만 사는 것은 아니다. 풍성한 먹이심은 그 자체로 선하기도 하고, 영생의 영구적인 풍성함을 가리키기도 한다. 예수님의 실재와 그가 주시는 것은 무엇보다도 바랄 만한 것이다.

여기에는 공관복음에 나오는 욕망에 관한 예수님의 가르침과 깊은 공명이 있다. "그러므로 내가 너희에게 이르노니, 너희 목숨을 위하여 무엇을 먹을까, 몸을 위하여 무엇을 입을까 염려하지 말라. 목숨이 음식보다 중하고, 몸이 의복보다 중하니라. … 너희는 무엇을 먹을까, 무엇을 마실까 하여 구하지 말며, 근심하지도 말라. 이 모든 것은 세상 백성들이 구하는 것이라. 너희 아버지께서는 이런 것이 너희에게 있어야 할 것을 아시느니라. 다만 너희는 그의 나라를 구하라. 그리하면 이런 것들을 너희에게 더하시리라"(눅 12:22-23, 29-31[cf. 마 6:25-34]). 여기서 '구하다'에 해당하는 헬라어는 '제테인'ζητεῖν으로, 요한의 핵심 용어 중 하나다. 이 단어는 '구하다, 바라다, 탐색하다, 찾다, 원하다, 기대하다, 검토하다, 조사하다'를 의미한다. 요한복음 6장에는 두려워하지 말 것, 먹고 마시는 것, 하나님의 것에 대한 욕망과 다른 자연적인 욕망 사이의 비경쟁, 하나님의 압도적인 우선성과 같은 공관복음의 주제가 담겨 있다.

그러나 요한복음은 여기서 한 걸음 더 나아간 두 가지 독특한 점이 있다. "나는 있다/…이다"가 예수님이 누구신지에 초점을 맞춘다는 점, 그리고 (요한이 니고데모 이야기를 통해 독자들에게 가르쳤던 것처럼) 그 나라가 생명의 측면에서 이해된다는 점이다. 예수님은 자신을 임금 삼으려는 것을 거부하시고, 예수님 자신과 자신이 주는 생명을 욕망의 목표로 제시하신다.

여기에는 또 다른 중요한 차원의 욕망도 있다. 자기 아버지의 욕망과 합치되는 예수님 자신의 욕망이다. 예수님은 사람들이 자신에게 와서 자신을 신뢰하기를 갈망하신다. 그의 사역은 주로 매력의 사역으로, 풍성한 생명의 표적들을 통해 사람들을 자신에게로 이끌어 들인다. 예수님에 대한 거부는 십자가 처형으로 이어지는데, 이는 예수님의 매력적인/끌어당기는 사랑을 나타내는 궁극의 표적이다. "내가 땅에서 들리면 모든 사람을 내게로 이끌겠노라"(12:32). 예수님은 세상을 사랑하신 아버지로부터 이 모든 일에 보내심을 받았으며(3:16), 예수님은 진리를 말하고 의욕하고 행하고, 생명을 주고, 사랑함에 있어 아버지와 하나이시다.

이 두 번째 코스에는 응하는 사람과 그렇지 않은 사람에 관한 신비가 선명하게 나타난다. 이는 그리스도교 안에서 큰 논란거리다. 이 구절은 한편으로 아버지께서 어떤 사람들을 구원하기로 택하셔서 예수님께 **주신**다는 점과 예수님이 그중 하나도 잃지 않도록 사역하시고 죽으신다는 점을 암시한다. 그러나 다른 한편으로 아버지께서 구원하기로 택하지 않은 사람들도 있음을 암시하는 것일까? 하나님의 활동에 대한 이런 결정론적 견해는 고전적으로 '이중 예정'으로 불린다—하나님께서 일부는 구원받도록, 또 일부는 영벌받도록 하셨다는 것이다. 많은 그리스도인이 이를 주장했고, 또한 상당수가 이를 격렬하게 반대했는데, 각 입장을 뒷받침하는 데 요한복음이 사용되어 왔다. 이 주석의 다른 지점에서 이 문제를 더 자세히 논하겠지만,[17] 이 구절과 관련해서 두 가지 점을 짚어볼 수 있다.

첫째, 이 장의 요지는 응답하라는 호소와 함께 나오는 약속이다. 35절은 배고프거나 목마른 사람 누구에게나 주시는 약속으로, 예수님께서 그들의 상상을 초월하여 욕망을 충족시켜 주실 수 있다는 약속이다. 요한복음에서 흔히 볼 수 있는 표현 방식으로 나타나는 개방성이 여기 있다. '**누구든지**' … '**누구든지**' … '**누구든지**' … '**누구든지**'. 그러나 둘째, 응답과 관련하여 불가피하고 필연적인 것은 없으며 다만 급진적인 도전이 수반된다. 이 장의 절정은 예수님께서 가장 가까운 열두 제자에게 "너희도 가려느냐?"하고 물으시는 장면이다(67절).

---

[17] 앞서 요한복음 3장을 주해하며 간단히 논했고, 앞으로 9장을 다루며 더 자세히 논할 것이다.

늘 그렇듯이, 이는 이러한 도전에 직면한 독자들을 향해 쓰인 것으로 생각해야 한다. 모든 것이 미리 결정되어 있다면, 이 복음서를 기록할 이유도 거의 없을 것이다. 세상을 향한 하나님의 사랑과 세상의 반응이라는 계속되는 드라마가 여전히 전개되고 있다. 그 결말에 대한 총체적 관점은 우리에게 주어지지 않았다. 다만 우리에게 주어진 것은 "가"지 말고 예수님과 함께 머무르라는 초대이며, 지식으로 주어지지 않은 것이 많다—많은 것들에 대해, 특히 예수님과 다른 사람의 관계에 대해(예컨대 21:20-23) 불가지론적 태도를 취할 것을 권면하기도 한다.

세 번째 코스: 하나님이 가르쳐 주신 모든 것, 세상의 생명을 위해 주는 "내 살"(6:41-51)

프랜시스 몰로니가 "예수님 인격에 대한 집중 강화"라고 부른 것이 계속된다.[18] 사람들의 불평은 출애굽기의 불평을 떠올리게 한다. 여기서 출애굽기 15장의 마실 것이 없다는 불평, 16장의 먹을 것이 없다는 불평, 17장의 다시 마실 것이 없다는 불평이 떠오를 뿐만 아니라, "너희의 원망은 우리를[모세와 아론을] 향하여 함이 아니요, 여호와를 향하여 함이로다"(출 16:8)라는 하나님을 중심으로 하는 교훈이 떠오른다. 여기서 기본 물음은 "여호와께서 우리 중에 계신가, 안 계신가?"(출 17:7)이다. 이 코스는 앞의 두 코스의 핵심 요소를 반복하며 강조하고, 깜짝 놀랄 만한 추가 '요리'로 마무리된다.

---

18 Moloney, *The Gospel of John*, 219. 《요한복음서》(대전가톨릭대학교출판부 역간).

⁴¹ 자기가 "하늘에서 내려온 떡이라" 하시므로, 유대인들이 예수에 대하여 수군거려 ⁴² 이르되 "이는 요셉의 아들 예수가 아니냐? 그 부모를 우리가 아는데, 자기가 지금 어찌하여 '하늘에서 내려왔다' 하느냐?" ⁴³ 예수께서 대답하여 이르시되 "너희는 서로 수군거리지 말라. ⁴⁴ 나를 보내신 아버지께서 이끌지 아니하시면 아무도 내게 올 수 없으니, 오는 그를 내가 마지막 날에 다시 살리리라. ⁴⁵ 선지자의 글에 '그들이 다 하나님의 가르치심을 받으리라' 기록되었은즉, 아버지께 듣고 배운 사람마다 내게로 오느니라. ⁴⁶ 이는 아버지를 본 자가 있다는 것이 아니니라. 오직 하나님에게서 온 자만 아버지를 보았느니라. ⁴⁷ 진실로 진실로 너희에게 이르노니, 믿는 자는 영생을 가졌나니, ⁴⁸ 내가 곧 생명의 떡이니라. ⁴⁹ 너희 조상들은 광야에서 만나를 먹었어도 죽었거니와, ⁵⁰ 이는 하늘에서 내려오는 떡이니 사람으로 하여금 먹고 죽지 아니하게 하는 것이니라. ⁵¹ 나는 하늘에서 내려온 살아 있는 떡이니, 사람이 '누구든지' 이 떡을 먹으면 영생하리라. 내가 줄 떡은 곧 세상의 생명을 위한 내 살이니라" 하시니라.

예수님의 태생 가족을 잘 안다는 생각을 바탕으로 예수님을 거부한 것(이는 또한 공관복음이 다루는 주제다. 마 13:53-58; 막 6:1-6)은 예수님으로 하여금 자신의 궁극적 태생, 곧 아버지에 대해 이야기하게 한다. 하나님은 사람의 모양으로 자기를 자유롭게 표현하실 수 있으므로, 예수님의 인간적 태생과 신적 태생 사이에는 모순이 없다. **내게 오는** 자의 자유와 **나를 보내신 아버지께서** 그들을 **이끄**신다는 사실 사이에 모순이 없는 것과 마찬가지다. 인간의 반응을 가능하게 하는 이 신적인 주도권은 스승과 제자의 관계를 통해 더욱 이해된다. **그들이 다 하나님의 가르치심을 받으리라**. 이는 이사야 54:13을 언급한 것인데, 그 외에도 "이사야 54-55장이라는 더 큰 맥락에 대한 암시가 강론의 나머지 부분에 전제되어 있는 것 같다."¹⁹ 이사야는 백성이 응답하기를 열정적으로 호소하고 있다. 이사야는 하나님의 생각과 길의 신비가 사람들의 생각과 길보다 더 높기에, 하나님 자비의 풍성함도 비와 눈이 땅을 비옥하게 하듯이 다음과 같으리라고 확신한다. "내 입에서 나가는 말도 … 나의 기뻐하는 뜻을 이루며, 내가 보낸 일에 형통함이니라"(사 55:11).

"아버지께 듣고 배운 사람마다 내게로 오느니라." 이사야서와 마찬가지로, 예수님의 모든 목적은 하나님께 듣고 배우고 하나님을 신뢰하고 믿는 것이다. 요한복음은 무엇보다도 육신이 되신 하나님 말씀인(1:14) 이 사람의 드라마를 통해 그러한 교육학을 차려 낸다. 이제 그 육신이 놀라운 약속으로 소개된다.

"사람이 '누구든지' 이 떡을 먹으면 영생하리라. 내가 줄 떡은 곧 세상의 생명을 위한 내 살이니라." 이 구절에서 도입한 떡과 살의 동일시는 다음 단락에서 충격적인 스캔들이 일어날 정도로 격렬해진다. 일부 주석가는 이것이 교회의 성찬 관례와 연결하기 위해 나중에 추가된 본문으로, 강론의 나머지 부분과 잘 어울리지 않는다고 본다. 나는 교회의 이 핵심 관례와 연결될 뿐만 아니라 이 관례를 더 넓고 깊게 확장하도록 이 장 전체가 세심하게 짜여 있다고 보는 쪽이 더 설득력 있다고 생각한다.

요한이 공관복음을 알고 있었다고 가정하면, 요한이 공관복음보다 훨씬 더 많은 지면을 할애한 요한복음 13-17장의 마지막 만찬에서 성찬례 제정을 생략한 이유가 궁금할 수 있다. 그럴듯한 이유가 많이 있는데, 예수님이 하신 일의 효과로 가장 잘 설명될 수 있다.

---

19 Keener, *The Gospel of John*, 1:686. 키너는 계속해서 이렇게 말한다. "이 복음서에서 예수님이 특히 하나님으로부터 오신 '선생'으로 나타난다는 점은 매우 중요하다(3:2; 6:59; 7:14, 28, 35; 8:20; 18:20). 예수님은 아버지로부터 배우셨고(8:28; cf. 7:15-17; cf. 8:26, 40), 성령은 예수님의 사역을 계속해 나갈 것이다(14:26; cf. 눅 12:12; 고전 2:13)."

요한복음 6장에서는 요한복음의 독자들에게 매우 친숙한 성찬례의 언어를 다음과 같은 핵심 주제와 연결한다. 예수님은 누구신가, 풍성하고 영원한 생명/삶이라는 선물, 예수님을 믿고 그 안에 거하는 것. 특히 그는 말씀이 육신이 되셨다는 프롤로그의 핵심 확언을 더 선명하고 깊게 드러낸다. 요한복음 6장은 소수 제자 무리와 함께한 마지막 만찬 맥락이 아니라 (이 장이 절정에 이르는 지점에서 유다의 배반을 언급함으로써 저 만찬을 명백히 내다보고 있긴 하지만) 수천 명을 풍성하게 먹이신 사건을 통해 이를 드러낸다. 따라서 이 성찬례 관례는 열려 있는 "누구든지…"가 그 지평이다. 그 방향은 문자 그대로 떡과 하나님의 말씀이 모두 필요한 "세상의 생명"을 향하고 있다.

동시에 요한복음 13장에서 성찬례 제정이 예수님께서 제자들의 발을 씻기시는 모습으로 대체됨으로써 계속해서 유익한 두 초점이 설정된다. 이는 공관복음을 아는 사람들로 하여금 성찬례와 발 씻김이 서로 어떻게 관련되는지를 반복해서 성찰하도록 자극한다. 성찬례에서 떡과 포도주를 나누는 것이 사랑과 실천으로 섬기는 일과 어떤 관련이 있을까? 실천적 섬김의 공동체가 어떻게 예배, 기념식, 가르침을 통해 예수님을 기억하는 일에 뿌리를 둘 수 있을까? 그러한 공동체에서 권력과 권위를 행사하는 일은 예수님께서 발을 씻기신 일과 같은 느낌으로 다가올까? 요한이 세족식을 공관복음의 마지막 만찬 제정과 나란한 지점에 배치한 데서, 이런 물음을 비롯하여 여러 다채로운 물음이 나오게 된다. 공관복음과 요한복음이 가장 완전하게 수렴되는 요한복음 6장은 강론을 통해 이 둘을 하나로 묶는 신학을 제시한다. 예수님의 인격에, 또한 그의 "살"이 "세상의 생명을 위해" 주어지는 십자가 사건에 초점을 둠으로써 둘이 하나로 결합된다.

네 번째 코스: 참된 양식, 참된 음료, 상호 거주(6:52-59)

이 본문은 충격적이다. 바로 앞에서 생명을 얻기 위해 반드시 먹어야 하는 "하늘에서 내려온 살아 있는 떡"과 예수님의 "살"이 동일시되었다. 그리고 이어서 예수님의 피를 마셔야 한다는 내용이 추가됨으로써 앞의 내용이 완곡해짐 없이 반복되고 강화된다. 군중(41절부터는 "유대인들"로 불린다)은 이런 일이 어떻게 일어날 수 있는가 하는 당연한 물음을 던진다. 식인 행위를 말하는 것인가? 이를 받아들이기 어려워하는 것은 군중만이 아니다. 이어지는 단락이 보여 주듯이 제자 중 여럿도 받아들이기 어려워한다(60절). 늘 그렇듯이 요한의 주된 관심은 독자와 다시 읽는 독자에게 있다. 이것이 그들에게 어떤 의미로 다가올 것인가?

> ⁵² 그러므로 유대인들이 서로 다투어 이르되 "이 사람이 어찌 능히 자기 살을 우리에게 주어 먹게 하겠느냐?" ⁵³ 예수께서 이르시되 "내가 진실로 진실로 너희에게 이르노니, 사람의 아들의 살을 먹지 아니하고 사람의 아들의 피를 마시지 아니하면 너희 속에 생명이 없느니라. ⁵⁴ 내 살을 먹고 내 피를 마시는 자는 영생을 가졌고, 마지막 날에 내가 그를 다시 살리리니, ⁵⁵ 내 살은 참된 양식이요 내 피는 참된 음료로다. ⁵⁶ 내 살을 먹고 내 피를 마시는 자는 내 안에 거하고 나도 그들[그의] 안에 거하나니, ⁵⁷ 살아 계신 아버지께서 나를 보내시매 내가 아버지로 말미암아 사는 것같이 나를 먹는 사람도 누구든지[그 사람도] 나로 말미암아 살리라. ⁵⁸ 이것은 하늘에서 내려온 떡이니, 조상들이 먹고도 죽은 그것과 같지 아니하여, 이 떡을 먹는 자는 영원히 살리라." ⁵⁹ 이 말씀은 예수께서 가버나움 회당에서 가르치실 때에 하셨느니라.

요한은 **나를 먹는 사람**이라는 스캔들을 일으키는 이야기를 어떻게 받아들여야 할지에 관한 중요한 지표를 독자와 다시 읽는 독자에게 제공한다. 하지만 이 말을 받아들인다고 해서 이 말이 주는 어질어질한 충격의 강도가 줄어드는 것은 아니다. 오히려 이 말의 **참된** 의미는 식인 행위가 사회적·종교적 관습에 어긋나는 것 그 이상으로 일반적인 생각을 훨씬 더 완전히 뛰어넘는 현실에 참여하는 것이다. 나중에 중추적인 61-63절에서 의미의 지평 전체가 펼쳐질 것이다. 그 지평에서는 "육/살"만으로는 "무익하다"—그럼에도 스캔들은 여전히 가시지 않는다. 그래서 "그의 제자 중에서 많은 사람이 떠나간다"(66절).

여기에는 다른 차원의 의미를 나타내는 지표가 자그마치 네 개나 있다. 첫째는 성찬례의 먹고 마심이다. 이에 대해 주석가들 사이에서 논쟁이 있지만, 요한이 공관복음을 알고 있었다고 생각하는 사람들에게는 그 연관성이 분명해 보인다. 그렇다고 그 연관성이 종교개혁 당시 특히 첨예해진 논쟁에 마침표를 찍는 것은 아니다. 미사의 떡과 포도주가 그리스도의 몸과 피로 '실제로' 실체 변화되는가? 혹은 다른 극단의 관점처럼, 떡과 포도주가 단지 성령을 통해 믿음으로 예수님을 기억하도록 자극하는 표징일 뿐인가? 63절을 어떻게 이해하느냐에 따라 많은 것이 달라지지만, 요한은 나중에 불거진 쟁점을 매듭지을 수 없다. 요한의 기여는 떡과 포도주에 관한 이해가 어떻든 간에 예수 그리스도가 누구신지에 초점을 맞추는 것이다. 예수님의 "나는 있다/…이다"는 하나님이 임재하시는 것처럼 예수님도 임재하심을 확언하는데, 이는 대부분의 개신교, 성공회, 가톨릭의 입장이 공유했던 점을 상기시켜 준다. 즉, 성찬례에서 예수 그리스도의 '실재적 임재'에 대한 의견은 각기 다르지만, 그 어떤 교파도 예수 그리스도의 '실재적 부재'를 확언하지는 않는다. 성찬례에서 공유되는 또 다른 초점은 죽음과 부활이며, 이 또한 이 강론의 관심사다.

둘째, **내 살은 참된 양식이요 내 피는 참된 음료로다**는 요한복음의 다른 곳에 나오는 '참'과 '진리'의 용례와 유사하다. 이후 예수님의 "내가 곧 길이요 진리요 생명이니"(14:6)와 "나는 참포도나무요"(15:1)라는 말씀도 이와 연관된다. 이 구절들은 그 문자적 의미를 넘어서는 의미로 예수님이 누구신지를 가리킨다. 특히 예수님은 음식에 대한 비문자적 이해를 조장하신다. "나의 양식은 나를 보내신 이의 뜻을 행하며 그의 일을 온전히 이루는 이것이니라"(4:34). 이러한 "참된 양식"의 의미는 민감한 독자들이 63절을 맞이하기 위한 채비가 된다.

세 번째 지표는 핵심 아이디어 하나가 여기서 처음 도입된다는 점이다. **"내 살을 먹고 내 피를 마시는 자는 내 안에 거하고 나도 그들[그의] 안에 거하나니."** '거하다'는 요한복음에서 가장 중요한 단어 중 하나다. 요한은 이미 이 단어를 사용했지만, 여기서처럼 상호 내주를 말하는 용도로는 사용하지 않았다. 이러한 용례는 요한복음 15장 포도나무 비유에서 절정에 이를 것이다. 요한복음 15장에서 "내 말이 너희 안에 거하면"과 "나의 사랑 안에 거하라"(15:7, 9) 등으로 그 의미가 설명될 것이다. 이 또한 63절을 맞이할 준비를 시킨다.

넷째, 가장 포괄적인 진술이 있다. **"살아 계신 아버지께서 나를 보내시매 내가 아버지로 말미암아 사는 것같이 나를 먹는 사람도 누구든지[그 사람도] 나로 말미암아 살리라."** 아버지의 예수님 파송은 예수님의 삶, 죽음, 부활 전체를 포괄하며, 또한 '…것같이 …하리라'라는 평행적 진술을 통해 계속되는 드라마까지 전부 포괄한다. "'아버지께서 나를 보내신 것같이 나도 너희를 보내노라.' 이 말씀을 하시고 그들을 향하사 숨을 내쉬며 이르시되 '성령을 받으라'"(20:21-22). 이 또한 63절을 가리킨다. 비르예르 울손이 말했듯이, 하나님을 "살아 계신 아버지"로 묘사한 것은 성경과 요한 시대의 유대교에서 유일무이하다(글상자에서 울손의 글을 보라).

요한의 글에서 독특한 하나님 묘사 하나는 "살아 계신 아버지"라는 표현이다. 이는 성경과 현대 유대교에서도 유일무이하다. … 요한의 문맥에서 "아버지"라는 단어는 독자가 곧장 아들을 떠올리게 한다. 이 구절에 따르면, 신적인 생명/삶은 아버지와 아들에게 충만하게 있고 아들과 연합한 자에게도 스미어 있다. 예수님은 신자에게 하나님 고유의 생명/삶에 참여하게 하신다. 우리는 '하나님은 생명이시다'라는 새로운 요한적 진술을 만들어 낼 수 있고, 이를 '하나님은 빛이시다', '하나님은 영이시다', '하나님은 사랑이시다'와 같은 식으로 해설할 수 있을 것이다. 이는 요한의 생소한 표현인 "살아 계신 아버지"를 이해하는 데 도움이 될 것이다. "살아 계신 하나님"이라는 근본적 표현은 인간의 삶에서 활동하시는 구약의 인격적인 하나님을 떠올리게 한다. "아버지"라는 단어는 요한의 신관神觀에서 성육신의 결과를 가리킨다. 요한일서의 끝부분은 "참 하나님"이라는 말로 하나님의 초월성을 고수하지만, 그러면서도 아들에게 초점을 맞춰서 "그는 참 하나님이시요 영생이시라"라고 말한다. 그의 이름을 믿는 자는 지금 여기에서 영생을 소유한다. 하나님의 초월성뿐만 아니라 내재성도 요한의 글에서 극대화된다. *Deus semper maior*(하나님은 항상 더 크시다).

— 비르예르 울손, 〈하나님은 더 크신가?〉 *Deus semper maior?*, 170-71

세 번째 드라마:
난해한 로고스, 말씀과 성령과 생명, 떠남과 배신(6:60-71)

요한복음에서 예수님과 타인들 사이의 드라마는 모두 부활 이후의 더 넓은 관점을 통해 구성된다. 이러한 관점은 프롤로그에서 시작하여 2:22에서 계속되며, 다른 여러 지점에서도 명시적으로나 암시적으로 드러난다. 여기서 제자들의 불평을 마주하신 예수님을 통해 이러한 관점이 제시된다. **"그러면 너희는 사람의 아들이 이전에 있던 곳으로 올라가는 것을 본다면 어떻게 하겠느냐?"** 이 우월한 관점에서(독자들도 이런 관점을 공유하도록 초대받는다) 예수님은 중추적인 63절을 말씀하신다.

> ⁶⁰ 제자 중 여럿이 듣고 말하되 "이 말씀은 어렵도다. 누가 들을 수 있느냐?" 한대, ⁶¹ 예수께서 스스로 제자들이 이 말씀에 대하여 수군거리는 줄 아시고 이르시되 "이 말이 너희에게 걸림이 되느냐? ⁶² 그러면 너희는 사람의 아들이 이전에 있던 곳으로 올라가는 것을 본다면 어떻게 하겠느냐? ⁶³ '생명을 주는' [살리는] 것은 영이니, 육은 무익하니라. 내가 너희에게 이른 말은 영이요 생명이라. ⁶⁴ 그러나 너희 중에 믿지 아니하는 자들이 있느니라" 하시니, 이는 예수께서 믿지 아니하는 자들이 누구며, 자기를 팔 자가 누구인지 처음부터 아심이러라. ⁶⁵ 또 이르시되 "그러므로 전에 너희에게 말하기를 '내 아버지께서 오게 하여 주지 아니하시면 누구든지 내게 올 수 없다' 하였노라" 하시니라.
> ⁶⁶ 그때부터 그의 제자 중에서 많은 사람이 떠나가고 다시 그와 함께 다니지 아니하더라. ⁶⁷ 예수께서 열두 제자에게 이르시되 "너희도 가려느냐?" ⁶⁸ 시몬 베드로가 대답하되 "주여, 영생의 말씀이 주께 있사오니, 우리가 누구에게로 가오리이까? ⁶⁹ 우리가 주는 하나님의 거룩하신 자이신 줄 믿고 알았사옵나이다." ⁷⁰ 예수께서 대답하시되 "내가 너희 열둘을 택하지 아니하였느냐? 그러나 너희 중의 한 사람은 마귀니라" 하시니, ⁷¹ 이 말씀은 가룟 시몬의 아들 유다를 가리키심이라. 그는 열둘 중의 하나로 예수를 팔 자러라.

이번 장에서 신학적 정점은 63절이다. 이는 믿음과의 연관성을 통해 강조된다. **너희 중에 믿지 아니하는 자들이 있느니라**(또한 이 구절의 나머지 부분도 보라). 그리고 베드로를 통해 예수님이 누구신지에 대한 근본 믿음 선언(**"주는 하나님의 거룩하신 자"**)을 하기 전에 그 핵심 요소들(예수님의 **말씀**과 **생명**)이 반복됨으로써 강조된다. "이야기에서 처음으로 한 인물이 예수님에 대한 믿음을 올바른 이유로, 즉 그의 태생을 근거로 표현한 것이다. 예수님의 거룩함은 그가 하나님께 속해 있다는 사실에서 비롯된다."[20]

프롤로그를 읽은 독자와 이 복음서 전체를 다시 읽는 독자에게, **이 말씀**(헬라어로 '로고스'λόγος로, 1:1, 14에서 사용된 것과 같은 단어다)의 어려움에 대해 말한 다음 **육**에 대해 말하는 것은 예수님이 누구신지가 어렵다는 점을 인정하는 것이다. 즉, 그가 "육신이 되어 우리 가운데 거하시"는 "하나님의 말씀"이라는 것은 받아들이기 쉽지 않은 "말씀"이라는 점을 인정하는 것이다. 또한 예수님에 관한 요한복음 전체의 어려움, 특히 그의 십자가 처형과 부활이 어려움을 인정하는 것이다. 공관복음을 읽은 독자들은 베드로가 가이사랴 빌립보에서 예수님을 인정한 절정에 이른 고백과 곧장 이어지는 예수님의 수난, 거절과 죽임당하심, 부활에 관한 난해한 말씀(이에 대한 베드로의 저항이 있었다)이라는 평행점이 보일 것이다(마 16:13-23; 막 8:27-33; 눅 9:18-22).

'생명을 주는[살리는] **것은 영이니, 육은 무익하니라**라는 말씀은 생명을 얻기 위해 예수님의 살을 먹어야 한다는 앞선 명령과 모순되거나, 적어도 긴장 관계로 보일 수 있다. 이는 여러 차원을 함께 유지해야 할 필요성을 생생하게 강조하는 것으로 이해하는 것이 좋다. 즉, 육신만으로는 무익하다는 것이다. 이러한 다차원적 이해는 사실상 더 놀랍고 부활 이후의 관점에서만, 예수께서 성령을 주신 이후의 관점에서만 제대로 파악될 수 있다. 예수님이 **"이 말이 너희에게 걸림이 되느냐?"**라는 질문에 대해 **"그러면 너희는 사람의 아들이 이전에 있던 곳으로 올라가는 것을**

---

[20] Moloney, *The Gospel of John*, 229(강조는 원문의 것).

본다면 어떻게 하겠느냐?" 라고 추가 질문을 하신 것은 그 걸림이 더 커질 것임을 암시하시는 것으로 보인다.

이는 공관복음의 강조점과도 어울린다. 공관복음은 베드로에게 예수님의 고난, 거절, 죽음, 부활이 걸림이 된 것뿐만 아니라, 여러 차원을 강조하고("네가 하나님의 일을 생각하지 아니하고 도리어 사람의 일을 생각하는도다"[막 8:33]), 미래에 사람의 아들을 보게 될 것을 강조한다("누구든지 이 음란하고 죄 많은 세대에서 나와 내 말을 부끄러워하면, 사람의 아들도 아버지의 영광으로 거룩한 천사들과 함께 올 때에 그 사람을 부끄러워하리라"[막 8:38]).

결정적인 진술은 **"내가 너희에게 이른 말은 영이요 생명이라"** 이다. 이 구절은 요한복음 전체에 대한 통찰과 저자가 요한복음을 쓴 목적에 대한 중요한 통찰을 제공한다. 이 진술은 예수님의 "나"를 말씀, 영(또는 성령), 생명이라는 서로 깊이 연관된 세 가지 실재와 한데 묶는다. 이 세 실재는 앞서 이미 한데 모였다. "하나님이 보내신 이는 하나님의 말씀을 말하나니, 이는 하나님이 성령을 한량없이 주심이니라. … 아들을 믿는 자에게는 영생이 있고"(3:34-36). 나중에 나올 고별 강론에서는 예수님의 말씀, 성령, 생명을 훨씬 더 풍부한 방식으로 한데 묶는다.

지금은 이 복음서를 읽음으로써 어떤 일이 일어날지 성찰해 볼 필요가 있다. 독자들은 이 본문을 통해 예수님의 말씀을 받으면서 영(성령)과 생명을 주는 것을 받을 수 있다. 성령의 한량없음과 생명의 풍성함은 여기서 의미의 풍부함과 하나가 된다. 이것들은 예수님 안에 체현된다. 예수님은 자신을 신뢰하는 사람들이 이 세 가지 모두를 나누어 받도록 초대하신다. "그의 충만한 데서" "은혜 위에 은혜"(1:16)를 받도록 말이다. 따라서 이 본문을 읽음으로써 저 의미와 성령과 생명의 풍요로움에 접근할 길이 열린다.

큰 그림이 어떻든 간에, 요한은 인간의 삶은 불완전하고 연약하며 오류를 범하기 쉽다는 점, 누가 봐도 가장 헌신적이고 신뢰할 만한 사람도 실망을 줄 수 있다는 점에 대한 감각을 항상 놓지 않고 있다. 다시 읽는 독자가 볼 때, 베드로의 강력한 진술은 나중에 그가 예수님을 부인하는 것과 아이러니하게 대조된다. 처음 읽는 독자가 볼 때는 많은 제자가 예수님을 떠나는 모습과 유다가 배신할 것에 대한 예견이 먹구름이 몰려오는 것처럼 드라마를 고조시킨다. 예수님 앞에서 결단을 내려야 하는 드라마를 고조시킨다. 그리고 예수님의 물음에 인간의 취약성이 드러난다. **"너희도 가려느냐?"**

요한복음 7:1-52

위험과 분열, 정체성과 욕망

이제 장면이 갈릴리에서 예루살렘으로, 예수님이 점점 더 위험해지고 논란의 중심에 서시는 곳으로 옮겨 간다. 예수님은 때가 되었다고 판단하시고 초막절 동안 성전에서 놀라운 가르침을 전하며 자신의 메시지를 외치신다. 예수님으로 인해 사람들은 양극단으로 나뉜다. 예수님은 "좋은 사람"인가, 아니면 "무리를 미혹하는"(12절) 사람인가? 적대감이 점차 심해진다. "'당신은 귀신이 들렸도다!'"(20절). "대제사장들과 바리새인들이 그를 잡으려고 아랫사람들을 보내니"(32절). 그러나 일부는 예수님의 편이다. "무리 중의 많은 사람이 예수를 믿고 … '이 사람이 참으로 그 선지자라.' … '그리스도라'"(31, 40, 41절). 당국자들과 그들이 보낸 사람들도 목소리가 나뉜다. 아랫사람들은 뜻밖의 깊은 인상을 받고—"그 사람이 말하는 것처럼 말한 사람은 이때까지 없었나이다"(46절)—니고데모는 적법한 절차를 요구한다.

드라마의 핵심에는 예수님의 정체성과 예수님이 주시는 생명에 관한 물음이 있다. 이 물음은 다양한 반응을 불러온다. 특히 예수님과 마주한 사람들에게 그들 자신이 진정으로 원하는 것이 무엇인지 성찰하도록 도전한다. 욕망의 언어―바라다, 원하다, 찾다, 노력하다, 추구하다, 결심하다, 탐색하다―는 이 장에서 절정에 이른다. 요한이 가장 좋아하는 단어 중 하나인 '제테인'ζητεῖν은 1:38에서 예수님의 첫 말씀에 처음 사용되었다. 그리고 이 장에서는 1, 4, 11, 18(두 번), 19, 20, 25, 30, 34, 36절에 나온다. 또한 '텔레인'θέλειν이 1절("…려"), 17절("…려 하면"), 44절("…고자 하는")에 나오고, '찾다, 탐색하다, 조사하다, 알아보다, 알아내려 하다'를 의미하는 '에라우난'ἐραυνᾶν이 52절에 나온다. 무엇보다도 예수님의 외침이 있는데, 욕망에 관한 요한의 핵심 이미지로 표현되어 있다. "누구든지 목마르거든 내게로 와서 마시라. 나를 믿는 자는 마시라"(37-38절).

이 외침에는 예수님에 대한 믿음과 나중에 주어질 성령에 대한 언급이 결합되어 있다. 그리고 요한복음에 의하면 예수님의 욕망의 이중적 취지가 농축되어 있는 외침이다. 즉, 독자들이 예수님이 누구신지 믿고 알게 되고 하나님께 영광을 돌리며 살기를 바라는 것이다. 이는 십자가 위에서 "내가 목마르다"(19:28) 하신 예수님의 외침에서 절정에 이르는 욕망이다.

요한복음 7장에서 이 욕망은 다른 온갖 욕망과 극적인 대조를 이루며 갈등한다. 이 다른 욕망들은 오늘날에도 여전히 강력한 힘을 발휘한다. 예수님의 형제들은 그의 인기와 대중적 성공을 원한다. 그들은 예수님이 "스스로 나타나기를 구한다"(4절)면 무엇을 해야 하는지에 관심을 두고 있다. 따라서 가족을 기쁘게 하는 것과 하나님을 기쁘시게 하는 것 사이의 갈등이 있다. 하나님의 영광을 구하는 것과 자기 영광을 구하는 것 사이에 갈등이 있다. 예수님은 사람들이 중시하는 것이 무엇인지 보여 주신다. 그들의 반응을 통해 그것들이 드러나도록 부추기신다. 사람들이 중요하게 여기는 것은 학력("이 사람은 배우지 아니하였거늘"[7:15]),

"외모"(24절), 태생 가족 또는 출신 지역(27, 41-42절), 그리고 "율법을 알지 못하는" "저주를 받은" "이 무리"(49절)보다 우월하다고 느끼는 상류층 내지 핵심층에 속하느냐 하는 점이다.

이 계속되는 욕망 교육은 이전 장들을 상기해 보고 이후 장들을 예상해 봄으로써 더욱 풍부해진다. 또한 계속되는 모세와의 평행점과 대비점을 통해서도 더욱 풍부해진다. 그리고 그 무대가 매우 중요하다. 예수님은 이미 성전과(2:19-22) 목마름 해소(4:7-15; 6:35)와 동일시되었는데, 이제 이스라엘이 하나님을 욕망하고 예배하는 중심지인 성전에서 큰 기쁨의 축제에 참여하고 계신다. 이 축제의 핵심 이미지는 물과 빛이다(요한복음 8장에서 이 빛이 곧 나올 것이다).

예수님, 예수님의 형제들, 초막절(7:1-13)

7:1부터 10:21까지 장막절 또는 **초막절**을 기념하는 것은 요한 이야기의 배경이다. 초막절은 히브리어 이름인 수코트('초막' 또는 '피난처'를 의미한다)로 잘 알려져 있다. 이 절기는 순례자들이 예루살렘으로 모이는 세 절기 중 가장 인기 있고 즐거웠다. 이 절기는 추수 및 출애굽과도 관련된다. "너희가 토지 소산 거두기를 마치거든 일곱째 달 열닷샛날부터 이레 동안[1] 여호와의 절기를 지키되, 첫날에도 안식하고 여덟째 날에도 안식할 것이요, 첫날에는 너희가 아름다운 나무 실과와 종려나무 가지와 무성한 나뭇가지와 시내 버들을 취하여, 너희의 하나님 여호와 앞에서 이레 동안 즐거워할 것이라. … 너희는 이레 동안 초막에 거주하되 … 이

---

1   9월에서 10월 사이에 해당한다.

는 내가 이스라엘 자손을 애굽 땅에서 인도하여 내던 때에 초막에 거주하게 한 줄을 너희 대대로 알게 함이니라. 나는 너희의 하나님 여호와이니라"(레 23:39-43). 초막절에는 노래하며 나팔을 불고 풍성한 비를 기도하며 물을 붓는 의식도 한다. 예수님 시대에 물은 모세를 통해 주어진 율법과 삶의 방식인 토라라는 선물과도 연관된다. 초막절에는 칠 일 밤 대부분을 춤추며 보내는 빛의 의식이 있었는데, 이 빛도 토라와 연관된다. 그리고 매일 새벽, 제사장들은 성전 구역의 동쪽 문으로 행진한 후, 떠오르는 태양을 등지고 성전을 향하여 서서, 우리의 조상 중 일부는 태양을 숭배했지만(에스겔 8:16을 보라), "우리의 눈은 주님을 향합니다"라고 선포했다.[2]

¹ 그 후에 예수께서 갈릴리에서 다니시고 유대에서 다니려 아니하심은 유대인들이 죽이려 함이라라. ² 유대인의 명절인 초막절이 가까운지라. ³ 그 형제들이 예수께 이르되 "당신이 행하는 일을 제자들도 보게 여기를 떠나 유대로 가소서. ⁴ 스스로 나타나기를 구하면서 묻혀서 일하는 사람이 없나니, 이 일을 행하려 하거든 자신을 세상에 나타내소서" 하니, ⁵ 이는 그 형제들까지도 예수를 믿지 아니함이러라. ⁶ 예수께서 이르시되 "내 때는 아직 이르지 아니하였거니와, 너희 때는 늘 여기[준비되어] 있느니라. ⁷ 세상이 너희를 미워하지 아니하되 나를 미워하나니, 이는 내가 세상의 일들을 악하다고 증언함이라. ⁸ 너희는 명절에 올라가라. 내 때가 아직 차지 못하였으니, 나는 이 명절에 아직 올라가지 아니하노라." ⁹ 이 말씀을 하시고 갈릴리에 머물러 계시니라.
  ¹⁰ 그 형제들이 명절에 올라간 후에 자기도 올라가시되, 나타내지 않고 은밀히 가시니라. ¹¹ 명절 중에 유대인들이 예수를 찾으면서 "그가 어디 있느냐?"

2   Moloney, *The Gospel of John*, 232-36을 보라.

하고, ¹² 예수에 대하여 무리 중에서 수군거림이 많아, 어떤 사람은 "좋은 사람"이라 하며, 어떤 사람은 "아니라, 무리를 미혹한다" 하나, ¹³ 그러나 유대인들을 두려워하므로 드러나게 그에 대하여 말하는 자가 없더라.

이 구절에는 몇 가지 당혹스러운 측면이 있다. 이를테면 예수님께서 마음을 바꾸신 것이다. 하지만 세 가지는 분명해 보인다.

하나는 축제 분위기와 대조되는 위험, 위협, 분열, 두려움, 증오의 분위기다. 이는 이어지는 장들에서도 계속된다.

또 하나는 예수님이 자유로우셔서, 종종 파악하기 어렵고 예측 불가능하다는 점이다. 자신을 드러내심과 숨기심이 번갈아 나타난다. 예수님은 자신만의 의제, 때, 우선순위, 악에 맞서는 선과 관련된 사명이 있다. 예수님은 잘못된 길로 가는 세상에 관한 진실을 드러내신다. 그의 메시지의 빛에 노출된 사람들은 살인적인 증오심을 품는다. 예수님에 대해 평가하는 사람들이 양극화된다. 시간은 한편으로 하나님 중심의 드라마의 일부로 여겨질 수 있다. 이 드라마는 긴급 상황, 중대한 전환점, 긴요한 결정을 앞둔 막중한 미래로 향하고 있다. 다른 한편으로 시간은 근본적인 의미나 목적이 없고, 차이가 없이 거의 동일한—**너희 때**['카이로스' καιρός][준비되어] **는 늘 여기 있느니라**—것일 수도 있다. 예수님은 드라마를 진전시키기 위한 주도권을 자유롭게 취하신다.

세 번째는 예수님과 그의 형제들의 관계다. 그들은 가나 혼인 잔치 이후 2:12에 잠깐 등장했다. 2장에서 형제들은 어머니와 제자들과 동행했다. 어머니와 제자들에 대해서는 예수님을 믿는다는 언급이 있었지만, 형제들에 관한 언급은 없었다. 그러나 이제 대조가 나타난다. 형제들은 예수님을 믿지 않고 **세상** 편에 있다고 부정적으로 묘사된다. 이는 공관복음에 나오는 주제이기도 하다. 즉, 예수님의 친가족이라고 해서 예수님의 사명에 동참한다는 보장은 없다는 것이다. 요한복음에서는 독자들에게 더 넓은 함의가 있다. 예수님을 따르려면 가족이 가하는 압력에 저항해야 할 수도 있다는 것이다. 우리에게는 하나님 중심의 새로운, 우선적인 '가족' 정체성이 있다. 프롤로그에서 언급되었듯이, "영접하는 모든 자, 곧 그 이름을 믿는 자들에게는 하나님의 자녀가 되는 권세를 주셨으니, 이는 혈통으로나 육신의 뜻(육정)으로나 사람의 뜻으로 나지 아니하고 오직 하나님께로부터 난 자들이니라"(1:12-13). 예수님 형제들의 문제는 예수님이 누구신지 인식하고 믿는 기본적이고 필수적인 요소 없이 화려한 표적을 통해 성공하도록 예수님을 유혹한다는 점인 듯하다.

11-13절에서 예수님에 대한 상충하는 평가는 독자들의 반응을 위한 선택지들을 제시한다. 요한복음의 첫 독자 상당수는 위협과 겁박하는 분위기가 피부에 와닿았을 것이며, 이후 많은 독자도 그랬을 것이다.

외모를 넘어서:
하나님의 가르침, 하나님의 영광, 건강해진 전인격(7:14-24)

명절 중에 예수님은 놀라운 가르침을 공개하신다. 우리는 그것이 어떤 가르침이었는지 알 수 없다―공관복음은 예수님의 놀라운 가르침을 많이 전달하고 요한복음도 다른 곳에서는 그렇지만, 여기서는 가르침의 이면에 있는 가르침의 근원이신 하나님께로 거슬러 올라간다. **외모로 판단하지 말고 공의롭게 판단하라**는 요한복음의 근본 관심사다. 요한은 독자들을 근본 진리로 끌어들이고자 그가 첫 두 장에서 밝힌 대로 부활 이후 관점을 취한다. 그 진리의 핵심 요소가 여기에 나오며, 다음과 같다. 예수님의 **가르침**의 근원이신 **하나님**, 이를 인식하는 것과 **하나님의 뜻을**

행하는 데 헌신하는 것 사이의 연관성(어떤 종류의 인식은 신뢰와 헌신적 관계를 통해서만 일어날 수 있다), 예수님은 **보내신 이의 영광을 구하는 자**이기 때문에 **참**되다는 점, (NRSV에서는 그 의미가 포착되지 않는 중요한 진술에서) 이 영광의 표적은 온전히 살아난 **전존재** whole person 라는 점. 마지막 두 요소, 즉 하나님을 영화롭게 하고자 하는 욕망과 사람들의 완전한 번영을 바라는 욕망은 건강한 욕망의 비결이다.

[14] 이미 명절의 중간이 되어 예수께서 성전에 올라가사 가르치시니, [15] 유대인들이 놀랍게 여겨 이르되 "이 사람은 배우지 아니하였거늘, 어떻게 글을 아느냐?" 하니, [16] 예수께서 대답하여 이르시되 "내 가르침[교훈]은 내 것이 아니요, 나를 보내신 이의 것이니라. [17] 사람이 하나님의 뜻을 행하려 하면, 이 가르침[교훈]이 하나님께로부터 왔는지 내가 스스로 말함인지 알리라. [18] 스스로 말하는 자는 자기 영광만 구하되, 보내신 이의 영광을 구하는 자는 참되니, 그 속에 불의가 없느니라."

[19] "모세가 너희에게 율법을 주지 아니하였느냐? 너희 중에 율법을 지키는 자가 없도다. 너희가 어찌하여 나를 죽이려 하느냐?" [20] 무리가 대답하되 "당신은 귀신이 들렸도다. 누가 당신을 죽이려 하나이까?" [21] 예수께서 대답하여 이르시되 "내가 한 가지 일을 행하매, 너희가 다 이로 말미암아 이상히 여기는도다. [22] 모세가 너희에게 할례를 행했으니 (그러나 할례는 모세에게서 난 것이 아니요, 조상들에게서 난 것이라) 그러므로 너희가 안식일에도 사람에게 할례를 행하느니라. [23] 모세의 율법을 범하지 아니하려고 사람이 안식일에도 할례를 받는 일이 있거든, 내가 안식일에 사람의 전신을 건전하게 한 것으로 너희가 내게 노여워하느냐? [24] 외모로 판단하지 말고 공의롭게 판단하라" 하시니라.

예수님은 자신이 하나님의 영광을 구한다고 말씀하시다가, 앞서 요한복음 5장에서 안식일에 다리 저는 사람을 고친 일을 회고하는 것으로 넘어 가신다. **영광**과 **표적** 사이의 연관성은 가나 혼인 잔치에 뒤이은 요한의 청사진적 진술에 내비쳐져 있다. "예수께서 이 첫 표적을 갈릴리 가나에서 행하여 그의 영광을 나타내시매"(2:11).[3] 그러나 지금, 다리 저는 사람과 관련해서는 한 차원 더 나간다. 그 치유로 일어난 일에서 예수님의 영광과 하나님의 영광은 불가분하다고 여겨진다. 23절 뒷부분을 문자적으로 번역하면 "내가 안식일에 사람을 송두리째[또는 '사람의 전존재를'] 건강하게['홀론 안트로폰 휘기에' ὅλον ἄνθρωπον ὑγιῆ] 만들었기[또는 '창조했기]', '에포이에사' ἐποίησα][4] 때문에"이다. NRSV가 '남자 사람' man 으로 번역한 것은 오해의 소지가 있는데, '안트로포스' ἄνθρωπος는 남성과 여성을 모두 포괄하는 말이기 때문이다.[5] 게다가 사람의 전존재에 관해 말하고 있는데, **전신**으로 번역한 것은 훨씬 더 큰 오해의 소지가 있다.

'안트로포스', 즉 '사람'은 요한복음에서 50번 이상 사용된 핵심어다. '구하다'('제테인' ζητεῖν), '머무르다\거하다'('메네인' μένειν), '만들다\행하다\창조하다'('포이에인' ποιεῖν) 같은 단어들처럼, 이 단어도 일반적인 의미가 있으면서 동시에 요한의 특별한 의미로도 채워지고, 요한복음을 재차 읽고 또한 칠십인역과 신약의 나머지 부분을 읽으면 더 많은 의미가 드러난다. 여기서 이 단어의 공명은 (안식일을 포함하는) 창조까지 거슬러 올라가고, 예수님이 행하신 모든 표적을 거쳐 재판, 십자가, 부활까지 이른다. 요한

---

3 2:1-12에 관한 주석에서 〈드라마: 당혹, 표적\이적, 그리고 두 가지 교훈〉 부분을 보라.
4 이 동사는 70인역 창세기 1:1, 7, 16, 21, 25에서 사용되었고, 특히 중요한 의미로 26절과 27에서 사용되었다. 창세기 1:26-27은 하나님의 형상과 모양대로 사람('안트로포스'[ἄνθρωπος])을 창조하신 내용이다.
5 물론 이 단어는 22절에서처럼 '남성'을 의미할 수도 있다—그래서 NRSV의 번역은 이해할 만하다.

에게 참 사람은 예수님이시다. 요한은 이 참 사람을 온전한 사람, 생명의 떡, 부활과 생명, 생수의 근원 등으로 나타낸다.[6]

이중 외침: "나는 그에게서 왔다!" "와서 마시라!" (7:25-52)

초점은 예수님 가르침의 기원에서 예수님의 기원과 정체성으로 옮겨 간다. 예수님은 누구신가? 메시아(또는 그리스도)가 지리적으로 어디에서 나오는지에 대한, 예수님이 메시아인지에 대한 추측들이 난무하는 가운데, **예수께서 성전에서 가르치시며 외쳐 이르**신다. 예수님이 자기 정체성을 드러내는 핵심 발언은 예수님의 기원이 하나님 안에 있음을 가리킨다. 예수님이 어디에서 왔느냐 하는 물음에 대한 대답은 예수님이 누구에게서 왔는가 하는 것이다. **"나를 보내신 이는 참되시니 … 내가 그에게서 왔고**[났고]**."**

예수님의 미래도 기원과 마찬가지다. 핵심은 지리적 목적지—**"헬라인 중에 흩어져 사는 자들에게로 가서 헬라인을 가르칠 터인가?"**—가 아니다. "누구"에게로 가는가가 핵심이다—**"나를 보내신 이에게로 돌아가겠노라."** 문제는 **"너희가 나를 찾아도 만나지 못할 터이요 나 있는 곳에**

---

[6] 단수형 '안트로포스'(ἄνθρωπος)는 창조된 각 사람(1:9)과 예수님 모두에 대해 사용되었다. 예수님은 '호 휘오스 투 안트로푸'(ὁ υἱὸς τοῦ ἀνθρώπου)이신데, 이는 보통 '남자 사람의 아들'(the Son of Man)로 번역되지만, 문자적으로는 '인간의 아들'(the Son of the Human Being)이다(1:51; 3:13-14; 5:27; 6:27, 53, 62; 8:28; 9:35; 12:23-34; 13:31). 그리고 이 칭호는 예수님의 십자가 처형과 관련하여 자주 사용되며, 요한은 특히 십자가 처형을 영광과 연결한다. 또한 예수님은 단순히 '안트로포스'로 불리기도 하는데(4:29; 9:11; 10:33; 11:47, 50; 18:14, 17, 29), 절정에 이르렀을 때 빌라도는 "보라, 이 사람이로다!"(Here is the man!)(19:5: '이두 호 안트로포스'[ἰδοὺ ὁ ἄνθρωπος]) 라고 선포한다.

오지도 못하리라"는 사실이다.

이에 대한 대답은 **명절 끝날, 곧 큰 날**에 예수께서 다시 **외쳐** 이르실 때 나온다. 그 대답은 수용과 신뢰 속에서 사람과 사람 사이의 직접적 만남으로 초대하시는 것이다. **"누구든지 목마르거든 내게로 와서 마시라. 나를 믿는 자는 마시라."** 그러나 이 초대는 복음서 저자가 취한 부활 이후의 관점으로 인해 새로운 차원을 얻는다. 복음서 저자는 **성령** 주심을 내다보면서, 넘치도록 후하게 나눠지는 생명이 역동적으로 계속되는 지평을 열고 있다. "**믿는 자의 속**[그 빼]**에서 생수의 강이 흘러나오리라.**"

그러나 넘치는 풍요를 그린 자연 이미지는 곧바로 현실과 마주하게 된다. **예수로 말미암아 무리 중에서 쟁론이 되니**. 이 장의 나머지 부분에서는 예수님에 대한 상충하는 반응들, 성경에 대한 상반된 해석들, 예수님에 대한 당국자들의 적대감이 굳건해지는 모습이 그려진다.

> ²⁵ 예루살렘 사람 중에서 어떤 사람이 말하되 "이는 그들이 죽이고자 하는 그 사람이 아니냐? ²⁶ 보라, '그가' 드러나게 말하되, 그들이 아무 말도 아니하는도다! 당국자들은 이 사람을 참으로 메시아인 줄 알았는가? ²⁷ 그러나 우리는 이 사람이 어디서 왔는지 아노라. 메시아께서 오실 때에는 어디서 오시는지 아는 자가 없으리라" 하는지라. ²⁸ 예수께서 성전에서 가르치시며 외쳐 이르시되 "너희가 나를 알고 내가 어디서 온 것도 알거니와, 내가 스스로 온 것이 아니니라. 나를 보내신 이는 참되시니, 너희는 그를 알지 못하나 ²⁹ 나는 아노니, 이는 내가 그에게서 왔고[났고] 그가 나를 보내셨음이라" 하시니, ³⁰ 그들이 예수를 잡고자 하나 손을 대는 자가 없으니, 이는 그의 때가 아직 이르지 아니하였음이러라. ³¹ 무리 중의 많은 사람이 예수를 믿고 말하되 "메시아께서 오실지라도 그 행하실 표적이 이 사람이 행한 것보다 더 많으랴?" 하니,
> ³² 예수에 대하여 무리가 수군거리는 것이 바리새인들에게 들린지라. 대제

사장들과 바리새인들이 그를 잡으려고 아랫사람들을 보내니, ³³ 예수께서 이르시되 "내가 너희와 함께 조금 더 있다가 나를 보내신 이에게로 돌아가겠노라. ³⁴ 너희가 나를 찾아도 만나지 못할 터이요 나 있는 곳에 오지도 못하리라" 하시니, ³⁵ 이에 유대인들이 서로 묻되 "이 사람이 어디로 가기에 우리가 그를 만나지 못하리요? 헬라인 중에 흩어져 사는 자들에게로 가서 헬라인을 가르칠 터인가? ³⁶ '나를 찾아도 만나지 못할 터이요 나 있는 곳에 오지도 못하리라' 한 이 말이 무슨 말이냐?" 하니라.

³⁷ 명절 끝날, 곧 큰 날에 예수께서 서서 외쳐 이르시되 "누구든지 목마르거든 내게로 와서 마시라. ³⁸ 나를 믿는 자는 「마시라.」 성경에 이름과 같이 '믿는 자의 속[그 배]에서 생수의 강이 흘러나오리라'" 하시니, ³⁹ 이는 그를 믿는 자들이 받을 성령을 가리켜 말씀하신 것이라. (예수께서 아직 영광을 받지 않으셨으므로 성령이 아직 그들에게 계시지 아니하시더라.)

⁴⁰ 이 말씀을 들은 무리 중에서 어떤 사람은 "이 사람이 참으로 그 선지자"라 하며, ⁴¹ 어떤 사람은 "메시아라" 하며, 어떤 이들은 "메시아가 어찌 갈릴리에서 나오겠느냐? ⁴² 성경에 이르기를 '메시아는 다윗의 씨로, 또 다윗이 살던 마을 베들레헴에서 나오리라' 하지 아니하였느냐?" 하며, ⁴³ 예수로 말미암아 무리 중에서 쟁론이 되니, ⁴⁴ 그중에는 그를 잡고자 하는 자들도 있으나 손을 대는 자가 없었더라.

⁴⁵ 아랫사람들이 대제사장들과 바리새인들에게로 오니, 그들이 묻되 "어찌하여 잡아오지 아니하였느냐?" ⁴⁶ 아랫사람들이 대답하되 "그 사람이 말하는 것처럼 말한 사람은 이때까지 없었나이다!" 하니, ⁴⁷ 바리새인들이 대답하되 "너희도 미혹되었느냐? ⁴⁸ 당국자들이나 바리새인 중에 그를 믿는 자가 있느냐? ⁴⁹ 율법을 알지 못하는 이 무리는 저주를 받은 자로다." ⁵⁰ 그중의 한 사람, 곧 전에 예수께 왔던 니고데모가 그들에게 말하되 ⁵¹ "우리 율법은 사람의 말을 듣고 그 행한 것을 알기 전에 심판하느냐?" ⁵² 그들이 대답하여 이르되 "너

도 갈릴리에서 왔느냐? 찾아보라. 갈릴리에서는 선지자가 나지 못하느니라" 하였더라.

예수님의 두 가지 외침은 요한복음 1장의 두 가지 물음, 즉 "네가 누구냐?", "너희는 무엇을 찾느냐[구하느냐]?" 하는 물음에 대한 더 깊은 대답으로 인도한다. 이 두 물음은 고전 그리스도교 신학에서 예수 그리스도의 '인격'과 '사역'이라는 이중적 관심에 해당한다. 요한은 예수님이 누구신지를 한 차원씩 열고, 사람들의 가장 깊은 욕망을 형성하고 충족시키는 예수님의 사역을 한 차원씩 연다. 예수님이 오신 것은 "생명을 얻게 하고, 더 풍성히 얻게 하려는 것"(10:10)이다.

여기서 어둠이 깊어지면서—이를 시사하는 것은 혼란과 **쟁론**, **예수님을 죽이고자 하는** 기미와 **그를 잡고자 하는** 시도, 지식에 대한 거짓된 또는 오도된 주장들, 상충하는 욕망과 가치, 오로지 회고적으로만 이해될 수 있는 예수님의 수수께끼 같은 발언이다—앞 장들의 주제들이 새로운 상황에서 반복되며 새로운 의미를 얻게 된다. 요한복음 7장은 요한복음 1장의 두 가지 핵심 물음에 더 깊이 답하는 것에 그치지 않는다. "세상이 그를 알지 못하였고" "자기 백성이 영접하지 아니하였으나"라는 프롤로그의 진술도 더욱 생생하게 드러나며, 생명, 영광, 믿음, 진리, 모세, 아버지와 아들의 관계와 같은 관심들도 더욱 펼쳐진다.

이러한 지평 안에서, 요한복음 7장은 다음과 같은 요한복음 2-6장의 주제들을 새롭게 엮어 내고 있다. 2장의 소재는 가나에서 포도주 마심, 이어서 명절의 예루살렘, 성전, 부활 후 관점이었다. 3장의 소재는 니고데모, 물과 성령, 놀라운 가르침, 영생, 심판이었다. 4장의 소재는 목마름, 마시기, 물, 영생, 치유, 믿음이었다. 5장의 소재는 치유, 아버지와 아들의 관계, 성경 탐구, 영광, 모세였다. 6장의 소재는 표적, 모세, 예수님의 태생, 마시기, 가르침, 믿음, 영생이었다. 요한은 반복을 통해 주의 깊은 독자들이 앞서 나온 주제들에 더 깊이 사로잡히게 하고, 새로운 사건이 일어날 때마다 그 주제들의 새로운 차원을 도입한다. 즉, 반복과 도입의 물결 속에서 가르침을 이어간다.

마찬가지로 요한복음 7장은 이미 언급된 주제들을 계속 심화하고, 무엇보다도 앞으로 일어날 절정의 **때**를, 곧 예수님의 체포, 재판, 죽음("내가 목마르다"[19:28]), 부활, 그리고 성령을 내주시고(19:30) 내쉬심(20:22)을 내다본다. 여기서 심화는 적어도 네 가지 요소의 상호 작용을 통해 이루어진다. 네 가지는 예수님과 아버지, 성전에서의 초막절 축제, 구하기\찾기\욕망하기, 믿는 자에게 생수로 성령을 주심이다.

따라서 첫째, 이 복음서에서 계속 반복되듯이 독자의 의미 세계는 어떤 현실을 중심으로 한다. 그 현실은 프롤로그의 마지막을 장식한 "아버지 품속에 있는 독생자[독생하신] 하나님"이다. 여기서는 이 관계 안에 계신 예수님의 지식이 강조된다. **"나는 아노니, 이는 내가 그에게서 왔고[났고] 그가 나를 보내셨음이라."** 이 복음서에서 앎이란 매혹적이고 다차원적인 주제다. 이 복음서의 교육학은 예수님께서 아신 것처럼 독자들을 계속되는 앎의 과정으로 이끄는 것을 목표로 한다. 이 앎은 예수님이 고별 강론에서 말씀하신 것처럼 사랑과 분리될 수 없는 앎이다. "이제부터는 너희를 종이라 하지 아니하리니, 종은 주인이 하는 것을 알지 못함이라. 너희를 친구라 하였노니, 내가 내 아버지께 들은 것을 다 너희에게 알게 하였음이라"(15:15).

둘째, 예수님 삶의 드라마는 명절, 성경, 그리고 이스라엘 백성에게 하나님과의 관계에서 중추적인 건물과 얽히고 있다. 따라서 독자들의 이해는 명절, 성경, 성전이 의미하는 바를 배우고 예수님과 관련하여 그 의미의 더 깊은 차원을 탐구함으로써 형성되고 재형성되고 있다.

예를 들어, 성전 및 초막절과 깊이 공명하는 풍부한 의미의 원천 중(매우 많지만 그중에서) 하나는 에스겔 47장이다. 이는 요한복음 4장에서 물, 예배, 영에 대한 언급을 통해 이미 떠올렸던 것이다. 이번 단락은 에스겔 47장을 다시 읽도록 자극한다. 거기서 성전에서 흘러나온 물이 점점 더 깊어진다. "물이 발목에 오르더니 … 물이 무릎에 오르고 … 물이 허리에 오르고 … 그 물이 가득하여 헤엄칠 만한 물이요"(겔 47:3-5). 그리고 이는 풍성한 삶을 가져온다. "나무가 심히 많더라 … 물고기가 각기 종류를 따라 … 심히 많으려니와 … 각종 먹을 과실나무가 자라서, 그 잎이 시들지 아니하며, 열매가 끊이지 아니하고, 달마다 새 열매를 맺으리니, 이는 그 물이 성소를 통하여 나오기 때문이라[나옴이라]"(겔 47:7-12). 그리고 이는 건강과 온전함을 가져온다. "그 잎사귀는 약재료가 되리라"(겔 47:12[칠십인역에서 "약재료"에 해당하는 헬라어는 '휘기에이아' ὑγίεια로, 요한복음 7:23에 나오고 5:6, 9, 11, 14, 15에서도 언급되는 '휘기에' ὑγιής: 건전하게, 낫게 와 유사하다.]). 예수님이 성전과 동일시되고 물이 성령과 동일시되자, 이 풍요의 비전이 새로운 차원을 띠게 된다. 이는 신약에서 요한계시록의 새 예루살렘 비전에서 절정에 이른다. 이 비전에서 예수님은 보좌에 앉아 "내가 생명수 샘물을 목마른 자에게 값없이 주리니"(계 21:6)라고 약속하신다. 그리고 요한계시록의 마지막 장면은 에스겔의 비전을 창의적으로 연주한 것이다. "또 그가 수정같이 맑은 생명수의 강을 내게 보이니, 하나님과 및 어린양의 보좌로부터 나와서 길 가운데로 흐르더라. 강 좌우에 생명나무가 있어 열두 가지 열매를 맺되 달마다 그 열매를 맺고, 그 나무 잎사귀들은 만국을 치료하기 위하여 있더라"(계 22:1-2).

셋째, 독자들은 이 드라마의 복잡한 역학 관계에 끌려 들어와서, 질문하고 선택지를 마주하고 자신의 핵심 욕망을 재조정하도록 부추김당한다. 하나님(하나님의 어린양 예수님과 불가분한 분)과 열방 치유라는 지평 속에서 펼쳐지는 이 드라마 속으로 들어가는 것은 예수님을 찾고, 예수님을 더 잘 알게 되고, 생수의 강에서 헤엄치며, 열두 가지 열매가 있는 풍성한 삶을 음미하는 계속된 연습이 될 수 있다. 이스라엘의 성경과 신약의 나머지 부분은 가장 먼저 찾아볼 곳이다. 요한이 공관복음과 사도행전과 바울 서신을 아는 독자들에게 글을 쓴 것이라면, 이 본문은 예수님의 기원, 베들레헴에서의 탄생, 메시아 됨, 그리고 나중에 헬라인과 이방인 선교에 대해 더 깊은 성찰을 불러일으킬 것이다.

넷째, 부활 이후 예수님을 따르는 계속되는 드라마는 예수님이 **성령**을 주시고 신자들이 받는 미래를 개시한다. 예수님의 두 번째 외침, **"누구든지 목마르거든 내게로 와서 마시라. 나를 믿는 자는 마시라. 성경에 이름과 같이 '믿는 자의 속**[그 배]**에서 생수의 강이 흘러나오리라'"**는 학자들에게 난제다. 이 인용구와 정확히 일치하는 성경 구절은 없다. 또한 헬라어를 문자적으로 읽으면 "그의 배에서 흘러나오리라"이기 때문에, 신자가 아니라 예수님을 지칭하는 말일 수도 있다. 지칭 대상을 선택해야만 한다면, 나는 NRSV처럼 신자를 지칭한다고 여기고 싶다―그것이 더 놀라운 의미다.

하지만 선택해야 할까? 이 애매함(인용문의 애매함과 '그'의 애매함 둘 다)은 독자로 하여금 한 가지 이상의 의미를 생각하도록 유도하며, 그 의미들은 상호 배타적이지 않다. 인용문은 둘 이상의 본문을 혼합한 것으로 보인다. 혹은 하나 이상의 본문에 대한 미드라쉬인 것 같다. 아마 다음과 같은 본문이 이 인용문에 사용되었을 수 있다. 느헤미야 9:15, 20; 시편 78:16, 20; 114:8; 이사야 12:3; 43:20; 44:3; 58:11; 에스겔 47:1-2; 요엘 2:28; 3:18; 스가랴 14:8-9.

물이 예수님으로부터 흘러나온다면, 예수님이 성령의 근원이신 것과 죽음 후에 그의 옆구리에서 흘러나온 물과 연결된다. 물이 신자에게서 흘러나온다면 4:14에서 말씀하셨던 것과 연결된다. "내가 주는 물은 그 속에서 영생하도록 솟아나는 샘물이 되리라." 예수님이 물을 주셔서 신자들이 원천이 된다고 한다면 7:38b의 가능한 의미가 모두 포함될 수 있다. 예수님을 계승하여 예수님이 하셨던 일을 계속하기 위해 예수님의 영을 받는다는 이 강력하고 대담한 발상은 요한복음 13-17장에 나오는 고별 강론의 약속과도 일치하고, 제자들이 성령과 함께 받은 위임과도 일치한다. "아버지께서 나를 보내신 것같이 나도 너희를 보내노라" (20:21). 그리고 신자들에게는 목마름, 바람, 욕망이라는 기본적 단순함이 있다(글상자에서 브루너의 글을 보라).

결론

이 장은 예수님의 정체성을 둘러싸고 욕망들과 가치들이 충돌하는 소용돌이다. 이 갈등은 예수님이 사느냐 죽느냐를 함의한다. 예수님의 말씀을 듣는 청중과 요한복음의 독자들은 급진적인 도전에 직면하고 있다. 다음 장에서는 이 도전의 강도가 더욱 세질 것이다.

그리스도께서 스스로, 홀로 이 희생을 치르셨기에, 그리스도께서는 자신이 원하는 사람에게 자신의 선물을 정당하게 주실 수 있다. 우리는 이 본문에서 우리가 단순히 선물을 **바라고** 그것에 "**목말라**"하는 것이 예수님께서 요구하시는 모든 것임을 배운다.

— 프레더릭 데일 브루너, 《요한복음》 The Gospel of John, 491

요한복음 8:1-59
격렬하게 경쟁하는 정체성 드라마

드라마는 더욱 격렬한 논쟁으로 전개되어 폭력 사태 직전까지 치닫는다. "그들이 돌을 들어 치려 하거늘"(59절).

핵심 쟁점은 예수님의 정체성이다. "네가 누구냐?"(25절). "너는 너를 누구라 하느냐?"(53절). 이는 일련의 "나는 있다/…이다" 진술이 이어지면서 더욱 고조된다. 예수님은 자신을 빛과 관련지어 다음과 같이 선언하신다. "나는 세상의 빛이니"(12절). 죄와 믿음과 관련해서 다음과 같이 선언하신다. "너희가 만일 내가 그인 줄 믿지 아니하면 너희 죄 가운데서 죽으리라"(24절). 자신의 죽음과 관련해서는 다음과 같이 선언하신다. "너희가 사람의 아들을 든 후에 내가 그인 줄을 알고"(28절). 마지막으로 아브라함과 관련하여 선언하시는데, 드라마를 하나님과 하나님의 시간이라는 지평 안에 배치하여 폭력을 유발하신다. "진실로 진실로 너희에게 이르노니, 아브라함이 나기 전부터 내가 있느니라"(58절).

예수님은 누구신가 하는 그의 정체성은 처음부터 끝까지 예수님의 아버지와 불가분하다. "내가 혼자 있는 것이 아니요, 나를 보내신 이가 나와 함께 계심이라"(16절; cf. 18-19절). "나를 보내신 이가 참되시매, 내가 그에게 들은 그것을 세상에 말하노라. … 나를 보내신 이가 나와 함께하시도다"(26, 29절). "나는 내 아버지에게서 본 것을 말하고"(38절). 따라서 예수님의 정체성은 완전히 관계적이다. 예수님은 하나님과도 관계되시고, 또한 죽음에 이르기까지 세상과 세상 사람들에게도 관여하시므로 그들과도 관계되신다.

프롤로그에 제시된 부활 이후의 관점을 알고 있는 독자들에게 8장은 핵심 주제들, 곧 빛, 어둠, 생명, 증언, 아버지와 아들의 관계, 믿음, 진리, 자녀, 봄, 보내심, 영광, 말씀, 앎, 그리고 하나님과 관련된 시간[1]을 더욱 풍부하게 보여 준다. 독자들은 특히 이런 주제들과 예수님을 믿는 것, 진리를 알아 자유로워지는 것, 예수님을 사랑하는 것, 그의 말씀을 지키는 것의 상호 작용을 통해 풍성함에 이른다.

그러나 무엇보다도 이 장은 "자기 땅에 오매 자기 백성이 영접하지 아니하였으나"(1:11)라는 프롤로그의 진술을 드라마로 보여 준다. 이러한 거부의 절정은 이후 18장과 19장에서 예수님을 체포하고 재판하고 정죄하는 장면이다. 8장은 수사학적 절정이다. 예수님이 반대자들에게 다음과 같이 말씀하시면서 신학적 논쟁이 가장 격렬하게 펼쳐진다. "너희는 너희 아비 마귀에게서 났으니"(44절). "너희가 … 하나님께 속하지 아니하였음이로다"(47절). 그리고 반대자들은 다음과 같이 답한다. "지금 네가 귀신 들린 줄을 아노라"(52절). 이는 예수님에 관해서, 또한 예수님을 "영접"한다는 것이 무엇을 의미하는지에 관해서, 그뿐만 아니라 그리스도인이 유대인을 대하고 박해한 데 나타난 이 논쟁의 끔찍한 역사적 여

---

[1] "아브라함이 나기 전부터 내가 있느니라"라는 말은 프롤로그에서 세례자 요한이 "내 뒤에 오시는 이가 나보다 앞선 것은 나보다 먼저 계심이라"(1:15)라고 했던 말을 보충하는 것으로 읽을 수 있다.

파에 관해서 날카롭게 문제를 제기한다. 이어지는 논의에서는 예수님과 그를 따르는 삶에 대해서 독자들에게 어떤 가르침이 주어지는지 조명하고자 노력할 것이다. 하지만 거기서 그치지 않고, 폭력을 부채질하는 신학 논쟁의 어둠을 헤쳐 나갈 길도 모색하고자 할 것이다.

그러나 논쟁 속으로 들어가기 전에 먼저 간음하다 잡혀 온 여인과 예수님의 이야기를 살펴보아야 한다.

간음하다 잡혀 온 여인, 죄에 사로잡힌 모든 사람, 모두를 향한 소망과 도전(7:53-8:11)

신뢰할 만한 초기 요한복음 사본에는 이 이야기가 없다. 적어도 요한복음이 전해진 후 1세기 동안 읽힌 본문에는 포함되지 않았을 가능성이 크다. 또한 일부 누가복음 사본에는 21:38 뒤에 이 이야기가 있다. 헬라어 문체도 요한복음보다는 누가복음과 비슷하다. 요한복음 7:52에서 8:12로 넘어가면 흐름이 자연스러운데, 이 이야기가 그 흐름을 방해한다. 그러나 C. K. 바레트의 말처럼, 이 본문은 "아마도 고대의 것"이며, "예수님의 성품과 방식을 다른 곳에 나타난 것과 비슷하게 나타낸다."[2] 또한 예수님이 "나는 아무도 판단하지 아니하노라" 하신 8:15와 신학적 연관성도 있다. E. C. 호스킨스와 F. N. 데이비는 다음과 같이 결론 내린다. "이 이야기는 매우 이른 시기에 진짜 예수님의 사역의 에피소드로 두루 읽혔다. … 따라서 이 에피소드는 진지한 주의와 세심한 주석이 요구된다."[3]

2 Barrett, *The Gospel according to St. John*, 589-90.
3 Hoskyns and Davey, *The Fourth Gospel*, 566.

⁷:⁵³ 다 각각 집으로 돌아가고, ⁸:¹ 예수는 감람산으로 가시니라. ² 아침에 다시 성전으로 들어오시니, 백성이 다 나아오는지라. 앉으사 그들을 가르치시더니, ³ 서기관들과 바리새인들이 음행 중에 잡힌 여자를 끌고 와서 가운데 세우고, ⁴ 예수께 말하되 "선생이여, 이 여자가 간음하다가 현장에서 잡혔나이다. ⁵ 모세는 율법에 이러한 여자를 돌로 치라 명하였거니와, 선생은 어떻게 말하겠나이까?" ⁶ 그들이 이렇게 말함은 고발할 조건을 얻고자 하여 예수를 시험함이러라. 예수께서 몸을 굽히사 손가락으로 땅에 쓰시니, ⁷ 그들이 묻기를 멈추지[마지] 아니하는지라. 이에 일어나 이르시되 "너희 중에 죄 없는 자가 먼저 돌로 치라" 하시고, ⁸ 다시 몸을 굽혀 손가락으로 땅에 쓰시니, ⁹ 그들이 이 말씀을 듣고 양심에 가책을 느껴 어른으로 시작하여 젊은이까지 하나씩 하나씩 나가고, 오직 예수와 그 가운데 섰는 여자만 남았더라. ¹⁰ 예수께서 일어나사 여자 외에 아무도 없는 것을 보시고 이르시되 "여자여, 너를 고발하던 그들이 어디 있느냐? 너를 정죄한 자가 없느냐?" ¹¹ 대답하되 "주여, 없나이다." 예수께서 이르시되 "나도 너를 정죄하지 아니하노니, 가서 다시는 죄를 범하지 말라" 하시니라.

이는 예수님을 시험하여 함정에 빠뜨리려는 시도지, 진정한 질문이 아니다. 예수님이 처한 딜레마는 여인을 돌로 치는 데 동의하느냐, 아니면 율법을 어겨야 한다고 가르치느냐 하는 것이다. 그런데 이 딜레마는 더욱 첨예한 것일 수 있다. 로마 통치하에서는 로마인만이 사형을 집행할 수 있기 때문에, 예수님이 로마에 맞서는 데 동의하거나 아니면 모세의 율법에 맞서는 데 동의하라는 질문을 받은 것일 수 있다. 이는 마가복음에서 카이사르[가이사]에게 세금을 납부할지 말지에 관한 딜레마와 유사하다(막 12:13-17). 이 경우와 마찬가지로, 예수님은 쟁점을 다른 차원으로 옮겨서, 관여의 조건을 바꾸시고, 시험자에게 딜레마를 제시하신다. 예수님께 질문하면, 질문자는 질문의 조건 자체가 바뀌는 방식으로 질문받게 된다.

예수님은 먼저 몸을 굽혀서 땅에 글을 쓰심으로써 대화를 잠시 멈추신다. 이 이야기의 다른 측면들, 이를테면 여자와 함께 간음한 남자에 대한 언급은 왜 없는가 하는 점에 대해서도 그렇듯이, 예수님께서 뭐라고 쓰셨을지에 대해서도 많은 추측이 있다. 하지만 이야기 자체는 그 답에 대한 아무런 단서도 주지 않는다. 드라마의 속도가 예수님께 달려 있다. 예수님은 대적자들이 원하는 대로 드라마가 연출되지 않게, 침묵을 통해 긴장감을 조성하시며 드라마의 속도를 늦추신다.

그들이 계속 물어 대자, 예수님은 다음과 같은 대답으로 그들을 시험하신다. **"너희 중에 죄 없는 자가 먼저 돌로 치라."** 이는 그 여인을 예수님께 데려온 목적의 핵심을 공격할 뿐만 아니라, 그들과 독자 모두에게 비난하고 판단하고 정죄하고 처벌하는 관습과 관련하여 철저하고 근본적인 자기 점검을 촉구한다. 그 효과는 예수님께서 산상 설교에서 하신 말씀과 같다. "비판을 받지 아니하려거든 비판하지 말라. 너희가 비판하는 그 비판으로 너희가 비판을 받을 것이요, 너희가 헤아리는 그 헤아림으로 너희가 헤아림을 받을 것이니라. 어찌하여 형제의 눈 속에 있는 티는 보고, 네 눈 속에 있는 들보는 깨닫지 못하느냐? 보라, 네 눈 속에 들보가 있는데, 어찌하여 형제에게 말하기를 '나로 네 눈 속에 있는 티를 빼게 하라' 하겠느냐? 외식하는 자여, 먼저 네 눈 속에서 들보를 빼어라. 그 후에야 밝히 보고 형제의 눈 속에서 티를 빼리라"(마 7:1-5). 바로 여기서 중요한 문제가 외식이다. 여기서 정의에 대한 관심은 외식인데, 예수님을 함정에 빠뜨리고자 하는 속셈을 가리기 위한 것에 불과하기 때문이다. 죄에 대해서라면 '나-너', '우리-그들'의 구분이 있을 수 없다. 모두가 죄에 사로잡혀 있다. 죄에 대한 우리의 연대를 인정하지 않고 타인의 죄를 고발하면 죄에 더 깊이 빠지게 된다.

그렇다면 해결책은 무엇인가? 예수님은 여인을 고발한 사람도 여인도 비난하지 않으신다. 예수님은 고발자들을 자기 점검─죄를 다루는 모든 진지한 시도에서 진실은 늘 필수다─이라는 어려운 길에 서게 하신다.

그런 다음 예수님은 다시 몸을 굽혀 땅에 쓰신다. 드라마가 두 번째로 멈춘다. 그들이 물러나자 예수님은 여인과 한층 더 나가신다.[4] 그녀가 간음했다는 사실과 그 심각성은 당연한 것이지만, 정죄와 죽음에 맞서는 대안이 열린다. "**나도 너를 정죄하지 아니하노니, 가서 다시는 죄를 범하지 말라.**" 그녀는 과거에서 벗어나 자유롭게 다시 시작할 수 있는 새 출발의 기회를 얻는다. 하지만 다시는 죄를 범하지 말라는 이 명령이 과연 현실적일까? 앞으로 그녀가 가야 할 길은 어떤 길인가? 그리고 무엇보다도 근본적으로, 예수님이 누구시기에 그녀를 정죄에서 해방하시고 다시는 죄를 범하지 말라고 말씀하시는가?

이러한 물음은 이 이야기 너머로 이어진다. 이 이야기를 요한복음 나머지 부분의 맥락에서 읽으면, 죄에 관한 머리글은 1장에서 예수님에 관한 세례자 요한의 진술이다. "보라, 세상 죄를 없애시는[제고 가는] 하나님의 어린양이로다!"(1:29). 올바른 질문은 무엇이 죄의 해결책인가가 아니라 누가 죄를 해결하는가다. 제거되는 죄의 무대인 "세상"은 여기서 고발자와 여인을 모두 총체적으로 아우른다. 8장의 나머지 부분은 요한복음 전체의 핵심 취지에 따라 예수님이 '누구'신지에 더욱 집중한다.

---

[4] NRSV는 **오직 예수와 그 앞에 섰는 여자만 남았더라**로 번역한다. 하지만 "그 앞에"에 해당하는 헬라어는 '엔 메소'(ἐν μέσῳ: 문자적으로 '가운데'로, 3절에서 "그들 모두 앞에"(개역개정: 가운데)로 번역된 것도 같은 문구다. 더 그럴듯한 의미는 예수님이 고발자들 없이 여인과만 남으셨고, 군중들은 이 드라마의 시청자로서 여전히 거기 있다는 것이다─군중이 떠나야만 할 이유도 없고, 남아 있을 만한 충분한 이유도 있다.

또한 요한복음은 공관복음보다 예수님과 각 사람의 직접적인 만남, 곧 '누가 누구를' 만나는지의 중요성에 집중한다—3장에서는 니고데모가 새로운 탄생이라는 새로운 시작으로 초대되고, 4장에서는 사마리아 여인이 영생의 물을 받고, 21장에서는 베드로의 부인 이후 부활하신 예수님이 베드로를 만나셔서 그와 사랑의 관계를 다시 세우시고 그에게 도전적인 명령과 예견을 주신다. 죄와 관련하여 각 개인에게 앞으로 가장 핵심적인 것은 예수님을 계속 신뢰하는 것, 예수님 안에 거하는 것, 예수님을 따르는 것, 공동체 안에 죄와 용서에 관한 지속적인 분별력을 불어 넣는 성령을 예수님께 받는 것(20:22), 예수님이 사랑하신 것처럼 사랑하라는 새 계명에 늘 새롭게 순종하는 것이다(13:34). 각 사람의 죄는 하나님, 다른 사람, 자기 자신과의 관계가 깨지고, 죄책감, 수치심, 두려움, 중독, 의미와 목적의 상실 등으로 이어지는 게 아니라, 예수님과 마주하여 다루어질 수 있다.

자신들의 총체적 현실을 "아들과 아버지 안에"(요일 2:24) 거하는 것으로 여기는 공동체에 반복적인 자기 점검, 고백, 용서가 필요하다는 인식은 요한일서에 가장 분명하게 나타난다. 다른 많은 학자들과 마찬가지로 나는 이 서신이 요한복음을 따라 살려고 노력 중인 공동체에 쓴 것이라고 본다. 그 공동체는 반복적인 죄라는 불가피한 문제에 직면한다. 요한일서는 "그 아들 예수의 피가 우리를 모든 죄에서 깨끗하게 하실 것"을 확언하면서도 동시에 다음과 같이 확언한다. "만일 우리가 죄가 없다고 말하면, 스스로 속이고 또 진리가 우리 속에 있지 아니할 것이요. 만일 우리가 우리 죄를 자백하면, 그는 미쁘시고 의로우사 우리 죄를 사하시며 우리를 모든 불의에서 깨끗하게 하실 것이요. … 나의 자녀들아, 내가 이것을 너희에게 씀은 너희로 죄를 범하지 않게 하려 함이라. 만일 누가 죄를 범하여도 아버지 앞에서 우리에게 대언자가 있으니, 곧 의로

우신 예수 그리스도시라. 그는 우리 죄를 위한 화목제물이니, 우리만 위할 뿐 아니요 온 세상의 죄를 위하심이라. 우리가 그의 계명을 지키면, 이로써 우리가 그를 아는 줄로 알 것이요"(요일 1:7 - 2:3).

여기서 우리는 동일한 조합 – 죄에 진실하게 직면하기, 예수님을 신뢰하고 순종하라는 도전적인 요구, 예수님이 누구신지와 그가 "온 세상"을 위해 하신 것이 모두를 아우르는 총체적 현실이라는 점 – 을 발견한다.

빛과 어둠: 복음의 심장부와 어둠의 심장부로(8:12-59)

12 예수께서 또 말씀하여 이르시되 "나는 세상의 빛이니, 나를 따르는 자는 어둠에 다니지 아니하고 생명의 빛을 얻으리라." 13 바리새인들이 이르되 "네가 너를 위하여 증언하니, 네 증언은 참되지 아니하도다." 14 예수께서 대답하여 이르시되 "내가 나를 위하여 증언하여도 내 증언이 참되니, 나는 내가 어디서 오며 어디로 가는 것을 알거니와, 너희는 내가 어디서 오며 어디로 가는 것을 알지 못하느니라. 15 너희는 인간의 기준을[육체를] 따라 판단하나, 나는 아무도 판단하지 아니하노라. 16 만일 내가 판단하여도 내 판단이 참되니, 이는 내가 혼자 있는 것이 아니요 나를 보내신 이가 나와 함께 계심이라. 17 너희 율법에도 '두 사람의 증언이 참되다' 기록되었으니, 18 내가 나를 위하여 증언하는 자가 되고 나를 보내신 아버지도 나를 위하여 증언하시느니라." 19 이에 그들이 묻되 "네 아버지가 어디 있느냐?" 예수께서 대답하시되 "너희는 나를 알지 못하고 내 아버지도 알지 못하는도다. 나를 알았더라면 내 아버지도 알았으리라." 20 이 말씀은 성전에서 가르치실 때에 헌금함 앞에서 하셨으나 잡는 사람이 없으니, 이는 그의 때가 아직 이르지 아니하였음이러라.

21 다시 이르시되 "내가 가리니, 너희가 나를 찾다가 너희 죄 가운데서 죽겠

고, 내가 가는 곳에는 너희가 오지 못하리라." ²² 유대인들이 이르되 "그가 말하기를 '내가 가는 곳에는 너희가 오지 못하리라' 하니, 그가 자결하려는가?" ²³ 예수께서 이르시되 "너희는 아래에서 났고 나는 위에서 났으며, 너희는 이 세상에 속하였고 나는 이 세상에 속하지 아니하였느니라. ²⁴ 그러므로 내가 너희에게 말하기를 '너희가 너희 죄 가운데서 죽으리라' 하였노라. 너희가 만일 내가 그인 줄 믿지 아니하면 너희 죄 가운데서 죽으리라." ²⁵ 그들이 말하되 "네가 누구냐?" 예수께서 이르시되 "나는 처음부터 너희에게 말하여 온 자니라. ²⁶ 내가 너희에게 대하여 말하고 판단할 것이 많으나, 나를 보내신 이가 참되시매 내가 그에게 들은 그것을 세상에 말하노라" 하시되, ²⁷ 그들은 아버지를 가리켜 말씀하신 줄을 깨닫지 못하더라. ²⁸ 이에 예수께서 이르시되 "너희가 사람의 아들을 든 후에 내가 그인 줄을 알고, 또 내가 스스로 아무것도 하지 아니하고 오직 아버지께서 가르치신 대로 이런 것을 말하는 줄도 알리라. ²⁹ 나를 보내신 이가 나와 함께하시도다. 나는 항상 그가 기뻐하시는 일을 행하므로 나를 혼자 두지 아니하셨느니라." ³⁰ 이 말씀을 하시매 많은 사람이 믿더라.

³¹ 그러므로 예수께서 자기를 믿은 유대인들에게 이르시되 "너희가 내 말에 '계속' 거하면 참으로 내 제자가 되고, ³² 진리를 알지니 진리가 너희를 자유롭게 하리라." ³³ 그들이 대답하되 "우리가 아브라함의 자손이라. 남의 종이 된 적이 없거늘, 어찌하여 '우리가 자유롭게 되리라' 하느냐?"

³⁴ 예수께서 대답하시되 "진실로 진실로 너희에게 이르노니, 죄를 범하는 자마다 죄의 종이라. ³⁵ 종은 영원히 집에 거하지 못하되 아들은 영원히 거하나니, ³⁶ 그러므로 아들이 너희를 자유롭게 하면 너희가 참으로 자유로우리라. ³⁷ 나도 너희가 아브라함의 자손인 줄 아노라. 그러나 내 말이 너희 안에 있을 곳이 없으므로 나를 죽이려 하는도다. ³⁸ 나는 내 아버지에게서 본 것을 말하고, 너희는 너희 아비에게서 들은 것을 행하느니라."

³⁹ 대답하여 이르되 "우리 아버지는 아브라함이라" 하니, 예수께서 이르시되 "너희가 아브라함의 자손이면 아브라함이 행한 일들을 할 것이거늘, ⁴⁰ 지금 하나님께 들은 진리를 너희에게 말한 사람인 나를 죽이려 하는도다. 아브라함은 이렇게 하지 아니하였느니라. ⁴¹ 너희는 너희 아비가 행한 일들을 하는도다." 대답하되 "우리가 음란한 데서 나지 아니하였고, 아버지는 한 분뿐이시니, 곧 하나님이시로다." ⁴² 예수께서 이르시되 "하나님이 너희 아버지였으면 너희가 나를 사랑하였으리니, 이는 내가 하나님께로부터 나와서 왔음이라. 나는 스스로 온 것이 아니요, 아버지께서 나를 보내신 것이니라. ⁴³ 어찌하여 내 말을 깨닫지 못하느냐? 이는 내 말을 들을 줄 알지 못함이로다. ⁴⁴ 너희는 너희 아비 마귀에게서 났으니, 너희 아비의 욕심대로 너희도 행하고자 하느니라. 그는 처음부터 살인한 자요, 진리가 그 속에 없으므로 진리에 서지 못하고, 거짓을 말할 때마다 제 것으로 말하나니, 이는 그가 거짓말쟁이요 거짓의 아비가 되었음이라. ⁴⁵ 내가 진리를 말하므로 너희가 나를 믿지 아니하는도다. ⁴⁶ 너희 중에 누가 나를 죄로 책잡겠느냐? 내가 진리를 말하는데도, 어찌하여 나를 믿지 아니하느냐? ⁴⁷ 하나님께 속한 자는 하나님의 말씀을 듣나니, 너희가 듣지 아니함은 하나님께 속하지 아니하였음이로다."

⁴⁸ 유대인들이 대답하여 이르되 "우리가 너를 사마리아 사람이라, 또는 귀신이 들렸다 하는 말이 옳지 아니하냐?" ⁴⁹ 예수께서 대답하시되 "나는 귀신 들린 것이 아니라 오직 내 아버지를 공경함이거늘, 너희가 나를 무시하는도다. ⁵⁰ 나는 내 영광을 구하지 아니하나, 구하고 판단하시는 이가 계시니라. ⁵¹ 진실로 진실로 너희에게 이르노니, 사람이 내 말을 지키면 영원히 죽음을 보지 아니하리라." ⁵² 유대인들이 이르되 "지금 네가 귀신 들린 줄을 아노라. 아브라함과 선지자들도 죽었거늘, 네 말은 '사람이 내 말을 지키면 영원히 죽음을 맛보지 아니하리라' 하니, ⁵³ 너는 이미 죽은 우리 조상 아브라함보다 크냐? 또 선지자들도 죽었거늘, 너는 너를 누구라 하느냐?" ⁵⁴ 예수께서 대답하

시되 "내가 내게 영광을 돌리면 내 영광이 아무것도 아니거니와, 내게 영광을 돌리시는 이는 내 아버지시니, 곧 너희가 '너희 하나님이라' 칭하는 그이시라. ⁵⁵ 너희는 그를 알지 못하되 나는 아노니, 만일 '내가 알지 못한다' 하면 나도 너희같이 거짓말쟁이가 되리라. 나는 그를 알고, 또 그의 말씀을 지키노라. ⁵⁶ 너희 조상 아브라함은 나의 '때를 보겠지 하며(때 볼 것을) 즐거워하다가, 보고 기뻐하였느니라." ⁵⁷ 유대인들이 이르되 "네가 아직 오십 세도 못 되었는데 아브라함을 보았느냐?" ⁵⁸ 예수께서 이르시되 "진실로 진실로 너희에게 이르노니, 아브라함이 나기 전부터 내가 있느니라" 하시니, ⁵⁹ 그들이 돌을 들어 치려 하거늘, 예수께서 숨어 성전에서 나가시니라.

유난히 불편함	엄청 완고함
혼란스러움	파괴적인 논쟁
어둠	인간에 대한 비관
죽음	세상의 냉혹함
숨겨짐	다이너마이트 다루기
맹목성과 자기기만	고통스러운 판단
어려움	살인적인 증오
배제	타인을 악마화함
극한 도발	종교적 폭력

이는 요한복음 8:12-59에 대한 심포지엄에서 내가 메모한 언어 중 일부다. 하지만 동시에 빛, 생명, 사랑, 자유, 진리, 선함, 영광, 기쁨이라는 언어도 있었다.

나는 이어지는 내용에서 두 가지 여정을 다룰 것이다. 첫 번째 여정은 빛의 강렬함에 열려 있으려는 시도다. 그 빛은 요한이 독자들에게 바라는 여정을 인식하고 그런 여정을 살아가는 데 필수다. 두 번째 여정은 많은 독자가 실제로 걷고 있는 여정의 어둠에 직면하려는 시도다. 그 어둠은 그리스도인들이 유대인에게 맞서는 데 이 본문을 사용해 온 방식에서 볼 수 있다. 그런 다음 중요한 물음이 생긴다. 지금 우리는 이 모든 것에 어떻게 반응할 것인가?

첫 번째 여정: 세상의 빛이신 예수님을 따르기

빛으로 가는 여정은 부분적으로는 의미에 관한 여정이며, 보는 것에 관한 여정이고, 아는 것에 관한 여정이며, 진리에 관한 여정이다. 하지만 거의 절대적으로 그 여정은 자유 안에 사는 삶에 관한 여정이며, 따르는 것에 관한 여정이고, 사랑하는 것에 관한 여정이며, 실제로 예수님의 말씀을 지키는 일에 관한 여정이다. 의미와 삶, 또는 인식과 행동이라는 두 가지 차원이 이 장 전체에 걸쳐 얽혀 있는데, 이 두 차원은 예수님을 믿고 신뢰하고 기뻐함으로써 통합된다.

그 핵심은 예수님께서 말씀하신 바와 같다. **"나는 세상의 빛이니, 나를 따르는 자는 어둠에 다니지 아니하고 생명의 빛을 얻으리라."** 세상의 빛은 문자 그대로 하면 태양이다. 우리가 눈으로 보기 위해서는 태양이 필요하고, 살아가기 위해서도 태양이 필요하다. 태양은 이 두 차원을 완벽하게 통합하는 상징이다. 태양은 또한 유일무이하여 우리 경험에서 특수한 것이면서 동시에 온 세상과 연결되어 있다. 예수님은 그러한 유일성과 보편성을 주장하고 계신다. 이는 우리의 의미 세계와 삶에 급진적 결과를 초래한다. 이 장은 의미 세계와 삶에 도발적으로 도전을 제기한다. 이는 이후 두 단락에서 살펴볼 것이다. 하지만 그 전에 "세상의 빛"이신 예수님에 대해 먼저 숙고해 볼 필요가 있다.

여기서 예수님은 여전히 초막절 축제에 참여하고 계신다. 초막절은 빛을 기념하는 축제고, 예배가 이스라엘의 하나님을 향하고 있음을 확증하기 위해 태양으로부터 돌아서는 의식을 한다.[5] 이 축제에서 빛과 물은 모두 토라, 곧 하나님이 이스라엘에 주신 포괄적 삶의 방식과 동일시되었다. 따라서 예수님이 "나는 세상의 빛이니"라고 말씀하신 것은 자신을 하나님과 토라와 그 밖의 성경과 동일시하신 것이다. 요한복음의 나머지 부분에서 이 "나는 있다/…이다"가 다른 말로 보완되면서 동일시가 강화된다. 8:58에서처럼 절대적인 "나는 있다/…이다"가 하나님을 직접 가리키기도 하고, 다른 "나는 있다/…이다"는 토라와 하나님 말씀의 인격적 육화를 가리키기도 한다. 이를테면 "나는 생명의 떡이니"(6:35), "내가 곧 길이요 진리요 생명이니"(14:6)처럼 말이다.

이 선언을 공관복음과 함께 읽을 때 가장 눈에 띄게 유사한 부분이 있다. 예수님의 변모 이야기다. 마태복음은 다음과 같이 말한다. "그들 앞에서 변형되사, 그 얼굴이 해같이 빛나며 옷이 빛과 같이 희어졌더라"(마 17:2). 거기서 예수님은 토라를 대표하는 모세, 선지자들을 통한 하나님 말씀을 대표하는 엘리야와 말씀을 나누신다. 그리고 하나님의 목소리가 "이는 내 사랑하는 아들이요 내 기뻐하는 자니, 너희는 그의 말을 들으라!"(마 17:5)라는 말로 예수님을 확증한다. 주님의 변모를—이콘, 예전, 신학, 기도 관습 등에서—각별히 기리는 정교회 그리스도교 전통에서는 성경의 초막절 축일이 변모 축일과 동일시되므로 요한복음과 공관복음이 상호 작용한다. 관상 기도 관습 중 하나인 헤시카즘hesychasm은 창조되지 않은 빛, 즉 변모의 빛에 집중한다. 요한 전통은 사랑에 대해서와 마찬가지로 빛에 대해서도 공관복음의 신학적 암시들을 확연하게 직접적으로 끄집어낸다. 요한복음의 "나는 세상의 빛이니"는 요한일서에

---

5   앞서 7:1-13을 다루며 논했다.

서 "하나님은 빛이시라. 그에게는 어둠이 조금도 없으시다"(요일 1:5)로 이어진다.

빛은 성경은 물론 대부분의 문화와 종교에서도 한없이 풍부한 상징이며, 과학적으로도 매우 흥미로운 것이다. 프롤로그에서 요한이 사용한 '로고스'λόγος, 곧 '말씀'이 성경 전체와 창조된 현실 전체와 연결되는 것처럼,[6] 프롤로그와 여기서 사용한 '빛'도 하나님, 성경, 모든 생명, 만물과 예수님의 관계에서 동일한 범위를 갖는다. 신학, 영성, 예술은 빛이신 예수님에 대한 풍부한 통찰을 비롯하여, 그 통찰이 담론, 문화, 종교의 영역을 가로질러 생성할 수 있는 연결성을 계속해서 향유한다. 하지만 꼭 그렇게 큰 규모로 생각할 필요는 없다. 우리의 일상에서 빛에 대해 숙고하는 것만으로도 예수님이 어떻게 우리의 빛이실 수 있는지 이해하기 위한 풍부한 자료를 얻을 수 있다. 이를테면, 우리가 있는 위치를 밝히고, 사물을 적절한 관점에서 바라보며, 사랑의 빛에 비추어 사람과 상황을 보고, 나아갈 길과 위험을 인식하며, 신뢰를 가지고 용기 있게 움직이며, 우리의 길을 찾고, 아름다움을 즐기고, 사람들을 기뻐하는 등 많은 것들이 있다.[7]

요한의 관점에서 보면, 빛이라는 상징을 통한 사유와 상상의 결과는 일상적인 것이든 보다 정교한 것이든 적절한 분별을 통해 진리 안으로 더욱 인도하는 사례가 될 수 있다(16:13). 요한복음 8장은 이러한 분별 과정에 대한 기본 지침을 제시한다. 즉, 예수님의 "나는 있다/…이다"에 가장 중점을 두어야 한다는 것이다. 이는 의미와 행동 모두 예수님이 누구신지에 비추어 지속적으로 성찰되어야 한다는 의미이며, 의미와 행동

---

[6] 1:1-4에 관한 주석을 보라.
[7] 하지만 이 모든 일에 빛과 시력이 필수라는 암시가 스미지 않도록 주의해야 한다—시각 장애인도 예수님을 따를 수 있다.

을 그렇게 성찰한 결과는 급진적인 도전이다.[8]

상식과 세계관에 대한 도전. 상식적 의미에 관한 도전을 발견하기 시작하면 먼저 상상력에 충격이 가해진다. **세상의 빛 … 생명의 빛**이신 사람을 마음속에 그려 보려 할 때 상상력에 충격이 가해진다. 독자들은 다음과 같이 가장 포괄적인 의미 진술들을 통해 처음부터 그러한 충격을 대비하기 위해 준비되고 있었다. "이 말씀은 곧 하나님이시니라"(1:1). "그 안에 생명이 있었으니, 이 생명은 모든 사람의[사람들의] 빛이라"(1:4). 이후 장들에서는 이러한 상상력을 확장해 나간다. 예컨대, 예수님께서 자기 몸을 성전이라 말씀하실 때나(2:21) "임의로" 부는 바람 내지 성령으로 나는 일에 대해 말씀하실 때(3:8), 사마리아 여인에게 "그 속에서 영생하도록 솟아나는 샘물"을 제시하실 때(4:14), 자신을 "생명의 떡"과 동일시하실 때(6:35)가 그렇다. 이 모든 것은 일상적인 이미지나 상징에 담기지 않는다. 이 모든 이미지와 상징은 담을 수 없는 것을, 유일성과 보편성의 궁극적 결합—"육신이 되신" 하나님의 "말씀"(1:14)—을 담기 위해 확장된다.

그러나 8장 드라마의 등장인물들은 프롤로그를 읽지 않았다. 요한복음에서 흔히 그렇듯이, 예수님은 프롤로그의 관점에서 보면 이해가 되지만 상대방이 이를 모르고 들으면 오해할 것 같은 말씀을 하신다. 그러면서 의미가 주어진다. 이러한 대조는 요한복음 독자들에게, 특히 다시 읽는 독자들에게 학습 상황을 만들어 준다. 요한복음을 이미 읽어 본 우리는 이 이야기가 어떻게 십자가와 부활, 성령 주심, 도마의 "나의 주님

---

[8] 이 주제에 특별히 관심을 두고 현대 독자들에게 이 복음서의 도전을 예언자적으로 제시하는 요한복음 주석이 있다. 제목부터 그런 암시가 있는데, 바로 뉴비긴의 요한복음 주석인 《레슬리 뉴비긴의 요한복음 강해》(*The Light Has Come* [빛이 세상에 왔도다]), IVP 역간)다.

이시요 나의 하나님이시니이다"(20:28) 하는 고백으로 끝나는지 안다. 하지만 드라마의 등장인물처럼 우리 또한 이러한 일들이 문화를 거스르고 충격적이며 놀랍게 다가오는 세상의 일부다. 우리의 마음과 상상력은 끊임없이 도전받고 확장되어야 하고, 익숙했던 것들의 낯섦과 마주해야 하고, 재교육받아야 하며, 한없이 풍부하고 언제나 놀라운 현실에 다시금 열려 있어야 한다. 그러한 현실은 진정으로 새로운 소식에 관한 것이며, 오로지 **증언**을 통해서만 알려질 수 있는 것이다(8:13, 14, 17). 하지만 우리의 상식—우리 마음의 습관, 우리를 형성해 온 가정과 믿음과 생각들, 여기서 **인간의 기준을** 따른 판단으로 불리는 것(8:15), **내 말이 너희 안에 있을 곳이 없으므로**로 설명되는 것(8:37)—은 새로운 소식과 그 함의를 의심하고 무시하고 그것에 저항하는 경향이 있다. 이 놀라운 것이 우리의 틀에 맞지 않으면, 우리의 틀이 변하거나 놀라움을 거부하거나 둘 중 하나다. 8장은 거부의 드라마다. 독자가 그런 결정에 직면하게 하는 것이 주된 목적이다.

이 결정은 강력한 이미지 모음을 통해 제기된다. 첫째, 빛과 어둠이라는 자연 이미지가 있다. 그다음에는 증언을 믿거나 믿지 않는 법정 이미지가 있다. 그다음에는 아래와 위라는 신학적이고 우주적인 이미지가 있다. **"너희는 아래에서 났고 나는 위에서 났으며, 너희는 이 세상에 속하였고 나는 이 세상에 속하지 아니하였느니라"**(8:23). 마지막으로 가정의 자녀 또는 노예라는 가족 이미지가 있다.

자연, 법, 우주, 혈통 관계에서 가져온 이러한 강력한 이미지 모음은 인지적 신학 개념들과 얽혀 있는데, 이는 독자들이 직면한 결정을 강조한다. 예수님의 기원과 운명에 관한 지식이 있다. **"나는 내가 어디서 오며 어디로 가는 것을 알거니와, 너희는 내가 어디서 오며 어디로 가는 것을 알지 못하느니라"**(8:14). 아버지와 관련하여 예수님에 대한 지식이 있다. "내 판단이 참되니, 이는 내가 혼자 있는 것이 아니요 나를 보내신 이가 나와 함께 계심이라. … 나를 알았더라면 내 아버지도 알았으리라. … 오직 아버지께서 가르치신 대로 이런 것을 말하는 … 나를 보내신 이가 나와 함께하시도다. … 나는 내 아버지에게서 본 것을 말하고 … 내게 영광을 돌리시는 이는 내 아버지시니, 곧 너희가 '너희 하나님이라' 칭하는 그이시라"(8:16, 19, 28, 29, 38, 54).

이 관계와 분리될 수 없는 것이 예수님의 "나는 있다/…이다" 선언들이다. 이 선언들을 이해하는 데 필요한 틀은 바로 예수님 안에서, 그리고 예수님을 통해 알려진 하나님이다. 또한 더불어서 창조된 세계 전체("**나는 세상의 빛이니**")와 십자가에서 절정에 이르는 요한복음 전체 이야기("**너희가 사람의 아들을 든 후에 내가 그인 줄을 알고**")[9]뿐만 아니라, 시간과 영원에 대한 신적 시간의 지평("**진실로 진실로 너희에게 이르노니, 아브라함이 나기 전부터 내가 있느니라**")도 저 선언을 이해하는 데 필요한 틀이 된다. "후에 … 알고"라는 말씀은 하나님과의 관계 안에서 예수님의 정체성의 범위를 아는 데 부활 이후의 관점이 필요하다는 점을 알려 준다. 그뿐만 아니라 이 복음서 전체를 다시 읽는 독자들이 그러한 진술의 주요 대상임을 시사한다. 이러한 하나님 이해가 중심에 자리 잡지 않은 세계관은 모두 필연적으로 도전받을 수밖에 없다. 8장은 프롤로그에서 처음에 제기된 인지적 도전을 더욱 강화한다. 실제로 8장은 프롤로그의 요소들이 드라마로 구현된 장으로 읽을 수 있다. 이를테면 프롤로그에서 자기 백성이 예수님을 거부한다는 것과 압도적인 신비에 관한 1:18의 마지막 확언 등이 드라마로 구현된다. "아버지 품속에 있는 독생자[독생하신] 하나님"

---

9   요한복음에서 영광을 돌린다는 언어는 십자가 처형과 부활을 가리킨다—12:27-28; 13:31-32; 17:1-5를 보라.

에 관한 신비를 안다는 것은 우리가 이를 파악할 수 없음을 인식한다는 것이다. "본래 하나님을 본 사람이 없으되". 그럼에도 우리는 더욱 많은 빛과 지식과 이해에 항상 열려 있어야 한다—"우리가 다 그의 충만한 데서 받으니 은혜 위에 은혜러라"(1:16). "세상의 빛"이신 예수님은 모든 사람에게 이 풍요를 제공하시는데, 너무 과하도록 선하고 후하고 사랑이 충만해서 진실처럼 여겨지지 않는다는 역설적 도전이 있다.

삶의 방식과 핵심 정체성에 대한 도전. 따라서 요한은 상식과 세계관에 대한 근본적인 인지적 도전을 가하는 방식으로, 또한 이와 불가분하게 모든 삶의 방식과 활동에 근본적인 실천적 도전을 가하는 방식으로 이야기를 들려준다.

여기에는 따르기, 다니기, 노예가 아닌 가족 구성원으로 살기, 죄 가운데 죽기, 공경하기honoring, 무시하기dishonoring 등의 이미지가 포함된다. 이러한 이미지들은 증언하기, 판단하기, 그가 기뻐하시는 일을 행하기, 예수님의 말씀 안에 거하기(계속 있기, 머무르기), 사랑하기, 영광을 구하기 또는 돌리기와 같은 개념과 섞여 있다. 이러한 것들 모두 이후 장에서, 특히 고별 강론(13-17장)에서 더 자세해지므로 그때 더 살펴볼 것이다.

이 장에서는 앎과 삶의 점진적 통합이 있다. 초반부인 8:20까지는 앎에 중점이 있고, 그 후로는 앎과 삶이 통합된다. 그리고 이 통합의 핵심에는 정체성 문제가 있다. 요한복음이 항상 그렇듯이 여기서도 예수님은 누구신가, 곧 그의 존재("나는 있다/…이다") 안에서와 아버지와의 관계 안에서와 세상과의 관계 안에서 예수님이 누구신가가 가장 근본적인 도전이다. 이는 독자의 모든 세계관, 삶의 방식, 그리고 하나님과 다른 사람과의 관계에서의 핵심 정체성에 도전을 가한다.

그러나 8장의 독특한 점은 예수님이 자라나신 유대인 정체성 및 예수님과 몇몇 유대인 사이의 대립에 초점이 맞춰져 있다는 것이다. 그것은 종교로 인해 악화된 격렬한 가족 분쟁이라는 특징이 있고, 비극적인 결과를 가져왔다. 이를 어떻게 이해해야 할까?

두 번째 여정: 어둠, 노예, 죄, 죽음, 무시, 거짓말, 살인 속으로
―예수님과 유대인과 믿는 유대인

이 장의 이면에 있는 어둠의 언어, 죄의 노예, 죽음, 무시하기, 거짓말, 살인은 어떠한가? 이 장과 관련하여 무엇보다 요한이 반유대주의적 anti-Semitic (단순히 유대인이라는 이유로 유대인에 대해 적대적이라는 의미)인지 반유대교주의적 anti-Jewish (유대교와 종교적인 유대인에 대해 적대적이라는 의미)인지에 대해 학계에서 상당한 논쟁이 있어 왔다. 루스 에드워즈는 문헌을 조사하여 결론에 도달했는데, 내가 볼 때 잘 뒷받침되는 결론이다.[10] 유대인 학자인 아델 라인하르츠는 자신의 분석에서 (이 주제에 관한 방대한 양의 문헌에 대한 유용한 요약과 더불어) 이보다 더 나아간다. 그녀는 특히 자신이 "소속과 탈퇴의 정교한 수사"라고 부른 것을 잘 설명하는데, 이를 나의 언어로 바꿔 말하면 독자들을 근본 결정과 마주하게 하려는 요한의 욕망이다(글상자에서 라인하르츠의 글을 보라).

요한은 공관복음보다 "유대인"이라는 말을 훨씬 더 많이 사용하고, 자주 부정적으로 사용한다. 그러나 부정적인 언급은 대부분 종교 지도자들을 가리킨다. 다른 여러 학자와 마찬가지로 에드워즈는 "요한은 유대 사람 전체를 예수님의 반대자로 나타낼 의도가 없었고, 따라서 '반유대주의'라는 혐의를 벗어야 한다"[11]라고 결론 내린다. 또한 "요한은 모든

---

10 R. Edwards, *Discovering John*. 그녀의 결론에 대해서는 2:13-25에 관한 주석에서 〈추가 고찰: 예수님은 성전을 대체하시는가? 요한은 대체주의자인가?―요한복음과 유대인-그리스도인 관계의 도전〉 부분을 보라.
11 R. Edwards, *Discovering John*, 133.

> 이 복음서가 유대교의 상징, 사상, 관습을 차용했다고 해서 친유대적이거나 반유대적인 것은 아니다. 그러나 이러한 일은 어떤 패턴을 설명해 준다. 그 패턴에 따르면, 이 복음서의 기본 틀은 유대교 관습 및 가치를 이어받았기 때문에 친숙한 동시에 '이우다이오이' Ἰουδαῖοι로 불리는 집단으로부터의 분리를 촉진한다. … '이우다이오이'에 관한 요한의 적대적인 언급을 어떻게 읽더라도, 이 복음서가 '인종' 내지 혈통을 근거로 반유대주의적이지는 않다는 점은 일반적으로 동의하는 바다. 오히려 문제는 예수님을 메시아로 믿느냐 안 믿느냐 하는 것이다. 게다가 8:44 같은 구절에 대한 후대의 해석은 그리스도교 반유대주의의 토대가 되었지만, 이런 후대의 해석이 복음서 자체의 책임일 수는 없다. 동시에, 복음서의 수사적 힘이 청중으로 하여금 유대인과 그리스도를 고백하지 않는 유대교를 부정적인 시각으로 보게 부추겼으리라 가정하는 것은 합리적이다. 일반적으로 교부들이 요한복음을 반유대교적으로 읽은 것은 그러한 수사적 효과를 증명한다. 앞서 언급했듯이, 이 복음서는 정교한 소속과 탈퇴의 수사를 사용하는데, 이는 청중이 자신을 예수님 및 제자들과는 나란히 두고 '이우다이오이'와는 거리를 두게 부추긴다. 이러한 거리 두기는 신학적인 것으로 해석될 수 있다. 하지만 그리스도교 반유대주의의 역사는 거리 두기가 종종 사회적 명령으로도 읽혔음을 보여 준다.
>
> — 아델 라인하르츠, 〈제4복음서의 유대인〉 The Jews of the Fourth Gospel, 133-34

유대인을 무지하고, 기만적이며, 불신앙적인 사람으로 묘사하지 않으며" 그들 모두를 어둠이나 "세상"과 연관시키지도 않는다.[12] 실제로 요한은 유대인을 매우 다양한 방식으로 나타내고 있고, 일부는 긍정적으로 묘사한다. 당연한 말이지만 예수님 자신과 예수께서 사랑하시는 그

---

12 R. Edwards, *Discovering John*, 134.

제자도 유대인이다. 요한은 예수님이 논쟁에서 대립을 일삼는 모습과 8장에서 자신과 대화하는 '유대인들'을 마귀와 연관시키는 모습을 그린다. 이러한 논쟁의 여러 특징은 예수님의 성경에서, 특히 자기 백성에 대한 하나님의 기소와 선지자들의 과장적 비난에서 발견된다. 이는 또한 당시 유대교 내에서 논쟁에 사용된 종교 수사학과도 일치한다. 에드워즈가 말했듯이, "요한의 동시대 유대인들이 요한복음 8장을 특출나게 신랄한 독설로 인식했을 것 같지는 않다."[13]

예수님 당시나 요한 공동체 당시 모두 적대심과 갈등의 역사가 분명히 있었지만, 반유대주의나 반유대교주의라고 말하는 것은 적절하지 않다는 것이 전반적인 판단이다. 오히려 이는 가족 다툼의 언어다. 유대인 간의 다툼, 그리고 이후 유대교인과 그리스도인인 유대인 사이의 다툼이다.[14] 그 맥락은 무자비한 제국이고, 또한 깊은 분열과 고질적인 불안정, 폭력, 착취, 신랄한 유대인 내부 갈등이 있는 지역이다. 8장의 무대는 로마에 대항하다 트라우마를 남긴 반란이 있기 수십 년 전이다. 이 반란은 서기 70년에 제2성전의 파괴로 이어졌다. 요한복음은 반란으로 인해 고국 땅을 떠나야 했던, 그리고 회당 공동체에서 동료 유대인들과 적대적 관계였던 일부 유대인 그리스도인을 포함한 독자들을 위해 그 여파 속에서 쓰였을 가능성이 높다. 어쩌면 주된 맥락이 유대인 그리스도인 본인들이었을 수도 있다. 가장 센 언어가 예수님을 **믿은 유대인들**을 향하고 있다는 점이 두드러진다(31절). 예수님이 폭력의 위험에 처한 상황에서, 그들은 결정을 내려야 한다는 도전을 받고 있다. 예수님은 프롤로그에서 이미 설정된 지평을 따라 예수님이 누구신지에 대한 인식을 키

---

13 R. Edwards, *Discovering John*, 140.
14 이에 관한 보다 자세한 내용은 2:13-25에 관한 주석을 보라.

워 나가야 한다고 호소하고 계신다. 예수님은 도발적인 마지막 진술에서 프롤로그의 핵심 요지를 확언하신다. **"아브라함이 나기 전부터 내가 있느니라."** 이어서 폭력 장면으로 전환된다. 이는 예수님께서 저 공격자들의 정체성을 얼마나 뿌리까지 위협하고 흔들어 놓으셨는지를 보여 주는 척도다.

끔찍한 여파에 직면함

그러나 맥락이 바뀌고 이제 성경의 권위를 갖게 된 요한복음 8장의 언어가 그리스도인이 유대인을 박해할 힘을 갖게 된 상황에서 사용되면, 그 결과는 끔찍할 수 있다. 교부들, 마르틴 루터, 나치, 그리고 현재 신나치 등은 이 본문에 기대어 유대인에 대한 격멸과 살인적인 적대감을 불붙였다. 요한복음이 유대인과 맞서는 데 사용된 역사가 계속되고 있다는 사실은 본문의 원래 의미와 맥락에 대해 묻는 것만으로는 충분하지 않음을 의미한다. 거의 2천 년에 걸친 유대교-그리스도교의 상호 작용에서 그러한 역할을 해 온 것에 대한 철저한 대응이 필요하다. 가능하다면 오늘날을 위한 요한복음 해석도 그러한 대응에 포함되어야 한다. 이 본문이 기여한 끔찍한 역사에 직면하고 다른 역사를 형성하는 데 도움이 되도록 말이다.

위의 첫 번째 경로를 따라가는 여정과 일맥상통하는 두 가지 대응이 제시된다. 첫 번째는 대체주의 내지 '대체 신학'을 포기하는 것이다. 이는 2:13-25에 관한 논의에서 이미 제안한 것이다. 두 번째는 그 논의에서 권한 대로 그리스도인들이 자신들의 경전을 유대인들과 함께 다시 읽는 것이다.[15] 그리스도인은 오랜 기간 비극적으로 잘못해 온 바를 진

---

15 나의 신약 해석은 이 주석을 작업하는 동안 유대인과 무슬림과 함께 신약을 반복해서

단하고 치료하기 위해 유대인을 비롯한 다른 사람들의 도움이 필요하다. 특히 홀로코스트 이후 이러한 일은 다방면에서 일어나고 있으며, 이는 종종 양쪽 모두에게 고통스러운 과정이다. 역사의 상처를 치유하는 가장 좋은 방법은 더 나은 역사를 형성하는 것이며, 이 경우에는 영향력 있는 텍스트가 쟁점이 되기 때문에 함께 읽지 않고는 치유하기 어렵다.

하지만 그리스도교 신앙에는 예수님이 누구신지에 관한 결정이 포함된다는 것 또한 분명하다. 예수님이 누구신지에 관한 결정은 오늘날 대부분의 유대인을 비롯한 다른 이들과 그리스도인의 차이를 담고 있다. 부활 이후의 관점을 지닌 요한복음은 예수님과 당시 사람들 사이의 논쟁보다 이러한 결정을 독자들 앞에 두는 데 더 관심이 있다. 이는 이스라엘의 성경에 반복적으로 나타나는 결정의 요청을 되울린다. 신명기에서 토라의 정점은 모세의 근본적인 도전이다. "내가 오늘 하늘과 땅을 불러 너희에게 증거를 삼노라. 내가 생명과 사망과 복과 저주를 네 앞에 두었은즉, 너와 네 자손이 살기 위하여 생명을 택하라"(신 30:19). 선지자들은 잇달아 선명한 언어로 결정을 촉구했고, 지혜 문학에서는 지혜의 길과 어리석은 자의 길이 근본적으로 갈린다.

예수님은 토라, 예언서, 지혜서 전통 가운데 있으신데, 이 세 가지 모두에서 하나님 말씀과 생명과 빛이 분리될 수 없으며, 이 셋과 마찬가지로 예수님도 결정적인 응답을 요구하신다. 랍비 유대교도 같은 전통에 속해 있고 다른 응답을 요구한다. 이는 깊은 다원주의다. 유대인과 그리스도인 모두에게 그 응답은 삶의 모든 형태와 관련된다. 즉, 예배하고 기도하고 인식하고 상상하고 해석하고 행동하는 방식, 개인 및 공동체의

읽은 일에 빚지고 있다. 요한복음 8장에 관해서는 피터 옥스가 케임브리지 대학교에서 헐시안 강연(Hulsean Lectures)을 하는 3주 동안 나와 함께 공부해 준 것에 대해 특히 감사드린다.

습관, 내적·외적 갈등, 복잡한 정체성을 형성하고 유지하는 방식 등과 관련된다. 요한복음 8장은 이러한 차이의 차원과 심각성에 대해서 의심할 여지를 남겨 두지 않는다.

첫 번째 여정으로의 초대

오늘날 유대인과 그리스도인이 과거보다 더 나은 현재와 미래를 함께 영위하는 것이 가능할까? 이는 양쪽 모두에게 도전이다.

그리스도인인 우리에게는 요한복음을 다시 해석하는 것이 우리 응답의 일부여야 한다. 요한복음 8장은 앞서 설명한 첫 번째 여정을 출발하도록 우리를 초대한다. 첫 번째 여정은 앎과 삶이 점진적으로 통합되는 여정으로, 예수님이 누구시며 무엇을 욕망하시는지에 대한 더 완전하고 깊은 인식과 반응이 그 중심에 있다. 우리는 예수님의 빛에 비추어 우리 자신을, 우리 공동체를, 우리 세계를 볼 수 있을까? 우리의 욕망, 상상력, 마음, 습관에 대한 재교육이 계속되는 물결에 우리는 열려 있을 수 있을까? 우리의 상식과 세계관에는 어떤 변화가 필요할까? **진리가 너희를 자유롭게 한다**면, 예수님이 누구신지에 관한 진리truth에서 저 자유가 올 뿐만 아니라, 우리 역사(공동체의 역사와 개인의 역사)의 종종 고통스러운 진실truth에서도 어떻게 저 자유가 올 수 있을까? 우리의 일상이 하나님 중심, 사랑 중심의 현실에 삶으로써 점점 더 온전하게 형성될 수 있을까?

이 장은 이러한 여정을 위한 강력한 격려를 담고 있다.

"**나는 세상의 빛이니, 나를 따르는 자는 어둠에 다니지 아니하고 생명의 빛을 얻으리라.**" 이 말씀은 예수님이 누구신지에, 그리고 예수님이 욕망하시는 삶의 방식에 끊임없이 새롭게 주목하도록 격려한다.

"**너희가 내 말에 계속 거하면 참으로 내 제자**[내게 배우는 자]**가 되고, 진리를 알지니 진리가 너희를 자유롭게 하리라.**" 이 말씀은 평생 배우도록 고무하여, 점점 더 많은 진리로, 그 진리에 따라 행동할 자유로 이끈다.

"종은 영원히 집에 거하지 못하되 아들은 영원히 거하나니, 그러므로 아들이 너희를 자유롭게 하면 너희가 참으로 자유로우리라." 이는 죽음 이후는 물론 죽음 전에도 누리는 새로운 가족생활에 대한 확신이다. 이 가족생활에 상호 이해, 사랑, 기쁨, 우정의 자유가 존재할 수 있다—"이제부터는 너희를 종이라 하지 아니하리니"(15:15).

"진실로 진실로 너희에게 이르노니, 사람이 내 말을 지키면 영원히 죽음을 보지 아니하리라." 이 말씀은 죽음을 보시고 영생으로 부활하신 예수님과 관련하여 죽음을 상대화하고, 이런 식으로 죽음의 현실과 의미를 바꾼다. 예수님의 말씀을 신뢰하면 죽음을 예전에 있던 그대로 보지 않고, 예수님의 십자가 처형과 부활을 통해 보게 된다.

"진실로 진실로 너희에게 이르노니, 아브라함이 나기 전부터 내가 있느니라." 이 말씀은 아마도 가장 놀랍고 포괄적이며 신비로운 격려일 것이다. 이 여정의 시간 폭은 아브라함 이전과 영원까지 거슬러 올라간다—이는 하나님의 시간 폭이다. 아브라함을 비롯해서 아브라함의 여정에 있는 수많은 사람에게 주신 선하고 놀라운 일과 약속은 하나님으로부터 온 것이다. 하나님은 선하고 놀라운 일을 불현듯 선물하고 약속을 성취하는 것을—유대인에게, 그리스도인에게, 그리고 그것들을 받게 될 모든 사람에게—멈추지 않으신다.

요한복음 9:1-41
"이 사람이 내 눈을 뜨게 하였으되"

여기서는 시각 장애를 안고 태어난 한 남자가 눈을 뜨게 되고 그 결과로 논쟁이 벌어지는 드라마가 일곱 장면으로 나온다. 다음과 같은 핵심 주제들이 다시 등장한다. 예수님께서 생명을 주는 표적을 행하심과 이에 동반되는 가르침. 예수님이 누구신지에 관한 표현들—"세상의 빛", "그 사람", "선지자", "메시아", "하나님께로부터 온", "사람의 아들", "주". 유대 지도자들과 갈등이 생김. 모세와 예수님. 증언을 하고 증언을 시험함. 앎과 알지 못함, 봄과 보지 못함, 믿음과 믿지 않음, 안식일을 지키는 것과 지키지 않는 것, 죄를 짓는 것과 짓지 않는 것.

  단순한 언어, 잘 짜인 드라마, 행동과 가르침의 조합, 여러 대조, 초기 주제가 변형되며 반복됨, 예수님이 누구신지에 중심을 둠, 다양한 차원의 의미 등은 전형적인 요한의 글쓰기 방식이다. 게일 오데이가 설명한 것처럼, 닫힌 생각, 닫힌 사고방식은 안락함을 주지만, 삶을 변화시키는 진리에 열려 있으면 위험 부담도 있는데, 이런 안락함과 위험함 사이에는 비극적 충돌이 있다(글상자에서 오데이의 글을 보라).

> 요한복음 9:1-41에는 예수님과의 만남에 따르는 안락함과 위험함, 닫힌 범주와 열린 가능성 사이의 충돌이 드라마로 구현되어 있다. 사마리아 여인보다 더 기본적인 면에서, 시각 장애를 안고 태어난 남자는 예수님과의 만남에서 잃을 것이 없다. 그래서 그는 예수님이 누구신지에, 예수님이 주시는 것에 열려 있다. 반면 바리새인들은 잃을 것이 많아서 지켜야 할 것도 많다. 그들은 자신들이 알고 있는 세계를 고수하기 위해 니고데모보다 훨씬 더 격하게 싸운다. 이 충돌의 힘과 통렬함을 전달하려면, 이 풍부한 본문이 다음과 같은 일련의 명제로 환원되어서는 안 된다. '시각 장애인은 …를 상징한다', '바리새인은 …를 상징한다', '이야기의 교훈은 …이다.' 요한복음 9:1-41은 길고 복잡한 본문이며, 이 이야기에 처음부터 끝까지 들어가 있어야만 안다는 것과 본다는 것이 무엇을 의미하는지 말할 수 있다.
>
> — 게일 오데이, 《드러난 말씀》 The Word Disclosed, 54-55

그리고 앞 장들을 넘어서는 일이 일어나고 있으며, 이는 직접적이면서도 미묘한 방식으로 나타난다. 이후 추적할 놀라운 일 하나는 시각 장애인으로 태어난 남자가 예수님 본인과 일치되는 방식이다. 이는 연이어 나오면서 드라마의 상당 부분에서 독특하게 중심 무대를 차지한다. 이 시각 장애인은 모범적인 신자의 모델로 등장한다. 그는 순수하면서도 현명하고 잘 배운다. 그리고 그가 "날 때부터 시각 장애인"이었음이 반복되며 강조된다(1, 2, 3[뒤에서 논하겠지만 3절 헬라어 본문에는 그의 시각 장애가 명시되어 있지 않다(NRSV에는 명시되어 있다)], 19, 20, 32절을 보라).

여기서 죄에 관한 심각한 신학적 물음이 나온다. "이 사람이 시각 장애인으로 난 것이 누구의 죄로 인함이니이까? 자기니이까, 그의 부모니이까?" 그리고 매우 까다롭고 도전적인 말씀이 나온다. "내가 … 왔으니 … 보는 자들은 시각 장애인이 되게 하려 함이라."

할 수 있을 때 하나님의 일을 하라!(9:1-5)

> ¹ 예수께서 길을 가실 때에, 날 때부터 시각 장애인 된 사람을 보신지라. ² 제자들이 물어 이르되 "랍비여, 이 사람이 시각 장애인으로 난 것이 누구의 죄로 인함이니이까? 자기니이까, 그의 부모니이까?" ³ 예수께서 대답하시되 "이 사람이나 그 부모의 죄로 인한 것이 아니라 그에게서 하나님이 하시는 일을 나타내고자 하심이라. ⁴ 때가 아직 낮이매 나를 보내신 이의 일을 우리가 하여야 하리라. 밤이 오리니 그때는 아무도 일할 수 없느니라. ⁵ 내가 세상에 있는 동안에는 '나는' 세상의 빛이로라."

제자들은 이러한 사람에 대한 통설을 가정하고 있다. 즉, 시각 장애가 죄의 결과라는 것이다. 예수님은 그의 죄도 부모의 죄도 아니라고 이야기 초반에 선언하신다. 이는 나중에 그와 그의 부모가 예수님과 대립하는 사람들과 만나서 서로 다른 선택을 할 때 중요해진다―그 사람은 용기 있는 증인이 되는 반면, 그의 부모는 두려움에 지배당한다. 이 장은 이웃과 바리새인 질문자, 바리새인과 날 때부터 시각 장애인인 사람, 바리새인과 예수님을 대조함으로써 핵심 내용을 풀어 나간다. 하지만 이 모두가 날 때부터 시각 장애인인 사람이 예수님을 믿고 경배하게 되는 데 기여한다. 그리고 그 과정에서 그를 예수님과 견준다.

여기서 예수님의 긍정적인 가르침은 어떠한가? "이 사람이 시각 장애인으로 태어난 것은 그에게서 하나님이 하시는 일을 나타내고자 하심이라"로 옮긴 NRSV는 헬라어 본문보다 이 사람의 출생에 하나님이 개입하셨음이 강조된다. 헬라어 본문을 문자 그대로 읽으면 다음과 같다. "이 사람이나 그 부모의 죄로 인한 것이 아니라 '도리어' 그에게서 하나님이 하시는 일을 나타내고자 하심이라." 이러면 강조점이 하나님께서 이 상황에서 이끌어 내시는 것, **그에게서 나타내고자** 하시는 것에 있게 된다. 나중에 드러나겠지만 여기에는 그 사람의 반응이 요구된다. 이러한 신적 행동과 인간 행동의 문제는 이 장 마지막 장면에 더 예리하게 나타날 것이므로 그때 살펴볼 것이다. 하지만 하나님의 주도권과 인간의 응답에 관한 결론을 여기서 예상할 수는 있다. 둘 다 필요하다는 것이다. **나를 보내신 이의**가 예수님 안의 독특한 신적 주도권을 암시하는 것처럼, **일을 우리가 하여야 하리라**에서 "우리"는 응답하는 공동체를 암시한다. 하나님 말씀이자 **세상의 빛**이신 예수님의 '나는' 있다/…**이다**는 기원과 방향에 관한 물음에 대한 요한복음의 포괄적인 답변이다. 두 이미지—말씀과 빛—모두 신적 주도권과 인간의 응답 사이의 비경합적 관계를 이해하는 데 도움이 된다. 이 말씀은 전적으로 하나님의 것이며, 말씀에 반응할 자유를 지니도록 창조된 피조물에게 내려진다.[1] 이 빛도 전적으로 하나님의 것이며, 각 사람이 직면하는 "결정의 이원론"을 비추어 준다(이에 관해서는 이후 자세히 이야기할 것이다).

요한은 독자들이 예수님의 이 말씀에 어떻게 반응하기를 바랐을까? 늘 그렇듯이 그의 관심은 예수님에 대한 지식이 적극적인 제자도로 이어지는 것이며, 이 장은 제자를 만드는 생생한 예를 보여 준다. 예수님이 보냄받으신 것처럼 보냄받은 사람에게 긴요한 것은 하나님의 "일"을 할 수 있는 모든 기회를 잡는 것이다—여기서는 적극적인 연민과 예수님 중심의 증언을 결합하는 일이다. 그러나 예수님께서 사역 중에 표적을 행하시는 때가 끝나는 것처럼, **밤**이 와서 **아무도 일할 수 없는** 때가 있다.

---

[1] 말이 어떤 일이 일어나게 할 때는 반응이 수반될 때다. 빛 역시 비강압적으로 비춤으로써 일이 일어나게 할 수 있다.

발라짐, 보내짐, 씻음, 마침내 볼 수 있게 됨(9:6-7)

⁶ 이 말씀을 하시고 땅에 침을 뱉어 진흙을 이겨 그의 눈에 바르시고, ⁷ 이르시되 "실로암 못에 가서 씻으라" 하시니(실로암은 번역하면 보냄을 받았다는 뜻이라), 이에 가서 씻고 밝은 눈으로 왔더라.

기적 자체는 매우 간략하게 묘사되어 있다. 씻기를 요구한다는 점에서, 이는 선지자 엘리사의 나아만 치유(왕하 5:1-19)와 같은 다른 성경의 기적을 되울린다. 만일 이 시각 장애인 남성이 저 이야기를 알고 있었다면, 이는 나중에 그가 예수님을 선지자로 묘사하고자 했던 것을 설명해 줄 수 있다. 이 씻음은 세례를 상기시키기 위한 것일 수도 있다. 그렇다면 이 남자의 모델적 역할과도 잘 맞는다. **보냄을 받았다**는 저 못의 뜻을 강조한 것은 앞서 예수님께서 "나를 보내신 이의 일"에 관해 하신 말씀을 상기시킨다. 이는 예수님과 이 남자의 여러 유사점 중 첫 번째이다. 침을 뱉고 문지르는 "일"은 (아마도 못에 가서 씻는 일과 함께) 나중에 예수님이 안식일을 어기셨다는 고발이 나올 수 있음을 뜻한다.

"나는 있다/…이다", "알지 못하노라"(9:8-12)

⁸ 이웃 사람들과 전에 그가 걸인인 것을 보았던 사람들이 이르되 "이는 앉아서 구걸하던 자가 아니냐?" ⁹ 어떤 사람은 "그 사람이라" 하며, 어떤 사람은 "아니라, 그와 비슷하다" 하거늘, 자기 말은 "내가 그라" 하니, ¹⁰ 그들이 묻되 "그러면 네 눈이 어떻게 떠졌느냐?" ¹¹ 대답하되 "예수라 하는 그 사람이 진흙을 이겨 내 눈에 바르고 나더러 '실로암에 가서 씻으라' 하기에 가서 씻었더니 보게

되었노라." ¹² 그들이 이르되 "그가 어디 있느냐?" 이르되 "알지 못하노라" 하니라.

다소 놀랍게도, 예수님이 35절까지 이야기에서 사라지신 동안, 이 남자가 무대의 중심을 차지하고 있다. 이 남자는 예수님을 떠올리게 하는 방식으로 계속 묘사된다. 이를테면, 심문받고, 자기 정체성에 대해 논쟁하고, 자신에 대해 증언해야 했고, 특히 **"내가 그라"**('에고 에이미' ἐγώ εἰμι: '나는 있다/…이다')는 말로 핵심 정체성을 진술한다. 그러나 그는 또한 **"알지 못하노라"**라고 하면서, 배움의 과정에서 시작 단계에 있는 것으로 묘사된다.

하나님께로부터? 그렇다(9:13-17)

¹³ 그들이 전에 시각 장애인이었던 사람을 데리고 바리새인들에게 갔더라. ¹⁴ 예수께서 진흙을 이겨 눈을 뜨게 하신 날은 안식일이라. ¹⁵ 그러므로 바리새인들도 그가 어떻게 보게 되었는지를 물으니, 이르되 "그 사람이 진흙을 내 눈에 바르매, 내가 씻고 보나이다" 하니, ¹⁶ 바리새인 중에 어떤 사람은 말하되 "이 사람이 안식일을 지키지 아니하니 하나님께로부터 온 자가 아니라" 하며, 어떤 사람은 말하되 "죄인으로서 어떻게 이러한 표적을 행하겠느냐?" 하여 그들 중에 분쟁이 있었더니, ¹⁷ 이에 시각 장애인 되었던 자에게 다시 묻되 "그 사람이 네 눈을 뜨게 하였으니, 너는 그를 어떠한 사람이라 하느냐?" 대답하되 "선지자니이다" 하니.

이 남자를 바리새인들에게 데려간 것은 적대적 행동이었을 수 있다(여기서 **그들이 … 데리고**에 해당하는 헬라어 동사는 8:3에서 바리새인들이 간음하다 잡힌 여인을 예수님께 "끌고 와서"에 사용된 헬라어 동사와 같다). 특히 14절의 **안식일이라**는 표현에 비추어 볼 때 그렇다. 이 남자는 신문을 받으며 분명하게 증언하는데, 이 증언이 바리새인들을 분열시킨다. 그들은 '예수님이 **하나님께로부터** 온 자인가, 아닌가?' 하는 물음에 대해 서로 다른 답을 한다. 예수님에 대해 서로 다른 평결을 내린 것이다. 한쪽에서는 이 표적이 유발한 물음으로 반문한다. **"죄인으로서 어떻게 이러한 표적을 행하겠느냐?"** 이 분열은 이 복음의 기본 진리를 하나 보여 준다. 즉, 화려한 표적조차도 믿음을 강제하지 않는다는 것이다. 중요한 것은 표적을 행하는 사람이다. 그리고 이 남자는 점점 통찰력을 발휘하며 용기 있게 예수님을 증언한다. **"선지자니이다."** 이 말은 예수님이 하나님과 가까운 사람이거나 하나님 보내신 사람이라는 의미를 전달할 수 있다.

시각 장애인으로 났는가? 그렇다(9:18-23)

[18] 유대인들이 그가 시각 장애인으로 있다가 보게 된 것을 믿지 아니하고, 그 부모를 불러 묻되 [19] "이는 너희 말에 '시각 장애인으로 났다' 하는 너희 아들이냐? 그러면 지금은 어떻게 해서 보느냐?" [20] 그 부모가 대답하여 이르되 "이 사람이 우리 아들인 것과 시각 장애인으로 난 것을 아나이다. [21] 그러나 지금 어떻게 해서 보는지, 또는 누가 그 눈을 뜨게 하였는지 우리는 알지 못하나이다. 그에게 물어 보소서. 그가 장성하였으니 자기 일을 말하리이다." [22] 그 부모가 이렇게 말한 것은 이미 유대인들이 누구든지 예수를 메시아로 시인하는 자는 '회당에서' 출교하기로 결의하였으므로 그들을 무서워함이라. [23] 이러므로 그 부모가 말하기를 "그가 장성하였으니 그에게 물어 보소서" 하였더라.

이 남자가 시각 장애인으로 났다는 점은 이 드라마의 놀라운 요소인데, 이번 장면에서 더욱 강조된다.

남자의 부모는 마지못해 그가 시각 장애인으로 났다고 증언한다. 단편적 증언이었지만 분명했다. 부모에 대한 저자의 논평은 협박으로 인해 제한된 증언이었음을 설명해 준다. 많은 학자가 이 구절이 (12:42와 16:2와 더불어) 나중 상황을 반영한다고 본다. 즉, **회당에서 출교**된 요한 시대 그리스도교 공동체의 상황을 반영한다는 것이다. 이에 대한 진실이 무엇이든 간에, 요한은 부활 이후의 관점에서 오랫동안 계속되는 교회의 드라마에 관심을 두고 있었고, 이러한 관심으로 인해 이 이야기는 적대·배제의 상황과 관련성이 생겼을 것이다. 증인과 심지어 순교를 요구하는 상황과 말이다. 여기서 부모의 두려움은 아들의 용기가 돋보이게 한다. 그리고 이는 자신과 가까웠던 이들 중 신뢰할 수 없는 자가 있었던 예수님의 상황과 또 하나의 유사점일 수도 있다.

이상하다! "창세 이후로 …"(9:24-34)

24 이에 그들이 시각 장애인이었던 사람을 두 번째 불러 이르되 "너는 하나님께 영광을 돌리라. 우리는 이 사람이 죄인인 줄 아노라." 25 대답하되 "그가 죄인인지 내가 알지 못하나, 한 가지 아는 것은 내가 시각 장애인으로 있다가 지금 보는 그것이니이다." 26 그들이 이르되 "그 사람이 네게 무엇을 하였느냐? 어떻게 네 눈을 뜨게 하였느냐?" 27 대답하되 "내가 이미 일렀어도 듣지 아니하고, 어찌하여 다시 듣고자 하나이까? 당신들도 그의 제자가 되려 하나이까?" 28 그들이 욕하여 이르되 "너는 그의 제자이나, 우리는 모세의 제자라. 29 하나님이 모세에게는 말씀하신 줄을 우리가 알거니와, 이 사람은 어디서 왔

는지 우리가 알지 못하노라." ³⁰ 그 사람이 대답하여 이르되 "이상하다! 이 사람이 내 눈을 뜨게 하였으되, 당신들은 그가 어디서 왔는지 알지 못하는도다. ³¹ 하나님이 죄인의 말을 듣지 아니하시고 경건하여 그의 뜻대로 행하는 자의 말은 들으시는 줄을 우리가 아나이다. ³² 창세 이후로 시각 장애인으로 난 자의 눈을 뜨게 하였다 함을 듣지 못하였으니, ³³ 이 사람이 하나님께로부터 오지 아니하였으면 아무 일도 할 수 없으리이다." ³⁴ 그들이 대답하여 이르되 "네가 온전히 죄 가운데서 나서 우리를 가르치느냐?" 하고, 이에 쫓아내어 보내니라.

시각 장애인으로 태어난 남자의 성품과 통찰력은 적대적인 심문에도 불구하고 계속 발전한다. 그는 증언하고 반론함에 있어 확고하고, 심지어 비꼬며 묻기까지 한다. **"당신들도 그의 제자가 되려 하나이까?"** 요한복음에서 자주 그렇듯이, 여기서도 다음과 같은 기본 개념의 충돌이 있다. 모세의 제자 vs 그의 제자, "하나님이 모세에게는 말씀하신 줄을 우리가 알거니와" vs "이 사람은 어디서 왔는지 우리가 알지 못하노라", "당신들은 그가 어디서 왔는지 알지 못하는도다" vs "이 사람이 내 눈을 뜨게 하였으되", "하나님이 죄인의 말을 듣지 아니하시고" vs "경건하여 그의 뜻대로 행하는 자의 말은 들으시는 줄을 우리가 아나이다." 독자들은 프롤로그부터 제자도, 예수님의 기원, 예배, 하나님의 뜻에 관한 참된 개념들을 배워 왔다. 그리고 여기서는 그러한 진리 속으로 들어가기 시작한 사람을 본다.

이 남자의 주장은 간단하다. **"창세 이후로 시각 장애인으로 난 자의 눈을 뜨게 하였다 함을 듣지 못하였으니."** 이는 나중에 예수님께서 하신 말씀에 정확히 상응한다. "그 일은 믿으라"(10:38). "행하는 그 일로 말미암아 나를 믿으라"(14:11). 그리고 이 남자는 — 전에는 구걸하는 자였으나

—배워 가면서, 초기의 순진한 솔직함이 용기로, 분별력으로, 논쟁 기술로, 그리고 무엇보다도 예수님에 대한 이해로 성장하고 발전한다. 이는 힘든 수업으로 변화하는 제자 훈련 과정인데, 여기서 가장 고통스러운 수업은 또다시 예수님의 경험과 유사하다. **그들이 욕하여 … 이에 쫓아내어 보내니라.** 일곱 번째이자 마지막 장면은 예수님과 일대일 대화로 학습 과정이 마무리되는 모습이다.

"내가 믿나이다", "너희 죄가 그대로 있느니라": 다루기 어려운 문제? (9:35-41)

> 35 예수께서 그들이 그 사람을 쫓아냈다 하는 말을 들으셨더니, 그를 발견하사 [만나사] 이르시되 "네가 사람의 아들을 믿느냐?" 36 대답하여 이르되 "주여, 그가 누구시오니이까? 내가 믿고자 하나이다." 37 예수께서 이르시되 "네가 그를 보았거니와, 지금 너와 말하는 자가 그이니라." 38 이르되 "주여, 내가 믿나이다" 하고 절하는지라. 39 예수께서 이르시되 "내가 심판하러 이 세상에 왔으니, 못 보는 자들은 보게 하고, 보는 자들은 못 보는 사람이 되게 하려 함이라" 하시니, 40 바리새인 중에 예수와 함께 있던 자들이 이 말씀을 듣고 이르되 "우리도 못 보는 사람인가?" 41 예수께서 이르시되 "너희가 못 보는 사람이 되었더라면 죄가 없으려니와, '본다'고 하니 너희 죄가 그대로 있느니라."

예수께서 … 그를 발견하사[만나사]. 요한복음은 사람들이 언제, 어디서, 어떻게, 왜 예수님을 발견하는지, 혹은 예수님께 발견되는지가 딱 정해져 있지 않고 매우 열려 있다. 모두를 위한 사랑, 무엇보다도 십자가에서 실현된 모두를 위한 사랑이 있다는 것이 요한복음의 포괄적 진리다. "내가 땅에서 들리면 모든 사람을 내게로 이끌겠노라"(12:32). 예수님은 만물이 그로 말미암아 지은 바 된 하나님 말씀으로서 이미 모든 사람과 관계 맺고 계신다. 그러나 그 관계가 신뢰와 이해와 사랑의 관계이려면 쌍방향이어야 한다. 말씀이 육신이 되어 우리 가운데 거하심(1:14)은 상호성에 대한 호소, 신뢰와 사랑으로 응답하라는 호소로 십자가에서 절정을 이룬다. 그것은 다름 아닌 우정과 새 가정으로의 엄숙한 초대다. 이 우정과 새 가정은 예수님께서 십자가에서 자기 어머니와 사랑하시는 제자를 한 가족으로 묶으셨을 때(19:25-27) 형성된 새로운 공동체에서 구현된다. 십자가는 악, 죄, 고통, 죽음—요한은 이 모든 것을 '어둠'과 '눈멂'에 포괄한다—의 심각성을 보여 주는 최상의 표적이다. 요한복음은 틀리고 망가질 수 있는 것에 대해서 현실주의라는 점에서 나머지 성경의 역사와 긴밀히 연결된다. 요한복음은 또한 계속되는 어둠에 관해서도 현실적이다—제자들은 미움받을 것이고, 베드로는 자기 죽음으로 하나님께 영광 돌릴 것이다. 어둠과 보지 못함은 그리스도인이든 아니든 각 개인과 각 가정과 공동체에서,[2] 모든 사회와 삶의 영역과 종교에서 계속된다. 누가 완전한 빛, 진리, 지혜, 거룩함, 인내, 자기 내줌, 모두를 향한 사랑의 삶을 산다고 주장할 수 있겠는가?

요한복음은 예수님 및 다른 사람들과의 신뢰, 믿음, 사랑, 함께 공유하는 삶으로 이끄는 것을 중심 목표로 삼고 있다—그럼에도 "내 아버지 집에" 많이 있는 신비한 "거할 곳들"(14:2)의 거주자 명단이나 거주 시간표에 대해서는 물론이고 거할 곳들 자체에 관해서도 아무런 전반적인 설명도 없다. 그러나 요한은 사랑을 방해하는 것이 너무 많은 이 세상에

---

2   요한일서는 요한 공동체가 직접 각 개인과 교회와 세상 안의 죄를 인식하고 다루는 고통스러운 교훈을 배우고 있는 모습을 보여 준다.

서 계속되는 사랑의 삶이 얼마나 중요한지를 열정적으로 분명하게 말한다. 그는 그런 삶이 고립된 생활일 수 있다고 믿지 않았으며, 새로운 가족의 삶이 필수라고 믿었다. 무엇보다도 그는 그러한 삶의 중심에는, 그러한 삶을 구현하고 나누는 중심에는 예수님이 계신다고 믿었다. 십자가에 못 박히시고 부활하셔서 "한량없이"(3:34) 자신의 영을 나누시는 예수님이 계신다고 믿었다. 그리고 요한복음의 가장 두드러진 특징 하나는 각 사람의 믿음, 신뢰, 사랑의 중요성과 그 삶을 살기 위해 내려야 하는 결정의 중요성을 강조하는 것이다.[3]

현대의 많은 주석가들은 요한복음에서 이러한 "결정의 이원론"에 주목했다. 요한은 사람들이 예수님을 신뢰하고 따르고 사랑하기 시작하고, 오랫동안 그러한 삶이 지속되고 깊어지기 위한 중요한 결정을 내리는 데 도움이 되도록 글을 썼다. 그리고 그는 이 모든 것이 쉽고 간단하다는 듯이 진술하지 않는다. 그의 글쓰기 방식 자체가 심연들을 열어 보여 주고, 이에 수반되는 불확실함과 모호함과 복잡함의 영역들, 빛과 어둠의 신비들을 드러낸다.

요한복음 9장의 결말은 이러한 신비가 강화되는 곳 중 하나다. 이 복음서에서 핵심적인 결정의 이원론이 생생하게 드러난다.

한편으로, 시각 장애인으로 태어난 남자는 예수님을 만났고, 그의 시력이 회복되는 빛을 주는 표징은 예수님은 '누구신가' 하는 물음에 대한 답을 발견하고 예수님을 보고 믿고 경배하는 것으로 완성된다. 도마가 부활하신 예수님을 향해 "나의 주님이시오, 나의 하나님이시니이다!" (20:28) 하고 외치기 전에, 예수님을 믿는 것에 대한 이보다 더 완벽한 예는 없다. 이는 시각 장애인으로 태어난 사람이 이 장을 통해 배워 온

---

3 요한과 개인에 관해서는 다음을 보라. Bauckham, *Gospel of Glory*, 1장.

것을 완성하는 동시에, 예수님과의 관계에서 자신이 설명되는 방식의 대미를 장식한다. 이는 '누가 누구와' 맺는 관계, 곧 관계 대상뿐만 아니라 관계하는 자신의 정체성도 관계에 있어 중요한 관계의 모델이다.

도마와 시각 장애인으로 태어난 사람 모두 예배로 이어지는 봄의 중요성을 강조한다. 단테의 《신곡》의 절정은 이 시에서 단테에게 그러한 보는 은사가 주어지는 장면으로, 가장 감동적인 증언 중 하나다(글상자에서 단테의 글을 보라). 단테는 봄과 보지 못함이라는 성경의 지혜를 시에 농축하여 요한의 프롤로그 증언과 공명한다. "우리가 그의 영광을 보니 … 본래 하나님을 본 사람이 없으되"(1:14, 18). 《신곡》은 클레르보의 베르나르도, 토마스 아퀴나스, 보나벤투라에서 정점에 이른 천 년 이상의 신학과 기도를 바탕으로 하고 있다. 또한 프롤로그와의 공명은 모든 창조물에 대한 단테의 비전, 그리고 성육신 — '우리 인간의 모양' — 에 대한 비전이다. 그는 자신의 시야를 넘어서는 하나님의 비전에 압도당하고, "내 의지와 내 욕망은 돌지 / 한결같이 도는 바퀴처럼 돌지 / 해와 별들을 움직이는 사랑으로 말미암아 돌지"라는 점을 발견하면서, 저 비전에 사로잡힌다. 이는 요한복음 17:24의 기도에서 예수님의 욕망에 암시된 것과 같은 비전을 엿볼 수 있는 대목이다. "아버지여, 내게 주신 자도 나 있는 곳에 나와 함께 있어, 아버지께서 창세전부터 나를 사랑하시므로 내게 주신 나의 영광을 그들로 보게 하시기를 욕망하옵나이다〔원하옵나이다〕."

다른 한편으로, 예수님이 하신 충격적인 말씀이 있다. **"내가 심판하러 이 세상에 왔으니, 못 보는 자들은 보게 하고, 보는 자들은 못 보는 사람이 되게 하려 함이라."** 이 마지막 말씀은 예수님이 어떤 사람들을 보지 못하게 만들고, 그들에 대한 부정적인 심판과 그들의 하나님 거부가 확고해지도록 아버지께 보냄을 받으셨다는 의미인가?

이는 다른 유사한 말씀들을 보탬으로써 강화할 가치가 있는 물음이

마땅히 그래야 했듯
모든 욕망의 끝에 더욱 다다라
내 안에서 욕망 열정을 모두 끝냈지.
…
내 시야는 맑아져 완전히 자유로워
점점, 그리고 또 점점
스스로 참되신 빛의 빛살에 스며들었지.
…
은혜, 그 넘치는 풍요 속에서
내 눈이 영원한 빛을 향하게 하셨으니
모든 보는 일이 게서 끝에 이르렀지.

영원한 빛의 심연에서 보았어.
사랑이 한 권 책으로 엮어 내는 것을,
우주에 흩어진 낱낱을,

곧 존재들과 사건들, 삶의 방식들을
…
하여 내 마음은 내 마음을 넘어서
경이로운 경외심에 가만히 바라보았고
바라볼수록 새롭게 불타올랐지.

그 빛이 우리를 비추니
다른 얼굴을 보러 돌아설 수조차 없었고
불가능한 일이었을 테지.

우리 모든 의지의 목표인 선이
그 빛 안에 모여 있으며
거기서 완전했던 것도 빛 밖에선 불완전할 뿐.

...
저 드높은 빛의 깊고도 맑은 본질 속
동그라미가 보였으니
빛깔은 셋 크기는 하나였지.

무지개에서 무지개가 비추듯
하나가 다른 하나를 비추는 듯했고
그 둘에서 똑같이 숨을 받는 불 같은 하나가 보였어.
...
영원한 빛이여, 당신만이 당신 안에 머무르시며,
당신만이 당신을 이해하시고 이해받으시고,
이해하며 사랑하시고 미소 지으십니다.[a]

이렇게 보인 순환의 형상은
반사되는 빛처럼 당신 안에 나타나지만
내 눈이 잠시 이 둥금을 보았을 때는

그 자체로 깊으며, 이제는 같은 빛깔로 그려지듯
우리 인간의 모습을 보여 주는 듯합니다.
그때 내 시선은 온통 거기에 묶였습니다.
...
하지만 내 날개는 거기까지 날아오를 수 없으니
내 마음에 섬광이 강하게 지나가며
바라던 것이 이루어졌지.

고귀한 것 품을 힘은 모두 잃었으나
내 의지와 내 욕망은 돌지.
한결같이 도는 바퀴처럼 돌지.

> 해와 별들을 움직이는 사랑으로 말미암아 돌지.[b]
>
> — 단테 알리기에리, 《신곡: 천국편》, 제33곡,
> 46-48, 52-54, 82-88, 97-105, 115-20, 124-32, 139-45행
>
> a. 다음 글은 단테의 미소 신학을 상상력 넘치고 심오하게 탐구한다. Hawkins, "All Smiles: Poetry and Theology in Dante's *Commedia*."
> b. 근대성 발전과 맞물리면서도 단테의 《신곡》과 많은 공통점이 있고, 마지막 곡에서 하나님 비전으로 절정에 이르는 긴 현대시를 다음 책에서 볼 수 있다. O'Siadhail, *The Five Quintets*. 미홀 오쉬얼과 *The Five Quintets*에 관한 더 자세한 내용은 에필로그에서 〈하나님과 모든 실재〉 부분을 보라.

다. 이를테면 다음과 같다. "내 아버지께서 오게 하여 주지 아니하시면 누구든지 내게 올 수 없다"(6:65). "그들이 능히 믿지 못한 것은 이 때문이니, 곧 이사야가 다시 일렀으되 '그들의 눈을 멀게 하시고, 그들의 마음을 완고하게 하셨으니, 이는 그들로 하여금 눈으로 보고 마음으로 깨닫고 돌이켜 내게 고침을 받지 못하게 하려 함이라' 하였음이더라"(12:39-40). "너희가 나를 택한 것이 아니요, 내가 너희를 택하여 세웠나니"(15:16).

그렇다면 신적 결정의 이원론이 인간 결정의 이원론을 정하는 것인가? 요한복음 12:39-40에서 인용한 이사야 본문이 보여 주듯이, 이 물음은 유대인 성경에서도 제기되며, 신약의 다른 곳에서도 제기된다. 또한 그리스도교 역사에서도 계속 제기되었고, 가장 영향력 있는 교사 중 일부도 나중에 '이중 예정'으로 불리게 되는 것을 지지했다. 즉, 하나님이 일부는 구원받고 일부는 저주받도록 결정하신다는 것이다. 이에 대한 강력한 반론도 있어 왔다(글상자에서 17세기 영국 성공회 사제 토마스 트러헌의 열정적인 견해를 보라. 그는 당시 칼뱅주의자들의 견해와 씨름하고 있었다). 그

> 참으로 그분께서 그들의 의지를 결정하셔서, 그들을 세상 모든 일 중 그분이 가장 바라시는 의로운 행위의 주체로 만드신다는 것은 불가능하다. 영혼 자신의 의지적 행위와 타의로 결정되어 의지에 강제된 행위 사이에는 많은 차이가 있다. 의지와 상관없이 제단에 끌려가는 사람과, 노래하고 춤추며 온 마음으로 제물을 바치는 사람 사이의 차이만큼이나 말이다. 한 사람에게는 기쁨과 명예와 사랑이 있고, 다른 사람에게는 두려움과 통제와 수치가 있다. 하나님께서 직접 폭력을 사용하여 우리가 하나님을 사랑하도록 만들지 않는 한 하나님이 마땅히 우리의 사랑을 받을 수 있을 것 같지 않다면, 그것은 세상에서 하나님께 가장 큰 불명예다. 또한 우리가 조금만 자유가 주어져도 어김없이 자유를 남용하게 되는 너무 한심한 청지기라는 것은 우리에게 영광도 명예도 아니다. 하나님께서는 무한히 미워하시는 죄를 지을 가능성을 우리 손에 두는 위험을 감수하셨고, 그렇게 하심으로써 무한히 사랑하시는 의로운 행동의 가능성을 갖게 하셨다.[a]
>
> ─ 토마스 트러헌
>
> a. 다음 책에서 인용하였다. Inge, *Happiness and Holiness: Thomas Traherne and His Writings*, 204.

리고 지난 세기 대부분의 주류 그리스도교 신학자들은 칼 바르트나 칼 라너의 편을 들었다. 바르트는 자신이 속한 칼뱅주의 전통의 이중 예정 교리를 거부했고, 라너는 카톨릭판 이중 예정 교리를 거부했다. 루터교도인 루돌프 불트만은 정해지지 않은 인간 결정의 이원론을 열렬히 주장했고, 가톨릭교도인 루돌프 슈낙켄부르크는 같은 방향으로 이어지는 미묘한 논거를 펼쳤다.

나는 다음과 같은 성찰이 가장 도움이 된다고 생각한다. 이는 요한복음을 해석하는 데 상당히 중요한 것들이다.

첫째, 하나님과 인간의 결정과 행동은 같은 차원에 있지 않으므로 둘 사이에는 필연적인 경합이 없다. 이 입장을 지지하는 철학적, 신학적 논증은 요한복음에서 직접 취한 것은 아니지만 도움이 된다.[4] 그러나 요한도 하나님과 인간의 시간, 앎, 말, 행동, 실재 사이의 근본적 차이를 지적하고 있고, 이는 다음 요점으로 이어진다.

둘째, 인간은 실재에 대한 신적인 총체적 시야가 없으므로, 하나님과 인간의 결정과 행동이 서로 어떻게 관련되는지에 관한 깔끔한 해법도 있을 수 없다—그 관련성은 신비일 수밖에 없다. 이중 예정의 문제점 하나는 너무 깔끔하게 모든 것을 파악한다는 것이다. 인간의 관점은 다가오는 상황과 결정에 직면하는 삶의 드라마 속에서 비롯된다. 또한 그 드라마에는 악, 어둠, 보지 못함, 온갖 죄, 고통, 거짓, 편견, 맹종적 중독, 모호함과 양면성, 자기기만, 오해, 여러 비극적 차원이 있다. 따라서 개인과 사회의 한계, 어둠과 눈멈이 결합하면서 신비는 더욱 심화된다.

셋째, 요한복음은 이 어둠에서 벗어날 길이 있다는 증언이며, 앞으로 나아갈 길을 보고 있다. 요한복음은 빛 가운데 걷고 예수님을 따르며 풍요로운 삶을 누릴 가능성을 제시하고자 기록되었다. 하나님께서 이미 모든 사람의 운명을 정하셨다면 이 책을 쓴 것은 아무 의미가 없을 것이다. 또한 모두를 창조하시고 모두를 사랑하시는 하나님께서 어떤 이들은 지옥에 가도록 예정하셨다면 앞뒤가 맞지 않는다. 그래서 요한복음은 사람들을 예수님께 이끌고 예수님과 함께 거하도록 돕는다는 압도적인 하나의 목표가 있다. 요한복음은 삶의 드라마에 몰입한 사람들로 하여금 예수님에 관한 결정을 내려야 하는 상황과 마주하게 하려고 쓰였

---

4   Tanner, *God and Creation in Christian Theology*는 이에 관한 최고의 논의 중 하나다.

다. 유대 지도자들이나 예수님을 따르지 않는 다른 누군가의 영원한 운명을 설명해 주는 정보 제공을 위해 쓰인 것이 아니다. 날카로운 대조와 이원론은 저항을 뚫고 가기 위해 제시된 것이며, 따라서 과장 요소와 충격 요법이 있다—이스라엘의 여러 선지자의 글과 공관복음에서 볼 수 있듯이 말이다. 결과가 이미 결정되지 않은 경우에만 저항에 도전할 가치가 있을 것이다.

넷째, 하나님이 모든 것을 완전히 통제하셔서 하나님을 찬성하는 결정과 반대하는 결정을 모두 하나님이 정하신다고 생각하는 그리스도인들을 어떻게 설명할 수 있을까? 그렇게 생각하게 된 이유를 여러 측면에서 부분적으로 설명할 수 있다. 이는 하나님에 관한 '누구' 물음의 우선순위와 관련될 수 있다. 이 주석이 요한복음에서 발견한 바와 같이 누구인지가 핵심이라면, 그리고 하나님이 예수님을 통해 식별된다면, 이중예정을 뒷받침하는 데 흔히 사용되는 신의 전능 및 전지의 표면 논리보다 예수님 안에 구현된 하나님의 성품이 신학적으로 더 중요하다. 또한 이는 그들이 하나님의 구원 의지와 예수님의 죽음에 관한 진술에서 "모든"이라는 표현을 중요하게 여기지 않기로 결정하고, 완전히 좋은 소식 대신 칼 바르트가 나쁜 소식을 겸한 좋은 소식이라고 부르는 것을 제시하려 하기 때문일 수 있다. 또한 이는 성경의 수사적 표현을 드라마적 배경과 무관하게 객관적 정보를 제공하는 총괄적인 것으로 이해한 점과 관련될 수 있다. 또한 이는 집단 정체성과 집단 내부자들이 이미 내린 결정을 강화하는 것일 수 있다. 그러나 아마도 가장 공감할 만한 설명은 '내부에 속한 사람의 구원관', 즉 하나님께 감사하는 논리를 따른 데서 비롯되었다는 것이다.

믿음에 들어선 사람, 예수님을 발견했거나 예수님께 발견되어 예수님을 향해 마음을 확정한 사람, 예수님 안에 거하고 예수님도 자기 안에 거하게 된 사람, 예수님 안에서 "풍성한 생명", "영생하도록 솟아나는" 생수, 새로운 사랑과 우정, 기쁨, 성취, 예수님을 따르는 소명의 공동체를 발견한 사람—혹은 그리스도인의 삶을 어떻게 묘사하든—이런 사람들은 깊은 감사를 느낀다. 그 감사는 일부 공로는 예수님께, 일부 공로는 자신에게 배분하는 것이 아니다. 모든 일이 예수님 덕분이라 고백하고, 예수님께 모든 감사를 드리며, 모든 영광을 하나님께 돌리는 것이다. 창조가 하나님으로 말미암아 이루어진 것처럼 구원도 마찬가지다. 내부자의 관점에서 볼 때 구원은 전적으로 자유롭고 은혜로운 선물이며, 이 선물에 대한 유일한 적절한 반응은 아무런 단서도 달지 않고 감사하는 것이다. 일어난 모든 일에 대해 전적인 하나님의 몫을 인정하면서 말이다. 여기서 반걸음 더 나아가면 다른 모든 사람의 운명도 전적으로 하나님의 몫이라고 볼 수 있다.

하지만 이러한 감사는 되돌아보며 하는 것이다. 현재 및 미래와 관련해서는, 감사하는 신자도 자신이 자유롭고 책임 있는 사람이라는 듯이 자기 몫의 행동을 해야 한다. 어둡고 앞이 보이지 않는 삶의 드라마의 한복판에서 결정을 내려야 할 순간이 있다. 요한은 불분명함, 복잡성, 죄, 악, 죽음이 있더라도 위험을 감수하고 행동해야 하는 이러한 상황에 대해 현실주의자다. 그는 세세한 지침이 마련된 손쉬운 길을 제시하지 않는다. 그 대신 그는 신자들이 성숙해져서 자기의 결정을 자신이 내리기를 기대한다. 그의 윤리는 "내가 너희를 사랑한 것같이 너희도 서로 사랑하라"는 부름인데, 예수님이 누구신지와 그분 삶의 이야기를 숙고하라고 제자들을 돌려보내는 열린 "…것같이"이다. 제자들에게 의도하신 바는 기계 로봇과 정반대다. 기계 로봇은 제작자가 그 할 일을 미리 결정해 놓는다. 하지만 제자들은 예수님의 영으로 호흡하고, 예수님이 보냄받으신 것같이 예수님의 친구로서 예수님과 비슷하게 자유와 책임이 있는 존재로 보냄받는다. 이는 세세하게 미리 결정하여 예정해 놓으시는 하나님이 아니라, 상호 관계에 있는 사람들이 신적인 사랑의 자유를 부여받도록 신적 생명/삶을 깊이 공유하시는 하나님을 나타낸다. 그것은 성숙한 신뢰의 관계다. 이 관계에서 가장 중요한 것은 하나님은 누구신가와 예수님은 누구신가이다. 이 관계에는 세상이 존재하는 방식에 관하여 숨김없는 현실 인식이 있다. 세상은 잘 살기 어려운 곳이며, 어둠과 눈멂이 많고 잘못될 가능성이 심히 많은 곳이다.

다섯째, 따라서 요한복음은 사람들이 이 세상에서 자기 길을 찾도록 돕기 위해 공들여 기록되었다. 요한복음 9장 마지막과 같은 어려운 언어의 목적은 독자들이 계속되는 어둠과 눈멂을 간과하지 않도록 하기 위함이다. 요한복음은 때때로 비극의 대립으로 보인다. 하지만 요한이 단순한 해법을 제시하지 않고, 빛과 어둠, 봄과 보지 못함의 관계를 놓고 씨름하도록 독자를 자극하는 방식은 그리스 비극이나 셰익스피어 비극과 비슷한 특성이 있다. 다루기 힘든 점, 시험과 갈등을 통한 등장인물의 성장, 자기기만과 인식, 극적 아이러니, 다중적 의미, 깔끔한 답이 없는 물음들, 인간 삶의 위태로움, 도덕적 결함, 불완전한 이해 등 비슷한 점들이 있다. 실제로 극문학에 대한 요한 학자들의 관심이 점점 증가하고 있고, 몇몇 학자들은 그것들 사이의 공명점을 탐구하는 데 진전을 이루었다.[5] 예수님이 **보는 자들은 못 보는 사람이 되게 하려**고 오셨다는 말씀은 스캔들한 면이 있어서 우리를 비극의 영역으로 인도한다. **죄가 그대로** 있고 어둠이 그대로 있다는 주장도 그렇다. 그러나 이 이야기의 취지는 결정론이 아니다. 구경하는 바리새인들에게 하신 마지막 말씀은 비

---

5   나에게 가장 많은 깨달음을 준 것은 Brant, *John*과 Parsenios, *Departure and Consolation*이다.

극적인 선언이다. **"너희가 못 보는 사람이 되었더라면 죄가 없으려니와, '본다'고 하니 너희 죄가 그대로 있느니라."** 이 이야기의 드라마 속에서 그들은 보지 못하는 상태에 갇혀 있다. 독자들에게 이 메시지는 바리새인과 같지 말고 시각 장애인으로 태어난 사람과 같아야 한다는 것이다. 이 본문은 당신에게 그러한 선택을 제시하고 있다.

　여섯째이자 마지막으로, 이 본문은 예수님을 나타내고 있다. 요한복음은 단순히 비극적인 것이 아니다. 단순히 다른 무언가도 아니다. 비극적 차원을 비롯한 여러 차원에 있는 인류와 완전히 동일시되고, 또한 하나님과 완전히 동일시되는 예수님에 대한 증언이다. 예수님은 빛을 지배하지 못하는 어둠 속을 비추는 빛이지만, 어둠은 지금도 계속되고 있다. 제자들 역시 어둠 속으로 계속 보내심받고 있다. 그들의 큰 위로는 어둠 가운데 누가 자신과 함께하시는지 아는 것이다. **예수께서 이르시되 "네가 그를 보았거니와, 지금 너와 말하는 자가 그이니라."** 이르되 **"주여, 내가 믿나이다"** 하고 절하는지라.

요한복음 10:1-42

경이로운 목자, 풍요로운 삶, 아버지와 아들

예수님은 이제 자신과 바리새인이 각각 시각 장애인과 관계 맺은 방식 사이의 대조를 확장하신다. 예수님은 목자 이미지를 취하셔서―목자는 이스라엘 성경, 다른 복음서, 주변 로마 제국 문화에서 리더십의 고전적 모델이다―새로운 방식으로 발전시키신다.

다른 목자 모델과 비교할 때, 예수님의 목자 모델은 양 개개인과의 상호 관계가 강하다. "그가 자기 양의 이름을 각각 불러 … 양들이 그의 음성을 아는 고로 따라오되"(3-4절). 또한 신선하고 극적이며 강렬한 사랑이 있다. 이는 "양들을 위하여 목숨을 버리"는 목자다(11절). 또한 인간적 목양과 신적 목양이 결합한 풍부한 신학이 있다. "나는 양의 문이라 … 나는 선한 목자라 … 나는 내 양을 알고 양도 나를 아는 것이 아버지께서 나를 아시고 내가 아버지를 아는 것 같으니 … 나와 아버지는 하나이니라 … 아버지께서 내 안에 계시고 내가 아버지 안에" 있다(7, 11, 14-15, 30, 38절). 양 떼가 앞으로 더 늘어나리라는 기대도 있다. "이 우리에 들지 아니한 다른 양들이 내게 있어"(16절).

이 모든 차원을 관통하는 것은 다면적 주제인 '생명'이다. 예수님은 자신의 소명을 이렇게 요약하신다. "내가 온 것은 양으로 생명을 얻게 하고 더 풍성히 얻게 하려는 것이라"(10절). 풍성한 삶은 양의 "이름을" 부르며 친밀하게 아는 관계에서(3절) 볼 수 있다. 또한 "들어가며 나오며 꼴을 얻으리라"는 약속에서(9절), 목자가 양을 위해 "목숨을 버리"는 데서(11절) 볼 수 있다. 그리고 신적 생명과 사랑이라는 포괄적 현실에서도, 예수님의 놀라운 말씀에서도 볼 수 있다. "내가 내 목숨을 버리는 것은 그것을 내가 다시 얻기 위함이니"(17절).

또한 유동적이고 다면적인 이미지도 있다. 목자와 양 외에 도둑, 강도, 문과 문지기, 낯선 이[타인], 삯꾼, 이리 등의 요소가 있다. 이러한 요소들과 목자-양이라는 핵심 이미지는 이제 독자들이 상상력을 계속 발휘하도록 북돋는다. 특히 이 모든 것과 요한복음의 나머지 부분, 그 밖의 성경, 성경 바깥의 리더십 모델과 상호 작용에 대해 상상력을 발휘하도록 말이다. 그리고 계속되는 드라마에서 우리는 목자를 따르고, 갈등과 위험과 삶을 좌우하는 결정에 직면해서 그의 목소리에 귀 기울이는데, 저 이미지들은 이런 실질적 측면과 본문 읽기를 연결하도록 북돋는다.

종합적으로, 독자들에게 주어진 역동적 이미지는 성경 나머지 부분에 더 깊이 몰입하게 한다. 또한 하나님과 예수님과 더 깊은 관계로 이끌고, 예수님이 이름을 부르시는 사람들과 함께하는 공동체 생활로 더 깊이 인도하고, 아버지와 아들의 영원하고 풍성한 생명을 나누도록 부르시는 신뢰와 사랑과 연민의 소명으로 더 깊이 이끌고, 그러한 풍성한 생명이 필요한 세상에 더욱 관여하도록 이끈다.

여기에 묘사된 예수님은 경이로운 목자로, 이 복음서의 신학에 더할 나위 없이 부합하는 이미지다. '목자'는 하나님과 하나님을 대리하는 주요 인간 대표자들에 대해 사용되었으므로, 특정한 사람 안에서 하나님의 자기 표현과 자기 내줌을 상징하는 데 적합하다. 또한 목자는 양들의 개별 생활이나 무리 생활에 없어서는 안 된다. 또한 요한복음과 성경의 다른 구절들과 연결하여 주변 사회의 지도자들에게 목자 이미지가 사용되는 방식을 숙고하여, 계속되는 드라마의 새로운 상황과 관련하여, 이미지를 풍부하게 하고 창의적으로 연주할 수 있는 무한한 여지가 주어져 있다.

그의 소리를 아는 고로(10:1-6)

[1] "내가 진실로 진실로 너희에게 이르노니, 문을 통하여 양의 우리에 들어가지 아니하고 다른 데로 넘어가는 자는 절도며 강도요, [2] 문으로 들어가는 이는 양의 목자라. [3] 문지기는 그를 위하여 문을 열고, 양은 그의 음성을 듣나니, 그가 자기 양의 이름을 각각 불러 인도하여 내느니라. [4] 자기 양을 다 내놓은 후에 앞서 가면, 양들이 그의 음성을 아는 고로 따라오되, [5] '낯선 이'(타인)의 음성은 알지 못하는 고로, '낯선 이를'(타인을) 따르지 아니하고 도리어 도망하느니라." [6] 예수께서 이 비유로 그들에게 말씀하셨으나, 그들은 그가 하신 말씀이 무엇인지 알지 못하니라.

누구의 말을 들어야 할까? 누구를 신뢰해야 할까? 누구를 따라야 할까? 이러한 물음에 대한 결정은 서로 관련되는데, 그 핵심에는 이전 장에서 이미 보았던 '누가 누구와' 맺는 관계가 있다. 이는 나머지 이야기에서 더 다루어질 것이다. 이제 이 관계는 새롭게 변형된 목자-양 이미지로 요약된다. **그가 자기 양의 이름을 각각 불러.** 하지만 이 관계가 잘 작동하려면 인식과 반응이 있어야 한다. **양들이 그의 음성을 아는 고로**

따라오되. 요한복음은 독자들이 복음서의 증언을 통해 진정한 목자가 누구인지 알고, 그의 가르침과 대화에 주의를 기울임으로써 그의 목소리를 분간하는 법을 배우고, 그의 정체성과 그가 하시는 일 때문에 그를 신뢰하고 따를 수 있게 하려고 기록되었다. 요한이 다른 성경을 암시 인용한 부분을 따라가며 요한이 기록한 바를 읽고 또 읽는 것은 육신이 되신 말씀의 소리에 친숙해지는 중요한 방법이다.

우리가 사는 문화에서는 여러 미디어를 통해 무수히 많은 다른 목소리가 들려온다. 이런 문화에서 수많은 미디어를 접하면서, 예수님께서 오신 이유인 풍성한 삶(10:10)을 촉진할 수 있는 경청, 집중, 읽기, 다시 읽기, 묵상, 성찰, 소통의 습관은 무엇일까?

이러한 습관의 필수 요소 하나는 기민하고 분별력 있고 모험적인 상상력이다. 예수님은 네 복음서 모두에서 **비유**를 연이어 사용하신다. 그래서 **그가 하신 말씀이 무엇인지 알지 못하는** 경우가 자주 있다. 아마도 다른 복음서보다 요한복음은 독자의 상상력을 가르치고 형성하고 도전하기 위해서 공을 많이 들여서 썼고, 이 장은 그러한 걸작 중 하나다. 21:15-19에서 부활하신 예수님이 베드로와 대화하시는 장면에서, 이름 부르기, 사랑하기, 알기, 리더십, 양육하기, 갈등, 따르기, 삶을 내려놓기 같은 주제들이 반복되므로 다시 읽는 독자들에게 그 중요성이 더욱 강조된다. 거기서는 베드로가 이름이 불리며 예수님의 영으로 목자가 되라고 부름받는 모습이 강조되고, 또한 베드로와 예수님 간의 사랑에 뿌리를 둔 그의 목회적 상상력과 실천이 강조된다.

풍성한 생명/삶(10:7-10)

⁷ 그러므로 예수께서 다시 이르시되 "내가 진실로 진실로 너희에게 말하노니, 나는 양의 문이라. ⁸ 나보다 먼저 온 자는 다 절도요 강도니 양들이 듣지 아니하였느니라. ⁹ 내가 문이니 누구든지 나로 말미암아 들어가면 구원을 받고, 또는 들어가며 나오며 꼴을 얻으리라. ¹⁰ 도둑이 오는 것은 도둑질하고 죽이고 멸망시키려는 것뿐이요, 내가 온 것은 양으로 생명을 얻게 하고 더 풍성히 얻게 하려는 것이라."

시작 구절들은 어둠 속에서 문지기가 목자를 알아보고 우리에 있는 양들이 목자의 소리를 구별해야 하는 야간 시나리오를 상상하도록 독자들을 초대한다. 이제 **"내가 진실로 진실로 너희에게 말하노니"**라는 강한 강조로 시작하여, 새롭게 반복되는 "나는 있다/…이다" 말씀이 예수님은 누구신가로 초점을 옮기면서 놀랍게 전개된다. **"나는 양의 문이라."** 이제 '누가 누구와' 맺는 관계가 더욱 강조된다. 동시에 그 범위가 확장되어 **누구든지 나로 말미암아 들어가는** 사람을 모두 포괄하고, 구원과 풍성한 **생명**/삶 아우른다—예수님의 목적 전체가 요약되고 있다.

절도요 강도와의 대조도 강화된다. 그들이 오는 이유는 **도둑질하고 죽이고 멸망시키려는 것뿐**이다. 이 맥락에서 **나보다 먼저 온 자**는 당대와 가까운 과거의 유대 지도자들을 비롯하여 누구까지 포함하는 말인가? 어디까지 거슬러 올라가야 할지, 얼마나 많은 지도층을 포함해야 할지가 명확하지 않다. 하지만 독자가 알아야 할 점은 명확하다. 예수님과 자기 말에 경청해야 한다고 주장하는 사람들 사이에서 결정을 내려야 한다는 것이다. **문** 이미지는 들어오는 것을 넘어서 계속되는 삶을 포함하도록 확장된다. 문 안으로 들어가는 사람은 **들어가며 나오며 꼴을 얻으**

리라. 이는 다음과 같은 요한의 이중적 관심과 일치한다. 예수님께 오는 것과 예수님을 따르는 것, 거듭(위로부터) 나는 것과 계속해서 배우고 자라는 것, 신뢰와 사랑의 관계로 들어가고 그 관계 안에 거하는 것. 이 모든 것이 예수님의 사명, 즉 **생명을 얻게 하고 더 풍성히 얻게 하려는 것**으로 요약된다.

이 요약은 매우 중요하다. 이는 프롤로그에서부터 시작하여 요한복음 전체에 걸쳐 공명한다. "그 안에 생명이 있었으니, 이 생명은 모든 사람의(사람들의) 빛이라"(1:4). 예수님은 모두를 위한 풍요로운 생명/삶의 표적을 행하신다. 혼인 잔치에서의 포도주, 치유, 먹이심, 나사로를 살리심 등. 곧 목양의 가장 특별한 표징으로 확인될 예수님의 죽으심은 생명을 위한 죽음이며, "많은 열매"를 맺기 위한 것이다(12:24). 예수님의 인격은 '부활 및 생명'과 동일시된다(11:25; cf. 14:6).

이는 성경의 다른 많은 본문을 통해서도 공명한다. 여기서 양들이 누구에게 주의를 기울이고 누구에게 인도받아야 하는지가 핵심 문제인데, 많은 상호본문 중에서도 아마 가장 관련 깊은 본문은 에스겔 34장, 특히 첫 열여섯 절과 마지막 아홉 절일 것이다.[1] 다음과 같은 내용이 요한복음

---

1 에스겔 34:1-16, 23-31은 다음과 같다.
    여호와의 말씀이 내게 임하여 이르시되 "사람아, 너는 이스라엘 목자들에게 예언하라. 그들, 곧 목자들에게 예언하여 이르기를 '주 여호와께서 이같이 말씀하시되 "자기만 먹는 이스라엘 목자들은 화 있을진저, 목자들이 양 떼를 먹이는 것이 마땅하지 아니하냐? 너희가 살진 양을 잡아 그 기름을 먹으며 그 털을 입되, 양 떼는 먹이지 아니하는도다. 너희가 그 연약한 자를 강하게 아니하며, 병든 자를 고치지 아니하며, 상한 자를 싸매 주지 아니하며, 쫓기는 자를 돌아오게 하지 아니하며, 잃어버린 자를 찾지 아니하고, 다만 포악으로 그것들을 다스렸도다. 목자가 없으므로 그것들이 흩어지고 흩어져서, 모든 들짐승의 밥이 되었도다. 내 양 떼가 모든 산과 높은 멧부리에마다 유리되었고, 내 양 떼가 온 지면에 흩어졌으되, 찾고 찾는 자가 없었도다."
    그러므로 목자들아, 여호와의 말씀을 들을지어다. 주 여호와의 말씀에 "내가 나의 삶을 두고 맹세하노라. 내 양 떼가 노략거리가 되고 모든 들짐승의 밥이 된 것은 목자가 없기 때문이라. 내 목자들이 내 양을 찾지 아니하고, 자기만 먹이고, 내 양 떼를 먹

10장에 메아리처럼 되울린다. 목자인 이스라엘의 지도자들이 사실상 양 떼의 적이라고 규탄함, 하나님의 목양("내가 친히 내 양의 목자가 되어"[34:15])과 인간 지도자의 목양("내가 한 목자를 그들 위에 세워 ⋯ 그는 내 종 다윗이라"[34:23])이 경합하지 않고 조화됨, "여호와의 말씀"(34:1, 7, 9), "건져냄"(34:10, 12), "좋은 꼴"(34:14), 신-인 상호성("'내 양, 곧 내 초장의 양, 너희는 사람이요, 나는 너희 하나님이라' 주 여호와의 말씀이니라"[34:31])과 같은

이지 아니하였도다." 그러므로 너희 목자들아, 여호와의 말씀을 들을지어다. 주 여호와께서 이같이 말씀하시되 "내가 목자들을 대적하여 내 양 떼를 그들의 손에서 찾으리니, 목자들이 양을 먹이지 못할 뿐 아니라, 그들이 다시는 자기도 먹이지 못할지라. 내가 내 양을 그들의 입에서 건져내어서, 다시 그 먹이가 되지 아니하게 하리라."'"
주 여호와께서 이같이 말씀하셨느니라. "나 곧 내가 내 양을 찾고 찾되, 목자가 양 가운데 있는 날에 양이 흩어졌으면, 그 떼를 찾는 것같이 내가 내 양을 찾아서, 흐리고 캄캄한 날에 그 흩어진 모든 곳에서 그것들을 건져낼지라. 내가 그것들을 만민 가운데서 끌어내며, 여러 백성 가운데에서 모아 그 본토로 데리고 가서, 이스라엘 산 위에와 시냇가에와 그 땅 모든 거주지에서 먹이되, 좋은 꼴을 먹이고, 그 우리를 이스라엘 높은 산에 두리니, 그것들이 그곳에 있는 좋은 우리에 누워 있으며, 이스라엘 산에서 살진 꼴을 먹으리라. 내가 친히 내 양의 목자가 되어, 그것들을 누워 있게 할지라." 주 여호와의 말씀이니라. "그 잃어버린 자를 내가 찾으며, 쫓기는 자를 내가 돌아오게 하며, 상한 자를 내가 싸매 주며, 병든 자를 내가 강하게 하려니와, 살진 자와 강한 자는 내가 없애고, 정의대로 그것들을 먹이리라." ⋯
"내가 한 목자를 그들 위에 세워 먹이게 하리니, 그는 내 종 다윗이라. 그가 그들을 먹이고, 그들의 목자가 될지라. 나 여호와는 그들의 하나님이 되고, 내 종 다윗은 그들 중에 왕이 되리라. 나 여호와의 말이니라."
"내가 또 그들과 화평의 언약을 맺고, 악한 짐승을 그 땅에서 그치게 하리니, 그들이 빈 들에 평안히 거하며, 수풀 가운데에서 잘지라. 내가 그들에게 복을 내리고, 내 산 사방에 복을 내리며, 때를 따라 소낙비를 내리되 복된 소낙비를 내리리라. 그리한즉 밭에 나무가 열매를 맺으며, 땅이 그 소산을 내리니, 그들이 그 땅에서 평안할지라. 내가 그들의 멍에의 나무를 꺾고, 그들을 종으로 삼은 자의 손에서 그들을 건져낸 후에, 내가 여호와인 줄을 그들이 알겠고, 그들이 다시는 이방의 노략거리가 되지 아니하며, 땅의 짐승들에게 잡아먹히지도 아니하고, 평안히 거주하리니, 놀랠 사람이 없으리라. 내가 그들을 위하여 파종할 좋은 땅을 일으키리니, 그들이 다시는 그 땅에서 기근으로 멸망하지 아니할지며, 다시는 여러 나라의 수치를 받지 아니할지라. 그들이 내가 여호와 그들의 하나님이며, 그들과 함께 있는 줄을 알고, 그들, 곧 이스라엘 족속이 내 백성인 줄 알리라." 주 여호와의 말씀이라. "내 양, 곧 내 초장의 양, 너희는 사람이요, 나는 너희 하나님이라." 주 여호와의 말씀이니라.

주제들이 그렇다.

또한 에스겔 34장에서 숙고를 통해 요한의 메시지를 더욱 발전시킬 수 있는 다음과 같은 요소들에 주목하라. 즉, 권력 사용 및 남용과 정의, 언약, 두려움, 약자와 상한 자와 잃어버린 자에 대한 특별한 관심, 풍요로운 삶을 위해 (특히 21세기와 관련하여) 평화와 정의와 축복에 관한 하나님 중심적 이미지에 동물과 물질 창조를 포함시키는 것의 중요성이다. 마거릿 데일리덴튼은 예루살렘의 엘리트 사제들, 로마 제국의 통치자들과 그 하수인들, 오늘날 그들의 행태를 이어받은 사람들이 착취하고 권력을 남용하는 것과 **나보다 먼저 온 자는 다 절도요 강도니**의 연관성을 예리하게 알아보았다. 그녀는 또한 요한복음 10장과 그 상호본문들(예컨대 에스겔 34장)의 생태적 지혜를 도출하면서, 요한복음 9장의 봄과 보지 못함이라는 주제와 연결한다(글상자에서 데일리덴튼의 글을 보라).

'예수님을 믿는다는 것'은 보지 못함에서 봄으로 나아가는 역동적이며 지속적인 과정이어야 한다—지혜의 생명-사랑 에너지가 창조 세계에서 작동하는 방식을 보는 통찰력으로, 우리가 지혜의 '방법'에 대한 무지 가운데 저지른 피해를 회복하는 일을 보는 비전으로, 미래에 그러한 피해를 피하는 데 필요한 것을 보는 선견지명으로 나아가는 과정이어야 한다. … 예수님의 제자들은 "다른 사람들은 인간 존엄성에 걸맞은 삶을 살 수 없는데도, 끊임없이 소비하고 파괴하는"[a] 포식자 강도가 아니라, 창조 세계의 번영을 추구하는 목양적인 사람, 돌보는 사람이 되어야 한다.

— 마거릿 데일리덴튼, 《요한복음》 *John*, 145

a. 여기서 데일리덴튼은 프란치스코 교황의 2015년 회칙 《찬미받으소서》 *Laudato Si'* 제193항을 인용한다.

핵심 신학: 경이로운 목자와 그의 소유, 사랑하시는 아버지와 그의 아들(10:11-21)

¹¹ "나는 선한 목자라. 선한 목자는 양들을 위하여 목숨을 버리거니와, ¹² 삯꾼은 목자가 아니요, 양도 제 양이 아니라. 이리가 오는 것을 보면 양을 버리고 달아나나니, 이리가 양을 물어 가고 또 헤치느니라. ¹³ 달아나는 것은 그가 삯꾼인 까닭에 양을 돌보지 아니함이나, ¹⁴ 나는 선한 목자라. 나는 내 양을 알고 양도 나를 아는 것이 ¹⁵ 아버지께서 나를 아시고 내가 아버지를 아는 것 같으니, 나는 양을 위하여 목숨을 버리노라. ¹⁶ 또 이 우리에 들지 아니한 다른 양들이 내게 있어 내가 인도하여야 할 터이니, 그들도 내 음성을 듣고 한 무리가 되어 한 목자에게 있으리라. ¹⁷ 내가 내 목숨을 버리는 것은 그것을 내가 다시 얻기 위함이니, 이로 말미암아 아버지께서 나를 사랑하시느니라. ¹⁸ 이를 내게서 빼앗는 자가 있는 것이 아니라 내가 스스로 버리노라. 나는 버릴 권세도 있고 다시 얻을 권세도 있으니, 이 계명은 내 아버지에게서 받았노라" 하시니라.

¹⁹ 이 말씀으로 말미암아 유대인 중에 다시 분쟁이 일어나니, ²⁰ 그중에 많은 사람이 말하되 "그가 귀신 들려 미쳤거늘, 어찌하여 그 말을 듣느냐?" 하며, ²¹ 어떤 사람은 말하되 "이 말은 귀신 들린 자의 말이 아니라. 귀신이 시각 장애인의 눈을 뜨게 할 수 있느냐?" 하더라.

"나는 선한 목자라." 여기서 "선한"에 해당하는 헬라어는 '칼로스'^{καλός}다. 이는 '고귀한, 아름다운, 훌륭한, 귀중한, 옳은, 적절한, 적합한, 좋은, 선한'이라는 뜻을 지닌다. '목자 모델'은 여기에 잘 어울린다. '경이로운 목자'는 이 장에서 예수님께서 놀라운 방식으로 일반적인 범주를 초월하여 어떻게 신적이면서 동시에 인간적이신지를 나타내는 한 방법이다.

이제 **"나는 양의 문이라"**에서 이 장의 첫 주제인 "문으로 들어가는 이"(2절)로 돌아갔다가, 예수님이 자기 죽음으로 가져다주시는 풍성한 생명이라는 가장 깊은 비밀로 나아간다. 프롤로그의 마지막에 머리글로 적힌 요한복음의 공개된 비밀, 실재의 핵심은 다음과 같다. "아버지 품 속에 있는 독생자[독생하신] 하나님"(1:18). 그리고 여기서 예수님은 요한복음의 신학적 핵심을 다음과 같이 말씀하신다. **"나는 내 양을 알고 양도 나를 아는 것이 아버지께서 나를 아시고 내가 아버지를 아는 것 같으니, 나는 양을 위하여 목숨을 버리노라. … 그것을 내가 다시 얻기 위함이니."**

그것은 관계들의 핵심이며, 아버지와 아들이 사랑하는 관계가 아들의 죽음과 부활에서 역사적으로 구현되어, "내 양" 안에서 — 놀랍게도 — 비슷한 관계를 생성한다. 여기서 중추적인 "…같으니"는 계속해서 신학적으로 묻고, 상상하고, 개념화하도록 북돋는다. 이 점은 고별 강론에서와 그리스도교 사상사를 통해서 볼 수 있다. 이와 불가분하게, 계속해서 묵상하고 기도하고 예배하도록 북돋는다. 이 점은 요한복음 17장과 그리스도교 경건 생활의 역사에서 볼 수 있다. 그러나 무엇보다도 이 "…같으니"가 북돋는 것은 계속되는 사랑의 드라마에 전심으로 참여하는 것으로, 이러한 참여는 사유 및 기도와 불가분하다. 이는 요한복음 20장과 21장에서, 그리고 그리스도교 제자도의 역사를 통해 볼 수 있다.

아버지께서 나를 아시는 방식의 진실은 무엇일까? 아버지는 예수님을 어떻게 아시는가? 이름으로, 완전한 사랑과 지혜로, 기쁨과 즐거움으로, 완전한 이해로, 다른 누구도 하지 않는 방식으로, 서로가 완전히 알기를 바라는 욕망으로, 아버지가 누구신지와 예수님이 누구신지가 일치하는 방식으로 아신다. 이러한 탐구는 무한히 계속될 수 있다.

이 방향이 맞다면, "나는 내 양을 알고"의 진리, 곧 예수님이 자기 친구들을(그가 버리신 목숨의 목적이 되는 잠재적인 모든 사람을) 아는 방식은 다음과 같은 함의를 지닌다. 즉, 예수님의 친구들은 예수님께 이름이 불릴 만큼 친밀히 알려져 있다는 점을 신뢰할 수 있다. 지혜롭게 기쁨과 즐거움으로 사랑받는다는 점, 완전히 이해받고 있다는 점을 신뢰할 수 있다. 우리와 예수님 사이에도 예수님과 아버지 사이의 완전한 상호성이 있도록, 우리가 전심으로 반응하기를 욕망하신다는 점을 신뢰할 수 있다. 이렇게 계속 탐구할 수 있다.

내가 아버지를 아는 방식의 진실은 무엇일까? 예수님은 어떻게 아버지를 아시는가? 이름으로, 완전한 사랑과 지혜로, 기쁨과 즐거움으로, 완전한 이해로, 다른 누구도 하지 않는 방식으로, 서로가 완전히 알기를 바라는 욕망으로, 아버지가 누구신지와 예수님이 누구신지가 일치하는 방식으로 아신다. 그리고 기도와 상호 영광 돌리기를 통해 아시며, 상호 내주하는 연합으로 아시고, 자기 목숨을 버리고 그것을 다시 얻을 만큼의 완전한 순종을 통해 아신다. **"나는 버릴 권세도 있고 다시 얻을 권세도 있으니, 이 계명은 내 아버지에게서 받았노라."**

만일 그것이 맞다면 **양도 나를 아는** 방식의 진실, 즉 우리가 예수님을 알 만한 방식도 유사할 것이다. 그러나 여기서 우리가 예수님을 아는 것과 예수님이 아버지를 아는 것 사이의 직접적인 유사성은 잘 성립되지 않는다. 이 유비는 꽤 거리가 있다. 우리는 예수님을 이름으로, 사랑과 지혜로, 기쁨과 즐거움으로, 이해로, 서로가 완전히 알기를 바라는 욕망으로, 친구가 아는 것처럼 알 수 있다. 우리는 성경을 통해 예수님과 그의 아버지를 식별하는 방식으로, 기도와 예배를 통해, 상호 내주의 연합으로, 그가 욕망하시는 바를 행함으로써 예수님을 알 수 있다.

그러나 이 모든 것은 제자의 앎, 배우는 자의 앎이다. 요한이 습관적으로 사용하는 "…같이"의 힘은 가까운 유비뿐만 아니라 먼 유비까지 담아낼 수 있고, 그런 다음 더욱 친밀하게, 완전한 사랑과 지혜에 더 가까운 앎으로, 앎에 있어 더 완전한 이해와 상호성으로, 사랑의 계명에 대한 더 온전한 순종으로, 더 깊은 상호 내주와 기쁨으로 성장하도록 고무한다. 여기 10:14-15에서 주된 강조점은 아버지와 아들 사이의 앎과 예수님과 우리 사이의 앎이 유사하다는 데 있다. 다른 곳에서는 상호 거함과 사랑 안의 내주에 관한 유비를 강조하거나(17:20-26), 예수님이 아버지께 보냄받은 것같이 예수님께서 보내시는 것에 관한 유비를 강조한다(20:21). 지식과 이해의 자라남, 사랑의 깊어짐, 사명의 넓어짐은 프롤로그의 증언에 관한 예시로 볼 수 있다. 프롤로그는 예수님을 통해 주어져서 고갈되지 않는 풍요로움을 증언한다. "우리가 다 그의 충만한 데서 받으니 은혜 위에 은혜러라"(1:16). 요한은 이러한 은혜를 계속—더 많이 더욱더—받을 수 있게 하려고 복음서를 썼다.

이러한 식의 상호 인식은 목자와 양 이미지를 넘어선다. 또한 양을 위해서 목숨을 버리는 목자 관념이 이러한 이미지를 확장한다. 실제로 요한복음에서 가장 강하게 떠오르는 관련 이미지는 세례자 요한이 외친 이미지다. "보라, 세상 죄를 없애시는[제고 가는] 하나님의 어린양이로다!"(1:29). 예수님은 유월절 어린양이 죽임당할 때 죽으신다(19장). 어린양, 양 우리의 문, 목자라는 다양한 목회적 이미지는 상상력 발휘가 필요하게 하고, 문자적 이해가 불가능하게 한다. 그뿐만 아니라 독자로 하여금 각 이미지에 대한 성경의 출처와 유사점에 이르게 한다. 1:29를 다룰 때 희생제물 이삭, 유월절 어린양, 이사야의 고난받는 종과 관련하여 했던 것처럼 말이다. 이러한 이미지들은 또한 하나님의 어린양에 관한 드니스 레버토프 시처럼 상상력을 발휘하여 창의적으로 연주하도록 북돋는다.[2] 아마도 목양에 관한 가장 영향력 있는 신학 시는 시편 23편일 것이

---

2 1:29-34에 관한 주석을 보라.

다. 이 시를 요한복음 10장과 상호본문으로 읽으면 유익한 연습이 될 것이다.³

이 이미지는 예수님의 말씀으로 확장된다. **"또 이 우리에 들지 아니한 다른 양들이 내게 있어, 내가 인도하여야 할 터이니, 그들도 내 음성을 듣고 한 무리가 되어 한 목자에게 있으리라."** 그리스도교 공동체에 비유대인이 포함되는 것에 관한 이 분명한 언급은 나중에 요한복음 12장과 14장에 관해 주석하며 다룰 것이다.

이 단락은 나쁜 지도자에 대한 비판을 추가하며 시작했다. 이번에는 **삯꾼**이라는 딱지를 붙이셨다. 그리고 예수님이 **귀신 들려** 있는지 아닌지에 대해 **유대인들**끼리 서로 논쟁하고 분열하며 끝난다. 두 구절 모두 독자에게 전하는 메시지를 강화한다—예수님을 선택하기로 결정하라! 이 장의 나머지 부분에서는 예수님을 둘러싼 분열과 갈등이 더 고조되어 폭력 직전까지 간다.

강화: "나와 아버지는 하나이니라"—신성모독!(10:22-42)

두 달 후 다른 명절이지만 같은 성전을 배경으로 동일한 물음들이 새로운 강도의 갈등을 만들어 낸다. 바로 예수님은 누구신가, 예수님과 하나님의 관계, 예수님이 행하시는 것, 예수님께 어떻게 반응해야 하는지를 둘러싼 물음들이다. 핵심 쟁점들—예수님이 행하신 것, 메시아이자 하나님의 아들이신 예수님, 예수님을 믿는 것, 영생을 얻는 것—은 정확히 이 복음서의 전체 목적(20:30-31)을 요약하는 문제고, 이 복음서의 첫 장

---

3 데일리덴튼은 *David in the Fourth Gospel*, 258-64에서 이를 통찰력 있게 수행한다.

부터 나온 문제다.

하지만 여기에는 새로운 요소들이 있다. 목자이신 예수님은 자신을 따르는 이들에게 완전한 안전을 제공하시고, 그 근거로 도발적인 말씀을 하신다. "나와 아버지는 하나이니라." 예수님의 신성모독 혐의가 처음으로 명시적으로 나타난다. 예수님은 자신이 하나님의 아들이라는 주장을 뒷받침하기 위해 성경에서 새로운 논거를 제시하신다. 수전절/봉헌절에 맞게 예수님은 자신을 "아버지께서 거룩하게" 하신 자라 하시고, 재봉헌된 성전 제단과 자신을 동일시하시고, 자기 사역의 신학적 목적을 제시하신다. "너희가 아버지께서 내 안에 계시고 내가 아버지 안에 있음을 깨달아 알리라." 그런 다음 예수님은 자신을 돌로 치고 잡고자 하는 사람들에게서 벗어나셔야 했다.

이 단락은 요약과 마무리의 느낌이 있다. 5장에서 시작된 일련의 갈등 주고받기가 결말에 도달하면서, 11장에서 나사로를 살리시는 절정의 표적과 12장에서 예루살렘으로 최종 입성하시는 장면의 배경을 설정한다. 핵심 현실, 곧 예수님과 아버지의 관계를 '메시아'와 '하나님의 아들'이라는 핵심 칭호와 관련하여 요약하는데, 이는 예수님이 결국 죽임당했던 이유를 나타낸다. 다음과 같은 진술들은 표적의 책 전체를 관통하는 쟁점이 압축되어 있다. **"내가 내 아버지의 이름으로 행하는 일들이 나를 증거하는 것이거늘." "나를 믿지 아니할지라도 그 일은 믿으라."** 그리고 예수님의 사역은 완전히 한 바퀴 돌아서 다시 그 시작점인 "요단강 건너편"으로, 그리고 그를 처음 증언한 세례자 요한에게로 돌아왔다.

그러나 이 복음서는 시작점이 많았던 것처럼,[4] 결말도 연이어지는 물

---

4   시작의 요소들은 1:1-18에서뿐만 아니라 1:19-51; 2:1-12, 13-25; 3:1-36에서도 볼 수 있다.

결로 되어 있다. 이제 다음과 같은 일련의 결말이 나온다. 예수님의 공생애 마지막 표적(11장), 가르침 요약(12:44-50), 고별 강론(13-17장), 예수님의 마지막 말씀인 "다 이루었다"(19:30), 죽은 예수님의 옆구리를 찌르는 사건(19:31-37), 예수님의 장례(19:38-42), 학자들이 간혹 "첫 번째 결말"이라고 부르는—하지만 지금 나는 그것이 사실 여러 결말 중 하나라고 제안하고 있다—20장 마지막에 나오는 이 복음서의 목적 요약(20:30-31), 예수님 이야기를 풀어내는 데는 끝이 있을 수 없음을 시사하는 에필로그의 결론. 따라서 이 모든 결말 이후, 최종 결말은 열려 있어서 끝없이 계속해서 증언, 진리, 풍부한 기록으로 이어진다. "만일 낱낱이 기록된다면 '내 생각에' 이 세상이라도 이 기록된 책들을 두기에 부족할 것이다(줄 아노라)"(21:25).

²² 예루살렘에 수전절이 이르니 때는 겨울이라. ²³ 예수께서 성전 안 솔로몬 행각에서 거니시니, ²⁴ 유대인들이 에워싸고 이르되 "당신이 언제까지나 우리 마음을 의혹하게 하려 하나이까? 메시아이면 밝히 말씀하소서" 하니, ²⁵ 예수께서 대답하시되 "내가 너희에게 말하였으되 믿지 아니하는도다. 내가 내 아버지의 이름으로 행하는 일들이 나를 증거하는 것이거늘, ²⁶ 너희가 내 양이 아니므로 믿지 아니하는도다. ²⁷ 내 양은 내 음성을 들으며, 나는 그들을 알며, 그들은 나를 따르느니라. ²⁸ 내가 그들에게 영생을 주노니 영원히 멸망하지 아니할 것이요, 또 그들을 내 손에서 빼앗을 자가 없느니라. ²⁹ 그들을 주신 내 아버지는 만물보다 크시매 아무도 아버지 손에서 빼앗을 수 없느니라. ³⁰ 나와 아버지는 하나이니라" 하신대,

³¹ 유대인들이 다시 돌을 들어 치려 하거늘, ³² 예수께서 대답하시되 "내가 아버지로 말미암아 여러 가지 선한 일로 너희에게 보였거늘, 그중에 어떤 일로 나를 돌로 치려 하느냐?" ³³ 유대인들이 대답하되 "선한 일로 말미암아 우

리가 너를 돌로 치려는 것이 아니라 신성모독으로 인함이니, 네가 사람이 되어 자칭 하나님이라 함이로라." ³⁴ 예수께서 이르시되 "너희 율법에 기록된 바 '내가 너희를 신이라 하였노라' 하지 아니하였느냐? ³⁵ 성경은 폐하지 못하나니 하나님의 말씀을 받은 사람들을 '신'이라 하셨거든, ³⁶ 하물며 아버지께서 거룩하게 하사 세상에 보내신 자가 '나는 하나님의 아들이라' 하는 것으로 너희가 어찌 신성모독이라 하느냐? ³⁷ 만일 내가 내 아버지의 일을 행하지 아니하거든 나를 믿지 말려니와, ³⁸ 내가 행하거든 나를 믿지 아니할지라도 그 일은 믿으라. 그러면 너희가 아버지께서 내 안에 계시고 내가 아버지 안에 있음을 깨달아 알리라" 하시니, ³⁹ 그들이 다시 예수를 잡고자 하였으나, 그 손에서 벗어나 나가시니라.

⁴⁰ 다시 요단강 저편, 요한이 처음으로 세례 베풀던 곳에 가사 거기 거하시니, ⁴¹ 많은 사람이 왔다가 말하되 "요한은 아무 표적도 행하지 아니하였으나, 요한이 이 사람을 가리켜 말한 것은 다 참이라" 하더라. ⁴² 그리하여 거기서 많은 사람이 예수를 믿으니라.

수전절(하누카)은 기원전 165년 마카비에 의해 시리아 왕 안티오쿠스 에피파네스로부터 예루살렘이 해방된 후 성전 재봉헌reconsecration을 기념하는 절기다. 안티오쿠스는 성전 제단에서 자기 신들에게 제사를 드려서 성전을 더럽혔었다desecrated. 따라서 예수님께서 전에 사용하지 않으셨던 개념으로 자신을 **아버지께서 거룩하게** 하신 **자**로 설명하신 것은 자신을 성전과 더욱 동일시하신 것이다. 요한복음에서 이미 예수님은 "하나님의 어린양"(1:29, 36)으로 여겨졌고, 예수님의 몸은 성전 성소와 동일시되었으며(2:21), 또한 예수님은 초막절과 연결되는 참된 물과 빛의 원천이 자신이라고 선언하셨다(7-9장). 이제 예수님은 자기 죽음이 다가오는 수전절에 거룩하게 봉헌된 성전 제단과도 연관되신다.

이 모든 연관은 한 본문에서 다른 본문으로, 한 축제에서 다른 축제로 이어지며 성전과 예수님을 상호 조명하는 더 많은(잠재적으로 한없는) 성찰로 독자들을 초대한다. 예수님의 죽음이 다가옴에 따라, 요한이 열어 보이는 내용 중 아마도 성전과 가장 풍부하게 연결되는 점은 다음과 같을 것이다. 바로 하나님의 임재("나는 있다/…이다") 및 하나님의 영광[5]과의 연관성, 제물의 연관성이다—요한복음에서 예수님은 유월절 어린양이 죽는 시간에 죽으신다.

예수님은 종교 지도자로 추정되는 **유대인들**에게 둘러싸여 있다. **"당신이 언제까지나 우리 마음을 의혹하게 하려 하나이까?"** 라는 그들의 질문은 적대적이다. 헬라어의 문자적 의미는 "당신이 언제까지나 우리 생명을 앗으려 하나이까?"이며, 아마 "당신이 언제까지나 우리를 괴롭히려 하나이까?"[6]가 좀 더 나은 번역일 것이다. 예수님의 대답은 종종 그렇듯이 반대자들이 돌을 집어 던지게 자극받도록 이야기를 진전시킬 뿐만 아니라, 나중 상황에 있는 요한복음의 독자들에게 말을 건네는 역할을 한다.[7] 독자들은 예수님을 따르도록 격려받고, **"내가 그들에게 영생을 주노니 영원히 멸망하지 아니할 것이요, 또 그들을 내 손에서 빼앗을**

---

[5] 영광에 관해서는 다음을 보라. Ford, "'To See My Glory'"; Ford, "Ultimate Desire"; 또한 1:14; 2:11; 11:4, 40; 12:28; 13:31-32; 17:1-5, 20-26; 21:19에 관한 주석을 참조하라.

[6] Lincoln, *The Gospel according to Saint John*, 304.

[7] **"너희가 내 양이 아니므로 믿지 아니하는도다"** 라는 예수님의 말씀은 인간의 자유와 신적 자유라는 문제를 다시 제기한다. 또한 예수님이 나중에 말씀하셨듯이 "너희가 나를 택한 것이 아니요 내가 너희를 택하였다"(15:16)라는 사실에 비추어 볼 때, 믿는다는 것이 그저 신적 예정의 결과인지 묻게 된다. 나는 이러한 말씀들을 "결정의 이원론"으로 이해하며 읽는 게 가장 좋다고 생각한다. 이는 독자들에게 예수님을 선택하기로 결정하라, 혹은 계속 그렇게 결정하라고 강력히 호소하는 것이다. 즉, 독자들이 다른 선택지를 생각할 수 없게 만드는 것이다. 결정론적 독해는 요한복음을 기록한 목적을 무의미하게 만든다. 요한복음 9:35-41에 관한 주석을 보라.

자가 없느니라"라는 궁극의 확신을 얻고, **"나와 아버지는 하나이니라"** 하는 궁극의 신학적 근거를 제공받는다.

이 문장에서 "하나"는 중성형으로—'한 사람'이 아니라—'연합', '일치'를 의미한다. 직접적인 맥락에서는 단순히 '목적과 작용의 일치'를 의미할 수 있다. 그러나 반대자들은 그 이상의 의미로 여긴다. 실제로 **신성모독**이라는 것이다. 왜냐하면 **네가 사람이 되어 자칭 하나님이라** 하기 때문이다. 요한복음 나머지 부분에 비추어 보면 확실히 이렇게 그 이상의 의미일 수 있다. 요한은 서사적, 비유적, 개념적 언어로 예수님과 아버지 사이의 독특한 형태의 연합을 제시한다. 그것은 결코 하나님의 하나이심에 대해 타협하지 않으면서도, 하나이심을 다시 생각해 보게 하는 연합이다. 이는 여전히 계속되는 과제다.[8] 그리고 요한복음의 가장 중요한 신학적 특징 중 하나는 이 연합이 배타적이지 않고 폭넓게 환대한다고 주장하는 점이다(17장에서 절정에 이른다). 이 아버지와 아들 연합의 독특성 하나는 하나님과 하나님의 이름에 관한 모든 독특성과 마찬가지로 비교할 수 없고, 견줄 데 없으며, 다른 무엇과도 같지 않은 차이가 있으면서도, 동시에 다른 이들을 이 사랑의 연합으로 맞이하는 환대일 수 있다는 것이다. "내가 아버지의 이름을 그들에게 알게 하였고, 또 알게 하리니, 이는 나를 사랑하신 사랑이 그들 안에 있고, 나도 그들 안에 있게 하려 함이니이다"(17:26).

대결의 다음 단계에서 예수님은 시편 82:6을 인용하신다. **"내가 너희를 신이라 하였노라."** 예수님은 작은 것에서 더 큰 것으로 가는 유대교의

---

[8] "한 분 하나님"에 대한 심오한 성찰로는 다음 책을 보라. 손더레거, 《조직신학 1: 신론》(*The Doctrine of God*, 도서출판 100, 2026년 출간 예정), 제1부. 이 책은 1부에서 "한 분 하나님"에 관해 설명하고, 나머지 부분을 통해서도 하나님의 편재하심, 전능하심, 전지하심과 관련하여 더 자세히 설명한다.

주해적 논증에 따라 말씀하신다. 즉, 시편에서 하나님이 언급한 이들이 '신'으로 불린다면, **아버지께서 거룩하게 하사 세상에 보내신 자**는 훨씬 더 **하나님의 아들**로 불릴 수 있지 않겠는가? 그런 다음 예수님은 자기의 일로부터의 논증을 펼치신다. **"나를 믿지 아니할지라도 그 일은 믿으라. 그러면 너희가 아버지께서 내 안에 계시고 내가 아버지 안에 있음을 깨달아 알리라."** 이렇게 신학의 물결이 하나 더 보태지면서 아버지와 아들 사이의 하나 됨도 상호 내주 개념을 통해 확장된다. 상호 내주 개념은 특히 고별 강론에서 발전되면서 계속되는 드라마의 신학에서 핵심이 될 것이다.

이 극적인 순간에 **다시 예수를 잡고자** 하는 시도가 일어난다. 예수님은 **벗어나**셔서, 자신의 사역을 개시했던 곳으로 되돌아가신다. 그리고 예수님에 대한 세례자 요한의 증언이 재확인된다. **"요한이 이 사람을 가리켜 말한 것은 다 참이라."** 또한 예수님을 반대하는 사람만 있는 것은 아니라는 점이 강조된다. **"거기서 많은 사람이 예수를 믿으니라."** 예수님을 선택하기로 결정할 사람들을 기다리는 공동체가 거기 있다.

요한복음 11:1-57

"죽은 자가 나오는데"

이제 예수님 공생애의 절정에 이르고 가장 극적인 표적이 나온다. 표적은 혼인 잔치에서 시작했고 장례식에서 끝난다.

세례자 요한이 "보라, 세상 죄를 없애시는[저고 가는] 하나님의 어린양이로다!"(1:29)라고 외친 수수께끼 같은 환호성과, 마찬가지로 수수께끼 같은 "너희가 이 성전을 헐라. 내가 사흘 동안에 일으키리라"(2:19)라고 하신 예수님의 선언에서부터 복음서 전반에 걸쳐 예수님의 죽음과 부활을 암시하는 것들이 있었다. 이제 기대감이 고조되고, 플롯이 두터워지고, 의미가 깊어진다.

예수님은 심각한 위험 속으로 걸어 들어가셔서 유대 당국자들이 예수님을 죽이기로 결정하게끔 자극하는 행동을 하신다. 예수님의 행동은 연약하면서도 권위가 있다. 예수님은 눈물을 흘리며 심히 괴로워하실 뿐만 아니라, "나는 부활이요 생명이니"라고 말씀하시며 나사로를 무덤에서 불러내어 다시 살리신다. 이는 인성과 신성이 생생하게, 그리고 역설적인 모습으로 한 사람 안에 함께 있는 것이다. 그 강렬함과 중요성이 여러 방식으로 강조된다.

다음과 같은 점들은 이 복음서 앞부분에서부터 익숙해진 것들이다. 표적은 하나님의 영광과 관련되며, 긍정적인 반응과 부정적인 반응이 함께 나온다. 빛과 어둠의 이미지, 생명과 죽음의 이미지가 있다. 예수님은 메시아\그리스도이자 하나님의 아들이시다. "나는 있다/…이다" 말씀이 있다. '유대인들' 중에는 믿는 자도 있고 적도 있다.

그러나 새로운 요소도 있다. 가장 눈에 띄는 것은 표적 자체로, 표적의 독특성이 강조된다―죽은 자가 살아난다는 점, 예수님이 앞서 행하신 기적의 대상들과는 달리 나사로라는 이름이 거론된다는 점, 긴장감을 고조시키는 예수님의 지연을 비롯하여 나사로가 살아나기까지 이례적으로 빌드업이 길다는 점, 예수님의 감정이 전례 없는 방식으로 드러난다는 점, 죽은 지 나흘이 지난 부패의 악취를 상상함으로써 나사로의 죽음이 생생하게 환기된다는 점, 이 복음서에서 처음으로 예수님이 기도하신다는 점, 절정에 달하는 크고 위엄 있는 "나사로야, 나오라!"(11:43)는 예수님의 외침이 그렇다. 그리고 이 외침은 요한복음에 나오는 다른 기적들이 비교적 조용한 것과는 대조되는데, 마치 이 기적이 더 큰 효과를 나타내도록 이제까지 다른 기적들의 볼륨을 낮춘 것으로 보인다. 또한 예수님과 나사로와 마르다와 마리아 사이의 사랑이 반복해서 강조된다―특정인에 대한 예수님의 사랑이 표현된 것은 이번이 처음이며, 마르다의 신앙 고백은 나중에 이 복음서 전체의 목적으로 나오는 것을 처음으로 완전히 예견한다. "오직 이것을 기록함은 너희로 예수께서 하나님의 아들 그리스도이심을 믿게 하려 함이요, 또 너희로 믿고 그 이름을 힘입어 생명을 얻게 하려 함이니라"(20:31). 그리고 이 복음서의 전체 플롯이 기적에 대한 반응을 통해 결정적인 한 걸음을 더 내디딘다. "이날부터는 그들이 예수를 죽이려고 모의하니라"(11:53).

이 서사에서 플롯은 예루살렘에서 종교와 정치가 얽힌 임박한 절정을 향해 전개된다. 그러면서 독자들은 예수님과 아버지의 기도를 통한 관계에서, 또한 친구, 적, 위험, 슬픔, 죽음과 마주하는 예수님 감정의 심연 속에서 예수님이 누구신지를 더 깊이 들여다보게 된다. 그뿐만 아니라 예수님을 통해, 죽음과 슬픔 앞에서 하나님과의 관계가 더욱 깊어지도록 도움을 받는다. 그리고 요한복음을 다시 읽는 독자들은 이 사건의 의미를 나머지 이야기와의 관계에서 숙고하도록 초대받는다. 예수님께서 자기 친구를 "끝까지" 사랑하시고(13:1), 그들에게 자신과 아버지와의 관계를 열어 주시고(17장), 죽으신 후 모든 죽음을 상대화하는 생명으로 부활하시는 것과 관련하여 숙고하게 된다. "나를 믿는 자는 죽어도 살겠고, 무릇 살아서 나를 믿는 자는 영원히 죽지 아니하리니"(11:25-26).

계속되는 공동체는 "부활이요 생명"이신 예수님을 신뢰함으로써 죽음과 슬픔이 계속되는 현실에서 어떻게 신앙으로 반응해야 하는지를 배우고 있다.

사랑과 지연, 죽음과 영광, 요한복음과 다른 복음서(11:1-6)

¹ 어떤 병자가 있으니, 이는 마리아와 그 자매 마르다의 마을 베다니에 사는 나사로라. ² 이 마리아는 향유를 주께 붓고 머리털로 주의 발을 닦던 자요, 병든 나사로는 그의 오라버니더라. ³ 이에 그 누이들이 예수께 사람을 보내어 이르되 "주여, 보시옵소서. 사랑하시는 자가 병들었나이다" 하니, ⁴ 예수께서 들으시고 이르시되 "이 병은 죽을병이 아니라 하나님의 영광을 위함이요, 하나님의 아들이 이로 말미암아 영광을 받게 하려 함이라" 하시더라. ⁵ 예수께서 본래 마르다와 그 동생과 나사로를 사랑하시더니, ⁶ 나사로가 병들었다 함을

들으시고 그 계시던 곳에 이틀을 더 유하시고.

독자들은 여기서 새로운 등장인물인 나사로, 마리아, 마르다를 만난다. 이들은 이 복음서에서 예수님이 사랑하신다고 처음으로 언급되는 인물이다. 이들은 예수님의 친구이며 예수님이 분명 편안함을 느끼시는 가정에 살고 있다.¹

마리아는 **향유를 주께 붓고 머리털로 주의 발을 닦던 자**로 언급되는데, 이 내용이 12:1-8에서 본격적으로 다루어지기 전에 여기서 언급된다는 것은 많은 의미를 담는다. 이는 사랑이 상호적임을 보여 준다. 또한 예수님 자신의 죽음(12:7) 및 그 죽음에 이르는 내용과 죽음 이후 이어지는 내용을 이번 이야기의 맥락으로 설정한다. 요한복음을 다시 읽는 독자들은 여기서 시작해서 친구들을 향한 예수님의 사랑과(특히 15:13을 보라) **하나님의 영광** 및 예수님을 영화롭게 한다는 주제(특히 12:28; 13:31-32; 17:1-5, 22; 21:19를 보라) 사이의 더 많은 공명을 발견할 수 있다. 이 둘은 점점 더 많은 공명을 만들어 낸다.

이 언급이 또한 암시하는바, 독자들이 다른 복음서에 다양한 형태로 나온 기름 붓는 사건에 익숙할 것이라고 복음서 저자가 예상했을 수도 있다. 그러나 나사로가 되살아난 사건은 다른 데서는 나오지 않는다. 하

---

1 이는 다음의 연구서에서 핵심 요소다. Esler and Piper, *Lazarus, Mary and Martha*. "우리는 나사로와 그 누이들의 모습을 통해, 세상에서 그리스도교적 실존에 대한 이해가 제시되었다고 제안해 왔다. 여기에는 교의학적 기반보다는 관계 기반의 그리스도교가 있다. 그리스도인들의 특징은 무엇보다도 우정, 사랑 헌신의 모범이라는 점이다. 친족 집단은 그러한 에토스를 묘사하기 위한 '자연스러운' 맥락을 제공한다"(pp. 156-57). 나는 이렇게 인지적인 것(교의학적이라고 다소 경멸적으로 묘사된 것)과 관계적인 것을 명백히 이분법적으로 대조하는 데는 동의하지 않는다. 내가 볼 때 이는 요한이 말씀, 앎, 진리를 강조한 것과 반대된다. 하지만 이렇게 관계에 초점을 둔다는 점은 이 주석과 잘 맞아떨어진다. 에슬러와 파이퍼는 또한 요한복음 14:2-3과 19:26-27과의 관계를 잘 보여 준다.

지만 이 이야기가 다른 복음서에서 나사로라는 이름이 언급되는 유일한 이야기와 관련 있는지 추측하게 된다. 누가복음의 부자와 거지의 비유에서, 예수님은 "모세와 선지자들에게 듣지 아니하면, 비록 죽은 자 가운데서 살아나는 자가 있을지라도 권함을 받지 아니하리라"(눅 16:31)라고 결론 내리신다. 누가가 요한의 이야기에서 영감을 받은 것일까, 아니면 그 반대일까? 또 다른 문제는 자주 거론되는데, 나사로의 되살아남과 같이 놀라운 사건이 공관복음에서 생략되었을 가능성이 얼마나 될까 하는 것이다. 그러나 죽었던 나인성 과부 아들을 살리신 것 역시 누가복음에만 나온다(눅 7:11-17). 그리고 초기 복음서들이 나사로에 관한 이야기를 생략한 이유가 있었을 수도 있다. 이를테면 초기 복음서 기록 당시에도 나사로를 죽이려는 위협(요 12:9-11)이 여전히 있었을 수 있다. 한 사람이 나흘 만에 무덤에서 다시 살아났다는 것의 사실성 문제는 세상에서 하나님의 작용과 자유에 관한 가정들과 너무 얽혀 있어서 역사적 조사로 결정할 수 없다.[2] 종종 그렇듯이, 여기서도 요한복음은 공관복음의 다양한 이야기 및 말씀과 공명하는 이야기를 하지만, 요한의 이야기는 그의 가장 깊은 관심사—예수님은 누구신가 하는 것, 예수님을 믿는다는 것, 예수님의 삶과 죽음과 부활에 더 깊이 들어가는 것, 예수님의 이름으로 계속되는 삶이 가능해지는 것—를 드러내기 위해 정교하게 만들어졌다.

예수님께서 자매들의 메시지에 응답하여 오시기를 늦추신 것에 대해 많은 설명이 나온다. 예수님은 "하나님의 영광"이라는 가장 큰 맥락에서

---

[2] 2:1-12에 관한 주석과 요한복음 20장의 부활에 관한 주석을 보라. 요한복음 11장에 제기되는 문학적, 역사적, 신학적 문제에 관해서는 다음을 보라. Lincoln, "The Lazarus Story"; Thompson, "The Raising of Lazarus in John 11"; Torrance, "The Lazarus Narrative."

이를 설명하시고, 나중에 "내가 거기 있지 아니한 것을 너희를 위하여 기뻐하노니, 이는 너희로 믿게 하려 함이라"(15절)고 말씀하신다. 마르다와 마리아는 모두 "주께서 여기 계셨더라면 내 오라버니가 죽지 아니하였겠나이다"(21, 32절)라고 말하고, 구경하는 이는 "시각 장애인의 눈을 뜨게 한 이 사람이 그 사람은 죽지 않게 할 수 없었더냐?"(37절)라고 말한다. 이는 생명을 주시는 사랑의 하나님이시면서도 사람들을 죽게 내버려두시는 하나님을 믿는 사람들이 직면하는 큰 문제 중 하나다. 이 장에서 이 문제에 대한 응답의 핵심은 질병, 죽음, 부패라는 가혹한 현실을 직시하고, 상실, 슬픔, 분노의 현실을 제대로 다루는 동시에, 그것이 결론이 아님을 신뢰하는 것이다. 살아 계신 예수님과 사랑과 신뢰 속에서 맺는 관계는 더 근본적이고 더 포괄적이다. 이 신뢰와 사랑 안에서 사는 삶은 지금 시작될 수 있으며, 예수님과의 관계는 몸의 죽음으로 끊어지지 않는다. 예수님 자신도 슬픔, 위험, 고난, 죽음을 피하지 않으시고, 오히려 그것들을 통해 얻은 생명을 주시고, 그것들을 통해 다른 사람들을 지탱해 주신다.

위험과 죽음(11:7-16)

⁷ 그 후에 제자들에게 이르시되 "유대로 다시 가자" 하시니, ⁸ 제자들이 말하되 "랍비여, 방금도 유대인들이 돌로 치려 하였는데 또 그리로 가시려 하나이까?" ⁹ 예수께서 대답하시되 "낮이 열두 시간이 아니냐? 사람이 낮에 다니면 이 세상의 빛을 보므로 실족하지 아니하고, ¹⁰ 밤에 다니면 빛이 그 사람 안에 없는 고로 실족하느니라." ¹¹ 이 말씀을 하신 후에 또 이르시되 "우리 친구 나사로가 잠들었도다. 그러나 내가 깨우러 가노라." ¹² 제자들이 이르되 "주여,

잠들었으면 낫겠나이다" 하더라. ¹³ 예수는 그의 죽음을 가리켜 말씀하신 것이나, 그들은 잠들어 쉬는 것을 가리켜 말씀하심인 줄 생각하는지라. ¹⁴ 이에 예수께서 밝히 이르시되 "나사로가 죽었느니라. ¹⁵ 내가 거기 있지 아니한 것을 너희를 위하여 기뻐하노니, 이는 너희로 믿게 하려 함이라. 그러나 그에게로 가자" 하시니, ¹⁶ 디두모라고도 하는 도마가 다른 제자들에게 말하되 "우리도 주와 함께 죽으러 가자" 하니라.

예수님께서 **우리 친구 나사로**를 위해 자신에게 가장 위험한 곳인 유대로 돌아가기로 결정하신 것은 이 표징에 절정의 의미를 부여한다. 이는 생명을 살리는 일을 하려는 것인데, 이로부터 실제로 예수님의 사형 선고로 이어질 것이다. 이는 예수님이 나중에 말씀하신 것에 대한 실천이다. "사람이 친구를 위하여 자기 목숨을 버리면 이보다 더 큰 사랑이 없나니"(15:13).

제자들의 경고에 대한 예수님의 반응은 아직 빛이 있을 때 행동하라는 비유로, 앞서 하셨던 말씀을 되울린다. "때가 아직 낮이매 나를 보내신 이의 일을 우리가 하여야 하리라. 밤이 오리니 그때는 아무도 일할 수 없느니라"(9:4). 그리고 그 뒷부분도 함축적으로 담고 있다. "내가 세상에 있는 동안에는 '나는' 세상의 빛이로라"(9:5). 빛, 생명, 사랑, 우정은 이 표징에, 그리고 예수님의 인격 안에 모인다. 그러나 예수님이 그렇듯이 이 네 가지는 일반적이거나 이상적이거나 추상적인 특성, 관념, 원리가 아니다. 이것들은 무엇보다도 만남, 관계, 열정적 감정, 결단, 행동의 드라마에서 한 사람 안에 구현된다. 이 드라마에서는 타이밍이 정말 중요하다. 예수님은 자신의 "때"가 오기 전까지 "나를 보내신 이의 일을" 하기 위해 남아 있는 시간을 사용하고 계시며, 예수님의 행동은 드라마를 절정으로 몰아간다. 제자들은 실제로 있는 위험을 보고 있다. 그러나 더 심각한 위험은 그들이 **죽는** 것이 아니라 **실족하는** 것이다. 앞으로 다가올 그 "때"(13:1)와 "밤"(13:30)에는 실족함이 많을 것이다. 한 제자는 예수님을 배반하고, 한 제자는 예수님을 부인할 것이다.

예수님은 잠들었다는 말로 육체적 죽음을 알려 주시는데, 그럼으로써 이 표적의 특징인 육체적 죽음의 상대화를 상상할 준비가 된다. **"우리 친구 나사로가 잠들었도다. 그러나 내가 깨우러 가노라."** 제자들은 이 은유를 오해함으로써 오히려 진실을 말하게 된다. 이는 요한복음의 전형적인 아이러니다. **"낫겠나이다"**('소테세타이' σωθήσεται: 문자적으로 '그가 구원받을 것이다' 또는 '그가 소생될 것이다'). 죽음은 삶을 완전히 멈추는 것이 아니며, 누군가에게 일어날 수 있는 최악의 일도 아니다. 죽음은 잠과 같다.

제자들이 오해하자 예수님은 **"나사로가 죽었느니라"**라고 밝히 이르신다. 이 이야기 과정에서 나사로의 죽음은 여러 방식으로 강조된다. 예컨대 냄새가 예상된다는 점, 심지어 그가 무덤에서 살아서 나오는 동안에도 **죽은 자**로 언급된다는 점이 그렇다. 암울하고 슬픈 죽음이라는 사실—나사로뿐만 아니라 신자들의 죽음도(25절)—은 피할 수 없다. 그러나 그것이 결론은 아니다. **"내가 거기 있지 아니한 것을 너희를 위하여 기뻐하노니, 이는 너희로 믿게 하려 함이라."** 죽음은 더 깊은 신앙에 이르는 계기가 될 수 있으며, 자주 그렇다. **"그러나 그에게로 가자"** 하신 예수님의 말씀을 도마는 오해한다. 그의 대답은 **"우리도 주와 함께 죽으러 가자"**였다. 이는 이 복음서에 나타나는 그의 성격과 잘 어울린다(또한 14:5, 20:24-29를 보라). 도마는 예수님을 신뢰한다. 동시에 확실성과 명확히 나아갈 길을 원하는 현실주의자다.

"나는 부활이요 생명이니" (11:17-27)

¹⁷ 예수께서 와서 보시니, 나사로가 무덤에 있은 지 이미 나흘이라. ¹⁸ 베다니는 예루살렘에서 가깝기가 한 오 리쯤 되매, ¹⁹ 많은 유대인이 마르다와 마리아에게 그 오라비의 일로 위문하러 왔더니, ²⁰ 마르다는 예수께서 오신다는 말을 듣고 곧 나가 맞이하되, 마리아는 집에 앉았더라. ²¹ 마르다가 예수께 여짜오되 "주께서 여기 계셨더라면 내 오라버니가 죽지 아니하였겠나이다. ²² 그러나 나는 이제라도 주께서 무엇이든지 하나님께 구하시는 것을 하나님이 주실 줄을 아나이다." ²³ 예수께서 이르시되 "네 오라비가 다시 살아나리라." ²⁴ 마르다가 이르되 "마지막 날 부활 때에는 다시 살아날 줄을 내가 아나이다." ²⁵ 예수께서 이르시되 "나는 부활이요 생명이니, 나를 믿는 자는 죽어도 살겠고, ²⁶ 무릇 살아서 나를 믿는 자는 영원히 죽지 아니하리니, 이것을 네가 믿느냐?" ²⁷ 이르되 "주여, 그러하외다. 주는 메시아시요 세상에 오시는 하나님의 아들이신 줄 내가 믿나이다."

요한복음에서는 보통 예수님이 표적을 행하신 후 표적의 신학적 의미가 제시된다. 그러나 요한은 가장 중요한 사안들에 관해서는 의미—성경에 대한 언급과 암시 인용, 이해와 해석을 위한 범주와 개념과 이미지—를 미리 제시하는 쪽을 선호한다. 그래서 전체 이야기가 시작되기 전에 프롤로그가 제시되었고, 예수님의 죽음과 부활에 앞서 고별 강론이 나온다(13-17장). 이 표적의 중요성도 나사로를 살리시기에 앞서 그 의미가 밝혀짐으로써 강조된다. 이는 세 가지 방식으로 나타난다. 첫째, 마르다와 대화하시는 예수님의 말씀을 통해서, 그다음으로는 마리아와 그녀의 동료 유대인들의 슬픔에 대한 예수님의 감정적 반응인 눈물 흘리심을 통해서, 마지막으로 예수님의 기도를 통해서 나타난다. 이는 예수님의 인격과 인간의 신뢰와 슬픔과 사랑의 깊이를 하나님과 묶고, 하나님의 목적과 묶는 의미다.

마르다는 실망과 슬픔을 통해 예수님께 신뢰의 손을 내민다. **"그러나 나는 이제라도 주께서 무엇이든지 하나님께 구하시는 것을 하나님이 주실 줄을 아나이다."** 마르다는 "네 오라비가 다시 살아나리라"는 예수님의 첫 번째 대답을 **마지막 날 부활**이라는 먼 미래의 전망으로 여기고 있다. 하지만 이때 예수님은 핵심적인 말씀을 하신다. **"나는 부활이요 생명이니."**

이는 생명이라는 주제가 특히 두드러지는 이전의 "나는 있다/…이다" 선언을 통해 내용을 부여받았다. 사마리아 여인과 우물가에서 대화할 때(4:1-42), 예수님은 "영생하도록 솟아나는 샘물"을 주시는 것에 관해 말씀하셨고, "내가 그라"나는 있다/…이다 라는 말로 자신이 메시아\그리스도임을 고백하셨다. 오천 명을 먹이신 후에는 "나는 생명의 떡이니 … 내 아버지의 뜻은 아들을 보고 믿는 자마다 '누구든지' 영생을 얻는 이것이니, 마지막 날에 내가 이를 다시 살리리라"(6:35, 40)라고 말씀하셨다. 사람들이 돌로 치려 하도록 자극한 "아브라함이 나기 전부터 내가 있느니라"(8:58)라는 절대적 진술은 **마지막 날**을 향하는 선형적 시간에서 우리가 벗어나게 하고, 예수님의 인격을 과거, 현재, 미래와 관계시켜서 죽음을 초월한다. 따라서 이 인격과의 관계 안에 있다는 것은 죽음이 지배하거나 종결짓지 않는 삶의 열쇠다. "나는 선한 목자라"라고 말씀하신 예수님은 양들을 위해 자기 목숨을 버리시는데, "스스로" 그렇게 하신다. "나는 버릴 권세도 있고, 다시 얻을 권세도 있으니"(10:18). 또한 예수님은 자기 양의 이름을 각각 부르시는데(10:3) 이에 대한 가장 극적인 예가 이 이야기에 나온다. "나사로야, 나오라!"(11:43).

이 죽음을 초월하는 관계는 더 자세히 설명된다. **"나를 믿는 자는 죽어**

도 살겠고, 무릇 살아서 나를 믿는 자는 영원히 죽지 아니하리니." 육체적 죽음은 일어나지만, **부활이요 생명**이신 예수님으로 인해 상대화된다. 예수님께 비추어 보면, 생명을 끝내는 죽음이 기다리는 일반적 의미의 생명과 "나는 있다/…이다"라고 말씀하시는 분의 영원한 생명은 구분된다.

그러나 이 구분은 결코 분리가 아니다. 오히려 예수님은 일상적 삶을 완전히 긍정하시고, 일상적 죽음에 눈물을 흘리신다―곧 나오겠지만 심지어 죽음에 대해, 죽음을 경험하며 겪는 아픔에 대해 분노하시기도 한다. 예수님은 일상적 삶에 완전히 몰두하는 것과 일상적 죽음―예수님의 경우, 극도로 고통스러운 형태―에 노출되는 것을 보여 주실 뿐만 아니라, 부활에 대한 확신과 지금 시작할 수 있는 삶의 질, 사랑, 예수님과의 관계를 보여 주신다. 그것은 일상적인 것과 이례적인 것이 예수님 자신 안에 함께 표현된 현실주의다. 그러나 이 이례적인 것이 예수님께는 아버지와의 연합한 삶 속에서의 신적인 일상이다. 나사로의 무덤 앞에서 하신 기도에 표현된 것처럼 말이다. 그리고 이 '이례적인 일상'은 예수님께 신뢰로 응답하는 모든 사람이, **살아서 나를 믿는 자**가 누릴 수 있는 것이다. 이 신뢰는 필수인데, 왜냐하면 생명/삶이 예수님과의 관계에 있고 상호적 사랑과 분리될 수 없기 때문이다. 이 신뢰는 요한복음 17장에서 예수님의 기도에 가장 완전하게 표현되어 있다. 그리고 "마리아야!"라고 부르시는 부활하신 예수님과 막달라 마리아의 만남으로 시작되어 계속되는 드라마에서 가장 완전하게 실현된다.

사랑하는 사람의 죽음을 경험하거나 자기 죽음에 직면한 독자들에게 '이례적인 일상'이라는 예수님 중심의 현실주의는 '좋은 소식'이며, 신뢰할 수 있는―혹은 신뢰하지 않더라도―증언이다.[3] 요한복음의 전체 목

---

3   나중에 고별 강론에서, 특히 14:1-7에서 더 완전한 확신이 나올 것이다. 14:1-7에서

적은 20장 마지막에 요약되어 있듯이 그러한 신뢰를 촉진하고, 가능하게 하고, 심화하는 것이다. 마르다는 이제 요한복음 1장에도 나왔던 **메시아**와 **하나님의 아들**이라는 칭호를,[4] 요한복음 1:9에도 나오고 오천 명을 먹이신 사건(6:14)에도 나오는 **세상에 오시는** 분이라는 칭호와 결합하면서 이러한 목적 요약을 선취한다. 이러한 칭호에 대한 그녀의(그리고 다른 모든 신자의) 이해는 분명 더 풍부해지고 확장되고 깊어질 수 있다. 요한복음의 관점에서 보면 그녀는 기본 틀을 제대로 갖추었다.

심령에 비통히 여기시고 크게 동요하신 예수님, 눈물을 흘리시다(11:28-37)

[28] 이 말을 하고 돌아가서 가만히 그 자매 마리아를 불러 말하되 "선생님이 오셔서 너를 부르신다" 하니, [29] 마리아가 이 말을 듣고 급히 일어나 예수께 나아가매, [30] 예수는 아직 마을로 들어오지 아니하시고 마르다가 맞이했던 곳에 그대로 계시더라. [31] 마리아와 함께 집에 있어 위로하던 유대인들은 그가 급히 일어나 나가는 것을 보고 곡하러 무덤에 가는 줄로 생각하고 따라가더니,

는 요한복음 11장의 주제인 근심하는 마음, 믿고 신뢰하기, 도마, 아버지, 생명, 그리고 무엇보다도 포괄적 진리인 예수님의 "나는 있다/…이다"가 다음과 같이 반복된다.
 "너희는 마음에 근심하지 말라. 하나님을 믿으니 또 나를 믿으라. 내 아버지 집에 거할 곳들이 많도다. 그렇지 않으면 너희에게 일렀으리라. 내가 너희를 위하여 거처를 예비하러 가노니, 가서 너희를 위하여 거처를 예비하면 내가 다시 와서 너희를 내게로 영접하여 나 있는 곳에 너희도 있게 하리라. 내가 어디로 가는지 그 길을 너희가 아느니라." 도마가 이르되 "주여, 주께서 어디로 가시는지 우리가 알지 못하거늘, 그 길을 어찌 알겠사옵나이까?" 예수께서 이르시되 "내가 곧 길이요 진리요 생명이니, '그 누구도' 나로 말미암지 않고는 아버지께로 올 자가 없느니라. 너희가 나를 알았더라면 내 아버지도 알았으리로다. 이제부터는 너희가 그를 알았고 또 보았느니라."

4 따라서 요한복음을 다시 읽어 보면, 마르다의 긍정은 복음서 전체를 아우른다.

32 마리아가 예수 계신 곳에 가서 뵈옵고 그 발 앞에 엎드리어 이르되 "주께서 여기 계셨더라면 내 오라버니가 죽지 아니하였겠나이다" 하더라. 33 예수께서 그가 우는 것과 또 함께 온 유대인들이 우는 것을 보시고 심령에 비통히 여기시고 크게 동요하사(불쌍히 여기사), 34 이르시되 "그를 어디 두었느냐?" 이르되 "주여, 와서 보옵소서" 하니, 35 예수께서 눈물을 흘리시더라. 36 이에 유대인들이 말하되 "보라, 그를 얼마나 사랑하셨는가!" 하며, 37 그중 어떤 이는 말하되 "시각 장애인의 눈을 뜨게 한 이 사람이 그 사람은 죽지 않게 할 수 없었더냐?" 하더라.

이제 표적 자체보다 먼저 두 번째 의미의 물결이 다가온다. 마르다와 함께 계실 때 예수님은 말씀으로 의미를 공유하셨다. 마리아와 함께 계실 때 예수님은 육화된 의미이시다. 이 말씀은 연약한 육신이며, **심령에 비통히 여기시고 크게 동요하사**(불쌍히 여기사) 눈물을 흘리신다. 이것이 마리아가 우는 모습과 **함께 온 유대인들이 우는 것**을 보신 예수님의 반응이다. 예수님은 그들과 연대하시고 그들의 슬픔을 공유하신다. 그리고 그 이상으로, 예수님은 나사로의 친구로서 동요하신다. **"보라, 그를 얼마나 사랑하셨는가!"**

그러나 이보다 더 많은 것이 있다. **비통히 여기시고**로 번역된 보기 드문 헬라어 동사 '엠브리마오마이'(ἐμβριμάομαι)는 몇 구절 뒤 **다시 속으로 비통히 여기시며 무덤에 가시니**(38절)에서 반복됨으로써 그 중요성이 강화된다. 이 동사는 다른 데서는 분노의 요소가 있는 깊은 감정을 전달하는 데 사용된다. 주석가들은 예수님의 분노 대상이 될 수 있는 여러 요인을 식별했다. 마리아와 유대인 구경꾼들, 기적을 행하라는 압박, 자신이 처한 위험과 다가오는 죽음, 그리고 죽음 자체에 이르는 여러 가능한 요인이 있다.

요한은 의도적으로 구체적이지 않게 표현한 것 같다. 요한은 사역의 정점을 찍고 표적을 행하시는 예수님의 격렬한 감정 상태를 묘사하기 위해 보기 드물고 의미가 폭넓은 단어를 선택했다. 예수님의 사역은 친구와 적, 결혼식과 질병, 오해와 굶주림, 빛과 어둠에 관여해 왔다—이 모든 것에 감정적 함의가 있다. 이제 예수님은 자기 죽음이라는 궁극의 어둠 속으로 들어가기 직전에, 나사로의 죽음을 마주하며 사랑, 책망, 슬픔, 분노 등 죽음을 둘러싼 감정 속으로 들어가신다. 공관복음에서 죽음에 직면하신 예수님의 감정을 가장 생생하게 묘사한 부분은 체포되시기 직전에 겟세마네 동산에서 고뇌하며 기도하시는 모습이다(마 26:36-46; 막 14:32-42; 눅 22:39-46). 반면 요한은 여기서 친구의 죽음에 직면한 예수님의 감정을 보여 준다. 요한복음에는 겟세마네 장면이 없다. 요한은 다른 곳에서 겟세마네 장면을 되울리고 있지만(12:27; 13:21; 이 두 구절 모두 여기서 '크게 동요하사'[불쌍히 여기사]로 번역된 동사 '타라세인' ταράσσειν 을 사용한다), 감정에 사로잡혀 흔들리시는 예수님의 모습에 가장 집중하는 곳은 여기다. 이 장면에서 흔히 간과되는 두 가지 측면이 있는데, 이는 숙고해 볼 가치가 있다.

첫 번째 측면은 예수님이 연대하시는 범위다. 예수님은 상호 간 사랑으로 예수님과 가장 가까운 사람을 대표하는 **마리아**와 연대하시고, 요한복음에서 예수님에 대한 거부와 증오를 비롯하여 광범위한 반응을 보이는 **유대인들**과도 연대하신다.[5] 요한은 예수님이 죽으신 목적을 "그 민족을 위하시고, 또 그 민족만 위할 뿐 아니라 흩어진 하나님의 자녀를 모아 하나가 되게 하기 위하여"(11:51-52)라고 곧 기술할 것이다. 다음

---

[5] 예수님과 유대인에 관한 자세한 내용은 요한복음 2장과 8장에 관한 주석을 보라. 또한 다음을 보라. Bieringer, Pollefeyt, and Vandecasteele-Vanneuville, *Anti-Judaism and the Fourth Gospel*; Frey, "'Die Juden' im Johanesevangelium."

장에서는 예수님이 자기 죽음의 결과가 "모든 사람을 내게로 이끌겠노라"(12:32)라고 말씀하실 것이다. 그리고 여기서는 이 모든 것이 맛보기로 나온다. 나사로의 죽음으로 다양한 사람이 모이고, 예수님이 회의론자나 밀고자로 밝혀질 사람들을 포함하여 여기 모인 모두와 연대하시는 것이다. 이 연대는 분노를 제외하지 않는다.

두 번째 측면은 예수님의 큰 비통disturbance이 **심령에**('토 프뉴마티' τῷ πνεύματι; 문자적 의미는 '영\성령 안에'in the spirit\Spirit) 있다는 점이다. 이는 단순히 '자기 내면에'를 의미할 수도 있지만, 요한의 다층적 의미 전달 습관 때문에 더 많은 의미를 찾게 된다. 복음서가 시작될 때, 세례자 요한은 "내가 보매 성령이['토 프뉴마' τὸ πνεῦμα] 비둘기같이 하늘로부터 내려와서 그의 위에 머물렀더라"(1:32)라고 증언한다. 성령(또는 영[원 필사본들에는 이러한 구분이 없다])은 공관복음보다 요한복음에서 훨씬 더 현저하게 나타난다. 여기서 특히 관련된 것은 "자기 영(문자적으로는 '그 영', '토 프뉴마' τὸ πνεῦμα)을 내주셨다[영혼이 떠나가시니라]"(19:30)는 예수님 죽음에 관한 기록이다. 또한 제자들에게 "성령을 받으라" 하시며 자기 영\성령을 "내쉬신"(20:22; 이 헬라어 동사는 칠십인역에서 하나님께서 창조 때 아담에게 생명의 숨을 불어넣으셨다는 기록[창 2:7]에 사용된 동사와 동일하다) 부활하신 예수님에 관한 기록이 관련된다. 하나님 말씀이 인간 육신이 되심에 따라 성령과 예수님의 인간 영은 불가분하게 결합해 있는데, 이는 제자들에게 심오한 함의가 있다. 제자들은 예수님과 서로와 연합하면서, 예수님께서 마리아와 유대인들과의 연대로 보여 주셨던 타인과의 열렬한 연대감으로 끌려 들어간다. 특히 고통받는 타인과의 연대감으로 말이다.

그러나 여기서 독자들은 다시 드라마의 맥락으로 돌아가게 된다. **그 중 어떤 이는 말하되 "시각 장애인의 눈을 뜨게 한 이 사람이 그 사람은 죽지 않게 할 수 없었더냐?" 하더라.** 요한은 예수님에 대한 매우 다양한 반응의 가능성을 다시 보여 주고 있다.

"나사로야, 나오라!", "풀어 놓아 다니게 하라"(11:38-44)

> ³⁸ 이에 예수께서 다시 속으로 비통히 여기시며 무덤에 가시니, 무덤이 굴이라. 돌로 막았거늘, ³⁹ 예수께서 이르시되 "돌을 옮겨 놓으라" 하시니, 그 죽은 자의 누이 마르다가 이르되 "주여, 죽은 지가 나흘이 되었으매, 벌써 냄새가 나나이다." ⁴⁰ 예수께서 이르시되 "내 말이 '네가 믿으면 하나님의 영광을 보리라' 하지 아니하였느냐?" 하시니, ⁴¹ 돌을 옮겨 놓으니, 예수께서 눈을 들어 우러러 보시고 이르시되 "아버지여, 내 말을 들으신 것을 감사하나이다. ⁴² 항상 내 말을 들으시는 줄을 내가 알았나이다. 그러나 이 말씀 하옵는 것은 둘러선 무리를 위함이니, 곧 아버지께서 나를 보내신 것을 그들로 믿게 하려 함이니이다." ⁴³ 이 말씀을 하시고 큰 소리로 "나사로야, 나오라!" 부르시니, ⁴⁴ 죽은 자가 수족을 베로 동인 채로 나오는데 그 얼굴은 수건에 싸였더라. 예수께서 이르시되 "풀어 놓아 다니게 하라" 하시니라.

마지막으로, 나사로가 실제로 되살아나기 직전에, 세 번째이자 가장 큰 의미의 물결이 밀려온다. 가르치심과 눈물 흘리심에 이어, 요한복음의 신학적 현실의 핵심인 예수님과 아버지의 관계를 보여 주는 기도가 나온다.

이 기도 전에 **냄새**와 **영광**이라는 현저한 대조가 있다. 마르다는 시체가 나흘 동안 썩어서 악취가 난다고 주의를 준다. 그러자 예수님은 "**내 말이 '네가 믿으면 하나님의 영광을 보리라' 하지 아니하였느냐?**" 하고 대답하신다. 이는 예수님께서 나사로의 병에 대해 제자들에게 하신 첫 말씀을 되울린다. "이는 … 하나님의 영광을 위함이요, 하나님의 아들이 이로 말미암아 영광을 받게 하려 함이라"(11:4). 하나님의 영광이라는 개념과 예수님께서 이에 부여하신 내용은 프롤로그에서부터 시작하여 요한 신학의 핵심을 이룬다. "우리가 그의 영광을 보니, 아버지의 독생자의 영광과 같고[영광이요], 은혜와 진리가 충만하더라." 물이 포도주로 변한 첫 번째 표적 때는 "그의 영광을 나타내시매, 제자들이 그를 믿으니라"(2:11)라는 설명이 나왔다. 그리고 지금 이 절정의 표적은 **하나님의 영광**을 본다는 언급으로 시작하고 끝난다.

영광의 의미는 요한복음 12-21장을 통해 더 풍부하게 채워질 것이다.[6] 요한의 핵심 동선은 예수님의 삶, 사역, 죽음, 부활 전체에서 하나님의 영광을 보는 것이다. 이를 관찰하는 한 가지 방법은 공관복음에서는 예수님의 변모—예수님의 얼굴과 옷이 빛나게 변하는 모든 공관복음의 중추적 사건[7]—에 집중된 영광과 빛이 요한복음에서는 프롤로그에서 시작하여 복음서 전체에 퍼져 있다는 점이다. 앞서 언급했듯이 예수님께서 죽기 전날 밤 겟세마네 동산에서 고뇌하실 때와 같은 일도 비슷하게 일어난다. 예수님이 "비통해/괴로워"하신 것이 세 차례에 걸쳐 나타난다(11:33; 12:27; 13:21). 공관복음에서의 한 사건이 요한복음에서 둘 이상의 이야기에 비슷하게 분포되는 형태는 예수님을 재판하고 정죄하는 사건에서도 발견된다. 그 사건 중 일부가 이 장에서 산헤드린의 결정으로 나온다.

또한 요한은 때때로 공관복음의 몇 가지 이야기를 한 이야기에 농축해 놓는다.[8] 앞으로 보게 될 요한복음 12장에서 마리아가 예수님의 발에

6　13:31-32; 17:1-5, 20-26; 21:19에 관한 주석을 보라.
7　마 17:1-13; 막 9:2-13; 눅 9:28-36을 보라.
8　요한이 공관복음과 공유하는 자료를 개작한 효과는 공관복음을 대체하는 것이 아니

값비싼 "순전한 나드"를 부어서 "향유 냄새가 집에 가득하더라"(12:3)는 장면이 그렇다. 예수님께서 "나의 장례"(12:7)와 연결시키신 이 행동은 향기 속 하나님의 영광을 상징하는 것으로 이해될 수 있다. 이는 독자로 하여금 나사로의 시체에서 풍기는 악취 대신 향유 냄새를 상상하게 한다. 하나님의 영광이 이 표적을 구성하는 것처럼, "향유를 주께 붓고 머리털로 주의 발을 닦던" 마리아에 관한 언급도 마찬가지다(11:2[12:1-8 참조]). 이 지점에서 모든 감각이, 시각, 청각, 후각, 촉각, (마르다가 베다니에서 잔치할 때) 미각이 사용된다. 그리고 각 감각은 그것을 완전히 물리적이면서도 더 다층적인 의미를 담는 표적으로 묵상하도록 초대한다. **"내 말이 '네가 믿으면 하나님의 영광을 보리라' 하지 아니하였느냐?"** 이러한 봄, 곧 믿음과 불가분한 봄은 어떤 식의 봄인가? 분명, 죽은 나사로가 무덤에서 살아 나오는 것을 본 모든 사람이 하나님의 영광을 본 것은 아니다.

요한복음은 풍부한 '영적 감각' 전통에 끊임없이 영감을 불어넣어 왔다. 물이나 포도주를 마시고, 떡이나 생선을 먹고, '프뉴마'πνεῦμα(숨, 바람, 영\성령)를 호흡하고, 빛이나 어둠 속에서 걷고, 기름을 붓거나 발을 씻고, 악취나 향기를 맡고, 이름 불리는 소리를 듣는 것에서 이러한 영적 감각을 통해 깊은 의미를 발견한다(또는 놓친다). 그 의미의 깊이는 종종 풍요로움을 담아내는 표현으로 나타난다 — 항아리에 담긴 포도주, 솟아나는 물, 남은 떡 바구니, 엄청 많이 잡힌 물고기, 한량없이 받는 '프뉴마', 온 세상을 비추는 빛, 집에 가득한 향기. 요한에게 성육신은 풍요로운 삶을 위해 모든 감각을(문자 그대로 모든 감각은 물론 상상력까지도) 동원

라, 공관복음과 요한복음을 새롭게 다시 읽도록 자극하는 것이어야 한다. 현재 섹션에서 예수님의 큰 소리에 관한 내용을 보라.

하는 것을 의미한다.

다음으로 무덤 입구에 있는 돌이 치워진 후, **예수께서 눈을 들어 우러러 보시고 이르시되 "아버지여, 내 말을 들으신 것을 감사하나이다. 항상 내 말을 들으시는 줄을 내가 알았나이다. 그러나 이 말씀 하옵는 것은 둘러선 무리를 위함이니, 곧 아버지께서 나를 보내신 것을 그들로 믿게 하려 함이니이다."** 이는 "아버지 품속에 있는 독생자"(1:18)가 하신 예수님과 아버지 사이의 완전한 친교의 기도다. 이 사랑과 신뢰의 친교는 나사로가 되살아난 사건의 가장 포괄적인 맥락이며, 요한복음 17장에 나오는 예수님의 긴 기도를 예고한다. 그 기도는 "하늘을 우러러"라는 서언으로 도입되며, "아버지여, 때가 이르렀사오니, 아들을 영화롭게 하사 아들로 아버지를 영화롭게 하게 하옵소서"라는 말씀으로 시작된다. 그리고 제자들에 대해서는 그들도 "아버지께서 나를 보내신 줄도 믿었사옵나이다"라고 말씀하시고, 이어서 더 깊고 높은 차원을 여신다.[9] 여기서 예수님이 하신 것은 프롤로그의 핵심 요소(육신, 영광을 봄, 믿음, 아버지와 아들의 친교)와 연관될 뿐만 아니라, 예수님 삶에서 절정의 기도와도 연관된다.

그리고 마침내 표적이, 예수님 이야기에서 절정의 사건인 죽음 및 부활과 공명하며—빠르고 단순하지만, 권위 있게, 큰 소리로, 가시적으로, 결정적으로—일어난다.

예수님은 **큰 소리로** 외치신다. 공관복음에서는 죽으시기 전에 십자가에서 "큰 소리"를 외치셨다(마 27:50; 막 15:37; 눅 23:46). 요한은 이 강력하고 기억에 남는 문구를 이곳으로 옮김으로써 죽음과 부활 모두와 연관시킨다. 요한복음이 나온 이후, 공관복음에 나오는 십자가상의 큰 외

9　특히 17:20-26에 관한 주석을 보라.

침 소리는 나사로를 향한 이 외침 소리와 함께 듣지 않고서는 제대로 들을 수 없게 된다. 그 효과는 공관복음을 대체하는 것이 아니라, 공관복음을 요한복음의 영광의 신학, 즉 부활뿐만 아니라 십자가에서도 영광을 보는 신학과 연결하는 데 있다. 또한 요한복음의 십자가 처형 장면에서 "다 이루었다"(19:30)라는 말씀을 "내가 세상을 이기었노라"(16:33)는 외침과 일치하는 승리의 판결로 들리게 한다.

"나사로야, 나오라!" 양들은 자기 목자의 소리를 알아듣고, 목자는 양들의 이름을 각각 부르고 양들이 생명을 풍성히 얻도록 자기 목숨을 버린다(10:3, 10, 15). 이제 목자가 나사로의 이름을 부르자 **죽은 자가 나온다**. 이것이 바로 죽음까지도 감수하는 사랑의 권위다.

이어서 베로 동인 나사로의 **수족**이 풀리면서, 이것이 예수님의 부활과 같은 것이 아니라 다른 식의 되살아남임을 나타낸다. 예수님의 부활에 관한 요한의 기록에는 예수님의 수의가 무덤에 놓여 있는 방식에 대해 자세히 나온다. "머리를 쌌던 수건은 세마포와 함께 놓이지 않고 딴 곳에 쌌던 대로 놓여 있더라"(20:5-7). 베드로와 예수께서 사랑하시는 그 제자가 모두 이것을 보았지만, 사랑하시는 그 제자만 "보고 믿었다"(20:5-8). 또다시 눈으로 보는 행위가 있다―그리고 믿음으로 보는 행위가 있다.

"풀어 놓아 다니게 하라." 이 명령은 명확하고 실제적이다. 이 명령은 또한 더 많은 의미를 뿜어낸다. 놀라운, 생명을 주는 사건이 일어났고, 이제 다른 사람들도 이 사건이 효력을 발휘하도록 동참해야 한다. 믿게 된 후에도, "하나님께로부터 난"(1:13) 후에도, "물과 성령으로 난"(3:5) 후에도, 혹은 자기 이름을 각각 부르는 목자의 소리를 듣고 난 후에도(10:3-5), 우리는 여전히 풀려서 해방될 필요가 있을 것이다. 믿음, 태도, 습관, 중독, 속박, 트라우마 경험, 자아상으로부터, 죽음의 냄새 나는 것

> 나사로의 되살아남은 제4복음서의 중심부다. 복음서 전반부의 주제와 상징을 절정으로 이끈다. 여기에는 "나는 있다/…이다" 말씀 중 가장 위대한 말씀을 담고 있고(11:25-26), 요한의 주요 주제인 생명('조에 아이오니오스' ζωή αἰώνιος, 예컨대 1:4; 3:15-18; 5:21-29; 10:10b)에 중심을 두고 있으며, 예수님 사역(하나님의 영광이 상징적인 말씀과 행적을 통해 육신에 나타나는 사역)의 '표적'을 완성한다. 동시에 그 연속선상에 예수님을 죽이려는 모의(11:45-53)가 포함된다고 본다면, 나사로가 되살아난 것은 하나님의 영광이 이번에는 십자가를 통해 다시 육신에 나타나는 이 복음서 후반부를 촉발한 사건이다. … 산헤드린의 결정은 예수님의 체포, 유죄 판결, 죽음으로 직결된다(11:55-57). … 더 깊은 차원에서 보면, 이 이야기는 복음서 저자가 보는 예수님이 오신 목적, 즉 아버지께서 보내신 목적을 드러낸다. 즉, 예수님의 죽음의 대가로 믿는 자에게 생명을 주는 목적이다. 이러한 과정에서 기름부음은 주요한 상징적 역할을 한다. 한편으로는 생명과 죽음의 상호 작용과 한쪽이 다른 쪽을 이기는 승리를 상징하고, 다른 한편으로는 공동체를 아버지의 사랑 안에 하나로 묶는 친밀함을 상징한다.
>
> — 도로시 리, 《육신과 영광》 *Flesh and Glory*, 200

들에 우리를 묶어 두고 우리의 자유를 빼앗아서 온전한 삶을 방해하는 모든 것으로부터 말이다. 그리고 이러한 해방에는 보통 다른 사람들의 세심한 도움이 필요하다. "풀어 놓아 다니게 하라"는 행동하는 사랑을 위한 표어다.

이 사건을 비롯하여 요한복음 12장에서 마리아가 예수님께 기름 붓는 사건으로 이어지는 이 장의 나머지 부분이 요한복음에서 왜 중추적인지는 도로시 리가 잘 요약했다(글상자에서 리의 글을 보라).

흩어진 자녀를 모으기 위한 죽음(11:45-54)

⁴⁵ 마리아에게 와서 예수께서 하신 일을 본 많은 유대인이 그를 믿었으나, ⁴⁶ 그중에 어떤 자는 바리새인들에게 가서 예수께서 하신 일을 알리니라. ⁴⁷ 이에 대제사장들과 바리새인들이 공회를 모으고 이르되 "이 사람이 많은 표적을 행하니, 우리가 어떻게 하겠느냐? ⁴⁸ 만일 그를 이대로 두면 모든 사람이 그를 믿을 것이요, 그리고 로마인들이 와서 우리 거룩한 곳[땅]과 민족을 빼앗아 가리라" 하니, ⁴⁹ 그중의 한 사람, 그 해의 대제사장인 가야바가 그들에게 말하되 "너희가 아무것도 알지 못하는도다. ⁵⁰ 한 사람이 백성을 위하여 죽어서 온 민족이 망하지 않게 되는 것이 너희에게 유익한 줄을 생각하지 아니하는도다" 하였으니, ⁵¹ 이 말은 스스로 함이 아니요, 그해의 대제사장이므로 예수께서 그 민족을 위하시고, ⁵² 또 그 민족만 위할 뿐 아니라 흩어진 하나님의 자녀를 모아 하나가 되게 하기 위하여 죽으실 것을 미리 말함이러라. ⁵³ 이날부터는 그들이 예수를 죽이려고 모의하니라.

⁵⁴ 그러므로 예수께서 다시 유대인 가운데 드러나게 다니지 아니하시고, 거기를 떠나 빈 들 가까운 곳인 에브라임이라는 동네에 가서, 제자들과 함께 거기 머무르시니라.

기적이 일어난 직후 반응은 분분했다. **많은 유대인이 그를 믿었으나.** 주목할 것은 요한의 복잡한 유대인 묘사에서 이 점이 중요하는 것이다. 그중에 어떤 자는 바리새인들에게 고하는 역할을 했고, 이는 **대제사장들과 바리새인들**이 **예수를 죽이려**는 결정으로 이어졌다. 예수님은 두려움에 기반한 자기 민족의 정치와 무자비한 로마 제국 사이에 갇히게 되셨다 – 예수님에 대한 재판은 로마의 권력 또한 두려움에 지배당하고 있음을 보여 줄 것이고, 빌라도는 재판 과정에서 "더욱 두려워"하게 된다

(19:8). 예수님께서 **많은 표적을 행하신** 것과 자신을 믿도록 대중을 끌어당기신 것은 유대 지도자들이 두려워할 만한 충분한 이유가 된다. 그들은 예수님의 행적이 결국 **우리 '거룩한 곳'[방]과 민족**의 파멸로 이어질 것이라고 두려워한다. **한 사람이 백성을 위하여 죽는** 것이 **너희에게 유익**하다는 대제사장의 신중한 추론에는 큰 아이러니가 있으며, 저자는 이 점을 강조한다. 대제사장의 말이 아이러니한 까닭은 단지 다른 의미로—"세상 죄를 없애시는[제고 가는] 하나님의 어린양"으로서(1:29), "세상의 생명을 위한" 자기 살을 주시는 분으로서(6:51), 자기 양을 위해 목숨을 버리는 목자로서(10:11), 나사로와 같은 친구를 위해 자기 생명을 주시는 분으로서(15:13), "내가 땅에서 들리면 모든 사람을 내게로" 이끄시는 분으로서(12:32)—예수님께서 다른 이들을 위해서 죽으신다는 점을 함의하기 때문만은 아니다. 아이러니한 또 다른 이유는 이 복음서가 읽힐 무렵, 로마인들에게서 "우리 '거룩한 곳'[방]과 민족"을 구하려는 모든 노력이 실패했다는 것이 분명해졌기 때문이다.

저자의 논평은 저 미래에 닿아 있다. **예수께서 그 민족을 위하시고, 또 그 민족만 위할 뿐 아니라 흩어진 하나님의 자녀를 모아 하나가 되게 하기 위하여 죽으실 것**이다. 예수님께서 사람들을 모으실 이러한 하나 됨은 바로 예수님이 17:20-26에서 아버지께 기도하신 내용이다. 이는 가족에 대한 욕망, 즉 하나님과 서로에 대한 사랑 안에서 역동적인 연합을 통해 다른 사람들까지 매력으로 끌어들이는 것을 지향하는 가족에 대한 욕망이다. 서로 하나가 됨으로써 "아버지께서 나를 보내신 것과 또 나를 사랑하심같이 그들도 사랑하신 것을 세상으로 알게 하려" 하신다(17:23). 어떻게 해야 이런 공동체가 될 수 있는지는 예수님을 따르는 이들의 핵심 과제이자 도전이다. 이를 방해하는 거대한 세력들—종교적, 정치적, 경제적, 문화적 세력—이 항상 있었고, 두려움은 계속해서 핵심 동기였다. 나사로를 되살리신 표적은, 예수님께서 위험에 처한 상황이었고 따라서 표적의 결과로 고난이 뒤따를 수 있음에도 불구하고 사랑으로 행동하신 모습을 보여 준다. 사랑으로, 그리고 사랑이신 하나님의 영광을 향한 욕망으로 추동되는 것과 두려움의 종교, 정치, 경제, 문화로 추동되는 것은 극명한 차이가 있다. 종교, 정치, 비즈니스, 민족, 가족 등의 공동체에서는 사랑과 두려움 중 무엇이 주된 요인인지, 무엇이 중요한지 분별하여 결정을 내려야 하는 상황이 여전히 자주 발생한다. 요한복음은 이러한 의사 결정을 위한 세부적인 지침을 제시하지는 않지만, 예수님께서 내쉬신 성령이 예수님에 대한 증언을 바탕으로 "모든 진리 가운데로" 인도하신다는 약속을 전한다(16:13). 그리고 요한은 누구도 혼자서는 이 길을 따라갈 수 없으며, 우리가 **하나가 되게** 모여야 한다는 점을 매우 분명히 한다.

다시 드라마로 돌아와서, 예수님은 **거기를 떠나** 유월절까지 제자들과 함께 숨어서 자기 때를 기다리셨다.

그가 이번 유월절에 올 것인가? (11:55-57)

⁵⁵ 유대인의 유월절이 가까우매, 많은 사람이 자기를 성결하게 하기 위하여 유월절 전에 시골에서 예루살렘으로 올라갔더니, ⁵⁶ 그들이 예수를 찾으며 성전에 서서 서로 말하되 "너희 생각에는 어떠하냐? 그가 명절에 오지 아니하겠느냐?" 하니, ⁵⁷ 이는 대제사장들과 바리새인들이 누구든지 예수 있는 곳을 알거든 '신고하여 잡게 하라' 명령하였음이러라.

이번 명절은 요한복음에서 세 번째 유월절이며, 앞선 두 번의 유월절에는 각각 갈등이 있었다(2:13-24, 6:4-71). 이제 갈등이 절정에 다다르고 있다. 예수님이 **명절에 올** 것인지에 대한 추측과 예수님에 대한 체포 영장 발부로 긴장이 고조된다.

요한복음 12:1-50

"때가 왔도다"

궁극의 영광, 매력, 결정

나사로를 되살리신 사건의 여파는 예수님의 공생애 마지막 장면까지 계속된다. 죽음이라는 주제는 다음과 같은 것들로 표현되며 깊어지고 넓어진다. 배신과 탐욕, 장례, 죽이려는 모의, 땅에 떨어진 씨, 예수님의 괴로운 마음, 자기 심판, 어둠, 불신, 눈멂, 마음이 완고해짐, 두려움, 거절. 그러나 다음과 같은 것들로 표현되는 풍성한 생명/삶이라는 반대 주제는 단순히 죽음을 상쇄하는 것이 아니라 넘어서는 것이다. 집을 가득 채운 향기, 후함, 섬김, 축복, 증언, 죽은 자를 살림, 영화롭게 함, 열매 맺음, 매력, 치유, 빛, 믿음, 영생. 하지만 죽음과 생명/삶이 단순한 반대 개념은 아니다. "죽으면 많은 열매를 맺는"(12:24) 씨앗처럼, 예수님의 죽음은 자신의 영광과 매력의 비밀이자, 그를 따르는 이들이 살아갈 섬김의 삶의 비밀이 될 것이다. 예수님에 대한 거부조차도 십자가에서 "내가 … 모든 사람[혹은 더 낫게는 '만물']을 내게로 이끌겠노라"(12:32) 하시는 기대와 나란히 있다. 하나님의 치유 목적이 불신, 눈멂, 완고한 마음으로 인해 필연적으로 좌절되지는 않는다.

예수님은 첫 번째 표적부터 예견되었던(2:4를 보라) 중대 발표를 하신다. "사람의 아들이 영광을 얻을 때가 왔도다"(12:23). 나귀를 탄 겸손한 왕으로 예루살렘에 입성하시는 예수님의 승리는 강력하면서도 전복적인 방식으로 마지막 막을 연다. 이 장면의 배경은 로마 군사력이 지배적인 정치적 상황, 왕의 도시이자 거룩한 도시, 유월절 대축제 기간이다. 요한복음 12장의 나머지 부분은 표적의 책(2-12장)의 결론이자, 이 복음서의 나머지 부분을 위한 준비 역할을 한다.

예수님을 보고자 하는 헬라인들은 유대교 너머의 온 세상을 대표한다. 그리고 이 장의 다른 요소들이 이러한 전 세계적 지평을 강화한다. 예컨대 다음과 같다. "보라, 온 세상이 그를 따르는도다"(19절). "이제 이 세상에 대한 심판이 이르렀으니, 이 세상의 임금이 쫓겨나리라. 내가 땅에서 들리면 모든 사람[또는 '만물']을 내게로 이끌겠노라"(31-32절). "나는 빛으로 세상에 왔나니, 무릇 나를 믿는 자로 어둠에 거하지 않게 하려 함이로라. 사람이 내 말을 듣고 지키지 아니할지라도 내가 그를 심판하지 아니하노라. 내가 온 것은 세상을 심판하려 함이 아니요, 세상을 구원하려 함이로라"(46-47절).

이런 광범위한 맥락에서 다음과 같은 세 가지 심오한 도전이 펼쳐진다. 먼저, 아버지께서 직접 하신 영광에 관한 궁극의 선언이 있는데, 이는 요한복음에서 딱 한 번 "하늘에서 소리"가 난 것이다. 중심부에는 십자가 위에서 예수님이 땅에서 들리는 매력에 관한 궁극의 이미지가 있다. 마지막으로, 빛 가운데 다니느냐 어둠 가운데 다니느냐, 예수님을 믿느냐\신뢰하느냐 예수님을 거부하느냐 하는 궁극의 결정이 있다. 이것들—영광, 십자가, 믿음—각각의 의미는 이후 장들에서 더 강화되고 깊어지고 확장될 것이다.

향기로운 표적(12:1-8)

¹ 유월절 엿새 전에 예수께서 베다니에 이르시니, 이곳은 예수께서 죽은 자 가운데서 살리신 나사로가 있는 곳이라. ² 거기서 예수를 위하여 잔치할새, 마르다는 '섬기고'(일을 하고), 나사로는 예수와 함께 앉은 자 중에 있더라. ³ 마리아는 지극히 비싼 향유, 곧 순전한 나드 한 근을 가져다가 예수의 발에 붓고 자기 머리털로 그의 발을 닦으니, 향유 냄새가 집에 가득하더라. ⁴ 제자 중 하나로서 예수를 잡아 줄 가룟 유다가 말하되 ⁵ "이 향유를 어찌하여 삼백 데나리온에 팔아 가난한 자들에게 주지 아니하였느냐?" 하니, ⁶ 이렇게 말함은 가난한 자들을 생각함이 아니요, 그는 도둑이라. 돈궤를 맡고 거기 넣는 것을 훔쳐 감이러라. ⁷ 예수께서 이르시되 "그를 가만 두어 나의 장례할 날을 위하여 그것을 간직하게 하라. ⁸ 가난한 자들은 항상 너희와 함께 있거니와, 나는 항상 '함께' 있지 아니하리라" 하시니라.

유월절 초읽기가 시작되자, 예수님은 은둔지에서 나와 예루살렘에 더 가까이 가신다. 베다니에서 자신에게 경의를 표하는 만찬에 가신 것이다. 예수님께서 **죽은 자 가운데서 살리신** 나사로는 여전히 눈에 띄지만, 대체로 수동적이다. 그는 자기 누이들과는 달리 전혀 입을 열지 않는다.

마르다는 섬긴다. 같은 동사가 이 장에서 나중에 예수님의 말씀에서 반복된다. "사람이 나를 섬기려면 나를 따르라. 나 있는 곳에 나를 섬기는 자도 거기 있으리니, 사람이 나를 섬기면 내 아버지께서 그를 귀히 여기시리라"(12:26). 앞서 마르다는 모범적인 믿음을 보였고, 이제 모범적으로 섬긴다—둘 다 예수님을 중심으로 한 것이다. 활동가 마르다와 관상가 마리아를 비교하는 고전적 대조(눅 10:38-42)는 요한복음에 없다. 요한복음에서는 두 사람 다 예수님의 모범적인 친구로 묘사된다. 누가의 이야기는 예수님의 예루살렘 최종 입성 훨씬 전을 배경으로 한다. 거기서 마르다는 "일이 많아 마음이 분주"한데 마리아가 예수님의 발치에 앉아 자신을 돕지 않아서 불평한다. 요한복음에서는 예루살렘 입성 직전에 마르다는 섬기고 마리아는 예수님 발치에서 열렬하고 호사롭게 예수님께 관심을 표하는 모습을 볼 수 있지만, 자매 사이에 긴장의 흔적은 없다. 마치 요한복음판에서는 나사로를 둘러싼 슬픔과 기쁨, 예수님의 임박한 죽음이 그러한 불평이나 비교를 상대화하는 것 같다. 죽음은 이렇게 하나 되게 하는 효과를 가져와서 본질적인 것, 특히 핵심 관계의 중요성을 더 명확히 볼 수 있게 해 준다.

요한복음 11장과 12장에서 본질적인 것으로는 예수님께 사랑받는 것, 예수님을 사랑하고 신뢰하는 것, 예수님이 누구신지 인식하는 것, 타인의 고통에 마음을 여는 것, 기도, 봉사, 생명을 주는 표적, 호사로운 관심과 후함, 예수님과의 우정의 드라마에서 다양한 역할을 맡는 것 등이 있다. 요한은 모범적인 제자 공동체를 예수님의 친구들로 묘사했고, 베다니에서의 이 식사는 **유월절 엿새 전**인 일요일, 즉 그 주의 첫날을 배경으로 한다. 이는 이후 공동체가 예수님의 이름으로 예수님의 임재 가운데 함께 예배하고 식사를 나누고자 모인 날이다.

요한복음 11장에서는 마르다가 더 두드러졌다. 게일 오데이는 거기서 마르다의 역할을 통찰력 있게 분석하여 다음과 같이 결론 내린다. "마르다에 대한 서술자의 언급은 죽음이 가정에 얼마나 모진 일인지를 전면에 부각한다. 하지만 요한복음 11장에서 죽음은 개인적인 것 이상이다. … 그녀가 예수님께 한 말은 단순히 개인적인 불평이나 탄식, 청원이 아니라, 자기가 속한 종교 공동체의 신앙적 발언을 반영하고 구현한다."[1]

---

1 O'Day, "Martha: Seeing the Glory of God," 502–3.

특히 자신의 공동체가 불평과 청원을 통해 확신과 고백으로 나아가는 움직임을 대변하는 탄원시 같은 것이다. 마르다의 고백은 20:31에 진술된 복음서 전체의 목적과 합치할 뿐만 아니라, 나사로가 죽음에서 살아나는 것을 보기 전에 한 고백이므로 복음서 목적 진술 직전에 예수님이 선언하신 지복과도 합치한다. "보지 못하고 믿는 자들은 복되도다"(20:29). 그리고 여기 12:2에서 마르다의 섬김에 관한 간략한 언급은 예수님의 모범적인 친구의 모습을 완성한다. 마르다는 사랑받고, 사랑하며, 믿고, 이제 실천적인 방식으로 행동하는 친구다.

그러나 여기 요한복음 12장에서는 마리아가 더 두드러진다. 요한복음 11장에서 마리아는 예수님의 발 앞에 엎드려 울고 있었고, 그녀가 속한 유대인 공동체와 예수님도 그녀의 슬픔을 함께 나누었다. 이제 마리아는 대담하고 놀라운 행동으로 축하 잔치에 개입한다(글상자에서 차터스의 글을 보라).

이 '향기 사건'은 썩어가던 나사로의 악취가 떠오르게 했던 것을 되받아친다. 이는 예수님의 정체성을 기름부음받은 자로 인식하는 사건이며, 예수님의 독특한 임재하심과 자기 목숨을 내어 주심을 인식하는 사건이다. 자신의 십자가가 "모든 사람을 내게로 이끌" 것이라는 예수님의 약속에 걸맞게, 향기는 또한 강력하게 끌어당기는 매력이 있다. 향기는 또한 향기를 나르는 공기와 마찬가지로 성령을 떠올리게 한다. 성령은 에워싸며 경계가 없고, 예측 불가능하게 퍼지며 경계를 넘나들고, 강력한 기억을 불러일으키고 깊은 관계와도 연결된다.

요한복음에서 자주 그렇듯, 여기서도 아가를 떠올리게 된다.

> 네 사랑이 포도주보다 나음이로구나.
> 　네 기름이 향기로워 아름답고

> 마리아는 도를 넘었다. 마리아가 요한복음 13장의 세족식을 예표한 것은 이 복음서의 주요 주제 중 하나인 하나님의 풍성한 후함과 호사로움을 표현한 호사로운 행위일 뿐만 아니라, 수건 대신 자기 머리카락을 사용한다는 점에서 약간 불온하고 에로틱한 차원도 있다. 그러나 이 욕망은 예수님을 그리스도로 공경하는 것으로, 기름부음받은 자에게 기름붓는 것으로 승화된다. 예수님은 이 행위에 대해 권위 있는 해석을 제시하신다. "그를 가만 두어, 나의 장례할 날을 위하여 그것을 간직하게 하라. 가난한 자들은 항상 너희와 함께 있거니와, 나는 항상 함께 있지 아니하리라 you do not always have me." 나드는 성별된 향인 케토레트를 만드는 데 사용된 향수의 주원료였다. 케토레트는 제1성전과 제2성전의 제단에 봉헌된 분향이었다. 앞서 요한은 십자가에 처형되고 부활하신 예수님의 몸을 성전이라고 말했다(2:21). 나사로의 죽음과 되살아남이라는 절정의 표적 직후인 지금, 마리아는 성전 예배를 연상시키는 향내를 베다니 집에 가득 채움으로써 예수님의 죽음과 다시 살아나심을 예견한다. "함께 있는" 것 to "have me"은 상호 욕망의 정점이다. 이는 나중에 십자가에 못 박히시고 부활하신 예수님이 또 다른 마리아를 만나면서 실현된다(20:16).
>
> — 리처드 차터스(개인적인 대화, 2016년 4월)

네 이름이 쏟은 향기름 같으므로,
  처녀들이 너를 사랑하는구나. …
왕이 침상에 앉았을 때에,
  나의 나드[나도] 기름이 향기를 뿜어냈구나. (아 1:2-3, 12).

북풍아, 일어나라!
  남풍아, 오라!
나의 동산에 불어서

향기를 날리라.
나의 사랑하는 자가 그 동산에 들어가서
그 아름다운 열매 먹기를 원하노라. (아 4:16)

아가처럼, 여기 베다니에도 향기와 음식, 사랑의 완전한 상호성이 있다. 예수님은 절정의 표적을 행하시면서 사랑하는 이들을 위해 자기 목숨을 거셨고, 이제 그들과 함께 식사를 나누고 계신다. 마리아는 대담한 개입, 사랑, 헌신의 행위로 응답하며, 예수님이 행하신 게 아니라 예수님께 행해진 유일한 표적sign을 보여 준다. "마리아의 풀어진 긴 머리는 친밀감의 표시sign이자, 애도를 나타내는 관습으로 이해될 수 있다. 그녀는 자기 머리카락으로 예수님의 발을 닦으면서, 그녀 또한 믿음을 상징하는 '피스티케'πιστικὴ 향기를 발산하고 퍼뜨리는 기름부음받은 자가 된다."[2]

유다는 반대한다. 마태복음에서는 제자들이 분개하며 반대하고(마 26:8), 마가복음은 "어떤 사람들이 화를 내어 서로 말하되 '어찌하여 이 향유를 허비하는가? 이 향유를 삼백 데나리온 이상에 팔아 가난한 자들에게 줄 수 있었겠도다'"라고 전하는데(막 14:4-5), 요한은 이와 달리 반대자의 실명을 거론한다. 실명을 거론함으로써 이 순간을 날카롭게 드러내고, 배신 및 예수님의 죽음과 직접적으로 연결한다. 요한은 또한 유다에게서 탐욕과 절도의 동기를 본다. 이는 유다가 예수님을 배신하여

---

2 Daly-Denton, *John*, 156. NRSV에서 '순전한'(pure)으로 번역된 '피스티케'(πιστικὴ)는 '피스튜에인'(πιστεύειν)(믿다, 신뢰하다, 신앙을 갖다)과 어원이 같다. 공관복음에서 유사한 이야기(마 26:6-13; 막 14:3-9; 눅 7:36-50; 10:38-42)와 비교하면, 추가로 상호본문적으로 성찰하기 위한 많은 자료를 얻을 수 있다. 이 공관복음 이야기를 통해 요한의 이야기는 전 세계적 전파, 용서, "사랑함이 많음"(눅 7:47)이라는 주제로 풍성해지며, 요한복음을 통해 공관복음의 이야기는 풍요와 공동체라는 주제를 더욱 지향하게 된다.

돈을 받았다는 (요한복음에는 없는) 공관복음의 기록과 공명한다.

마가복음 기록에 나오는 예수님의 반응은 요한복음보다 더 자세하며, 요한복음의 의미를 오해하지 않는 데 도움이 된다. "예수께서 이르시되 '가만두라. 너희가 어찌하여 그를 괴롭게 하느냐? 그가 내게 좋은 일['칼로스 에르고스' καλὸς ἔργος: 문자적으로 '아름다운 일']을 하였느니라. 가난한 자들은 항상 너희와 함께 있으니, 아무 때라도 원하는 대로 도울 수 있거니와, 나는 너희와 항상 함께 있지 아니하리라. 그는 힘을 다하여 내 몸에 향유를 부어 내 장례를 미리 준비하였느니라. 내가 진실로 너희에게 이르노니, 온 천하에 어디서든지 복음이 전파되는 곳에는 이 여자가 행한 일도 말하여 그를 기억하리라' 하시니라"(막 14:6-9). 이는 요한복음을 공관복음과 나란히 놓으면 읽으면 양쪽의 의미를 더 선명하게 하는 여러 사례 중 하나다. 요한이 향기를 강조한 점은 마태복음의 '아름다운 일'의 미학을 풍부하게 한다. 또한 유다라는 실명을 언급한 점은 드라마를 고조시킨다. 예수님께서 사랑하시는 자인 마리아의 이름을 언급한 점(마가복음에서는 "한 여자"[14:3]가 기름을 붓는다)은 사랑의 상호성을 강화하고 그녀의 행동과 계속되는 공동체의 연관성을 드러낸다. 또한 이를 나사로를 되살리신 절정의 표적과 관련 있게 배치함으로써 이 행동의 의미가 깊어진다. 마리아는 오라비의 생명에 대한 감사를 표현하는 동시에, 나사로에게 하신 예수님의 표적 행위가 앞으로 어떤 대가를 치를 것인지를 인식하고 있다. 마가복음의 기록은 이것이 결코 가난한 사람들을 "도울" 의욕을 꺾고자 함이 아님을 더 자세히 설명하고, "온 천하"라는 지평은 요한복음 12장의 나머지 부분에서 이어받는다. 둘 다 예수님의 명령은 마가복음에서는 "가만 두라", 요한복음에서는 "**그를 가만 두어**"로 서로 일치한다.[3]

---

3   헬라어로 같은 동사다. 다만 마가복음에서는 반대자가 여럿이라 복수 동사고, 요한복

그리스도교 역사에서 제기되었던 여성의 행동에 대한 여러 비판적 반응에 대해, 이 이야기가 얼마나 많은 곳에 적용될 수 있을까? 이 이야기는 교회 안팎에서 여성의 역할, 사역, 소명을 지지하는 데 효과적으로 사용되어 왔다.

적대감, 상호성, 죽음(12:9-11)

> ⁹ 유대인의 큰 무리가 예수께서 여기 계신 줄을 알고 오니, 이는 예수만 보기 위함이 아니요 죽은 자 가운데서 살리신 나사로도 보려 함이러라. ¹⁰ 대제사장들이 나사로까지 죽이려고 모의하니, ¹¹ 나사로 때문에 많은 유대인이 가서 예수를 믿음이러라.

예수님의 마지막 공개적 표적의 영향력을 잠재우고 예수님의 모든 표적에 나타난 생명을 주는 특성을 반박하려면, 예수님뿐만 아니라 **나사로까지 죽이**는 것이 가장 효과적인 방법일 것이다. 이 구절은 예수님의 적대자들과 예수님을 믿는 사람들 사이에서 "결정의 이원론"을 고조할 뿐만 아니라, 예수님 친구들로 이루어진 모범적 공동체의 모습을 완성한다. 그것은 사랑받고, 사랑하며, 믿고, 섬기며, 담대하고 관대하게 관여하는 모습이다—그리고 이제 나사로라는 인물로 대중의 관심을 끌며 죽음의 위험을 감수하고 있다.

그뿐만 아니라 예수님과 친구들 사이의 상호성이 가득하다. 마르다는 예수님으로부터 자기 정체성 진술인 "나는 부활이요 생명이니"라는 말

음에서는 유다를 가리키므로 단수 동사다.

을 끌어냈고, 이에 따라 예수님을 확고히 인정하고(11:27) 예수님을 섬겼다(12:2). 예수님은 마리아의 슬픔에 반응하여 눈물을 흘리셨고(11:35), 베다니 식사에서 예수님과 마리아는 향기와 접촉, 그의 죽음에 대한 전망으로 하나 되었다. 예수님은 나사로를 위해 자기 목숨의 위험을 무릅쓰며 친구들을 향한 사랑을 보여 주셨고, 이제 예수님과 나사로는 함께 군중을 끌어들이고 있고, 둘의 죽음이 함께 **모의**되고 있다. 이 작은 가족 공동체의 구성원들은 하나의 드라마 속에서 각자 다른 방식으로 예수님이 자신을 드러내시도록 촉매 역할을 했고, 이는 예수님을 따르는 자들의 계속되는 드라마의 모델이기도 하다. 요한의 이야기 방식은 독자들, 특히 다시 읽는 독자들이 이야기 속에 자기 자신을 대입하고, 앞으로 맞이할 슬픔과 위험뿐만 아니라 가족생활과 축하를 준비하고, 예수님의 정체성과 그가 행하신 것과 그가 받으신 고난을 따라 담대하게 더욱 창의적으로 연주하도록 돕는다.

작은 나귀를 탄 이스라엘 왕의 입성(12:12-19)

¹² 그 이튿날에는 명절에 온 큰 무리가 예수께서 예루살렘으로 오신다는 것을 듣고, ¹³ 종려나무 가지를 가지고 맞으러 나가 외치되
 "호산나! 찬송하리로다.
  주의 이름으로 오시는 이,
   곧 이스라엘의 왕이시여!"
하더라. ¹⁴ 예수는 한 어린 나귀를 보고 ⌜그 위에 앉으니⌝[타시니], ¹⁵ 이는 기록된 바
 "시온 딸아, 두려워하지 말라.
  보라, 너의 왕이

나귀 새끼에 앉아〔를 타고〕 오신다!"

함과 같더라. ¹⁶ 제자들은 처음에 이 일을 깨닫지 못하였다가, 예수께서 영광을 얻으신 후에야 이것이 예수께 대하여 기록된 것'들'임과 사람들이 예수께 이같이 한 것임이 생각났더라. ¹⁷ 나사로를 무덤에서 불러내어 죽은 자 가운데서 살리실 때에 함께 있던 무리가 '계속' 증언한지라. ¹⁸ 이에 무리가 예수를 맞음은 이 표적 행하심을 들었음이러라. ¹⁹ 바리새인들이 서로 말하되 "볼지어다. 너희 하는 일이 쓸데없다. 보라, 온 세상이 그를 따르는도다" 하니라.

예수님은 **명절에 온 큰 무리**의 환호와 찬양을 받으며 예루살렘에 입성하신다. 네 복음서 모두 이에 대해 이야기하고 있으며, 요한복음과 나머지 세 복음서를 나란히 놓고 읽어 보는 것이 좋다.

네 복음서 모두 시편 118편 말씀으로 예수님을 환영하는 군중의 모습을 그린다. 요한복음의 군중은 **"호산나! 찬송하리로다. 주의 이름으로 오시는 이!"** 라고 외친다. 이는 예루살렘으로 오는 순례자들을 맞이하는 방식이었다. 그리고 이 시편에는 사랑, 연민, 두려워하지 않음, 통치자, 구원, 승리, 죽음과 생명, 입성, 거부, 빛, 성전 제단이라는 주제가 있어서, 이 시편 전체를 읽으면 요한복음 11장과 12장 전체의 신학적 맥락이 풍부해진다.

하지만 오로지 요한복음만이 군중의 외침에 **"이스라엘의 왕이시여!"** 라는 말을 덧붙인다.⁴ 이는 예수님의 사역 매우 초기에 나다나엘이 외쳤던 "랍비여, 당신은 하나님의 아들이시요! 당신은 이스라엘의 임금이로소이다!"라는 선언과 예수님이 그에게 하신 약속, "이보다 더 큰 일을 보리라"(1:49-50)를 떠올리게 한다. 이는 메시아의 정치적 기세를 선명하

---

4 누가복음은 간단히 "왕"이라고만 말한다(19:38).

게 하고, 여기서 **종려나무 가지**에 관한 언급(이 또한 요한복음에만 있다)은 그 선명도를 더 높인다. 종려나무 가지는 마카베오가의 유대 민족주의와 관련 있는데, 기원전 141년에 시몬 마카베오가 예루살렘 성채로 개선 행진할 때 사용되었기 때문이다. 그리고 이 칭호는 예수님의 재판과 십자가 처형을 내다보게 한다. 재판과 십자가 처형에서 그의 왕권의 성격이 중심 주제가 될 것이다.

네 복음서 모두 예수님이 동물을 타고 계셨다는 점에서 일치한다. 하지만 요한만은 그 동물을 '오나리온'ὀνάριον 으로 부른다. NRSV는 이를 어린 나귀로 번역했기 때문에 의미의 단면만을 옮긴 것이다. 이 표현은 지소사diminutive로 '작은 나귀'를 의미할 수도 있으며, 여기서는 작은 나귀가 적절해 보인다. 요한은 군중이 시몬 마카베오와 승리한 그의 군대 같은 강한 힘을 가진 메시아의 정치를 기대했다는 점을 강조한 후, 작은 나귀를 통해 즉시 이를 약화한다. 요한복음을 다시 읽는 독자들은 예수님이 **'그 위에 앉으**[려]**셨**다는 것이 예수님의 재판에서 중요한 다층적 순간(19:13)을 암시하고자 덧붙여진 언급으로 보일 것이다.[5] 예수님의 재판에서 세속 권력의 전복과 변혁도 쟁점이 된다.

그리고 또 다른 언급도 예수님의 재판을 암시할 수 있다. 바로 재판에서 빌라도의 두려움과 예수님의 두려움 없음이 강조되는 측면이다. **"시온 딸아, 두려워하지 말라. 보라, 너의 왕이 나귀 새끼에 앉아**[를 타고] **오신다!"** 는 인용문에 그러한 측면이 암시된다. 요한은 여기서 스가랴 9:9를 인용하면서(마태복음 21:5도 이를 인용한다) "두려워하지 말라"는 언급을 추가한다. 이는 아마 스바냐 3:16을 인용한 것으로 보인다. 복음서 중 유일하게 요한복음만이 이 사건에 관한 회고적 성찰을 덧붙인다. **제자들**

---

[5] 이는 요한식 애매성의 전형적 사례로, 이에 관해서는 19:13-16a를 보라.

은 처음에 이 일을 깨닫지 못하였다가, 예수께서 영광을 얻으신 후에야 이것이 예수께 대하여 기록된 것들임과 사람들이 예수께 이같이 한 것임이 생각났더라.

"기록된 것들"이 구체적으로 무엇인가? 인용문이 시사하듯이 기록된 것들에 최소한 스가랴 9:9-17과 스바냐 3장이 포함된다면, 우리는 이 사건과 요한복음 12장의 나머지 부분을 조명해 주는 일련의 상호본문을 얻는다. 스가랴에는 왕이 "겸손하여서 나귀를 타시나니"(9:9)라는 기록이 있고, 마태가 이를 인용하는데, 이는 전투적 메시아주의를 약화한다. 스가랴 9장에는 또한 온 세계적 지평이 있고("그가 이방 사람에게 화평을 전할 것이요"[10절]), "너와 맺은 언약의 피[네 언약의 피]"(11절)라는 언급이 있으며, 회복과 구원에 대한 약속이 있고("내가 오늘도 이르노라 내가 네게 갑절이나 갚을restore 것이라"[12절], "이날에 그들의 하나님 여호와께서 그들을 자기 백성의 양 떼같이 구원하시리니"[16절]), 풍성한 생명/삶의 이미지가 있다("그의 형통함과 그의 아름다움이 어찌 그리 큰지! 곡식은 청년을, 새 포도주는 처녀를 강건하게 하리라"[17절]). 스바냐 3장은 예루살렘의 악에 대한 규탄, 특히 종교 지도자들에 대한 규탄으로 시작된다. 그런 다음 하나님께서 "내가 뜻을 정하고 … 여러 나라를 소집"(8절)하여 "그들이 다 여호와의 이름을 부르며 한 가지로 나를 섬기게 하리니"(9절)라고 선언하신다. 마침내 이스라엘의 왕이신 여호와께서 행하실 일에 대한 환희가 절정에 이르는데, 그 지평은 예루살렘을 중심으로 전 세계를 아우른다.

> 기뻐 외쳐라, 딸 시온아!
> 환호성을 질러라, 이스라엘아!
> 온 마음으로 기뻐하고 즐거워해라,
> 딸 예루살렘아! …

이스라엘의 임금이신 여호와께서 너의 가운데 계신다. …

두려워하지 마라! 시온아, …

여호와 시온의 하나님이 너의 가운데 계신다.
여호와는 구원해 주시는 용사이시다.
여호와께서 너를 두고 기뻐하고 즐거워하신다.
자신의 사랑으로써 너를 새롭게[침묵하게] 하신다. …

참으로 너희가 땅의 모든 민족들 가운데서
이름을 떨치고 칭송받도록 해 주겠다. (습 3:14-20, 새한글)

요한은 이 부분에서도 복음서 중 유일하게, 목격자 무리가 **계속 증언**한다고 전하면서 이 사건을 이전에 나사로를 살리신 것과 연결하고, 또한 바리새인의 반응을 제시한다. **"볼지어다. 너희 하는 일이 쓸데없다. 보라, 온 세상이 그를 따르는도다."** 이는 "헬라인 몇"(12:20)이 올 것과 "모든 사람을 내게로 이끌겠노라"(12:32)는 예수님의 예언을 예견하며, 이 장 전체에 걸쳐 계속되는 온 세계 지향성을 도입한다.

"때가 왔도다":
영광스럽게 함, 죽음과 생명, 궁극적 끌림(12:20-36a)

20 명절에 예배하러 올라온 사람 중에 헬라인 몇이 있는데, 21 그들이 갈릴리 벳새다 사람 빌립에게 가서 청하여 이르되 "선생이여, 우리가 예수를 뵈옵고

자 하나이다" 하니, ²² 빌립이 안드레에게 가서 말하고, 안드레와 빌립이 예수께 가서 여쭈니, ²³ 예수께서 대답하여 이르시되 "사람의 아들이 영광을 얻을 때가 왔도다. ²⁴ 내가 진실로 진실로 너희에게 이르노니, 한 알의 밀이 땅에 떨어져 죽지 아니하면 한 알 그대로 있고, 죽으면 많은 열매를 맺느니라. ²⁵ 자기의 생명을 사랑하는 자는 잃어버릴 것이요, 이 세상에서 자기의 생명을 미워하는 자는 영생하도록 보전하리라. ²⁶ 사람이 나를 섬기려면 나를 따르라. 나 있는 곳에 나를 섬기는 자도 거기 있으리니, 사람이 나를 섬기면 내 아버지께서 그를 귀히 여기시리라."

²⁷ "지금 내 마음이 괴로우니, 무슨 말을 하리요? '아버지여, 나를 구원하여 이때를 면하게 하여 주옵소서' 하리요? 그러나 내가 이를 위하여 이때에 왔나이다. ²⁸ 아버지여, 아버지의 이름을 영광스럽게 하옵소서" 하시니, 이에 하늘에서 소리가 나서 이르되 "내가 이미 영광스럽게 하였고, 또다시 영광스럽게 하리라" 하시니, ²⁹ 곁에 서서 들은 무리는 천둥이 울었다고도 하며, 또 어떤 이들은 천사가 그에게 말하였다고도 하니, ³⁰ 예수께서 대답하여 이르시되 "이 소리가 난 것은 나를 위한 것이 아니요, 너희를 위한 것이니라. ³¹ 지금[이제] 이 세상에 대한 심판이 이르렀으니 이 세상의 임금이 쫓겨나리라. ³² 내가 땅에서 들리면 모든 사람을 내게로 이끌겠노라" 하시니, ³³ 이렇게 말씀하심은 자기가 어떠한 죽음으로 죽을 것을 보이심이러라. ³⁴ 이에 무리가 대답하되 "우리는 율법에서 메시아가 영원히 계신다 함을 들었거늘, 너는 어찌하여 '사람의 아들이 들려야 하리라' 하느냐? 이 사람의 아들은 누구냐?" ³⁵ 예수께서 이르시되 "아직 잠시 동안 빛이 너희 중에 있으니, 빛이 있을 동안에 다녀 어둠에 붙잡히지 않게 하라. 어둠에 다니는 자는 그 가는 곳을 알지 못하느니라. ³⁶ᵃ 너희에게 아직 빛이 있을 동안에 빛을 믿으라. 그리하면 빛의 자녀들[아들]이 되리라."

장엄한 성전을 중심으로 한 유대인의 삶과 예배 방식은 유대교 너머의 사람들에게까지도 깊은 매력이 있었고, 유대인이 아닌 "하나님을 경외하는 사람들"이 성전 안 이방인의 뜰에서 예배드리는 것은 환영받았다. 공관복음의 성전 정화 이야기는 이 시점에 나오는데, 그 요점 중 하나는 이방인의 뜰에서 사고파는 일 때문에 성전이 기도 장소가 아니게 되었다는 것이다. 거기서 예수님은 이사야를 인용하여 "내 집은 만민이 기도하는 집이라 칭함을 받으리라"(막 11:17; cf. 마 21:13; 눅 19:46)라고 말씀하신다. 이사야는 이 장에서도 길게 인용된다(또한 이사야 말씀은 요한복음 전체에 걸쳐 여러 번 되울린다).

이사야는 성전에서 하나님의 영광에 대한 환상을 보았다.

> 거룩하다, 거룩하다, 거룩하다, 만군의 여호와여,
> 그의 영광이 온 땅에 충만하도다. (사 6:3)

이러한 전 세계적인 영광의 지평은 나중에 "나의 종이요, 내 영광을 네 속에 나타낼 이스라엘"(사 49:3)이라는 모습으로 구현되며, 다음과 같이 말해진다.

> 네가 나의 종이 되어 야곱의 지파들을 일으키며
> 이스라엘 중에 보전된 자를 돌아오게 할 것은
> 매우 쉬운 일이라.
> 내가 또 너를 이방의 빛으로 삼아
> 나의 구원을 베풀어서 땅끝까지 이르게 하리라. (사 49:6)

여기서 유대인 명절 축제에 끌린 **헬라인 몇** 사람의 욕망은 **예수를 뵈**

옵고자 하는 것이다. 그들은 안드레와 빌립(이들의 이름이 헬라식이므로, 아마도 헬라어 소통이 가능했을 것이다)에게 접근한다. 이 구절 전체를 요한복음 1:35-51과 나란히 놓고 읽어야 한다. 이는 첫 유대인 제자들이 예수님께 끌렸던 부분이다. 이 두 부분은 서로 비슷한 주제가 있다. 한 사람이 다른 사람에게 말하는 것, 예수님을 보는 것, 사람의 아들이신 예수님이라는 주제가 그렇다. 1장에서 이 모든 것은 세례자 요한이 예수님을 "하나님의 어린양"이라고 부른 다음에 나오는 내용인데, "하나님의 어린양"은 예수님의 죽음을 처음으로 나타낸 말이다.[6] 여기서 유사점들은 새로운 국면의 시작을 나타낸다. 바로 **세상**의 **빛**이신 예수님(12:35-36, 46-47)과 헬라인들과 다른 민족들 가운데서 제자들이 모이는 국면이다.

그러나 헬라인들의 욕망은 지금 예수님을 소개받는 것으로 응답되지 않는다. 그 욕망이 온 세상에 닿을 수 있게 하는 사건으로 응답될 것이다. 더 정확하게 말하자면, 그 사건의 중심에 있는 사람이 그들의 응답이 될 것이다. "내가 땅에서 들리면 모든 사람을 내게로 이끌겠노라."

여기에는 이사야와 또 다른 깊은 공명이 있다. 이는 수 세기 동안 가장 심오한 신학, 시, 음악, 영성의 원천이었으며, 고난받는 종을 중심으로 하는데, 고난받는 종은 그리스도인에게 예수님을 이해할 언어를 제공했다. 여기서 핵심 구절은 이사야 52:13-53:12로, 나중에 38절에도 일부 인용된다(나는 이 구절을 아래에 인용하면서, 요한이 알고 있던 칠십인역 헬라어판 이사야와 요한복음 12장 사이의 몇 가지 중요한 되울림에 대해 각주를 덧붙였다―요한복음 곳곳에서도, 신약의 다른 곳에서도 이 본문이 아주 많이 되울리는데, 이는 탐구할 가치가 많다).

---

[6] 1:29, 35에 관한 주석을 보라.

⁵²:¹³ 보라 내 종이 형통하리니

　받들어 높이 들려서

　지극히 존귀하게 되리라.⁷

¹⁴ 전에는 그의 모양이 타인보다 상하였고⁸

　그의 모습⁹이 사람들보다 상하였으므로

　많은 사람이 그에 대하여 놀랐거니와,

¹⁵ 그가 나라들¹⁰을 놀라게 할 것이며

　왕들은 그로 말미암아 그들의 입을 봉하리니,

　이는 그들이 아직 그들에게 전파되지 아니한 것을 볼 것이요¹¹

　아직 듣지 못한 것을 깨달을 것임이라.

⁵³:¹ 우리가 전한 것을 누가 믿었느냐?¹²

　여호와의 팔이 누구에게 나타났느냐?¹³

² 그는 주 앞에서 자라나기를 연한 순 같고

7　칠십인역에서 헬라어 동사는 각각 '휩소테세타이'(ὑψωθήσεται: '들리다' — 같은 동사가 요한복음 12:32에도 나오고, 12:34에서 반복되면서 강조된다)와 '독사스테세타이'(δοξασθήσεται: '영광스럽게 되다' — 같은 동사가 요한복음 12:16, 23에 사용되고, 12:28에서는 세 번 사용된다)다.

8　헬라어는 '아독세세이'(ἀδοξήσει: 문자적으로 '영광을 빼앗기다, 좋은 외모를 빼앗기다'라는 의미)다.

9　헬라어는 '독사'(δόξα: 영광)다. 이 헬라어 단어는 요한복음 12:38에서 고난받은 종에 관한 구절인 이사야 53:1을 인용한 직후인, 요한복음 12:41에서 이사야가 예수님의 영광을 보는 것과 관련해서 나온다.

10　전 세계적 지평에 주목하라. 전 세계적 지평은 요한복음 12장에서 19절 이후 곳곳에 스며 있다.

11　같은 헬라어 동사가 요한복음 12:21에서 예수님을 보고자 하는 헬라인들에게 사용되고, 12:40의 이사야 인용문에서도 사용되고, 12:41에서 이사야가 예수님의 영광을 보는 것과 관련해서도 사용된다.

12　이 동사, 즉 '피스튜에인'(πιστεύειν: 믿다, 신뢰하다, 신앙을 갖다)은 요한복음 전체에서 핵심어이고, 12장에서는 11, 36, 37, 38, 39, 42, 44, 46절에 나온다.

13　1절 전체가 요한복음 12:38에 인용된다.

마른 땅에서 나온 뿌리 같아서,

고운 모양도 없고 풍채[14]도 없은즉,

우리가 보기[15]에 흠모할 만한 아름다운 것이 없도다.

³ 그는 멸시를 받아 사람들[16]에게 버림받았으며

간고를 많이 겪었으며 질고를 아는 자라.

마치 사람들이 그에게서 얼굴을 가리는 것같이 멸시를 당하였고

우리도 그를 귀히 여기지 아니하였도다.

⁴ 그는 실로 우리의 질고를 지고

우리의 슬픔을 당하였거늘,

우리는 생각하기를 그는 징벌을 받아

하나님께 맞으며 고난을 당한다 하였노라.

⁵ 그가 찔림은 우리의 허물 때문이요

그가 상함은 우리의 죄악 때문이라.

그가 징계를 받으므로 우리는 평화를 누리고

그가 채찍에 맞으므로 우리는 나음을 받았도다.

⁶ 우리는 다 양 같아서

그릇 행하여 각기 제 길로 갔거늘,

14　헬라어 단어는 앞서 설명했던 '독사'(δόξα: 영광)다.
15　헬라어 동사는 52:15와 요한복음 12:21, 40, 41에서 "볼/뵈옵고자/보고"로 번역된 것과 같은 동사다.
16　여기서 칠십인역 헬라어는 '판타스 안트로푸스'(πάντας ἀνθρώπους: 모든 인간)다. 이 '모든'이라는 단어는 요한복음 12장에서 핵심 구절인 32절에 사용되면서, 12장의 전 세계적 지평에서 중요한 부분을 차지한다. 12:32와 관련하여 특히 흥미로운 점은 강력하게 입증된 이문(異文; variant reading)이다. 파피루스 66을 비롯한 일부 다른 사본에는 "모든 사람을['판타스'(πάντας)] 이끌다" 대신, "만물을['판타'(παντα)] 이끌다"로 되어 있다. 이는 피조물 전체를 아우르는 표현으로, 요한복음 1:3의 "만물이 그로 말미암아 지은 바 되었으니"를 되울린다.

여호와께서는 우리 모두의 죄악을

그에게 담당시키셨도다.

⁷ 그가 곤욕을 당하여 괴로울 때에도

그의 입을 열지 아니하였음이여,

마치 도수장으로 끌려가는 어린양과

털 깎는 자 앞에서 잠잠한 양같이

그의 입을 열지 아니하였도다.

⁸ 그는 곤욕과 심문¹⁷을 당하고 끌려갔으나,

그 세대 중에 누가 생각하기를,

그가 살아 있는 자들의 땅에서 끊어짐은

마땅히 형벌받을¹⁸ 내 백성의 허물 때문이라

하였으리요?

⁹ 그는 강포를 행하지 아니하였고

그의 입에 거짓이 없었으나,

---

17 헬라어 단어는 '크리시스'(κρίσις: 판단, 심판, 정죄, 형벌, 정의)로, 요한복음 12:31에 다음과 같이 나온다. **지금**[이제] **이 세상에 대한 심판이 이르렀으니.** 이는 이 복음서 전체에서 가장 중요한 시간이자 사건인 **때**를 묘사한 것이다. **사람의 아들이 영광을 얻을 때가 왔도다**(12:23). 그런다음 '크리시스'(κρίσις)에서 온 동사 '크리네인'(κρίνειν: 판단하다, 심판하다, 정죄하다, 벌하다)이 12:47-48에 나오는 예수님의 마지막 요약적 진술에서 네 번 사용된다.

18 헬라어로는 "그가 죽임당했다"를 의미하며, 여기서와 다음 구절과 12절에서 사용된 것은 '타나토스'(θάνατος)라는 단어다. 요한복음 12장은 죽음에 관한 언급으로 가득하며, 일부는 간접 언급이지만 많은 부분이 직접적 언급이다(1, 7, 9, 10, 17, 24, 33절). 예수님의 죽음에 관한 첫 언급은 12:7에 나오는데, 예수님의 장례에 대해 언급함으로써 이사야 53:9를 되울린다(요한복음에서는 '엔타피아스모스'[ἐνταφιασμός], 이사야에서는 '타페'[ταφή]). 12:33에 나오는 죽음에 관한 마지막 언급, **이렇게 말씀하심은 자기가 어떠한 죽음으로 죽을 것을 보이심이러라**는 '타나토스'(θάνατος)를 사용함으로써 이사야 53:8, 9, 12를 되울린다.

> 그의 무덤이 악인들과 함께 있었으며
>> 그가 죽은 후에 부자와 함께 있었도다.
>
> [10] 여호와께서 그에게 상함을 받게 하시기를 원하사
>> 질고를 당하게 하셨은즉
> 그의 영혼을 속건제물로 드리기에 이르면,
>> 그가 씨를 보게 되며 그의 날은 길 것이요,
> 또 그의 손으로 여호와께서 기뻐하시는 뜻을 성취하리로다.
>> [11] 그가 자기 영혼의 괴로움에서 빛[19]을 [수고한 것을] 보고
> 만족하게 여길 것이라.
>> 나의 의로운 종이 자기 지식으로 많은 사람을 의롭게 하며
>> 또 그들의 죄악을 친히 담당하리로다.
> [12] 그러므로 내가 그에게 존귀한 자와 함께 몫을 받게 하며
>> 강한 자와 함께 탈취한 것을 나누게 하리니,
> 이는 그가 자기 영혼을 버려 사망에 이르게 하며
>> 범죄자 중 하나로 헤아림을 받았음이니라.
> 그러나 그가 많은 사람의 죄를 담당하며
>> 범죄자를 위하여 기도하였느니라.

다른 사람들을 대신하여 고난받는 사람을 통해 영광을 새로운 관점에서 다시 상상하는 것을 비롯하여(각주에서 보았듯이, 이는 요한이 메아리처럼 되울리게 사용하는 헬라어에 훨씬 더 명확하게 나타난다), 이 구절들의 다양한 공

---

19 헬라어 '포스'(φῶς)는 요한복음 전체에서 핵심 단어이며, 요한복음 12장에서는 35절(두 번), 36절(세 번), 46절에 나온다.

명은 20-36a절의 매우 풍부한 의미 중 한 측면에 불과하다.

헬라인들의 욕망은 다음과 같은 예수님의 중추적 선언을 촉발하는 도화선이다. **"사람의 아들이 영광을 얻을 때가 왔도다."** 이 "때"는 예수님께서 "첫 표적을 … 행하여 그의 영광을 나타내시기"(2:11) 전에 자기 어머니께 "내 때가 아직 이르지 아니하였나이다"(2:4)라고 말씀하신 이후 짐작으로 간직되어 왔다. 이제 "때가 왔고" 이 드라마의 절정이 시작되었다. 무엇보다도 이는 예수님은 누구시며 그에게 무슨 일이 일어나는지에 관한 것이다. 예수님의 입에서 나온 칭호는 "사람의 아들"이다. 이전의 용례(예컨대 단 7:13-14)와 공관복음에서 이 칭호는 하늘과 땅을 통합하는 묵시적 인물의 영광과 관련되었다. 요한복음의 용례도 하늘과 땅의 통합 및 영광을 담고 있다(특히 요한복음 17장에 관한 주석을 보라). 그뿐만 아니라 사람의 아들이 하나님께로부터 와서 육신이 되셔서 인간의 모습에 그의 영광이 나타났다는 점과(1:14), 그 영광이 십자가 처형이라는 굴욕에 나타났다는 점까지도 독특하게 강조한다. 영광이 예수님의 완전한 성육신, 십자가 처형, 부활과 동일시됨으로써 영광 개념이 변하고 있는 것이다.[20]

이제 요한복음에서 예수님 죽음의 의미에 대해 최대한의 성찰에 이르려는 일련의 움직임이 이어진다. 요한은 프롤로그에서 이 복음서 전체를 이해하는 데 필요한 핵심 개념 몇 가지를 제시한 것처럼, 요한복음 12장에서도 나머지 장을 읽기 위한 독자들의 마음과 상상력을 준비시킨다. 여기서 일련의 움직임은 세 단계로 구성되어 있으며, 각각은 이 복음서가 예수님께서 십자가에 못 박히심을 심층적으로 드러내는 데 필수다.

첫째, 비유가 나오는데, **"내가 진실로 진실로 너희에게 이르노니"**라는 문구로 시작하여 그 중요성이 강조된다. 헬라인들에게 전하는 메시지는

---

[20] 이에 대한 탁월한 설명으로는 보컴의 《요한복음 새롭게 보기》, 특히 3장을 보라.

예수님으로부터 와서 유대 민족 너머에 미치는 풍성한 열매가 예수님의 죽음에 달려 있다는 것이다. **한 알 그대로 있고**('아우토스 모노스 메네이' αὐτὸς μόνος μένει; 문자적으로는 '그것이\그가 홀로 머무르다\거하다')라는 생생한 문구에는 요한이 애용하는 가장 풍부한 동사 중 하나인 '메네인' μένειν이 사용되었다. 따라서 이 동사가 다른 곳에서는 최고로 충만한 사랑의 공동체에서의 상호 내주를 나타내는 데(예컨대 15:1-17) 사용된 것과 강한 대조를 이룬다.²¹ 이는 예수님의 죽음에 대한 관계적이고 사랑 중심적인 이해를 나타내는 지표다. 이미 예수님은 요한복음 10장에서 자기 양을 위해 목숨을 버리는 선한 목자로, 11장에서 친구 나사로를 살리셔서 자신이 죽을 위기에 처하는 분으로 나타났다. 고별 강론은 이 주제를 더욱 발전시키는데, 우리는 이를 세족식에서, "사람이 친구를 위하여 자기 목숨을 버리면, 이보다 더 큰 사랑이 없나니"(15:13)라고 하신 말씀에서, 요한복음 17장의 마지막 기도에서 보게 될 것이다. 이 주제의 발전은 예수님 죽음을 전후로 각각 하나씩, 요한복음에만 있는 두 사건을 준비시킨다. 하나는 십자가에 달리신 예수님이 자기 어머니와 사랑하시는 제자, 즉 자신과 가장 가까운 이들로 새로운 공동체를 형성하신 것이다(19:25-27). 다른 하나는 죽은 예수님의 몸이 군인의 창에 찔렸을 때 "피와 물이 나오더라"(19:34)는 사건으로, 피와 물은 그의 죽음을 통해 추종자들에게 주어진 생명과 성령을 상징한다.²²

죽는 씨앗의 비유는 예수님을 따르는 이들이 예수님께 영감받아 사는 방식과 곧장 연결된다. 즉, 죽음을 두려워하지 않고, 사랑을 위해 자기

---

21 '메네인'(μένειν)에 대해서는 1:38에 관한 주석과 15:1-17에 관한 주석을 보라.
22 그의 생명을 주시고 그의 피를 마시는 것에 관한 6:47-59와, "'생수의 강' … 이는 그를 믿는 자들이 받을 성령을 가리켜 말씀하신 것이라. (예수께서 아직 영광을 받지 않으셨으므로 성령이 아직 그들에게 계시지 아니하시더라)"에 관한 4:7-26 및 7:37-39를 보라.

목숨을 겁에 있어 자유롭고, 예수님을 신뢰하고, 예수님을 섬기며 살고, **나 있는 곳**에 있는 것이다. 그곳은 어디인가? 예수님은 마지막 기도에서 이를 다시 말씀하시는데, 죽음을 향해 가시면서 자기 영광과 아버지와 나누는 사랑을 하나로 묶으시고, 제자들이 이 영광과 사랑에 참여할 수 있기를 바라는 큰 욕망을 표현하시면서 말씀하신다.[23] "나 있는 곳"은 아버지와의 사랑의 연합 안에 있고, 그를 신뢰하고 사랑하는 사람들과의 사랑의 연합 안에 있으며, 이 장의 전 세계적 지평이 보여 주듯이 이 사랑은 온 세상을 포용한다. "나 있는 곳"은 또한 생명을 주는 표적이 필요한 곳이나 발을 씻김받는 곳이기도 하다. 이 사랑은 **이 세상에서 자기의 생명**의 부정적 측면을 미워할 만큼 철저히 거부하는 데 주저함이 없다. 즉, 자기 안에 갇혀서 하나님께 닫혀 있고, 자기를 내어 주는 사랑의 자유로운 관대함과 **영생**의 현실—육체적 죽음 전후의 삶 모두, 즉 "나 있는" 모든 곳—에 닫혀 있는 삶을 주저 없이 거부한다. 따라서 "나 있는 곳"에 있다는 것은 예수님을 따르는 사람들이 예수님처럼 어떤 대가를 치르더라도 하나님께 전적으로 헌신할 수 있으며, 세상에서 사랑의 삶에 전적으로 헌신할 수 있다는 의미다.

둘째, 예수님과 아버지 사이의 특별한 교류가 있다. 공관복음에서는 예수님이 세례받으실 때와 변모하실 때 예수님을 절대적으로 긍정하는 아버지의 음성이 들린다. 요한복음은 이 두 부분을 묘사하지 않는다. 또한 겟세마네 동산에서 예수님의 고뇌도 묘사하지 않는다. 요한은 놀랍도록 간결하게 이 셋의 핵심 요소를 다음과 같이 결합한다. 즉, 예수님이

---

23 "아버지여, 내게 주신 자도 나 있는 곳에 나와 함께 있어, 아버지께서 창세전부터 나를 사랑하시므로 내게 주신 나의 영광을 그들로 보게 하시기를 욕망하옵나이다(원하옵나이다). … 내가 아버지의 이름을 그들에게 알게 하였고 … 이는 나를 사랑하신 사랑이 그들 안에 있고, 나도 그들 안에 있게 하려 함이니이다"(17:24, 26).

흔들리고 불안해하시는 모습인 **"지금 내 마음이 괴로우니"** 와, 죽음을 피할 가능성과 마주하신 모습인 **"무슨 말을 하리요? '아버지여, 나를 구원하여 이때를 면하게 하여 주옵소서' 하리요? 그러나 내가 이를 위하여 이때에 왔나이다"** 와, 받아들이시는 기도인 **"아버지여, 아버지의 이름을 영광스럽게 하옵소서"** 와, 아버지께서 직접 들려주시는 확인의 메시지인 **이에 하늘에서 소리가 나서 이르되 "내가 이미 영광스럽게 하였고, 또다시 영광스럽게 하리라"** 를 결합한다. 이 두 절은 공관복음의 세 이야기와 함께 대화하며 읽어야 한다.

그러나 요한의 압축적 서술은 예수님의 죽음을 이해하는 그의 틀에서 필수적인 요소를 더하고 있다. 예수님의 죽음은 하나님은 누구신가의 핵심에 닿는다. 하나님의 이름, 하나님의 내재적 존재 자체가 이때를 통해 영광스럽게 되는데, 그 핵심에는 예수님의 죽음이 있다. 이 사건은 요한복음에서 아버지의 음성이 들리는 유일한 사례로, 예수님의 죽음을 하나님 이름의 영광과 불가분하게 통합하며, 하나님의 현실과 성품과 신비를 가장 포괄적으로 식별하는 방식이 된다. 그리고 이 사건은 예수님과 아버지 사이의 관계에 대한 궁극의 시험을 놓고 두 분이 나눈 대화를 통해서 일어난다. 이와 같이 예수님의 죽음을 이렇게 관계적으로, 사랑 중심으로 이해하는 것의 핵심에는 아버지와 아들 사이의 신뢰와 사랑이 자리하고 있다.

이제 예수님 죽음의 의미에서 중요한 세 번째 차원이 나온다. 예수님의 죽음은 그를 따르는 이들의 공동체에 구심점이라는 점과 하나님이 누구신지를 계시한다는 점 외에도, **무리**와의 관련성, 그리고 무리를 넘어 **이 세상**과 세상에 있는 **모든 사람**('만물'로 읽는 사본도 있다)과의 관련성이 있다. 무리는 음성에 대한 반응으로 의견이 분분해진다. 물론 **천둥**이나 **천사**와 관련된 두 추측 모두 하나님의 개입을 암시할 수 있다. 예수님은 세 부분으로 대답하신다. 각각의 요소는 예수님 죽음의 차원을 제대로 다루려는 그리스도교의 시도에서 수 세기 동안 반복되고 있다.

첫째, **이때**의 의미가 사법적 언어로 주어진다. **"지금**[이제] **이 세상에 대한 심판**['크리시스' κρίσις]**이 이르렀으니."** 요한복음 전반에 퍼져 있는 심판이라는 주제는 적절하게도 예수님에 대한 재판과 정죄에서 절정에 이를 것이며, 그때 더 자세히 논할 것이다. 여기서는 아버지의 음성과 관련되어, 장차 일어날 모든 일을 이해하기 위한 하나님 중심의 틀을 제공한다. 지금 펼쳐지고 있는 사건들은 "이 세상"에 대한 근본적 심판으로, 즉 모든 생각과 행동의 방향을 잡기 위한 결정적 진리로 여겨져야 한다. 더 나아가 이 심판은 단순히 선언이 아니라, 육신이 되신 말씀, 곧 한 인격이다 — 이어서 무리와의 대화는 요한복음의 핵심 물음, 곧 **"이 사람의 아들은 누구냐?"** 하는 '누구' 물음으로 전환된다. 예수님의 죽음에 관한 신학들은 사법적 은유들을 여러 방식으로 발전시키고, 확장하고, 때로는 왜곡해 왔다. 그러나 요한복음은 그러한 신학이 위에서 아래를 내려다보도록 내버려두지 않는다. 요한복음은 예수님에 비추어, 그리고 예수님과의 만남, 관계, 그의 표적, 죽음, 부활이라는 드라마에 비추어 계속해서 재상상하고 재고찰하도록 자극한다.

둘째, 이 드라마의 갈등 요소는 필수다. **"이 세상의 임금이 쫓겨나리라."** 요한복음에는 귀신을 쫓아내는 일이 없으며, 정말로 중요한 유일한 쫓겨남이 "지금[이제]", "이때" 일어나는 쫓겨남인 것 같다. "이 세상의 임금ruler"이라는 인물은 고별 강론에서 다시 등장하며(14:30, 16:11), 아마도 마귀나 사탄과 동일 인물일 것이다(예컨대 8:44; 13:2, 27). 요한복음은 이 인물의 인격, 기원, 미래에 대해 따로 관심을 기울이지 않으며, 공관복음보다 그에 관해 적게 언급한다(예컨대 유혹받으시는 이야기가 없다). 그는 인간 개인을 넘어서는 권세를, 즉 악, 거짓, 사망의 역학 관계를 대표한다.

말하자면 이는 조직적이며, 인간의 삶, 공동체, 가치, 강력한 전 세계적 세력(종교적, 세속적, 경제적, 정치적, 군사적, 사법적, 인종적, 성적, 과학적, 이데올로기적)을 장악하고 형성할 수 있는 것이다. 그것도 파괴적이고, 증오로 가득하며, 악의적이고 끔찍하며, 황폐화하는 방식으로 말이다. 악에 관해 말하는 것은 언제나 매우 민감한 문제고, 심지어 위험한 문제다. 악은 특히 인격화될 때 매혹적인 존재가 될 수 있고, 병적인 방식으로 상상력을 지배할 수 있다. 이에 관한 요한복음의 지혜는 예수님이 매혹적인 존재가 되시게 두는 것이다. 이러한 권세들은 궁극적이지 않고, 이미 패배했기에 우리는 그들의 지배를 받을 필요가 없다. 그것들은 두려움의 대상이 될 때만, 우리가 그것들의 거짓을 믿고 신뢰하고 따를 때만 힘을 얻는다. 그러니 그것들을 두려워할 필요도 없고 두려워해서도 안 된다. 이 메시지는 고별 강론에 요약되어 있다. "이것을 너희에게 이르는 것은 너희로 내 안에서 평안을 누리게 하려 함이라. 세상에서는 너희가 환난을 당하나, 담대하라. 내가 세상을 이기었노라!"(16:33). 사탄, 악, "이 세상"의 부정적 역학 관계에 대한 이러한 승리 이미지는 예수님 죽음의 의미를 표현하는 주요 방법 중 하나인 승리자 그리스도 접근법에서 핵심을 이루어 왔다.[24]

셋째, 예수님의 **내**/나, 예수님이 겪으신 **어떠한 죽음**, 사랑으로 **모든 사람**에게 다가가심은 이 복음서의 가장 중요한 진술 중 하나에 통합되어 있다. **"내가 땅에서 들리면 모든 사람을 내게로 이끌겠노라."** 이 말씀은 예수님 죽음의 의미를 알리는 절정의 대목이다. 요한복음은 이 낯선 끌림에 관한 이야기다. 예수님께서 첫 제자들에게 하신 첫 말씀은 그들의 욕망에 초점을 두고 있다. "너희는 무엇을 찾느냐[구하느냐]?"(1:38). 예

---

[24] 아울렌, 《승리자 그리스도》(*Christus Victor*, 도서출판 100 역간)를 보라.

수님은 자신의 죽음을 준비하시면서 아버지께 기도로 자신의 가장 깊은 욕망을 열어 보이신다. "아버지여, 내게 주신 자도 나 있는 곳에 나와 함께 있어, 아버지께서 창세전부터 나를 사랑하시므로 내게 주신 나의 영광을 그들로 보게 하시기를 욕망하옵나이다[원하옵나이다]"(17:24). 이 기도는 예수님의 죽음에 신선한 세 가지 의미의 물결을 부여하는데, 여기 요한복음 12장에 주어진 의미의 세 가지 차원과 (순서는 다르지만) 정확히 일치한다. 첫째, 아버지와 아들 사이의 영광스럽게 함과 하나님 이름에 대한 강조가 있다(17:1-5). 그다음, 제자 공동체에 대한 초점이 있다(17:6-19). 마지막으로, 그 지평이 공동체의 목적을 개방하고 확장하여 "세상으로 … 믿게"끔 한다(17:20-26). 예수님이 보여 주고자 욕망하는 영광은 십자가 위에서 들릴 때 가장 선명하게 드러난다.

 그러나 예수님의 욕망이 다른 사람들의 욕망과 만나면 여러 결과가 나올 수 있다. 거부, 미움, 오해, 혼란이 나올 수도 있고, 신뢰, 믿음, 사랑도 여러 방식과 강도로 나올 수 있다. 요한복음은 독자인 우리가 난생처음 예수님을 믿고 신뢰하고 사랑하도록 호소할 뿐만 아니라, 우리가 이미 시작한 신앙과 사랑의 삶이 어떤 식이든 그 삶을 더 깊고 온전하게 이어가도록 호소한다. 여기서 군중에 대한 호소를 시작으로, 이 장의 나머지 부분은 세 단계에 걸쳐 독자들에게 열정적으로, 거의 절박하게 호소한다. 여기서 사용하는 이미지는 **빛**과 **어둠** 사이에서의 결정에 관한 것인데, 일회적인 결단의 이미지가 아니라, 빛 가운데 살고, **빛** [가운데] **다니며**, **어둠에 다니**지 않기 위한 이미지다. 이는 단지 개인에 관한 것이 아니며, 그 목표는 가족의 생활이고 **빛의 자녀들**[아들]이 **되**는 것이다. 그리고 이 단락에서 **지금**[이제]이 집요하게 반복되며(27, 31절[두 번]) 긴박함을 나타낸다. 따라서 지금 이 순간을 붙잡아야 한다. "**너희에게 아직 빛이 있을 동안에 빛을 믿으라.**"

누가 믿었으며?(12:36b-43)

36b 예수께서 이 말씀을 하시고 그들을 떠나가서 숨으시니라. 37 이렇게 많은 표적을 그들 앞에서 행하셨으나 그를 믿지 아니하니 38 이는 선지자 이사야의 말씀을 이루려 하심이라. 이르되,
 "주여, 우리에게서 들은 바를 누가 믿었으며
  주의 팔이 누구에게 나타났나이까?"
하였더라. 39 그들이 능히 믿지 못한 것은 이 때문이니, 곧 이사야가 다시 일렀으되,
 40 "그들의 눈을 멀게 하시고
   그들의 마음을 완고하게 하셨으니,
  이는 그들로 하여금 눈으로 보고
   마음으로 깨닫고 돌이켜
   내게 고침을 받지 못하게 하려 함이라"
하였음이더라. 41 이사야가 이렇게 말한 것은 주의 영광을 보고 주를 가리켜 말한 것이라. 42 그럼에도 불구하고[그러나] 관리 중에도 그를 믿는 자가 많되 바리새인들 때문에 드러나게 말하지 못하니, 이는 출교를 당할까 두려워함이라. 43 그들은 사람의 영광을 하나님의 영광보다 더 사랑하였더라.

긍정적 반응을 호소하는 두 번째 물결은 저자가 성경을 바탕으로 믿음과 불신을 성찰한 것이다. 이는 일종의 충격 요법으로 읽을 수 있다. 먼저, 이사야 53:1을 인용하여, **"주여, 우리에게서 들은 바를 누가 믿었으며…?"** 라는 열린 물음을 던진다. 이 구절은 고난받는 종에 관한 내용이다. 고난받는 종은 이미 논한 바와 같이 요한복음 12장의 핵심 배경이다. 즉, 다른 이들을 위해 "들리고", 고난받고, 죽는 이를 통해 영광이

드러난다는 것이 12장의 핵심 배경이다. 그런 역설적인 인물을, 매력적이지 않은 인물을 누가 믿을 수 있을까?

이어서 이사야의 충격적인 말이 나온다. 사람들이 믿지 않는 이유가 하나님께서 **그들의 눈을 멀게 하시고 그들의 마음을 완고하게 하셔서 그들로 하여금 눈으로 보고 마음으로 깨닫고 돌이켜 내게 고침을 받지 못하게** 하시기 때문이라는 것이다. 정말로 하나님께서 사람들이 믿고 회개하고 고침을 받는 것을 일부러 막으려고 그들의 눈을 멀게 하시고 마음을 완고하게 하시는가? 이런 극단적인 주장은 사람들을 절망에 빠지게 할 수 있다. 실제로, 마르틴 루터는 이 본문과 성경의 다른 유사한 본문이 바로 그런 것을 목표로 하고 있다고 보았고, 따라서 절망 속에서 부르짖는 것만이 유일한 응답이며, 그때 하나님의 값없는 은혜와 자비가 주어진다고 보았다. 다시 말해, 우리의 절망은 우리가 하나님의 은혜를 얻기 위해 스스로 할 수 있는 일이 전혀 없다는 진실을 인정하는 것이다. 우리가 할 수 있는 유일한 일은 그 은혜를 구하며 부르짖는 것뿐이다.

이것은 내가 충격 요법이라고 부르는 것의 한 형태다. 하나님께서 이미 결과를 정해 놓으셨다면, 이사야나 요한이 왜 청중에게 이런 메시지를 전하고자 애쓸까? 나는 이것이 날카롭고 역설적이고 과장법으로 된 경종이라고 본다. 이를 듣고 결단하도록 촉구하기 위한 것이다. 그리고 사실 독자들은 이와 동시에, 자신을 신적 결정론에 포함되지 않은 존재로 볼 기회를 얻는다. 따라서 **그럼에도 불구하고**[그러나] **관리 중에도 그를 믿는 자가 많다.** 예수님을 죽이고자 모의하던 집단에서도 "많은" 사람이 이 눈멀게 됨을 피했다면 지금 독자들이 이를 피할 수 있음은 확실하다. 따라서 가장 믿을 법하지 않았던 사람들이, 독자들이 요한의 메시지에 반응할 길을 열어 준 것이다.

그러나 독자들은 여기서 멈춰서는 안 된다. 저 신자들은 여전히 '커밍

아웃'하는 것과 회당 회원 자격 상실을 두려워했고, 두려움에 사로잡혔다.[25] 이어서 그들의 행동에 대한 요한의 진단이 나온다. **그들은 사람의 영광을 하나님의 영광보다 더 사랑하였더라.** 이는 요한복음 12장에서 영광이라는 주제를 마무리 짓고, 모든 독자가 다음과 같이 물으며 자기를 성찰하게 한다. 나의 동기는 예수님 안에서 만난 하나님을 기쁘시게 하고자 하는 욕망에 있기보다, 나의 사회적 지위나, 또래 집단의 존경이나, 바깥에서의 이미지나, 명성이나, 권위나, 영향력이나, 인기나, 특정 집단이나 조직에서 받아들여지는 것에 있는가? 요한은 흔히 그렇듯이, 독자를 더 깊은 신앙, 삶, 진리, 사랑으로 이끌고 싶어 하고 있다. "내가 땅에서 들리면 모든 사람을 내게로 이끌겠노라"(12:32) 말씀하신 분께 두려움 없이 더욱더 온전한 신뢰로 응답하도록 독려함으로써 말이다.

예수님께서 큰 소리로 외치신다:
신적 보내심, 궁극적 결정(12:44-50)

[44] 예수께서 외쳐 이르시되 "나를 믿는 자는 나를 믿는 것이 아니요 나를 보내신 이를 믿는 것이며, [45] 나를 보는 자는 나를 보내신 이를 보는 것이니라. [46] 나는 빛으로 세상에 왔나니, 무릇 나를 믿는 자로 어둠에 거하지 않게 하려 함이로라. [47] 사람이 내 말을 듣고 지키지 아니할지라도 내가 그를 심판하지 아니하노라. 내가 온 것은 세상을 심판하려 함이 아니요 세상을 구원하려 함이로라. [48] 나를 저버리고 내 말을 받지 아니하는 자를 심판할 이가 있으니, 곧

---

[25] 많은 학자가 요한이 당시 그리스도교 공동체의 상황을 요한복음에 반영하고 있으며 여기가 그중 한 부분이라고 보는데, 이는 사실일 수도 있다. 그렇다면 요한은 유대인 그리스도인 독자들에게 공개적으로 밝힐 것을 촉구하고 있는 것이다.

내가 한 그 말이 마지막 날에 그를 심판하리라. ⁴⁹ 내가 내 자의로 말한 것이 아니요, 나를 보내신 아버지께서 내가 말할 것과 이를 것을 친히 명령하여 주셨으니, ⁵⁰ 나는 그의 명령이 영생인 줄 아노라. 그러므로 내가 이르는 것은 내 아버지께서 내게 말씀하신 그대로니라" 하시니라.

믿음을 요청하는 두 번의 호소를 지나서—먼저 예수님이 군중에게 말씀하셨고, 그다음 저자가 성경을 숙고했다—이제 맥락 바깥으로 나오셔서[26] 독자에게 직접 말씀하시는 듯한 예수님의 큰 소리 외침이 나온다. 이는 표적의 책(2-12장)의 마무리로 주요 진리 몇 가지를 농축한다. 이는 다음과 같은 몇 가지 '마무리' 중 첫 번째 마무리다. (1) 고별 강론을 마무리하는 요한복음 17장 (2) 예수님이 자기 삶의 마지막에 하신 말씀인 "다 이루었다"와 이어서 예수님의 옆구리를 찌르고 예수님을 장사하는 예수님의 수난과 죽음 이야기의 마무리(19:30-42) (3) 요한복음 20장 끝에서 이 복음서의 목적을 요약한 것 (4) 요한복음 21장에서 저자의 '서명'으로 끝나는 에필로그의 마무리. 이 모두가 상호보완적이며 함께 읽으면 유익할 수 있다.

요한복음 12장의 이 결말도(다른 마무리들도 각기 다른 방식으로) 요한의 프롤로그를 되울린다. 공통된 주제로는 다음과 같은 것이 있다. (1) 예수님을 믿고 그를 보는 것 (2) 예수님이 **어둠**과 대조되는 **빛으로 세상에** 오신 것 (3) 예수님에 대한 거부 (4) **말**, 즉 **'로고스'**λόγος(여기서는 프롤로그의 말씀이 직접 말하신다. **내가 한 그 '로고스'**) (5) 아들과 관련되는 아버지 (6) 아들을 통해 주어지는 **영생**.

그리고 두 가지 뚜렷한 강조점이 있는데, 각각은 요한복음 전체와 계

---

[26] 12:36b에 따르면, 예수님은 숨어 계시는 중이다.

속되는 그리스도인의 사고와 삶에 매우 중요하다.

첫째, 예수님을 보내시고(44, 45, 49절), 예수님께 명령하시고 말할 것을 일러 주시는(49, 50절) **아버지**의 주도권에 대한 강조다. 이는 신자들에게도 영향을 미친다. **"나를 믿는 자는 나를 믿는 것이 아니요 나를 보내신 이를 믿는 것이며, 나를 보는 자는 나를 보내신 이를 보는 것이니라."** 분명 이는 신자들이 예수님을 믿는 게 아니라는 의미가 아니다. 신자들이 예수님에서 멈추지 않고 그를 통해 항상 아버지께 나아가고, 그에게서 본 것에서 항상 아버지를 찾아야 한다는 주장을 강조한 것이다. 예수님의 가장 중요한 관계를 무시하며 예수님을 절대화하는 식으로 예수님을 믿는 신앙의 형태들(대중적인 노래나 일부 영성에서 접할 수 있는 꽤 널리 퍼진 형태들)이 있다.

이런 식의 '예수 숭배'Jesuolatry는 요한복음에서 선택적으로 인용한 구절들을 통해 쉽게 조장될 수 있다. 특히 프롤로그와 예수님의 "나는 있다/…이다" 진술이 이런 데 잘 사용된다. 요한복음의 첫 열두 장을 읽을 때 지배적인 인상은 예수님이 지평을 채우고 계신다는 것이며, 이는 실제로 중심 증언이자 '좋은 소식'이다. 그러나 저자는 요한복음 12장 마무리인 이 지점에서 강조를 통해 독자들이 지금까지의 내용을 다시 읽고 다시 생각하도록 이끌고 있다. 이번에는 특히 예수님을 통해 아버지가 계시되는 방식에 주의를 기울이며 읽고 생각하도록, 그런 다음 이러한 균형 잡힌 신학을 요한복음의 나머지 부분까지 이어가도록 이끌고 있다.[27] 요한 신학의 다차원적 풍부함은 끊임없이 다시 읽고, 다시 생각하

---

27 Thompson, *The God of the Gospel of John*은 요한복음의 신(神)중심성 및 이를 염두에 두고 읽는 신학적 지혜를 특히 강조한다. 이와 부합하는 하나님에 관한 현대 신학으로는 다음을 보라. Sonderegger, *The Doctrine of God*과 *The Doctrine of the Holy Trinity*.

고, 다시 균형을 잡고, 심화시키며 양분을 얻어야만—그리고 이 모든 것을 기도로 가져가야만—누릴 수 있다. 공관복음이 그랬던 것처럼, 처음에는 주로 만남과 표적을 통해 예수님께 집중하는 것이 합당하다. 그러나 그다음에는 그 이야기들을 다시 살펴보고, 그 이야기를 통해서 열린 예수님과 아버지의 관계 속으로 들어가기 시작하되, 깊이 생각하고 기도하며 들어가고, 이를 통해 **나를 보내신 이**를 믿고 보는 법을 배우는 것이 현명하다. 하나님에 관한 신학과 관련하여, 이에 대한 가장 중요한 자료는 요한이 가졌던 성경, 특히 창세기, 출애굽기, 신명기, 이사야, 예레미야, 에스겔, 아가, 그리고 아마 무엇보다 시편이며, 마찬가지로 후대 전통의 삼위일체론적 지혜도 중요하다. 하나님에 관해 씨름하는 이 전통 전체에서 아마도 가장 도움이 되는 단 하나의 지침이 있다면, 그것은 요한복음 17장에 나오는 예수님의 기도일 것이다. 요한복음 17장은 예수님을 보내신 이인 아버지를 완전히 향하고 있고, 하나님이 누구신지와 하나님께로부터 비롯된 사랑을 반복적으로 강조하며 맺는다. "내가 아버지의 이름을 그들에게 알게 하였고, 또 알게 하리니, 이는 나를 사랑하신 사랑이 그들 안에 있고, 나도 그들 안에 있게 하려 함이니이다" (17:26).

둘째, '자기 심판'이라는 말이 어울릴 법한 놀라운 발상이 있다. **"나를 저버리고 내 말을 받지 아니하는 자를 심판할 이가 있으니, 곧 내가 한 그 말이 마지막 날에 그를 심판하리라."** 만물이 그로 말미암아 지은 바 되었기에(1:3), 우리가 우리 자신을 아는 것보다 더 내밀하게 아시고, 우리가 상상할 수 있는 것보다 우리를 더 사랑하시며, 우리를 자신에게로 이끌기를 갈망하시는 분으로부터 우리에게 온 말씀에 우리가 어떻게 반응하나에 따라 우리는 심판받는다. 이 사랑과 관련하여 다른 사람이 어떻게 반응했는지, 반응하고 있는지, 반응할지, 다른 사람의 미래가 어떻게 될지 추정해 보는 것은 현명하지 않다―예수님께서 베드로에게 사랑하시는 제자에 관해서 "…할지라도 네게 무슨 상관이냐"고 말씀하신 것처럼 (21:20-23), 경건한 불가지론이 적절하다. 예수님께서 **온 것은 세상을 심판하려 함이 아니요, 세상을 구원하려 함**이며, 예수님은 자기 손에 있는 모든 영원을 사용하셔서 한 사람 한 사람을 사랑으로, (특히 베드로와 같은 걸출한 인물도) 헤아릴 수 없고 예측할 수 없는 능력으로 구원 사역을 하신다.

요한복음에서 자주 그렇듯이, 이 구문은 단수형이며, 일대일, 개인과 예수님에 관한 것이다. "**나를 믿는 자**[단수형, '호'ὁ]**는 … 나를 보는 자**[단수형, '호'ὁ]**는 … 나를 믿는 자**[단수형, '파스 호'πᾶς ὁ]**로 … 나를 저버리고 내 말을 받지 아니하는 자**[단수형, '호'ὁ] …." 이 "자"는 각 개인이다. 최근 몇 세기 동안 이를 가장 깊이 파악한 사상가는 쇠렌 키르케고르다. 그는 개별자의 중요성을 열정적으로 통찰했다. 수십 년간 사실상 관심 바깥에 있던 그가 20세기에 재발견된 것은 결코 우연이 아니다. 이는 사람들이 공산주의자, 파시스트, 나치라는 전체주의와 씨름하고, 또한 대량 소비 자본주의와 대규모 집단적 또는 전체주의적 종교 형태와 씨름하던 시기와 맞물려 있다. 이것들 각각은 (계급이나, 인종이나, 돈이나, 하나님에 대한 신앙―이것이 선이든 악이든 아마도 가장 강력한 통치력이 있을 것이다―을 중심으로) "이 세상의 임금"이 되고자 했다. 이것들 각각은 예수님에 의해 근본적으로 도전을 받았으며, 그것들의 타파는 이름이 각각 불리는 개인들에 의해 일어났다. 이는 결코 개인주의로 이어지는 것이 아니며, 하나님과 서로와 사랑하고[28] 상호 내주하는 새로운 사랑의 공동체로 이어

---

[28] 사랑에 관한 키르케고르의 심오한 묵상인 《사랑의 역사》(치우 역간)를 보라. 또한 그의 *Practice in Christianity*, 147-262를 보라. 《그리스도교의 훈련》(다산글방 역간).

진다. 고별 강론은 이 새로운 종류의 가족을 소개할 것이다. 그리고 예수님의 십자가 처형은 예수님의 어머니와 예수께서 사랑하시는 그 제자로부터 시작하여 이 공동체를 출범시킬 것이다.

예수님 사역에서 십자가 처형을 앞둔 이 마지막 외침은 각 독자를 향한 부르심으로, 이제까지 직면한 것 중 가장 중요한 결정을 내리라는 부르심이다. 이는 궁극의 결정으로, 이로써 각 사람은 심판받고, 예수님 앞에서 각자 자신이 실제로 누구인지 드러난다.

요한복음 13:1-38

예수님처럼 사랑하라

완전하게, 친밀하게, 아플지라도, 서로서로

이제 일반적으로 예수님의 고별 강론으로 불리는 요한복음 13-17장이 시작된다. 이는 독특한 형태의 고별이다. 주로 예수님의 부활 이후 미래의 제자도에 초점이 맞춰져 있다 — "안녕히 가세요, 다시 안녕하세요, 항상 함께하는 삶에 오신 것을 환영합니다."[1] 프레더릭 데일 브루너가 붙인 "예수님의 제자도 강좌"라는 제목은 이 내용을 잘 나타낸다. 요한복음 2-12장이 제자가 아닌 사람들에게 예수님께서 관여하신 모습을 주로 강조했다면, 이제는 제자들에게로 초점이 이동한다. 이 장들은 유일하게 요한복음에만 있는 내용이다. 하지만 (앞으로 보겠지만) 전반적으로 공관복음과 얽혀 있어서 상호 조명해 준다. 특히 요한복음 17장의 마지막 기도는 주기도문과 깊이 공명한다. 마태는 주기도문을 산상수훈에서 제자도에 관한 가르침을 총괄하는 가장 핵심 위치에 배치한다. 여기서의 배경은 예수님이 십자가에 못 박히시기 전날 밤, 제자들과 함께 친밀

---

[1] Bruner, *The Gospel of John*, 747.

하게 모인 자리다.

고별 강론: 사랑, 위로, 영, 기도의 물결

먼저 요한복음 13장에서는 예수님께서 제자들의 발을 씻기시는 드라마가 펼쳐진다. 예수님은 제자들에게도 자신과 같이 서로 발을 씻기라고 말씀하시고, 유다의 배신과 베드로의 부인을 예고하시고, "서로 사랑하라. 내가 너희를 사랑한 것같이 너희도 서로 사랑하라"는 새 계명을 주신다. 이 과정에서 요한복음 21:24에서 이 복음서의 증언자로 언급되는 새로운 주요 인물이 소개된다.[2] 그는 "예수의 제자 중 하나, 곧 그가 사랑하시는 자"로 언급된다.

요한복음 13장은 이후 강론의 주요 '머리글'을 제시한다. 가장 중심적이고 포괄적인 주제는 예수님이 "자기 사람들을 사랑하시되 끝까지 사랑"하시는 것이다. 사랑은 강론 전체에서 반복되는 핵심 관심사로, 다음과 같이 세 가지 물결로 진행된다. 발을 씻기는 사랑의 섬김, 예수님과의 우정, 그리고 마지막은 요한복음 17장의 기도에 표현된 '사랑의 정점'이다.

발 씻김은 예수님이 누구신지를 모범적이고 예언적인 사랑의 행위를 통해 드러낸다. 이는 각 제자와 일대일로 이루어지는 친밀하고도 개인적인 행위이며, 동시에 철저히 공동체적이어서 공동체 안에서 서로 사랑하고 섬기도록 고무한다("너희도 서로 발을 씻어 주어야 한다[주는 것이 옳으니라]"

---

[2] 1:35-42에 예수님의 첫 두 제자가 등장하는데, 한 명의 이름은 안드레로 언급되었고, 이름도 이러한 묘사도 없이 소개된 나머지 한 명이 이 제자일 수도 있다.

14절]). 또한 당시는 물론 지금도 교회와 사회 안에서 권력 서열에 철저히 도전한다. 이 행위는 임박한 배신과 죽음을 향하고 있고―"예수께서 자기가 세상을 떠나 아버지께로 돌아가실 때가 이른 줄 아시고"(1절)― 또한 그 너머로 제자들의 계속되는 드라마를 향하고 있다. "지금은 알지 못하나 이후에는 알리라"(7절). 요한복음 13-17장이 사랑이라는 포괄적인 관심사 속에서 다루는 두 가지 주요 주제는 다음과 같다. 첫째, 다가오는 예수님의 죽음의 의미와 제자들에게 사별의 의미. 둘째, 계속해서 예수님을 따르는 이들의 공동체가 형성될 수 있도록 가르침, 모범, 계명, 기도, 약속(무엇보다도 보혜사 성령을―위로자, 격려자, 변호자, 돕는 자를―보내신다는 약속)을 제공하는 것.

요한복음 14장은 근심하는 제자들의 마음에 말을 건네신다. 이는 임박한 사별을 앞둔 여러 가지 위로의 물결 중 첫 번째다. 이 위로는 무엇보다도 성령, 곧 위로자에 대한 약속을 통해 주어진다. 예수님은 하나님에 대한 신뢰와 믿음, 그리고 "길이요 진리요 생명"(6절)이신 자신에 대한 믿음을 종용하신다. 그리고 제자들이 예수님의 이름으로 예수님이 하신 것보다 "큰 일도 하리니"라고 예언하시며, 담대히 기도하고 성령의 선물을 받도록 초대하신다. "너희가 내 이름으로 무엇을 구하든지 내가 행하리니 … 내가 아버지께 구하겠으니, 그가 또 다른 보혜사를 너희에게 주사 영원토록 너희와 함께 있게 하리니 … 너희 속에 계시겠음이라" (13-17절). 이 사랑 주제는 상호 내주―"그날에는 내가 아버지 안에, 너희가 내 안에, 내가 너희 안에 있는 것을 너희가 알리라"―를 통해 다음과 같이 더 전개된다. "나의 계명을 지키는 자라야 나를 사랑하는 자니, 나를 사랑하는 자는 내 아버지께 사랑을 받을 것이요, 나도 그를 사랑하여 그에게 나를 나타내리라 … 우리가 그들에게 가서 거처를 그들과 함께하리라"(20-23절).

요한복음 15장은 예수님을 "참 포도나무"에 비유하면서, 예수님과의 관계에서 상호 사랑에 대한 핵심 이미지를 제시한다. "아버지께서 나를 사랑하신 것같이 나도 너희를 사랑하였으니, 나의 사랑 안에 거하라"(9절). 이 사랑은 풍요로운 결실과 기쁨으로 이어지며, 이러한 점은 예수님의 죽음이 친구들을 위한 사랑의 행위로 이해된다는 사실과 직접적으로 연결된다. 그리고 바로 이것이 결과적으로 제자들이 서로 사랑하고 세상의 미움을 이겨 내게 한다. 또한 기도에 관한 물결(7, 16절)과 성령에 관한 물결(26절)도 있다.

요한복음 16장은 더 많은 물결을 담고 있다. 미래의 박해와 임박한 사별의 고통을 마주하여 위로의 물결을 담고 있고(4, 6-7, 12, 20-22, 28, 33절), 약속된 성령의 오심에 관한 물결(7-15절), 기도에 관한 물결(23-24, 26절)이 있다. 다시 말하자면, 이 모든 것은 상호 사랑에 기초하고 있다. "이는 너희가 나를 사랑"하므로 "아버지께서 친히 너희를 사랑하심이라"(27절).

그다음 요한복음 17장에는 "사랑의 정점"이 나온다. 이는 또한 기도와 위로의 정점이기도 하다. 예수님과 아버지의 근원적 사랑의 관계에서 시작된 친밀한 상호성은 먼저 제자들에게 열리고, 그런 다음 제자들을 넘어 "그들의 말로 말미암아 나를 믿는 사람들"(20절)까지 아우른다. 이 사랑의 넘침에는 한계가 없다. 요한복음, 특히 고별 강론의 핵심 주제는 대부분 여기에 하나로 엮여 있다. 즉, 예수님과 아버지, 영광스럽게 됨, 영생, 앎과 믿음, 진리와 말씀, 받음과 주심과 보내심, 제자들과 세상, 기쁨과 미움, 상호 내주, 욕망과 봄, "나는 있다/⋯이다"(24절)가 여기에 하나로 엮여 있다. 그리고 다른 중요한 요소들도 암묵적으로 담고 있으며, 특히 1:32-33에서 세례자 요한이 증언한 바와 같이 처음부터 예수님과 분리될 수 없는 분인 성령도 있다. 여기서 궁극적인 실질적 목적은

"나를 사랑하신 사랑이 그들 안에 있고 나도 그들 안에 있게 하려 함"(26절)이다.

따라서 사랑은 고별 강론의 시작이자 결론이며, 예수님, 하나님, 제자도, 삶과 관련하여 완전히 핵심적인 현실이다.

사랑과 배신, 일대일(13:1-11)

¹ 유월절 전에 예수께서 자기가 세상을 떠나 아버지께로 돌아가실 때가 이른 줄 아시고, 세상에 있는 자기 사람들을 사랑하시되 끝까지 사랑하시니라. ² 마귀가 벌써 시몬의 아들 가룟 유다의 마음에 예수를 팔려는 생각을 넣었더라. ³ 저녁 먹는 중 예수는 아버지께서 모든 것을 자기 손에 맡기신 것과 또 자기가 하나님께로부터 오셨다가 하나님께로 돌아가실 것을 아시고, ⁴ 저녁 잡수시던 자리에서 일어나 겉옷을 벗고 수건을 가져다가 허리에 두르시고, ⁵ 이에 대야에 물을 떠서 제자들의 발을 씻으시고 그 두르신 수건으로 닦기를 시작하여, ⁶ 시몬 베드로에게 이르시니, 베드로가 이르되 "주여, 주께서 내 발을 씻으시나이까?" ⁷ 예수께서 대답하여 이르시되 "내가 하는 것을 네가 지금은 알지 못하나 이후에는 알리라." ⁸ 베드로가 이르되 "내 발을 절대로 씻지 못하시리이다." 예수께서 대답하시되 "내가 너를 씻어 주지 아니하면 네가 나와 '나눌 것'(상관)이 없느니라." ⁹ 시몬 베드로가 이르되 "주여, 내 발뿐 아니라 손과 머리도 씻어 주옵소서!" ¹⁰ 예수께서 이르시되 "이미 목욕한 자는 발밖에 씻을 필요가 없느니라. 온몸이 깨끗하니라. 너희가 깨끗하나, 다는 아니니라." 하시니, ¹¹ 이는 자기를 팔 자가 누구인지 아심이라. 그러므로 "다는 깨끗하지 아니하다" 하시니라.

첫 구절은 역사적, 신학적, 드라마적 의미가 풍부한 맥락을 제공한다. 먼저, 이스라엘 역사에서 핵심 사건인 출애굽을 기념하는 유대인의 연례행사인 **유월절**이 언급된다. 이는 백성들이 이집트 노예 생활에서 해방된 것을 재현한다. 이어지는 본문에서 예수님은 노예의 섬김을 수행하신다.

다음으로, **때**라는 신적 맥락이 있다. 이 때는 복음서 전체의 절정이며, **예수**와 **아버지**의 관계가 맥락의 중심에 있다. 이제는 **세상을 떠나**는 시간이다. 이는 유월절 축제에서 이집트를 떠나는 출애굽 언어를 되울린다.³ 예수님의 죽음은 세례자 요한이 "보라, 세상 죄를 없애시는[제고 가는] 하나님의 어린양이로다!"(1:29)라고 선포한 후부터 이 복음서 전체에 직간접적으로 예견되어 있었다. 요한복음에서는 이스라엘 백성이 이집트에서의 마지막 밤을 기념하는 식사의 핵심인 유월절 어린양이 희생하는 시간에 예수님이 죽으신 것으로 묘사된다.⁴

이어서 발 씻김, 고별 강론, 예수님의 삶과 죽음과 부활을 해석하는 데

3 누가는 실제로 예수님의 삶에서 이 절정의 때를 "떠나가심"[별세하실 것]('엑소더스' [ἔξοδος], '탈출', '출애굽')이라고 부른다. 누가는 변모 사건을 설명하면서, 예수님, 모세, 엘리야가 "영광중에 나타나서, 장차 예수께서 예루살렘에서 떠나가심[별세하실 것]을 말할새"(눅 9:31)라고 전한다.
4 출애굽기 12-15장은 첫 유월절과 출애굽의 '때'를 다루는데, 요한복음이 묘사하는 예수님의 마지막 저녁과 그의 수난, 죽음, 부활과 여러 면에서 공명한다. 예컨대, 절기, 밤, 어린양, 우슬초, 하나님의 영광, 앎, 두려움과 두려워하지 않음, 거룩함 등이 그렇다. 또한 칠십인역을 읽지 않으면 불분명한 여러 언어적 메아리도 있다—예를 들어 "주의 인자하심으로 주께서 구속하신 백성을 인도하시되['파라칼레오'(παρακαλέω)라는 동사는 요한이 고별 강론에서 성령을 지칭할 때 사용한 단어인 '파라클레토스' (παράκλητος)와 연관된다], 주의 힘으로 그들을 주의 거룩한 처소에 들어가게 하시나이다"(15:13). 그러나 가장 핵심적인 요소는 어린양들의 희생과 모든 처음 난 수컷들(요한복음 프롤로그에서 예수님은 처음부터 아버지의 독생자로 불렸다[1:14, 18])을 구별하여 바치는 것의 연관성이다. 이는 또한 출애굽기와 요한복음을 창세기 22장에서 아브라함과 사라 사이의 독생자 이삭이 거의 희생되다시피 한 사건과도 연결시킨다. 하나님의 어린양에 대해서는 1:29-34에 관한 주석을 보라.

중요한 열쇠가 나온다. **세상에 있는 자기 사람들을 사랑하시되, 끝까지 사랑하시니라.** 이 말씀은 지금까지의 이야기를 예수님의 사랑을 보여 주는 이야기로 다시 읽게 한다. 앞으로 전개될 내용에 대한 준비로 이렇게 다시 읽을 필요가 있다—요한복음 2-12장의 주요 주제들, 예컨대 빛, 풍요로운 삶이 사랑과 어떻게 관련되는지 성찰하며 읽는 것도 하나의 방법이다. 또한 나머지 이야기를 이해할 단서가 주어졌는데, 바로 예수님께서 **끝까지**('에이스 텔로스' εἰς τέλος) 사랑하신다는 것이다. 이는 '전적으로, 완전하게, 완벽하게'와 '죽기까지'라는 두 가지 의미를 담고 있다. 이후 예수님이 십자가에 달리실 때, '끝나다, 끝내다, 완전하다, 완성하다, 성취하다, 이루다'를 의미하는 헬라어 동사 '텔레인' τελεῖν ('끝'을 뜻하는 '텔로스' τέλος 에서 유래)이 세 구절에서 두 번 사용되며, 특히 예수님의 마지막 말씀인 "테텔레스타이" τετέλεσται, 즉 "다 이루었다"(19:30)로 절정을 이룬다. 그리고 그 구절의 결론은 예수님이 "파레도켄 토 프뉴마" παρέδωκεν τὸ πνεῦμα—문자적으로 "그 영을 내주셨다"[5]—이다. 이에 대해서는 요한복음 19장에서 더 자세히 살펴보겠지만, 지금은 십자가에서 이 "끝까지 사랑하심"이 고별강론에서처럼 성령 주심과 연결될 수 있다는 점에 주목하는 것이 중요하다. 이는 죽음을 통해 훨씬 더 풍요가 넘치게 되는 사랑의 완성이다.

예수님의 사랑은 곧이어 2절에서 마귀에게 기인한 유다의 배신과 나란히 놓인다. 이에 관해서는 이 장에서 해당 내용이 나올 때 자세히 다룰 것이다. 여기서는 사랑에 저항하는 비극적 현실, 사랑하실 때 예수님의 취약성, 예수님 공동체의 성격, 곧 타락할 수 있고 결함 있으며 죄 많은 성격에 초점이 맞춰진다. 어떤 이들은 예수님이 유다의 발은 씻기지

---

5   이 동사는 또한 '팔아먹다'(betray)도 의미하는데, 13:2에서 유다가 예수님을 팔려 한다는 묘사에서 사용된다. 유다는 예수님을 내주고(hands over), 예수님은 성령을 내주신다.

않으셨을 것이라고 주장하지만, 모든 내용이 유다도 포함되어 있음을 가리킨다—나중에 떡과 관련해서도, 예수님께 떡을 받는 사람 중에 유다의 이름이 유일하게 언급된다. 맥락상 이는 공관복음에서 원수를 사랑하라 하신 명령을 예수님께서 직접 실천하시는 모습을 요한복음이 보여 준다고도 볼 수 있다.

세족식의 도입부는 하나님 안에 있는 예수님의 기원과 운명을 재확인하는 동시에, **아버지께서 모든 것을 자기 손에 맡기신 것**을 예수님이 알고 계신다는 점을 기술한다. 따라서 예수님은 누구신가가 이어지는 내용의 핵심 의미다. 제자들의 발을 씻기시는 손(그리고 나중에 십자가에 못 박히시는 손)이 하나님께서 "모든 것"을 맡기신 손이라면, 이 세족식은 예수님은 누구신가, 하나님은 누구신가, 그들의 사랑은 어떤 것인가를 드러낸다.

예수님은 **제자들의 발을 씻으시기 시작**했다. 고대의 어떤 자료에도 권위 있는 사람이 이렇게 노예의 일을 수행한 유사 사례가 없다. 장 바니에[6]는 로마 제국 시대뿐만 아니라 오늘날에도 급진적인 예수님의 도전, 이 도전의 예언적 의미, 그리고 이 도전이 사랑 및 하나님은 누구신가와 연결되는 점을 포착했다(글상자에서 바니에의 글을 보라).

이는 또한 베드로 문제의 핵심으로 이어지는데, 베드로가 예수님의 고난과 죽음을 저지하려 했다는 마가복음의 묘사(막 8:31-33)와도 유사하다. 베드로는 자기 주님이신 예수님께서 노예처럼 발을 씻기거나 노예처럼 십자가에 처형당하시는 것을 도무지 상상할 수 없었다. 신약 전체는 개념, 이미지, 성경을 비롯한 자료들을 총동원하여 하나님의 아들이신 예수님의 십자가 처형이라는 스캔들, 기대와 가치의 전복을 제대

---

6   바니에와 관련해서는 에필로그에서 〈계속되는 드라마〉 부분을 보라.

모든 집단, 모든 사회는 피라미드 형태로 되어 있다.
꼭대기에는 권력자, 부자, 지식인이 있다.
그들은 다스리고 지도하도록 부름받았다.
맨 아래는 이민자, 노예, 하인,
실직자, 정신 질환자, 다양한 형태의 장애인이 있다.
그들은 배제되어 있고 소외되어 있다.
여기서 예수님은 맨 아래 있는 사람의 자리,
마지막 자리,
노예의 자리를 취하신다.
베드로가 볼 때 이럴 수는 없다.
예수님께서 사회의 형태를 바꾸시러 오셨음을
베드로는 거의 깨닫지 못한다.
예수님은 사회를 피라미드 형태에서 몸의 형태로,
모든 사람이 능력이나 장애 유무와 관계없이
각자의 자리가 있는 몸의 형태로 바꾸러 오셨다.
…
복음의 메시지는 세상을 뒤집어엎는다.
…
베드로는 예수님의 대답이 일러 주는 바를 이해하지 못한다.
발 씻김은 우리가 따를 수도 있고 따르지 않을 수도 있는,
혹은 특정 순간에 수행해야 하는
새로운 의식이 아니라는 것을 말이다.
발 씻김은 예수님 사랑에서 본질적인 부분이며,
또한 하나님 나라에 들어가기 위해서는
어린아이와 같이 되어야 한다는 계시다.
하나님은 누구신지와
우리가 어떤 존재가 되도록 부름받았는지 발견하기 위해
위로부터 '태어나야' 한다는 계시다.

> 우리는 하나님의 영을 받을 때에만
> 이 작음, 겸손, 섬김의 메시지를 이해하고 그대로 살 수 있다.
> ─ 장 바니에, 《요한복음 묵상》 *Drawn into the Mystery of Jesus*, 227-29

로 표현하려 한다. 요한복음에서 이 주제에 접근하는 방식은 독특한데, 사랑하시는 그 제자와 베드로는 물론 유다의 발까지도 포함하여 제자들의 발을 씻기시는 모습을 통해 이 주제를 보여 준다.

발 씻김은 사랑처럼 일대일로 이루어진다. 다정하고 부드러운 접촉 행위다. 예수님은 이미 자기 발에 값비싼 향유를 바르셨고(12:1-8), 그 발이 곧 십자가에 못 박힐 것이다. 여기서 예수님은 베드로의 저지에 대답하시면서 먼저 다음과 같이 말씀하신다. **"내가 하는 것을 네가 지금은 알지 못하나 이후에는 알리라."** 이 행동은 예수님의 죽음과 부활과 성령 나누심이라는 전체 사건의 맥락에서만 적절하게 파악될 수 있다. 요한복음은 이러한 이해의 원리를 (2:22부터) 반복적으로 강조한다. 명시적으로 요한복음은 부활 이후의 관점에서 기록했다.

그런 다음 베드로가 **"내 발을 절대로 씻지 못하시리이다"**라고 말하자, 예수님은 결정적인 진술로 답하신다. **"내가 너를 씻어 주지 아니하면 네가 나와 나눌 것[상관]이 없느니라."** 여기서 "너/네"는 단수형이다. 이는 일대일 진술이며, "내가 너를 씻어"라는 일대일 행위로 구현된다. 이어서 핵심 의미가 나온다. "네가 나와 나눌" 수 있다[네가 나와 상관이 있다]는 것이다. 이 나눔은 요한복음 17장의 예수님의 기도에서 절정에 달한다. 고별 강론에서 이야기하는 것보다 더 완전한 나눔을 상상하기는 어렵다. 이는 또한 "완전히[온전함을 이루어] 하나가 되기"(17:23)[7] 위해, '사랑의 정점'—하나님을 향한, 서로를 향한, 세상을 향한 사랑—으로 부름받은 공동체의 일원이 되는 것이다. 그러나 "나와 나눌 것[상빤]"에는 또한 반대, 미움, 고난, 그리고 어쩌면 죽음도 포함된다. 이는 고별 강론에서 자주 강조된다. 잠시 후 예수님은 발 씻김에 관해서 이야기하시며 "내가 진실로 진실로 너희에게 이르노니, 종이 주인보다 크지 못하고, 보냄을 받은 자가 보낸 자보다 크지 못하나니"(13:16)라고 말씀하신다. 계속되는 사랑의 드라마는 제자들이 예수님만큼이나 세상과 그 어둠의 세력들에 깊이 관여하도록 이끌어서 강력한 저항을 불러일으킨다.

베드로가 예수님이 자기 발을 씻기시지 못하게 거부한 것은 이후 예수님을 부인한 것으로 더욱 심각해진다. 그러다가 요한복음 21장에서 마침내 "이후에는 알리라"하신 말씀의 의미가 나타난다. 발 씻김과 긴밀히 연결되는 21장의 마지막 대화는 일대일 사랑("요한의 아들 시몬아, 네가 나를 사랑하느냐?"), 공동체 안에서의 섬김("내 어린양을 먹이라")에 대해 이야기하고, 그가 "어떠한 죽음으로 하나님께 영광을 돌릴 것"인지를 암시한다. 베드로는 끔찍한 잘못을 저질렀지만 회개하여 바른길로 가는 제자의 전형이다.

유다는 이제 예수님을 **팔 자**로 다시 언급되고, 유다와 예수님의 결정적인 일대일의 순간은 이 식사에서 조금 뒤에 나온다. 유다는 지금까지 알려진 대로라면[8] 잘못을 저지르고도 회개하지 않는 사람의 전형이다.

7   여기서 헬라어는 "테텔레이오메노이 에이스 헨"(τετελειωμένοι εἰς ἕν)—문자적 의미는 '하나로 완전해진\완벽해진\완성된\자라난'—이다. 이 동사 '텔레이운'(τελειοῦν)은 예수님이 십자가에서 목마르신 것이 성경을 "이루게[홀하게] 하려"(19:28)는 것임을 나타낼 때 사용된다. 또한 이와 밀접하게 관련된 동사 '텔레인'(τελεῖν)은 예수님의 사역이 십자가 처형으로 "이루어"짐과 관련하여 두 번 사용되었다(19:28, 30). 또한 19:1-42에 관한 주석의 도입부를 보라.
8   이는 중요한 조건이다. 예수님께서 베드로에게 사랑하시는 제자의 미래를 감히 알려 하지 말라고 말씀하신 것처럼 말이다. 칼 바르트는 성경을 근거로 유다에게조차 구원의 가능성이 있다는 강력한 신학적 논증을 펼쳤다(《교회 교의학》 II/2, §35.4, "버림받은 자에 대한 결정").

그리고 예수님과의 첫 일대일 접촉으로 곧 등장하는 "그가 사랑하시는 자"(13:23)는 다른 종류의 전형, 즉 모델이 되는 제자다. 자주 요한은 독자들이 여러 본보기 인물을 마주하게 만들면서, 우리가 누구와 동화되어야 하는지를 분명하게 제시한다. 요한복음의 핵심 초대는 예수님께서 아버지 품에 계신 것처럼(1:18) 예수님의 품에 있는 사랑하시는 그 제자와 같이 되는 것이다. 이러한 초대는 요한복음의 맨 마지막에 이 모습이 회상될 때(21:20-23) 더욱 강조된다.[9]

베드로가 반대 극단으로 치달아서 **"주여, 내 발뿐 아니라 손과 머리도 씻어 주옵소서!"**라고 말하자, 예수님은 **"이미 목욕한 자는 발밖에 씻을 필요가 없느니라. 온몸이 깨끗하니라. 너희가 깨끗하나, 다는 아니니라"**[10]라고 대답하신다. 이는 예수님 및 그의 말씀과의 전체적 관계와 발 씻김을 같은 수준으로 여겨서는 안 된다는 뜻으로 보인다—예수님께서 고별 강론에서 이후에 "너희는 내가 일러준 말로 이미 깨끗하여졌으니"(15:3)라고 말씀하신 것처럼 말이다. 이는 오히려 예수님과의 관계의 또 다른 차원이다. 관계에 초점을 맞추고 관계를 더 깊게 하며 관계를 행동으로 옮기는 차원이다. 이는 예수님과의 관계와 예수님의 삶, 죽음, 부활의 드라마를 에토스와 윤리로 번역한다. 이러한 방식으로 타인에게 행동하는 것은 결코 부차적이지 않다. 오히려 예수님과의 관계와 이러한 행동은 분리될 수 없다. 만일 예수님과의 관계가 중요하다면, 예수님께 진심이기 위해서는 이러한 행동이 필수다. 예수님께 사랑받고 발 씻김받고 예수님을 알고 믿고 신뢰하고 사랑하는 것과 발 씻김과 같은 행동으로 예수님을 닮는 것은 자연스럽게 하나로 연결되어 있다. 이 모든

---

9   1:1-18에 관한 주석에서 〈실재의 핵심에 있는 친밀함〉 부분을 보라.
10 여기에는 가장 신뢰할 만한 사본 사이의 차이가 있다. 어떤 사본에는 "발밖에"라는 문구가 없다. 나는 이 문구가 포함된 NRSV를 따랐다.

것은 예수님께 참여하는 것으로—"나와 나눌 것[상편]"이 있거나, 없거나로—요약된다. 이러한 점은 이제 예수님이 이에 관해 가르치시는 말씀으로 더욱 분명해진다.

복합적으로 강화된 명령(13:12-20)

¹² 그들의 발을 씻으신 후에 옷을 입으시고, 다시 앉아 그들에게 이르시되 "내가 너희에게 행한 것을 너희가 아느냐? ¹³ 너희가 나를 선생이라 또는 주라 하니 너희 말이 옳도다. 내가 그러하다. ¹⁴ 내가 주와 또는 선생이 되어 너희 발을 씻었으니 너희도 서로 발을 씻어 주어야 한다[주는 것이 옳으니라]. ¹⁵ 내가 너희에게 행한 것같이 너희도 행하게 하려 하여 본을 보였노라. ¹⁶ 내가 진실로 진실로 너희에게 이르노니, 종이 주인보다 크지 못하고 보냄을 받은 자가 보낸 자보다 크지 못하나니, ¹⁷ 너희가 이것을 알고 행하면 복이 있으리라. ¹⁸ 내가 너희 모두를 가리켜 말하는 것이 아니니라. 나는 내가 택한 자들이 누구인지 앎이라. 그러나 '내 떡을 먹는 자가 내게 발꿈치를 들었다' 한 성경을 응하게 하려는 것이니라. ¹⁹ 지금부터 일이 일어나기 전에 미리 너희에게 일러 둠은 일이 일어날 때에 내가 그인 줄 너희가 믿게 하려 함이로라. ²⁰ 내가 진실로 진실로 너희에게 이르노니, 내가 보낸 자를 영접하는 자는 나를 영접하는 것이요, 나를 영접하는 자는 나를 보내신 이를 영접하는 것이니라."

발을 씻겨 본을 보이신 일은 지극히 중요하다. 이제 일련의 주목할 만한 강조 진술이 나와서 이 중요성을 분명히 드러낸다. 요한복음 어디에도 이렇게 강조하는 부분은 없다. 물을 포도주로 바꾸는 첫 표적부터 시작해서 예수님의 앞선 행동들과 관련해서는 여기서와 같은 명령이 없었는데, 이러한 대조를 통해 더욱 강하게 강조된다. 단 하나 예외는 오천 명을 먹이신 일인데, 이는 매우 의미심장하다. "내가 진실로 진실로 너희에게 이르노니, 사람의 아들의 살을 먹지 아니하고 사람의 아들의 피를 마시지 아니하면 너희 속에 생명이 없느니라. 내 살을 먹고 내 피를 마시는 자는 영생을 가졌고, 마지막 날에 내가 그를 다시 살리리니, 내 살은 참된 양식이요 내 피는 참된 음료로다. 내 살을 먹고 내 피를 마시는 자는 내 안에 거하고 나도 그들[그의] 안에 거하나니"(6:53-56). 이 대목에서 요한은 누가복음이 마지막 만찬과 관련하여 제시하는 명령과 동일한 내용을 담고 있다. "이것은 너희를 위하여 주는 내 몸이라. 너희가 이를 행하여 나를 기념하라"(눅 22:19).[11]

이 때문에 흥미로운 의문이 들게 된다. 요한복음은 왜 마지막 만찬에 성찬식 제정을 담고 있지 않은가 하는 것이다.[12] 이에 대해 누가가 중요한 단서를 제공한다. 누가복음의 마지막 만찬 이야기에는 요한복음의 발 씻김 행동과 상응하는 말이 담겨 있다. 예수님은 큰 자와 권위에 대해 가르치면서 다음과 같이 마무리하신다. "앉아서 먹는 자가 크냐, 섬기는 자가 크냐? 앉아서 먹는 자가 아니냐? 그러나 나는 섬기는 자로 너희 중에 있노라"(22:27). 요한복음은 이 가르침을 발씻김이라는 행동을 통해 강조한다. 또한 성찬 명령의 경우는 오천 명을 먹이신 맥락에 배치

---

11   6:52-59에 관한 주석을 보라.
12   이에 대한 다양한 추측이 있다. 요한은 성례전을 반대하는가? 아니면 심히 성례전적인 인물로서, 발 씻김과 요한복음 6장을 통해 독자들이 성찬에 더욱 깊이 들어가기를 기대했던 것일까? 아니면 그는 단순히 독자들이 모두 공관복음을 알고 있다고 가정하고 공관복음을 보완하는 차원에서 요한복음을 쓴 것일까? 요한은 성찬례의 유래를 오천 명을 먹인 사건에서 찾는 것일까? 성찬례라는 가장 신성한 관행을 글로 기록하지 않는 '비밀 규율'이 요한 공동체에 있었던 것일까? 편집자가 성찬례에 관한 원래의 이야기를 요한복음 13장에서 6장으로 옮긴 것일까? 이러한 문제들에 관한 초기의 몇몇 생각들에 대해서는 6:41-51에 관한 주석을 보라.

함으로써 강조한다. 오천 명을 먹이신 사건은 출애굽 광야 여정에서 하늘로부터 내려온 떡인 만나를 주신 사건과 연결되어 공명한다. 요한은 누가의 이야기에서 함께 나오는 두 요소를 분리함으로써, 각각의 요소를 누가복음보다 훨씬 더 강조하고, 동시에 출애굽 사건과의 연관성을 살린다. 그리고 성찬식 제정을 생략함으로써 발 씻김이 더욱 강조된다. 만일 내가 추정한 것처럼, 요한이 자신의 독자들이 이미 누가복음을 알고 있을 것이라고 기대했다면, 그는 당시 교회들에게 다음과 같은 메시지를 전하고 있었던 것일지도 모른다. 예배와 성찬 거행, 예수님과의 친교에 너무 매몰되어, 서로 섬기는 삶을 실천하고 권위자들이 겸손하게 사랑으로 섬기는 공동체를 세우는 일을 소홀히 하지 않도록 주의하라. 예수님과의 친교는 성찬 거행과 상황에 맞게 창의적으로 연주한 발 씻김을 통해 일어난다.

요한의 이야기가 '이것이 가장 중요하다'라는 메시지를 점층적으로 전달하는 방식에 주목할 필요가 있다. 요한복음에서 다른 어떤 가르침도 이 정도의 강조를 담고 있지 않다.

- 타이밍이 절정이다. 유월절이라는 주요 절기일 뿐만 아니라, 이 복음서의 절정 사건들이 일어나는 '때'이기도 하다. 그리고 이 사건들의 핵심 인물들(유다, 베드로, 예수께서 사랑하시는 그 제자 및 다른 제자들)이 발 씻김 이야기에 얽혀져 있다.
- 발 씻김은 "자기 사람들을 사랑하시되, 끝까지 사랑하시니라"라는 설명이 나온 다음 바로 이어서 예수님께서 하신 첫 번째 행동이다. 본보기 삼아야 할 사랑의 행위로 여겨지도록 명백히 의도된 것이다. 이는 "아버지께서 모든 것을 맡기신" "손"으로 발을 씻기는 행위다. 그 어떤 행동도 이보다 더 높은 권위를 가질 수 없다.

- 이 행동은 예수님께 참여함이라는 주제, 곧 "나와 나눌 것[상편]"(앞 내용 참조)이 있다는 근본 주제를 가리키며, 일대일 관계를 공동체에서의 상호 섬김과 결합한다.
- 예수님은 **주와 또는 선생**으로서의 권위를 명시적으로 주장하시며, **내가 그러하다**('에이미' εἰμί)고 말씀하신다. 이는 요한복음에서 반복되는 '나는 있다/…이다'('에고 에이미' ἐγώ εἰμι)를 되울리고, 이 되울림은 19절에서 강화된다. **내가 그인**('에고 에이미' ἐγώ εἰμι) **줄 너희가 믿게 하려 함이로라**. 따라서 발 씻김은 예수님의 신성을 확증하는 이 복음서의 독특한 방식과 두 번이나 연관된다.
- 권위에 관한 주장에서 직접적으로 이어지는 명시적 명령이 있다. **"내가 주와 또는 선생이 되어 너희 발을 씻었으니 너희도 서로 발을 씻어 주어야 한다**[주는 것이 옳으니라].**" "너희 …야 한다"**('휘메이스 오페일레테' ὑμεῖς ὀφείλετε)는 매우 강한 표현으로, 서로에게 빚이 있음을 암시한다.[13]
- 예수님은 제자들이 따라야 할 **본**을 보이고 있다고 말씀하신다. 그리고 자신의 본에서 영감을 받아 창의적으로 연주하도록 도전하신다. **"내가 너희에게 행한 것같이 너희도 행하게 하려 하여."** 이 "…것같이"는 요한 특유의 확장적 표현이다. 이는 다른 상황에 직면했을 때 창의적으로 생각하고 상상하고 행동하도록 길을 열어 준다.[14] "본"은 똑같이 반복하라는 의미가 아니라, 무수히 많은 상황에서 예수님의 정신을 따라 계속 변주될 가능성을 시사한다.

---

13 빚과 연관된 동사 '오페일레인'(ὀφείλειν) 및 관련 명사는 주기도문의 상호 용서에 대한 말씀에 사용되었다(마 6:12: '오페일레마'[ὀφείλημα]와 '오페일레테스'[ὀφειλέτης]; 눅 11:4: '오페일레인'[ὀφείλειν]). 이러한 용서는 씻음에 관한 요한복음 13장의 언어 및 예수님과 베드로가 깨끗함에 관해 나눈 대화와 맥락을 같이한다.

14 1:14에 관한 주석, 3:11-21에 관한 주석에서 ⟨"…것같이 …하라": 대담한 신학적 상상력⟩ 부분을 보라. 또한 10:11-21; 13:31-35; 17:18; 20:21에 관한 주석을 보라.

- 그 중요성은 **"내가 진실로 진실로 너희에게 이르노니"**라는 정형 문구로 더욱 강조된다. 이 문구는 이 단락의 마지막 요약적 진술인 20절에서도 반복된다. 16절에서의 주제는 '크다'인데, 이는 중요성, 능력, 권위, 하나님과 밀접하게 연결된다. **"종이 주인보다 크지 못하고 보냄을 받은 자가 보낸 자보다 크지 못하나니."** 하나님의 능력과 권위는 흔히 생각하는 것과는 놀랄 만큼 다르며, 그 실상은 사랑으로 행하는 종과 같은 섬김에서 드러난다.
- 요한복음에 단 두 번 등장하는 '복'beatitude 중 하나가 여기 나온다.[15] 이는 앎과 행함 사이의 기본 연결에 관한 것이다. **"너희가 이것을 알고 행하면 복이 있으리라."**[16]
- 성경의 권위도 언급된다. **"성경을 응하게 하려는 것이니라."**
- 마지막으로, 신적인 "나는 있다/…이다"에 이어서, 두 번째 "내가 진실로 진실로 너희에게 이르노니"라는 말로 시작되는 수용 또는 영접에 관한 절정의 진술이 나온다. 영접은 요한복음에서 핵심 행동 중 하나다.[17] **"내가 보낸 자를 영접하는 자는 나를 영접하는 것이**

---

15   발 씻김과 산상수훈의 지복(마 5:3-12)을 나란히 읽으면 서로를 조명해 준다. 특히 지복의 첫 세 부분이 그렇다. "심령이 가난한 자는 복이 있나니 … 애통하는 자는 복이 있나니 … 온유한(meek\gentle) 자는 복이 있나니…."
16   두 번째로 나오는 복은 보는 것과 믿는 것의 연결과 관련된다. "보지 못하고 믿는 자들은 복되도다"(20:29).
17   영접으로 번역된 헬라어 동사는 '람바네인'(λαμβάνειν)인데, 이는 '받다, 환영하다, 받아들이다, 취하다, 입다' 등을 의미할 수 있다. 요한복음의 다른 여러 핵심어와 마찬가지로, 이 단어는 매우 평범한 방식으로 사용될 수 있지만, 요한복음 메시지의 핵심으로도 들어가기도 한다. 예를 들어 1:12, 16; 3:11, 32, 33; 5:43; 10:18; 12:48; 14:17; 20:22에서 그렇다. 이는 예수님 자신, 은혜 위에 은혜, 중요한 증언, 아버지의 명령, 예수님의 말씀, 성령 등을 받는 것과 관련된다. 요한복음 13장에서 '람바네인'(λαμβάνειν)은 예수님이 수건을 가져오실 때(4절), 그다음 겉옷을 입으실 때(12절) 처음 사용되었다. 그다음으로는 사람들, 예수님, 예수님의 아버지를 영접하는 것과 관련하여(20절), 그리고 유다가 예수님께 떡을 받는 것과 관련하여(30절) 사용되었다.

요, 나를 영접하는 자는 나를 보내신 이를 영접하는 것이니라." 예수님, 예수님의 아버지, 그분들이 보내신 자, 그분들이 주신 것을 수용 또는 영접한다는 것은 요한복음의 주목적에 대한 요약일 수 있다. 요한복음의 주목적은 다른 곳에서 믿음\신뢰함, 상호 내주\거함, 상호 사랑이라는 언어를 통해 표현되었다. 따라서 발을 씻기라는 명령에 대한 마지막 강조는 요한복음의 핵심에 있는 상호 수용의 역학과 융합된다. 서로의 발을 씻기는 부드러운 손길은 서로를 사랑으로 받아들인다는 표시다.

예수께서 사랑하시는 그 제자의 등장, 사랑을 거부하고 배반한 자의 퇴장(13:21-30)

²¹ 예수께서 이 말씀을 하시고 심령이 괴로워 증언하여 이르시되 "내가 진실로 진실로 너희에게 이르노니, 너희 중 하나가 나를 팔리라" 하시니, ²² 제자들이 서로 보며 누구에게 대하여 말씀하시는지 의심하더라. ²³ 예수의 제자 중 하나, 곧 그가 사랑하시는 자가 예수의 품에 의지하여 누웠는지라. ²⁴ 시몬 베드로가 머릿짓을 하여 말하되 '말씀하신 자가 누구인지 말하라' 하니, ²⁵ 그가 예수의 가슴에 그대로 의지하여 말하되 "주여, 누구니이까?" ²⁶ 예수께서 대답하시되 "내가 떡 한 조각을 적셔다 주는 자가 그니라" 하시고, 곧 한 조각을 적셔서 가룟 시몬의 아들 유다에게 주시니, ²⁷ 조각을 받은 후 곧 사탄이 그 속에 들어간지라. 이에 예수께서 유다에게 이르시되 "네가 하는 일을 속히 하라" 하시니, ²⁸ 이 말씀을 무슨 뜻으로 하셨는지 그 앉은 자 중에 아는 자가 없고, ²⁹ 어떤 이들은 유다가 돈궤를 맡았으므로 명절에 우리가 쓸 물건을 사라 하시는지, 혹은 가난한 자들에게 무엇을 주라 하시는 줄로 생각하더라. ³⁰ 유다가

| 그 조각을 받고 곧 나가니 밤이러라. |

요한복음에서 예수님이 **심령이 괴로워**하신다고 묘사한 것은 이번이 세 번째다. 공관복음에서는 겟세마네에서 예수님의 고뇌 속에 집중적으로 나타난 것이 요한복음에서는 세 사건에 분산되어 나타난다. 그리고 각 사건은 십자가 처형의 의미를 가리킨다. 첫째, 예수님은 자신이 사랑하는(11:3, 5, 36) 나사로, 곧 자기 목숨을 걸고 살리고자 하는 나사로의 죽음을 마주하셨을 때 "심령에 비통히 여기시고 불쌍히 여기셨다"(11:33). 둘째, 헬라인들이 예수님을 뵈옵고자 할 때, 예수님은 "사람의 아들이 영광을 얻을 때가 왔도다"(12:23)라고 선포하시며 자신의 십자가 죽음을 "모든 사람"을 위한 결실과 연결하셨는데(12:32), 이때 예수님은 자신이 직면한 상황으로 인해 마음이 흔들리셨다. "지금 내 마음이 괴로우니"(12:27). 여기서는 그 "때"가 더욱 강렬하게 목전에 다가왔고, 예수님은 사랑과 신뢰를 철저히 거부하고 저버리는 유다의 배반에 직면하신다. 유다는 최측근 추종자 중 하나였다.

모든 것이 사랑을 저버리는 것으로 수렴된다. 이미 "세상에 있는 자기 사람들을 사랑하시되, 끝까지 사랑하시니라"(13:1)라는 머리글에서부터 바로 뒤따라 "마귀가 벌써 시몬의 아들 가룟 유다의 마음에 예수를 팔려는 생각을 넣었더라"(13:2)라는 설명이 나온다. 유다는 예수님의 "자기 사람들" 중 하나다. 예수님은 "다는 깨끗하지 아니하다"(13:11)는 점을 충분히 인지하고 계시면서도 유다의 발을 사랑으로 씻겨 주신다. 예수님은 최측근 친구의 배신과 관련하여 시편 41:9를 인용하신다. "내 떡을 먹는 자가 내게 발꿈치를 들었다"(13:18). 그런 다음 떡 **한 조각을 적셔서 가룟 시몬의 아들 유다에게 주셨다**. 긴장이 이 순간을 향해 점점 고조되어 왔고, 예수님의 인식과 탁월한 지식은 고뇌를 더욱 심화시켜 예수님 자신을 더 깊이 흔들어 놓는다. 우리는 예수님이 누구신지 생각해 볼 때, 그가 친밀함, 사랑, 신뢰를 저버리는 게 얼마나 끔찍한 것인지 알고 계시면서도 주저 없이 그 속으로 완전히 들어가기로 마음을 정하셨다는 것을 알 수 있다. 이후 우리는 예수님께서 하나님과 인류와, 특히 최악의 상태의 인류와 연대하시는 것이 십자가에서 어떻게 완성되는지 보게 될 것이다.[18]

그리고 이제 이 중요한 시점에, 유다와 극명히 대비되는 인물이 드라마에 등장한다. 그의 유일한 정체성은 예수께서 **사랑하시는 자**다. 그는 또한 **예수의 품에 의지하여 누웠는지라** reclining next to him 라고 묘사되고, 또다시 **예수의 가슴에 그대로 의지하여** reclining next to Jesus 있다고 묘사된다. 이러한 NRSV의 번역은 빈약하여, 이 번역으로 읽는 독자는 요한의 의도를 제대로 이해하기 어렵다.• 첫 번째 "의지하여"(23절)는 문자적으로 '예수의 품속에서/품에서 식탁 앞에 앉아 있다'('아나케이메노스 … 엔 토 콜포 투 이에수' ἀνακείμενος … ἐν τῷ κόλπῳ τοῦ Ἰησοῦ)는 말이다. 요한이 '품'이라는 말을 사용한 다른 예는 예수님을 독생자로 소개하는 프롤로그의 절정 구절(1:18)이다. NRSV에서 이 구절의 경우 "아버지 마음/가슴 가까이에"(문자적으로, '아버지의 품 안에')로 훨씬 잘 번역되어 있다. 여기서 '품'은 사랑의 궁극적 친밀함을 묘사하기 위해 사용된다. 요한복음 13장에서 두 번째 "의지하여"(25절)는 문자적으로 '예수의 가슴에 붙어서 기대다'('아나페손 … 에피 토 스테토스 투 이에수' ἀναπεσών … ἐπὶ τὸ στῆθος τοῦ Ἰησοῦ)라는 의미이며, 이 표현은 21:20에서 회상적인 형태로 다시 사용된다. 이와 같이 요한복음은 복음

• 옮긴이 주: 한글 개역개정에서는 저자가 말하는 요한의 의도가 잘 나타난다. NRSVue (2021)에서는 23절의 'next'가 'close'로, 'him'이 'his heart'로 대체되었고(reclining close to his heart), 25절의 문구는 동일하다.
18 특히 19:28-29에 관한 주석에서 안나스 레버토프의 시 "줄리안의 20장 주제에 부쳐"(On a Theme from Julian's Chapter XX)를 보라.

서의 시작과 끝, 그리고 이 절정의 순간에 이러한 친밀함의 이미지를 두드러지게 부각한다. 예수께서 **사랑하시는** 제자는 여기서와 끝에서 주체로 나오고, 이후 그는 이 복음서의 참된 "증언"의 출처로 밝혀지는데(21:24), 이러한 점은 이 순간의 중요성과 핵심을 강조한다. 즉, 예수님의 사랑은 아들과 아버지 사이의 사랑 안에서 모든 실재의 중심에 있으며, 예수님의 사랑은 또한 사랑받음과 사랑함을 통해 인간 실현의 핵심이 되는데, 유다는 이런 사랑을 배반한 것이다.

조각을 받은 후 곧 사탄이 그 속에 들어간지라. 이 복음서의 다른 주요 사건들—특히 예수님에 대한 거부와 십자가 처형, 부활, 성령 주심—과 마찬가지로, 요한은 이 순간을 위해서도 우리를 준비시켜 왔다. 예수님은 오천 명을 먹이시고 세상을 위해 자기 살을 주신 것과 자기 살을 먹고 자기 피를 마시는 일의 중요성에 대해 가르치신 후 이렇게 말씀하셨다. "'내가 너희 열둘을 택하지 아니하였느냐? 그러나 너희 중의 한 사람은 마귀니라' 하시니, 이 말씀은 가룟 시몬의 아들 유다를 가리키심이라. 그는 열둘 중의 하나로 예수를 팔 자러라"(6:70-71). 마리아가 값비싼 향유를 예수님의 발에 붓는 것을 유다가 반대했을 때, "제자 중 하나로서 예수를 잡아 줄" 인물이라는 설명이 따라온다(12:4). 요한복음 13장은 독자들의 시선이 유다에게 여러 번 가게 한다. 먼저 유다를 다시 마귀와 연결한다. "마귀가 벌써 시몬의 아들 가룟 유다의 마음에 예수를 팔려는 생각을 넣었더라"(13:2). 그런 다음 누군지 이름을 밝히지는 않고 다만 자기를 팔 자로, 깨끗하지 않은 자로, "내게 발꿈치를" 들은(13:18) 최측근으로 언급한다.

이 모든 것을 통해 마귀(혹은 사탄), 유다, 유다가 저지른 일에 있어 본인의 책임에 관한 심오한 물음이 제기된다. 예수님을 배신한 것에 대한 책임이 정말 유다에게 있는가? 유다를 움직인 마귀나 사탄에게 책임이 있으며, 유다는 운명을 피할 수 없었던 것처럼 보이지 않는가? 유다는 때때로 그런 식으로 여겨진다. 하지만 요한복음과 성경 전체의 맥락에서 볼 때 이는 끔찍한 오해다. 이야기를 풀어내는 방식이 다중 현실을 허용한다. 유다와 그의 책임에 관한 현실, 마귀 또는 사탄에 관한 현실, 곧 개인의 책임을 넘어서는 악에 관한 현실, 예수님과 그의 사랑의 현실이라는 다중 현실을 허용한다. 이는 악과 죄의 신비에 관한 문제나, 신적 자유와 인간 자유의 상호 관계 같은 문제에 대해 이론적 해법을 제시하는 것이 아니다. 오히려 개별 인간의 책임, 개인을 넘어서는 악, 예수님의 사랑이라는 세 요소가 모두 결합되어 있는 현실, 진지하게 받아들여야 할 현실을 묘사하는 것이다. 요한복음의 주된 효과는 실천적이다. 독자들은 예수님의 사랑에 응답하도록 도전받는다. 또한 자신을 유다나 사탄으로 대표되는 세력과 동일시하지 않고 예수께서 사랑하시는 그 제자와 동일시하며, 계속되는 사랑의 드라마에 참여하도록 초대받는다.

이 복음서에서 유다는 돈에 대해 부정직하며, 마리아가 값비싼 향유를 예수님의 발에 부은 행동에 대해서는 위선적으로 반응한다(12:1-8). 그러나 무엇보다도 그는 예수님과 가까운 사이였음에도 신뢰와 사랑을 저버린 최측근 적이다. 그는 달리 반응할 기회가 여러 번 있었다. 마리아의 기름부음은 엄청난 사랑의 행동이었지만, 유다가 보기에는 자기가 빼돌릴 수 있는 돈이 줄어들게 된 사치스러운 사랑이었다. 예수님의 발 씻김은 유다를 향한 겸손하고 부드러운 인격적인 사랑의 행위였다. 그리고 마지막으로 예수님이 유다에게 떡을 나누어 주신 것은 친밀한 나눔의 행동이었다. 유다는 이 모든 손 내밂에 반응하지 않았다.

유다를 위한 변명의 여지는 없지만, 유다는 악이라는 더 큰 맥락 가운데 놓여 있다. 유다의 배신은 사탄에게 영감받은 것으로 여겨지고, 유다 본인은 마귀로 불린다. 유다가 떡 조각을 받자 **사탄이 그 속에 들어갔다.**

요한복음에서 사탄의 직접적 행동이 묘사된 것은 이 부분이 유일하다. 앞서 예수님은 마귀를 "처음부터 살인한 자요" "거짓말쟁이요, 거짓의 아비"라고 묘사하셨다(8:44). 이는 생명 및 진리와 동일시되는 예수님과 정반대된다. 예수님은 또한 그를 "이 세상의 임금"(12:31; 14:30; 16:11)으로 칭하셨는데, 항상 패배의 맥락에서 언급하셨다. "이 세상의 임금이 쫓겨나리라"(12:31). 이 세상의 임금은 "내게 행사할 수 있는 힘이 없다(관계할 것이 없으니)"(14:30). "이 세상 임금이 심판을 받았음이라"(16:11). 여기서 사탄 자체에 대해 관심을 두지는 않는다. 악은 사탄으로 의인화되지만, 드라마에서 온전한 등장인물로 나오지는 않는다. 그는 살인, 거짓말, 배신, 신뢰와 사랑을 저버림을 대표한다. "이 세상"에서 이러한 역학은 개개인에게 엄청난 압력을 가한다. 따라서 사람들을 그저 중립적인 위치에서 자유롭게 선택할 수 있는 존재로 보는 것은 비현실적이다. 최근 신학자들은 이러한 힘들(유다의 경우 돈에 대한 욕망도 포함된다)을 구조적인 또는 체계적인 악과 죄로 규정한다. 사람들은 이러한 힘들에 사로잡힐 수 있으며, 자신의 행위로 이 강력한 힘들에 기여할 수 있다. 여기서 초점은 사탄이 아니라 유다에게 맞춰져 있다. 유다가 사탄에게 영감을 받았다고 해서 유다의 책임이 줄어든 것으로 여겨지지 않는다. 유다는 이미 횡령과 기만의 유혹에 굴복하여, 예수님과 다른 제자들로부터 스스로 멀어졌다. 이제 그는 이 멀어짐을 결정적으로 확인시켜 준다.

하지만 이 장면에서 주된 행위 주체는 사탄이나 유다가 아니라 예수님이다. 예수님의 행위는 사랑의 행위다. **예수의 제자 중 하나, 곧 그가 사랑하시는 자**를 볼 때, 이러한 점이 분명하게 드러난다. 그는 예수님의 품에 기대어 예수님과 서로의 온기를 느끼고 있으며, 독자들은 자기 자신을 그에게 이입하며 동일시하도록 초대받는다. 그러나 이미 보았듯이, 예수님의 사랑은 이 장면 전체와 모든 제자를 포용하고 있다. 유다와 베드로를 비롯하여 아무도 배제되어 있지 않다. 이것은 예수님께서 배반과 부인을 당할 위험에 처하신 상황에서 종처럼 발을 씻기시며 "끝까지"(13:1) 하시는 사랑이다. 예수님이 유다에게 "네가 하는 일을 속히 하라"고 말씀하심으로써 예수님의 우위가 강조된다. 이는 세 번째 현실, 곧 예수님과 그의 사랑의 현실로, 유다의 배반도 사탄과 동일시되는 거짓과 죽음의 세력도 최종 결론이 될 수 없다는 확신이 담겨 있다.

유다가 곧 나가니 밤이러라. 유다가 들어가는 어둠은 곧 예수님이 영광받으시는 것과 대조를 이루게 된다.

영광, 찾아다님, 새 계명:
"내가 사랑한 것같이 너희도 사랑하라"(13:31-35)

> ³¹ 그가 나간 후에 예수께서 이르시되 "지금 사람의 아들이 영광을 받았고, 하나님도 사람의 아들로 말미암아 영광을 받으셨도다. ³² 만일 하나님이 그로 말미암아 영광을 받으셨으면 하나님도 자기로 말미암아 그에게 영광을 주시리니, 곧 주시리라. ³³ 작은 자들아, '이제 너희와 함께 있는 것은 잠시뿐이다'[아직 잠시 너희와 함께 있겠노라]. 너희가 나를 찾을 것이나, 일찍이 내가 유대인들에게 '너희는 내가 가는 곳에 올 수 없다'고 말한 것과 같이 지금 너희에게도 이르노라. ³⁴ 새 계명을 너희에게 주노니, 서로 사랑하라. 내가 너희를 사랑한 것같이 너희도 서로 사랑하라. ³⁵ 너희가 서로 사랑하면 이로써 모든 사람이 너희가 내 제자인 줄 알리라."

유다의 퇴장은 새로운 차원의 개방성과 상호성을 가능하게 한다. 이는 주 강론의 시작이다. 이 구절들은 이어질 네 가지 핵심 주제들을 결합한 신선한 도입부이자 서곡이다.

먼저 영광받음의 역동성이 나온다. 강론을 마칠 무렵에는 예수님과 아버지뿐만 아니라 제자들도 여기에 포함된다. "내게 주신 영광을 내가 그들에게 주었사오니, 이는 우리가 하나가 된 것같이 그들도 하나가 되게 하려 함이니이다"(17:22). 이는 성경 전체에 울려 퍼지고 예수님 안에 드러나는 가장 큰 지평이다(1:14). 이는 예수님이 누구신지, 하나님이 누구신지, "작은 자들"이 누구인지에 관한 핵심에 닿아 있다. 영광받음의 역동성은 궁극의 생태로 여겨질 수도 있다. 영광, 곧 신적 생명과 거룩함의 에너지, 강렬함, 그 넘쳐흐르는 광채는 이 "때"를 통해 재정의된다. 예수님과 그의 발 씻기기, 강론, 십자가 처형, 부활을 거치면서 재정의된다. 이러한 과정은 특히 시간과 관련하여 깊은 혼란을 낳는다. 이 구절에서 시간을 나타내는 표현들은 이상하고 모순되는 것으로 보인다. **지금 … 앉고 … 셨도다 … 셨으 … 시리니 … 시리라 … 잠시 … 을 것**_{Now ... has been ... has been ... has been ... will ... will ... a little longer ... will.} 이는 요한복음의 부활 이후의 관점에서뿐만 아니라 요한의 신적 시간의 지평에서 비롯된다. 이 지평은 여러 지점에서 엿볼 수 있다. 프롤로그의 "태초에…"와 "내 뒤에 오시는 이가 나보다 앞선 것은 나보다 먼저 계심이라"(1:1, 15)에서부터 시작하여 여러 지점에서 엿볼 수 있으며, 특히 "나는 있다/…이다" 말씀과 요한복음 17장의 기도에서 잘 드러난다. 예수님은 우리에게 시간—과거, 현재, 미래, 그리고 영원—을 자신과 함께 재상상하도록 요구하신다. 가장 깊고 지속적인 의미로 시간을 재상상하도록 말이다.

다음으로 사별이 나온다. **"작은 자들아, 내가 이제 너희와 함께 있는 것은 잠시뿐이다**[아직 잠시 너희와 함께 있겠노라]**."** 관계의 친밀함과 강렬함이 이 독특한 호칭으로 강조된다. 이는 "사랑하는 작은 자들아"로 번역될 수도 있다. 이러한 표현은 이별의 아픔을 더욱 부각한다. 또한 잃어버린 이를 찾으려는 모습도 마찬가지다. **"너희가 나를 찾을 것이나."**

　세 번째로는 **새 계명**이 나온다. 영광의 재정의와 강화의 핵심에는 하나님의 사랑을 구현하는 예수님의 사랑이 있다. 이는 이미 발 씻김과 그에 따른 명령을 통해 보여 주신 것이다. 따라서 **"내가 너희를 사랑한 것 같이 너희도 서로 사랑하라"**에서 "…것같이"의 당면 내용은 발을 씻기신 일이다. 그러나 "…것같이"는 그보다 훨씬 더 넓은 의미이며, 복음서 전체를 곱씹도록 부추긴다. 이 명령에 순종하기 위해, 독자들은 복음서 전체를 다시 읽으면서 다음과 같은 두 가지 주요 물음을 던져야 한다. 예수님은 여기서 어떻게 사랑하고 계신가? 그리고 그것이 지금 우리의 사랑에 어떤 영감을 주는가? 그뿐만 아니라 예수님께서 말씀하시고 행동하신 이야기들은, 프롤로그에서 처음으로 윤곽이 드러나서 요한복음 17장의 기도에서 절정에 이르는 큰 틀 속에 배치되어 있다. 이는 우리의 사랑의 지평을 온 세상으로 확장시킨다. 따라서 여기서 가르치는 윤리는 삼중적 창의력이 요구된다. 첫째, 이야기와 그 안의 행동, 등장인물, 대화, 이미지 속으로 최대한 깊게 들어가는 것, 둘째, 현대의 상황과 도전 가운데로 최대한 깊이 들어가서 예수님의 사랑을 반영하는 식으로 사랑할 방법을 찾는 것, 셋째, 하나님, 모든 사람, 모든 피조물과 관련된 생각·상상·기도의 지평 안에서 이 모든 일을 하는 것이다. 그러나 요한복음 15:12-17에서 보게 되겠지만, 이 계명에 관한 더 많은 말씀이 나올 것이다. "그러므로 순종해야 할 사랑의 계명은 사실상 예수님 이야기 전체이며, '보고 그대로 행하라'는 응답을 요구한다."[19]

　마지막으로 온 세상적 지평은 매우 도전적인 방식으로 이 사랑과 묶여 있다. **"너희가 서로 사랑하면, 이로써 모든 사람이 너희가 내 제자인**

19　Daly-Denton, *John*, 180.

줄 알리라." "작은 자들" 사이의 사랑은 우리가 진정으로 예수님의 제자임을 보여 주는 일차적인 표지여야 한다—다시 말해, 우리가 예수님께 배우고, 예수님을 본받고 따르며, 예수님께 영감받고 있음을 나타내는 표지다. 교회의 사명은 교회가 어떤 공동체인지와 분리될 수 없다. 이는 고별 강론의 핵심 주제이며, 요한복음 17장에서 최고조에 이른다. "아버지께서 내 안에, 내가 아버지 안에 있는 것같이 그들도 다 하나가 되어 우리 안에 있게 하사, 세상으로 아버지께서 나를 보내신 것을 믿게 하옵소서. 내게 주신 영광을 내가 그들에게 주었사오니, 이는 우리가 하나가 된 것같이 그들도 하나가 되게 하려 함이니이다. 곧 내가 그들 안에 있고 아버지께서 내 안에 계시어 그들로 완전히[온전함을 이루어] 하나가 되게 하려 함은, 아버지께서 나를 보내신 것과 또 나를 사랑하심같이 그들도 사랑하신 것을 세상으로 알게 하려 함이로소이다"(요 17:21-23). 하나님과 다른 사람들과 서로 사랑으로 하나 되는 것이 예수님의 가장 깊은 욕망이다(17:24).

따름과 부인(13:36-38)

[36] 시몬 베드로가 이르되 "주여, 어디로 가시나이까?" 예수께서 대답하시되 "내가 가는 곳에 네가 지금은 따라올 수 없으나, 후에는 따라오리라." [37] 베드로가 이르되 "주여, 내가 지금은 어찌하여 따라갈 수 없나이까? 주를 위하여 내 목숨을 버리겠나이다." [38] 예수께서 대답하시되 "네가 나를 위하여 네 목숨을 버리겠느냐? 내가 진실로 진실로 네게 이르노니, 닭 울기 전에 네가 세 번 나를 부인하리라."

베드로가 방금 주신 새 계명을 귀담아듣지 않고 넘어가는 것처럼 보일지도 모른다. 하지만 사실 그는 새 계명에서 가장 중요한 요소인 주님이신 예수님과 그분이 하시는 일에 관심을 두고 있다. **"주여, 어디로 가시나이까?"**

예수님은 자신을 따른다는 것이 무엇을 의미하는지를 곧 일어날 일과 관련하여 재정의하심으로써 질문에 답하신다. 물론 제자들은 이미 예수님을 따르고 있었다(1:40, 43). 그러나 예수님이 죽고 다시 살아나실 이 "때"는 모두를 위한 유일무이하고 중추적인 사랑 사건으로, **지금과 후를** 깊이 구분 짓는 급진적인 단절을 만들어 낸다. "후"에는 십자가에 못 박히시고 부활하신 예수님이 제자들에게 성령을 불어넣으시고, 자신이 보내심받은 것처럼 제자들을 보내시고, 이 새로운 방식으로 따르도록 부르실 것이다—베드로는 이 새로운 방식의 대표적인 본보기가 될 것이다(20-21장).

그러나 "지금은" 그것이 가능하지 않다. 베드로는 이해하지 못하고, 강론이 진행될수록 제자들의 오해가 반복적으로 강조된다. 그러나 이 시점에서 그들이 어떻게 이해할 수 있었겠는가? 이런 식의 오해는 뛰어넘을 수 없이 압도적인 이 "때"의 현실과 불가분하며, 예수님이 누구신지와도 불가분해 보인다. 요한복음 전체는 부활 이후의 관점에서 이야기되고 있으며, 적절한 이해는 회고적 관점에서만 가능하다는 점을 밑에 깔고 있다. 그러나 여기서 베드로의 오해는 특수한 유형의 오해다. 베드로는 자신이 할 수 있는 일과 예수님이 하시는 일을 근본적으로 혼동하고 있다. 그는 **"주를 위하여 내 목숨을 버리겠나이다"** 라고 말한다. 이에 예수님은 **"네가 나를 위하여 네 목숨을 버리겠느냐?"** 하고 물으신다. 하지만 실상은 그 반대다. 예수님께서 베드로를 위해 자기 목숨을 버리실 것이다.

이때 예수님은 단호하게—**"내가 진실로 진실로 네게 이르노니"**—베드로가 자신을 부인할 것을 예언하신다. "심령이 괴로워"하시며 "내가 진실로 진실로 너희에게 이르노니"라는 말씀으로 단호하게 운을 떼시며 "너희 중 하나가 나를 팔리라" 하신 예언(13:21)에, 베드로의 부인에 관한 예언이 더해지며, 제자들은 매우 심란해진다. 그래서 요한복음 14장에서 반복될 "너희는 마음에 근심하지 말라"는 말씀이 나올 상황이 마련된다.

이 장이 끝날 무렵에 독자들은 이 복음서에서 가장 중요한 명령(예수님께서 발을 씻기시며 모범을 보이신 것같이 사랑하라)을 들을 뿐만 아니라, 두 가지 제자도 모델(이러한 사랑을 저버린 유다, 이러한 사랑을 추구하려는 열망은 있었으나 예수님의 때를 기다리지 못해 예수님을 따르지 못하는 베드로)을 본다. 또한 우리는 조용한 익명의 인물인 예수께서 "사랑하시는 자"가 예수님의 품에 기대어 다가올 일을 기다리는 모습도 보게 된다.

요한복음 14:1-31

위로 그 이상

신뢰하기, 거하기, 기도하기, 사랑하기

예수님은 매우 심란해진 제자들을 마주하며, 그들에게 위로와 그 이상의 것을 주신다. 그 위로는 미래에 대해 불안해하지 말고 예수님과 예수님의 아버지를 신뢰할 수 있도록 확신을 준다. "하나님을 믿으니 또 나를 믿으라 … 나 있는 곳에 너희도 있게 하리라 … 내가 너희를 고아와 같이 버려두지 아니하고 … 평안을 너희에게 끼치노니, 곧 나의 평안을 너희에게 주노라"(1, 3, 18, 27절). 이 위로에는 놀라운 차원이 있다.

이 위로는 단지 미래에 관한 것이 아니라, "길이요 진리요 생명"(6절)이신 예수님의 지속적 임재에 관한 것이다. 여기에는 하나님을 아는 새로운 길이 포함된다. "너희가 나를 알았더라면 내 아버지도 알았으리로다. … 나를 본 자는 아버지를 보았거늘"(7, 9절). 이는 더 나아가 예수님과 아버지 사이의 역동적이고 사랑 충만한 관계에 받아들여지는 것을 포함한다. "내가 아버지 안에 거하고 아버지께서 내 안에 계심을 … 내가 아버지 안에, 너희가 내 안에, 내가 너희 안에 있는 것을 … 나를 사랑하면 내 말을 지키리니, 내 아버지께서 그를 사랑하실 것이요, 우리가 그에게 가서 거처를 그와 함께하리라"(11, 20, 23절).

따라서 신뢰, 이해, 사랑 속에서 지속되는 상호 관계에 자신을 맡기는 사람에게는 완전히 안전한 거처가 있다. 하지만 이게 전부가 아니다. 이러한 거처는 전례 없이 대담한 방식으로 행동할 기반을 제공한다. "내가 진실로 진실로 너희에게 이르노니, 나를 믿는 자는 내가 하는 일을 그도 할 것이요, 또한 그보다 큰 일도 하리니, 이는 내가 아버지께로 감이라"(12절). 이는 상상해 볼 수 있는 가장 놀라운 약속 중 하나로, 이후 자세히 살펴볼 것이다. 이 약속은 그 뒤에 이어지는 똑같이 놀라운 약속과 분리될 수 없다. "너희가 내 이름으로 무엇을 구하든지 내가 행하리니, 이는 아버지로 하여금 아들로 말미암아 영광을 받으시게 하려 함이라"(13절). 대담한 기도와 대담한 행동은 동전의 양면과도 같다. 두 가지 모두 예수님이 누구신지와 긴밀히 연결되어야 하며, "내 이름으로"하는 것이어야 한다. 또한 둘 다 "아버지로 하여금 아들로 말미암아 영광을 받으시게" 하는 것이다. 나중에 17장에서 예수님은 신뢰와 사랑 가운데 상호 내주하는 완전함을 위해 기도하시면서, 제자들도 그 영광에 참여할 것을 보신다. "내게 주신 영광을 내가 그들에게 주었사오니, 이는 우리가 하나가 된 것같이 그들도 하나가 되게 하려 함이니이다"(17:22).

그러나 이조차도 전부가 아니다. 이 상호 내주 관계의 새로운 요소가 있다. "내가 아버지께 구하겠으니, 그가 또 다른 보혜사를 너희에게 주사 영원토록 너희와 함께 있게 하리니, 그는 진리의 영이라"(16절). 이는 이 구절에 관한 주석에서 더 자세히 살펴볼 것이다. 지금 중요한 점은 예수님이 아버지와 아들의 영원한 임재에 더하여 '보혜사, 성령'의 임재를 말씀하신다는 것이다. 그리고 26절에서도 언급하신다. 그는 영원히 임재하는 세 번째 존재로 "영원토록 너희와 함께" 있을 것이다. 성령은 또한 내주하신다. "너희는 그를 아나니, 그는 너희와 함께 거하심이요,

또 너희 속에 계시겠음이라"(17절). 성령은 진리, 가르침, 기억나게 하심을 통해 제자들을 아버지와 예수님과 이어 주시고, 또한 제자들 서로를 이어 주신다.

보혜사—변호자, 격려자, 위로자, 돕는 자—이신 성령은 요한복음 14장에 등장하는 거대한 새로운 요소다. 13장에서 발 씻김이 독특하고 새로운 요소였던 것처럼 말이다. 독자들은 진정한 거처인 하나님의 삶·사랑·영광 속으로 더 깊이 인도되며, 동시에 계속 진행되는 드라마에서 예수님의 이름으로 담대히 기도하고 사랑하도록 영감받는다.

그러나 이마저도 이 강론의 첫 번째 물결일 뿐이다. 첫 번째 물결의 모든 핵심 요소—아버지와 아들과 격려자, 신뢰와 믿음, 거하고 머무름, 생명/삶, 진리, 사랑, 영광, 기도, 행동, 그리고 예수님은 누구신가—는 이어지는 물결들에서도 나타날 것이다.

"너희를 위한 거처, 나 있는 곳"(14:1-3)

> [1] "너희는 마음에 근심하지 말라. 하나님을 믿으니 또 나를 믿으라. [2] 내 아버지 집에 거할 곳들이 많도다. 그렇지 않으면 너희에게 일렀으리라. 내가 너희를 위하여 거처를 예비하러 가노니, [3] 가서 너희를 위하여 거처를 예비하면 내가 다시 와서 너희를 내게로 영접하여 나 있는 곳에 너희도 있게 하리라."

심히 혼란해하는 제자들에게 예수님이 주신 첫 번째 기본적인 권고는 하나님과 예수님 자신을 신뢰하라는 것이다. 믿고 신뢰하고 신앙하라는 초대가 요한복음 전체에 가득하다. 요한복음을 "기록함은 너희로 예수께서 하나님의 아들 메시아이심을 믿게 하려 함이요, 또 너희로 믿고 그 이름을 힘입어 생명을 얻게 하려 함이니라"(20:31). 그리고 고별 강론은 **하나님을** 신뢰한다는 것은 무엇인지, 이와 불가분한 **나를** 신뢰하라는 것은 어떤 의미인지 그 깊이를 열어 준다.

그 중심에는 **거할**이 있다. 우리의 진정한 거처, 집, 고향은 어디에 있을까? 우리는 어디에서 온전히 사랑받을 수 있을까? 우리는 어디에서 빈틈없이 안전함을 느낄 수 있을까? 이에 대한 답은 질문의 초점을 '어디'에서 '누구'로 옮겨 놓는다. 누가 우리의 진정한 거처인가? 누가 우리를 온전히 사랑할까? 누구와 함께할 때 빈틈없이 안전함을 느낄 수 있을까? 이 모든 질문의 열쇠는 **나 있는 곳**(이 문구는 12:26과 17:24 같은 중요한 구절에서 반복된다)이다.¹ 그러나 예수님이 계신 곳에 함께 있다는 것은 단순히 물리적인 가까움의 문제가 아니다—예수님의 친구들뿐만 아니라 적들도 예수님 가까이에 있었다. 이는 진정으로 거처에 있기 위한, 상호 사랑하기 위한, 완전한 안전을 누리기 위한 기본 조건에 관한 것이다. 즉, 기반이 단단한 신뢰에 관한 것이다. 그러므로 **"하나님을 믿으니 또 나를 믿으라."**

여기서 "거할"의 주요 강조점은 미래에 있다. **"가서 너희를 위하여 거처를 예비하면, 내가 다시 와서 너희를 내게로 영접하여."** 이는 공관복음 및 바울 서신에 나오는 예수님의 미래 재림에 관한 내용과 연결된다. 그러나 "나 있는 곳"은 현재까지도 아우른다. 이 장의 나머지 부분은 이 거

---

1   요한복음의 다른 여러 핵심어(예컨대 '말씀', '생명', '거하다\머무르다\계속 있다', '찾다\구하다\원하다', '…것같이')와 마찬가지로, 예수님의 소재에 관한 언급들은 다양한 의미를 지닐 수 있으며, (이 경우에는) 의미의 스펙트럼이 매우 평범한 지리적 위치에서부터 예수님과 아버지와 성령과 신자들의 상호 내주에까지 이른다. 이 스펙트럼은 성육신을 나타내는 언어적 지표로 볼 수도 있다. 말씀이 평범한 육신이면서 동시에 신적인 깊이가 있는 것이다—나는 이를 가리켜 요한복음의 '깊고도 평이한 의미'라고 불렀다.

함에 관한 더 많은 차원을 덧붙인다.

- "내가 아버지 안에 거하고 아버지께서 내 안에" 계신다. 예수님이 계신 곳에 있다는 것은 예수님의 아버지와도 함께 있다는 것이다.
- "진리의 영이 … 너희와 함께 거하심이요, 또 너희 속에 계시겠음이라." 예수님과 함께 있다는 것은 곧 그 안에 성령이 내주하신다는 것이다.
- "나를 사랑하는 이들은[사람이 나를 사랑하면] 내 말을 지키리니, 내 아버지께서 그들을 사랑하실 것이요, 우리가 그들에게 가서 거처를 그들과[그에게] 함께하리라." 예수님을 신뢰하고 사랑하며 그의 말씀을 지킨다는 것은 하나님의 가정이 그의 거처라는 것이다.

강론의 나머지 부분은 이러한 진리, 신뢰, 사랑의 생태계에 거하는 것과 관련하여 더 많은 차원을 열어 준다. 이는 요한복음 17장에서 절정에 이르는데, 여기서 거함과 머무름이라는 언어는 여러 번 반복되는 "…안에"(17:17, 19, 21, 23, 26)*라는 표현으로 응축된다.

"내 아버지 집에 거할 곳들이 많도다." 거할 곳들이란 무엇인가? "내 아버지의 집"의 의미를 나타내는 한 가지 단서는 요한복음 2:13–22다. 거기서 예수님은 이 말로 성전을 묘사하시고, 그런 다음 성전이 헐리고 사흘 만에 다시 세워질 것을 말씀하신다. 그리고 이에 대해 복음서 저자는 "예수는 성전 된 자기 육체를 가리켜 말씀하신 것이라"고, 부활 후에야 제자들이 이를 이해하게 되었다고 설명한다. 따라서 우리는 "내 아버

- 17:17, 19의 "ἐν ἀληθείᾳ"는 NRSV에서 각각 "in the truth"(17절)와 "in truth"(19절)로 번역하지만, 개역개정판은 "진리로"로 번역한다.

지의 집"을 성전의 여러 의미와 연관 지을 수 있다—하나님의 임재와 하나님과의 특별한 가까움의 장소, 전체 창조 세계를 상징하는 소우주, 전체 공동체가 예배, 제사, 축제로 표현하는 하나님과의, 서로 간의 언약적 유대의 중심, 천국의 맛보기. 이뿐만 아니라 부활 이후의 공동체와도 연관된다. 이 공동체는 예수님과 성령을 통해 하나님과 친밀하고 가족적인 상호 내주의 관계를 맺으며 계속되는 드라마를 펼쳐 낸다.²

그런데 왜 "많도다"일까? 이에 관한 해석은 매우 다양한데, 다양한 해석은 요한이 의도한 것일 수도 있다. 특히 두 가지 해석이 유익하다.

아마도 가장 분명한 해석은 "내 아버지의 집"이 예수님이 거하시는 곳, 즉 "나 있는 곳"이라는 해석이다. 이는 성전을 비롯하여 예수님과 하나님이 함께하셨던 과거 전체를 아우를 뿐만 아니라(예컨대 1:1, "태초에 말씀이 계시니라. 이 말씀이 하나님과 함께 계셨으니, 이 말씀은 곧 하나님이시니라"; 8:58, "아브라함이 나기 전부터 내가 있느니라"), 현재와 미래도 아우른다. 아버지와의 상호 내주 관계 속에서 예수님은 '많은 거할 곳들'을 위한 포괄적인 자리이다. 요한복음 14장에서 이 "거할 곳들"의 복수성은 예수님을 사랑하는 자들의 복수성에 가장 간단하고도 생생하게 표현된다. "사람들이 나를 사랑하면 내 말을 지키리니, 내 아버지께서 그들을 사랑하실 것이요, 우리가 그들에게 가서 거처[모네 μονή: 2절에 나오는 '거할 곳들'의 단수형]를 그들과 [그에] 함께하리라"(23절)(이 단어는 신약에 이렇게 두 번밖에 나오지 않는다). 우리의 신적인 거할 곳, 즉 예수님과 아버지의 집

---

2 또 다른 단서는 요한복음 8:35-36에 있다. 거기서 예수님은 죄의 종에 관해 말씀하신다. "종은 영원히 집에 거하지 못하되[οὐ μένει ἐν τῇ οἰκίᾳ εἰς τὸν αἰῶνα: '영구히\영원히 집에 거하지\머물지\거주하지 못하되'], 아들은 영원히 거하나니[μένει εἰς τὸν αἰῶνα: '영구히\영원히 거하나니\머무나니\거주하나니'], 그러므로 아들이 너희를 자유롭게 하면, 너희가 참으로 자유로우리라." "거할 곳"에 해당하는 헬라어는 '모네'(μονή)인데, 이는 '거하다\머물다\거주하다'에 해당하는 동사 '메네인'(μένειν)에서 파생된 명사다.

은 이러한 상호 사랑의 장소들, 곧 많은 장소들 안에 있다.

또 다른 해석은 첫 번째 해석을 긍정하면서도 신적 놀라움들에 대해 열린 자세를 유지할 것을 강조한다. 우리에게는 "나 있는 곳"에 관한 총체적 관점이 없다. 만물이 그로 말미암아 지은 바 되었고, 그의 영은 뜻하신 바대로 불고, 모든 사람을(심지어 만물까지도) 자기에게로 이끌겠노라 약속하시고,[3] 자기 사역에 시간 제한을 두지 않으시는 분이 있는 곳을 우리는 전반적 관점에서 보지 못한다. 하나님과의 관계에서 하나의 "거할 곳"으로 인해, 매우 상이한 또 다른 형태의 거할 곳이 배제되어야 하는 것은 아니다. "내 아버지의 집"은 상상할 수 없을 정도로 넓을지도 모른다. 거기서 편안함을 느끼는 사람들조차도 여러 놀라운 것—특히 그들이 예상하지 못한 다른 사람들뿐만 아니라 진리와 생명의 차원들을—을 마주하게 될지도 모른다. 이는 그리스도인들이 자신들의 신앙 공동체 바깥에 있는 사람들과의 관계에 근본적 영향을 미칠 수 있다(이후 6b절에 관한 부분을 보라). 그뿐만 아니라 그리스도인들이 서로 분열된 수많은 방식에도 급진적 영향을 미칠 수 있다. 요한복음이 이 문제들에 대해 마지막으로 남긴 말은 그리스도교 공동체가 미래에 거할 곳이나 다른 사람들에게 일어날 일에 관해서 너무 많은 주장을 펼치는 것에 대해, 심지어 알고 싶어하는 것에 대해 두 번 반복해서 경고하는 것이다. "내가 올 때까지 그를 머물게['메네인' μένειν: 거하다, 살다, 거주하다] 하고자 할지라도, 네게 무슨 상관이냐?"(21:22-23). 그러나 정말로 생명에 필요한 지식도 있다.

---

3   12:32에 관한 주석을 보라.

길을 안다는 것은
길이요 진리요 생명이신 예수님을 안다는 것(14:4-6a)

⁴ "내가 어디로 가는지 그 길을 너희가 아느니라." ⁵ 도마가 이르되 "주여, 주께서 어디로 가시는지 우리가 알지 못하거늘, 그 길을 어찌 알겠사옵나이까?" ⁶ª 예수께서 이르시되 "내가 곧 길이요 진리요 생명이니."

이 장소—"내 아버지의 집"(14:2), 곧 예수께서 계신 궁극의 가족 거처—는 더할 나위 없이 중요하다. 그러나 거기에 이르는 길에 관해 도마가 제기한 "어찌" 물음은 핵심을 놓치고 있다. 이는 이 복음서의 핵심이기도 하다. 즉, 핵심 물음은 항상 '누구인가'다.

"내 아버지의 집"에 관한 "어디" 물음이 예수님의 "나 있는 곳"에 걸맞게 '누구' 물음으로 방향이 전환되어야 했던 것처럼, 여기서 "어찌" 물음도 '누구'의 측면에서 대답되어야 한다. 이에 대한 대답은 요한복음에서 예수님의 "나는 있다/…이다" 선언들을 통틀어 가장 포괄적인 선언이다. **"내가 곧 길이요 진리요 생명이니."** 이 말씀에는 어마어마한 함의가 있다. 여기서는 네 가지 차원만 탐구하지만, 다른 차원들도 요한복음의 다른 부분을 주석하면서 탐구할 것이다.

첫째, 기본적인 '누구' 선언이 있다. **"내가 곧 …이니** 나는 있다/…이다**."** 가장 중요한 것은 이 사람을 만나고, 이 사람에게 귀 기울이고, 이 사람을 알아 가고, 이 사람을 신뢰하고, 이 사람을 따르고, 이 사람과 대화하고, 이 사람과 지속적으로 관계 맺고, 이 사람에게 사랑받고 이 사람을 사랑하는 것이다. 이로부터 다른 모든 것이 흘러나온다. 그리고 가장 근본적으로 알아야 할 것은 예수님은 하나님과 같으시다는 것 Jesus is as God is 이다. 예수님은 하나님의 "나는 있다/…이다"이시다. 하나님께서 생명과 사랑으로 자신을 주시는 것, 말씀과 진리 안에서 자신을 표현하시는 것이 우리 가운데 생활하시는 한 사람 안에 구현된 것이다. 요한복음 전체는 개념, 이미지를 통해, 무엇보다도 예수님과의 만남 이야기를 통해 이를 증언하며, 성경의 범주들조차도 담아내기에 부족한 분을 제대로 나타내고자 한다. 하나님, 인간, 시간, 장소의 의미는 이 사람을 통해 변하고 있다.

 요한복음 14장에서 처음에는 미래에 초점이 있었지만, "나는 있다/…이다"는 하나님께서 현전하시는 것처럼 예수님께서 현전하시며, 과거, 현재, 미래 등 모든 '지금'과 관계 맺고 계심을 강조한다. 유일무이하고 타의 추종을 불허하는 개념인 '예수님은 누구신가'는 십자가와 부활을 통해 그 내용이 극치까지 주어질 것이다. 예수님과 도마의 대화는 다른 모든 고별 강론이 그렇듯이 두 가지 관점의 상호 작용으로 기록되어 있다. 하나는 곧 있을 십자가 처형이고, 다른 하나는 십자가에 못 박히시고 부활하신 예수님과 함께하는 계속되는 삶의 드라마다. 이 "나는 있다/…이다"는 이 사건들을 아우른다. 예수님은 자기 아버지처럼 죽음의 이쪽과 저쪽에 현존하시기에, 예수님을 신뢰하는 사람들에게는 죽음 자체가 상대화된다. '어디'와 '무엇'에 관한 물음들—이를테면 **어디로 가시는지**에 관한 도마의 물음, 혹은 죽음 너머에 무엇이 있는가? 하는 물음—은 '누구' 물음과 그에 대한 대답, 곧 "나는 있다/…이다"로 귀결된다. 죽음의 신비는 그것을 겪으신 분이자 지금 영원한 생명과 사랑의 현실을 제공하시는 분인 이 사람의 더 큰 신비와 만나게 된다.

 요한복음 14장이 예수님께서 죽음 너머에도 지금 여기에도 임재하신다는 현실을 나타내는 방법 중 하나는, 먼저 미래를 향해 "내 아버지의 집"에 준비된 많은 "거할 곳들"을 상상하게 한 다음, 곧바로 "나는 있다/…이다"를 통해 현재의 현실을 강조하는 것이다. 이 현재적 임재는 예수님의 부활 이후 성령의 내주를 통해 새로운 방식으로 현실에 실현될 것이다. 성령은 "너희 속에 계시"겠고(17절), 아버지와 아들은 그들을 사랑하는 사람들과 "거처를" "함께"하실 것이다(23절). "가서 너희를 위하여 거처를 예비하면"(3절)과 "우리가 그들에게 가서 거처를 그들과[그와] 함께하리라"(23절)는 놀랍게도 서로 방향이 반대다. 고별 강론에서 매우 강조되는 점은 후자, 즉 부활 이후 계속되는 드라마에서 거주하고 상호 내주하는 것이다. 이는 15:1-11의 포도나무 비유에 생생하게 그려지고, 17:20-26에서 간절한 기도로 나타난다.

둘째, **길**은 세 가지 중 핵심이며, 나머지 둘은 이를 설명해 준다. 즉, "진리"로서의 길과 "생명"으로서의 길이다. "길"은 요한복음에 나오는 또 하나의 포괄적인 이미지로, 성경 안팎에 무수한 공명점이 있다. "말"과 마찬가지로(23-24절),[4] 길은 창세기,[5] 출애굽기,[6] 신명기,[7] 사무엘,[8] 이

---

[4] 1:1에 관한 주석을 보라.
[5] 아담과 하와가 에덴동산에서 쫓겨난 후, 하나님은 그룹들과 빙빙 도는 불 칼을 두셔서 "생명나무에 이르는 길을 지키게 하셨다"(창 3:24, 새번역). 이러한 "길"과 "생명"의 조합은 창세기 앞부분과의 상호본문이 많은 요한복음에 특히 의의가 있다. 예수님은 이 풍요로운 생명으로 가는 길이다.
[6] 출애굽 사건도 종종 '길'(히브리어 '데렉'[דֶּרֶךְ], 헬라어 '호도스'[ὁδός])로 묘사된다—예: 출 13:17-21; cf. 느 9:19와 다음 각주.
[7] 토라의 가르침을 따라 산다는 것은 길을 따르는 것이다(예: 신 5:33). 요한복음 14장 및 제자들을 위로하는 맥락과 특히 연관되는 부분은 신명기 1:29-33에서 모세가 한 말이다. "내가 너희에게 말하기를 '그들을 무서워하지 말라. 두려워하지 말라. 너희보다 먼저 가시는 너희의 하나님 여호와께서 애굽에서 너희를 위하여 너희 목전에서 모든 일을 행하신 것같이 이제도 너희를 위하여 싸우실 것이며, 광야에서도 너희가 당하였거니와 사람이 자기의 아들을 안는 것같이 너희의 하나님 여호와께서 너희가 걸어온[ἐπορεύθητε] 그 모든 길에서[ὁδόν] 너희를 안으사 이 곳[τόπον]까지 이르게 하셨느니라' 했으나[하니], 이 일에 너희가 너희의 하나님 여호와를 믿지[ἐνεπιστεύσατε] 아니하였도다. 그는 너희보다 먼저 그 길을[ὁδῷ] 가시며[προπορεύεται] 장막 칠 곳을 찾으시고[τόπον ὁδηγῶν] 밤에는 불로, 낮에는 구름으로 너희가 갈[πορεύεσθε] 길을[ὁδόν] 지시하신 자이시니라." 대괄호로 병기한 헬라어는 칠십인역 본문 중 요한복음 14:1-7에도 나오는 단어들, 또는 밀접하게 연관된 단어들로, 주님이 먼저 가서 거처를 예비하신다는 요한복음의 시나리오와 공명한다.
[8] 예: "하나님의 도(道)는 완전하고 여호와의 말씀은 진실하니"(삼하 22:31).

사야(사복음서 모두 "너희는 주의 길을 준비하라\곧게 하라"는 세례자 요한의 외침[마 3:3; 막 1:3; 눅 3:4; 요 1:23]을 예수님과 연결하며 이사야를 머리글로 인용한다), 예레미야,[9] 에스겔,[10] 지혜 문학,[11] 시편[12]을 비롯한 이스라엘 성경 전체를 통해 더 깊이 이해될 수 있다. 신약에서도 '길'이라는 단어가 여러 번 사용되고, 요한복음 14:6은 예수님을 "주의 길"로 지목하는 세례자 요한의 외침이 함의하는 의미를 반영하여 요약한 것처럼 읽힌다. 그리고 예수님 자신과 그가 여신 길이 어떻게 불가분한지에 관하여, 히브리서에서 그 정수를 "그 길은 우리를 위하여 휘장을 통해[휘장 가운데로] 열어 놓으신 새로운 살 길이요, 휘장은 곧 그의 육체니라"(히 10:20)라는 설명으로 요약한 것을 볼 수 있다.

[9] 많은 공명점이 있는데, 요한복음과 특히 관련 있는 것은 다음과 같은 약속이다. "내가 그들에게 한 마음과 한 길을 주어 … 항상 나를 경외하게 하고 … 영원한 언약을 그들에게 세우고"(렘 32:39-40).

[10] (이사야나 예레미야보다 훨씬 많은) 수많은 예 중에서, 에스겔 18장은 "여호와의 길" 대 이스라엘의 길에 관한 하나님과 이스라엘 간의 대화를 담고 있다. 여기서도 요한복음 14:6처럼 진리("이스라엘 족속아, 내가 너희 각 사람의 길[사람이 행한] 대로 심판할지라"[30절])와 생명 자체("돌이키고 살지니라"[32절])가 걸려 있다. 에스겔은 요한복음의 "결정의 이원론"처럼 두 길 사이에서 근원적인 선택을 제시하는 데 특히 관심이 있다.

[11] 여기서 '길'은 널리 퍼진 핵심 이미지로, 수십 번 나온다. 욥기에서는 38-41장에서 하나님이 욥에게 던지신 어마어마한 물음들이 특히 관련 있으며, '누구' 물음의 우선성, 거함, 진리, 생명이라는 요한복음의 주제들과 일제히 공명한다―예컨대 욥기 38장만 보더라도 그렇다. "누구냐?", "누가 …?", "누구냐?", "어느 것이 광명이 거하는[있는] 곳으로 가는 길이냐?", "광명이 어느 길로 뻗치며 …?", "누가 …?", "누가 …?", "누가 …?", "누구냐?"(2, 5, 8, 19, 24, 25, 36, 37, 41절). 잠언에서는 지혜, 선, 순결, 정직, 명철의 길을 선택하거나, 어리석음, 악, 어둠, 불의(wickedness)의 길을 선택하라고 반복적으로 호소한다. 지혜의 길을 가르치고 배우는 것이 매우 중요하다.

[12] 시편 1편의 머리글은 기본 구분을 제시하고, 그것이 사활이 걸린 중요한 문제임을 명시한다. "무릇 의인들의 길은 여호와께서 인정하시나, 악인들의 길은 망하리로다"(6절). 대표적인 예는 시 119편으로, '길' 이미지가 1절에서 도입된 후 가장 긴 이 시 전체를 관통하며 다음과 같은 요한복음의 주제들과 끊임없이 연결되고 있다. 계명 지키기, 찾기, 말씀, 생명, 욕망, 가르침, 신실함, 사랑, 신뢰, 진리, 위로, 이름, 영원, 기억하기, 빛, 구원, 심판, 기쁨.

여기서 죽음 너머를 살짝 내다보는 위로의 일별이 있은 다음 바로 이어서 나오는 "내가 곧 길이요"라는 말씀은 다시 이 강론의 주요 관심사에 초점을 맞추게 하는 효과가 있다. 즉, 예수님의 십자가와 부활 이후 예수님을 따라 사는 계속되는 드라마에 초점을 맞추게 한다. 이 구절의 나머지 부분이 명확히 천명하듯이, 예수님은 하나님께 이르는 길이다. "나로 말미암지 않고는 아버지께로 올 자가 없느니라"(6b절). 예수님은 인간이 되심으로써 하나님께로 가는 길이 되신 것이다. 즉, 가르치시고, 풍성한 생명의 표적을 행하시고, 십자가의 길을 가시고, 부활하시고, 자신이 보냄받으신 것처럼 제자들을 세상에 보내는 삶을 사심으로써 하나님께 이르는 길이 되신다. 이 강론의 직접적인 맥락에서 볼 때, 그분의 길은 발을 씻어 주는 길이고 목숨을 내어 주기까지 사랑하는 길이다. 그러나 제자들이 예수님과 관계 맺지 않고 스스로 이 길을 갈 수는 없다. "나는 있다/…이다" 선언은 예수님과 그를 따르는 자들을 친밀하게 결속시킨다. 이 친밀함을 요한복음 15장은 상호 내주와 우정으로 나타내고, 요한복음 17장은 영생, 영광, 진리, 사랑 안에서 연합의 완성으로 나타낸다.

셋째, **진리**로서의 "내가 곧 길이요"가 있다. 칠십인역과 신약에서 헬라어 '알레테이아' ἀλήθεια ('진실')는 사실에 부합하는 것만 의미하지 않는다. 히브리어 '에메트' אמת가 함의하는 내용도 담고 있다. '에메트'는 무엇이, 혹은 누군가가 믿을 만하며 신뢰할 만하다는 보다 넓은 의미를 지닌다. 아는 것이나 믿는 것뿐만 아니라 실제 행하는 것과도 상당히 관련된다―약속의 진실성처럼, 믿음과 인식과 행동이 얽혀 있다. 무엇보다도 진리는 하나님이 모세에게 신명(네 글자 신명 "YHWH" יהוה가 두 번 반복된다)을 설명하시는 출애굽기 34장에서처럼 하나님의 속성이다.

> 여호와라, 여호와라.
> 자비롭고 은혜롭고
> 노하기를 더디하고,
> 인자와 진실이 많은 하나님이라.
> 인자를 천대까지 베풀며
> 악과 과실과 죄를 용서하리라.
> 그러나 벌을 면제하지는 아니하고. (출 34:6-7)

여기서 "진실"faithfulness의 히브리어는 '에메트'אֱמֶת이고 칠십인역 헬라어는 '알레티노스'ἀληθινός다.

요한은 요한복음 첫 열두 장을 지나오면서 예수님이 "은혜와 진리가 충만"하심을(1:14), "하나님이 참되시다는 것"을(3:33), 진리가 행해짐을(3:21), 아버지께 "영과 진리로" 예배드려야 함을(4:24), 세례자 요한이 "진리에 대하여 증언"하였음을(5:33), 예수님의 판단이 참됨을(8:16), 예수님의 말씀 안에 거하면 진리를 알게 되고 그 "진리가 너희를 자유롭게" 할 것임을(8:32) 보여 주었다. 그래서 진리는 예수님, 하나님, 행위, 예배, 신뢰할 만한 증언, 판단/심판, 거함, 말씀, 앎, 자유와 관련된다. 요컨대 이 진리는 하나님과 예수님의 현실이며 신자의 현실도 될 수 있다. 즉, 진리는 하나님 중심의 현실을 인식하는 것, 그 현실에 참여하는 것과 관련된다. 그리고 고별 강론에서는 진리에 대한 초점이 더욱 또렷해진다. 여기 요한복음 14장에서 "나는 … 진리요"라는 말씀으로 시작하여 곧 "진리의 영"에 대한 약속이 이어진다. 진리는 요한복음 15, 16, 17장에서도 계속 주제로 나오고, 요한복음 18장에서 예수님의 재판에서 결정적인 문제가 된다.

요한복음은 독자들이 이 진리 안으로 점점 더 깊이 들어가도록 기록되었다. 좀 전에 나열한 개념들뿐만 아니라 복음서 전체의 이야기와 풍부한 이미지를 통해서 더 깊이 들어가게 된다. 그중에서도 진리와 가장 밀접하게 연결된 이미지는 빛이다(예: 1:4-9; 3:19-21; 8:12; 9:5; 11:9-10; 12:35-36, 46). 점점 깊어지고 점점 확장되는 이 진리의 길은 복음서 서두에서 그 윤곽이 나타났듯이 하나님과 모든 실재의 지평 안에서 걷는 길이다. 프롤로그에 바로 뒤 이어서 제자\학습자 공동체의 형성에 대한 묘사가 나오는데, 그들은 "네가 누구냐?"(1:19), "너희는 무엇을 찾느냐[구하느냐]?"와 같은 문제들에 붙들려 있다. 이 질문들에 대한 답은 늘 불완전하다.[13] 고별 강론은 더 많은 진리를 향한 욕망이 부활 후 계속되는 드라마에서도 필수적임을 분명히 보여 준다. "길"과 "진리"가 본유적으로 연결됨으로써 배움이 끝없이 계속 진행되는 역동적인 과정임을 나타낸다. 왜냐하면 하나님의 진리가 넘치기 때문이다. 특히 이 진리는 살아 계셔서 계속 창조하시는 한 인격 안에, 그리고 그가 다른 이들과 나누시는 그의 영 안에 구현되는 것이기 때문이다. 우리는 "진리의 성령이 오시면 그가 너희를 모든 진리 가운데로 인도하시리니"(16:13)라는 약속에 대해 논하면서 이 점을 더 자세히 살펴볼 것이다.

따라서 "진리"를 "길"과 밀접하게 연결하여 읽는 것이 중요하지만, 동시에 진리가 예수님 자신과 동일시된다는 사실을 간과해서는 안 된다. "내가 곧 … 진리요"라는 말씀은 우리가 진리를 이해하는 방식에 대해 함의하는 바가 많다. 이분보다 우위를 주장할 수 있는 더 포괄적인 진리의 틀이나 관점은 없다. 그리스도인들도 궁극의 틀이나 전체를 조망하는 관점이 있다고 주장할 수 없다. 우리는 단지 예수님을 증언하고 예수님의 빛 안에서 진리를 더욱 이해하도록 노력할 뿐이다. 우리는 우리가

---

[13] 1:19-51에 관한 주석을 보라.

얼마나 조금 알고 있는지를, 또한 예수님께만 그러한 관점이 있음을 인정한다. 이에 관해서는 다음 섹션에서 더 이야기할 것이다. 예수님 자신이 진리라는 점에서 배울 수 있는 중요하고도 일반적인 교훈이 하나 있다. 즉, 다른 형태의—사실적이든 허구든, 개념적이든 이야기적이든, 양적이든 질적이든, 과학적이든 도덕적이든 예술적이든, 지적이든 감정적이든 실천적이든—진리를 무시하거나 그 중요성을 축소하지 않으면서도, 만일 특정 인간이신 예수님이 '그 진리'라면, 진리의 기본 범주가 다음과 같다는 것이다. 곧 다른 모든 진리가 관련을 맺어야 하는 진리의 기본 범주는 하나님과, 다른 사람들과, 계속되는 역사와, 모든 창조 세계와 깊은 관계를 맺고 있는 각 인격체라는 것이다.

넷째, **생명**으로서의 "내가 곧 길이요"는 또 다른 다차원적 현실을 도입한다. "생명"은 이미 첫 열두 장에서 핵심 개념이었다.[14] 고별 강론에서는 주된 강조점이 사랑으로 옮겨 간다. 하지만 이 선언은 그동안 등장했던 모든 생명에 관한 구절들을 다시 읽게 하고 이 생명과 사랑의 연관성을 더 많이 발견하게끔 한다. 여기서 드러나는 것은 아버지께서 세상을 사랑하셔서 예수님을 보내신 것은 풍성한 생명, 무엇보다도 하나님의 생명, 영생, 하늘로부터 오는 생명을 주시기 위해서라는 점이다. 이 생명의 표징들은 곧 사랑의 표징들이다. 이를테면 물로 포도주를 만들고, 치유하시고, 가르치시고, 수천 명을 먹이시고, 죽은 자를 살리시는 표징들이다. 마지막 두 표징은 특히 고별 강론을 이해하기 위한 빛을 던져 준다.

요한복음 6장에서 요한은 공관복음이 마지막 만찬과 성찬 제정 이야

---

[14] 앞의 1:4; 3:15; 4:14; 5:24–40; 6:25–71; 8:12; 10:10; 11:25; 12:25, 50에 관한 내용을 보라.

기에서 하는 것을 자신만의 방식으로 펼쳐 냈다. 6장의 가르침은 고별 강론이 나오기 전까지 가장 충만하고 풍성하며 놀랍다. "내가 곧 … 생명이니"라는 말씀은 요한복음의 마지막 만찬 이야기를 읽을 때 요한복음 6장의 가르침을 떠올리게 만든다. 예수님과 생명이 6장 본문의 핵심 요지다. 거기서 예수님은 "영생하도록 지속되는[있는]('메누산' μένουσαν: 거하다) 양식"(27절)에 관해 이야기하시며 다음과 같이 말씀하신다. "나는 생명의 떡이니 … 진실로 진실로 너희에게 이르노니, 믿는 자는 영생을 가졌나니, 내가 곧 생명의 떡이니라. … 나는 하늘에서 내려온 살아 있는 떡이니, 사람이 '누구든지' 이 떡을 먹으면 영생하리라. 내가 줄 떡은 곧 세상의 생명을 위한 내 살이니라 … 내가 진실로 진실로 너희에게 이르노니, 사람의 아들의 살을 먹지 아니하고 사람의 아들의 피를 마시지 아니하면 너희 속에 생명이 없느니라. 내 살을 먹고 내 피를 마시는 자는 영생을 가졌고, 마지막 날에 내가 그를 다시 살리리니 … 살아 계신 아버지께서 나를 보내시매 내가 아버지로 말미암아 사는 것같이 나를 먹는 '사람도 누구든지'[그 사람도] 나로 말미암아 살리라. … 이 떡을 먹는 자는 영원히 살리라"(35, 47-48, 51, 53-54, 57-58절).

여기에는 고별 강론의 핵심 요소들이 한데 집약되어 있다. 이를테면 "나는 있다/…이다", 영생, 믿음, 세상, 예수님의 죽음과 부활, 살아계신 아버지께서 아들을 보내심 같은 요소들이다. 그러나 요한복음의 마지막 만찬 이야기에는 유다 외에 누가 먹거나 마셨다는 언급이 없다.[15] 무슨 일이 일어나고 있는 걸까?

이는 '누구' 물음의 우선성을 보여 주는 전형적인 사례다.[16] 요한복음

---

15 의미심장하게도 유다의 배반에 대한 언급이 6:64, 70-71에 처음으로 나온다.
16 이는 또한 발을 씻기신 예수님의 모범을 따르라는 명령이 엄청나게 중요함을 특히 강조하는 방법이기도 하다.

6장은 5천 명을 먹이신 표적과 긴밀히 연결하여 빵과 먹고 마시기의 이미지로 이행하는 심화의 여정이다. 14:6과 밀접하게 연결되는 지점은 예수님의 "나는 있다/…이다" 선언, 반복되는 영생이라는 주제, "내 살은 참된 양식이요 내 피는 참된 음료로다"(55절)에서 거듭되며 생명과 진리를 연결하는 표현인 "참된"('알레테스' ἀληθής)이다. 또한 6장 말씀은 상호 내주에 관해 처음으로 가르치며 고별 강론을 예고한다. "내 살을 먹고 내 피를 마시는 자는 내 안에 거하고, 나도 그들[그의] 안에 거하나니"(56절). 6장은 이미지의 전환을 위해 독자들을 준비시키기도 한다. 제자들이 "이 말씀['로고스' λόγος]은 어렵도다. 누가 들을 수 있느냐?"(60절) 하며 불평할 때, 예수님은 고별 강론에서처럼 먼저 부활과 승천의 지평을 열어 주신다. "그러면 너희는 사람의 아들이 이전에 있던 곳으로 올라가는 것을 본다면 어떻게 하겠느냐?"(62절). 그런 다음 보혜사를 예고하시며 뜻밖의 놀라운 말씀을 하신다. "생명을 주는[살리는] 것은 영이니, 육은 무익하니라. 내가 너희에게 이른 말은 영이요 생명이라"(63절). 고별 강론이 끝날 무렵, 이 "말"은 앞서 6장에서 말씀하신 급진적인 성찬의 언어를 아우를 뿐만 아니라, 발 씻기기, 사랑, 기도, 성령에 관한 급진적인 가르침까지도 아우르게 된다. 이 언어와 이 가르침은 십자가에 못 박히시고 부활하시고 승천하신 사람의 아들과 그의 포괄적이고도 급진적인 "나는 있다/…이다" 선언을 통해 통합된다.[17]

요한복음 11장에서 나사로를 살리신 사건은 "내가 곧 … 생명이니"라는 말씀의 내용을 보강한다. 이 사건은 표적의 책에서 절정에 해당하는 표적이고, 고별 강론 이전의 말씀 중 예수님의 "나는 있다/…이다" 말씀의 절정이 이 사건을 통해 나온다. "나는 부활이요 생명이니, 나를 믿는

17　6:35-51에 관한 주석을 보라.

자는 죽어도 살겠고"(11:25). 이 말씀은 마르다에게 그의 오라비 나사로에 관해 하신 말씀으로, 마르다와 그의 자매 마리아는 요한복음에서 예수님께서 개별 인물을 사랑하신다고 언급된 첫 번째 사람들이다. 6장과 마찬가지로 11장에서도 예수님께서 표적을 행하시고 예수님 자신이 그 표적을 해석하신다(11장에서는 고별 강론에서와 같이 해석이 주요 사건보다 먼저 나온다). 여기서도 죽음의 이쪽과 저쪽에서 생명이 문제가 되고, 이 모든 것을 통합하는 핵심 진리는 예수님은 누구신가—"나는 있다/…이다"—이다.

예수님을 안다는 것, 본다는 것은 그의 아버지를 안다는 것, 본다는 것이다 (14:6b-11)

> 6b "'그 누구도' 나로 말미암지 않고는 아버지께로 올 자가 없느니라. 너희가 나를 알았더라면 내 아버지도 알았으리로다. 이제부터는 너희가 그를 알았고 또 보았느니라."
>
> 8 빌립이 이르되 "주여, 아버지를 우리에게 보여 주옵소서. 그리하면 족하겠나이다." 9 예수께서 이르시되 "빌립아, 내가 이렇게 오래 너희와 함께 있으되, 네가 나를 알지 못하느냐? 나를 본 자는 아버지를 보았거늘, 어찌하여 아버지를 보이라 하느냐? 10 내가 아버지 안에 거하고 아버지는 내 안에 계신 것을 네가 믿지 아니하느냐? 내가 너희에게 이르는 말은 스스로 하는 것이 아니라, 아버지께서 내 안에 계셔서 그의 일을 하시는 것이라. 11 내가 아버지 안에 거하고 아버지께서 내 안에 계심을 믿으라. 그렇지 못하겠거든 행하는 그 일로 말미암아 나를 믿으라."

예수님이 "길이요 진리요 생명"이신 것에는 다섯 번째 차원이 있는데, 이는 모든 것을 포괄하는 차원이다. 바로 예수님과 **아버지**의 관계다. 어떤 데서는 요한복음의 아버지-아들 관계의 중심성에 관한 몇 가지 핵심 쟁점을 논한다. 예컨대 하나님에 대한 남성, 여성 및 기타 언어에 관한 쟁점을 논한다. 또한 하향식 가부장제를 비롯한 위계질서에 맞서고 대안을 제시할 수 있는 요한복음의 잠재성에 관한 쟁점을 다루기도 한다. 요한복음은 아버지-아들 관계를, 열어 맞이하는 친밀한 개방적 관계, 취약한 권력의 관계, 발 씻김·우정·공동체(수치스럽게 십자가에 못 박히신 예수님이 모으신 공동체)에 영감을 주는 사랑의 관계로 보기 때문이다. 여기서는 두 가지 주요 쟁점을 논할 것이다. 하나는 "**그 누구도 나로 말미암지 않고는 아버지께로 올 자가 없느니라**"의 배타성이며, 다른 하나는 예수님을 보고 믿음으로써 아버지에 관한 지식이 깊어지는 것이다.

이러한 배타적인 "'그 누구도' 나로 말미암지 않고는 … 없느니라"라는 말씀을 이해하는 방식은 요한복음을 읽을 때 흔히 그렇듯이 '누구' 물음에 어떻게 답하느냐에 따라 크게 달라진다. 그렇다면 이 "나"는 누구인가? 만약 이 "나"가 프롤로그의 서술과 같이 "만물"이 그로 말미암아 창조된 그 말씀이라면, "모든 사람의[사람들의] 빛"이신 "생명"이라면, "각/모든 사람에게 비추는 빛"이라면, 그 "나"는 이미 모든 사람과 깊은 관계가 있고, "'그 누구도'" 이 관계에서 배제된 사람은 "없다." 게다가 예수님께서 십자가 처형을 통해 "내가 … 모든 사람을 내게로 이끌겠노라"(12:32)라고 하신 말씀과 같은 확언들도 있다. 이 모든 것이 아버지이신 하나님과의 궁극적 관계에 대해 무엇을 의미하는지는 대체로 신비로 남아 있다. 우리는 이에 관한 총체적인 시각도, 시간표도 없으며, 때때로 잠깐씩 엿보기만 할 뿐이다. 그리고 이러한 엿봄은 종교가 있는 사람들뿐만 아니라 종교가 없는 사람들을 통해서도, '종교적'이라 이름하는 경험을 통해서도 그렇지 않은 경험을 통해서도 발생할 수 있다. 예수님은 드러나는 방식으로든 감추어진 방식으로든 모두와 자유롭게 관계 맺으실 수 있다. 요한복음은 이렇게 넓고 포괄적인 지평 안에서 독자들에게 예수님을 소개하여 예수님이 아버지께로 가는 길임을 신뢰할 수 있게 하고 예수님을 신뢰하기 시작한 사람들이 이 관계와 진리 안으로 더 깊이 들어가도록 이끄는 데 관심이 있다. 각자의 개인적이고 인격적인 드라마가 중요하며, 각 사람은 중대한 결정을 내려야 한다. 무엇보다도, 사랑받고 있다는 사실에 반응하여 신뢰하고 사랑하기로 하는 결정을 내려야 한다. 이 하나님 중심적이고 영원한 관점에서 볼 때, 현실의 중심에서 사랑을 구현하여 모든 사람을 그 사랑으로 이끌도록 아버지께서 보내신 이와 만나지 않고서는 그 누구도 아버지께 올 자가 없다. 이 만남이 각 사람에게 언제 어떻게 일어나든 그 내면의 이야기는 오직 하나님만이 아시는 신비다—아마도 대개는 그 만남을 경험한 사람 자신조차도 그 이야기를 아주 부분적으로만 이해할 뿐이다.

빌립과의 이 대화는 고별 강론에 여러 차례 나오는 심화 과정 중 하나이며, 예수님이 하신 말씀은 다양한 수준에서 이해될 수 있다. "나를 본 자는 아버지를 보았거늘"이라는 말씀은 단순히 경험적이고 표면적으로 보는 것을 넘어서 더 깊은 차원에 이르는 것이다. 이는 예수님께서 "**내가 아버지 안에 거하고 아버지는 내 안에 계신 것을 네가 믿지 아니하느냐?**" 하고 물으신 데서도 내비쳐진다. 이 보는 것에는 듣고 믿는 것이 포함되어 있다. "**내가 너희에게 이르는 말은 스스로 하는 것이 아니라, 아버지께서 내 안에 계셔서 그의 일을 하시는 것이라.**" 예수님의 말씀과 행동을 하나님과 분리해서 이해하는 사람들이 있으며, 그들의 반응은 다양하다.

그러나 하나님과 연관 지어 생각하는 사람 중에도 신앙에 대한 이해의 수준이 다양할 수 있다. **"내가 아버지 안에 거하고 아버지께서 내 안에 계심을 믿으라. 그렇지 못하겠거든 행하는 그 일로 말미암아 나를 믿으라."** 예수님께서 행하신 것과 말씀하신 것에 관한 이야기를 따라가는 것은 예수님을 믿는 좋은 방법이다. 그러나 더더욱 더 깊이 들어가야 할 지점이 있는데, 여기서 그것은 예수님께서 아버지와의 관계에서 예수님이 누구신지에 관한 더 깊은 실재―사랑 가운데 상호 내주하시는 예수님과 아버지의 삶―를 표현하심으로써 드러난다. 고별 강론은 요한복음 17장에서 이 주제를 가장 풍성하고 가장 포괄적으로 심화시키는 방향으로 가고 있다.

행동의 깊이는 예수님 이름으로 드리는 기도다(14:12-14)

> 12 "내가 진실로 진실로 너희에게 이르노니, 나를 믿는 자는 내가 하는 일을 그도 할 것이요, 또한 그보다 큰 일도 하리니, 이는 내가 아버지께로 감이라. 13 너희가 내 이름으로 무엇을 구하든지 내가 행하리니, 이는 아버지로 하여금 아들로 말미암아 영광을 받으시게 하려 함이라. 14 내 이름으로 무엇이든지 내게 구하면 내가 행하리라."

강조된("내가 진실로 진실로 너희에게 이르노니") 약속, 곧 **"나를 믿는 자는 내가 하는 일을 그도 할 것이요, 또한 그보다 큰 일도 하리니"** 는 깜짝 놀랄 만한 말씀이다. 이 말씀이 예수님을 믿는 이들이 물을 포도주로 바꾸고, 병든 사람을 고치고, 시각 장애인의 눈을 뜨게 하고, 수천 명을 먹이고, 죽은 사람을 살리는 일을 할 것이라고 기대해도 된다는 의미일까? 그런 놀라운 일들을 배제할 필요는 없지만, 이 약속이 고별 강론에 들어 있다는 사실은 어쩌면 더 놀랍고 도전적인 것을 시사할지도 모른다. 요한복음 2-11장에서 예수님이 표적으로 행하신 "일" 중 어떤 것에도 제자들에게 그것을 본받으라거나 비슷한 일을 하라는 명령이 따라 나오지 않았다. 예수님이 제자들에게 본보기로 보이신 유일한 행동은 그들의 발을 씻기신 일이다. 이 행위는 요한복음 13장에서 강력한 명령의 무게가 실렸다. 그렇다면 발 씻기는 일보다 더 "큰 일"은 무엇인가? 바로 이 행동으로 인해 "보다 큰"의 의미 자체가 바뀐다. 즉, 겸손과 사랑으로 섬김에 있어서의 능가인 것이다.

발 씻김의 본을 다양한 방식으로 상상해 보는 것처럼, 이런 식으로 생각해 보는 것은 사고의 출발점으로서 필요하다. "보다 큰"을 질적인 비교가 아닌 양적인 비교로 이해하는 주석가가 많다. 즉, 예수님의 제자들이 수 세기 동안 세계 곳곳에서 예수님을 따라 한 것이 예수님이 짧은 생애 동안 한 곳에서 하신 것보다 더 규모 면에서 클 수 있다는 것이다. 그러나 여기에는 그 이상의 것이 있다. 질적인 측면 또한 부활하신 예수님 및 그의 아버지와 직접적으로 연결되면서 지속되고 고양된다. **"이는 내가 아버지께로 감이라."** 계속되는 사랑의 섬김의 드라마는 창조적 사랑의 중심부로부터 영감받고 힘을 얻는다. 이는 일회적이거나 간헐적인 일이 아니다. 이것이 삶의 방식이 되려면 제자들이 저 사랑에 참여하고 있어야 한다—그래서 요한복음 곳곳에서 상호 내주, 거함(특히 15장을 보라), 사랑을 강조하고 있다. 이는 17:26의 예수님의 기도에서 절정에 이른다. "이는 나를 사랑하신 사랑이 그들 안에 있고 나도 그들 안에 있게 하려 함이니이다."

이러한 역동적인 시너지는 기도를 통해 일어난다. **"너희가 내 이름으로 무엇을 구하든지 내가 행하리니, 이는 아버지로 하여금 아들로 말미암아 영광을 받으시게 하려 함이라. 내 이름으로 무엇이든지 내게 구하면**

내가 행하리라." 이 놀라운 약속을 피상적으로 받아들이거나 자기중심적으로 받아들일 수도 있지만, 반복되는 "내 이름으로"는 그러한 기도의 특성과 깊이를 나타낸다. 즉, 예수님이 누구신지에 의해 영감받는 기도인 것이다. 행동의 깊이, 행동의 권위와 영광, 그 질의 척도는 모두 예수님이 누구시냐에 달려 있다. 그리고 모든 행동에 동반되어야 하는 행동은 예수님이 누구신지에 영감받아 드리는 기도다. 그래서 행동의 깊이는 곧 예수님의 이름으로 드리는 기도다.

이것이 함의하는 실제적 의미 하나는 이 약속을 신뢰하는 독자들은 요한복음의 의미로, 그 중심에 있는 핵심 물음인 예수님은 누구신가 하는 점으로 점점 더 깊게 들어가게 된다는 것이다. 예수님이 누구신지가 기도와 행동 모두의 영감이다. 기도와 행동은 모두 항상 예수님의 임재 안에서 이루어져야 한다. 예수님과 소통하는 가운데, 예수님을 본받으며, 예수님의 사랑에 사랑으로 응답하며, "아버지로 하여금 아들로 말미암아 영광을 받으시게" 하기 위해 이루어져야 한다. 그리고 예수님이 누구신지에 대한 앎은 이 복음서뿐만 아니라 다른 복음서들을 통해서도, 복음서들의 상호본문을 통해서도, 계속되는 드라마 속에서 마주하는 사람들과 사건들을 통해서도 생겨난다. 그리고 이 모든 것을 통해 요한복음을 다시 읽게 되면, 예수님에 대한 이해가 풍성해지며 예수님과의 관계가 더욱 깊어진다.

"보다 큰"의 의미를 비추어 주는 또 다른 내용은 요한복음 15:13에 있다. 거기서 예수님은 "사람이 친구를 위하여 자기 목숨을 버리면 이보다 더 큰 사랑이 없나니"라고 말씀하신다. 기도와 행동의 깊은 곳에는 모두 사랑이 있다. 요한복음 17장의 기도에서 드러난 하나님 마음에서 나오는 최고의, 비교할 수 없는 행동은 예수님께서 사랑으로 십자가에서 자기 생명을 내주신 일이다. 예수님의 십자가 처형은 큼/위대함, 사랑, 생명, 영광, 가족, 심지어 하나님은 누구신가까지도 다시 정의하고 이것들을 변혁적으로 드러내는 사건이다.

"보다 큰"을 비추어 주는 내용은 14장 후반부에도 있다. 예수님은 "너희가 나를 사랑하였더라면 내가 아버지께로 감을 기뻐하였으리라. 아버지는 나보다 크시기 때문이다"[크심이라](28절)라고 말씀하신다. 여기서는 큼/위대함이 사랑의 섬김이라는 겸손의 행위를 통해 정의되고 아버지와 아들의 관계가 상호 내주의 측면에서 이해되는데, 이런 맥락에서 아버지와 아들을 어떤 식으로 분리하거나 그들의 양적인 크기를 비교하여 이 부분을 이해하면 이치에 맞지 않는다. 아버지와 아들의 관계는 서로 사랑하고 기뻐하고 영화롭게 하는 그들의 영원한 삶을 통해 이해하는 것이 더 적절하다. 사랑과 기쁨 안에서 서로가 서로를 '크게 드높인다.'magnifying 만일 큼/위대함의 측면에서 둘의 구별을 주장하고자 한다면, 삼위일체적 사유 전통에서 나온 생각이 도움이 될 수 있다. 즉, 아버지는 아들을 "낳으시는 분"begetter이자 보내시는 분으로, 그의 기원은 모든 영원에 있다. 아들은 "하나님으로부터 나신 하나님이시며, 빛으로부터 나신 빛이시요, 참 하나님으로부터 나신 참하나님"이시다. 이것은 곧 하나님 안에 구별과 관계의 질서가 있으며, 영원한 아들을 영원히 낳으시고 보내시는 분이신 아버지께 우선성이 있음을 의미한다. 이는 요한복음의 프롤로그 및 17장과도 일치한다.

그러나 하나님의 존재에 관한 내적 논리를 추측하는 것은 요한복음 14:28의 맥락과는 거리가 멀다. 이 구절의 관심사는 제자들에게 죽음 너머의 더 나은 미래가 예수님께 있음을 신뢰하도록 격려함으로써 그들을 위로하는 데 있다. 그 미래는 사랑과 기쁨 안에서 경축할 미래이며, 예수님을 다시 살리실 분께 달린 미래이다. 죽음을 앞둔 인간 예수님의 입장에서 "아버지는 나보다 크시"며 위로의 궁극적 원천이시다. 그러나 발 씻김이라는 작음과 겸손, 십자가라는 수치와 사랑 속에서 드러나는 큼/위대함의 역설은 아버지의 크심이 아들의 큼과 하나임을 의미한다. 아버지의 크심은 아버지가 영화롭게 하시는 아들의 이 낯설고 근본적으로 전복적인 큼/위대함과 영광과 하나이다.

궁극의 선물(14:15-17)

> ¹⁵ "너희가 나를 사랑하면 나의 계명을 지키리라. ¹⁶ 그리고 내가 아버지께 구하겠으니, 그가 또 다른 보혜사를 너희에게 주사 영원토록 너희와 함께 있게 하리니, ¹⁷ 그는 진리의 영이라. 세상은 능히 그를 받지 못하나니, 이는 그를 보지도 못하고 알지도 못함이라. 그러나 너희는 그를 아나니, 그는 너희와 함께 거하심이요 또 너희 속에 계시겠음이라."

이제 계속되는 기도와 행동의 삶에 관한 간단하고 실천적인 요약이 나온다. 기도와 행동은 예수님이 누구신지와, 그분이 행하신 일과 하신 말씀과, 예수님을 향한 사랑에서 영감을 받아서 더 깊어지고 더 대담해진다. **"너희가 나를 사랑하면 나의 계명을 지키리라." "그리고 …"**—여기서 끝이 아니라 더 있다. 이 삶을 살아가는 데 있어 최고의 궁극적인 선물이 있다. **"내가 아버지께 구하겠으니, 그가 … 너희에게 주사"**—이는 하나님, 곧 아들과 관계하시는 아버지의 마음/품에서 나오는 선물이다(cf. 1:18). 이 선물은 **또 다른 보혜사 … 진리의 영**으로, 곧 "성령"으로도 불릴 것이다(14:26).

요한복음은 1장에서부터 시작해서 계속해서 성령을 예고했고, 고별강론에 이르기까지 성령이 깃든 길이 있었다. 이는 다음과 같은 내용들로 두드러졌다. 예수님 위에 머무는 성령(1:32-33), 성령으로 나야 함 (3:1-10), 성령을 한량없이 주심(3:34), 영\성령이신 하나님께 영\성령과 진리로 예배해야 함(4:23-24), 영\성령과 생명인 예수님의 말씀(6:63), 생수의 강인 성령(7:37-39), 예수님께서 심령에 비통히 여기심(11:33; 13:21). 여기서는 아래와 같은 다섯 가지가 특히 중요하다.

첫째, 예수님이 **"내가 아버지께 구하겠으니"**라고 말씀하신다. 예수님의 이 개인적인 약속은 제자들의 기도보다 아버지와 훨씬 더 직접적으로 연결되어 있고, 훨씬 더 놀랍다. 제자들도 예수님의 이름으로 무엇이든지 구하면 받을 것이라는 약속을 받았지만 말이다. 이는 "하나님은 영이시니"(4:24)라는 바로 그 하나님의 삶에 참여하는 것에 관한 약속이다.

둘째, **"그가 또 다른 보혜사**['파라클레토스' παράκλητος]**를 너희에게 주사."** 성령의 타자성, 즉 성령이 아버지와 예수님(요일 2:1의 언급처럼 예수님도 '파라클레토스'다)과 구별된다는 점은 성령이 옹호자, 격려자, 위로자, 돕는 자로 인격화된 것과 연결된다. 요한이 예수님이 죽으신 이후에야 성령이 제자들에게 주어질 수 있다고 주장한다는 점, 그리고 예수님과 성령을 강하게 동일시한다는 점은 시사하는 바가 있다. 즉, 성령에 대한 가장 직접적인 이해 방식은 십자가에 달리시고 부활하셨으며 아버지와 하나이신 예수님이 우리에게 분유되시고 내주하시며 우리 가운데 계시다는 것이다. 예수님의 온전한 실재, 곧 하나님의 온전한 실재가 성령 안에 주어지며, 성령을 **진리의 영**으로 기술한 것은 인식적 차원뿐만 아니라 이러한 실재의 차원까지 포함한 것이다.

셋째, 성령은 **또 다른 보혜사**로, **영원토록 너희와 함께 있게** 될 것이다. 성령이 아버지와 아들과 구별된다는 것은 영구적인, "영원"한 점이다. 이 점은 거한다는 언어와 내주한다는 언어가 결합되어 강조된다(이 언어는 아버지와 아들에 대해서도 사용된다). **"그는 너희와 함께 거하심이요 또 너**

희 속에 계시겠음이라." 이 표현들은 고별 강론에서 확장되어 이후에 예수님을 믿고 사랑하는 사람들까지 포괄한다. 그 포괄은 여기서 성령의 영원한 내주로 시작되며, 그 의미는 이후—먼저 이 장의 뒷부분에서 아버지와 아들이 "그[들]에게 가서 거처를 그들과 [그와] 함께하리라"(14:23)는 약속에서, 그다음 15장, 16장, 17장으로 갈수록 더욱—풍성해지고 강화되고 확장된다. 내주 이미지는 연이은 물결로 나타나서 이 놀라운 거처home에서 살도록 독자들을 초대한다.

넷째, 상호 내주하시는 성령과 아들과 아버지 사이의 구별이 있을 뿐만 아니라, 이 모두와 "세상" 사이에도 강력하게 대조되는 구별이 있다. 여기서 "진리의 영"은 **세상이 능히 그를 받지 못하는** 분이다. 왜냐하면 **그를 보지도 못하고 알지도 못하기** 때문이다. 계속되는 드라마가 다시 예견되는데, 근본적인 선택과 대립과 미움이 수반되는 피할 수 없는 갈등의 현실로 예견된다. 이는 앞으로 이어질 강론에서 더욱 강조될 것이다.

다섯째, "진리의 영"에 관한 두 번째 논의의 물결에서 언급되듯이, "보혜사, 곧 아버지께서 내 이름으로 보내실 성령, 그가 너희에게 모든 것을 가르치고 내가 너희에게 말한 모든 것을 생각나게 하리라"(14:26). 진리를 받고 가르침을 받고 기억하는 것은 제자들에게 성령이 내주하는 방식이다. 그리고 이 배움과 이 기억남은 어떤 식으로 국한된 게 아니다. 이는 "모든 것"에 관한 것, "내가 너희에게 말한 모든 것"에 관한 것이며(14:26), 따라서 계속되는 것이다. 첫 번째 물결은 아버지와 아들과 구별된 성령에 잠시 초점을 두었다. 그리고 이 두 번째 물결에서는 성령이 예수님과 성부를 대신하되 보다 일상적으로, 자신을 드러내지 않는 방식으로 존재한다.

공개된 비밀: 사랑받고 사랑하기, 듣고 지키기 (14:18-26)

¹⁸ "내가 너희를 고아와 같이 버려두지 아니하고 너희에게로 오리라. ¹⁹ 조금 있으면 세상은 다시 나를 보지 못할 것이로되 너희는 나를 보리니, 이는 내가 살아 있고 너희도 살아 있겠음이라. ²⁰ 그날에는 내가 아버지 안에, 너희가 내 안에, 내가 너희 안에 있는 것을 너희가 알리라. ²¹ 나의 계명을 지키는 자라야 나를 사랑하는 자니, 나를 사랑하는 자는 내 아버지께 사랑을 받을 것이요, 나도 그를 사랑하여 그에게 나를 나타내리라." ²² 가룟인 아닌 유다가 이르되 "주여, 어찌하여 자기를 우리에게는 나타내시고 세상에는 아니하려 하시나이까?" ²³ 예수께서 대답하여 이르시되 "사람(들)이 나를 사랑하면 내 말을 지키리니, 내 아버지께서 그(들)을 사랑하실 것이요, 우리가 그(들)에게 가서 거처를 그들과(그와) 함께하리라. ²⁴ 나를 사랑하지 아니하는 자는 내 말을 지키지 아니하나니, 너희가 듣는 말은 내 말이 아니요 나를 보내신 아버지의 말씀이니라." ²⁵ "내가 아직 너희와 함께 있는 동안에(있어서) 이 말을 너희에게 하였거니와, ²⁶ 보혜사, 곧 아버지께서 내 이름으로 보내실 성령, 그가 너희에게 모든 것을 가르치고 내가 너희에게 말한 모든 것을 생각나게 하리라."

격려자에 관한 두 번의 가르침의 물결 사이에서, 예수님 자신이 성령의 활동을 직접 본 보여 주신다. 제자들을 향한 또 한 번의 격려와 위안의 물결을 통해서 말이다. **"내가 너희를 고아와 같이 버려두지 아니하고 너희에게로 오리라."** 이 물결들은 예수님을 보고, 예수님께 생명을 얻고, 예수님의 계명을 지키고, 예수님을 사랑하라는 이전의 가르침들이 반복되면서도 더 멀리 나간다. 예수님이 **"아버지 안에"** 있을 뿐만 아니라, **"너희가 내 안에, 내가 너희 안에"** 있다. **"나를 사랑하는 자는 내 아버지께 사랑을 받을 것이요, 나도 그를 사랑하여 그에게 나를 나타내"**실 뿐만 아니라, 아버지와 아들이 함께 **"그들에게 가서 거처를 그들과[그와] 함께"** 할 것이다.

이 진리들은 특정 인물과, 그리고 계속되는 그의 역사歷史와 완전히 연결된다. **"내가 … 너희에게로 오리라. 조금 있으면 세상은 다시 나를 보지 못할 것이로되 너희는 나를 보리니, 이는 내가 살아 있고 너희도 살아 있겠음이라. 그날에는 내가 아버지 안에, 너희가 내 안에, 내가 너희 안에 있는 것을 너희가 알리라."** 제자들은 예수님의 십자가 처형과 부활을 통해 새로운 생명과 지식과 내주하심으로 들어가는 길을 걸으며 살게 된다. 이 사건들과 그 중심인물들은 계속되는 드라마의 공개된 비밀을 간직하고 있다. 이는 대부분의 사람에게는 이상한 길, 감추어진 길로 보일 수 있다. **가룟이 아닌 유다가 "주여, 어찌하여 자기를 우리에게는 나타내시고 세상에는 아니하려 하시나이까?"** 하고 물었던 것처럼 말이다.

예수님의 대답은 질문의 요점을 피하는 것처럼 보인다. 하지만 실제로는 요한복음의 방향성과 부합하게 간접적으로 질문을 다루고 계신다. **"사람들이 나를 사랑하면 내 말을 지키리니, 내 아버지께서 그들을 사랑하실 것이요, 우리가 그들에게 가서 거처를 그들과[그와] 함께하리라."** "세상"에 주어지는 것은 하나님 중심의 가족 공동체로, 하나님께 사랑받고 하나님을 사랑하며 "내 말"로 삶이 형성되는 공동체다. "본래" "본 사람이" 없는(1:18) 하나님이 예수님, 즉 "말씀"이라는 매개를 통해 세상에 오셨고(1:1), 그 말씀은 "육신이 되어 우리 가운데 거하"셨는데(1:14), 충격적이고 역설적인 간접성으로, 수치를 당하시고 십자가에 못 박히셔서 이제 **세상은 다시** 보지 못하게 되었다. 따라서 제자들로 이루어진 가족은 그의 부활을 증언하고 죽음을 통한 생명을 증언하며(**"너희는 나를 보리니 … 너희도 살아 있겠음이라"**), 예수님께 참여하고 있음을 증언한다(**"너희가 내 안에, 내가 너희 안에"**). 예수님과 아버지와 거처를 함께하며 예수님의 말을 지킴으로써 말이다. 제자들이 세상에 전달하는 주된 방식은 간접적이다. 예수님이 하나님의 사랑을 구현하는 메시지가 되신 것처럼, 제자들도 예수님께 사랑받고 예수님이 사랑하신 것처럼 사랑하라는 명령을 지킴으로써 하나님의 사랑을 구현하는 메시지가 되도록 부름받는다. 십자가 처형은 예수님 안의 계시의 간접성을 더욱 심화하고, 하나님이 누구시며 사랑이 무엇인지에 대한 생각을 변화시킨다. 마찬가지로 예수님이 제자들에게 발 씻기기를 본받으라고 명하심으로써 낯설고 도전적이며 간접적인 표징이 세상 앞에 나타난다. 잘못을 범하기 쉬운 친구들로 구성된 취약한 공동체가 삶으로 살아 내며 보여 주는 표징이 말이다.

고별 강론은 공동체의 성격을 통해 전달되는 이러한 간접적 소통을 강조한다. 이러한 강조는 예수님이 발을 씻기신 직후인 13:35에서 시작된다. "너희가 서로 사랑하면 이로써 모든 사람이 너희가 내 제자인 줄 알리라." 이는 요한복음 17장에서 절정에 이르는데, 거기서 예수님은 먼저 "내가 비옵는 것은 세상을 위함이 아니요, 내게 주신 자들을 위함이니이다"(17:9)라고 말씀하시고, 이후 아버지께 이렇게 기도하신다. "이는 우리가 하나가 된 것같이 그들도 하나가 되게 하려 함이니이다. 곧 내가 그들 안에 있고 아버지께서 내 안에 계시어 그들로 완전히 [온전함을 이루어] 하나가 되게 하려 함은 아버지께서 나를 보내신 것과 또 나를 사랑하심같이 그들도 사랑하신 것을 세상으로 알게 하려 함이로소이다"(17:22-23). 그리고 여기 요한복음 14장에서도 유다의 "세상에는 아니하려 하시나이까?"하는 물음은 이후 "내가 아버지를 사랑한다는 것을 [내가 아버지를 사랑하는 것과…] 세상이 알게 하려 함이로라"(14:31)는 말씀으로 보충된다.

이 단락 전체와 요한복음 전체에서, 사랑받고 사랑하는 것은 가르침 받고 배우는 것과 불가분하게 연결된다. 이 공동체는 끊임없이 사랑하고 배우는 공동체이며, 이 배움에는 듣고, 찾고, 질문하고, 보고, 믿고, 이해하고, 기억하고, 아는 것이 포함된다. 예수님은 한정된 시간 동안 계명을 주시고 말씀하셨다. "내가 아직 너희와 함께 있는 동안에[있어서] 이 말을 너희에게 하였거니와." 그러나 이 배움은 계속된다. "보혜사, 곧 아버지께서 내 이름으로 보내실 성령, 그가 너희에게 모든 것을 가르치고 내가 너희에게 말한 모든 것을 생각나게 하리라"(글상자에서 에클스턴의 글을 보라).

> 제4복음서로 기도한다는 것은 무엇보다도 성령의 인도하심 가운데, 그리고 성령의 인도를 구하기 위해 기도한다는 의미다. 이는 곧 삶 자체만큼이나 넓은 관심을 품고 기도한다는 것이다. 니케아 신경은 성령을 주님이시요 생명을 주시는 분으로 고백한다. 그리스도 교회에 주어진 과제는 그때나 지금이나, 처음 시작했을 때처럼 그런 영을 믿는다는 것이 실제 삶에서 어떤 의미인지 배우는 것이다. 이 복음서는 배움의 과정을 돕기 위해, 요한과 그의 독자들이 헌신했던 신실한 삶이라는 모험에 가능한 한 많은 빛을 선사하기 위해 기록되었다. … 예수님께서는 그들에게 말씀하셨던 그 죽음을 맞이하셨지만, 그들은 여러 해가 지난 당시에도 여전히 배우는 중이었다. 그 배움의 과정은 성령의 도움으로 계속되어야 했다. 예수님은 이러한 도움도 약속해 주셨다. 예수님은 그들이 예수님께 배운 것을 할 수 있고 더 큰 일도 할 수 있다고, 이러한 점을 그들이 알게 될 것이라고 말씀하셨다. 이 또한 사실로 드러났다. 그래서 요한이 오래전 예수님께서 그들 가운데 사역하시던 시절에 일어났던 일을 기록할 때, 그가 중시한 것은 그 일들이 과거에 일어났다는 점이 아니라, 그 일들이 지금 성령께서 그들에게 가르치시는 바를 조명해 준다는 점이다.[a]
>
> ― 앨런 에클스턴, 《영의 발판 놓기》 The Scaffolding of Spirit, 114-15

a. 이 심오하지만 안타깝게도 별로 주목받지 못한 에클스턴의 책(부제는 "요한복음 묵상"[Reflections on the Gospel of St John]이다)이 이 주석에 중요한 영감을 주었다. 에클스턴은 성령 안에서 요한복음을 읽고 요한복음으로 기도하는 것을 통한 지혜롭고도 예언자적인 영성 같은 것을 제시한다. 이는 오늘날 요한 르네상스의 중심에 두기에 적합하다.

이것이 함의하는 의미 하나는 예수님의 말씀을 증언하고 말씀이신 예수님을 증언하는 텍스트가 이 계속되는 드라마에서 공동체에 필수라는 점이다. 예수님 자신의 증언을 담고 있는 이 복음서의 중요성은 14:18-26에서 다음과 같은 문구들로 강조된다. "나의 계명", "나를 나타내리라", "내 말", "내 말", "말씀", "이 말을 너희에게 하였거니와", "내가 너희에게 말한 모든 것." 요한복음의 근저에서 전체를 관통하며 격려하는 바는 이 복음서를 읽고 또 읽으라는 것이다. 성령께서 이 복음서를 통해 당신이 아버지와 아들에게 사랑받고 있음을 신뢰하게 하실 것이다. 당신이 배우고 사랑하도록 북돋우실 것이다. 무궁무진한 신적 진리와 사랑의 풍성함 속으로 점점 더 깊이 인도하실 것이다. 요한일서(여러 면에서 이 서신은 계속되는 드라마가 더 진행된 이후 단계의 시점에서 이 복음서를 그 모든 문제와 병리와 함께 조명해 준다)가 이 이중적 현실을 생생하게 요약한 것처럼, "하나님은 빛"이시며 "하나님은 사랑"이시다(요일 1:5; 4:8, 16).

평화, 기쁨, 신뢰의 깊이 (14:27-29)

27 "평안을 너희에게 끼치노니, 곧 나의 평안을 너희에게 주노라. 내가 너희에게 주는 것은 세상이 주는 것과 같지 아니하니라. 너희는 마음에 근심하지도 말고 두려워하지도 말라. 28 '내가 갔다가 너희에게로 온다' 하는 말을 너희가 들었나니, 나를 사랑하였더라면 내가 아버지께로 감을 기뻐하였으리라. 아버지는 나보다 크시기 때문이다[크심이라]. 29 이제 일이 일어나기 전에 너희에게 말한 것은 일이 일어날 때에 너희로 믿게 하려 함이라."

격려가 더욱 강해진다. 상호 내주와 "나는 있다/…이다", 기도하며 행동하기, 사랑과 배움이 여러 차례 심화되며 이제는 기쁨을 동반하는 **평안**과 결합되어, **근심**하고 **두려워**하는 **마음**을 위로한다. 우리는 **이제** 십자가 처형이 **일어나기 전** 시점으로 분명히 돌아와 있지만, 십자가 처형 너머를 향하고 있다. **일이 일어날 때**를 대비하고 있다. 그리고 이 장을 시작하며 나오는 "하나님을 믿으니 또 나를 믿으라"(14:1)라는 신뢰하는 삶으로의 초대가 반복된다. 하지만 이제 **너희로 믿게 하려 함**이라는 말에는 여러 겹의 내용이 더해져 있다.

중대한 순간(14:30-31)

30 "이후에는 내가 너희와 말을 많이 하지 아니하리니, 이 세상의 임금이 '오고 있기 때문이다'[오겠음이라]. 그러나 그는 내게 '행사할 수 있는 힘이 없다.'[관계할 것이 없으니.] 31 [다만 내가 아버지께서 명하신 대로 행하는 것은 내가 아버지를 사랑한다는 것을](오직 내가 아버지를 사랑하는 것과 아버지께서 명하신 대로 행하는 것을) 세상이 알게 하려 함이로라. 일어나라. 여기를 떠나자" 하시니라.

중대한 순간이 다가오고 있다. **이 세상의 임금이 '오고 있기 때문이다'**[오겠음이라]. "이 세상"의 적대적 역학이 예수님께 집중되어 궁극의 시험을 맞게 되신다. **"그는 내게 '행사할 수 있는 힘이 없다'**[관계할 것이 없으니]"라는 말은 문자적으로 "그가 내 안에 아무것도 가지고 있지 않다"는 의미이며, 매우 강한 부정의 표현이다. 그렇다면 누가 예수님 "안에" 무언가를 가지고 있을까? 누가 예수님을 완전히 채워서 이 세상의 임금이 들어올 여지가 없게 만드는 것일까? 예수님은 자기 소명과 사명의 명령적 힘을 **"내가 아버지께서 명하신 대로 행하는 것"**이라고 표현하신다. 그리고 이

것이 담고 있는 가장 깊은 진리, 곧 **"내가 아버지를 사랑한다"**를 확언하신다. 그 목적은 이 사랑을 **"세상이 알게 하려 함"**이다.

"일어나라. 여기를 떠나자"는 말씀은 다소 의아할 수 있다. 왜냐하면 그들이 모여 있던 곳을 떠나자는 신호로 들리지만, 실제로는 강론이 계속 이어지기 때문이다. 학자들은 이에 대해 여러 해결책을 내놓고 있지만, 독자들의 경우 이 놀라운 강론이 더 많은 가르침의 물결로 계속 이어진다는 점이 오히려 감사할 수 있다. 계속되는 드라마는 영구적인 중요성을 지닌 순간에 머물러 있으며, 요한복음 15, 16, 17장은 그 의미를 더욱 완전히 열어 준다. 메리 콜로이는 요한복음 15:1-17에 이어지는 내용은 요한복음 14장을 다시 읽고 재작성한 것이라고 제안한다. 아버지와 예수님의 내주하는 사랑, 아버지의 영화, 예수님의 이름으로 구하기, 사랑의 계명 지키기 같은 핵심 주제들을 더 발전시키기 위해서 말이다. 요한복음 14장에서 도마, 빌립, 유다가 던진 질문들이 다음 장에서 훨씬 더 깊이 탐구될 것이다.[18]

---

[18] Coloe, *Dwelling in the Household of God*, 145-58.

요한복음 15:1-27
"내 안에 거하라"

새로운 이미지가 갑자기 도입된다. "나는 참포도나무요 내 아버지는 농부라"(1절). 이 말씀은 요한복음 13-16장 전체의 정중앙에 자리하고 있다. 크리스 카라구니스가 말했듯이, 이러한 점은 "포도원 비유가 문자적으로나 신학적으로나 마지막 강론의 중심을 차지하고 있음을 뒷받침해 준다."[1]

"나는 있다/…이다"는 요한복음에서 자주 반복되는 가장 심오한 음정을 곧바로 들려준다. 이는 동반되는 선언인 "나는 포도나무요 너희는 가지라"(5절)와 더불어 일곱 번째이자 마지막 "나는 있다/…이다" 선언이다.[2] 예수님은 누구신가 하는 점은 요한복음의 시작부터 핵심 사안이었다. 그리고 이제 포도나무, 농부, 가지라는 이미지가 예수님은 누구신가, "내 아버지는" 누구신가, "너희는" 누구인가를 하나로 결합한다—이는

---

1 Caragounis, "'Abide in Me,'" 259.
2 다른 "나는 있다/…이다"(I am) 진술도 있지만, 술어가 없는 진술들이다.

이 복음서가 독자들을 끌어들이고자 하는 삼중적인 사랑과 상호 내주의 '누구' 관계이다. 잠시 후 제안하겠지만 "나는 참포도원이요 내 아버지는 농부라"와 "나는 포도원이요 너희는 포도나무라"로 옮기는 것이 더 나은 번역이라면, 뉘앙스는 달라지겠지만 핵심적인 삼중 상호 관계는 그대로 유지된다.

포도나무(포도원)의 비유는 요한복음에서 핵심적인 삼중 상호 관계를 새롭게 상상하도록 돕는 만큼, 또한 독자들이 요한복음의 날카로운 핵심 도전을 마주하게 한다. 당신은 "열매를 맺지 아니"(2절)하므로 아버지께서 제거해 버리시는 가지 또는 포도나무가 될 것인가? 즉, "밖에 버려져 마르나니" "모아다가 불에 던져"(6절) 타게 되는 존재가 될 것인가? 아니면 아버지께서 "더 열매를 맺게 하려"(2절)는 가지 또는 포도나무가 될 것인가? 즉, "말로 이미 깨끗하여"(3절)진 존재가 될 것인가? 예수님 안과 예수님의 사랑 안에 거하고 예수님의 말씀이 자기 안에 거하며 열매를 많이 맺어서 "내 아버지께서 영광 받으실"(8절) 존재가 될 것인가? "내 기쁨이 너희 안에 있어 너희 기쁨을 충만하게 하려"(11절) 하시는 궁극의 기쁨을 지향하는 존재가 될 것인가?

원예와 식물 이미지는 말하기와 말씀, 구하기, 영광 돌리기, 사랑이라는 상호 인격적인 언어를 그 이미지 안에 엮어 넣음으로써 이미 한계까지 확장되고 있다. 이런 언어는 13:34에서 처음 가르쳐졌던 사랑 계명이 여기서 새로운 물결로 나타나면서 지배적인 언어가 된다. 이 물결에서 새롭게 등장하는 것은 바로 우정이다. "사람이 친구를 위하여 자기 목숨을 버리면 이보다 더 큰 사랑이 없나니, 너희는 내가 명하는 대로 행하면 곧 나의 친구라"(13-14절). 이 우정은 섬김을 포함하지만, 지식과 이해를 공유한다는 점에서 섬김 이상으로 나아간다. "내가 내 아버지께 들은 것을 다 너희에게 알게 하였음이라"(15절). 이 우정은 상호적이지만 전적으로 예수님이 주도하신 것이다. "너희가 나를 택한 것이 아니요 내가 너희를 택하여"(16절).

이는 계속되는 제자도의 드라마 속에서 지속적으로 유지되어야 할 핵심 관계이기도 하다. 이 드라마에서 열매를 맺는 것이 바로 "내가 너희를 … 세운"(16절) 목적이다. 그럼에도 세상에 속하지 않고 예수님께 속하였다는 것이 실질적으로 의미하는 바를 현실에서 직시하게 될 것이다. 즉, 이유 없이 미움받고 박해당하고 욕보는 것이다. 이 모든 일을 앞에 두고 예수님은 다시금 옹호자, 격려자를 언급하신다. 이번에는 증언이 새롭게 강조된다. "그가 나를 '위하여' 증언하실 것이요, 너희도 … '증언할 것이다'[증언하느니라]"(26-27절).

거하기 (15:1-8)

¹ "나는 참포도나무요 내 아버지는 농부라. ² 무릇 내게 붙어 있어 열매를 맺지 아니하는 '모든' 가지는 아버지께서 그것을 치워[제거해] 버리시고, 무릇 열매를 맺는 '모든' 가지는 더 열매를 맺게 하려 하여 그것을 가지치기하시느니라[깨끗하게 하시느니라]. ³ 너희는 내가 일러준 말로 이미 깨끗하여졌으니, ⁴ 내가 너희 안에 거하는 것같이 너희도 내 안에 거하라[내 안에 거하라 나도 너희 안에 거하리라]. 가지가 포도나무에 붙어 있지 아니하면 스스로 열매를 맺을 수 없음같이, 너희도 내 안에 있지 아니하면 그러하리라. ⁵ 나는 포도나무요 너희는 가지라. 그가 내 안에, 내가 그 안에 거하면 사람이 열매를 많이 맺나니, 나를 떠나서는 너희가 아무것도 할 수 없음이라. ⁶ 사람이 내 안에 거하지 아니하면 가지처럼 밖에 버려져 마르나니, 사람들이 그것을 모아다가 불에 던져 사르느니라. ⁷ 너희가 내 안에 거하고 내 말이 너희 안에 거하면 무엇이든지 원하는 대로 구하라. 그

리하면 이루리라. ⁸ 너희가 열매를 많이 맺으면 내 아버지께서 영광을 받으실 것이요, 너희는 내 제자가 되리라."

잘 알려진 신약의 주요 본문이 핵심 단어들의 오역 때문에 재고되어야 하는 경우는 드물다. 하지만 NRSV에서 "포도나무"로 번역한 헬라어 '엠펠로스'^{ἄμπελος}와 "가지"로 번역한 헬라어 '클레마'^{κλῆμα}는 그런 경우다. 요즘 들어, 이 단어들이 NRSV에서 언급하는 의미로 시작되었지만 시간이 지나며 의미가 바뀌었다는 압도적인 증거가 있는 것으로 보인다. 이런 증거를 가장 많이 모은 학자인 크리스 카라구니스는 이 변화가 요한복음이 기록되기 이전에 발생했고 특히 대중적이고 일상적인 문헌에 분명하게 나타난다고 자신의 연구 결과를 요약한다. "이미 ἄμπελος[엠펠로스]는 *vitis vinifera*^{포도나무} 식물이 아니라 포도나무가 심긴 땅, 곧 포도원이었다. 이미 κλῆμα[클레마]는 순전히 가지나 잔가지가 아니라 식물 전체, 즉 포도나무 자체였다."³

따라서 여기서 두 번의 "나는 있다/…이다" 선언은 **"나는 참포도원이요 내 아버지는 농부라"**와 **"나는 포도원이요 너희는 포도나무라"**로 번역하는 것이 더 좋다. 2절도 **"무릇 내 안에 있어 열매를 맺지 아니하는 모든 포도나무는 아버지께서 그것을 치워[제거해] 버리시고"**로 옮기는 게 의미가 더 잘 통한다—"치워 버리다"에 해당하는 헬라어 동사를 가지치기 상황에 사용하면 어색하다. 훨씬 더 중요한 점은 가지치기는 가지를 가지치기하는 게 아니라 포도나무를 가지치기하는 것이다. 그리고 여기서

---

3 Caragounis, "'Abide in Me,'" 251. 이 논문에는 카라구니스의 다른 논문들도 참고 문헌으로 제시하는데, 그 논문들은 의미 변화(semantic shift)에 대한 충분한 근거를 제시하고, 요한복음 15:15를 "나는 포도원이요 너희는 포도나무니"로 번역할 때 문학적으로나 신학적으로 의미가 더 잘 통한다는 점을 설득력 있게 논증한다.

예수님을 가지치기한다고 말한다면 이치에 맞지 않는다. 그래서 2절 후반절은 "무릇 열매를 맺는 '모든' 포도나무는 더 열매를 맺게 하려 하여 그것을 가지치기하시느니라[깨끗하게 하시느니라]"로 옮기는 게 더 좋다.⁴ 4절도 이제 "포도나무가 포도원에 거하지 아니하면 스스로 열매를 맺을 수 없음 같이, 너희도 내 안에 거하지 아니하면 그러하리라"⁵로 번역할 수 있다. 아마 가장 중요한 것은 6절로, 이제 다음과 같이 번역할 수 있다. "**사람이 내 안에 거하지 아니하면 포도나무처럼 밖에 버려져 마르나니, 사람들이 그것을 모아다가 불에 던져 사르느니라.**" "버려져"('에블레테 엑소'ἐβλήθη ἔξω)로 번역된 어구는 뿌리 뽑히는 이미지를 떠올리게 하므로 가지보다 포도나무에 더 잘 어울린다.

"**나는 포도나무요 너희는 가지라**"는 말씀은 수 세기에 걸쳐 풍성한 신학적 결실을 낳으며 해석되었고 여전히 그렇다. "**나는 포도원이요 너희는 포도나무라**"는 번역 역시 그에 못지않은 풍성한 의미의 잠재력을 지닌다. 그리고 이미 논한 바와 같이 이 번역은 15:1-6에 사용된 다른 언어들의 세부 사항과도 더 잘 어울릴뿐더러, 고별 강론의 두 가지 뚜렷한 특징과도 잘 어울린다.

첫째는 각 사람을, 개인을 특히 부각하는 요한복음 특유의 강조 방식이다. 여기서는 단수형 '클레마'κλῆμα가 반복됨으로써 이를 잘 드러낸다.

---

4   이러한 점은 헬라어 '아이레이'(αἴρει: 치우다)와 '카타이레이'(καθαίρει: 가지치기하다)의 언어유희로 더 뒷받침된다. 후자는 또한 '깨끗하게 하다' 내지 '정결하게 하다'를 의미하며(영어 단어 'cathartic'의 어원), 가지치기에 흔히 사용되는 단어는 아니다.

5   카라구니스는 4절에 대해 이렇게 말한다. "가지가 포도나무의 필수 구성 요소라는 점을 고려할 때, 이 권면이 가지에 관한 것이라면 부자연스럽고 불필요하겠지만, 포도나무에 관한 것이라면 매우 자연스러울 것이다. 포도나무는 자신이 심겨 있는 (포도원의) 토양을 구성하는 필수 요소가 아니기 때문이다. 그리고 (포도원의) 토양에 뿌리내리지 않은 포도나무는 열매를 맺을 수 없다." "'Abide in Me,'" 254.

"'모든' 포도나무는 … '모든' 포도나무는 … 포도나무가 … 포도나무처럼 …." '가지'가 아니라 '포도나무'라고 말하는 것은 요한복음이 개인에게 집중하는 것과 더 잘 어울린다. 이는 개인이 완전히 공동체의 일원이며 예수님과 아버지와 서로와의 관계에서 분리될 수 없다는 점과 전혀 충돌하지 않는다. 단수와 복수를 오가며 언어가 사용된다. 여기서 공동체는 포도원에 함께 모여 있는 개별 포도나무들로 그려진다. 이는 한 식물의 가지들로 이루어진 유기체 이미지보다 개인과 공동체의 관계를 더 균형 있게 보여 준다. 한 식물에 유기적으로 통합된 가지들 이미지는 공동체성을 너무 강조하여 각 개인의 고유한 정체성을 위협하는 집단주의적 해석의 여지가 있다.

두 번째 특징은 첫 번째와 밀접하게 연결되어 있다. 거함이라는 언어는 집, 거처, 거주를 의미하는데, 이는 개인들이 서로 오랜 관계를 맺는 곳이다. 곧이어 예수님이 제자들을 '친구'라고 부르심으로써 이 개념은 더욱 확장된다. 이 모든 것이 포도나무들의 집인 아버지의 포도원과 잘 어울린다. 이는 개별 포도나무들이 뿌리내려서 함께 번성하는 곳이지만, 가지치기될 수도 있고 뿌리 뽑힐 수도 있는 곳이다. 포도 농부, 포도원, 포도나무라는 식물 재배 이미지는 요한복음 10장의 목자, 양 우리, 양 이미지와도 많은 유사점이 있으며, 10장에서도 개별화가 특히 두드러진다. "그가 자기 양의 이름을 각각 불러 인도하여 내느니라"(10:3).

이 본문의 저자가 '포도나무'에서 포도원으로, '가지'에서 포도나무로 의미가 바뀌는 것을 인지하여 자신의 언어를 의도적으로 모호하게 남겨 두어서 다양한 상호본문과 맥락에 따라 새로운 해석이 가능하게 했다고 추측해 볼 수도 있다. 요한복음의 포도나무와 포도원 이미지에 대한 가장 중요하고 연관성 깊은 상호본문은 시편, 이사야, 예레미야, 에스겔에 나오는데, 무엇보다도 이 본문들이 포도나무와 포도원 이미지를 이스라엘과 동일시하며 이스라엘을 때로는 포도나무로, 때로는 포도원으로 그린다는 점을 주목할 만하다.

예레미야에서 이스라엘은 "귀한 포도나무"(렘 2:21)로 묘사된다. 칠십인역에서는 이를 '암펠로스 알레티네' ἄμπελος ἡ ἀληθινή, 즉 '참 포도나무'로 번역하는데, 요한복음 15:1과 동일하다. 이사야에서는 "만군의 여호와의 포도원은 이스라엘 족속이요, 그가 기뻐하시는 나무는 유다 사람이라"(사 5:7)라고 말하는데, 여기서는 사랑의 관계, 열매 맺음, 파괴, 가지치기에 대한 명확한 강조가 있다. "나는 내가 사랑하는 자를 위하여 노래하되 내가 사랑하는 자의 포도원을 노래하리라. 내가 사랑하는 자에게 포도원이 있음이여 심히 기름진 산에로다. … 좋은 포도 맺기를 바랐더니 들포도를 맺었도다. … 내가 그 울타리를 걷어 먹힘을 당하게 하며 … 다시는 가지를 자름이나 북을 돋우지 못하여"(사 5:1-6). 시편 80편은 하나님을 "이스라엘의 목자"로 부르며 시작하여, 하나님을 포도원 농부로, 이스라엘을 포도나무로 그린다. "주께서 한 포도나무를 애굽에서 가져다가 민족들을 쫓아내시고 그것을 심으셨나이다"(시 80:8). 그러나 이 시는 다시 포도나무 이미지로 돌아가기에 앞서 이스라엘을 포도원으로 바꿔서 묘사한다. "주께서 어찌하여 그 담을 허시사"(시 80:12).

요한복음 본문은 이러한 상호본문을 비롯하여 이 밖에도 여러 다른 본문과 공명하는데, 그 울림은 예수님은 누구신가, 그의 아버지는 누구신가, 신자는 누구인가에 집중되는 특징이 있다. 그리고 신자들에게는 요한복음에서 앞서 여러 방식으로 제시되었듯이 예수님께 충실하고 진실하라는 도전과 초대가 있다. 여기에는 뿌리째 뽑혀서 불태워지는 포도나무가 될 수도 있다는 두려운 가능성이 함께 있다. 또한 성장하라는 도전도 있는데, 성장에는 고통이 따를 수도 있다. "**무릇 열매를 맺는 모든 가지는 더 열매를 맺게 하려 하여 그것을 가지치기하시느니라**[깨끗하게 하

시느니라}."⁶

"더 열매를"이라는 표현은 요한복음의 다른 풍요 이미지들을 떠올리게 한다. 거슬러 가 보면 다음과 같은 것들이 있다. "보다 큰 일"(14:12), 발 씻김에 따르는 복(13:17), 한 알의 밀이 죽음으로써 나오는 "많은 열매"(12:24), "향유 냄새가" 가득한 집(12:3), "양으로 생명을 얻게 하고 더 풍성히 얻게 하려" 예수님께서 오신 것(10:10), "생수의 강"(7:38), 예수님께 있는 "영생의 말씀"(6:68), 보리떡 다섯 개와 물고기 두 마리로 굶주린 오천 명을 배불리 먹이시고도 열두 광주리가 남은 일(6:4-14), "영생하도록 솟아나는 샘물"(4:14), 예수님께서 "성령을 한량없이 주심"(3:34), 그리고 맨 처음 나온 표적이자 포도나무와 특별히 연관되는 표적, 즉 예수님께서 엄청나게 많은 양의 물을 포도주로 바꾸신 표적(2:1-11)이 떠오르게 된다.

저 포도주와 여기 포도나무는 모두 성찬과 관련 있다. 마가복음에서 예수님은 마지막 만찬 때 "잔을 가지사 감사 기도 하시고 그들에게 주시니 다 이를 마시매, 이르시되 '이것은 많은 사람을 위하여 흘리는 나의 피, 곧 언약의 피니라. 진실로 너희에게 이르노니, 내가 포도나무에서 난 것을 하나님 나라에서 새것으로 마시는 날까지 다시 마시지 아니하리라'" 하셨다(막 14:23-25). 요한복음 6장은 그 피를 마시는 것과 거함을 연결한다. "내 피를 마시는 자는 내 안에 거하고, 나도 그들[그의] 안에 거하나니"(6:56). 하지만 여기 요한복음의 마지막 만찬이야말로 '거함'이라는 주제를 압도적으로 강조한다—15:1-17에서 동사 '메네인'[μένειν]은 11번이나 사용된다. 근본 현실은 상호 내주다. 요한복음은 자주 그렇듯이 핵심 용어나 이미지를 취해서 강화하고 확장하고 심화하여, 독자들 스스

---

6 이후 덜 즐거운 것들을 가지치기하는 것에 관해서도 다룰 것이다.

로 이를 요한복음 안팎의 다양한 상호본문과 더 풍부하게 연결하도록 남겨 둔다.

이와 관련하여 또 하나의 유익한 예는 '언약'이다. 마가복음은(마태복음 26:28과 누가복음 22:20과 더불어) 언약을 마지막 만찬과 예수님의 죽음의 의미를 이해하는 열쇠로 제시한다. 요한복음에서는 언약이라는 단어가 전혀 언급되지 않지만, 사랑 안에 거함이라는 주제는 언약의 핵심에 닿아 있다. 즉, 거한다는 것은 영구적인 신뢰의 유대, 오랜 신실함, 하나님과 다른 사람들을 향한 전적인 헌신을 의미한다. 하나님을 포도원 농부로 언급한 것은 필시 포도나무나 포도원인 이스라엘을 떠올리게 하고, 그들 사이의 언약을 떠올리게 한다.[7] 예수님께서 "나는 포도나무\포도원이요"라고 말씀하신 것은 새로운 언약의 현실을 암시한다. 이는 참되고 풍성한 포도원을 바라는 선지자들과 시편 시인들의 소망, 곧 하나님과 하나님이 사랑하시는 백성이 행복한 결혼의 기쁨 가운데 깊이 결속되는 모습의 성취를 암시한다.

따라서 요한복음의 마지막 만찬 이야기는 성찬과 언약을 생략하지만, 이 포도나무\포도원 비유와 거함 이미지를 통해 독자들에게 성찬과 언약을 이해하고 심화하고 실제로 성찬과 언약을 살아 내는 길을 제시한다. 예수님이 누구신지와 예수님 안에 거하라는 부르심을 중심으로 말이다.

"내가 너희 안에 거하는 것같이 너희도 내 안에 거하라[내 안에 거하라 나도 너희 안

---

[7] 요한복음 전체는 언약과 관련하여 읽을 때 더욱 풍성해진다. 그 절정은 아버지, 예수님, 신자들이 서로에게 속하는 17장이다. "내 것은 다 아버지의 것이요 아버지의 것은 내 것이온데"(17:10). 요한복음에서 언급되지는 않지만 요한복음 전체에 암묵적으로 내포된 다른 핵심 용어로는 '소망', '회개', '교회', '지혜' 등이 있다. '은혜'나 '하나님 나라' 같은 몇몇 용어들은 복음서 초반에 언급되다가 나중에는 다른 용어들로 대체된다.

에 거하리라]"는 말씀은 명령인 동시에 간절한 바람이자 초대다.[8] 이 본문에서 그 의미를 밝혀 주는 열쇠 하나는 이후 나오는 변형된 표현인 **"너희가 내 안에 거하고 내 말이 너희 안에 거하면"**이다. 예수님의 말씀을 받아들이고 소화하고 마음에 새기며 끊임없이 주의를 기울이고 그분께 배우는 것—이것이 예수님이 우리 안에 거하시게 하는 것이다. 앞서 **"너희는 내가 일러준 말로 이미 깨끗하여졌으니"**라는 선언은 발 씻기는 장면에서 예수님과 베드로가 나눈 대화(13:6-11)를 떠올리게 한다. 예수님께 깨끗함을 받는다는 것은 간음하다 잡혀 온 여인처럼(8:1-11), 그리고 베드로(21:15-19)처럼 용서받고 새로운 출발을 하는 것이다. 이 관계에서 '말씀'은 쌍방향으로 오가는데, 제자들 편에서는 기도가 매우 중요하다. **"무엇이든지 원하는 대로 구하라. 그리하면 이루리라."** 이 놀라운 약속의 반복(14:13-14에 관한 논의를 보라)은 "무엇이든지 원하는 대로"의 영감을 주고 방향을 잡는 것이 누구이며 무엇인지를 상기시킨다. 그래서 **열매를 많이** 맺고 예수님의 **제자**—예수님의 **말씀**을 받아들이고 예수님 안에 **거하는** 배우는 자—가 됨으로써 하나님께 영광을 돌리기를 욕망하게 된다.

우리는 이 욕망을 이루기 위해 무엇을 구해야 할까? 요한복음 전체, 특히 고별 강론은 그 욕망이 독자들의 기도가 되기를 외치고 있다. 이 짧은 본문만 놓고 보더라도 우리가 드려야 할 청원에는 다음과 같은 것들이 있다. 참 포도나무\포도원이신 예수님이 누구신지를 더 깊이 알게

---

[8] 요한복음에서 예수님이 처음으로 하신 말씀은 첫 제자들에게 그들이 무엇을 욕망하는지 묻는 물음이었고, 제자들이 예수님께 어디에 머물고\거하고 계시는지 묻자, 예수님은 "와서 보라"라고 말씀하시며 초대하신다(1:38-39). 그리고 고별 강론의 절정을 이루는 기도에서 예수님은 제자들이 자신과 아버지와 서로와 사랑 안에서 상호 내주하며 하나 되기를 간절히 열망하신다. 예수님은 이렇게 기도하신다. "아버지여, 내게 주신 자도 나 있는 곳에 나와 함께 있어, 아버지께서 창세 전부터 나를 사랑하시므로 내게 주신 나의 영광을 그들로 보게 하시기를 욕망하옵나이다[원하옵나이다]"(17:24).

해 달라는 것(성찬례 거행과 언약 생활을 포함하여), 예수님 안에 더 온전히 거하며 예수님과 예수님의 말씀에 더 열려 있게 해 달라는 것, 우리 자신에 대한 진실에 기꺼이 직면하고 사랑의 열매를 맺지 못하게 하는 모든 것으로부터 가지치기 되어서 깨끗해지기를 바라는 것.

거함의 역학: "나의 사랑 … 내 계명 … 내 아버지 … 내 기쁨 … 나의 친구 … 내 이름"(15:9-17)

> [9] "아버지께서 나를 사랑하신 것같이 나도 너희를 사랑하였으니, 나의 사랑 안에 거하라. [10] 내가 아버지의 계명을 지켜 그의 사랑 안에 거하는 것같이 너희도 내 계명을 지키면 내 사랑 안에 거하리라. [11] 내가 이것을 너희에게 이름은 내 기쁨이 너희 안에 있어 너희 기쁨을 충만하게 하려 함이라."
>
> [12] "내 계명은 곧 내가 너희를 사랑한 것같이 너희도 서로 사랑하라 하는 이것이니라. [13] 사람이 친구를 위하여 자기 목숨을 버리면 이보다 더 큰 사랑이 없나니, [14] 너희는 내가 명하는 대로 행하면 곧 나의 친구라. [15] 이제부터는 너희를 종이라 하지 아니하리니, 종은 주인이 하는 것을 알지 못함이라. 너희를 친구라 하였노니, 내가 내 아버지께 들은 것을 다 너희에게 알게 하였음이라. [16] 너희가 나를 택한 것이 아니요 내가 너희를 택하여 세웠나니, 이는 너희로 가서 열매를 맺게 하고 또 너희 열매가 항상 있게 하여 내 이름으로 아버지께 무엇을 구하든지 다 받게 하려 함이라. [17] 내가 이것을 너희에게 명함은 너희로 서로 사랑하게 하려 함이라."

상상의 공간이 많은 "포도나무"라는 언어는 이제 풍부한 개념들로 보완된다. 그중에는 예수님과 제자들 사이의 우정이라는 새로운 중요한 개념이 있다.

여기서 거한다는 것이 어떤 의미인지를 이해하기 위한 출발점은 "…것같이 …"라는 유비다. 이는 마음과 정신을 넓혀 주는 유비인데, 명령과 연결되어 있다. 이 명령은 4절 상반절처럼 열망이자 초대다. **"아버지께서 나를 사랑하신 것같이 나도 너희를 사랑하였으니 나의 사랑 안에 거하라."** 아버지께서 예수님을 어떻게 사랑하셨는가? 누가 그 사랑을 헤아릴 수 있겠는가? 이 광대한 "…것같이 …"에 어떤 내용이 담길 수 있을까? 요한복음은 끊임없이 다시 읽고, 상호본문들과 교류하고, 다시 생각하고, 기도하고, 대화하고, 사랑과 섬김의 삶을 삶으로써, 천천히 이 핵심 신비에 다가가서 점차 이해하게 되는 본문을 제공한다. 프롤로그에서는 이 핵심 신비를 "아버지 품속에 있는 독생자[독생하신] 하나님"(1:18)이라고 표현했다.

여기서, 나머지 요한복음의 맥락에서 아버지께서 예수님을 어떻게 사랑하셨는지를 생각해 봄으로써 더 깊이 생각하고 기도하고 행동하게 하는 여러 대목 중 두 가지를 이야기하려 한다.

- 아버지께서는 창세전부터 예수님을 사랑하셨다(17:5, 24). 이는 완전히 서로 존중하고 기뻐하며 알고 친밀한 사랑이다. 이는 '누구와 누구'의 사랑이며, 각자가 그들 자체이기 위한 사랑으로, 상호 인격적 사랑의 궁극적 현실이다. 이 사랑 안에서 각각 완전히 집처럼 편안하게 영원히 거한다. 이것이 말과 행동의 가장 깊은 원천이다. "나도 너희를 사랑하였으니 나의 사랑 안에 거하라"는 말씀은 엄청난 함의를 담고 있다. 즉, 우리 역시 그렇게 사랑받는다는 것이며, 이 집으로 맞아들여진다는 것이고, 이 영원한 관계와 관점 안에서 말하고 행동할 수 있다는 것이고, 예수님이 하신 것처럼 우리도 다

- 른 이를 이 사랑 안으로 맞아들인다는 것이다.
- 아버지께서는 예수님을 사랑하셔서, 온 창조 세계의 생명과 충만한 번영을 위해 창조 세계에 예수님을 완전히 참여시키셨다(예: 1:3-5; 5:26; 6:33; 10:10; 11:25). 예수님께 사랑받는다는 것은 예수님과 함께 이러한 참여로 이끌려 들어가는 것이며, 끊임없이 주의를 기울이며 창의적으로 사랑하도록 부름받는 것이다. 또한 모든 창조물과 모든 사람을 위해 풍성한 생명과 사랑의 표지를 나타내도록 부름받는 것이다. "만물이 그로 말미암아 지은 바 되었으니"(1:3). 예수님 안에 거함으로써 또 무엇이 탄생할 수 있을까?

아버지와 아들의 관계가 사랑 안에 거한다는 의미에 더 충만한 내용을 부여하듯이, 이 관계는 또한 명령을 받는다는 의미와 계명을 지킨다는 의미도 변화시킨다. 예수님은 자신이 **"아버지의 계명을 지켜 그의 사랑 안에 거한다"**고 말씀하신다. 이 계명은 깊은 신뢰, 상호 사랑, 기쁨과 분리될 수 없는 것이다. 이러한 계명은 외부에서 강요된 낯선 명령이 아니라, 사랑과 기쁨이 더욱 충만해지는 비결이다. 우리는 오로지 이 계명이 자신의 선과 번영, 그리고 모든 창조 세계의 번영을 위한 것임을 신뢰할 수 있다. 이것이 바로 유대교의 핵심인 율법, 토라의 지혜로 쉐마에 요약되어 있다. "이스라엘아, 들으라. 우리 하나님 여호와는 오직 유일한 여호와이시니, 너는 마음을 다하고 뜻을 다하고 힘을 다하여 네 하나님 여호와를 사랑하라. 오늘 내가 네게 명하는 이 말씀을 너는 마음에 새기고, 네 자녀에게 부지런히 가르치며, 집에 앉았을 때에든지 길을 갈 때에든지 누워 있을 때에든지 일어날 때에든지 이 말씀을 강론할 것이며, 너는 또 그것을 네 손목에 매어 기호를 삼으며, 네 미간에 붙여 표로 삼고, 또 네 집 문설주와 바깥 문에 기록할지니라"(신 6:4-9). 이 말씀은 계명을 지키는 것, 사랑, 일상적인 거함을 불가분하게 묶는다. 이는 토라,⁹ 예언서, 지혜 문학, 시편, 특히 119편에서 가장 강력하게 재확인되고 기려진다. **"너희도 내 계명을 지키면 내 사랑 안에 거하리라"** 는 말씀은 예수님의 사랑 안에 거하기 위한 외적 조건 같은 걸 정해 놓는 게 아니라, 그 사랑의 삶의 비밀을 드러내는 것이다. 계명을 지키지 않는다면 그 사랑은 상호적일 수 없고 다음 구절에 나오는 것 같은 기쁨도 누릴 수 없기 때문이다.

"내가 이것을 너희에게 이름은 내 기쁨이 너희 안에 있어 너희 기쁨을 충만하게 하려 함이라." 여기서 "내 기쁨"은 무엇일까? 가장 분명한 기본 의미는 아버지께 사랑받는 기쁨이다. 우리는 요한복음 전체를 이 관점에서 다시 읽을 수도 있다. 이러한 관점에서 읽으면, "내가" 이른 "이것"들이 모두 우리의 기쁨을 위해, "내 기쁨이 너희 안에" 있게 하려고 하신 말씀으로 들릴 것이다. 여기에는 몇 절 앞에 나오는 "무릇 열매를 맺는 '모든' 가지는 더 열매를 맺게 하려 하여 그것을 가지치기하시느니라 [깨끗하게 하시느니라]"와 같은 힘든 말씀도 포함된다. 그렇다면 우리가 가지치기해야 할 것들은 무엇인가? 때때로 그것은 심각한 형태의 불순종이나 눈멂이다—하나님에 대한 사랑과 서로에 대한 사랑을 근본적으로 방해하는 욕망, 성향, 행동 등. 하지만 이뿐만이 아니라, 우리의 핵심 소명인 사랑에서 벗어나 주의를 다른 데 돌리게 하고 우리 마음과 생각과 삶을 사소한 것들로 채워서 더 중요한 것들이 밀려나게 하는 것들도 있다. 우리가 자주 해야 할 일은 "내 기쁨"에서 주의를 돌리게 하는 더 작은 기쁨을 가지치기하는 것이다. 요한복음은 충만하고 완전한 기쁨을 바라는

---

9   여러 날 동안 계속 절기를 즐기라는 명령과 안식일에는 휴식을 취하라는 명령을 생각해 보라.

욕망의 교육으로 읽을 수도 있다. 이는 특히 아버지께 드리는 예수님의 기도에서 예수님의 욕망으로 가장 잘 나타난다. "지금 내가 아버지께로 가오니, 내가 세상에서 이 말을 하옵는 것은 그들로 내 기쁨을 그들 안에 충만히 가지게 하려 함이니이다"(17:13).

"내가 너희를 사랑한 것같이 너희도 서로 사랑하라"는 계명의 반복은 예수님께서 제자들을 어떻게 사랑하셨는지를 더 깊이 묵상하도록 초대한다. 이 사랑은 복음서 전체 이야기와 관련되지만, 지금은 특히 예수님의 죽음에 관한 묵상으로 초대한다. **"사람이 친구를 위하여 자기 목숨을 버리면 이보다 더 큰 사랑이 없나니."** 이미 살펴봤듯이 요한복음 12장에서는 예수님의 죽음을 이해하는 데 도움이 되는 두 가지 행동과 세 가지 개념이 제시되었다. 머리글로 나왔던 예수님의 장례를 암시하는 '향기 사건'은 예수님의 친구 마리아가 값비싼 향유를 예수님의 발에 부은 일인데, 이 호사로운 사랑의 행동이 집을 향기로 가득하게 했다. 그 후 예수님은 작은 나귀를 타고 겸손하게 예루살렘에 들어가신다. 그다음 헬라인들과의 만남(12:20-26)에서 세 가지 핵심 개념이 나온다. 첫째, 예수님은 자신의 죽음을 포함하는 그 "때"가 영광의 때라고 말씀하시고, 한 알의 밀알이 죽어야 많은 열매를 맺는다는 이미지를 통해 자기 죽음과 자기 종들이 가져올 풍성한 열매를 설명하신다. 둘째, 예수님과 아버지 사이의 대화(12:27-28)는 이 영광스럽게 함이 그분들 관계의 중심에 뿌리내리고 있음을 보여 준다. 셋째, 아버지와의 관계에서와 그의 헌신된 제자들과의 관계에서 예수님의 죽음이 갖는 의미가 죽음으로 "내가 … 모든 사람[또는 '만물']을 내게로 이끌겠노라"(12:32) 하신 약속을 통해 확장된다. 이후 요한복음 13장에서 예수님은 제자들의 발을 씻음으로써, 즉 종의 행동을 하심으로써 그들을 향한 사랑을 표현하시고 자기 죽음의 의미를 드러내신다. 이제 예수님의 죽음에 관한 가르침의 물결이 한 번 더 밀려오며 종과 섬김의 언어를 넘어 우정의 언어로 나아간다. 그렇다고 해서 섬김의 지속적 중요성을 약화하는 것은 아니며, 발 씻김에 담긴 강력한 명령들이 흐지부지되는 것도 아니다. 그러나 여기에는 무언가 새로운 것이 있다(글상자에서 토마스 아퀴나스의 글을 보라).

눈에 띄는 특징 하나는 사랑과 우정의 언어가 포괄적으로 사용되고 그 깊이도 여러 층이라는 점이다. '사랑'을 뜻하는 단어인 '아가페'ἀγάπη(동사형은 '아가판'ἀγαπᾶν)는 칠십인역 이스라엘 성경에서 사랑을 나타내는 핵심 단어로, 하나님의 사랑, 타인에 대한 사랑, 아가서에 나오는 연인들 사이의 사랑에도 쓰인다. 하지만 고전 헬라어나 헬레니즘 문화권에서는 이 단어가 매우 드물게 사용된다. 그래서 '아가페'는 성경의 깊이와 높이에 주목하게 한다. '친구들'을 뜻하는 '필로이'φίλοι(단수형은 '필로스'φίλος, 동사형은 '필레인'φιλεῖν)도 성경에 나온다. 이 단어는 주변 문화와 가장 폭넓게 교류하는 지혜 문학에 특히 자주 쓰인다. 그리고 이 주변 문화에는 매우 풍부한 우정 개념이 있는데, 친구를 위해 목숨을 버린다는 생각까지 포함하고 있다. 예를 들어, 아리스토텔레스는 이렇게 썼다. "고귀한 사람에게는 그가 모든 것을 친구들을 위해 한다는 말이 참되며 … 필요하다면 친구들을 위해 자기 목숨도 바친다."[10] 여러 헬라 작가와 라틴 작가도 같은 의견이었다. 그래서 이 말씀은 성경 및 주변 문화 모두와 공명한다. 요한복음 전체의 머리글 개념인 말씀, 곧 '로고스'λόγος 개념처럼 말이다.[11] 이는 당대 문화를 활용하는 동시에 당대 문화에 도전을 가한다.

성경의 '친구들'이라는 말과 공명할 때, 여기에는 하나님과의 우정도 포함된다. 이는 요한복음의 두드러진 상호본문인 지혜서에서 특히 눈에

---

10 아리스토텔레스 《니코마코스 윤리학》 1169a. Lincoln, *The Gospel according to Saint John*, 406에서 인용했는데, 여기에는 다른 참고 문헌들도 제시되어 있다.
11 1:1에 관한 주석을 보라.

> 그레고리우스: 그러나 우리 주님의 거룩한 강론들이 모두 그분의 계명으로 가득한데, 왜 이 특별한 사랑에 관한 계명을 주시는 것인가? 모든 계명이 사랑을 가르치며, 모든 지침이 결국 하나이기 때문이지 않겠는가? 사랑, 오직 사랑만이 명하신 모든 것의 완성이다. 나무의 모든 가지가 한 뿌리에서 나오듯, 모든 덕목도 한 사랑에서 비롯된다. 가지, 곧 선행은 사랑의 뿌리에 거하지 않으면 아무 생명도 없다. … 사랑의 가장 높고 유일한 증거는 자기 원수를, 적을, 상대편을 사랑하는 것이다. 진리 자체이신 그분은 십자가에서 고난받으시면서도 자신을 박해하는 사람들을 향해 "아버지, 저들을 사하여 주옵소서. 자기들이 하는 것을 알지 못함이니이다"(눅 23:34) 하시며 자신의 사랑을 보여 주셨다. 이 사랑의 완성은 다음과 같은 말씀에 담겨 있다. "사람이 친구를 위하여 자기 목숨을 버리면 이보다 더 큰 사랑이 없나니." 우리 주님께서는 원수를 위해 죽으러 오셨지만, 자기 친구들을 위해 자기 목숨을 버릴 것이라고 말씀하신다. 이는 우리가 사랑함으로써 원수를 이길 수 있음을, 그래서 우리를 박해하는 사람들이 기대를 따라 이미 우리의 친구임을 보여 주기 위함이다.
>
> — 토마스 아퀴나스, 『황금사슬』 *Catena Aurea* 4:28

띠는 개념이다.[12] 거기서 지혜라는 인물은 요한복음의 예수님처럼 행동

[12] 지혜서는 기원전 2세기나 1세기에 알렉산드리아에서 헬라어로 기록되었다. 어떤 그리스도인은 이를 정경으로 인정하지만 다른 어떤 이들은 그렇지 않다. 그래서 안타깝게도 이 책이 빠진 성경이 있다. 정경으로 인정하지 않는 이들 중에서도 이 심오하고 강력한 본문을 널리 읽도록 권장하는 이가 많다. 지혜서의 영향력은 신약, 특히 누가복음과 요한복음에서 감지된다. 요한복음 15장과 나란히 읽으면 특히 유익하다. 두 책에 공통으로 나타나는 주제와 사상에는 열매 맺기, 잘린 가지, 말, 거함, 아버지 하나님, 영, 심판, 사랑, 계명, 기쁨, 영광 돌리기, 지식과 진리, 기도, 택함, 원수가 미워하고 박해함, 주변 세상의 억압 등이 있다. 지혜서 6-9장은 요한복음 15:1-17과 특히 관련되고, 요한복음 15:18-25에 나오는 적대, 박해, 미움이라는 주제는 지혜서 1-5장 및

한다. 곧, 하나님의 영을 나누고, 하나님의 영광과 빛을 구현하며, 모든 창조물과 관계 맺고, 자신을 사랑하는 이들 안에 내주하며, 그들을 "하나님의 벗"으로 만든다.

> 지혜는 하나님께서 떨치시는 힘의 바람이며
> 전능하신 분께로부터 나오는 영광의 티 없는 빛이다.
> 그러므로 티끌만한 점 하나라도 지혜를 더럽힐 수 없다.
> 지혜는 영원한 빛의 찬란한 광채이며
> 하나님의 활동력을 비춰 주는 티 없는 거울이며
> 하나님의 선하심을 보여 주는 형상이다.
> 지혜는 비록 홀로 있지만 모든 것을 할 수 있으며,
> 스스로는 변하지 않으면서[13] 만물을 새롭게 한다.
> 모든 세대를 통하여 거룩한 사람들의 마음속에 들어가서
> 그들을 하나님의 벗이 되게 하고 예언자가 되게 한다.
> 하나님은 지혜와 더불어 사는 사람만을 사랑하신다. (지혜 7:25-28)

지혜서와 요한복음에는 출애굽기와 모세의 메아리가 울려 퍼진다. 모세는 하나님의 친구로 불렸던 인물이다. "사람이 자기의 친구와 이야기

10-19장과 공명한다. 이 책 전체의 핵심 관심은 '지혜'인데, 이는 ('언약' 및 '소망'과 더불어) 요한복음에 나오지 않는 중요한 단어다. 그러나 요한복음은 언약 및 소망과 마찬가지로, 지혜의 현실에도 깊은 관심을 두고 있다. 요한복음에서 무엇보다도 '로고스'(λόγος)가 지혜라는 의미를 포함하고 있다. 하지만 다른 표현들도 지혜의 다면적인 성경적 의미를 전달하고 있다. 이를테면 영\성령, 창조하기, 듣기, 받아들이기, 사랑, 욕망, 우정, 배우기, 지식, 진리, 이해, 빛, 보기, 영광, 충만함, 길, 따르기, 생명/삶, 계명, 심판/판단, 깨끗게 함, 거하기, 기도하기, 기쁨, 먹기, 마시기, 치유하기, 향기, 축하하기가 그렇다.

13 '변하지 않다'는 동사는 '머무르다', '거하다'를 의미하는 헬라어 '메네인'(μένειν)이다.

함같이 여호와께서는 모세와 대면하여 말씀하시며"(출 33:11). 모세는 타의 추종을 불허할 정도로 이 우정을 구현했다. "그 후에는 이스라엘에 모세와 같은 선지자가 일어나지 못하였나니, 모세는 여호와께서 대면하여 아시던 자요"(신 34:10). 요한복음은 프롤로그부터 쭉 예수님을 모세보다 하나님과 친밀한 분으로 묘사한다. 그리고 모세는 할 수 없었던 방식으로 신자들을 이 친밀함으로 이끄시는 분으로 그린다. 그래서 예수님을 향한 아버지의 사랑은 적어도 하나님과 모세의 우정에서 드러난 것만큼 깊고도 친밀하며 상호적이라고 생각할 수 있다. 예수님이 아버지께서 자신을 사랑하신 것처럼 제자들을 사랑하시기 때문에, 예수님이 우정과 관련해서 말씀하신 것에 비추어 볼 때, 제자들도 하나님의 친구가 될 수 있다. 이것이 실질적으로 의미하는 바는 요한이 여러 지점에서, 특히 생명의 떡에 관한 강론에서 예수님을 증언하기 위해 끌어오는 모세에 관한 성경 말씀에 깊이 몰입함으로써 어느 정도 파악할 수 있다. 생명의 떡에 관한 강론에서, 예수님의 죽음은 그분이 세상에 주시는 것을 집약한다. "내가 줄 떡은 곧 세상의 생명을 위한 내 살이니라"(6:51). 그리고 이는 예수님과 제자들의 상호 내주로 이어진다(6:56). 요한복음 6장에서는 생명이 핵심 개념이다. 요한복음 15장에서는 사랑이 핵심 개념이다. 그리고 두 개념 모두 예수님의 죽음으로 변화된다.

"너희는 내가 명하는 대로 행하면 곧 나의 친구라. 이제부터는 너희를 종이라 하지 아니하리니, 종은 주인이 하는 것을 알지 못함이라. 너희를 친구라 하였노니, 내가 내 아버지께 들은 것을 다 너희에게 알게 하였음이라." 예수님께서 자신이 명령하신 것을 행하는 것이 이 독특한 우정에 중요하다는 점을 재확인시키신 후에(앞서 10절에 관한 내용 참조), 이제 우정의 핵심 요소로 강조되는 것은 지식의 공유다. 친구의 가장 깊고 가장 내밀한 생각, 동기, 의도, 진리/진실을 맡게 된다는 것—이것은 주인과 종의 관계를 훨씬 뛰어넘는 지식이다. 이는 또 하나의 놀라운 선언이기도 하다. "내가 내 아버지께 들은 것을 다"의 내용은 무엇일까? 이에 관해 다음과 같이 두 가지로 생각해 볼 수 있다.

- 첫째, 이것은 "주인이 하는 것"을 알고, 이를 통해 이해되어야 한다. 동사 '포이에인'ποιεῖν은 다음과 같이 의미가 매우 폭넓다. 하다, 만들다, 일으키다, 결과를 가져오다, 초래하다, 생산하다, 내다, 낳다, 주다, 준비하다, (절기를) 기리다, 주장하다, (자비를) 보이다, 일하다, 활동하다, 소비하다, (시간을) 보내다, (권위를) 행사하다, (심판을) 집행하다, (구호품을) 주다, (하나님의 경우) 창조하다. 이는 요한복음에서 가장 중요한 단어 중 하나다. 요한복음 자체가 두 번의 요약 진술에서 "예수께서 행하신"('에포이에센 호 이에수스' ἐποίησεν ὁ Ἰησοῦς [20:30, 21:25]) 일 중 일부만 골랐다고 설명한다. 따라서, 예수님께서 말씀하신 것처럼 "내가 아버지의 계명을"(10절) 지키셨기 때문에, 우리는 예수님께서 행하신 일에 대한 증언을 읽고 또 읽음으로써 "내가 내 아버지께 들은" 것을 이해할 수 있다.

- 그러나 요한이 제시하는 것은 단순한 이야기 서술 그 이상이다. 요한은 독자들이 사건들의 의미로 점점 더 깊이 들어가게끔 이끌고자 한다. 무엇보다도 중심인물이신 예수님 안에 구현된 진리 속으로 들어가게 하려 한다. 예수님 자신이 말씀이시며, 아버지의 자기 표현이시다. 예수님은 "내 아버지께 들은" 것을 체현하신 분이다. 예수님을 친구로 아는 것은 그보다 더 큰 사랑(13절)을 상상할 수 없는 그러한 사랑을 아는 것이다. 우리는 예수님이 들으신 것처럼 듣고, 예수님이 사랑하신 것처럼 사랑하며, 요한복음 17장에서 예수님이 하신 것처럼 자유롭게 기도로 구하고(15:9-10, 12-13, 16절), 진

리의 영이신 보혜사께 영감을 받아서 증언함으로써(26-27절) 이 사랑 안에 거한다.

"너희가 나를 택한 것이 아니요 내가 너희를 택하여." 제자들은 자기 자신을 창조하지 못하는 것처럼 자신을 선택하거나 부르지도 못한다. 우리가 선택되고 이름이 불린다는 것은 순전히 선물이며 전적인 은혜다. 이는 신비다. 왜 그게 우리일까? 왜 여기서일까? 왜 지금일까? 우리와 똑같이 지금 여기에 있는 수많은 다른 이들은 왜 아닐까? 이 신비는 요한복음의 마지막 이야기가 보여 주듯이(21:20-23), '예수님을 일편단심 따르는 것'과 '다른 사람의 선택과 부르심에 관해서는 알지 못한다는 것', 이 두 가지의 기이한 조합을 요구한다.

"이는 너희로 가서 열매를 맺게 하고 또 너희 열매가 항상 있게['메네인' μένειν: 머물다] **하여 내 이름으로 아버지께 무엇을 구하든지 다 받게 하려 함이라."** 사랑은 "항상" 있을 열매다. 기도는 예수님은 누구시며 그가 무엇을 욕망하시는지 앎으로써 형성되는 사랑 안에서 계속되는 소통이다. "내 이름"—예수님의 정체성 who Jesus is—은 "나의 사랑 … 내 계명 … 내 아버지 … 내 기쁨 … 나의 친구"에서 이어져서 절정에 이른 "내 …"이다. 이 모든 것은 예수님께 속한 것이지만, 또한 예수님이 온전히 나누어 주시는 것이다.

이 속함과 나눔은 고별 강론의 마지막에 나오는 예수님의 기도에 집약된다. 그 기도에서는 요한복음 15장에서 곧이어 나올 '미움'과 '속하지 않음'이 강조된다. "내 것은 다 아버지의 것이요 아버지의 것은 내 것이 온데 … 세상이 그들을 미워하였사오니, 이는 내가 세상에 속하지 아니함같이 그들도 세상에 속하지 아니함으로 인함이니이다"(17:10, 14).

"내가 이것을 너희에게 명함은 너희로 서로 사랑하게 하려 함이라."

이 공동체에서 사랑의 힘은 곧이어 묘사될 미움에 맞서는 데 필수적인 자원이다.

이유 없이 받는 미움 (15:18-25)

> [18] "세상이 너희를 미워하면 너희보다 먼저 나를 미워한 줄을 알라. [19] 너희가 세상에 속하였으면 세상이 자기의 것을 사랑할 것이나, 너희는 세상에 속한 자가 아니요 도리어 내가 너희를 세상에서 택하였기 때문에 세상이 너희를 미워하느니라. [20] 내가 너희에게 '종이 주인보다 더 크지 못하다' 한 말을 기억하라. 사람들이 나를 박해하였은즉 너희도 박해할 것이요, 내 말을 지켰은즉 너희 말도 지킬 것이라. [21] 그러나 사람들이 내 이름으로 말미암아 이 모든 일을 너희에게 하리니, 이는 나를 보내신 이를 알지 못함이라. [22] 내가 와서 그들에게 말하지 아니하였더라면 죄가 없었으려니와, 지금은 그 죄를 핑계할 수 없느니라. [23] 나를 미워하는 자는 또 내 아버지를 미워하느니라. [24] 내가 아무도 못한 일을 그들 중에서 하지 아니하였더라면 그들에게 죄가 없었으려니와, 지금은 그들이 나와 내 아버지를 보았고 또 미워하였도다. [25] 그러나 이는 그들의 율법에 기록된 바, '그들이 이유 없이 나를 미워하였다' 한 말을 응하게 하려 함이라."

여기서 아버지, 아들, '성령이 내주하는 친구들' 사이의 사랑과 상호 내주라는 삼중적인 '누구' 관계는 이 복음서가 독자들이 거하기를 바라는 '거처', 곧 집이다. 하지만 이 관계는 큰 시련을 안기는 도전에 직면한다. 이 집에 속할지, 아니면 **세상에** 속할지 결정해야 한다. 예수님과 예수님이 하신 **일**은 세상의 길에 급진적으로 도전을 가하기 때문에, 예수님을 **미워**하게 된다. 예수님과 함께 속한 사람들은 같은 종류의 미움과 박해를 불러올 것이다. 그들은 어떤 의미에서는 자기가 속해 있는(어떤 의미로 속해 있는지 끊임없이 분별해야 한다) 집단과 제도와 사회의 욕망, 가치, 관행, 열정과 자주 거리를 둘 필요가 있다.

"**내가 너희에게 '종이 주인보다 더 크지 못하다' 한 말을 기억하라.**" 예수님께서는 13:16에서 이 말씀을 하셨다. 그리고 그 바로 직전에는 이렇게 말씀하셨다. "내가 주와 또는 선생이 되어 너희 발을 씻었으니, 너희도 서로 발을 씻어 주어야 한다(주는 것이 옳으니라). 내가 너희에게 행한 것같이 너희도 행하게 하려 하여, 본을 보였노라"(13:14-15). 이와 같이 예수님은 제자들에게 이 가르침을 다시 상기시키고 계신다. 이 가르침은 요한복음 전체에서 가장 강조된 명령이다. 그 독특한 중요성은 이 절정의 순간에 모범적인 사랑의 행동을 하신 것(cf. 13:1: "끝까지 사랑하시니라")과 그 의미를 드러내는 다른 여러 단서들을 통해 더욱 강화된다. 그 단서들은 이를테면 다음과 같은 것들이다. "예수는 아버지께서 모든 것을 자기 손에 맡기신 것과 또 자기가 하나님께로부터 오셨다가 하나님께로 돌아가실 것을 아시고"라는 도입문, "너희가 이것을 알고 행하면 복이 있으리라"라는 지복, "새 계명을 너희에게 주노니, 서로 사랑하라. 내가 너희를 사랑한 것같이 너희도 서로 사랑하라"라는 계명(이는 예수님의 독특한 사랑의 명령이 처음 주어진 것이다)으로 이어지는 마무리(13:3, 17, 34)가 그렇다.[14] 이제 요한복음 15장에서는 사랑의 계명에 관한 또 다른 가르침의 물결이 나올 뿐만 아니라, 그 핵심에 있는 사랑의 섬김도 다시 확인한다. 발 씻김은 세상에 깊이 뿌리내린 길에 대한 매우 급진적인 사랑의 대안이기 때문에 저항(베드로가 보여 준 것처럼)과 거부(유다가 보여 준 것처

---

14 더 자세한 내용은 13장에 관한 주석을 보라.

럼)를 불러온다.

"**사람들이 나를 박해하였은즉 너희도 박해할 것이요.**" 신약 전체는 그리스도인들이 신실하다면 박해가 불가피하다는 점을 분명히 한다. 요한복음도 여기서 공관복음과 강력히 일치한다(마 10:16-42; 24:9-14; 막 13:9-13; 눅 21:12-15). 지난 세기는 그 어느 때보다도 많은 그리스도인이 신앙 때문에 죽임을 당했다.

"**그러나 사람들이 내 이름으로 말미암아 이 모든 일을 너희에게 하리니, 이는 나를 보내신 이를 알지 못함이라.**" 요한복음에서 늘 그렇듯이 핵심 문제는 '누구'이다. 즉, "내 이름", "나를 보내신 이"가 핵심 문제다. 미움 역시 사랑과 마찬가지로 특정인에게 집중될 때 가장 강렬해진다.

"**내가 와서 그들에게 말하지 아니하였더라면 죄가 없었으려니와, 지금은 그 죄를 핑계할 수 없느니라. … 내가 아무도 못한 일을 그들 중에서 하지 아니하였더라면 그들에게 죄가 없었으려니와, 지금은 그들이 나와 내 아버지를 보았고 또 미워하였도다.**" 진짜로 예수님을, 그분의 메시지를, 그분의 행동을 마주한다는 것은 "아무도 못한" 새로운 것을, 새로운 누군가를 마주한다는 것이다. 그래서 예수님을 만난 사람들은 '예수님을 신뢰할 것인가?' 하는 새로운 결정의 상황에 놓인다. 요한복음에서 근본적인 죄는 예수님을 신뢰하지 않는 것이다. 완전한 신뢰와 "그들이 나와 내 아버지를 보았고 또 미워하였도다"로 설명될 수 있는 완전한 거부 사이에는 다양한 형태의 신뢰\신앙\믿음과 그 반대가 있으며, 요한복음은 이를 묘사하는데, 보통 특정 인물로 예시한다.[15] 예를 들어 세례자 요한, 다양한 제자들(사랑하시는 그 제자, 베드로, 도마, 빌립, 유다), 나다나엘, 예수

---

15 요한의 글에 나타난 예수님에 대한 신앙을 양자택일적 결정으로 묘사하는 루돌프 불트만의 경향을 최근 학자들은—예컨대 O'Day and Hylen, *John*은 줄곧—설득력 있게 비판한다.

님의 어머니, 니고데모, 우물가의 사마리아 여인, 5장과 9장에서 치유받은 사람들, 가지각색으로 서로 다르게 반응한 여러 유대인 무리, 다양한 반응을 보인 마리아와 마르다와 나사로, 본디오 빌라도, 막달라 마리아를 생각해 보라.[16] 요한복음이 담고 있는 신뢰와 믿음의 교수법은 여러 모델을 제시하는데, 그중 일부는 본받아야 할 인물이고, 일부는 결코 본받아서는 안 된다. 그러면서 요한복음은 사랑받고 사랑하는 이상에 더 다가가도록 초대한다. 이 이상은 예수님의 품에 기대어 눕고(13:23-25), 예수님의 어머니를 자기 집에 모시고(19:27) 믿고(20:8) 따르고(21:20) 거하며 머무는(21:22-23) 사랑하시는 제자로 가장 잘 표현된다.

"이는 그들의 율법에 기록된 바, '그들이 이유 없이 나를 미워하였다' 한 말을 응하게 하려 함이라." 여기서 "이유 없이"에 해당하는 헬라어는 '도레안' δωρεάν(문자적으로는 '값없이'를 의미)인데, 중요한 용어다. 마태복음에서 예수님이 제자들을 보내실 때 그들에게 "가면서 전파하여 말하되 '천국이 가까이 왔다' 하고, 병든 자를 고치며 죽은 자를 살리며 나병환자를 깨끗하게 하며 귀신을 쫓아내되, 너희가 거저['도레안' δωρεάν] 받았으니 거저['도레안' δωρεάν] 주라"(마 10:7-8)라고 말씀하신다. 바울도 이 단어를 사용하여 그의 핵심 메시지인 은혜에 관한 메시지를 요약한다.[17] 요한계시

---

16   이 인물들을 비롯한 여러 인물에 관해서는 다음을 보라. Hunt, Tolmie, and Zimmermann, *Character Studies in the Fourth Gospel*. 이 책은 이름 없는 인물들까지 아우르는 62개의 논문으로 되어 있다. 또한 Skinner, *Character and Characterization in the Gospel of John*을 보라. 이 책은 특히 세례자 요한, 니고데모, 사마리아 여인, 마르다, 마리아, 예수께서 사랑하시는 제자, 빌라도에 대한 흥미롭고 다양한 독해를 담고 있다.
17   "이제는 율법 외에 하나님의 한 의가 나타났으니, 율법과 선지자들에게 증거를 받은 것이라. 곧 예수 그리스도를 믿음으로 말미암아 모든 믿는 자에게 미치는 하나님의 의니, 차별이 없느니라. 모든 사람이 죄를 범하였으매 하나님의 영광에 이르지 못하더니, 그리스도 예수 안에 있는 속량으로 말미암아 하나님의 은혜로 값없이['도레안' (δωρεάν)] 의롭다 하심을 얻은 자 되었느니라. 이 예수를 하나님이 그의 피로써 믿음으로 말미암는 화목제물로 세우셨으니"(로마서 3:21-25). cf. 고린도후서 11:7.

록은 이 단어를 "생명수"라는 궁극의 선물을 묘사하는 데 사용한다.[18] 이 모두는 예수님이 주시는 것, 곧 복음, 인간의 번영, 예수님 자신의 생명을 제대로 나타내기 위해 사용한 매우 긍정적인 용례다. 칠십인역에서는 종종 이 단어의 의미가 더 부정적이다. 여기서 요한은 아마도 시편 69:4(LXX 68:5)의 칠십인역을 인용하고 있는데, 동일한 표현이 시편 35:19(LXX 34:19)에도 나온다. 신약에서 자주 인용되는 시편 69편은 무자비한 적대, 미움, 무고, 굴욕, 모욕, 험담, 조롱, 독설의 한복판에서 비통함을 부르짖지만, 동시에 찬양과 감사와 하나님에 대한 신뢰로 부르짖는다. 이 시편은 "그의 이름을 사랑하는 자가 그중에 살리로다"(시 69:36; LXX 68:37)라는 확신으로 끝나는데, 이는 요한복음 15장에서 이야기하는 하나님 중심으로 거하고 사랑하는 곳이라 불릴 만하다. 시편 35편(여기서는 '도레안' δωρεάν이 두 번, 즉 7절과 19절에 사용된다[LXX 34:7, 19])은 살인적인 적대, 미움, 음모, 덫, 악의, 거짓 증언, 조롱, 기만, 배신의 한복판에서 비통을 부르짖는다. 하지만 기도와 기쁨과 찬미로 하나님께 부르짖는다.

"그들이 이유 없이 나를 미워하였다"라는 말씀과 나란히 놓을 만한, '도레안' δωρεάν의 가장 흥미로운 용례는 아마도 욥기 1:8-11일 것이다.

여호와께서 사탄[또는 '고발자']에게 이르시되 "네가 내 종 욥을 주의하여 보았느냐? 그와 같이 온전하고 정직하여['알레티노스' ἀληθινός: 참된] 하나님을 경외하며 악에서 떠난 자는 세상에 없느니라." 사탄이 여호와께 대답하여 이

---

18 "또 내게 말씀하시되 '이루었도다! 나는 알파와 오메가요, 처음과 마지막이라. 내가 생명수 샘물을 목마른 자에게 값없이['도레안'(δωρεάν)] 주리니'"(계 21:6); "성령과 신부가 말씀하시기를 '오라' 하시는도다. 듣는 자도 '오라' 할 것이요, 목마른 자도 올 것이요, 또 원하는 자는 값없이['도레안'(δωρεάν)] 생명수를 받으라"(22:17).

르되 "욥이 어찌 까닭 없이['도레안'^{δωρεάν}] 하나님을 경외하리이까? 주께서 그와 그의 집과 그의 모든 소유물을 울타리로 두르심 때문이 아니니이까? 주께서 그의 손으로 하는 바를 복되게 하사 그의 소유물이 땅에 넘치게 하셨음이니이다. 이제 주의 손을 펴서 그의 모든 소유물을 치소서. 그리하시면 틀림없이 주를 향하여 욕하지 않겠나이까?"

"욥이 어찌 까닭 없이['도레안'^{δωρεάν}] 하나님을 경외하리이까?"라는 질문은 욥기 전체의 열쇠로 볼 수 있다.[19] 욥이 하나님을 예배하고, 경외하고, 공경하고, 영광 돌리고, 신뢰하고, 경외하는 관계가 그가 받은 좋은 것들과 축복에 달려 있는가? 아니면 이 관계가 '도레안'^{δωρεάν}, 즉 그저, 값없이, 저런 이유들 없이 하나님을 위해서, 하나님의 하나님 됨$^{who\ God\ is}$을 인하여, 시편 69편이 말하는 하나님의 이름을 사랑함으로 인하여 주어진 것인가?[20] 욥기의 나머지 부분은 욥이 자녀, 부, 건강, 사회적 지위, 존엄, 종교적 위로, 친구들의 지지를 모두 빼앗기면서도 하나님 저주하기를 거부하고, 부르짖고 논쟁하면서도 여전히 믿음이 있음을 보여 준다. "그가 나를 죽이시더라도 나는 그를 신뢰하리라[그가 나를 죽이시리니 내가 희망이 없노라]"(욥 13:15 KJV).

'도레안'^{δωρεάν}의 용례에서, 결코 충분히 설명될 수 없는 미움, 악, 적대, 악의라는 어둠의 신비가 타인을 향해 거저 주어지는 사랑이라는 밝음의 신비와 만난다. 그리고 그 만남이 예수님 드라마의 핵심에 있다.

---

19   다음을 보라. Ticciati, *Job and the Disruption of Identity*.
20   이에 관한 더 광범위한 신학적 논의로는 다음을 보라. Ford, *Christian Wisdom*, 3장("Job!")과 4장("Job and Post-Holocaust Wisdom").

"그가 나를 위하여 증언하실 것이요, 너희도 … 증언할 것이다"(15:26-27)

> 26 "내가 아버지께로부터 너희에게 보낼 보혜사, 곧 아버지께로부터 나오시는 진리의 성령이 오실 때에, 그가 나를 위하여 증언하실 것이요, 27 너희도 처음부터 나와 함께 있었으므로 증언할 것이다[증언하느니라]."

보혜사에 관한 또 하나의 가르침의 물결, 곧 **보혜사 … 진리의 성령**은 예수님 사역에 새로운 차원을 더하고, 또한 **"그가 나를 위하여 증언하실 것이요"**는 제자들의 소명에 핵심 차원이 되어 **"너희도 … 증언할 것이다[증언하느니라]."** 그리고 예수님에 대한 증언에서 목격자의 엄청난 중요성은 **"너희도 처음부터 나와 함께 있었으므로"**라는 말씀으로 강조된다.

이 구절은 예수님과 **아버지**와 **성령**을 서로 관련시키고, 성령을 **증언하실** 분으로 인격화한다. 따라서 그리스도교 사상이 하나님을 아버지와 아들과 성령의 삼위일체로 이해하는 방향으로 간 움직임을 더 잘 인식하는 데 도움이 된다.

"나를 위하여" 증언하는 것, "진리의 영"의 인도하심을 받는 것, 목격자들이 있었던 때보다 훨씬 더 근원적인 "태초"(1:1)로 거슬러 올라가 보는 것은 요한복음이 하고 있는 일에 대한 서술이기도 하다. 요한복음 15장이 14장과 마찬가지로 다음과 같은 표현들을 강조한 것에는 당면한 실천적 함의가 있다. 즉, "내가 일러준 말", "내 말이 너희 안에 거하면", "너희도 내 계명을 지키면", "내가 이것을 너희에게 이름은", "내가 명하는 대로", "내 아버지께 들은 것을 다", "내가 이것을 너희에게 명함은", "내가 너희에게 … 한 말을 기억하라", "내가 와서 그들에게 말하지 아니하였더라면"(15:3, 7, 10, 11, 14, 15, 17, 20, 22)과 같은 비슷한 표현들이 반복되며 강조되는데, 이는 이 말씀과 계명이 기록된 요한복음 본문과 계속 대화함으로써 증언과 삶과 사랑의 자원을 얻어야 한다는 것이다. 요한은 "말"을 전하고 있다. 독자들 안에 "거"해야 하고 기억되어야 하며 지켜져야 하고 증언을 통해 나누어져야 하는 말을 전하고 있다.

요한복음 16:1-33
최종적인 현실 직시와 격려

이제 더 많은 가르침과 격려의 물결이 이어지며 요한복음 13-15장에서 이미 언급된 다음과 같은 주제들이 더 깊이 다루어진다. 고난과 박해, 예수님의 떠나심에 대한 슬픔, 예수님의 이별 선물인 진리의 영, 성령과 세상의 관계, 성령과 계속되는 공동체의 관계, 성령과 아버지와 아들의 관계, 죄와 심판, 신뢰와 믿음, 영광 돌리기와 기도로 하는 간구, 평화, 무엇보다도 기쁨을 다룬다.

요한복음 17장의 절정의 기도에 앞서 고별 강론의 마지막 부분에서는 예수님의 죽음과 부활, 그리고 그 이후의 삶이라는 계속되는 드라마를 준비시키기 위해 기본 진리들을 명확하고 현실성 있게 요약하는 느낌이 든다. 박해의 고통과 순교의 전망, 사별의 트라우마, 잘못된 방향으로 가는 세상, 즉 종교와 관련하여 폭력을 행사하는 경향이 있으며 예수님을 알아보지도 신뢰하지도 못하는 세상, 곧이어 예수님을 버리면서 드러나게 될 제자들의 실패—이 모든 것을 터놓고 다룬다.

그러나 이런 부정적인 것과 긍정적인 것이 평형을 이루고 있지는 않다. 핵심 메시지는 철저한 격려다. 예수님은 제자들에게 실상은 "내가 떠나가는 것이 너희에게 유익이라"(7절)고 말씀하신다. 왜냐하면 옹호자이자 격려자이신 진리의 영이 보내심을 받아 예수님과의 새로운 관계를 고무하고(이는 "그가 내 영광을 나타내리니"[14절]라는 말로 요약된다), 더 많은 진리로 인도하며, 모든 부정적 상황에서도 새로운 확신을 주기 때문이다. 이는 가장 포괄적인 사랑, 곧 "아버지께서 친히 너희를 사랑하심이라"(27절)에 기초한 것이다. 그리고 모든 것이 잘 되리라는 완전한 확신으로 평형이 최종적으로 깨져서 한쪽으로 기운다. "이것을 너희에게 이르는 것은 너희로 내 안에서 평안을 누리게 하려 함이라. 세상에서는 너희가 환난을 당하나 담대하라. 내가 세상을 이기었노라!"(33절).

하지만 이 명백하고 확신에 찬 방향성은 마침표가 아니다. 이는 신자들이 진리를 통달했다고 자부하거나 저 위에서 바라보는 우월한 시각을 갖게끔 깔끔하게 확정된 패키지가 아니다. 독자들은 매 순간 두 가지 중요한 진리를 상기하게 된다.

첫째, 우리는 분열되고 폭력적인 세상에 푹 발 담그고 살고 있으며, 불가피하고 취약하게 죄, 악, 고통, 오해, 방향 상실, 거짓, 실패에 노출되어 있다.

둘째, 항상 더 많은 것, 곧 다차원적인 풍성함이 있다. 앞으로 맞이할 더 많은 고난, 앞으로 인도받을 더 많은 진리, 더 큰 영광, 더 큰 기쁨, 더 깊은 기도, 더 큰 평화, 더 큰 용기, 더 풍성한 삶, 무엇보다도 중요한 더 많은 사랑과 더 많은 신뢰가 있다—"이는 너희가 나를 사랑하고 또 내가 하나님께로부터 온 줄 믿었으므로, 아버지께서 친히 너희를 사랑하심이라"(27절).

이 요약적 마무리는 사랑받고 사랑하는 계속되는 드라마에 겸손하게, 신실하게, 현실을 직시하며, 연약하지만 기쁨으로 함께 참여하도록 방향을 제시한다.

트라우마에 대한 대비(16:1-4a)

> [1] "내가 이것을 너희에게 이름은 너희로 실족하지 않게 하려 함이니, [2] 사람들이 너희를 출교할 뿐 아니라, 때가 이르면 무릇 너희를 죽이는 자가 생각하기를 '이것이 하나님을 섬기는 일이라' 하리라. [3] 그들이 이런 일을 할 것은 아버지와 나를 알지 못함이라. [4a] 오직 너희에게 이 말을 한 것은 너희로 그때를 당하면 내가 너희에게 말한 이것을 기억나게 하려 함이요."

충격적인 사건을 마주했을 때, 그것을 이해할 방법이 있다면 트라우마가 덜하고 타격이 덜해진다. 여기서 박해를 대비하는 것은 유대인 공동체에서 축출될 것과 죽음에 이를 만큼의 폭력을 당할 것을 예고한다. 많은 학자가 이것이 요한 공동체의 경험과 공명한다고 본다. 즉, 요한 공동체는 훨씬 더 큰 규모의 유대교 공동체와 갈등을 빚은 작은 집단이었는데, 거기에 속한 저자를 비롯한 공동체의 구성원들이 유대인이었기 때문에, 그 분열에는 가족 간 다툼만큼이나 격한 감정이 실려 있다는 것이다.[1]

"실족"에 해당하는 동사는 '스칸달리제인' $\sigma\kappa\alpha\nu\delta\alpha\lambda\acute{\iota}\zeta\epsilon\iota\nu$ 인데, 이 단어는 뜻이 확장되어 신앙에서 떨어져 나가거나, 신앙을 저버리거나, 죄에 빠지거나, 죄에 이끌린다는 의미도 된다. 이는 고별 강론이 부정적으로 겨냥하는 바, 곧 **"너희에게 이 말을 한"** 이유, 예수님께서 **"너희"**가 **"하지"** 않기

---

[1] 요한복음과 유대인에 대해서는 2장과 8장에 관한 주석을 보라.

를 바라시는 바를 나타낸다. 이 말씀의 목적은 계속되는 공동체가 가장 심각한 오류로 여겨지는 것, 즉 신앙을 지키지 못하거나, 예수님을 신뢰하며 따를 때 인내하지 못하는 것—예수님을 배신하거나 부인하거나 저버리거나 예수님 안에 거하지 않는 것—을 피하도록 돕는 것이다. 이는 큰 압박을 받는 이 작은 집단에 매우 중요한 문제다.

다른 복음서에도 이 동사 및 관련 명사 '스칸달론'^{σκάνδαλον}이 나온다. '스칸달론'은 걸림돌, 죄의 원인이나 계기, 걸려 넘어지게 하는 바위를 뜻하며, 사람들이 중요한 것을 거부하거나 놓치게 하는 원인을 가리킬 때 사용된다. 특히 이것은 예수님과 그분의 부르심에 적용된다. "누구든지 나로 말미암아 실족하지['스칸달리스테'^{σκανδαλισθῇ}] 아니하는 자는 복이 있도다"(마 11:6). 요한복음 6장의 강론에서도 이 단어가 사용되었다. 이 강론은 13-17장과 상통하며 짝을 이루는데, 특히 예수님은 누구신가, 성찬, 상호 내주에 관해 이야기한다. 제자들은 예수님이 생명의 떡이라는 점과 예수님의 살을 먹고 피를 마심으로써 상호 내주하는 것에 관한 "어려운" 가르침을 들은 후, 신앙의 위기를 겪는다. 예수님은 제자들에게 "이 말이 너희에게 걸림이 되느냐['스칸달리제이'^{σκανδαλίζει}]?"(6:61) 하고 물으신다. 실제로 "그의 제자 중에서 많은 사람이 떠나가고, 다시 그와 함께 다니지 아니하더라"(6:66).

이는 요한복음에서 예수님이 누구신지, 그가 신뢰하고 따를 만한 분인지를 핵심 쟁점으로 다루는 여러 장면 중 하나일 뿐이다. 고별 강론은 예수님을 신뢰하고 따르는 이들, 앞으로 수년 동안 극단적인 방식으로 자신의 헌신을 시험받게 될 이들을 가르치고 격려하는 데 주로 집중한다. 이러한 준비는 그들을 심히 반대하는 이들을 현실성 있게 직시한 것이다. 적들은 하나님을 깊이 헌신적으로 믿는 이들이다. 그들은 하나님의 이름으로 폭력을 행사하는데, 진심 어린 동기로 한다. 예수님을 따르는 사람들을 죽이면서 **하나님을 섬기는 일이라**고 생각한다. 여기에는 진리에 대한 무지라는 근본 문제가 있다. **"그들이 이런 일을 할 것은 아버지와 나를 알지 못함이라."** 요한복음이 전하는 예수님 재판에 관한 이야기는 진리라는 문제를 부각할 것이다. 여기 고별 강론에서는 제자들을 진리이신 예수님께로, 예수님과 아버지의 관계 속으로 가능한 한 깊이 이끌고, 진리의 영이라는 선물을 받도록 준비시키는 것이 관심사다. 예수님께 신실하고 예수님을 인내로 따를 수 있으려면 지금 자신들에게 있는 신뢰와 사랑뿐만 아니라, 모든 차원의 진리로 더 인도받고 예수님을 더 깊이 신뢰하고 사랑하는 것이 필요하다.

믿음과 사랑 안에서 그렇게 성숙하기 위한 핵심 자원은 바로 이 복음서의 말씀이다. **"오직 너희에게 이 말을 한 것은 너희로 그때를 당하면 내가 너희에게 말한 이것을 기억나게 하려 함이요."** 그리고 예수님이 말씀하신 것과 불가분한 것은 예수님의 죽음과 부활이다. 죽음을 자신에게 일어날 수 있는 최악의 일로 생각하지 않는 경우에만 순교에 직면했을 때 이러한 격려가 도움이 된다. 죽음에서 부활하신 분과 지속적으로 관계 맺고 있으면 나 자신의 죽음을 상대화하게 되고, 그 관계를 잃는 것이 그 관계 때문에 죽는 것보다 훨씬 끔찍하다는 것을 분명히 자각하게 된다.

성령 안의 계승의 비밀:
"내가 떠나가는 것이 너희에게 유익이라"(16:4b-7)

⁴ᵇ "처음부터 이 말을 하지 아니한 것은 내가 너희와 함께 있었음이라. ⁵ 지금 내가 나를 보내신 이에게로 가는데, 너희 중에서 나더러 어디로 가는지 묻는

자가 없고, ⁶ 도리어 내가 이 말을 하므로 너희 마음에 근심이 가득하였도다. ⁷ 그러나 내가 너희에게 실상을 말하노니, 내가 떠나가는 것이 너희에게 유익이라. 내가 떠나가지 아니하면 보혜사가 너희에게로 오시지 아니할 것이요, 가면 내가 그를 너희에게로 보내리니."

처음/태초 the beginning 라는 말이 언급되면서 독자들은 요한복음의 프롤로그를 여는 구절들과 그 큰 그림을 상기하게 된다. 프롤로그에 집약된 큰 그림의 절정은 예수님이 "아버지 품속에 있는"(1:18) 것이다. 즉, **나를 보내신 이**와 함께 있는 것이다. 그리고 그 내용은 요한복음 17장에서 그 궁극적이고 친밀한 '함께'의 관계 안에 무슨 일이 일어나는지 엿볼 수 있게 되면서 더 밝혀질 것이다. 그러나 여기, 이 이야기에서 언급되는 처음은 "내가 너희와 함께 있었"을 때의 처음이다. 즉, 예수님께서 제자들을 모으기 시작하신 요한복음 1장 후반부로 거슬러 올라간다.

앞서 제자들은 사태를 이해하지 못한 채 "주여, 어디로 가시나이까?" 하고 물었다(베드로의 물음[13:36]. cf. 도마의 물음[14:5]). 그러나 여기서 예수님은 **"너희 중에서 나더러 어디로 가는지 묻는**[즉, '지금 묻는'] **자가 없고**"라고 말씀하시면서, 이제는 제자들이 더 잘 이해하고 있음을 시사하는 이유를 제시하신다. **"도리어 내가 이 말을 하므로 너희 마음에 근심이 가득하였도다."** 앤드루 링컨이 말했듯이 "이 시점에서 그들의 침묵에 주목하는 것은 그들의 깊은 슬픔을 강조하는 수단이며, 예수님은 이 슬픔을 나머지 강론에서 다루고자 하신다."²

그런 다음 **"내가 너희에게 실상을 말하노니"**라는 도입 문구를 통해 강조되는 결정적인 선언으로 이어진다. **"내가 떠나가는 것이 너희에게**

---

2   Lincoln, *The Gospel according to Saint John*, 418.

유익이라." 이는 중요한 진리다. 이 진리에는 여러 차원이 있는데, 여기서는 세 가지를 살펴볼 것이다. 이 첫 제자들은 성령, 곧 그들의 옹호자, 격려자, 돕는 이—부활 후 예수님 임재의 새로운 형태—를 받을 것이다. 그들의 우울은 기쁨으로 이어질 것이며, 슬픔으로 인한 낙담과 무력함은 예수님과 서로 간의 새로운 관계 속에서 성령이 불어넣는 활력으로 이어질 것이다. 예수님은 더 이상 한 곳에만 물리적으로 계시지 않고, "영이신"(4:24) 하나님의 임재가 어디서나 가능하듯 어디서든 임재하실 수 있다. 그래서 "너희에게 유익"인 것이다.

둘째, 요한복음의 첫 독자들에게도 성령 안에서의 예수님의 임재가 완전히 중요하다. 요한복음은 "너희로 예수께서 하나님의 아들 메시아이심을 믿게 하려 함이요, 또 너희로 믿고 그 이름을 힘입어 생명을 얻게 하려"(20:31)고 기록되었다. 그리고 고별 강론에서 약속하신 대로 제자들에게 생명이 불어넣어졌다(20:22). 그러나 첫 제자들이 겪었던 결정적 전환은 예수님의 죽음과 부활이었던 반면, 요한복음의 첫 독자들은 그 사건에 대한 증언을 접했을 뿐만 아니라(그리고 아마 세례를 통해 그 사건에 몰입했을 것이다), 21:23이 분명히 보여 주듯이 공동체를 처음부터 이끌었고 예수님과 그 사건들을 목격했던 이들이 죽음을 맞으면서 새로운 전환에 대처해야 했을 것이다. 이는 오래도록 지속되는 모든 공동체, 조직, 운동이 직면하는 문제, 즉 계승이라는 도전과 관련된다. 어떻게 다음 세대로 중요한 전환을 이룰 수 있는가? 요한복음 전체를 이 물음에 대한 대답으로 읽을 수도 있다. 요한복음은 예수님을 보지 못한 이들을 위해, 그들이 예수님을 만나고 그의 영을 받을 수 있게 하려고 기록되었다. 실제 목격자들 시대 이후로의 전환은 요한복음을 읽고 또 읽음으로써, 이 증언을 신뢰함으로써(1:7, 14; 20:31; 21:24), 이 말씀을 받아들임으로써("내가 너희에게 이른 말은 영[또는 성령]이요 생명이라"[6:63b]), 성령의 인도를 따라 더 많은 진리로 들어감으로써(16:13) 이루어진다. "보지 못하고 믿는 자들은 복되도다"(20:29).

초기 지도자들에서 후계자들로 이렇게 전환되는 과정에는 많은 위험과 극심한 불안이 존재한다. 대체할 리더십이 없다고 판명 날 수도 있고, 공동체가 퇴보하거나 작아질까 봐, 방향과 원동력을 잃을까 봐 두렵다. 그러나 "내가 떠나가는 것이 너희에게 유익이라." 이것이 바로 예수님께서 하신 말씀이다. 쇠퇴에 대한 전망이 아니라, 오히려 예수님이 떠나신 뒤에 공동체가 훨씬 더 번성하리라는 확신이 있다. 십자가에 처형당하시고 부활하신 예수님의 계속되는 임재와 불가분하며 "영이요 생명"(6:63)이신 예수님의 말씀과 떼려야 뗄 수 없는 성령이 바로 계승의 비밀이다.

셋째, 이미 내비쳤듯이 이 모든 것은 첫 제자들과 공동체를 넘어 계속 유의미하다. 이 모든 것은 요한이 보여 주는 풍성한 지혜의 또 다른 차원이며, "성령을 한량없이 주심이니라"(3:34)는 약속과도 부합한다. 아마도 계승에 관한 그리스도교적 지혜와 관련하여 요한복음을 읽고 또 읽으며 그 속에 더 깊이 들어가는 것보다 더 큰 자원은 없을 것이다. 아마도 모든 지도자는 "내가 떠나가는 것이 너희에게 유익이라"고 말하는 것이 적절한 때를 분별할 수 있는 지점에 이르러야 할 것이다. 그리고 계승의 전환을 겪는 모든 공동체는 요한복음에 대해 함께 숙고함으로써, 더 많은 진리에 마음을 열고 풍요의 하나님이 더 나은 미래를 주실 수 있다는 확신을 얻을 수 있다.

"내가 떠나가지 아니하면 보혜사가 너희에게로 오시지 아니할 것이요, 가면 내가 그를 너희에게로 보내리니." 이 말씀은 마침표 없는 완성에 관한 것이다. 요한은 예수님의 삶, 죽음, 부활, 승천에 관하여 완성이 있음을 주장한다(예: 13:1; 16:33; 17:4; 19:30). 그러나 이 완성은 "아버지께서 내게 하라고 주신 일을 내가 이루어"(17:4)라고 기도하신 후, 그 어느 때보다 더욱 살아계시고, 임재와 활동이 조금도 줄지 않으셨으나, 다만 새롭고 놀라운 방식으로 성령을 통해 기쁨, 기도, 진리 추구, 섬김, 사랑의 삶을 계속 만들어 내시는 분의 완성이다. 이 완성과 계속되는 넘치는 생명/삶이 하나 되는 결정적 순간은 예수님의 죽음의 순간이다. 즉, 예수님께서 "'다 이루었다' 하시고 머리를 숙이니 자기 영을 내주[영혼이 떠나가]"(19:30)신 때다. 헬라어 원문상으로는 "그 영을['토 프뉴마' τὸ πνεῦμα] 내주셨다"이다. 필사본은 현대 영어처럼 대소문자를 구분하여 표기하지 않으므로, "성령 the Spirit을 내주셨다"로 읽을 수도 있다. 이러한 의미의 다층성은 요한복음의 특징이다. 예수님의 죽음과 성령 주심은 여기서 불가분하다.[3] 예수님께서 "그보다 큰 일도 하리니, 이는 내가 아버지께로 감이라"(14:12)라고 말씀하신 것처럼, 예수님 생애 사역이 완성된 후에는 더 큰 일들이 이루어진다.

폭로: 잘못된 세상의 실상(16:8-11)

> [8] "그가 와서 죄에 대하여, 의에 대하여, 심판에 대하여 세상의 잘못을 책망하시리라. [9] 죄에 대하여라 함은 그들이 나를 믿지 아니함이요, [10] 의에 대하여라 함은 내가 아버지께로 가니 너희가 다시 나를 보지 못함이요, [11] 심판에 대하여라 함은 이 세상 임금이 심판을 받았음이라."

이제 성령에 관한 농축된 가르침의 물결이 두 번 이어진다. 8-11절과

---

[3] 19:30에 관한 주석을 보라.

12-15절이다.

첫 번째 물결은 성령께서 세상의 잘못된 현실을 세 가지 방식으로 드러내시는 것이다. **책망하시리라**로 번역된 단어는 '엘렝케인'ἐλέγχειν이다. 이 단어는 풍부하고 다면적인 의미가 있다. 이를테면 심문하다, 검증하다, 나무라다, 깨닫게 하다, 유죄를 선고하다, 드러내다, 부끄럽게 하다 등의 의미를 포함하는 단어로, 이는 재판에서 검찰 측이 하는 일이다. 심판대 이미지와 그에 따른 심판 이미지가 요한복음 전체에서 반복되는데, 그 이미지의 절정은 18-19장에서 예수님이 빌라도 앞에서 말 그대로 심판받는 장면이다. 심판받는 분이 궁극의 심판자라는 점은 아이러니다. 그는 자신의 빛으로 타인의 실상을 드러내신다. 이러한 판결은 공개적으로 일어날 수도 있지만, 또한 더 내적으로도—양심으로 깨우침으로써—일어날 수 있다.

성령께서 **죄**, **의**, **심판**이라는 근본 문제들에 대해 세상이 어떻게 잘못될 수 있는지 깊고 면밀하게 살필 수 있게 해 주신다는 약속이 있다. 이 세 가지를 합치면, 악과 선, 불의와 정의, 거짓과 진실, 고통과 기쁨, 미움과 사랑, 불신과 신뢰, 비정함과 연민, 폭력과 평화, 절망과 소망, 무의미함과 의미 등을 이루는 모든 것에 해당한다. 요한복음의 나머지 부분에 비추어 볼 때, 성령의 이러한 활동에 대해 세 가지 점을 주목할 필요가 있다.

첫째, 이는 정해진 기한이 없는 계속되는 활동이다. 이 활동은 여전히 일어나고 있으며, 진리의 영에 감동된 모든 이들은 이 활동에 참여하고 있고, 날마다 예수님의 영의 빛 가운데 살도록 도전받는다.

둘째, 이는 진리의 영이고, 그 진리는 말씀의 진리다. 그 말씀 "안에 생명이 있었으니, 이 생명은 '모든 사람의'(사람들의) 빛 … 각 사람에게 비추는 빛"이다(1:4, 9). 또한 이는 하나님의 모든 자유를 지닌 영으로, "바람이 임의로 불" 듯이 활동하신다(3:8). 따라서 성령은 놀라운 방식으로, 예기치 못한 사람들과 사건들을 통해, 예상치 못한 자원을 끌어내어 일하실 수 있다. 예수님은 얽매임 없이 성령을 통해 보이지 않게 일하실 수 있으며(**"너희가 다시 나를 보지 못함이요"**), 우리는 그 사역을 다 알지 못한다. 예수님의 제자들은 진리가 어디에서 발견되든지 민감하게 주의를 기울여야 한다. 공공연하게든 양심에 숨어서든, 공동체 안에서든 밖에서든 성령의 움직임에 민감하게 주의를 기울여야 한다.

셋째, 요한복음과 이후 역사에서 배울 수 있는 교훈 하나는 그리스도인들과 그리스도인 공동체 전체가 책망받을 비극적인 길을 갈 수 있으며, 예수님이 **세상**이라고 칭하신 책망받을 만한 점들이 교회 안에도 많이 있다는 것이다. 이를 인식하면, 예수님의 제자들이 진리가 어디서 발견되든 마음을 열어야 한다는 것과 이 복음서의 바로 이 부분에서 발견되는 진리에 최대한 온전히 들어가는 것이 더욱 중요해진다. 이는 바로 다음 세 구절, 곧 16:9-11에 요약적으로 제시된 진리다.

잘못이 **죄에 대하여라 함은 그들이 나를 믿지 아니함이요**. 이 말씀은 요한복음의 핵심 진리를 향하고 있다. 즉, "나를", 예수님을 향하고 있다. '누구' 물음은 요한복음 전체를 관통하며, 그 답은 전체 이야기로도 주어지고 일련의 "나는 있다/…이다" 선언으로도 주어진다. 이를테면 "나는 세상의 빛이니"(8:12), "내가 곧 길이요 진리요 생명이니"(14:6) 같은 선언이다.

왜 예수님을 믿지 않는 것이 죄의 근원을 이룬다고 여겨지는가? 그 이유는 하나님의 진리와 사랑을 구현하신 분이 바로 이 "나"이시기 때문이다. 이러한 인격적 진리와 사랑은 오직 이 분과의 신뢰 관계, 신앙 관계, 신실한 관계를 통해서만 참여할 수 있다. 신뢰와 진리가 없이는 건강한 상호적 사랑도 없다. 이것이 정말로 분명해졌는데도 거부하는 데서 죄가 발생한다. 즉, 예수님과의 진정한 만남, 밝히 드러나는 만남이 있었는데도 돌아설 때, 진리의 영이 예수님을 적대시하는 세상의 잘못을 확실히 드러내셨음에도 불구하고 세상의 편에 설 때 죄가 발생한다.

이 죄는 정직한 의심에 관한 것이 아니며, 예수님이나 예수님의 진리의 영과 확실하게 만나지 않은 불신앙에 관한 것도 아니다. 여기에는 성령을 오해하고 배반할 끔찍한 가능성이 있으며, 실제로 이런 가능성은 자주 실현되었다. 유대인이나 이단에 대한 박해에서, 사람을 조작하거나 위협하는 형태의 그리스도교의 양육, 가르침, 설교에서('내가 말한 거 안 믿으면 지옥 간다'), 그리고 그리스도인이 자기 삶과 증언에서 예수님이 누구신지에 충실하지 못했던 온갖 실패의 모습으로 실현되었다. 이 말씀은 예수님과 완전히 확실하게 만난 적 있는 사람에게 하시는 말씀이다. 예수님과 만난 사람들은 그런 만남이 없었던 사람들, "아버지와 나를 알지 못하는"(16:3) 사람들에게 당할 큰 곤경을 감내하도록 준비되는 중이다. 이런 제자들에게 근본 죄는 예수님과의 믿음을 저버리고 예수님을 배신하거나 부인하는 것이다. 죄에 대하여 옳다는 것은 예수님을 알고, 믿고, 신뢰하고, 예수님께 신실하다는 것이다.

잘못이 **의에 대하여라 함은 내가 아버지께로 가니 너희가 다시 나를 보지 못함이요.** 이 말씀은 이야기 말미의 관점에서 의에 관한 핵심 문제를 직시하고 있다. 성경에서 의는 하나님과의, 다른 사람들과의, 다른 피조물과의 올바른 관계를 모두 포함한다. 의는 하나님은 누구신가에 의해 정의되고, 그 중심에는 하나님은 누구신가가 있다. 또한 의의 중심에는 하나님은 누구신가에 대한 응답, 하나님이 바라시는 바에 대한 응답도 있다. 요한복음에서는 프롤로그를 열면서부터 이러한 올바른 관계들이 예수님과 아버지의 관계에 구현되고 드러나며 본보기로 제시된다. 프롤로그에 나와 있듯이, 이 관계는 "만물", 모든 "생명", "모든 사람의

[사람들의] 빛"을 수반하고, 또한 이 관계는 "아버지의 독생자의 [영광과 같은] [영광이요] 은혜와 진리가 충만"한 영광에 관한 것이다. 토라, 곧 "모세로 말미암아 주어진" "율법"과 율법의 의가 "예수 그리스도로" 말미암은 "은혜와 진리"로 몸소 오셨다. 하나님은 여전히 보이지 않는 분이다. "본래 하나님을 본 사람이 없으되." 그러나 예수님이 "우리 가운데 거하"시며 "하나님을 알려 주셨다[나타내셨느니라]." 하지만 예수님은 계속 눈에 보이는 장소에 머물지 않으신다. 그는 "아버지 품속에 있는 독생자[독생하신] 하나님"이시며, 아버지 품으로 돌아가셨다.⁴ 그래서 이제는 보이지 않는다. "너희가 다시 나를 보지 못함이요."

이것이 바로 고별 강론이 향하고 있는 다음과 같은 방향이다. "지금 내가 나를 보내신 이에게로 가는데"(16:5), 그리고 "지금 내가 아버지께로 가오니"(17:13). 모든 현실의 중심에 있으면서 모든 현실을 포괄하는 핵심 진리는 바로 이 사랑의 관계다. 이 사랑의 관계는 예수님이 죽으시고 부활하시고 "내 아버지 곧 너희 아버지, 내 하나님 곧 너희 하나님께로" 승천하실 때(20:17), 역사 속에서 새로운 방식으로 실현될 것이다. 고별 강론은 그 내적 의미를 요한복음 17장의 예수님의 기도에서 가장 온전하게 보여 준다. 그 의미란, 예수님이 자신을 신뢰하고 사랑하는 모든 이에게 이 관계를 열고자 하시는, 이 세상에 이 사랑이 넘치기를 바라시는 예수님의 욕망이다(17:20-26). 이 사랑에 미치지 못하는 어떤 올바른 삶이나 관계를 생각한다면, 혹은 그런 삶이나 관계를 영위한다면, "의에 대하여" 잘못된 것이다.⁵ 그러나 예수님의 제자들은 세상이 잘못되었다

---

4   이 문단에서 인용한 성경 구절에 관해서는 1:1-18에 관한 주석 및 존 맥휴의 1:18 사역(私譯)을 보라(이는 〈실재의 핵심에 있는 친밀함〉 부분에 있다).
5   바울은 특히 로마서에서 예수님 및 복음과 관련하여 의에 대해 신약 중 가장 철저히 주목하고 있다.

고 책망하고 진리로 가는 길을 여는 분은 보혜사이시지, 본인들의 말이나 행동이 불가결한 게 아님을 명심해야 한다.[6]

잘못이 **심판에 대하여라 함은 이 세상 임금이 심판을 받았음이라**. 이 말씀은 전 세계적이고 최종적인 의미의 판결이 나오는 재판을 상상하게 한다. 이 재판은 예수님의 재판에서 실제로 일어날 것인데, 여기서 제자들과 독자들은 그 내적 의미를 미리 듣는다. 레슬리 뉴비긴이 말했듯이, "예수님께서 십자가의 길로 '가시는 것'이 바로 최종 심판이다. 이것은 독특한 의미의 심판인데, 왜냐하면ㅡ법, 국가, 종교, 성전, 여론 등이 합쳐진 권위로 대표되는ㅡ'세상 임금'이 예수님을 심판했지만, 그 심판 행위를 통해 오히려 심판자에게 선고가 내려졌기 때문이다."[7]

겉보기에는 "이 세상 임금"이 승리한 것처럼 보일 수 있다. 그러나 실제로는 근본적 반전이 있다. 발을 씻기시고 사랑으로 자기 생명을 내주고 십자가에서 수치를 당하신 분ㅡ그분이 바로 승리자다. 십자가 처형 이전의 제자들에게, 그 모든 "합쳐진 권위"에 여전히 압박받던 요한복음의 첫 독자들에게, 지금도 강압적 권력, 조작, 거짓, 물욕, 안락함(혹은 다른 매력적 유혹), 모욕, 비정함, 불의 등 다양한 체제와 세력 아래 큰 압박을 받는 전 세계 독자들에게, 이는 해방을 주는 격려의 메시지다.

"이 세상 임금"으로 의인화된 세력이 결정적으로 패했다는 확신이 주는 실제적 효과 하나는 이 세상 임금이 더 이상 관심의 중심일 필요가 없다는 것이다. 이 메시지는 이 세상 임금이 어떤 존재든, 무엇을 대표하든, 거부되고 패배한 인물로 가장 잘 이해된다는 것이다. 그러니 이 세상

---

[6] 레슬리 뉴비긴이 다음과 같이 말했듯이 말이다. "다시금 우리는 성령이 교회에 길들여진 보조자가 아님을 알게 된다. 성령은 교회보다 앞서가며 세상의 죄를 책망하는 강력한 보혜사이시다"(Newbigin, *The Light Has Come*, 211).

[7] Newbigin, *The Light Has Come*, 210-11.

임금이나 그가 대표하는 모든 것에 끌리거나 주의를 빼앗기지 말고, 그 대신 세상의 참된 심판자이자 임금이신 분께 돌아와서 그분의 영에 인도받아야 한다. 이어지는 16:12-15는 이 긍정적 전환에, 그 어떤 유혹이나 정신을 빼앗는 것에도 맞서 싸울 수 있을 만큼 충분하고도 매력적인 내용을 담아낸다.

"그가 너희를 모든 진리 가운데로 인도하시리니", "그가 내 영광을 나타내리니"(16:12-15)

> 12 "내가 아직도 너희에게 이를 것이 많으나, 지금은 너희가 감당하지 못하리라. 13 그러나 진리의 성령이 오시면 그가 너희를 모든 진리 가운데로 인도하시리니, 그가 스스로 말하지 않고 오직 들은 것을 말하며 장래 일을 너희에게 알리시리라. 14 그가 내 영광을 나타내리니, 내 것을 가지고 너희에게 알리시겠음이라. 15 무릇 아버지께 있는 것은 다 내 것이라. 그러므로 내가 말하기를 '그가 내 것을 가지고 너희에게 알리시리라' 하였노라."

이 놀라운 여러 약속은 예수님이 어떠한 진리이시며, 어떠한 진리를 주시는지에 관한 기본적 진술로 시작한다. 이 진리는 점점 더 많아지고, 예수님은 그것을 나누어 주실 것이다. **"내가 아직도 너희에게 이를 것이 많으나."** 그러나 그 진리는 한 번에 모두 받아들일 수 없고, 오직 시간이 흐르고 더 많은 경험을 한 후에야 받아들일 수 있다. **"지금은 너희가 감당하지 못하리라."** 그렇다면 어떤 종류의 경험인가?

"감당하다" bear에 해당하는 헬라어는 '바스타제인' $βαστάζειν$ 인데, 흥미로운 연결고리가 있다. 가장 중요한 연결고리는 요한복음에서 이 단어가 예수님이 십자가를 지심 bearing을 나타낼 때 사용된 것이다(19:17). 누가복음에서는 예수님의 어머니가 예수님을 밴 bearing 것과("당신을 밴 태와 당신을 먹인 젖이 복이 있나이다"[눅 11:27]) 예수님의 제자들이 십자가를 져야 한다는 것("누구든지 자기 십자가를 지고 나를 따르지 않는 자도 능히 내 제자가 되지 못하리라"[눅 14:27])을 표현할 때 사용되었다. 바울은 교인들에게 "너희가 짐을 서로 지라"(갈 6:2)고, "약한 자의 약점을 담당하라"(롬 15:1)고 권고할 때 이 단어를 사용했다. 또한 자신의 고난을 묘사할 때도 사용했다. "내가 내 몸에 예수의 흔적을 지니고['바스타제인' βαστάζειν] 있노라"(갈 6:17). 사도행전에서는 아나니아가 환상 중에 바울에 대한 주님의 말씀을 들을 때 사용되었다. "이 사람은 내 이름을 이방인과 임금들과 이스라엘 자손들에게 전하기['바스타제인' βαστάζειν] 위하여 택한 나의 그릇이라. 그가 내 이름을 위하여 얼마나 고난을 받아야 할 것을 내가 그에게 보이리라"(9:15-16).

따라서 이는 고난을 포함하는 경험이며, 특히 예수님의 본을 따름으로써 겪게 되는 고난이다. 예수님은 지금 자기 생애 마지막 밤에 사랑으로 자기 생명을 내주실 준비를 하시는 중이다. 어떤 진리들은, 사랑하며 섬기는 중에 받는 고난이 그 진리를 받아들일 공간을 도려낸 후에야 받아들일 수 있다.

이는 칠십인역에서 '바스타제인' βαστάζειν에 대한 몇몇 용례, 특히 요한복음과 매우 풍부한 상호본문 관계가 있는 이사야에서의 용례를 통해 더욱 강화되고 심화된다.[8] 그리고 이 본문이 이해와 진리에 초점을 맞추고

---

[8] 예를 들어, 이사야 40:11에 대한 칠십인역 버전 중 하나를 문자 그대로 옮기면 다음과 같다. "그는 목자처럼 자기 양 떼를 돌볼 것이고, 어린양들을 자기 팔로 모아 자기 품에 안을 것이다['엔 토이 콜포 아우투 바스타세이'(ἐν τῷ κόλπῳ αὐτοῦ βαστάσει)]. 그리고 아이와 같이 있는 이들을 위로할 것이다['파라칼레세이'(παρακαλέσει)]." 초기 그리

있다는 점을 고려할 때, 가장 이해를 돕는 평행 구절 중 하나는 지혜 문학에 있는데, 지혜 문학의 언어도 요한복음에 종종 메아리처럼 되울린다. 집회서(시락)에서 우정의 중요성을 강하게 확언한 직후,[9] 독자들에게 지혜를 찾는 일이 그들 삶의 중심이 되어야 한다고 열정적으로 권면한다. "네 발을 지혜의 족쇄로 채우고, 네 목에 지혜의 칼을 써라. 네 등을 구푸려 지혜의 짐을 지고['바스타제인' βαστάζειν], 그 속박에 짜증 내지 말아라. 네 정성을 다하여 지혜를 따르고, 네 전력을 기울여 지혜의 길을 지켜라. 그 발자취를 살펴 따르면 지혜는 너에게 나타나리라. 그리고 한번 지혜를 붙잡거든 놓치지 말아라. 너는 그 지혜에게서 마침내 안식을 얻

> 스도인들에게 매우 중요했던 이사야 종의 노래(1:29-34에 관한 주석을 보라) 중 하나에는 종이 "그들의 죄악을 친히 담당하리로다[아퀼라 번역본에는 '바스타세이'(βαστάσει)]"(사 53:11)라고 되어 있다. 절정에 해당하는 이사야 66장의 언어는 요한복음 16장 곳곳에 메아리처럼 되울려, 고별 강론의 이 마지막 부분이 이사야 본문과 나란히 읽혀야 함을 분명하게 보여 준다(두 본문 모두 죄, 심판, 고난, 기쁨, 영광, 위로, 사랑에 관해 말하고, 해산의 고통과 기쁨에 대한 생생한 이미지를 담고 있다). 66장에는 애통 후 기쁨에 대한 강력한 예언이 있다. "예루살렘과 함께 기뻐하라. 다 그녀[예루살렘을 지칭]와 함께 즐거워하라. 그녀를 위하여 슬퍼하는 자들이여—너희가 위로의 젖가슴에서 젖을 먹고 만족할 것이요, 그녀의 영광스러운 품에서 즐거워하며 깊이 마실 것이다. 여호와께서 이와 같이 말씀하신다: … 너희가 젖을 먹고 그녀의 팔에 안기며[아퀼라 번역본에서 이 동사는 '바스타제인'(βαστάζειν)이다], 무릎 위에서 응석 부릴 것이다. 어머니가 자기 자식을 위로함같이 내가 너희를 위로할 것이니, 너희가 예루살렘에서 위로받을 것이다"(사 66:10-13). 칠십인역에서 특히 눈에 띄는 점은 세 절(11-13절)에 "위로"에 해당하는 단어들, 즉 명사형 '파라클레시스'(παράκλησις)와 동사형 '파라칼레인'(παρακαλεῖν)을 더해 총 다섯 번이나 나온다는 것이다. 이는 요한복음에서 성령을 가리키는 '파라클레토스'(παράκλητος)—위로자, 격려자, 보혜사—사용과 평행을 이룬다. 이 평행은 '파라클레토스'를 단순히 법적 용어인 '변호자'(advocate[개역개정판은 '보혜사'로 옮김])로만 옮기지 말아야 한다는 근거의 한 부분이 된다.
>
> 9 "성실한 친구['필로스 피스토스'(φίλος πιστός)]는 안전한 피난처요, 그런 친구를 가진 것은 보화를 지닌 것과 같다. 성실한 친구는 무엇과도 비길 수 없으며, 그 우정을 값으로 따질 수 없다. 성실한 친구는 생명의 신비한 약인데, 주님을 두려워하는 사람만이 이런 친구를 얻을 수 있다. 주님을 두려워하는 사람은 참된 벗을 만든다. 그러므로 그의 친구도 그처럼 참되게 대해 준다"(집회 6:14-17).

고 그 지혜는 너에게 기쁨이 되어 주리라. 그때 지혜의 족쇄는 너에게 견고한 방패가 되고 네 목에 쓴 칼은 영광스런 의상이 되리라"(집회 6:24-29). 사랑, 우정, 고난, 기쁨, 영광, 그리고 지혜와 이해를 추구하는 과정에서 자기 존재 전체가 훈련되고 확장되는 경험이 이렇게 결합하여, 다음 세 구절에서 예수님과 그의 영을 통한 풍성한 진리의 약속을 잘 준비시킨다.

성령에 관한 이 두 번째 가르침의 물결은 보기 드물 만큼 포괄적인 약속을 준다. **"진리의 성령이 오시면 그가 너희를 모든 진리 가운데로 인도하시리니."** 얼마나 포괄적인가? 하지만 이를 제한하려는 시도가 많았다.

어떤 이들은 "너희"를 첫 사도들이나 그들의 후계자인 교회 지도자들로 한정한다. 그러나 고별 강론의 취지는 첫 청중뿐 아니라 이후 모든 신자를 포괄한다. "내가 비옵는 것은 이 사람들만 위함이 아니요, 또 그들의 말로 말미암아 나를 믿는 '저' 사람들도 위함이니"(17:20).

또 어떤 이들은 "모든 진리"를 예수님의 인격에 관한 진리로, 혹은 교회의 가르침과 직접 관련된 진리로, 혹은 성경에 명확하게 주어진 진리로 한정하고, 그 밖의 더 넓은 관심과 탐구는 제외시킨다. 그러나 예수님께서 하나님 말씀과 동일시되고 "만물이 그로 말미암아 지은 바 되었으니, 지은 것이 하나도 그가 없이는 된 것이 없다"면(1:3), "모든 진리"의 지평은 하나님과 창조된 현실 전체여야 한다. 지혜 문학, 요한복음, 그리고 다른 성경들은 독자들에게 어디서든 진리가 발견될 수 있다면 계속해서 찾아야 한다고 종용한다.

이 약속을 특정인들이나 특정한 '종교적' 주제와 '종교' 텍스트에 한정하려는 시도들은 통제하고자 하는 강한 충동을 드러낸다. 이는 진리, 지식, 이해, 질문, 권위와 관련하여 어떤 두려움 내지 불안함이 있기 때문이다. 개인, 집단, 전체 전통은 깔끔하게 정의된 의미의 꾸러미라는 안전과 확실성을 추구할 수 있다. 그러나 요한복음은 특히 그렇게 일괄하여 꾸리는 것, 마침표를 찍는 것을 거부한다. 요한복음은 넘치는 은혜와 빛과 진리를 이야기하고, 요한복음의 진리는 얽매임에서 벗어나는 해방과 연결되며("진리가 너희를 자유롭게 하리라"[8:32]), 요한복음의 성령은 "한량 없이" 주어지고(3:34), 요한복음은 "모든 진리 가운데로 인도하신다는" 대담한 약속을 담고 있다. 여기서 의미의 지평이 광활하고 하나님 중심으로 포괄적이라는 점은 이어지는 말씀으로 더욱 강조된다. **"그가 내 영광을 나타내리니, 내 것을 가지고 너희에게 알리시겠음이라. 무릇 아버지께 있는 것은 다 내 것이라."** 그렇다면 "아버지께 있는 것"의 한계는 어디인가?

또한 요한복음은 진리가 행동과 분리될 수 없다는 점도 매우 분명히 해 둔다. 진리는 무엇보다도 행해져야 한다. "진리를 행하는 [따르는] 자는 빛으로 오나니, 이는 그들의[그] 행위가 하나님 안에서 행한 것임을 나타내려 함이라"(3:21). 16:13에서 "인도하시리니"로 번역된 헬라어는 '호데게세이'[ὁδηγήσει]인데,[10] 이 "모든 진리"와 영광에 대한 언급도 다음과 같은 지혜의 실천에 관한 언어를 반영하고 있다. "지혜는 모든 것을 깨닫고 모든 것을 알고 있습니다. 그러므로 지혜는 내가 하는 행동을[일을] 현명하게 인도할[이끌어 줄]['호데게세이'[ὁδηγήσει]] 것이며, 그녀의[그의] 영광으로 나를 보호할 것입니다"(지혜 9:11).[11]

결론적으로, 성령이 인도하실 수 있는 진리의 지평은 제한이 없지만,

---

10 이 동사의 앞부분은 '호도스'(ὁδός)에서 온 것으로, 이는 1:23("주의 길을 곧게 하라")이나 14:6("내가 곧 길이요 진리요 생명이니")에서와 같이 '길'을 뜻한다.
11 또한 다음을 보라. 시 25:5(지도와 가르침), 시 86:11(가르침과 진리), 시 143:10(하나님의 영의 인도). 칠십인역 번역에서는 이 모든 부분에 '인도'를 뜻하는 동일한 헬라어 단어('호데게인'[ὁδηγεῖν])를 사용한다.

그 핵심 초점은 예수님께, 그리고 그의 빛 안에서 함께(16:12-15에 여섯 번 반복되는 "너희"는 모두 복수형이다*) 지혜롭게 살아가는 법을 배우는 데 있다.

이러한 지평에서, **"그가 내 영광을 나타내리니"**라는 말씀은 예수님이 누구신지와 그의 명령에 맞게 살아가는 것—특히 고별 강론에서는 예수님이 발을 씻기신 모범과 그의 사랑을 따르는 것, 심지어 다른 이를 위해 죽기까지 사랑하는 것(요한복음에서 영광에 대한 마지막 언급은 베드로가 죽음으로써 하나님께 영광 돌리는 것이다[21:19])—만을 의미하지 않는다. 이 말씀은 다음과 같은 물음을 던지는 것도 의미할 수 있다. 이 과학과 기술은 예수님의 영광을 나타내는가? 지구를 이렇게 대하는 방식이 예수님의 영광을 나타내는가? 이 정치, 경제, 법, 문화가 예수님의 영광을 나타내는가? 이에 대해 답할 때 성령께서 어떤 영감을 주시는가?

"장래 일을 너희에게 알리시리라"는 약속은 이 맥락에서 볼 때 미래 사건들에 대한 구체적인 예언을 의미하지는 않는 듯하다. 고별 강론은 **장래 일**에 대해, 특히 예수님의 죽음과 부활, 제자의 길을 걸을 때 겪게 될 고난과 기쁨, 그리고 무엇보다도 아직은 감당할 수 없는 진리를 가져오실 성령이라는 선물에 대해 독자를 준비시킨다. 반면 요한복음의 결론 부분에서는 예수께서 사랑하시는 그 제자의 죽음과 예수님의 재림에 관해서 공동체 내에서 구체적으로 예측하는 것에 대해 문제를 제기한다. "내가 올 때까지 그를 머물게 하고자 할지라도 네게 무슨 상관이냐?"(21:23). "내가 올 때까지"는 "장래 일"의 핵심을 가리킨다. 그것은 바로 예수님의 인격이다.[12] 그런 까닭에 16:13의 진술 바로 뒤에 이어지

---

* 옮긴이 주: 한국어와 달리 영어에서는 이 부분이 단수와 복수 구분이 안 되기 때문에 한 말이다.
12 14:1-6; 21:20-23에 관한 주석을 보라.

는 16:14의 말씀은 "그가 내 영광을 나타내리니"이다.

이 구절들은 제자들\배우는 자들이 계속해서 더 많은 진리를 추구하도록 격려한다. 첫 번째 명령은 주의 깊게 들으라, 혹은 읽으라는 것이다 —**너희에게 알리시리라 … 너희에게 알리시겠음이라 … 너희에게 알리시리라**는 세 번의 반복을 통해 강조된다. 그리고 그 중심에는 **성령**과 **아버지**와 친밀한 관계이신 예수님이 있는데, 이 또한 **내 것 … 내 것 … 내 것**이 세 번 반복되며 강조된다. 배우는 자와 공유하실 **내 것**은 **아버지께 있는** 모든 **것**이다—한계 없이 넘치는 진리다. 요한복음 17장은 이렇게 진리에 전념하는 것을 더욱 강화한다. "그들을 진리 안에[진리로] 거룩하게 하옵소서. 아버지의 말씀은 진리니이다. 아버지께서 나를 세상에 보내신 것같이 나도 그들을 세상에 보내었고, 또 그들을 위하여 내가 나를 거룩하게 하오니, 이는 그들도 진리로 거룩함을 얻게 하려 함이니이다" (17:17-19).

역사상 가장 중요한 "조금 있으면" (16:16-24)

¹⁶ "조금 있으면 너희가 나를 보지 못하겠고, 또 조금 있으면 너희가 나를 보리라" 하시니, ¹⁷ 제자 중에서 서로 말하되 "그가 우리에게 말씀하신 바 '조금 있으면 너희가 나를 보지 못하겠고, 또 조금 있으면 너희가 나를 보리라' 하시며, 또 '내가 아버지께로 감이라' 하신 것이 무슨 말씀이냐?" 하고, ¹⁸ 또 "그들이 말하되 "'조금 있으면'이라 하신 말씀이 무슨 말씀이냐? 그가 무엇을 말씀하시는지 우리는 알지 못하노라" 하거늘, ¹⁹ 예수께서 그들이 자기에게[그] 묻고자 함을 아시고, 그가 그들에게 이르시되 "내 말이 '조금 있으면 너희가 나를 보지 못하겠고, 또 조금 있으면 너희가 나를 보리라' 하므로 너희가 서로

문의하느냐? 20 내가 진실로 진실로 너희에게 이르노니, 너희는 곡하고 '너희는' 애통하겠으나 세상은 기뻐하리라. 너희는 근심하겠으나 너희 근심이 도리어 기쁨이 되리라. 21 여자가 해산하게 되면 그때가 이르렀으므로 근심하나, 아기를 낳으면 세상에 사람 난 기쁨으로 말미암아 그 고통을 다시 기억하지 아니하느니라. 22 지금은 너희가 근심하나, 내가 다시 너희를 보리니 너희 마음이 기쁠 것이요, 너희 기쁨을 빼앗을 자가 없으리라. 23 그날에는 너희가 아무것도 내게 묻지 아니하리라. 내가 진실로 진실로 너희에게 이르노니, 너희가 무엇이든지 '내 이름으로 아버지께 구하는 것을'[아버지께 구하는 것을 내 이름으로] '그가' '너희에게' 주시리라. 24 지금까지는 너희가 내 이름으로 아무것도 구하지 아니하였으나, 구하라. 그리하면 '너희가' 받으리니, 너희 기쁨이 충만하리라."

이는 역사상 가장 중요한 시간, 곧 예수님께서 십자가에 처형당하여 죽으셔서 예수님을 보지 **못하다**가 부활하셔서 **또** 보게 되다가 **아버지께로** 가셔서 새로운 시간을 시작하시는 **조금 있으면**이다. 이 완전한 기쁨의 **그날**에는 자기 영을 나누어 받은 이들이 **무엇이든지 내 이름으로 아버지께** 구할 수 있는 친밀함을 누릴 것이다.

그 중요성은 핵심 요소들의 여러 번 반복을 통해 강조된다. **조금 있으면**(7회), **보다**(헬라어 단어는 두 종류)(7회), **예수** 및 그를 가리키는 대명사 **나, 그, 내, 자기**(19회), **제자** 및 그들을 가리키는 대명사 **너희, 제자, 서로, 우리, 그들**(31회), **기뻐, 기쁨, 기쁠**(6회), **근심** pain (**곡, 애통, 고통**으로 강화됨)(4회), **묻다/구하다** ask (헬라어 단어는 두 종류)(5회), **아버지** 및 관련된 대명사 **그**(3회), **진실로 진실로**(NRSV는 very truly로 옮기지만 헬라어는 한 단어가 두 번 반복되는 '아멘 아멘' ἀμὴν ἀμὴν)(2회), **내 이름으로**(2회).

그 심도와 강렬함은 **해산하게** 된 **여자**의 **근심**과 **기쁨**을 통해 절실하게 전달된다. 출산은 돌이킬 수 없고 반복될 수 없는 엄청난 의미와 위험과 결과가 수반되는 사건이다. 그러나 요한은 앞서 출산을 영적 측면에서 반복될 수 있는 사건으로 그린 바 있다(3:3, 5, 14-17).[13] 죽음을 앞둔 이 밤에 예수님은 출산의 고통과 기쁨을 떠올리게 하심으로써 제자들의 마음과 상상력이 다가올 날들을 품을 수 있도록 준비시키신다.

이는 단지 다가올 날들을 대비하는 것만이 아니다. 학자들은 이 "조금 있으면"이 무엇을 가리키는지를 마땅히 묻는다. 이 표현이 예수님의 승천과 재림 사이의 시간을 가리킬 수도 있지 않은가? 이 시간이 예수님께서 **아버지께로** 가시며 시작된다고 볼 수도 있다—"내가 내 아버지 곧 너희 아버지, 내 하나님 곧 너희 하나님께로 올라간다"(20:17). 왜냐하면 제자들에게 이 시간은 고통과 기쁨의 시간이 될 것이기 때문이고, 이 시간은 **그날에**, 예수님과 얼굴과 얼굴을 마주하며 **"내가 다시 너희를"** 볼 때, **충만**해진 **기쁨** 가운데 끝날 것이기 때문이다. 요한복음에서 흔히 그렇듯 이러한 해석은 서로 양자택일적인 것이 아니다. 제자들은 예수님이 말씀하신 의미에 대해 논하며, 서로 묻는다. 이때 예수님은 직접적인 답을 주시지 않고, 생생한 이미지로, 즉 여인의 산고와 출산이라는 극적인 은유를 제시하신다. 이 이미지는 서로 깊이 연결된 여러 현실에 적용될 수 있다. 이를테면 다음과 같다. 예수님 자신이 곧 겪게 될 일. 제자들이 예수님의 십자가 처형과 부활 가운데 경험할 슬픔과 기쁨. 예수님을 따르는 이들이 받는 세례("물과 성령으로" 태어나는 것[3:5]). 이후 예수님을 따르며 겪을 고난과 기쁨. "지금은 감당하지 못"하는(16:12) 진리를 배우는 일. 예수님께서 보내심을 받은 것같이 제자들도 보내심을 받되, 어둠과 고난으로도 보내심을 받는 것. 예수님이 그들 안에, 그들이 예수님 안에 서로 거하는 것(6:56; 15:1-12). 예수님의 가족으로—"내 아버지 집"인

---

13   요한복음 3장에 관한 주석을 보라.

"나 있는 곳"(14:2-4)에, 17:20-26에서 곧 기도될 하나님과 서로와 사랑하고 연합하는 "나 있는 곳"에—영원히 궁극적으로 거하는 것.

이 모든 차원들이 단테의 《신곡》에도 나타난다. 연옥에서 천국으로, 즉 기쁨을 위한 고통의 장소에서 하나님과 다른 사람들을 향한 기쁨과 완전한 사랑이 있는 장소로 넘어가는 중요한 전환의 순간에 이 시의 주요 세 인물이 함께 있는데, 이때 요한복음의 이 구절이 인용된다(글상자에서 단테의 글을 보라).

요한복음에서 말 그대로 물리적으로 보는 행위는 핵심 활동이다. 본다는 것은 요한복음 전체를 형성한 증언에 필수다. 그러나 인간의 보는 능력에는 한계가 있는데, 요한복음은 처음과 끝에 이러한 점을 진술한다. "본래 하나님을 본 사람이 없으되"(1:18). 그리고 예수님을 더 이상 육체적으로 보지 못하게 되었을 때 "보지 못하고 믿는 자들은 복되도다"(20:29). 여기서 핵심 구절은 예수님이 보는 것에 대해 마지막으로 언급하신 부분이다. **"지금은 너희가 근심하나, 내가 다시 너희를 보리니 너희 마음이 기쁠 것이요, 너희 기쁨을 빼앗을 자가 없으리라."** 여기서 주목할 점은 '너희가 다시 나를 보리니'가 아니라 '내가 다시 너희를 보리니'라는 것이다. 예수님께 보이는 것은 영원한 현실이고, 이 사실을 "너희 마음"으로 신뢰하는 것이 빼앗길 수 없는 기쁨을 안겨 준다. 이 장의 나머지 부분은 시각적인 측면에서 벗어나 말하기와 이야기하기(23, 25, 26, 29, 33절), 묻기(23, 24, 26, 30절), 믿고 신뢰하기(27, 30, 31절)의 언어로 넘어간다.

이 말하기, 묻기, 믿기의 핵심에는 E. C. 호스킨스가 "기도의 새로운 질서"라고 부른,[14] 예수님의 이름으로 드리는 기도가 있다. **"그날에는 너**

---

14 Hoskyns and Davey, *The Fourth Gospel*, 487, 489.

여인들은 울며—한번은 셋이,
한번은 넷이 번갈아 울며—부드럽게 시편을,
"Deus venerunt gentes"ᵃ를 노래하기 시작하더니

베아트리체는 한숨을 내쉬며 연민으로 가득했고,
얼굴빛이 변한 채 그들의 노래를 들었다.
마리아가 십자가 밑에서 울 때와 다르지 않았다.

일곱 처녀가 시편 부르기를 마치자,
그녀는 꼿꼿이 일어나
타오르는 불길같이 붉어진 얼굴로 답했다.

"Modicum, et non videbitis me
et iterum, 내 사랑하는 자매들이여,
modicum, et vos videbitis me."ᵇ

그녀는 일곱 요정을 앞세우고,
나와 그 여인과 남아 있던 현자에게
뒤따르라 손짓했다.

그렇게 앞서가다
열 걸음을 채 내딛기 전에
그녀의 시선이 내 눈을 붙잡았다.

조용히 바라보며 그녀는 "빨리 오시죠"
하고 내게 말했다.

…

"형제님, 내 곁에 있으면서 왜 묻지 아니하나요?"

…

독자여, 내게 쓸 공간이 더 넉넉했다면,
마셔도 마셔도 부족할 그 달콤한 음료를
—마침에 이르지 못하더라도—더 노래했으리라.

— 단테 알리기에리, 《신곡: 연옥편》, 제33곡, 1-20, 23-24, 136-38행

a. 라틴어 부분은 시 79편의 시작 부분으로, "오 하나님, 이방 나라들이 들어와서"라는 구절이다. 이 시편은 예루살렘 성전의 파괴를 애도하는데, 세 행 뒤에 언급되는 예수님의 죽음과 공명한다.

b. 라틴어 부분은 요한복음 16:16을 번역한 것으로, "조금 있으면 너희가 나를 보지 못하겠고, 또 조금 있으면 너희가 나를 보리라"이다. 제33곡에는 요한복음 16장과 공명하는 부분이 많다—예수님의 죽음, 사랑과 고통과 기쁨, 질문과 대답, 큰 두려움에 직면함, 깊은 당혹감, 잊기와 기억하기, 봄과 보지 못함, 곳곳에 묻어 있는 의지와 욕망의 중요성("마셔도 마셔도 부족할"). 단테는 대담하게도 예수님의 말씀을 베아트리체의 입을 통해 표현했다. 베아트리체는 지옥, 연옥, 천국을 통한 단테의 욕망 교육에서 중심인물이다. 또한 단테는 베아트리체를 예수님의 어머니 마리아와 동일시하기도 했다. 《신곡》은 성경과 상호본문으로 읽힐 수 있을 뿐만 아니라, 스스로 성경과 비슷한 수준의 권위를 주장하고 있다고 볼 수도 있다. 단테와 성경, 특히 요한복음에 초점을 둔 통찰력 있는 논의에 대해서는 다음을 보라. Hawkins, *Dante's Testaments*, 3장("John Is with Me"). 호킨스가 단테에 대해 묘사한 일부 내용은 요한복음 저자에게도 적용될 수 있는데, 특히 요한복음 저자가 신실함과 대담함을 결합한 점이 그렇다. "단테는 순종하는 기록자이면서 동시에 철저히 독자적인 천재가 되는 길을 이루었다. … [그의] 판돈은 *mysterium evangelii* 복음의 신비 자체만큼이나 크다. 그는 자신이 신성한 불을 가지고 논다는 사실을 알고 있었다. … 그가 보인 [줄타기 곡예사의] 발걸음의 안정감, 대담하지만 신중한 발걸음 간격, 공중에 매달린 자신 있는 태도에 감탄하지 않을 수 없다"(pp. 69, 71).

희가 아무것도 내게 묻지 아니하리라. 내가 진실로 진실로 너희에게 이르노니, 너희가 무엇이든지 '내 이름으로 아버지께 구하는 것을'[아버지께 구하는 것을 내 이름으로] '그가' '너희에게' 주시리라. 지금까지는 너희가 내 이름으로 아무것도 구하지 아니하였으나, 구하라. 그리하면 '너희가' 받으리니, 너희 기쁨이 충만하리라." 이는 요한복음 17장에서 예수님이 실제로 기도드리시기 전에, 고별 강론에서 기도에 대해 가르치신 마지막 물결이다. 17장에서는 여기서 제자들에게 본받으라고 권면하신—친밀하고 상호적일 뿐만 아니라 교회와 세상에 대해서도 대담하게 기대하는—기도의 모범을 보여 주실 것이다.

다가오는 두 때와 지금:
완전한 사랑, 충만한 믿음, 대담한 기도,
흩어짐, 예수님을 떠남, 지금의 불완전한 믿음(16:25-32a)

[25] "이것을 비유로 너희에게 일렀거니와, 때가 이르면 다시는 비유로 너희에게 이르지 않고 아버지에 대한 것을 밝히 이르리라. [26] 그날에 너희가 내 이름으로 구할 것이요, 내가 너희를 위하여 아버지께 구하겠다 하는 말이 아니니, [27] 이는 너희가 나를 사랑하고 또 내가 하나님께로부터 온 줄 믿었으므로 아버지께서 친히 너희를 사랑하심이라. [28] 내가 아버지에게서 나와 세상에 왔고, 다시 세상을 떠나 아버지께로 가노라" 하시니,

[29] 제자들이 말하되 "지금은 밝히 말씀하시고 아무 비유로도 하지 아니하시니, [30] 우리가 지금에야 주께서 모든 것을 아시고 또 사람의 물음을 기다리시지 않는 줄 아나이다. 이로써 하나님께로부터 나오심을 우리가 믿사옵나이다." [31] 예수께서 대답하시되 "지금[이제는] 너희가 믿느냐? [32a] 보라, 너희가 다

| 각각 제 곳으로 흩어지고 나를 혼자 둘 때가 오나니, 벌써 왔도다." |

고별 강론이 마무리에 이를 즈음에 예수님은 두 가지 "때"에 관해 말씀하신다. 하나는 성취의 때, 다른 하나는 실패의 때다. 제자들에게 주신 교훈은 **지금** 분명해졌지만, 완전히 파악된 것은 아니다. 그 핵심은 그들의 믿음, 신뢰, 사랑이다.

첫 번째 **때**는 또한 **날**/낮이기도 하다. 이는 이해하고 신뢰하며 사랑하는 시간으로, 요한복음 전체가 독자들을 이 시간 안으로 더 멀리, 더 깊이 이끌고자 쓰였다. 프롤로그(1:1-18)는 이 때와 관련되는 포괄적 현실을 먼저 제시했다. 즉, 하나님, 말씀, 만물, 빛, 생명, 영광, 은혜와 진리, 독생자 하나님, 곧 아버지 마음/품 가까이에 계시며 보이지 않는 하나님을 알려 주시는 분에 관한 포괄적 현실이다. 고별 강론은 여러 방식으로 우리를 더 멀리, 더 깊이 이끌어 왔고, 이제는 이 시간을 채우는 것이 무엇인지 간단하게 정리한다. 즉, 하나님에 대한 더 분명한 이해, 기도의 새로운 질서, 예수님을 하나님이 보내신 아들로서 신뢰하고 사랑하는 사람들을 **아버지께서** 사랑하심이다. 이러한 일이 일어나는 큰 이야기의 틀은 한 문장으로 요약된다. **"내가 아버지에게서 나와 세상에 왔고, 다시 세상을 떠나 아버지께로 가노라."** 예수님은 세상과 아버지를 향한 사랑 때문에 오셨고, 죽으시고, 다시 가신다. 그리고 예수님을 따르는 사람들도 같은 사랑의 일원이 되어야 한다.

여기서 말하는 "때", "그날"은 언제인가? 많은 부분이 그때가 예수님의 죽음, 부활, 성령 주심 이후의 시간임을 시사한다. 요한복음을 읽는 각 사람의 '지금'으로 이해하는 것이 가장 적절할지도 모른다. 즉, 프롤로그에서부터 열린 현실의 지평에서 예수님을 믿고 신뢰하고 사랑하도록 초대받은 독자의 '지금'이 될 수도 있다.

이 구절들에는 다소 난해한 두 가지 부정 표현이 있다. **"다시는 비유로 너희에게 이르지 않고 아버지에 대한 것을 밝히 이르리라"**는 말씀은 좀 더 앞부분(10:6에서 '파로이미아'παροιμία는 선한 목자 이미지를 설명하는 데 사용되었고, 그 뒤에 해설이 나왔다)과 고별 강론에서 사용하신 비유들, 가장 최근에 사용하신 해산하는 여자의 비유일 수 있다. **비유**(25, 29절)에 해당하는 헬라어는 '파로이미아'다. 칠십인역에서 이 단어와 '파라볼레'παραβολή(영어로 'parable')는 모두 히브리어 '마샬'משל을 번역하는 데 쓰였고, 그 의미에는 다양한 형태의 비교와 난해한 언어, 즉 비유, 알레고리, 잠언, 수수께끼(이 장에서 "조금 있으면"도 여기에 해당할 것이다)가 포함될 수 있다. 예수님은 초기 교회에 많은 비유, 이미지, 난해한 행동과 말씀을 남기셨다. 공관복음은 이를 다양한 방식으로 해석하고 설명하려 했다. 더 나중 단계에서 요한복음은 더 많이 해석하고 설명하려 했다. 요한복음은 공관복음의 비유를 생략했지만, 그 의미를 종종 다른 방식으로 다룬다. 요한이 비유를 풍부하게 사용했다는 점을 고려할 때, **다시는 비유로 … 않고**라는 부정 표현은 실제로 "다시는 그저 비유로만 … 않고"를 의미한다고 이해해야 할 것 같다. 이 부정 표현은 이어지는 긍정적 진술을 강조하는 역할을 한다.

그렇다면 **"아버지에 대한 것을 밝히 이르리라"**라는 긍정적 진술은 어떤 의미인가? 헬라어 '파레시아'παρρησία를 "밝히"plainly로 옮기면 의미가 충분히 전달되지 않는다. 실제로 이 번역은 잘못된 인상을 주어서, 비유로 말하기의 불명확성과 비유 없이 말하기의 명확성을 단순히 대조하게 만든다. 오히려 여기서 '파레시아'는 자유롭고 대범하고confident 풍부하게 말하기라는 의미가 적합하다. 그리고 이 복음서 전체에서 요한이 기술하고 가르치는 방식과도 이런 의미가 어울린다. 따라서 다음과 같이 번역하는 것이 더 낫다. "때가 이르면 다시는 비유로(만) 너희에게 이르지 않고 아버지에 대한 것을 자유롭게, 대범하게, 풍부하게 이르리라." 이는 성령이 기도, 예배, 설교, 가르침 가운데 영감을 주시는 식의 말하기이며, 다음과 같은 프롤로그의 증언도 같은 식이다. "우리가 그의 영광을 보니, 아버지의 독생자의 영광과 같고[영광이요], 은혜와 진리가 충만하더라" (1:14). "우리가 다 그의 충만한 데서 받으니 은혜 위에 은혜러라"(1:16). 또한 요한복음 전반에 나오는 풍성함에 관한 다른 표현들도 그러하다. 이 '파레시아'παρρησία는 "한량없이" 주어져서(3:34) 모든 진리 가운데로 인도"하실(16:13) 성령과 일치하는 말하기이다. 고별 강론은 요한복음 17장의 예수님의 기도에서 이러한 말하기가 극에 달한 예를 보여 준다. 그 기도는 대부분 비유적이지 않은 언어로 되어 있지만, 요한복음에서 앞서 나온 비유들이 어떻게 더 많은 것을 말하는 언어가 되는지도 보여 준다. 아버지에 대해서, 아버지와 아들의 관계에 대해서, 아버지와 신자들의 관계에 대해서 훨씬 더 많은 것을 말하는 언어 말이다(예: 요한복음 15장의 포도나무 안에 거한다는 이미지가 17:20-26에서 확장된다).

또 다른 난해한 부정 표현은 **"내가 너희를 위하여 아버지께 구하겠다 하는 말이 아니니"**이다. 그 이유로 주어진 문장은 **"이는 너희가 나를 사랑하고 또 내가 하나님께로부터 온 줄 믿었으므로 아버지께서 친히 너희를 사랑하심이라"**이다. 이 또한 요한복음 17장이 조명해 준다. 예수님은 아버지와의, 그리고 자신을 사랑하고 신뢰하는 이들과의 친밀한 관계와 소통을 그만하지 않으신다. 아버지, 아들, 신자들은 각각이 서로 가깝게 상호 관계를 맺는다. 기도와 친밀함의 새 질서는 예수님과는 더 가까워지고 더욱 교류하면서 아버지와는 멀어지게 하는 것이 아니다. 아버지께서 주의를 기울이시고 경청하시는 사랑은 아들의 그런 사랑과 함께, 동시에 이루어진다.

두 번째 "때"는 **"너희가 다 각각 제 곳으로 흩어지고 나를 혼자 둘 때"**이며, 그때가 **"오나니, 벌써 왔도다."** 첫 번째 "때"는 지속되는 열린 기간으로, 지속적인 믿음과 기도와 이해와 사랑으로 가득한 "날/낮"이었다. 이 두 번째 때는 이날 저녁에 곧 일어날 사건이다. 즉, 예수님이 체포되는 일, 제자들이 흩어지는 일, 예수님 홀로 남겨져 배신, 폭력, 치욕, 부인, 거짓 고발, 정죄, 십자가 처형을 맞이하는 일이다. 이 언어는 스가랴의 "목자를 치면 양이 흩어지려니와"(13:7)를 되울리는데, 이 구절은 마태복음 26:31과 마가복음 14:27에서도 제자들이 예수님을 버리는 일과 관련하여 인용된다. 그러나 자주 그렇듯이 요한복음에는 또 다른 요소가 있다. 요한의 말에 따르면, 예수님의 십자가 밑에는 사실 제자 하나, 곧 예수께서 "사랑하시는 제자"(19:26)가 있었다. 이 구절은 지금 다루는 구절과 공명점이 있다. 16:32의 "제 곳으로"는 사랑하시는 제자가 예수님의 어머니를 모시는 내용에 사용된 19:27의 "자기 집에"와 헬라어로는 같은 문구('에이스 타 이디아' εἰς τὰ ἴδια)다. C. K. 바레트는 공관복음이 제자 중 예외를 인정하지 않는 것은 "거의 확실히 역사적으로 더 나으며 신학적으로도 더 나은 것"이라고 제안한다.[15] 그러나 역사와는 별개로(물론 요한의 기록에 다른 독자적 전승이 반영되었을 수도 있다) 신학적으로는 예수님께서 십자가에 홀로 계심이 물리적으로 버림받은 문제만이 아니라는 의미일 수도 있다. 예수님은 배신, 폭력, 모욕, 부인, 거짓 증언, 정치적 이익 추구, 종교적 조작, 정죄, 십자가 처형 – 죄, 악, 고난, 죽음이라는 압도적 조합 – 에 직면해 홀로 계신다. 사랑하시는 제자와 어머니의 물리적 현전은 오히려 그 모든 무게와 죽음의 경험을 더욱 심도 있게 할 수 있다. 바레트는 '에이스 타 이디아'라는 동일한 문구를 사용함으로써 "형식적 모순을 피해 간다"고 말하지만,[16] 요한복음의 문학적 솜씨와 신

---

[15] Barrett, *The Gospel according to St. John*, 498.
[16] Barrett, *The Gospel according to St. John*, 497.

학적 풍성함은 형식적 모순을 피해 가려는 시도 이상의 무언가가 여기에 있음을 암시한다.

이러한 암시를 뒷받침하는 두 가지 요소가 더 있다. 첫째, 요한복음에서 '에이스 타 이디아'εἰς τὰ ἴδια가 사용된 유일한 다른 예는 프롤로그에 있다. "자기 땅에['에이스 타 이디아'] 오매 자기 백성이 영접하지 아니하였으나"(1:11). 그리고 이 표현은 제자들과 관련해서 처음 반복되고, 다시 이 복음서에서 예수님을 가장 온전하게 받아들인 두 인물과 관련하여 반복되는데, 이러한 점들은 예수님의 죽음에서 인간적 고독을 더욱 강하게 드러낸다. 둘째, 16:32 하반절의 아버지께는 버림받지 않는다는 말씀과 대조를 이룬다. "그러나 내가 혼자 있는 것이 아니라 아버지께서 나와 함께 계시느니라"—죽음과 "세상 죄"(1:29)를 감당하는 철저한 인간적 고립은 예수님의 근본 지식 및 신뢰에 기반한다. 그러나 이것은 십자가에서 예수님이 버림받음을 부르짖으시는 공관복음의 내용(마 27:46; 막 15:34)과 모순되지 않는가? 이 문제는 곧 다룰 것이다.

이 두 "때" 사이에는 세 번의 "지금"이 있다. 첫 두 번의 "지금"은 제자들이 자신 있게 한 고백에 나온다. **"지금은 밝히 말씀하시고 아무 비유로도 하지 아니하시니, 우리가 지금에야 주께서 모든 것을 아시고 또 사람의 물음을 기다리시지 않는 줄 아나이다. 이로써 하나님께로부터 나오심을 우리가 믿사옵나이다."** 제자들은 자기들이 명확하게 이해하고 있고, 보고 믿는다고 주장한다. 그리고 그들이 안다고 주장하는 내용은 교리적으로 정확하며, 요한복음이 확언하는 바와도 일치한다. 그러나 예수님이 언급하신 세 번째 지금은 매우 회의적이다. **예수께서 대답하시되 "지금**[이제는]**너희가 믿느냐?"** 이는 앞서 베드로가 예수님을 위해 목숨을 버리겠다고 한 주장에 대한 반응으로 예수님이 하신 말씀을 되울린다. "네가 나를 위하여 네 목숨을 버리겠느냐? 내가 진실로 진실로 네게 이르노니, 닭 울기 전에 네가 세 번 나를 부인하리라"(13:38). 그때처럼 예수님은 실제로 일어날 일에 대한 예고를 덧붙이신다. 이는 제자들의 지금 믿음이 근본적으로 불충분함을 보여 주는데, 그 믿음이 실제로 어떤 것인지가 행동으로 드러나기 때문이다. 그들의 믿음은 가장 중요한 시험에서 실패했다.

요한복음 전체는 다양한 형태로 나타나는 믿음에 관해 이야기한다. 그 목표는 믿음을 깊고 성숙하게 하는 것, 즉 영구적으로 신뢰하고 알고 사랑하는 관계가 행동으로 흘러나오게 하는 것이다—행동이 없다면 그 믿음은 의심스러운 것이다. 요한일서는 믿음과 사랑이 무관할 수 있다는 쓰라린 현실을 경험한 후 그다음 시기에 기록되었는데, 공동체의 역사에서 신앙과 행동의 연결이 필수임을 거듭 강조한다. 고별 강론은 예수님이 발을 씻기신 행동을 본받으라는 다층적 명령으로 시작되었고, 예수님이 사랑하신 것같이 사랑하라는 계명으로 이어졌으며, 또한 이 계명이 더욱 강화되고 심화되었다. "지금", 곧 고별 강론이 기도로, 요한복음에서 믿음과 사랑의 정점인 기도로 전환되는 이 순간, 독자들은 한 명도 빠짐없이 모든 "지금"에 대해 핵심 질문을 던지시는 예수님과 마주하게 된다. "지금[이제는] 너희가 믿느냐?"

마지막 격려:
나와 함께하시는 아버지, 내 안에 있는 너희, 나는 내 식대로의 승리를 거둔다(16:32b-33)

32b "그러나 내가 혼자 있는 것이 아니라 아버지께서 나와 함께 계시느니라.
33 이것을 너희에게 이르는 것은 너희로 내 안에서 평안을 누리게 하려 함이라.

| 세상에서는 너희가 환난을 당하나, 담대하라. 내가 세상을 이기었노라!"

예수님이 겪고 있는 일에서 인간적인 고립, 즉 "너희가 … 나를 혼자 둘 때"(16:32a)가 강조되었는데, 이러한 고립은 아마도 예수님의 십자가 처형 현장에 어머니와 사랑하시는 제자가 물리적으로 함께 있음으로써 더욱 강조될 것이다. 그러나 예수님은 아버지와의 깨지지 않는 관계를 전적으로 신뢰하신다. **"그러나 내가 혼자 있는 것이 아니라 아버지께서 나와 함께 계시느니라."** 이 신뢰는 재판과 수난과 죽음을 다루는 다음 두 장에서도 줄곧 유지된다. 요한복음의 예수님은 이 점에서 흔들림이 없으시다. 이것이 공관복음과 긴장을 이루는가? 예수님이 십자가상에서 아버지와의 연합이 흔들릴 때에만 그가 인간과 진정으로 연대하는 것이라고 봐야 한다는 엄청난 신학적 압력이 있어 왔고, 이는 "나의 하나님, 나의 하나님, 어찌하여 나를 버리셨나이까?"(마 27:46; 막 15:34)라는 울부짖음에 결정적 중요성이 부여되는 것으로 요약된다.[17] 그러나 요한의 기록(자주 그렇듯이 여기서도 부활 이후의 관점을 취한다)은 이러한 결론을 바로잡는 것으로 읽힐 수 있다.

예수님의 울부짖음은 시편 22편 첫 부분을 인용한 것이다. 요한복음은 시편 전체에서 예수님의 암시된 소리를 듣는 많은 해석자들과 같은 입장에 있다고 여겨질 수 있다. 시편 시인의 첫 외침은 시인의 결론이 아니다. 그 고뇌는 이어지는 구절에서 더욱 깊어지지만, 여기 요한복음처럼 인간적인 고립과 하나님의 도우심에 대한 신뢰를 대조하는 "그러나"가 뒤따라 나온다. "그러나[오직] 주께서 나를 모태에서 나오게 하시고,

---

17 아마 다음 책이 가장 철저히 그럴 것이다. 몰트만, 《십자가에 달리신 하나님》(*The Crucified God*, 대한기독교서회 역간).

내 어머니의 젖을 먹을 때에 의지하게 하셨나이다. 내가 날 때부터 주께 맡긴 바 되었고, 모태에서 나올 때부터 주는 나의 하나님이 되셨나이다. 나를 멀리하지 마옵소서. 환난이 가까우나 도울 자 없나이다"(9-11절). 고난이 점차 커지면서 하나님의 도우심을 구하는 외침과 고난이 번갈아 나타나더니, 마침내 그 외침들이 찬양과 감사로 변한다. "여호와를 두려워하는 너희여, 그를 찬송할지어다! 야곱의 모든 자손이여, 그에게 영광을 돌릴지어다! 너희 이스라엘 모든 자손이여, 그를 경외할지어다! 그는 곤고한 자의 곤고를 멸시하거나 싫어하지 아니하시며, 그의 얼굴을 그에게서 숨기지 아니하시고, 그가 울부짖을 때에 들으셨도다"(23-24절). 그리고 이에 대해 아는 다른 이들의 믿음의 응답이 넘쳐흐르기까지 한다. "땅의 모든 끝이 여호와를 기억하고 돌아오며, 모든 나라의 모든 족속이 주의 앞에 예배하리니, 나라는 여호와의 것이요, 여호와는 모든 나라의 주재심이로다. … 그리고 나는 주님을 향하여 살겠다[자기 영혼을 살리지 못할 자로]"(27-29절). 이 고뇌와 고난에 대한 현실적인 직시는 하나님에 대한 신뢰와 결합되지만 그 신뢰와 비등하게 균형을 이루지는 못하고 십자가 처형과 부활의 신비의 핵심으로 이어진다.

하나님에 대한 신뢰 쪽으로 되돌릴 수 없을 만큼 기울어진 이러한 불균형은, 이 예수님의 마지막 가르침의 마지막 음표다. **"이것을 너희에게 이르는 것"**은 고별 강론과 요한복음의 말씀이 계속해서 중요하다는 점을 강조한다. 이 드라마는 "너희에게 이르는" 것의 적실성과 더불어 계속 이어지는데, 왜냐하면 **"세상에서는 너희가 환난을"** 당하여 흔들릴 것이기 때문이다. 그러나 환란, 악, 고난, 죄, 실패, 죽음이 결론을 장식하지 않는다. 궁극의 말씀은 한 인격, 곧 "내"이며, **"너희로 내 안에서 평안을 누리게 하려 함"**이다. 부활하신 예수님이 제자들에게 나타나실 때 이 평안을 가져오실 것이다. "너희에게 평강이 있을지어다 … 너희에게 평강이 있을지어다"(20:19, 21). 그리고 예수님이 보내심을 받은 것처럼 제자들을 평화의 전달자로 보내실 것이다.

"담대하라. 내가 세상을 이기었노라!" 이 승리에 대한 확신이 요한복음과 이후 요한 공동체 전체에 울려 퍼진다. 요한일서에서 이는 신진 세대에게 전하는 메시지다. "청년들아, 내가 너희에게 쓰는 것은 너희가 악한 자를 이기었음이라. … 청년들아, 내가 너희에게 쓴 것은 너희가 강하고 하나님의 말씀이 너희 안에 거하시며 너희가 흉악한 자를 이기었음이라. … 자녀들아, 너희는 하나님께 속하였고 또 그들을 이기었나니, 이는 너희 안에 계신 이가 세상에 있는 자보다 크심이라"(요일 2:13-14, 4:4). 그리고 이 승리는 사랑과 신앙과 분리될 수 없는 승리다. "하나님을 사랑하는 것은 이것이니, 우리가 그의 계명들을 지키는 것이라. 그의 계명들은 무거운 것이 아니로다. 무릇 하나님께로부터 난 자마다 세상을 이기느니라. 세상을 이기는 승리는 이것이니, 우리의 믿음이니라. 예수께서 하나님의 아들이심을 믿는 자가 아니면, 세상을 이기는 자가 누구냐?"(요일 5:3-5).

이 승리는 어떤 종류의 승리인가? 이는 대부분의 승리주의를 완전히 뒤집는다. 고별 강론에서 이 승리는 발을 씻기고 사랑으로 겸손히 섬기는 것으로 상징된다. 이어지는 장들에서 승리자는 체포되고, 정죄받고, 모욕당하고, 고통당하고, 죽임당한다. 이 승리자는 부활한 몸에도 못 자국과 창 자국을 지니고 있다(20:20, 27). 그리고 승리자는 베드로를 비슷한 소명을 이루도록 보내는데, 그 결과 베드로는 강제로 끌려가고 죽임을 당한다(21:18-19).

베드로는 이 승리의 표지다. 그는 처음에 예수님께서 발 씻기시는 것을 거부했고, 예수님에 대한 자신의 헌신을 너무 자신했고, 결국 예수님의 제자임을 부인하기까지 했다. 그러나 거기서 끝나지 않았다. 그는 예수님과 함께 조반을 먹고, 예수님에 대한 자기 사랑을 긍정했고, 예수님을 따르는 이들의 공동체에 대한 책임을 맡았고, 죽기까지 예수님을 따랐다. 요컨대 베드로는 사랑을 통해 변화되어 신앙과 사랑의 섬김 가운데 살고 죽게 되었다. 그러나 이 모든 것은 예수님이 십자가에서 승리하신 후에야 비로소 일어난다.

요한복음 17:1-26

사랑의 정점

이제, 예수께서 아버지께 드린 말씀에는 고별 강론의 절정일 뿐만 아니라 요한복음에서 가장 중요하고 심오한 주제들의 절정이 담겨 있다. 이보다 더 의미가 풍부한 성경의 장이 또 있을까?[1]

세 부분으로 된 이 기도는 절정의 시간에, 곧 예수님의 수난·죽음·부활이라는 절정의 "때"에 드린 것이다. 이 기도는 예수님과 아버지 사이에서 극치에 달하는 친밀함으로, 서로를 '영화롭게 하심'으로 시작한다. 이는 아버지와 아들의 "모든 사람을[판민을] 다스리는 권세" 및 "영생"을 주심, 예수님이 하신 "일"의 완성과 연결된다. 또한 하나님은 누구신가("아버지의 이름")를, 하나님이 주시기를 바라시는 의미("아버지의 말씀 … 아버지께서 내게 주신 말씀들 … 그들은 … 참으로 아오며"[6-8절])를 예수님이 전해 주셨다는 사실과도 연결된다. "아버지께서 나를 보내신 줄" 믿은

---

[1] 그리스도인의 기도와 특히 관련하여 이 장을 논한 다음을 보라. Ford, "Ultimate Desire"; 17:20-26에 관한 논의로는 다음을 보라. Ford, "Mature Ecumenism's Daring Future."

사람들(8절)에게 이를 전해 주신 것이다. 이 모든 것의 중심에는 "지금" 예수님의 욕망이 있다. "아버지여, 창세전에 내가 아버지 곁에서[아버지와 함께] 가졌던 영화로써 지금도 아버지 자신 곁에서[아버지와 함께] 나를 영화롭게 하옵소서"(5절).

모든 시간과 모든 창조는 이 신적인 곁/임재 presence 와 영화로움에 포괄되지만, 이 곁/임재와 영화로움은 또한 모든 시간과 창조를 초월한다. 이 기도에는 요한복음에서 자주 그렇듯 부활 이전의 관점과 부활 이후의 관점이 동시에 있다. 여기서 부활 이전은 창세전까지 거슬러 올라간다. 그리고 부활 이후는 단지 이후 신자들, 즉 "그들의 말로 말미암아 나를 믿는 사람들"(20절)의 세대뿐만 아니라, 가장 광범위하게는 예수님 바로 곁에서 누릴 영생까지, 예수님께서 기도하신 이들이 "나 있는 곳에 나와 함께 있어 … 나의 영광을 보게"(24절) 될 때까지 앞질러 간다. 기도가 끝날 무렵 이 영광은 더욱 상세히 사랑으로 설명된다. 즉, 이 사랑은 모든 창조의 기원일 뿐만 아니라—"아버지께서 창세전부터 나를 사랑하시므로 내게 주신 나의 영광"(24절)—완전히 친밀하게 나누어질 사랑이다. "이는 나를 사랑하신 사랑이 그들 안에 있고 나도 그들 안에 있게 하려 함이니이다"(26절).

두 번째 부분(9-19절)은 예수님이 제자들을 위해 드리는 기도다. 이 기도는 제자들이 예수님의 죽음과 부활에 직면하고, 이후 계속되는 드라마에 들어가서 예수님이 보내심을 받은 것처럼 그들도 보내심을 받게 될 때를 내다보고 있다. "아버지께서 나를 세상에 보내신 것같이 나도 그들을 세상에 보내었고"(18절). 제자들은 예수님께서 미움받으셨던 것처럼 미움받게 될 것이다. 왜냐하면 그들의 본질적 소속이 예수님과 마찬가지로 세상이 아니기 때문이다. 예수님은 제자들이 지켜지도록, 또한 거룩해지도록(성별되고, 헌신되고, 바쳐지고, 정결해지고, 성결하게 되고, 가장 중요한 것에 집중하게 되도록) 기도하신다. 가장 순수하고, 가장 깊고, 가장 매력 있고, 가장 포괄적인 의미에 담가짐으로써 거룩해지도록 말이다. "그들을 진리로 거룩하게 하옵소서. 아버지의 말씀['로고스' λόγος]은 진리니이다"(19절). 그리고 모든 미움과 정화를 거쳐 "그들로 내 기쁨을 그들 안에 충만히 가지게 하려 함이니이다"(13절)라는 약속을 주신다.

마지막 부분(20-26절)에서는 가장 높은 비전이 열린다. 그것은 사랑 안에서 하나님과 연합하고, 이 사랑의 영광스러운 강렬함에 타인과 함께 참여하는 것이다. 여기에는 궁극의 완성과 친밀함("아버지께서 내 안에, 내가 아버지 안에 있는 것같이", "그들도 하나가 되게 하려 함", "나 있는['에이미 에고' εἰμὶ ἐγώ] 곳에 나와 함께 있어", "나도 그들 안에"[21, 23, 24, 26절])이 탁월하게 결합해 있다. 이는 무한히 넓은 의미와 생명/삶의 풍성함으로 들어오라는 초대장인데, 특히 프롤로그부터 신선한 의미를 계속 담아 온 중요한 작은 단어들, 곧 '…안에'와 '…같이'의 반복을 통해 암시되고 있다.

"…를 욕망하옵나이다[원하옵나이다]"(24절). 예수님이 기도하신 이들을 향해 품으신 이 욕망보다 더 대담한 욕망이 있을까? 여기서 예수님을 믿고 신뢰하는 내면의 역동성은 곧 사랑 안에서의 연합을 향한 욕망임이 드러난다.

이 복음서에서 예수님이 처음 하신 말씀, "너희는 무엇을 찾느냐[구하느냐]?"를 마음에 담아 둔 이들에게, 이는 가장 충만하게 채워 줄 수 있는 것(실제로는 인물)을[2] 욕망하라는 초대다. 연합에 대한 간구가 동반되는 이 욕망보다 더 절실하고, 더 마음을 사로잡고, 더 도전적인 것이 있을까? 예수님의 이 기도와 이 기도를 형성한 욕망은 다른 욕망, 목적, 목표

---

2 예수님의 첫 물음은 18:4, 7, 20:15에서 예수님과 관련하여 반복되면서 "무엇을"이 "누구를"로 대체될 것이다.

가 그에 맞추어 방향을 잡아야 할 포괄적 우선순위이자 근본 지향점이 된다. 예수님의 욕망은 하나님 고유의 삶의 친밀함과 강렬함이 열려서, 사랑받고 사랑하는 계속되는 드라마를 통해 사람들이 온 마음을 다해 신뢰하며 그 삶에 참여할 수 있게 되는 것이다. 그리고 하나님과 하나이신 예수님의 욕망은 곧 약속이 된다.

이 기도는 하나님은 누구신가를 새롭게 강조하며 끝맺는다. "의로우신 아버지"(25절)라는 새로운 호칭이 등장하고, 이는 성경 전체와 공명한다. 그리고 하나님을 알지 못하는 현실이 있고, 하나님을 아는 지식을 나누어야 하는(지금은 제자들에게 나누어졌다) 예수님의 사명이 있다. "내가 아버지의 이름을 그들에게 알게 하였고, 또 알게 하리니"(26절). 그리고 마침내 이 모든 것을 욕망하셨던 목적이 드러난다. "이는 나를 사랑하신 사랑이 그들 안에 있고 나도 그들 안에 있게 하려 함이니이다"(26절).

이 사랑의 정점은 우리가 뒤를 돌아보며 의미의 경로들이 수렴되는 것을 볼 수 있는 자리다. 고별 강론과 요한복음 전체는 물론 공관복음(특히 주기도문)과 신약 전체, 구약\히브리 성경을 비롯하여 하나님, 창조, 인생을 조명해 주는 모든 것이 여기에 수렴된다. 또한 이 사랑의 정점은 앞을 내다보는 자리다. 이는 그것이 기록될 당시의 관점에서 앞을 내다보는 자리였을 뿐만 아니라, 수 세기를 지난 오늘날의 관점에서도 앞을 내다볼 수 있는 그런 자리로, 21세기에도 계속해서 사유, 상상, 기도, 삶을 형성하고 있다. 이 본문을 통해 뒤를 돌아보고 앞을 내다볼 때 열리는 전망은 여러 다양하고 심오한 질문을 던진다. 그리고 (끝없이 풍부한 단어인 '…안에'와 '…같이'가 잘 보여 주듯) 이 다층적 깊이와 다방면적 개방성의 결합은 독자들이 생각하고 상상하고 기도하고 삶을 살아가며 대범하게 응답하도록 초대한다.

하늘에서 영화롭게 하신 것같이 땅에서도:
궁극의 친밀함, 무제한적 확장성(17:1-8)

¹ 예수께서 이 말씀을 하시고, 눈을 들어 하늘을 우러러 이르시되 "아버지여, 때가 이르렀사오니 아들을 영화롭게 하사 아들로 아버지를 영화롭게 하게 하옵소서. ² '이는' 아버지께서 아들에게 주신 모든 사람에게 영생을 주게 하시려고 '모든 사람'['사르크스' σάρξ: 육신]을 [만민을] 다스리는 권세를 아들에게 '주셨기 때문입니다'[주셨음이로소이다]. ³ 영생은 곧 유일하신 참 하나님과 그가 보내신 자 예수 그리스도를 아는 것이니이다. ⁴ 아버지께서 내게 하라고 주신 일을 내가 이루어 아버지를 이 땅[세상]에서 영화롭게 하였사오니, ⁵ 아버지여, 창세전에 내가 '아버지 곁에서'[아버지와 함께] 가졌던 영화로써 지금도 '아버지 곁에서'[아버지와 함께] 나를 영화롭게 하옵소서."

⁶ "세상 중에서 내게 주신 사람들에게 내가 아버지의 이름을 나타내었나이다. 그들은 아버지의 것이었는데 내게 주셨으며, 그들은 아버지의 말씀을 지키었나이다. ⁷ 지금 그들은 아버지께서 내게 주신 것이 다 아버지로부터 온 것인 줄 알았나이다. ⁸ 나는 아버지께서 내게 주신 말씀들을 그들에게 주었사오며, 그들은 이것을 받고 내가 아버지께로부터 나온 줄을 참으로 아오며 아버지께서 나를 보내신 줄도 믿었사옵나이다."

예수께서 이 말씀을 하시고, … 우러러 이르시되. 이는 매우 짧은 도입부로, 상황이나 예수님과 함께 있던 사람들에 대한 언급이 전혀 없다. 공관복음의 겟세마네 동산 기도 기록과는 다르다. 요한은 이미 앞선 세 장에서(11:33, 35, 38; 12:27; 13:21) 겟세마네 기도와 비슷한 예수님의 고뇌를 전달한 바 있다. 지금 이 기도는 이 "때" 곧 마지막 만찬 상황에 부합하지만, 부활 이후의 관점도 포함하고 있다. 요한이 가지고 있었던 유대교 성경이나 헬라어 문화권의 문헌에는 누군가 여러 상황에서 했던 말에 대한 증언과 그 말의 의미에 대한 훗날의 성찰을 결합하여 기도나 연설 속에 그 의미를 농축해 놓는 관습이 있다. 고별 강론이라는 맥락에서 요한복음 17장을 특히 조명해 주는 상호본문은 신명기 32-33장의 모세의 긴 고별사다.[3]

레슬리 뉴비긴은 요한복음 17장에 대해 이렇게 말한다. "이 기도는 복음서 저자가 마음대로 지어낸 창작물도, 예수님의 말씀을 그대로 녹음한 테이프도 아니다. 이는 예수님이 만찬 중에 제자들 곁에서 기도하셨을 때 하신 것을 재-현한 것이다. 매주 모여서 예수님이 배신당하셨던 그 밤에 하셨던 말씀과 행동을 반복하며 되새겼던 공동체의 계속된 경험[4] 가운데서, 그리고 그 경험을 통해서 예수께서 사랑하신 그 제자가

[3] 칠십인역 신명기 32-33장의 헬라어는 다음과 같이 요한복음 17장에 많이 되울린다: 하늘, 땅, 이름, 말씀, 참, 아버지 하나님과 의와 거룩, 영원, 지키다, 사랑, 하나, 나는 있다/…이다, 생명, 모든/다, 거룩하게 함(sanctify), 진리, 영화롭게 함.

[4] 요한복음에 대한 대표적인 역사비평 학자인(또한 요한복음에 대한 여러 문학적 접근과 그가 포스트모던 "문화 연구"라고 부르는 것에 대해 날카롭게 대립각을 세우는) 존 애쉬튼은 *The Gospel of John and Christian Origins*에서, 요한복음 저자가 왜 그런 식으로 글을 쓰게 되었는지에 관해 해석하면서 '경험'이라는 범주를 중심에 둔다는 점에서 본인의 앞선 연구를 넘어선다. 그는 이를 중심으로 예언적 은사들이 수행되는 은사주의적(charismatic) 요한 공동체 내에서 부활하신 예수님의 영광을 경험하는 것을 설명한다. 이는 요한복음 17장에서 절정에 이른다. 나는 여러 점에서 애쉬튼과 견해가 다르지만(특히 그가 요한의 예수님 증언에서 비극적 인간의 차원을 부정한다는 점에서), 그가 "영화롭게 된 분의 계속되는 임재가 그들의 한가운데 있다"(p. 198)고 주장한 점은 나의 이해에 핵심을 이루는 측면이다. 요한복음 17장이 핵심이듯 말이다. 애쉬튼의 요한 독해에서 인상적인 요소 하나는 로버트 브라우닝이 제4복음서 저자에 대해 쓴 시 〈사막에서의 죽음〉(A Death in the Desert)의 가치를 루돌프 불트만(그리고 나 자신)과 마찬가지로 높게 인식한다는 점이다(pp. 195-97). 그 시에서 요한은 이렇게 말한다.

> 처음에는 행동과 말에
> 평이하게, 충분하게 나타나 있던 많은 것들이
> 자라나 …

성령의 인도하심을 받아서 권위 있게 기록한 것이다."[5] 즉, 앞 장에서 예수님이 "그가 너희를 모든 진리 가운데로 인도하시리니 … 내 영광을 나타내리니, 내 것을 가지고 너희에게 알리시겠음이라"(16:13-14)고 말씀하셨던 것과 같이, 성령에 의해 농축되고 풍부해진 증언이다.

간결한 도입부가 주는 한 가지 효과는 독자들이 일상에서 잠시 한 걸음 물러나 있게 하는 것이다. 공관복음의 예수님 변모 이야기에서 제자들이 경험한 것과 다소 유사한[6] 산꼭대기 경험 같은 것을 우리에게 선사하고, 예수님께서 기도하시는 자리에 함께 있도록 초대하여, 먼저는 예수님과 아버지와의 관계로, 다음으로는 예수님과 첫 제자들과의 관계로, 마지막으로는 예수님과 계속되는 공동체의 관계로 우리를 끌어들인다. 이는 아버지와 아들의 관계를 중심으로 신뢰와 생명과 사랑의 지평을

> 새로운 의미와 신선한 결실이 되었네.
> 처음에는 점들인 것 같았던 것들이, 이제 나는 별들임을 알았고,
> 나는 내가 쓴 복음서에 그것들의 이름을 붙였네. (169-75행)

애쉬튼은 이렇게 논평한다. "브라우닝이, 그 또한 상당한 힘을 발휘하는 시인인데, 점에서 별을 형성한 복음서 저자의 능력을 그의 시적/종교적 천재성에 기인한 것으로 여길 때 진정한 통찰을 보여 준 것인지 우리는 자문해 볼 만하다. 많은 위대한 시인과 저술가가 바로 그런 일을 한다. 그들은 과거를 되돌아보고, 다시 상상해 보고, 다시 경험을 되짚어 체험하면서, 그것들이 '새로운 의미와 신선한 결실'로 자랐음을 깨닫는다. … 나는 감히 이렇게 생각한다. 로버트 브라우닝은 학문적 주해라는 빛나는 도구도 없이 오직 시인의 상상력과 잠정적인 신앙만으로 학자들이 결코 제대로 해내지 못한 것을 깨달았는데, 제4복음서를 설명하려면 그 저자의 매우 이례적인 비전을 따라가야 한다는 것이다. 브라우닝은 그 비전의 대상을 나타내는 데 별들이라는 단어를 선택했다. 복음서 저자의 단어는 영광이었다"(196-97). 역사적 예수의 말과 행동이라는 "점들"이 (요한복음의 언어로 말하자면) 오랜 세월 성령에 의해 진리로 더욱 인도받으며 "별들"이 되는 이 이미지는 뉴비긴이 이 기도에 관해 말했던 것과 맥을 같이한다.

5   Newbigin, *The Light Has Come*, 224.
6   요한복음 17장의 상호본문으로 변모 이야기를 함께 읽으면, 특히 예수님의 기도, 영광, 예루살렘에서 별세하실 것을 강조하는 누가의 기록(눅 9:28-36)과 함께 읽으면 이해에 도움이 된다.

—하늘에서와 같이 땅에서도—열어 준다.

이 본문은 요한복음이 자주 그렇듯 본문 자체의 중요성을 간접적으로 강조한다. "**그들은 아버지의 말씀**['로고스' λόγος]**을 지키었나이다. … 나는 아버지께서 내게 주신 말씀들을**['레마타' ῥήματα] **그들에게 주었사오며, 그들은 이것을 받고**"라고 말하는 것은 곧 '여러분, 독자들이여, 그대들은 이 "말씀"을 이제 받을 수 있게 되었습니다. 프롤로그에서부터 예수님과 동일시된 말씀을 여러분이 지금 읽고 있는 이 "본문"을 통해 받을 수 있게 되었습니다'라는 의미다. 이는 14절에서 "내가 아버지의 말씀['로고스']을 그들에게 주었사오매"라는 말로 다시 확인된다. 그런 다음 20절에서는 '독자들'을 위한 기도가 명시적으로 나온다. "내가 비옵는 것은 이 사람들만 위함이 아니요 또 그들의 말['로고스']로 말미암아 나를 믿는 '저' 사람들도 위함이니."

"아버지"와 "우리 아버지": 요한복음 17장과 주기도문

눈을 들어 하늘을 우러러 이르시되 "아버지여." 이 장을 위한 풍성한 상호본문은 수 세기 동안 많은 주석가와 예배자가 발견했던 것처럼 주기도문 내지 "우리 아버지"다. 두 본문은 서로를 조명해 준다. 나는 두 본문 간 상호 작용을 따라가다 보니 매일 드리는 주기도문 기도 생활이 변화됨을 느꼈다. 마태복음 산상수훈에 나오는 주기도문(마 6:9-13)을 보면, 언어상의 명백한 유사점을 발견하게 된다. "아버지", "하늘", "영화롭게, 거룩하게"(거룩히 여김 hallowed), "이름", "땅(세상)에서", "주다", "악에 빠지지 않게 보전하시기를."

다른 유사점들은 덜 분명하지만 수긍할 만하다. 주기도문의 "나라"는 하늘 나라를 가리킨다(마가복음과 누가복음에서는 하나님 나라). 요한복음에서는 "하나님 나라"에서 "영생"으로 용어의 전환이 있고(요한복음 3장에 나타나며, 이와 관련하여 앞서 논한 바 있다)[7] 이후 영생이 하나님 나라에 해당한다. 17:2에서 **모든 사람**('사르크스' σάρξ: 육신)**을**[만민을] **다스리는 권세**를 언급함으로써 **영생**과 하나님의 왕권은 더욱 긴밀하게 연결된다. 하나님의 뜻을 행하는 것도 요한복음 17장에 나온다. 그 뜻을 예수님이 이루시고—**아버지께서 내게 하라고 주신 일을 내가 이루어**—또한 제자들이 이룬다—**그들은 아버지의 말씀을 지키었나이다.** 하나님의 뜻에서 가장 중요한 명령은 사랑하는 것이므로, 기도 후반부에서 사랑을 강조하는 것도 풍성한 공명을 이룬다. 그리고 "뜻"에 해당하는 헬라어('텔레마' θέλημά [마 6:10])는 예수님의 "욕망하옵나이다[원하옵나이다]"('텔로' θέλω)에서 되울린다. 용서의 경우 요한복음 17장에 명시적으로 언급되지는 않지만, 하나님과의 연합 및 서로 간의 연합이라는 비전에 확실하게 암시되어 있다. 주기도문의 "일용할 양식"은 예수님이 "나의 양식은 나를 보내신 이의 뜻을 행하며 그의 일을 온전히 이루는 이것이니라"(4:34)고 하신 말씀과 예수님이 자신을 두고 "하늘에서 내려온 떡", "생명의 떡"이라고 하신 말씀에 비추어 이해될 수 있다(6:22-71).

아마도 가장 포괄적인 주기도문의 평행 구절은 "뜻이 하늘에서 이룬 것같이 땅에서도"일 것이다. 이 문구는 정말 요한복음의 많은 내용을 대변하는 머리글로 잘 어울릴 것이다. 요한복음의 하늘은 관계 중심적인 하늘로, 아버지와 아들 사이의 사랑은 예수님을 신뢰하고 사랑하는 이들에게 열려 있다. 이를 보여 주는 핵심 이미지 하나는 다양한 공간으로 된 가정집이다. "내 아버지 집에 거할 곳들이 많도다"(14:2).[8] 그런데 이 거함은 지금 바로 시작될 수 있는데, 왜냐하면 이 관계가 지금 생길 수

---

7 3:1-36에 관한 주석에서 〈하나님 나라〉 부분을 보라.
8 14:1-3에 관한 주석을 보라.

있기 때문이다. 즉, 예수님과 마주하는 것, 예수님께 사랑받고 예수님의 친구가 되는 것, 예수님의 말씀을 통해 예수님의 영을 받는 것, 예수님이 사랑하신 것같이 사랑하는 것, 예수님이 보냄받은 것처럼 보냄받는 것은 지금 일어날 수 있는 일들이다. 하늘은 미래적 차원이 있지만, 주로 (성경 전체가 상당히 그렇듯) 여기서처럼 땅과 동시에 존재한다. 하늘은 하나님이 친밀하고 강렬하게 현전하시는 영역이며(이는 요한복음 17장에 "영화롭게", "영생", "사랑"과 같은 언어에 나타나 있다), 예수님이 보냄받으신 목적은 무엇보다도 이 "때"의 사건들을 통해 사람들이 하늘에 온전히 참여하도록 이끄는 것이다. "내가 땅에서 들리면 모든 사람[또는 '만물']을 내게로 이끌겠노라"(12:32). 요한복음 17장은 하늘에 계신 아버지와 땅에서의 삶에 동시에, 불가분하게 초점을 맞추고 있다. 아버지는 매 구절 언급되고, "세상"이라는 단어는 무려 열여섯 번이나 나온다.[9]

이제 이 기도는 기본 진리들과 청원들이 나란히 나오는 리듬 속에서 전개된다.

영광: 모든 현실을 아우름

첫 번째 청원은 **"아들을 영화롭게 하사 아들로 아버지를 영화롭게 하게 하옵소서"**이며, 이는 곧 **"창세전에 내가 아버지 곁에서**[아버지와 함께] **가졌던 영화로써 지금도 아버지 곁에서**[아버지와 함께] **나를 영화롭게 하옵소서"**라

---

[9] 주기도문이 마태복음의 가장 기본적인 가르침이 담긴 산상수훈에서 정확히 중심에 위치한다는 것과 요한복음 17장이 요한복음의 가장 기본적인 가르침이 담긴 고별 강론에서 절정에 위치한다는 것 사이의 평행은 또 하나의 매우 풍성한 성찰에 영감을 준다. 각각은 가르침의 본론을 기도에 농축해 놓을 뿐만 아니라(따라서 주기도문을 가장 잘 조명해 주는 주석은 산상수훈이며, 요한복음 17장의 주석은 고별 강론이다), 독자로 하여금 가르침의 본론들을 서로 연결시키도록 초대한다. 이 두 기도는 심오하고도 도전적인 방식으로 서로를 조명해 준다.

는 청원으로 확장된다. 영광은 요한복음에서 사랑만큼이나 매우 포괄적인 현실이며, 영광과 사랑은 함께 사유해야 한다. 요한은 영광의 포괄적인 특징을 나타내기 위해 프롤로그에서 영광을 강조한 다음, 표적의 책의 시작과 끝에서 첫 번째 표적(2:11)과 마지막 표적(11:4, 40)과 결론(12:28, 43)을 각각 영광과 연결한다. 그런 다음 고별 강론의 시작과 결론(13:31-32: 17:24)에서, 그리고 여기 17장의 끝맺는 기도의 시작과 끝에서도, 마지막 장의 마지막 부분(21:19)에서도 최종적으로 영광을 강조한다.

영광에 대해 "창세전에"라고 말씀하신 것은 그 영광이 모든 것을 포괄하며 하나님 중심적임을 보여 준다. "아버지 곁에서[아버지와 함께] 나를 영화롭게 하옵소서"라고 요청하는 것은 그 영광의 중심을 영원한 상호 사랑의 관계 안에 두는 것이다. 이는 곧 아버지와 아들이 함께 있을 때 그들의 찬란함과 매력이다. 이 영광과 사랑에 참여하는 것은 땅과 하늘이 가장 완전히 연결되게 하는 것이다. 이 연결은 예수님 안에 구현되었고, 예수님이 아버지께 보내심을 받았다는 말이 여섯 번 반복되고(3, 8, 18, 21, 23, 25절) 예수님이 아버지께 돌아간다는 말이 세 번 반복되면서(5, 11, 13절) 강조된다. 20 - 26에서 기도가 절정에 이르렀을 때, 하나님을 중심으로 이루어지는 땅과 하늘의 이 역동적 상호 작용을 바탕으로 하는 연합이 나온다.

육신을 다스리는 권세

이 청원을 뒷받침하는 첫 번째 기본적 선언은 다음과 같다. "**이는** 아버지께서 아들에게 주신 모든 사람에게 영생을 주게 하시려고 모든 사람['사르크스' σάρξ: 육신]을 [만민을] **다스리는 권세를 아들에게 주셨기 때문입니다**[주셨음이로소이다]." 여기서 "권세"라는 단어, 곧 '엑수시아' ἐξουσία는 프롤로그에서 핵심 단어였다. "영접하는 모든 자, 곧 그 이름을 믿는 자들에게는 하나님의 자녀가 되는 권세['엑수시아' ἐξουσία]를 주셨으니"(1:12). 그렇다면 이 권세란 무언인가? 요한복음은 프롤로그에서 시작해서 마지막까지 계속해서 '육신'과 관련된 '권세' 이해에 도전과 변혁을 가한다.

요한복음 1:12는 "하나님의 자녀"라는 정체성에 관한 근본 문제에서, '엑수시아' ἐξουσία가 하나님 말씀이 주신 선물이라고 말한다. 만물 창조의 통로이신 하나님 말씀이 주신 선물이다. '엑수시아' ἐξουσία는 무엇보다도 한 인격의 선물인데, 그 인격은 "영접"해야 하고 "믿어"야 하며 신뢰해야 할 분이다. 우리의 '엑수시아' ἐξουσία는 이 관계에서 우리가 누구인가에 뿌리를 둔다. 12절은 13절로 이어진다. "이는 혈통으로나 육신의 뜻[육정]으로나 사람의 뜻으로 나지 아니하고 오직 하나님께로부터 난 자들이니라." 이는 "육신"에 대한 부정적 진술이 아니라 하나님의 우선성을 분명히 하는 진술이다. 이 정체성은 인간 가족, 인종, 부족, 문화, 젠더, 장애 유무 등 다른 모든 정체성을 상대화한다.

그런 다음 13절은 14절로 이어진다. "말씀이 육신이 되어 우리 가운데 거하시매." 따라서 "모든 육신을 다스리는 권세"를 받은 분이 육신이 되셨다는 것은 하나님으로부터 오는 권세의 모델이다. 이 복음서가 예수님에 관해 말하는 바를 따라가면, 예수님이 누구시며 무엇을 행하시고 말씀하시는지를 바탕으로 권세를 수용하고 행사하도록 도전을 받는다. 여기에는 예수님이 육신과 관계 맺으신 다양한 방식에서 배우는 것이 포함된다. 즉, 결혼 축하, 병들고 굶주린 이들에 대한 연민, 물리적 만남, 친구의 죽음에 대한 반응, 발 씻기기, 예수님의 육체적 고난과 십자가 처형, 부활 후 제자들을 부르심 등이 그 예로, 숙고할 가치가 있다.

예수님은 첫 번째 표적에서 결혼 축하 포도주를 주시려고 창조 물질에 권세를 행사하셨다. 결혼은 남편과 아내가 "한 육신[몸]을 이루는" 사건이다(창 2:24).

예수님은 병든 이들을 치유하시고 오천 명을 먹이신 사건에서 다른 사람의 육신에 대한 연민으로 육신과 물질에 대한 자기 권세를 행사하셨다.

예수님은 공생애 동안 "우리 가운데 거하시며" 사람들과 직접 물리적으로 대면하여 귀 기울이시고 대화하시고 또 때로는 대립하시며 권세를 행사하셨다.

예수님은 친구 나사로를 다시 살리기 전에 비통히 여기시며 눈물을 흘리셨다. 죽음에 대한 그의 권세는 사랑의 연대와 분리될 수 없으며, 이러한 연대는 곧 예수님 자신의 죽음으로 이어진다.

제자들과 '얼굴에서 발까지'의 접촉에서 예수님은 그들의 육신을 만지시며 발 씻기기를 사랑의 섬김의 모범으로 삼으셨고, 이로써 권위의 행사가 변혁될 수 있다.

요한복음 17장에서 이 기도 이후 예수님이 받으실 재판, 채찍질, 십자가 처형은 예수님이 받으신 "모든 육신을 다스리는 권세"가 자기 육신의 대가임을 보여 준다.

이 대가는 부활하신 예수님의 몸에도 새겨질 것이다. 예수님은 권세 있게 제자들에게 숨을 내쉬며 성령을 나누어 주시고 아버지께서 자신을 보내신 것같이 제자들을 보내시기 직전에, 그들에게 "손과 옆구리를 보이셨다"(20:20).

이는 제자들도 기꺼이 감수해야 하는 대가다. 베드로가 예수님의 어린 양과 양을 먹이고 돌보는 지도자, 목자가 되기 위해 받는 권세는 그가 육체적으로 강제당하고 고난당하며 죽음에 이르기까지 치러야 할 대가에 대한 예고와 함께 주어진다(21:18-19). 또한 이 권세 수행의 핵심에는 예수님과 베드로 사이의 상호적 지식과 사랑, 베드로가 삶뿐만 아니라 죽음으로도 기꺼이 "하나님께 영광을 돌릴" 마음이 있음을 분명히 보여 준다.

영생

예수님이 부활하신 후 베드로와 나눈 저 대화는 예수님이 자기 권세의 목적에 관해 다음과 같이 기도하신 내용을 설명해 주는 훌륭한 예다. **"아버지께서 아들에게 주신 모든 사람에게 영생을 주게 하시려고 … 영생은 곧 유일하신 참 하나님과 그가 보내신 자 예수 그리스도를 아는 것이니이다. 아버지께서 내게 하라고 주신 일을 내가 이루어 아버지를 이 땅**[세상]**에서 영화롭게 하였사오니."**

앞서 예수님 공생애에서 중요한 단계였던 때, 곧 많은 제자가 예수님의 가르침이 어려워서 떠났을 때,[10] 베드로는 예수님, 영생, 하나님, 앎을 조합하여 유사한 고백을 했다. "주여, 영생의 말씀이 주께 있사오니 우리가 누구에게로 가오리이까? 우리가 주는 하나님의 거룩하신 자이신 줄 믿고 알았사옵나이다"(6:68-69). 하지만 베드로는 이 믿음에 충실하지 못했다. 예수님의 재판 때 압박을 견디지 못했던 것이다(18:15-18, 25-27). 반면 예수님은 요한복음 17장 말씀처럼 "아버지께서 내게 하라고 주신 일을 내가 이루어 아버지를 이 땅[세상]에서 영화롭게" 하고 계셨다. 21:1-23에서 베드로가 예수님과 마지막으로 만난 장면에는 "영생"이 무엇을 의미하는지에 관한 중요한 요소들이 얽혀 있다. 곧 다음과 같은 것들이다. 예수님을 인정하는 것("주님이시라!"), 놀라운 풍요("큰 물고기가 백쉰세 마리"로 가득 찬 그물), 함께 음식을 나눔("와서 조반을 먹으라") 반복적으로 이름을 부르심("요한의 아들 시몬아"[세 번]), 예수님에 대한 사랑을 물으심("네가 나를 사랑하느냐?"[세 번]), 이 사랑을 확언하는 것과 이에 포함된 상호적 앎("주님, 그러하나이다. 내가 주님을 사랑하는 줄 주님께서

---

10 요한복음 6:60: "이 말씀['로고스'(λόγος)]은 어렵도다." 요한복음 6장의 강론의 가르침은 요한복음 17장과 여러 면에서 공명하기에 함께 고찰해야 한다.

아시나이다"[두 번]; "주님, 모든 것을 아시오매, 내가 주님을 사랑하는 줄을 주님께서 아시나이다"), 공동체의 일원이 되어 그 공동체를 위해 해야 할 일을 받음("내 양을 먹이라. … 내 양을 치라. … 내 양을 먹이라"), 자기의 욕망을 거슬러 "원하지 아니하는 곳으로" 기꺼이 이끌려 가고자 함, 심지어 죽음으로 하나님께 영광을 돌리는 지점까지 가고자 함, 이 모든 것을 요약하는 말씀인 "나를 따르라." 이는 아신 바 되고 사랑받는 것, 알고 사랑하는 것에 관한 것이다—프레데릭 데일 브루너가 "깊고 지속적인 삶"이라고 말한 것에 참여하는 것이다.

그렇다면 누가 영생을 받는가? **아버지께서 아들에게 주신 모든 사람**은 누구를 의미하는가? 바로 이어지는 맥락에서는 그 자리에 있는 제자들을 가리키지만, 이 범위를 넘어서는 이들이 누구인지는 이후(20-26절)에 다루어진다. 여기서 핵심 사상은 제자들에 관한 것이다. 아버지께서 예수님께 제자들을 주셨다는 것이며, 이는 세 번 반복된다. 먼저 여기 6절에서 **"세상 중에서 내게 주신 사람들에게 내가 아버지의 이름을 나타내었나이다."** 그리고 9절에서 "내게 주신 자들." 그리고 기도 후반부에서 모든 후대의 제자들을 가리키며 "내게 주신 자도"(24절). 그래서 중요한 사안이다. 여기서 다시 신의 주도권과 인간의 응답 사이의 관계라는 심오한 신학적 물음이 제기된다. 예수님이 아버지께 기도를 드린다는 맥락에서 아버지의 주도권이 주로 강조된다. 아버지의 주도권은 아들과 분리될 수 없으며, 이는 서로에게 속해 있음을 나타내는 언어로 강화된다. "그들은 아버지의 것이로소이다. 내 것은 다 아버지의 것이요, 아버지의 것은 내 것이온데"(9-10절). 그러나 인간이 응답해야 한다는 점도 강하게 강조된다. **"그들은 아버지의 말씀을 지키었나이다. 지금 그들은 … 이것을 받고 … 참으로 아오며 … 믿었사옵나이다."**

이 관계를 바깥에서 조망할 수는 없다. 이 관계 안에 들어와 말씀을 받고 믿으며 이제 말씀을 지키려 하는 인간의 관점에서 볼 때, 이러한 일들은 전적으로 하나님의 주도권 때문이며, 신과 인간의 행위 주체성을 구분하려는 시도는 무의미하다. "우리가 다 그의 충만한 데서 받으니 은혜 위에 은혜러라"(1:16). 인간 주도로 창조가 이루어지지 않았듯이, 이 은혜 또한 그렇다—신자는 받는 자다. 그럼에도 불구하고 받아들이는 자와 받아들이지 않는 자의 신비가 남아 있다. 요한복음은 이미 자주 보았듯이 믿고 신뢰하라는 호소를 반복한다. 만일 하나님이 모든 것을 미리 정하셨다면 요한복음을 기록하는 일 자체가 무의미할지도 모른다. 요한복음의 명시적 목적은 "너희로 예수께서 하나님의 아들 그리스도이심을 믿게[또는 '계속 믿게'] 하려 함이요, 또 너희로 믿고 그 이름을 힘입어 생명을 얻게 하려 함"(20:31)이다. 나는 요한복음 전체를 예수님을 신뢰하는 관계로 들어오라는 초대장으로 읽어 왔다. "그 이름을 힘입어" 지속되는 생명은 계속되는 드라마 속에서 사는 삶을 수반한다. 그것은 세상을 향한 하나님의 사랑 때문에 공동체 안에서 욕망하고 배우고 기도하고 사랑하는 삶이다. 요한복음의 가르침과 이야기 방식이 가하는 도전은 모두 단지 믿으라는 요구에만 머무르지 않는다. 한결같이 그 도전은 계속해서 더 깊이 더 멀리 나가라는 도전이다. 장마다 각 독자와 공동체를 향해 실존적인, 실제적인 도전을 던진다. 중요한 것은 하나님이 다른 이들을 어떻게 다루시는지를 조망하는 관점을 얻는 게 아니라("네게 무슨 상관이냐?"가 반복된다), "나를 따르라"는 것이다(21:19-23). 요한복음 17장은 어쩌면 가장 도전적인 장일지도 모른다(글상자에서 에클스턴의 글을 보라).

> 요한은 초월하는 것, 자기 초월을 믿었다(빅터 프랭클의 말을 빌리자면 자기 초월은 실존의 본질이다.ᵃ) 요한은 인간이 상상력을 발휘하여 메시아에 관한 익숙한 칭호들을 자유롭게, 두려움 없이 초월할 여지를 자신의 복음서에 두고자 했다. 요한은 여태껏 아무도 포착한 적 없었던 식의 영적 응답을 사람들에게 일깨우려고 했다. 시인으로서 요한의 과제는 단지 익숙한 단어에 대부분의 사람이 상상해보지 않은 의미를 부여하는 데 그치지 않고, 사랑이 불러일으키는 상상력의 도약을 동료 그리스도인들에게 촉구하는 것이었다. … 요한은 많은 사람이 토로했던 어려움을 기억하고 있었다. 메시아가 이런 분일 수 있는가? 당국자들도 그를 메시아로 믿는가? 갈릴리 사람이 메시아일 수 있는가? 요한은 사람들이 이렇게 묻는 것을 막을 수는 없었지만, 바로 이런 식의 사고에서 사람들을 끌어올려 새로운 시선으로 예수님께 집중하게 이끌고자 했다. "영생은 곧 유일하신 참 하나님과 그가 보내신 자 예수 그리스도를 아는 것이니이다." 요한은 이 보내심이 결코 중단되지 않음을 알았다. 따라서 예수님을 알아 가는 배움도 멈출 수 없다. 그 배움은 지금도 계속되어야 한다. 우리는 끊임없이 물어야 한다. 오늘날 우리에게 예수 그리스도는 무엇인가?
>
> — 앨런 에클스턴, 《영의 발판 놓기》 *The Scaffolding of Spirit*, 106
>
> a. Frankl, *The Doctor and the Soul*. 프랭클은 아우슈비츠에서 살아남은 경험을 바탕으로 로고테라피라는 영향력 있는 기법을 창안했다. 이는 의미 중심적인 심리치료 접근법인데, 요한복음의 로고스 중심적 세계관과 많은 공명점이 있다.

세상에서 하나님께 속하기:
보전과 기쁨, 미움받음, 거룩함을 얻음, 보냄받음(17:9-19)

> ⁹ "내가 그들을 위하여 비옵나니, 내가 비옵는 것은 세상을 위함이 아니요 내게 주신 자들을 위함이니이다. 그들은 아버지의 것이로소이다. ¹⁰ 내 것은 다

아버지의 것이요 아버지의 것은 내 것이온데, 내가 그들로 말미암아 영광을 받았나이다. [11] 나는 세상에 더 있지 아니하오나 그들은 세상에 있사옵고 나는 아버지께로 가옵나니, 거룩하신 아버지여, 내게 주신 아버지의 이름으로 그들을 보전하사 우리와 같이 그들도 하나가 되게 하옵소서. [12] 내가 그들과 함께 있을 때에 내게 주신 아버지의 이름으로 그들을 보전하고 지키었나이다. 그중의 하나도 멸망하지 않고 다만 멸망의 자식뿐이오니, 이는 성경을 응하게 함이니이다. [13] 지금 내가 아버지께로 가오니, 내가 세상에서 이 말을 하옵는 것은 그들로 내 기쁨을 그들 안에 충만히 가지게 하려 함이니이다. [14] 내가 아버지의 말씀을 그들에게 주었사오매 세상이 그들을 미워하였사오니, 이는 내가 세상에 속하지 아니함같이 그들도 세상에 속하지 아니함으로 인함이니이다. [15] 내가 비옵는 것은 그들을 세상에서 데려가시기를 위함이 아니요 다만 악에 빠지지 않게 보전하시기를 위함이니이다. [16] 내가 세상에 속하지 아니함 같이 그들도 세상에 속하지 아니하였사옵나이다. [17] 그들을 진리로 거룩하게 하옵소서. 아버지의 말씀은 진리니이다. [18] 아버지께서 나를 세상에 보내신 것 같이 나도 그들을 세상에 보내었고, [19] 또 그들을 위하여 내가 나를 거룩하게 하오니, 이는 그들도 진리로 거룩함을 얻게 하려 함이니이다."

다음 청원은 **"거룩하신 아버지여, 내게 주신 아버지의 이름으로 그들을 보전하사 우리와 같이 그들도 하나가 되게 하옵소서"**이다. 이 보전을 비는 간구는 **"내가 비옵는 것은 … 악에 빠지지 않게 보전하시기를 위함이니이다"**라는 말로 반복된다. 이 청원들 앞뒤에는 기본 확언들이 나온다. 이어서 **"그들을 진리로 거룩하게 하옵소서"**라는 청원이 나오고, 이 청원도 다른 확언들로 채워진다. 이렇게 청원과 확언이 함께 어우러져 세상 속에서 하나님께 속하는 방식을 제시한다. 근본적으로 중요한 것은 이 기도 자체가 보여 주는 모범, **"내가 … 비옵나니"**다. 고별 강론은 여러 차례 이어지는 물결로 담대하고 대담한 기도를 격려해 왔다(14:13-14; 15:7; 16:23-24). 이제 예수님은 마지막 물결에서 높은 파도와 같이 직접 기도하심으로써 자신이 가르치신 것을 수행하신다. 예수님께서 보내심받은 것처럼 세상으로 보내진다는 것은 한편으로 예수님이 기도하신 것처럼 기도한다는 것이다. 기도의 실천은 세상에서 하나님께 속하는 것의 핵심이다.

"내가 비옵는 것은 세상을 위함이 아니요"라는 말씀은 '이 시점에서' 예수님의 기도는 '아직' 세상을 위한 기도가 아니라는 의미로 이해하는 것이 타당할 것이다. 왜냐하면 이후에 세상을 위한 기도가 나오기 때문이다. "세상으로 … 믿게 하옵소서", "세상으로 알게 하려 함이로소이다"(21, 23절). C. K. 바레트는 이와 다르게 해석한다. 그는 이렇게 말한다. "'코스모스'κόσμος; 세상를 위해 기도한다는 것 자체가 거의 어불성설이다. '코스모스'에 대한 희망은 '코스모스'가 '코스모스'이기를 그치는 데 있기 있기 때문이다." 그러나 바레트는 또한 (그의 해석을 따르는 많은 학자가 내비친) 세상으로부터 단절된 내부 지향적 종파주의 공동체가 연상되지 않도록 다음과 같이 경계한다. "요한은 '코스모스'를 향한 하나님의 사랑을 진술했고(3:16), 이 입장을 경건한 자들을 향한 애정으로 협소하게 변경하며 철회하지 않았다. 또한 분명한 점이 있다. 이 장(특히 18절)을 보면 세상을 향한 사도적 교회의 사명을 염두에 두고 있는데, 이 교회를 통해 세상에 있는 다른 사람들도 예수 공동체로 회심하여 속하게 될 것을 염두에 두고 있다는 점이다."[11]

---

11 Barrett, *The Gospel according to St. John*, 506. 요한복음 17장의 공간적 이미지가 각 신자 안에서의 신뢰, 앎, 사랑이라는 풍부한 내면성과, 하나님과의 연합 및 서로 간의 연합 속에서 이루어지는 공동체 내부 생활의 풍요로움을 암시하고 있긴 하다. 그러나 이러한 것들은 예수님이 "하늘을 우러러" 보시고 "모든 육신을 다스리는 권세"를 지니시고 "세상"이 열여섯 번 언급되는 등 위와 바깥을 향하는 포괄적인 이미지 속에

내 것, 아버지의 것, 정체성

"내 것은 다 아버지의 것이요 아버지의 것은 내 것이온데." 예수님은 권세를 철저히 변혁적인 방식으로 행사하셨다. 마찬가지로 소유와 소속에 대해서도 아버지와의 관계로 새로운 본을 보여 주신다. 그래서 자아와 정체성의 모든 의미가 예수님에 의해 형성되면서 근본적으로 변할 것이다.[12] 따라서 "내 것"과 "네 것/아버지의 것"yours 개념, 즉 신적인 것이든 인간적인 것이든 모든 소유 개념에 대해 급진적 함의를 담고 있다.[13] 헬라어 '카이 타 에마 판타 사 에스틴 카이 타 사 에마'και τὰ ἐμὰ πάντα σά ἐστιν καὶ τὰ σὰ ἐμά는 이러한 확장을 시사한다. "다", "내 것", "아버지의 것"은 중성 복수형이다—문자적으로 번역하면 "그리고 내 것들은 다 당신 것들이고 그리고 당신 것들은 내 것들"이다. 어순이 불가분한 연합을 암시한다.

게다가 다음 문장에서 "그들"이라는 말, 즉 **내가 그들로 말미암아 영광을 받았나이다**에서 "그들/그것들"은 앞 구절의 제자들을 가리킬 수도 있고, "내 것들"과 "당신 것들"을 가리킬 수도 있다. 요한복음에는 이처

자리하고 있다. "창세전"과 "영생"과 같은 시간적 이미지도 마찬가지로 내부 지향적이거나 편협한 해석과 상충한다.

12 이 기도는 요한복음 1장에서 배우는 자들 공동체가 모이는 것으로 시작하여 다양한 형성적 경험들(사건, 대화, 갈등, 도전, 변혁적 통찰)을 거쳐 헌신된 제자들을 위한 고별 강론으로 이어지는 형성 과정의 절정이다—그리고 지금까지도 극치의 사건과 경험은 아직 오지 않은 상태다. 요한복음은 '거하다', '영생'과 같은 핵심 용어를 통해 형성 과정의 장기적 성격을 인정하고, 또한 예수님이 형성하신 공동체가 그랬던 것처럼 연약하고도 취약한 공동체 안에 사랑과 온유가 깃든 관계가 필요함을 인정한다.

13 이 구절을 비롯하여 이 기도에서 상호 소속을 언급하는 여러 구절에 대한 매우 풍성한 상호본문으로는 구약과 신약에 나오는 언약에 관한 언급들을 들 수 있다. 예레미야가 보여 주는 내면성과 상호 소유의 결합, 그리고 이 모든 것이 '언약적으로 소속됨의 윤리적·정치적 함의'라는 더 넓은 관심 속에 자리하고 있다는 점과 특히 공명한다. "'그러나 그날 후에 내가 이스라엘 집과 맺을 언약은 이러하니, 곧 내가 나의 법을 그들의 속에 두며 그들의 마음에 기록하여, 나는 그들의 하나님이 되고 그들은 내 백성이 될 것이라.' 여호와의 말씀이니라"(렘 31:33).

럼 두 가지 의미가 모두 잘 들어맞고 둘 다 의도된 것일 수 있는 열린 겹의미가 여러 번 나온다.¹⁴ 이는 독자들이 다시 읽고 더 생각해 보도록 자극하는 효과도 있다. 여기서 "그들로/그것들로 말미암아 영광을 받았다"glorified in them는 예수님의 생명, 빛, 사랑이 "그들", 곧 제자들을 통해 드러난다는 의미일 수도 있다. 혹은 제자들은 "그것들" 안에, 즉 훨씬 더 넓은 실재(말씀으로 말미암아 지은 바 된 "만물", 곧 전체 창조 세계[1:3])에 포함되어 있으며, 그 실재는 아버지와 아들 모두에게 불가분하게 속해 있으며 또한 신적 영광의 영역이라는 의미일 수도 있다—"그의 영광이 온 땅에 충만하도다"(사 6:3).

이는 실질적으로 매우 광범위한 영향을 미칠 수 있다—예를 들어, 우리가 창조 세계 안에서 우리의 책임을 생각하는 방식에, 그리고 그에 따라 환경 윤리와 정치에도 영향을 미칠 수 있다. 우리가 아들에게 속한 만큼 아버지께도 완전히 속해 있다는 사실은 우리의 자기 정체성 이해의 불균형(예: 예수님을 따르는 사람이 된다는 것에 대한 우리의 협소한 사고)과 그리스도인의 소명을 개념 형성의 불균형(예: 개인적 거룩함과 사랑과 예수님 증언만 중요하고 공적 봉사와 창조 세계에 대한 돌봄은 무관하다는 소명 개념)을 바로잡는 데 도움이 된다.

"누구 대 누구 대 누구": 두 끌어당김 사이에서

"나는 세상에 더 있지 아니하오나." 이 구절은 부활 이후의 관점을 취하고 있다. 조금 후에 나오는 **"내가 그들과 함께 있을 때에"**도 마찬가지다. 이 기도의 시제는 과거, 현재, 미래가 얽혀 있는데, 모두 영원한 생명

---

14 아마 가장 익숙한 열린 겹의미는 "위로부터 나다"와 "거듭하여 나다"를 모두 의미하는 "'아노텐[ἄνωθεν] 나다"일 것이다. 3:3, 7에 관한 주석을 보라.

과 영광과 사랑과 관련된다. 무엇보다도 아버지께서 '아들에게 현전해' /'아들 곁에' 계시는데, 이는 창조의 선형적 시간에 관여하시면서도 초월하시는 모습이다. 기도의 처음과 끝에서 이러한 시간의 초월성을 암시한다. "창세전에 내가 아버지 곁에서[아버지와 함께] 가졌던 영화", "아버지께서 창세전부터 나를 사랑하시므로 내게 주신 나의 영광"(5, 24절). 시간과 영원은 무엇이며, 이 둘이 어떻게 관련될 수 있는지는 그리스도교를 비롯한 여러 전통의 사상가들에게 계속 도전적인 물음이었다. 요한의 독특한 점은 '무엇'이나 '어떻게'에 관한 물음보다 '누구'에 관한 물음을 강조하는 데 있다. 이는 아버지와 아들과 그들에게 속한 이들 사이의 사랑 안에서 "누구 대 누구 대 누구"의 관계를 제대로 다루는 한, 시간과 영원을 다양한 방식으로 개념화할 수 있는 여지를 둔다.[15]

보호를 요청하는 청원은 이 소중한 상호 관계를 위한 것이다. **"거룩하신 아버지여, 내게 주신 아버지의 이름으로 그들을 보전하사 우리와 같이 그들도 하나가 되게 하옵소서."** "거룩하신['하기에' ἁγίε] 아버지여"는 이 기도의 두 번째 부분의 극치인 17-19절로 가는 길을 준비한다. 거기서 동

---

[15] 요한의 시간 개념(과거, 현재, 미래, 영원\영생, 창조 이전의 선재와 시간, 종말론과 묵시, 부활 전·후의 관점, 시간적 지평들의 융합, 예수님의 이 "때", 신앙의 성숙, 시간을 형성하는 이야기, 시간과 윤리, 예수님의 인격과 성령이 시간과 맺는 관계)은 풍성한 연구와 신학적 성찰의 주제였고, 다음 글들에서 이를 잘 요약하고 평가한다. Zimmermann, "Eschatology and Time in the Gospel of John"과 Williams, "Faith, Eternal Life, and the Spirit in the Gospel of John." 짐메르만은 이 복음서의 "신중하게 숙고된 시간 개념"과 "매우 성찰적으로, 의도적으로 과거를 처리한 것"을 분석하고(pp. 292-93), 이 책 전체에 걸쳐 중요한 것을 설명한다. 즉, "이 복음서 자체가 미래를 열어 주는 매개가 된다"(p. 297)는 점과 이 "격변의 텍스트"의 시간성이 왜 완전하게 이해되기 어려운지(p. 304)를 이야기한다. 윌리엄스는 이 주석에서 다루는 미래에 관한 두 가지 핵심 요소를 통찰력 있게 성찰한다. 그것은 신앙과 영생의 관계적 측면, 그리고 "물질적인 것과 영적인 것, 인간적인 것과 신적인 것, 현재와 미래를 포괄하는" 신앙과 영생의 여러 차원이다(p. 354).

사 '하기아제인'*ἁγιάζειν* ('거룩하게 하다'sanctify, hallow, make holy)이 세 번 반복된다. 이는 앞서 인용한 이사야의 환상과 같은 최고조에 이른 경배의 순간을 떠올리게 한다. "거룩하다, 거룩하다, 거룩하다, 만군의 여호와여, 그의 영광이 온 땅에 충만하도다"(사 6:3).

그러나 이는 무엇보다도 지성소,[16] 즉 성전의 가장 안쪽 성소(예: 대하 5:7)와 성전이 있기 전 회막의 가장 안쪽 성소(예: 출 26:33-34)를 떠올리게 한다. 이는 유대인들에게 가장 신성한 장소, 곧 하나님의 특별하고 보이지 않는 영광스러운 임재의 장소였다―그러나 기원후 70년에 파괴되었다. 요한복음에는 성전과 성전 절기에 대한 언급과 암시가 계속 나온다.[17] 여기서 가장 관련된 부분은 성전을 예수님의 몸과 동일시한 것(2:21)과 예수님과 사마리아 여인이 거룩한 장소에 관해 대화한 것이다. 이 대화는 "아버지께 참되게 예배하는 자들은 영과 진리로 예배할 때가 오나니, 곧 이때라"(4:23)는 예수님의 선언으로 이어진다. 이제 요한복음 17장에서는 "이때"가 도래했다. 이때 예수님(14-16장에서 자신에 대해 진리라고 말씀하시고 성령에 대해 길게 언급하신 분)이 아버지께 **우리와 같이 그들도 하나가 되게** 기도드리시며, 자신을 신뢰하고 사랑하는 이들에게 "참"된 지성소, 곧 자신과 아버지의 친교를 열어 주신다. 하나님을 거룩하신 분으로 호명하고, 제자들이 거룩해지기를 기도하시고, 자신을 거룩하게 하시는 것은 20-26절의 기도의 극치로 가기 위한 준비다(이스라엘

---

16 칠십인역에서 "토 하기온 톤 하기온"(τὸ ἅγιον τῶν ἁγίων)은 '지성소'(holy of holies)를 의미하는 히브리어 최상급 표현을 문자 그대로 번역한 것으로(cf. 아가["song of songs"]), '가장 거룩한 것'을 의미한다. 거룩한 자 하나님과 백성, 사물, 음식, 시간, 장소를 성별한다는 주제는 예수님이 보신 성경(특히 출애굽기, 레위기, 민수기, 역대하, 이사야, 에스겔에서 두드러진다)에 두루 나온다. 이는 요한복음과 공명하며 요한복음을 밝혀 주는 상호본문이다.

17 다음을 보라. Schuchard, "Temple, Festivals, and Scripture in the Gospel of John."

백성이 시내산에서 율법을 받기 전에 성결해지거나, 대제사장이 성전 지성소에 들어가기 전에 성결해진 것과 다소 비슷하다). 이 지성소, 곧 서로 영광 돌리고 내주하고 완전한 기쁨으로 사랑하는 장소가 예수님께서 말씀하시는 "나 있는 곳"이다(글상자에서 트러헌의 글을 보라).

요한복음과 신약에서 "거룩하신 아버지"라는 표현은 이 기도의 다른 여러 요소와 마찬가지로 거룩한 영인 성령을 상기시킨다. 하늘을 우러러 기도하시는 예수님은 세례자 요한이 다음과 같이 증언하신 분이다. "내가 보매 성령이 비둘기같이 하늘로부터 내려와서 그의 위에 머물렀더라"(1:32). 그래서 요한복음은 시종일관 예수님과 성령이 분리될 수 없음을 전제하고 있다. 무엇보다도 성령의 역할은 자기를 드러내지 않고 아들과 아버지를 주목하게 하는 것이며, 이 기도에서도 성령이 언급되지 않는다.

그들을 보전하사['테레손' τήρησον]는 의미가 넓다. 동사 '테레인' τηρεῖν은 '지키다, 보전하다, 주목하다'라는 의미가 있다. 이 동사가 사람들에게 적용될 때는 앞서 6절에서처럼[18] 하나님의 말씀이나 계명을 지키는 것과 강하게 연결된다. 여기서의 주된 의미는 '내 제자들이 거룩하도록 지키소서—아버지와 나의 관계와 같은 관계 안에 있어서 사랑의 계명을 지키게 하소서'이며, 그렇게 함으로써 **우리와 같이 그들도 하나가 되게 하옵소서**라는 뜻이다. 물리적으로 지켜달라는 것보다 더 포괄적인 의미다. 예수님과 베드로에게 일어날 일들을 생각해 볼 때, 물리적으로 지키는 것은 하나님의 지키심의 필수 요소는 아니다. 필수적인 것은 죽음의 이편과 저편에서 상호 신뢰하고 사랑하는 지속적 관계다. 따라서 필수적인 보전은 (여기서 동반되는 청원에서 기도하셨듯이) **악**/'악한 자'로부터의

---

[18] 요한복음의 다른 곳도 보라. 8:51-55; 14:15, 21, 23-24; 15:10, 20.

> 하나님의 영광에 가장 합당한 것들이 가장 거룩하다. 하나님의 영광이란 곧 그분이 무한한 사랑이시라는 것이다.[a]
>
> — 토마스 트러헌
>
> a. 다음 책에서 인용하였다. Inge, *Happiness and Holiness: Thomas Traherne and His Writings*, 141.

보전이다. 악은 이 관계의 부정과 파괴와 죽음을 나타낸다.

아버지의 이름은 사랑으로 아들과 완전히 공유된 하나님의 '누구'이며, 아버지와 아들의 '누구 대 누구'의 친교는 제자들의 친교—주로 하나님과의 친교이나 서로 간의 친교이기도 한 친교—의 기원이자 유비다. **내게 주신 아버지의 이름**은 문자적으로 무엇인가? 이는 아마 신명사자$_\text{Tetragrammaton}$로 불리는 것, 즉 출애굽기 3장에서 모세에게 불타는 떨기나무 가운데 계시된 네 글자 YHWH를 가리키는 것 같다. 이 이름은 대제사장이 지성소에서만 발음했고, 칠십인역에서는 이 이름을 대신해서 "퀴리오스 호 테오스" Κύριος ὁ θεός, 곧 "주 하나님"(예컨대 출 3:15)으로 표기했다. 결코 발화된 적 없던 이 이름을 예수님이 받으셨음을 요한복음은 여러 방식으로 확인시켜 준다. 특히 "주님"[19] 칭호와 "나는 있다/…이다"[20] 선언이 대표적이다.

이 청원에 동반되는 청원인 "악에 빠지지 않게 보전하시기를"을 뒷받침하는 확언들은 비극적 상실, 완전한 기쁨, 미움받음에 대해 말한다. 핵심 쟁점은 "세상"에 속하느냐, 속하지 않느냐. 이 기도는 최악의 상황

19 1:23에서 처음으로 예수님과 하나님을 동일시하는 데 사용되었다.
20 다음을 보라. Soulen, *Distinguishing the Voices*.

을 마주하고 있으나, 그것이 최종 결론이 되게 두지는 않는다.

최악의 상황이란 유다가 신뢰와 사랑의 관계를 부정한 것이다. **멸망의 자식**The one destined to be lost은 문자적으로 "상실\파멸\몰락의 아들"이다. 이는 철저히 다른 비극적 가족을, 구성원에게 좋은 미래가 전혀 없는 가족을 떠올리게 한다. 특히 이 비극은 앞서 13:18에서 유다에 관해 인용된 시편 41:9처럼 가까운 사람이 배신한 비극이다.[21] 이 최악의 운명이 담고 있는 실존적 힘은 독자로 하여금 신뢰와 사랑이 부재하는 길을 직시하게 한다.[22]

최선의 운명은 그들이 **내 기쁨을 그들 안에 충만히** 갖는 것이다. 15:10-11에서 말씀하신 것처럼 예수님의 기쁨은 사랑 안에 거하는 데서 나온다.[23] 이는 예수님의 가르침 및 기도와 분리될 수 없다. "너희가 내 안에 거하고 내 말이 너희 안에 거하면 무엇이든지 원하는 대로 구하라. 그리하면 이루리라"(15:7). 여기서도 기쁨은 예수님의 가르침을 지키는 것, 즉 **"내가 아버지의 말씀을 그들에게 주었사오매"**와 연결되어 있으며, 기도가 그 맥락이다.

이처럼 제자들은 두 끌림attractors 사이에 있다. 하나는 치명적이고(8:44에서 "살인한 자", "거짓말쟁이", "거짓의 아비"로 식별된 끌림), 다른 하나는 영생의 말씀과 기쁨이 있다. 이 두 끌림은 "세상" 속 삶, 계속되는 드라마에서 만난다. 이 기도는 이 드라마를 향한 것이다. 독자들 역시 두 방향

---

21 특히 유다 및 악과 관련하여, 13:21-30에 관한 주석을 보라.
22 배신을 가장 심각한 죄로 보는 강력한 철학적 설명으로는 다음을 보라. Royce, *The Problem of Christianity*, vol. 1, *The Christian Doctrine of Life*, lecture 5, "Time and Guilt." 유사한 점을 보여 주는 고전적인 시적 묘사로는 다음을 보라. 단테 알리기에리, 《신곡: 지옥편》, 제34곡. 여기서 지옥의 심연에는 유다, 브루투스, 카시우스로 대표되는 배신자들이 있다.
23 요한복음에서 기쁨의 중요성에 관한 또 다른 예로는 3:29; 15:11; 16:20-24; 20:20을 보라.

으로 끌린다. 그들은 제자 공동체가 끌고 온 미움까지 감당하다 낙심할 수도 있다. 그래서 어디에 속할지 결단하도록 도전받는다. 다음 청원인 **"그들을 진리로 거룩하게 하옵소서. 아버지의 말씀은 진리니이다"** 는 제자들의 소속과 소명이 신실하기 위해, 열매 맺기 위해 필요한 것을 구하는 기도다.

보냄받아서 "… 것같이 …하는" 창의적 연주

하나님의 거룩하심에 상응하는 것은 그분께 속한 자들의 거룩함이다. 이는 무엇보다도 중요한 것에, 누구보다도 중요한 이에게 일심으로, 전심으로 하는 헌신에 관한 것이다. **진리**는 **아버지의 말씀**으로 정의된다. 이는 요한복음의 시작 지점으로, 그리고 거기서 발견된 의미의 너비―모든 성경 말씀을 아우르는 것, "만물"(1:3)과 관련된 진리, 무엇보다도 예수님 안에 체현된 '빛'과 의미, 곧 하나님의 자기 표현과 자기 주심―로 돌아가게 한다. 이러한 의미는 요한복음에서 계속해서 발전해 오다가 고별강론에서 절정에 이른다. "내가 곧 길이요 진리요 생명이니"(14:6).

여기 17:18에서 강조점은 제자들의 소명이 예수님의 소명과 같다는 데 있다. **"아버지께서 나를 세상에 보내신 것같이 나도 그들을 세상에 보내었고."** 이는 다시 부활 이후로 시선을 돌리게 한다. 즉, 부활하신 예수님이 제자들에게 나타나셔서 그들에게 계속되는 드라마의 기본 방향을 제시하시고―"아버지께서 나를 보내신 것같이 나도 너희를 보내노라"―그런 다음 제자들에게 숨을 내쉬며 성령을 주시는 때(20:21-22)를 주목하게 한다. 아버지께서 예수님을 주신 것 또는 보내신 것은 요한복음에서 매우 중요하며, 이 기도의 세 부분에서 각각 언급된다. 주심과 보내심은 요한복음이 요약되어 있는 3:16-17에서 처음으로 결합되어 나온다. "하나님이 세상을 이처럼 사랑하사 독생자를 주셨으니, 이는 그를 믿는 자마다 멸망하지 않고 영생을 얻게 하려 하심이라. 하나님이 그 아들을 세상에 보내신 것은 세상을 심판하려 하심이 아니요, 그로 말미암아 세상이 구원을 받게 하려 하심이라." 예수님께서 보냄받으신 것처럼 제자들이 보냄받는 것은 그들에게 세상을 위해 생명을 주는 사랑의 소명이 있다는 뜻이다.

'… 것같이 … 하다'라는 이 위임은 이 소명에 중요한 두 가지를 북돋는다. 첫째, 예수님께서 어떻게 세상에 보내심받으셨는지에 대한 지속적 성찰이 필요하다. 앞서 "모든 사람\육신을[판민용] 다스리는 권세"(17:2)에 관한 주석에서 몇 가지 지침을 제공했고, 이 물음을 염두에 두고 복음서 전체를 곱씹어 보는 것이 유익하다고 제안했다. 예수님 파송에는 다음과 같은 것들이 수반되고, 따라서 제자들 파송에도 수반된다. 성경에 푹 젖어 있음, 배우는 공동체를 형성함, 가르침, 자기와 가까운 집단을 넘어 그 바깥에 있는 이들에게 풍성한 생명의 표적/표징을 행함(혼인 잔치의 포도주, 치유, 먹이심 등), 반복적인 면대면 만남, 발 씻김, 기도. 예수님은 또한 어둠과 갈등, 고난과 죽음 속으로 보냄받으셨으나, 그것들이 최종 결론이 되지는 않는다. 이제 이러한 소명을 지속할 수 있는 내면의 비밀이 예수님께서 제자들을 위해 기도하시면서 드러난다. **"그들을 … 거룩하게 하옵소서. … 또 그들을 위하여 내가 나를 거룩하게 하오니."** 그 비밀은 완전히 하나님을 위하여 있는 것, 또한 완전히 제자들을 위하여 있는 것이다. 3:16-17과 이 기도의 세 번째 부분이 보여 주듯이, 세상을 사랑하시는 하나님께 헌신한다는 것은 곧 하나님이 사랑하시는 세상을 위해 존재한다는 의미이기도 하다. 이 헌신이 어느 정도까지 일어날지는 18장과 19장에서 드러난다. 대부분의 주석가들은 "내가 나를 거룩하게 하오니"가 주로 "그들을 위하여" 죽는 예수님 자신의 죽음과 관련된 언급이라고 본다. 즉, 희생 제물로 바쳐질 동물이 성별되어 바쳐졌던 것처럼, 자신을 희생으로 바친다는 것이다.

둘째, '…것같이 …하다'는 이미 여러 차례 탐구했던 것처럼(예: 10:14-15에서 아버지와 아들의 상호 인식과 관련하여, 13:14-15에서 발 씻기기와 관련하여, 13:34; 15:12에서 사랑하는 것과 관련하여) 비정형적이며 새로운 가능성을 열어 두고 있다. 새로운 상황에서 늘 새롭게 분별하여 창의적으로 연주하도록 초대한다. 예수님처럼 보냄받는다는 것은 이제 무엇을 의미하는가? 요한이 굉장히 무게를 두는 점은 무엇보다도 살아 계신 예수님이 누구신지 알게 되는 것이다. 예수님이 '누구'신지를 알지 못하고 신뢰하지 않고 사랑하지 않으면 '무엇'에 관한 물음에 제대로 답할 수 없다. 그리고 예수님을 알고 신뢰하고 사랑하는 것은 예수님과 아버지의 관계와 분리될 수 없다. 따라서 이 기도가 열어 주는 '누구 대 누구 대 누구'의 관계는 모든 것의 가장 깊은 현실이다—공간적 은유로 바꿔 말하면, 이는 신적 사랑과 인간적 사랑의 꼭대기다. 지금 살아간다는 것에 대하여 '무엇'과 '어떻게'를 묻는 물음은 이 관계 속에서 답을 얻게 된다. 답을 얻는 데 도움이 되는 지혜의 원천이 많이 있지만, 가장 중심이 되는 기준은 어떤 행동이 예수님이 누구신지와 잘 공명하는가 하는 것이다. "내가 곧 … 진리요"(14:6)라는 말씀이 아마 17-19절의 각 부분을 가장 잘 비춰 주는 상호본문일 것이다. "그들을 진리로 거룩하게 하옵소서. 아버지의 말씀은 진리니이다. 아버지께서 나를 세상에 보내신 것같이 나도 그들을 세상에 보내었고, 또 그들을 위하여 내가 나를 거룩하게 하오니, 이는 그들도 진리로 거룩함을 얻게 하려 함이니이다."

사랑 안에서 완전한 하나 (17:20-26)

²⁰ "내가 비옵는 것은 이 사람들만 위함이 아니요, 또 그들의 말로 말미암아 나를 믿는 '저' 사람들도 위함이니, ²¹ '그들이 모두 하나 되게 하옵소서. 아버지여, 아버지께서 내 안에, 내가 아버지 안에 있는 것같이 그들도 우리 안에 있게 하사, 세상으로 아버지께서 나를 보내신 것을 믿게 하옵소서'[아버지여, 아버지께서 내 안에, 내가 아버지 안에 있는 것같이 그들도 다 하나가 되어 우리 안에 있게 하사, 세상으로 아버지께서 나를 보내신 것을 믿게 하옵소서]. ²² 내게 주신 영광을 내가 그들에게 주었사오니, 이는 우리가 하나가 된 것같이 그들도 하나가 되게 하려 함이니이다. ²³ 곧 내가 그들 안에 있고 아버지께서 내 안에 계시어 그들로 완전히[온전함을 이루어] 하나가 되게 하려 함은 아버지께서 나를 보내신 것과 또 나를 사랑하심같이 그들도 사랑하신 것을 세상으로 알게 하려 함이로소이다. ²⁴ 아버지여, 내게 주신 자도 나 있는 곳에 나와 함께 있어 아버지께서 창세전부터 나를 사랑하시므로 내게 주신 나의 영광을 그들로 보게 하시기를 욕망하옵나이다[원하옵나이다]."

²⁵ "의로우신 아버지여, 세상이 아버지를 알지 못하여도 나는 아버지를 알았사옵고, 그들도 아버지께서 나를 보내신 줄 알았사옵나이다. ²⁶ 내가 아버지의 이름을 그들에게 알게 하였고 또 알게 하리니, 이는 나를 사랑하신 사랑이 그들 안에 있고 나도 그들 안에 있게 하려 함이니이다."

이 기도의 세 번째 부분은 절정 중의 절정이다.

이 부분은 이 기도 전체의 절정이다. 앞선 두 부분의 핵심 요소들, 즉 성경 전체와 공명하는 단순한 단어들이 더욱 풍부하고 깊게 다루어진다. 즉, '비옵는/구하다', '믿다', '말', '다/모든', '하나', '…것같이', '아버지', '…안에', '세상', '보내다', '영광', '주다', '창세전', '알다', '이름'이 그렇다. 이제 기도의 범위는 "그들의 말로 말미암아 나를 믿는 사람들"뿐만이 아니라 "세상"을 포괄하는 데까지 확장되고 있다. 기도의 방향은 여전히 세상에서 계속되는 드라마를 향하고 있지만, 동시에 그 너머에까지, 곧 "나 있는 곳에 함께 있어 … 나의 영광을 그들로 보게"하는 데까지 뻗어 있다.

이 부분은 고별 강론의 절정이기도 하다. 고별 강론 자체가 예수님의 가르침에서 절정이다. 기도의 중요성에 대한 반복적인 강조가 여기서 극에 달할 뿐만 아니라, '사랑'이 이 세 번째 부분에서 처음으로 등장한다. 그리고 사랑과 뗄 수 없는 상호 내주에의 참여가 앞선 물결인 포도나무 비유에서 매우 생생하게 표현되었고, 여기서는 전례 없이 직접적이고 포괄적으로 진술된다. 그리고 유비적 사고와 행동이라는 핵심 신학적·실천적 패턴이 '…같이'라는 말로 나타나는데, 이 역시 여기서 가장 강렬하다.

이 부분은 요한복음의 첫 열두 장에 대한 절정이기도 하다. 앞서 나열한 단순한 단어들은 첫 열두 장에서도 반복적으로 나오는데, 거기서 부여된 의미들을 여기서 다시 읽고 묵상하고 기도하며 되새겨야 한다. 프롤로그의 절정에 해당하는 "아버지 품속에 있는 독생자[독생하신] 하나님"(1:18)은 여기서 '욕망'과 '사랑'이 마음 대 마음으로 전달됨으로써 가장 온전하게 구현된다. 이전 의미의 다양한 흐름이 여기서 하나로 모인다. 특히 17:20-26에 나오는 요소가 다음과 같이 요한복음 10장에 집중적으로 평행하게 나타난다는 점은 주목할 만하다. 예수님의 "음성"을 듣는 것(10:3-4), "나는 있다/…이다" 선언들(10:7, 11, 14), 예수님의 죽음과 부활에 대한 예견(10:11, 15, 17, 18), 예수님과 제자들 사이의 ("아버지께서 나를 아시고 내가 아버지를 아는 것"과 같은[10:15]) 상호 인식, 미래 신자들에 대한 예견과 그들의 연합에 대한 강조("이 우리에 들지 아니한 다른 양들이 내게 있어 내가 인도하여야 할 터이니 그들도 내 음성을 듣고 한 무리가 되어, 한 목자에게 있으리라"[10:16]), 예수님과 아버지의 연합과 상호 내주("나와 아버지는 하나이니라. … 아버지께서 내 안에 계시고 내가 아버지 안에 있음"[10:30, 38])가 그렇다.

이 부분은 공관복음에서의 예수님과 아버지의 관계, 사랑의 계명, 기도와 같은 요소들의 절정으로 읽을 수도 있다. 주기도문의 "하늘 안에서 이룬 것같이 땅에서도"에서의 "…같이"와 "…안에"가 여러 번 메아리처럼 되울린다.

마찬가지로, 만일 에베소서가 바울 전통의 절정으로 여겨진다면, 이 구절들은 에베소서 3:14-21의 핵심 기도를 되울린다. 에베소서의 이 부분에는 "아버지", "이름", "영광", "마음에 계시게", "믿음", 다차원적 "사랑", "지식", "대대로", "영원무궁"과 같은 표현이 나온다. 그뿐만 아니라 이 구절 전후로 나오는 사랑 안에서의 연합이라는 강조점도 포괄한다. "그는 우리의 화평이신지라. 둘로 하나를 만드사 원수 된 것, 곧 중간에 막힌 담을 자기 육체로 허시고"(엡 2:14). "… 사랑 가운데서 서로 용납하고, 평안의 매는 줄로 성령이 하나 되게 하신 것을 힘써 지키라. 몸이 하나요 성령도 한 분이시니, 이와 같이 너희가 부르심의 한 소망 안에서 부르심을 받았느니라. 주도 한 분이시요 믿음도 하나요 세례도 하나요 하나님도 한 분이시니, 곧 만유의 아버지시라. 만유 위에 계시고 만유를 통일하시고 만유 가운데 계시도다"(엡 4:2-6).

더 나아가 이 되울림들은 이스라엘 성경 전체와 공명한다. 이는 성경 전체의 절정이기도 하다. 하나님과 이스라엘의 언약이 그들 관계의 핵심이라면, 사랑 안에서 상호 소속이라는 그 현실이 여기 요한복음의 절정에서 극치에 이르렀다. '말씀', '아버지', '욕망', "나는 있다/…이다", 창조, 의\정의, 하나님의 '이름'을 아는 지식과 같은 성경의 주제들과 얽혀서 극치에 이르렀다.

이 구절들은 또한 예수님의 죽음과 부활을 예비하는 일이 절정에 이른 것이기도 하다. 예수님의 죽음과 부활을 예비하는 일은 "보라, 세상 죄를 없애시는[제거 가는] 하나님의 어린양이로다!"(1:29)라는 세례자 요한의 외침에서 시작하여 앞 장들에서 계속되었다. 또한 프롤로그는 범주들, 개념들, 이미지들을 제시하여 뒤 장들(특히 요한복음 17장)을 더욱 온전히 이해할 수 있게 했고, 요한복음 6장은 예수님의 죽음 및 그가 주시는 영생과 관련하여 확연한 성찬의 언어로 엮어서 예수님과 그를 신뢰하는 이들 간의 상호 내주를 소개했고(이 역시 요한복음 17장과 특히 관련된다), 요한복음 12장은 고별 강론과 예수님의 죽음과 부활을 이해할 수 있게 독자들을 준비시켰다.[24] 요한복음 17장의 이 세 번째 부분은 예수님의 죽음과 부활을 해석하기 위한 요한의 핵심 용어들—'영광', '사랑', 예수님의 사명, 무엇보다도 예수님과 아버지의 관계—의 절정이다.

이 사람들과 저 사람들: 그들이 모두 하나 되게

다음 청원은 단지 **이 사람들**, 즉 곁에 있는 제자들만을 위한 것이 아니라, **그들의 말**['로고스' λόγος]**로 말미암아 나를 믿는 저 사람들도 위함이니, 그들이 모두 하나 되게** 기도하시는 것이다. 이에 대한 유력한 (특히 쇠렌 키르케고르가 주창한[25] 최근 몇 세기 동안의) 해석은 이후 세대들 역시 최초의 목격자였던 제자들만큼이나 예수님과 완전한 신뢰의 관계일 수 있다는 것이다. 이후 세대라 해서 불리한 점은 없다. 후대 제자들은 앞선 이들과 하나다. 사실 목격한 적 없는 이들에게 주어지는 특별한 복이 있다. "보지 못하고 믿는 자들은 복되도다"(20:29). 이 축복 직후 독자들을

---

24   12:20-50에 관한 주석을 보라.
25   특히 키르케고르, 《철학의 부스러기》(프리칭아카데미 역간)를 보라.

위한 직접적인 언급이 나온다. 이 복음서를 기록한 목적은 "너희로 예수께서 하나님의 아들 메시아이심을 믿게 하려 함이요, 또 너희로 믿고 그 이름을 힘입어 생명을 얻게 하려 함"(20:31)이다. 따라서 후대의 믿음을 가능하게 하는 "말"은 대표적으로 이 복음서다. 이 기록을 읽고 이해하고 믿음으로써 독자들도 함께 예수님을 알고 따를 수 있게 된다. 세대를 넘어 "모두"가, 또한 각 세대의 "모두"가 "하나"가 될 수 있다.

또 다른 함의는 앞선 세대들이 이 "말씀"에서 발견했고 또 우리 시대 사람들이 세계 각처에서 지금 발견하는 의미가 한 공동체의 일원이 되는 데 본질적이라는 것이다. 이러한 의미에 대한 배움과 전수는 필수다. 이 공동체는 듣는 자들과 읽는 자들, 다시 말해 항상 배우는 자들로 된 공동체다.

아마도 요한복음 17장의 세 번째 부분은 그리스도교 내에서 교회가 하나 되는 길을 찾는 에큐메니칼 운동에 가장 주요한 성경적 추동력을 제공했을 것이다. 20세기 초 이래로 이 운동은 아마도 종교 역사상 전에는 볼 수 없었던 일들을 이루어 왔다. 수억 명의 신도가 있는 그리스도의 몸들이 대립과 갈등에서 대화로 협력으로, 어떤 때는 서로 완전히 인정하고 제도적으로 연합하기도 했다.

그러나 동시에 셀 수 없을 만큼 많은 분열과 불일치와 갈등도 있었다. 요한 공동체도 이런 문제를 겪었고(요한서신에 드러나듯이), 계속되는 드라마의 그리스도인들이 서로 소외시키거나 분립하고 싶은 다양한 유혹이 있었음을 교회사에서 반복적으로 볼 수 있다. 이 기도의 관점을 통해 볼 때, 요한적 지혜에서 핵심 요소로 어떤 것들을 꼽을 수 있을까? 세 가지가 두드러진다.[26]

---

26 톰 그렉스의 교회 신학이 이 세 가지 모두를 더 자세히 탐구한다. 첫 번째 책 *Dogmat-*

첫째, 이것이 예수님의 사역에서 절정의 순간에 나타난 예수님의 무조건적이고 궁극적인 욕망이라면, 예수님을 신뢰하고 따르는 사람은 모두 예수님과 함께 이 욕망을 품고 기도하며 우리의 삶과 공동체를 이 방향으로 이끌어가야 한다. 다른 사람을 섬기며 발을 씻기고, 예수님의 친구가 되고 다른 사람과 서로 친구가 되는 것(심지어는 자기 삶과 생명까지 내어 주는 것)은 매우 좋은 일이다. 사랑의 정점도 여기에 있다. 우리 자신이나 다른 사람을 이 연합/일치에서 멀어지게 만드는 모든 욕망과 말과 행동은 돌이켜야 한다. 물론 많은 경우 분별하고 판단하고 결정해야 하는 복잡한 쟁점들이 있고, 우리 각자나 공동체가 예수님을 배반하거나 부인하거나 무시할 가능성도 항상 있다. 그러나 예수님은 오래 참으시며 우리의 욕망을 교육하시는 분이고, 자신의 사랑과 진리에 전심으로 참여하기를 바라시는 분이며, 무엇보다도 나 있는 곳에 나와 함께 있도록 우리를 초대하시는 분이다. 따라서 한 가지 핵심 요소는, 예수님이 비옵는 이 근원적 욕망을 인식하고 예수님의 청원과 욕망이 우리의 것이 되게 하는 것이다.

궁극의 상호성과 친밀함

두 번째 요소는 이 청원의 두 번째 물결에 주어져 있다. **"아버지여, 아버지께서 내 안에, 내가 아버지 안에 있는 것같이 그들도 우리 안에 있게 하사."** 연합/일치에는 궁극적 기반, 발생의 원천, 포괄적 실재가 있는데, 그것은 아버지와 아들의 상호 내주다.

우리는 아버지께서 아들 "안에" 있고 아들이 아버지 "안에" 있는 이

---

ic Ecclesiology: The Priestly Catholicity of the Church는 앞으로 나올 두 권의 책의 내용도 간략히 설명한다. 특히 연합/일치를 위한 예수님의 이 기도와 관련된 부분은 이 책의 결론인 "Coda: The Church as One"(451-59)이다.

상호성을 어떤 식으로 상상하고 이해해야 할까? 이 장 안에서 상상과 생각의 경로를 따라가는 데 중요한 지침이 되는 표지로는 서로 영화롭게 하기, 상호 소속, 상호 사랑이 있다. 여기에 기쁨, 진리, 거룩과 같이 함께 공유하는 신적 현실이 더해져 풍성해진다. 이 모든 것은 앞 장들에서, 이어질 장들에서, 성경의 나머지 부분에서 더 많은 내용을 모을 수 있다. 또한 예배와 신학에서도, 노래와 음악과 미술과 건축과 문학의 창조성 등 이후 역사에서도 더 많은 내용을 모을 수 있다. 아마도 이 모든 것은 사랑과 거룩의 삶, 진리를 추구하는 삶, 기쁨과 예배의 삶으로—다시 말해, 이 기도를 적어도 부분적으로라도 구현하며 하나님의 풍성하고도 영원한 생명의 표지가 되는 사람들과 공동체들로—가장 잘 조명될 것이다.

이 신적 관계의 우선성은 연합/일치가 근본적으로 해야 할 과제라기보다 주어진 선물임을 의미한다. 연합/일치는 하나님께 받는 것이며, 이미 그리고 항상 하나님 안에서 일어나는 현실로 들어가는 것이다. "우리 안에"의 공간적 이미지를 진지하게 받아들이면 우리가 온전히 환영받는 가족의 집이 있고, 아버지와 아들과 친밀하게 살 수 있는 장소가 있으며, 상호 공경과 소속과 사랑 가운데 영원히 거하는 곳이 있게 된다. 기본적인 과제는 이 선물과 선물 주시는 분을 신뢰하는 것이다. 연합/일치의 핵심 힘은 예배하고 사랑하는 삶이며, 우리가 함께 나누는 소통, 이해, 진리에서 그 에너지를 얻는다. 우리가 사랑하고 잘 아는 사람들은 우리 안에 거하고, 우리도 그들 안에 거한다.

궁극적 지향: 신뢰의 확산

세 번째 요소는 이 힘 있는 연합/일치의 외부 지향성이다. 아버지와 아들의 관계가 예수님의 파송으로 이어진 것처럼, 아들이 모은 공동체 역시 **세상으로 아버지께서 나를 보내신 것을** 믿도록 공동체의 경계 너머를 지향한다. 세상은 하나님의 사랑을 받는 동시에 하나님을 신뢰하는 일에 극심하게 저항하는 상태다. 예수님이 오심으로써 이 사랑과 저항이 만난다. 아들이 모은 공동체는 이 저항 너머를 바라보는 사랑과 신뢰를 몸으로 드러내고 예수님을 보내신 하나님 사랑의 표지로서 행동하도록 부름받는다.

"세상으로 믿게 하옵소서"라는 청원에는 제한을 두고 있지 않다. 따라서 예수님께서 하나님 마음에서 흘러나온 완전한 사랑으로 세상에 오셨다는 사실을 온 세상이 알고 신뢰하는 모습을 상상해 볼 수 있다. 이 같은 하나님에 대한 신뢰의 확산에는 어떤 시간표도 정해져 있지 않으며, 이것이 어떠한 형태로 나타날지는 미리 알 수 없다. 이는 예수님께서 (가장 가까운 제자들까지도) 놀라게 하신 일이 많았다는 것과 마찬가지이며, 성령이 "임의로" 부는 것(3:8)과도 같다. 그럼에도 그 지향하는 바는 분명하며, 핵심 명령 역시 분명하다. 즉, 예수님을 보내신 하나님의 생명과 사랑에 뿌리를 둔 사랑과 신뢰 속에서 하나 되는 것이다.

궁극의 선물: 함께 나누는 영광

이 생명과 사랑이 가장 강도 있고 풍성하게 넘쳐흐르는 것은 더할 나위 없는 **내게 주신 영광**이라는 말로 요약될 수 있다. 이것이 하나님의 궁극의 선물인데, 여기서 놀랍게도 예수님은 이것을 **"내가 그들에게 주었사오니"**라고 말씀하신다.

우리는 영광이 요한복음의 근본 현실 중 하나이며,[27] 예수님의 십자가

---

27 다음을 보라. Ford, "'To See My Glory'"; Ford, "Ultimate Desire"; 또한 1:14; 2:11; 11:4, 40; 12:28; 13:31-32에 관한 주석을 보라.

처형과 부활을 향해 가면서 영광의 현실화가 절정으로 치닫는다는 것을 보았다. 여기서는 부활 이후의 관점을 취하여 예수님이 영광을 이미 제자들에게 주셨다고 말씀하신다.

사랑 안에서의 궁극의 연합과 지향: 하나님, 공동체, 모든 피조물과 세상

그런 다음 예수님은 세 가지 핵심 요소를 다시 확언하신다. 곧 제자들이 연합한다는 것, 그 연합/일치가 아버지와 자신의 연합에 기반한다는 것, 그 연합/일치가 세상을 향한다는 것이다. **"이는 우리가 하나가 된 것 같이 그들도 하나가 되게 하려 함이니이다. 곧 내가 그들 안에 있고 아버지께서 내 안에 계시어 그들로 완전히**[온전함을 이루어] **하나가 되게 하려 함은 아버지께서 나를 보내신 것과 또 나를 사랑하심같이 그들도 사랑하신 것을 세상으로 알게 하려 함이로소이다."** 하지만 단순히 반복하신 것은 아니다. 기반은 같지만, 물결이 두 가지 면에서 더 나아간다.

첫째, "완전히[온전함을 이루어]"라는 단어의 궁극성이 있다. 이 단어는 '완벽히'로도 번역될 수 있다. 이 헬라어 동사 '텔레이운'τελειοῦν은 4:34, 5:36, 17:4에서 예수님이 아버지께 받은 사역(들)을 이루시는 것과 관련하여 사용되었다. 이와 연관된 명사 '텔로스'τέλος(목적/끝)는 마지막 만찬과 발 씻김과 고별 강론을 위한 머리글에 사용되었다. "세상에 있는 자기 사람들을 사랑하시되, 끝까지 사랑하시니라"(13:1). 그리고 관련된 동사 '텔레인'τελεῖν은 예수님께서 십자가에서 돌아가시기 전에 마지막으로 하신 말씀, "다 이루었다"(19:30)로 나올 것이다. 따라서 이는 예수님이 하나님의 뜻을 행하시고, 제자들을 사랑하시며, 자기 생명을 내어 주시는 일을 모두 관통하는 완성 내지 완전함에 관한 것이다. 이는 곧 완전한 연합/일치의 구현이다.

둘째, 이 기도에서 처음으로 사랑을 명시적으로 언급하신다. **또 나를**

사랑하심같이 그들도 사랑하신 것은 우리도 사랑의 극치에 이르렀음을 시사한다. 하나님의 영광만 나누어 주시는 게 아니라 하나님의 사랑도 나누신다. 그리고 나누신 그 사랑은 아버지께서 아들을 사랑하시는 궁극적이며 더할 나위 없는 사랑이다.

여기서 "그들"은 누구를 의미하는가? 예수님이 사랑받으신 것처럼 사랑받는 그들이 제자들인지 혹은 세상인지, 학자들 사이에서 견해가 갈린다. 내가 접한 해석은 대체로 제자들을 지지하지만, 세상을 의미할 수도 있다. 그리고 내 생각에 이 부분은 또다시 겹의미일 가능성도 있다. 3:16 말씀처럼 제자들과 세상 사이의 경계를 가로지르는 하나님의 사랑이 있다. 여기서의 비전은 경계가 이동하고 확장되는 것이다. 예수님이 하나님의 사랑을 자신들과 나누기 위해 보냄받으셨음을 더욱 많은 사람들이 인정하는 비전이다. 또다시, 예수님을 통해 하나님의 사랑의 선물을 아는 지식이 확산되는 데에 시간, 공간, 인원, 형태 등 어떤 제한도 두고 있지 않다.

그리고 "완전히\완벽히 [온전함을 이루에] 하나가" 되는 과정이 인간에게만 한정되지 않도록, 특히 오늘날과 같이 전 세계적인 환경 위기 시대에는 더더욱 주의해야 한다. 이 하나님은 모든 창조물을 사랑하신다. 이 예수님은 "만물이" 자신으로 "말미암아 지은 바 되었으니, 지은 것이 하나도 그가 없이는 된 것이 없는" 하나님 말씀이시다(1:3). 그런 분이 피조물—동물, 식물, 무기물 등—을 향한 돌봄을 관두실 수 있을까? 세상을 향한 하나님의 사랑이 모든 창조물을 끌어안지 않을 수 있을까? 인간의 운명이 다른 창조물의 운명과 분리될 수 있을까? 이 주석 전체에 걸쳐서 요한복음이 우리가 창조 세계를 더욱더 의식하고 지구와 조화롭게 지내도록 도움을 주는 방법들을 언급하였다. 이러한 방법들은 이제 요한복음의 궁극의 연합/일치의 비전에서 정점에 이르렀다. 이 연합/일치의 비전은 모든 피조물을 포함하지 않고서는 의미가 성립하지 않는다. 바로 이 연합/일치의 중심에 만물이 그로 말미암아 지은 바 된 분이 계시기 때문이다.

온 땅에 비치는 하나님의 영광은 하나님의 욕망과 뜻이 하늘에서 이루어진 것같이 땅에서도 이루어지는 데 중요하다. 해양 산성화, 종들의 멸종, 산림 파괴와 사막화, 오염된 공기, 그리고 수십억 인간은 물론 생태계와 동식물의 재앙인 기후 변화—이러한 것들은 (하나님과의 관계 및 사람들 사이의 관계가 틀어지는 것과 마찬가지로) 이 완벽한 연합/일치와 평화의 비전과 모순된다. 이러한 재앙은 풍성한 생명, 사랑, 하나님과 이웃과 만물과의 평화를 위해 열정적으로 욕망하고 기도하고 교제하고 행동할 것을 우리에게 촉구한다.[28]

궁극의 욕망: 영광, 사랑, 예수님과 함께함

"아버지여, 내게 주신 자도 나 있는 곳에 나와 함께 있어 아버지께서 창세전부터 나를 사랑하시므로 내게 주신 나의 영광을 그들로 보게 하시기를 욕망하옵나이다(원하옵나이다)."(글상자에서 트러헌의 글을 보라).

요한복음에서 예수님이 첫 제자들에게 처음 건네신 말씀은 "너희는 무엇을 찾느냐[구하느냐]?"(1:38)였다. 첫 제자들이 "랍비여, 어디 계시오니이까['메네인' μένειν: 거하다]?"라고 묻자, 예수님의 첫 명령은 "와서 보라"(1:39)라는 초대였다. 독자들은 이미 프롤로그에서 예수님의 궁극의 집이 "아버지 품속/마음"(1:18)임을 읽었다. 이제 예수님은 같은 제자들 곁에서 그들을 향한 자신의 궁극의 욕망을 표현하신다. 그것은 제자들의

---

28 이러한 문제들과 관련하여 포괄적이고 예언자적으로 요한복음을 읽는 다음을 보라. Daly-Denton, *John*.

> 무한한 결핍들이 충족되면 무한한 기쁨들을 낳는다. 그리고 무한한 기쁨들 자체는 그 기쁨들을 소유하는 데 있다. 충족된 욕망은 생명나무다.[a] 욕망은 무언가가 부재함을 함의한다. 즉, 부재한 것에 대한 욕구다. 하나님은 이 생명나무 없이 있으신 적이 없다. 하나님은 무한하게 욕망하셨지만, 이 나무의 열매들, 곧 이 나무가 낳는 기쁨들이 없으신 적이 없었다. 나는 당신을 이 세상에서 다른 세상으로 이끌어 당신이 자신의 결핍들을 배우게 해야 한다. 당신이 자신의 결핍을 발견하기 전까지 결코 행복할 수 없기 때문이다. 결핍 자체가 지복의 성스러운 계기이며 수단이기 때문이다.[b]
>
> — 토마스 트러헌

a. 잠언 13:12.
b. 다음 책에서 인용하였다. Inge, *Happiness and Holiness: Thomas Traherne and His Writings*, 128. 트러헌은 다음 책에 잘 드러나듯이 욕망에 관한 매우 웅변적이고 심오한 신학자다. Inge, *Wanting like a God: Desire and Freedom in the Work of Thomas Traherne*.

욕망이 **나 있는 곳**에서 자신들의 궁극의 거처를 발견하는 쪽을 향하도록 이끄는 것이다. 그들의 시선이 **나의 영광**을 보도록 이끄는 것이다. 그리고 만물을 낳고 유지하는 사랑의 관계에 모든 것이 기초하게 하는 것이다.

이렇게 이 기도는 여기서 요청의 태도에서 벗어나 권위 있는 '텔로' θέλω로 곧 "…를 **욕망하옵나이다**[원하옵나이다]"로, 다시 말해 "내 뜻은 …입니다"라는 힘을 지닌 선언으로 나아간다(따라서 약속으로 여겨질 수 있다). 그리고 앞선 물음들, 앞선 확언들(특히 일련의 "나는 있다/…이다" 진술들과 예수님과 아버지의 관계에 관한 모든 언급들), 욕망해야 하는 것들에 관한 앞선 상징과 개념들(예컨대 포도주, 물, 떡, 빛, 풍성한 삶, 기쁨, 평화, 사랑), 앞선 명령들("와서 보라"로 시작하여 발 씻는 모범을 따르고 친구를 위해 자기 목숨을 버리신 것처럼 사랑하라는 지시로 절정에 이른 명령들)을 사랑의 극치로 — 아버지와 아들이 그런 것처럼 하나님과의 사랑 및 서로 간의 사랑 안에서 누리는 완전한 연합과 교제로 — 끌어올린다.

이는 분명 궁극의 미래, 죽음 너머의 영원한 생명, 종말론적 성취에 관한 것이다. 그러나 결코 여기에 그치지 않는다. 예수님의 "나는 있다/…이다"는 하나님의 무소부재한 "나는 있다/…이다"와 하나이며, 예수님의 영광은 풍성한 생명과 희생적 사랑을 나타내는 여러 표적에서, 무엇보다도 십자가와 부활에서 드러난다. 이러한 점은 이어지는 장들에서 증언될 것이다. 죽음 너머의 궁극의 미래와 현재의 삶을 가르는 모든 분리는 예수님이 누구신지에 관한 "나는 있다/…이다"에 의해 상대화된다. 예수님의 "나는 있다/…이다"는 이제도 언제라도 "나는 있다/…이다"이며, 하늘에서와 같이 땅에서도 "나는 있다/…이다"이다.

궁극의 의미, 약속, 친밀함: 정의와 사랑의 하나님, 하나님이 누구신지 아는 것, 우리 안에 계신 예수 그리스도

"의로우신 아버지여, 세상이 아버지를 알지 못하여도 나는 아버지를 알았사옵고, 그들도 아버지께서 나를 보내신 줄 알았사옵나이다. 내가 아버지의 이름을 그들에게 알게 하였고 또 알게 하리니, 이는 나를 사랑하신 사랑이 그들 안에 있고 나도 그들 안에 있게 하려 함이니이다."

이제 결론부에서 하나님이 여섯 번 언급되는데, 이번에는 **의로우신 아버지**로 언급된다. "의로우신"('디카이오스' δίκαιος)은 성경 전체를 관통하는 용어다. 하나님에 관해 쓰일 때 이 용어는 특히 신적 정의와 심판을 내비친다. 이는 토라와 지혜와 선지자들의 메시지를 포괄하는 중요한 점이다. "의로우신"이 여기서는 **세상이 아버지를 알지 못하여도**라는 이어지는 말씀과 함께 독자들을 다시금 계속되는 드라마로, 예수님의 드라마이자 이후 제자들의 드라마로 이끈다. 이 드라마는 자신에 대한 재판과 심판, 그리고 자신을 심판하는 이들에 대한 심판에 다가가는 예수님에 관한 이야기이자, 이후 예수님을 따르는 사람들에 관한 이야기이다. 곧 그들이 직면할 오해와 반대와 시련, 그리고 자신들의 신실함을 시험할 중대한 결정에 관한 이야기이다. 사람에게 의로움이란 개인적인 것인 동시에 공적인 것이다. 하나님을 기쁘시게 하는 방식으로 살아가는 개인의 삶일 뿐만 아니라 법적, 사회적, 정치적, 국제적인 일들을 하나님의 정의에 맞게 수행하는 것이다—가난한 사람, 약자, 난민, 이민자를 돌보는 일도 여기에 포함된다.

 제자들을 향한 이 마지막 관심은 그들이 예수님에 관한 핵심 진리와 하나님이 누구신지에 관한 핵심 진리를 안다는 확신에서 비롯한다. **아버지께서 나를 보내신 줄** 알고 **아버지의 이름**을 안다는 것이다. 하지만 이러한 앎은 단번에 이루어지지 않는다. 계속 진행되고 성장한다. 더 많은 진리와 사랑에 열린 앎이다. 그리고 지속적으로 살아 있는 관계를 통해 주어지는 지식이다. 예수님은 자기편에서 이 관계를 지속하실 것을 약속하신다. **"또 알게 하리니."** 이는 인격적인 앎이며, 그 목표는 아들을 향한 아버지의 사랑의 질적 차원에 우리도 이르는 것이다. "이는 나를 사랑하신 사랑이 그들 안에 있고."

 여기서 하나님의 정체성, 곧 "아버지의 이름"은 예수님과 분리될 수 없다. 그것은 사랑과 신뢰 가운데 공유하는 것이다. 하나님 중심이 아닌 다른 정체성은 상대적인 것에 불과하다.

 마지막으로, **"나도 그들 안에 있게 하려 함이니이다."** 우리 안에 계신 예수님은 우리의 핵심 정체성이다. 예수님은 아시고 알려지시며, 친밀하게 사랑하시고 사랑받으시고, 그의 성령을 우리 안에 불어넣으시고, 공동체 안에서 우리를 하나 되게 하시며, 자신이 보냄받으신 것처럼 우리를 보내시고, 이와 같은 기도를 드리신다.

요한복음 18:1-40

체포와 재판

드라마의 절정을 위한 긴 준비가 끝났다.

   예수님과 제자들은 함께 모이곤 했던 동산으로 갔다. 유다는 군인들과 경비병들을 데리고 예수님을 체포하려면 그 동산으로 가야 한다는 사실을 알고 있었다. 예수님이 자신을 밝히시자 그들은 땅에 엎드러진다. 베드로는 대제사장의 종을 쳐서 그 귀를 베며 폭력적으로 저항하지만, 예수님은 그를 꾸짖으신다. 예수님은 결박당하시고 먼저 대제사장 안나스의 집으로 끌려가 심문받으신다. 안나스는 대제사장 가야바의 장인이다. 그다음 가야바에게 끌려가시고, 그 후 로마 총독 빌라도의 관저에 끌려가신다. 한편 베드로는 예수님의 제자인지 묻는 질문을 세 번 받는다. 그리고 세 번 다 부인한다. 빌라도는 유대 지도자들에게 예수님을 직접 심리하라고 설득하지만 실패한다. 그는 예수님이 유대인의 왕인지 묻는 것을 시작으로 직접 심문한다. 예수님은 "내 나라는 이 세상에 속한 것이 아니니라"(36절)고 말씀하시며 유대인의 왕이라는 칭호를 변혁하신다. 자신은 "진리에 대하여 증언하려"(37절)고 이 세상에 오셨다는 것이다. 빌라도는 예수님의 위법 사실을 찾지 못하고, 유월절 관례에 따라 그를 풀어 주자고 제안한다. 하지만 "유대인들"은 예수님이 아니라 강도 바라바를 놓아 주라고 소리친다.

이 장의 사건들을 단순히 나열했다. 하지만 이야기 전개 방식과 이전 장들이 쌓아 온 의미로 인해 이야기의 밀도가 높아진다. 이전 장들이 쌓은 의미가 요한복음 17장에서 기도를 통해 '절정 중의 절정'에 이르렀다. 이로써 18-21장의 사건들을 통해 이야기가 절정에 이를 채비가 갖추어졌다. 요한복음의 마지막 네 장은 예수님의 정체성과 사명이 드라마 최종화로 구현된 것으로 읽을 수 있다. 이 장들은 이전 장들의 핵심 요소들—말씀, 개념, 상징, 표적, 만남, 사건—에 결정적 내용을 부여한다. 동시에 이 장들은 계속되는 드라마를 형성하고 드라마에 영감을 준다. 후대 제자들이 이 의미에 주목함으로써 예수님의 영으로 호흡하며 더 많은 진리를 발견하고 더 큰 일을 행할 수 있도록 말이다. 요한복음 18장에는 그러한 핵심 요소 중 몇 가지가 사건, 행동, 대화를 통해 드라마로 구현되어 있다.

예수님은 누구신가는 이 장 전반에 걸쳐 나타난다. 특히 예수님이 체포되는 과정에서 세 번이나 "나는 있다/…이다"내가 그니라/나다라고 말씀하시는 데서, "아버지께서 내게 주신 잔을 내가 마시지 아니하겠느냐"라는 말씀으로 아버지와의 관계를 보이시는 데서(11절), "내 나라는 이 세상에 속한 것이 아니니라"라는 부정적 묘사에서(36절), "내가 이를 위하여 태어났으며 이를 위하여 세상에 왔나니 곧 진리에 대하여 증언하려 함이로라"라는 긍정적 자기 묘사에서(37절) 명시적으로 나타난다. 이러한 핵심 정체성에 관한 문제는 "나는 아니라"(25절)는 베드로의 반복적인 대답에도, "나는 유대인이 아니지 않느냐내가 유대인이냐?"(35절)라는 빌라도의 말에도 나타난다.

이 장 곳곳에서 그려지는 예수님은 연약하고 실패하기 쉬운 공동체로 제자들을 모으시는 분이시기도 하다. 예수님은 제자들을 익숙한 동산에 데려가신다. 그는 "내게 주신 자 중에서 하나도 잃지 아니"(18:9)하는 "선한 목자"(10:11)시나, 한 제자에게는 배신당하고 다른 한 제자에게는 부인당하신다.

예수님이 제자들을 넘어 나머지 세상 사람들에게 손을 내미시는 목적도 분명하다. 그 목적은 "한 사람이 백성을 위하여 죽는 것이 유익하다"(14절)는 가야바의 말을 인용함으로써 아이러니하게 암시된다. 또한 예수님께서 대제사장에게 "내가 드러내 놓고 세상에 말하였노라"(20절)라고 말씀하신 것과 빌라도에게 "이를 위하여 세상에 왔나니"(37절)라고 말씀하신 것에서 직접적으로 확인된다.

이러한 예수님의 목적과 예수님에 대한 반대는 불가분하다. 반대는 공생애 초기부터 쌓여 온 것이다. 이제 반대는 치명적인 절정을 향해 간다. 무장 군인들이 와서 예수님을 체포하고 결박한다. 유대와 로마 당국자들이 함께 온다(다음 장에서 이 협력은 더욱 발전할 것이다). 빌라도는 예수님이 "유대인의 왕"(33절)인지 하는 결정적인 종교-정치적 쟁점에 집중한다(이 역시 다음 장에서 강화될 것이다). 유대인 대적들은 사형보다 약한 처벌은 원하지 않는다는 점을 분명히 한다.[1] 요컨대, 예수님에 대한 묘사는 유대인과 로마인으로 대표되는 부정적 의미에서의 세상과 대비를 통해 선명해진다. 동시에 예수님의 제자들의 배신과 부인을 통해 부정성이 최고조에 이른다.

이전 장들로부터 요한복음 18장에 들어온 다른 중요한 요소로는 유월

---

[1] 이 장에서 죽음은 세 번 언급되고 마지막에 예수님이 아닌 바라바를 놓아 주라는 요구에도 암시된다.

절, 진리, 예수님의 음성을 듣는 것, 그리고 무엇보다도 심판이 있다. 재판 전체는 당연히 심판에 관한 것이다. 심판에 대한 요한의 접근법은 독특하다. 심판받는 자가 참 증인이자 참 심판자다. 이러한 설정은 이 장에서 시작되어 다음 장으로 이어진다. 그러나 더 광범위한 면에서 심판이라는 주제는 이전 장들을 여러 번 관통해 왔다. 요한복음 전체를 예수님을 중심으로 한 재판으로 읽을 수 있으며, 독자들은 예수님을 신뢰하느냐 거부하느냐에 따라 심판받고 있다.

이러한 요소들을 통합하는 것은 두 가지 보충적 강조다. 첫 번째는 초반에 등장하는 세 번의 "나는 있다/…이다"내가 그니라/나다이고, 두 번째는 후반에 예수님이 자기 사명을 요약한 "내가 이를 위하여 태어났으며, 이를 위하여 세상에 왔나니, 곧 진리에 대하여 증언하려 함이로라"(37절)다. 요한은 예수님은 누구신지와 예수님이 오신 의미를 중심으로 자신의 기록을 구성한다.

요한복음은 공관복음이 전하는 본질적 내용과 일치하게 이 이야기를 전한다. 예수님은 체포되셨고, 유다는 예수님을 배신했으며, 베드로는 예수님을 부인했다. 예수님은 유대 당국자들에게 심문받으셨고, 빌라도 앞에서 심문받으셨으며, 바라바가 예수님 대신 풀려났다. 그리고 핵심 쟁점은 예수님의 왕권이다. 네 복음서에는 차이점이 많다. 그래서 자료, 영향, 편집, 일어났을 일들에 대한 재구성 시도, 문학적·신학적 관심사라는 측면에서 네 복음서를 광범위하게 다루는 설명들이 있다. 나는 요한이 사건들에 대한 신뢰할 만한 증언을 제공하려 했고 또한 부활 후 성령 주도적으로 계속되는 예수님과의 관계를 통해 이를 수 있는 신학적 깊이를 열어 주려 했다고 본다. 이를 수행하면서 요한은 다른 고대 성경 저자들이나 일반 저자들과 마찬가지로 의미를 더 완전하게, 분명하게 하고자, 부활 전과 후의 진리를 함께 증언하며 세부 사항을 다듬었을 것이다.[2]

체포: "나다\내가 그니라"(18:1-12)

¹ 예수께서 이 말씀을 하시고 제자들과 함께 기드론 시내 건너편으로 나가시니, 그곳에 동산이 있는데 제자들과 함께 들어가시니라. ² 그곳은 가끔 예수께서 제자들과 모이시는 곳이므로 예수를 파는 유다도 그곳을 알더라. ³ 유다가 군대와 대제사장들과 바리새인들에게서 얻은 아랫사람들을 데리고 등과 횃불과 무기를 가지고 그리로 오는지라. ⁴ 예수께서 그 당할 일을 다 아시고 나아가 이르시되 "너희가 누구를 찾느냐?" ⁵ 대답하되 "나사렛 예수라" 하거늘, 이르시되 "내가 그니라" 하시니라. 그를 파는 유다도 그들과 함께 섰더라. ⁶ 예수께서 그들에게 "내가 그니라" 하실 때에 그들이 물러가서 땅에 엎드러지는지라. ⁷ 이에 다시 "누구를 찾느냐?"고 물으신대, 그들이 말하되 "나사렛 예수라" 하거늘, ⁸ 예수께서 대답하시되 "너희에게 '내가 그니라' 하였으니, 나를 찾거든 이 사람들은 보내라 [사람들이 가는 것은 용납하라]" 하시니, ⁹ 이는 "아버지께서 내게 주신 자 중에서 하나도 잃지 아니하였사옵나이다" 하신 말씀을 응하게 하려 함이러라. ¹⁰ 이에 시몬 베드로가 칼을 가졌는데 그것을 빼어 대제사장의 종을 쳐서 오른편 귀를 베어버리니, 그 종의 이름은 말고라. ¹¹ 예수께서 베드로더러 이르시되 "칼을 칼집에 꽂으라. 아버지께서 주신 잔을 내가 마시지 아니하겠느냐?" 하시니라. ¹² 이에 군대와 천부장과 유대인의 아랫사람들이 예수를 잡아 결박하여.

2 루돌프 슈낙켄부르크가 이 의도에 관한 것을 잘 포착한다. "요한복음 18장 12절에서 27절까지의 전체 부분이 복음서 저자와 전승의 관계를 보여 준다. 이 부분은 전승을 취하고, 전승을 숙고하고, 독자적인 방식으로 전승을 사용하여 그리스도의 모습을 그려 낸다. 복음서 저자는 역사를 정확히 복제하여 재현하는 일에 관심을 둔 게 아니라, 신학적으로 해석하는 데 관심을 두었다. 하지만 자기 마음대로 추정한 것은 아니다. 오히려 그는 자신의 전통을 뒷받침하는 것들을 고수한다. 왜냐하면 그에게 신앙의 그리스도는 역사적 예수가 아닌 다른 누군가가 아니기 때문이다"(*The Gospel according to St. John*, 3:240).

예수께서 이 말씀을 하시고 … 나가시니. 이는 말씀에서 행동으로—가르침과 기도에서 고난과 죽음과 부활과 제자 파송으로—옮겨가는 전환으로, 신학적으로 매우 중요하다. 몇몇 주석가는 요한복음 17장을 최고의 절정으로 보고 그 뒤 네 장의 중요성을 과소평가한다. 하지만 말씀이 육신이 되셨다는 점과 요한복음 대부분이 이야기 형식이라는 점에 비추어 볼 때 요한복음은 예수님의 십자가 처형과 부활이라는 "이 때"의 드라마에서 절정에 이른다는 점, 이는 예수님이 보냄받은 대로 제자들도 보냄받는 계속되는 드라마로 이어진다는 점을 고려하지 않으면 요한의 신학을 심히 오해하게 된다.

그래서 요한복음이 17장에서 사랑과 기도의 정점에 오른 것은 거기 머물기 위함이 아니다. 즉각적으로 배신, 폭력, 부인, 거짓, 불의, 종교와 관련된 힘의 정치, 고문, 무고한 자에 대한 처형이 가득한 세상으로 내려온다. 요한복음 17장의 사랑, 기도, 상호 내주는 그런 세상 속에서 구현되어야 하며, 요한복음 전체가 그런 식으로 예수님을 따르는 길을 고무하고 심화하는 데 기여한다. 요한복음 17장은 특히 바로 지금 일어나려고 하는 일에 대한 준비의 절정이며, 그 신학이 이 사건들과 분리되고 십자가에 달리시고 부활하신 예수님의 제자들을 통해 펼쳐지는 계속되는 드라마와 분리된다면 빈 껍데기나 현실 도피에 불과할 것이다.

요한이 기록한 예수님의 체포 내용에는 공관복음과 몇 가지 차이가 있다. 예를 들어, 유다가 예수님께 입 맞추는 장면, 모든 제자가 예수님을 버리고 달아나는 모습, 새벽에 벌어진 산헤드린 회의, 헤롯 앞에서 예수님이 심문받는 장면 등 공관복음 중 하나 이상에 포함된 내용을 생략하고 있다.

그러나 신학적으로 가장 주요한 차이는 '에고 에이미'(ἐγώ εἰμι), 즉 **"나다"**[I am: 나는 있다/…이다] 내지 **"내가 그니라"**에 대한 강조다(5, 6, 8절). "나다"로 번역할 때, 이는 부활 이후의 관점에서 본 마지막 네 장을 위한 머리말로 여겨질 수 있으며, 이 때에 관한 가장 중요한 현실, 곧 예수님이 누구신지를 가리킨다. 부활 이후의 관점에서 예수님은 **그 당할 일을 다 아시는** 분으로 묘사된다. 세 번 반복으로 "나다"("내가 그니라"라는 번역처럼, 그저 "내가 정말 나사렛 예수다"라는 자기 신원을 확인하는 의미도 될 수 있다)의 깊은 의미를 독자에게 암시하려는 저자의 바람은 놀라운 장면—**그들이 물러가서 땅에 엎드러지는지라**—으로 드러난다. 이는 신적 계시에 대한 전형적 반응이다. 요한복음을 공관복음과 나란히 놓고 읽으면 '에고 에이미'^{egō eimi}의 겹의미—하나님의 **나다**[나는 있다/…이다]와 하나인 인간 **나사렛 예수**—로 요약되는 예수님에 대한 요한의 신학적 의미가 강렬하게 다가온다.³

예수님이 체포당하고 결박당하고 재판받으시는 순간에도 주도권을 잡으시는 예는 이것 하나만이 아니다. 예수님은 자신을 체포하러 온 이들에게 나아가 말씀하신다. "**이 사람들은 보내라**[사람들이 가는 것은 용납하라]"⁴고 지시하신다. **아버지께서 내게 주신 자 중에서 하나도 잃지** 않을 능력이 있으시다. 베드로를 꾸짖으시는 "**아버지께서 주신 잔을 내가 마시지 아니하겠느냐?**"라는 물음은 겟세마네 동산에서의 예수님에 관한 공관복음의 기록을 되울리지만, 고뇌가 덜한 형태다.⁵ 여기서 독자들은 체포

3 '누구' 물음에 대한 강조는 예수님이 요한복음에서 첫 제자들에게 하신 첫 마디를 떠올리면 더욱 확연해진다. "너희는 무엇을 찾느냐[구하느냐]?"(1:38). 같은 동사를 사용한 같은 질문이 이제 '무엇' 대신 '누구'로 바뀌면서 반복된다. **"누구를 찾느냐?"** 부활하신 예수님은 나중에 막달라 마리아에게도 "누구를 찾느냐?"(20:15)라는 같은 질문을 하신다. 요한이 이 질문을 반복한 것은 이것이 요한복음의 핵심 질문임을 시사한다.
4 요한복음은 여러 번 유월절을 상기시키는데, "이 사람들은 보내라[사람들이 가는 것은 용납하라]"(let these men go)도 그렇다. 이는 모세가 이집트 탈출을 이끌며 반복적으로 말한 "내 백성을 보내라"(Let my people go)(출 5:1; 7:16; 8:20; 9:1, 13; 10:3)는 호소를 떠올리게 한다.
5 요한복음은 앞서 고뇌를 보여 주었다. 11:33, 35, 38; 12:27; 13:21에 관한 주석을 보라.

및 그 이후의 사건들을 신학적인 면에서 이해하기 위한 개념과 이미지를 얻게 되고, 또한 베드로에게 던지신 이 물음은 예수님과 아버지 사이의 상호 신뢰와 연합 관계라는 요한복음의 핵심 신학 진리를 나타낸다.

베드로가 폭력적으로 예수님을 지키려고 방어한 것은 하나님의 목적과 그 실현 방식을 이해하지 못한 행동이었다. 앞서 예수님이 그의 발을 씻기시지 못하게 거부했을 때처럼 말이다(13:8). 이 꾸짖음이 예수님을 위해 행해지는 모든 무장 폭력에 대한 비판을 시사하는가? 요한의 윤리는 모든 상황에 적용될 직접적인 명령을 내리기보다 독자들이 자기 상황에서 이야기를 성찰하도록 초대함으로써 작동하는 경우가 많다. 그럼에도 이 이야기의 취지는 예수님의 이름으로 폭력을 행사하라는 모든 호소에 강력한 제약을 가한다. 이러한 결론은 이후 빌라도 앞에서 예수님이 하신 말씀, 곧 "만일 내 나라가 이 세상에 속한 것이었더라면 내 종들이 싸워"(18:36)라는 말씀으로 더욱 굳어진다.

실제 체포 과정에서 로마 군인들과 유대 경비병들의 협력이 강조된다. **이에 군대와 천부장과 유대인의 아랫사람들이 예수를 잡아 결박하여.** 이는 당시 세계 최강의 군사력과 이스라엘에서 하나님의 특별한 임재 장소인 성전의 보안을 담당하는 이들의 공조다. 이들이 예수님을 잡은 결과는 두 집단 모두에 대한 심판이 될 것이다.

베드로의 부인: "나는 아니라"(18:13-18)

> ¹³ 먼저 안나스에게로 끌고 가니, 안나스는 그 해의 대제사장인 가야바의 장인이라. ¹⁴ 가야바는 유대인들에게 한 사람이 백성을 위하여 죽는 것이 유익하다고 권고하던 자러라.

15 시몬 베드로와 또 다른 제자 한 사람이 예수를 따르니, 이 제자는 대제사장과 아는 사람이라 예수와 함께 대제사장의 집 뜰에 들어가고, 16 베드로는 문밖에 서 있는지라. 대제사장을 아는 그 다른 제자가 나가서 문 지키는 여자에게 말하여 베드로를 데리고 들어오니, 17 문 지키는 여종이 베드로에게 말하되 "너도 이 사람의 제자 중 하나가 아니냐?" 하니, 그가 말하되 "나는 아니라" 하고, 18 그때가 추운 고로 종과 아랫사람들이 숯불을 피우고 서서 쬐니, 베드로도 함께 서서 쬐더라.

로마가 안나스를 대제사장직에서 해임했지만, 그와 그의 가족은 로마와 협력하여 계속 권력을 유지했고, 여전히 대제사장으로 불릴 수 있었다(22절). **한 사람이 백성을 위하여 죽는 것이 유익하다**는 가야바의 조언은 예수님을 죽이기로 결정한 산헤드린 회의에서 한 것이었다(11:47-53). 그런데 복음서 저자는 이를 "예수께서 그 민족을 위하시고, 또 그 민족만 위할 뿐 아니라 흩어진 하나님의 자녀를 모아 하나가 되게 하기 위하여 죽으실 것"을 가야바가 의도치 않게 예언한 것이라고 해석한다(11:51-52). 이는 요한복음 17장에서 예수님이 연합/일치를 위해 기도하신 내용과 부합하며, 예수님의 기도와 마찬가지로 이스라엘 너머로 범위를 넓힌다. 요한복음 11장에 나온 앞선 '재판'이 있으므로 저자는 산헤드린 앞에서의 공식 재판에 관한 공관복음의 기록을 건너뛸 수 있다. 또한 앞선 재판은 18:31에 예수님을 죽이려는 목적이 전제되어 있음을 설명해 준다.

대제사장을 알고 있어서 베드로가 뜰에 들어갈 수 있게 해 준 **또 다른 제자**는 누구일까? 예수께서 사랑하시는 그 제자에서부터 유다까지 다양한 추측이 있다. 만일 또 다른 제자가 사랑하시는 제자라면, 이는 요한복음의 목격자 자료가 성전 및 성전 절기들에 대해, 마리아와 마르다와 나사로와 같은 예루살렘과 그 주변 사람들에 대해 특별한 관심이 있었다는 점과 잘 들어맞는다. 또한 이는 요한복음 13장, 20장 21장에서처럼 베드로가 사랑하시는 제자와 짝을 이루어 나오면서 후자에게 유리하게 서술되는 또 다른 예일 것이다—여기서 베드로는 예수님을 부인한 후 사라지지만, 사랑하시는 제자는 십자가까지 예수님을 따라간다. 그러나 요한복음은 의도적으로 모호한 부분을 두어서 다른 해석이 가능하게 한다. 어쨌든 이 제자가 **대제사장과 아는** 사이라는 점을 두 번 반복하여 베드로가 거기에 있을 수 있었던 이유를 설명해 주는 것이 핵심일 것이다.

예수님이 체포될 때 세 번 "나다/내가 그니라"I am: 나는 있다/…이다 라고 하신 것은 베드로가 예수님의 제자임을 세 번 부인(17, 25, 27절)하는 중에 "**나는 아니라**"I am not 한 것과의 대조를 통해 더욱 강조된다. 요한복음을 다시 읽는 독자들은 이 부분을 부활하신 예수님과 베드로가 세 번 주고받는 말과 대조하게 될 것이다. "요한의 아들 시몬아 네가 나를 사랑하느냐?"(21:15-19).

또한 베드로의 부인은 예수님에 대한 안나스의 심문 앞뒤로 배치됨으로써 강조된다. 베드로는 거짓말을 하고, 안락하고 이기적인 선택을 한다(**쬐더라**가 두 번 반복된다[18, 25절]). 그는 예수님을 체포한 이들과 **함께 서** 있고, 말고를 공격한 책임을 지지 않으려고 한다(26-27절). 반면 예수님은 자신의 공개적이고 공적인 사역에 완전한 책임을 지시고, 얼굴을 맞고 결박당하는 극도로 불편한 길을 나서신다. 하지만 베드로도 용감하게 예수님을 따라 뜰로 들어갔고, 비록 잘못된 방법이긴 하지만 앞서 예수님을 방어하기 위해 위험을 감수했다.

심문받으심:
"내가 드러내 놓고 세상에 말하였노라"(19-24절)

> ¹⁹ 대제사장이 예수에게 그의 제자들과 그의 교훈에 대하여 물으니, ²⁰ 예수께서 대답하시되 "내가 드러내 놓고 세상에 말하였노라. 내가 모든 유대인들이 모이는 회당과 성전에서 항상 가르쳤고 은밀하게는 아무것도 말하지 아니하였거늘, ²¹ 어찌하여 내게 묻느냐? 내가 무슨 말을 하였는지 들은 자들에게 물어보라. 그들이 내가 하던 말을 아느니라." ²² 이 말씀을 하시매 곁에 섰던 아랫사람 하나가 손으로 예수의 얼굴을[예수를] 쳐 이르되 "네가 대제사장에게 이같이 대답하느냐?" 하니, ²³ 예수께서 대답하시되 "내가 말을 잘못하였으면 그 잘못한 것을 증언하라. 바른말을 하였으면 네가 어찌하여 나를 치느냐?" 하시더라. ²⁴ 안나스가 예수를 결박한 그대로 대제사장 가야바에게 보내니라.

대제사장은 예수님의 제자들과 예수님의 가르침에 관하여 물었으나, 예수님은 자신과 자신의 가르침에 대해 대답하신다. 헬라어 본문은 '에고'ἐγώ를 두 번 사용하여 예수님의 "내가"를 강조한다. **"내가 드러내 놓고 세상에 말하였노라. 내가 모든 유대인들이 모이는 회당과 성전에서 항상 가르쳤고."** 그런 다음 다시 마지막 위치에 '에고'ἐγώ를 사용하여 강조하면서 예수님의 대답을 맺는다. **"그들이 내가 하던 말을 아느니라"** — 헬라어를 문자 그대로 옮기면 "그들이 아느니라, 하던 말을, 내가"이다.

예수님 자신과 그의 가르침을 세상에 드러내 놓으셨다는 점 openness('파르레시아'παρρησία — 공적 접근성, 솔직함, 확신 있고 자유로운 소통)은 요한복음의 열린open 지평과 부합한다. 프롤로그에서 예수님은 하나님의 무제한적 소통인 하나님 "말씀"과 동일시되고, "모든 사람의[사람들의] 빛"인 "생명"을 포함하여 "만물이 그로 말미암아 지은 바" 된 분이다(1:3-4). 말씀이 취약한 육신이 되자 이 열린 소통이 취약하게 일어난다. 들어 달라고 호소해야 하며, 의문이 던져지고 검사받을 수 있으며, 확증되거나 반박될 수 있고, 환영받거나 거부될 수 있다.

예기서 예수님은 자신의 가르침에 대한 증인들의 확증에 호소하신다. 예수님은 확신 있게 역으로 대제사장을 심문하셨고, 이에 자극받은 **아랫사람 하나가 '예수의 얼굴을'**[예수를] 친다. 그런 다음 예수님은 정의에 호소하셨지만, 예수님의 질문은 답변받지 못했다.

예수님은 **결박한 그대로 대제사장 가야바에게 보내**진다. 요한은 독자들이 다른 출처를 통해 거기서 일어난 일들에 대해 알아낼 수 있다고 가정하는 것 같다. 왜냐하면 이를 건너뛰기 때문이다. 빌라도 앞에서의 재판에 (공관복음보다 길게) 집중하기 위해서 말이다.

다시 베드로: "나는 아니라" (18:25-27)

> 25 시몬 베드로가 서서 불을 쬐더니, 사람들이 묻되 "너도 그 제자 중 하나가 아니냐?" 베드로가 부인하여 이르되 "나는 아니라" 하니, 26 대제사장의 종 하나는 베드로에게 귀를 잘린 사람의 친척이라. 이르되 "네가 그 사람과 함께 동산에 있는 것을 내가 보지 아니하였느냐?" 27 이에 베드로가 또 부인하니, 곧 닭이 울더라.

베드로는 다시 예수님과의 관련성을 부인한다. 심지어 예수님이 동산에서 체포되실 때 베드로가 한 일을 목격한 증인 앞에서도 부인한다. 예수님이 하신 "내가 진실로 진실로 네게 이르노니, 닭 울기 전에 네가 세 번 나를 부인하리라"(13:38)는 예언이 성취된 것이다.

베드로는 복잡하고 양가적인 인물이다. 체포 과정에서 그는 용기와 오해를 동시에 보여 주었고, 여기서는 예수님을 따라가는 용기를 보여 주었지만 압박을 받자 실패자가 되었다. 앞서 그가 처음 제자가 되었을 때 예수님은 그에게 '반석'이라는 상징적인 이름을 주셨고(1:42), 오천 명을 먹이신 후 다른 제자들이 예수님을 떠날 때 베드로는 굳건히 서 있었다. 충성을 저버리지 않고 남았던 제자들을 대표하여 그는 예수님에 대한 근본적인 신앙을 고백했다(6:66-69). 마지막 만찬에서 처음에는 예수님이 자기 발을 씻기시는 것을 거부했다가, 지나치게 만회하려 했고, 이로써 예수님께 근본적인 가르침을 이끌어 냈다. 그 후 예수님이 자기 죽음이 임박했음을 암시하시자, 베드로는 예수님을 위해 자기 생명도 바치겠다고 약속한다. 그러나 예수님은 그에 대한 응답으로 세 번 부인할 것을 예언하신다. 베드로에 대한 어느 연구는 "용기로 가득하면서도 동시에 실패로 가득하다"고 그를 묘사한다.[6]

독자들은 그를 어떻게 여겨야 하는가? 베드로를 비롯한 복합적인 인물들(아마도 특히 니고데모, 우물가의 사마리아 여인, 도마)은 성숙한 신앙 발전에 영감을 줄 수 있을 것이다. 제자도의 복잡성을 인정하고 제자도의 다양한 형태, 함정, 도전을 계속해서 탐구하며 성찰할 필요를 인식하도록 고무하면서 말이다. 베드로의 회복은 요한복음 21장에서 사랑에 대한 예수님의 반복되는 심문, 계속되는 책임을 요구하는 부르심, 그리고 순교의 자리까지 가는 더 많은 시련이 있을 것이라는 예언의 형태로 진행된다. 요한복음은 예수님과 상호 작용하는 다양한 이야기와 인물을 제시함으로써, 단순히 '모든 사람에게 딱 맞는 천편일률적인' 신앙 실천에 저항하고, 신앙을 이상화하는 것도 거부한다.

---

6   Labahn, "Simon Peter," 167.

밖에서(1): 빌라도, 유대인, 예수님을 넘김(18:28-32)

²⁸ 그들이 예수를 가야바에게서 관정으로 끌고 가니 새벽이라. 그들은 더럽힘을 받지 아니하고 유월절 잔치를 먹고자 하여 관정에 들어가지 아니하더라. ²⁹ 그러므로 빌라도가 밖으로 나가서 그들에게 말하되 "너희가 무슨 일로 이 사람을 고발하느냐?" ³⁰ 대답하여 이르되 "이 사람이 행악자가 아니었더라면 우리가 당신에게 넘기지 아니하였겠나이다." ³¹ 빌라도가 이르되 "너희가 그를 데려다가 너희 법대로 재판하라." 유대인들이 이르되 "우리에게는 사람을 죽이는 권한이 없나이다" 하니, ³² 이는 예수께서 자기가 어떠한 죽음으로 죽을 것을 가리켜 하신 말씀을 응하게 하려 함이러라.

유월절을 기념하기 위해 어린양을 잡는 날 **새벽**이라는 시간적 강조(19:14, 31, 42에서도 다시 강조됨)에 **더럽힘을 받지 아니하고**자 하는 공간적 분리를 덧붙여 강조함으로써, 요한은 지금 벌어지고 있는 일을 이스라엘 역사에서 가장 중요한 사건의 맥락 두는 동시에, 유대 당국자와 로마 당국자 사이의 복잡한 관계가 나타날 무대를 마련한다. 재판은 빌라도의 **관정** 안팎을 오가는 움직임을 중심으로 구성된다.

빌라도는 **이 사람**('안트로포스' ἄνθρωπος)으로 불린 예수님께 제기된 **고발** 내용에 관해 묻는다. "이 사람"은 인간을 가리키는 말이다. 빌라도는 19:5에서 다시 "보라, 이 사람이로다!"라는 말을 사용한다. 예수님을 고발한 사람들은 "**이 사람이**('후토스' οὗτος: '이 자'—헬라어 본문은 '안트로포스' ἄνθρωπος가 아니라 '이 자/것' this에 해당하는 남성형 대명사로 되어 있다) **행악자가 아니었더라면 우리가 당신에게 넘기지 아니하였겠나이다**"라고 대답한다. 이는 예수님에 관한 사전 연락이 있었음을 전제하는 듯하다(이는 체포 당시 로마 병사들이 있었다는 사실과도 부합한다). 그 일부는 빌라도가 예수님께 한 첫 질문에 드러난다. 빌라도는 예수님이 "유대인의 왕"(33절)으로 고발되었다는 점을 알고 있었다. 그러나 이러한 반응은 유대 당국자들과 로마 당국자들 사이에 단순한 연락 이상의 관행적 공조가 있음을 내비친다. 재판 전반이 보여 주듯이, 그들에게는 군사적·정치적 힘의 균형이 빌라도에게 유리하더라도 함께 권력을 쥐고 있는 현 상태를 유지하려는 공통의 이해관계가 있다. 여기서는 빌라도가 그들의 판단을 신뢰할 것이라는 가정의 토대가 되는, 관계상 확신하는 부분이 있다. 이 확신하는 부분을 바탕으로 유대 당국자들은 빌라도에게 압력을 가하고 심지어 위협하기까지 한다(19:12-15).

그러나 유대 당국자들의 권한의 한계도 곧 밝혀진다. 빌라도는 **"너희가 그를 데려다가 너희 법대로 재판하라"**고 답하며 이 일에서 벗어나려고 한다. 이는 예수를 죽이기로 이미 결의하여 번복할 수 없는 이전의 결정(11:47-53)을 드러내고, 고발자들이 빌라도를 필요로 하는 이유도 보여 준다. **"우리에게는 사람을 죽이는 권한이 없나이다."**

재판은 이제 유대 및 로마의 권력과 협력이라는 틀에서 진행되도록 설정되었다. 하지만 요한의 전형적 서술 방식은 이 범주만이 유일한 범주가 되게 두지 않는다. 부활 이후의 관점을 지닌 서술자의 논평은 예수님과 그가 하신 말씀이 결정적인 의미의 틀이 되도록 설정한다. **이는 예수께서 자기가 어떠한 죽음으로 죽을 것을 가리켜 하신 말씀을 응하게 하려 함이러라.** 체포 때와 마찬가지로 재판을 받는 동안에도 이 틀이 반복적으로 강화된다.

안에서(1):
예수님과 빌라도의 왕권과 진리에 관한 대화(18:33-38a)

> ³³ 이에 빌라도가 다시 관정에 들어가 예수를 불러 이르되 "네가 유대인의 왕이냐?" ³⁴ 예수께서 대답하시되 "이는 네가 스스로 하는 말이냐? 다른 사람들이 나에 대하여 네게 한 말이냐?" ³⁵ 빌라도가 대답하되 "나는 유대인이 아니지 않느냐[내가 유대인이냐]? 네 나라 사람과 대제사장들이 너를 내게 넘겼으니, 네가 무엇을 하였느냐?" ³⁶ 예수께서 대답하시되 "내 나라는 이 세상에 속한 것이 아니니라. 만일 내 나라가 이 세상에 속한 것이었더라면 내 종들이 싸워 나로 유대인들에게 넘겨지지 않게 하였으리라. 이제 내 나라는 여기에 속한 것이 아니니라." ³⁷ 빌라도가 이르되 "그러면 네가 왕이 아니냐?" 예수께서 대답하시되 "네 말과 같이 내가 왕이니라. 내가 이를 위하여 태어났으며, 이를 위하여 세상에 왔나니, 곧 진리에 대하여 증언하려 함이로라. 무릇 진리에 속한 자는 내 음성을 듣느니라" 하신대, ³⁸ᵃ 빌라도가 이르되 "진리가 무엇이냐?" 하더라.

관정 안에서 빌라도가 주목한 것은 로마 제국과 관련된 중요한 쟁점이었다. **"네가 유대인의 왕이냐?"** "왕"('바실레우스' βασιλεύς)은 로마가 헤롯 같은 지방 통치자들을 일컬을 때 쓰던 말이었다. 로마의 임명을 받지 않고 스스로 왕이라 주장하는 것은 선동, 반역, 반란으로 여겨졌다. 최고의 왕은 로마 황제였다(19:15). 따라서 이는 예수님께 생사가 달린 물음이었다.

예수님은 안나스에게 그랬듯이 빌라도에게도 질문에 질문으로 답하신다. 예수님의 질문은 유대 당국자와 로마 당국자 사이의 민감한 관계를 파고든다. **"이는 네가 스스로 하는 말이냐? 다른 사람들이 나에 대하여 네게 한 말이냐?"

빌라도의 **"나는 …이 아니지"**I am not 라는 말은 현재 드라마에서의 핵심 정체성, 곧 로마 제국에 속한 정체성을 나타낸다. 이는 예수님의 "나다/내가 그니라"I am: 나는 있다/…이다, 제자 베드로의 "나는 아니라"I am not, 유대 당국자들의 갈등하는 정체성과 나란히 나온다—당국자들은 자기 백성과 성전을 보호하려면 예수님을 제거해야 한다고 확신하므로, 유월절을 종교적으로 지키면서도 결국 재판에서 절정의 순간에 "가이사 외에는 우리에게 왕이 없나이다"(19:15)라는 말로 대놓고 로마 편에 선다. 예수님은 물론이고 그들이 섬기는 하나님의 왕권에도 반대한 것이다. '예수님은 누구신가'가 요한복음 나머지 부분에서와 마찬가지로 재판에서도 핵심 쟁점이다. 다른 정체성과 헌신은 예수님에 대한 반응으로 시험되고 심판된다. 로마, 유대 당국자들, 베드로는 모두 이 재판을 진행하는 동안 심판을 받는다. 그들에 대한 최종 평결은 예수님의 부활이다. 부활은 예수님이 누구신가를 드러내며(예: "나의 주님이시요 나의 하나님이시니이다"[20:28]), 예수님의 비폭력적 힘과 권위의 비밀을 드러낼 것이다(예: "너희에게 평강이 있을지어다. … 손과 옆구리를 보이시니 … 성령을 받으라. 너희가 누구의 죄든지 사하면 …"[20:19-23]; "네가 나를 사랑하느냐?"[21:15-17에서 세 번 반복]).

예수님의 대답은 왕권에 대한 강한 주장이다—**내 나라**가 세 번 반복된다. 그러면서 동시에 왕권의 의미를 전환하신다. **"내 나라는 이 세상에 속한 것이 아니니라. … 여기에 속한 것이 아니니라."** 이는 때때로 정치나 경제 권력 같은 '세상적인' 문제와 무관한 내세적인, '영적인' 왕권을 의미한다고 여겨져 왔다. 혹은 공적 영역에서 행사되는 것이 아니라 사적이고 내면적인 것, 또는 정치와 구별되는 종교적인 것으로 여겨져 왔다. 이런 이해는 모두 옳지 않다. 예수님의 나라는 정치와 경제 권력,

사적 영역과 공적 영역, 종교와 정치 모두에 깊이 관여하시는 하나님으로부터 온 것이다. 요한복음 1장에서 맨 처음 예수님께 주어진 머리글 칭호 중 하나가 "이스라엘의 임금"이었고, 이는 "하나님의 아들"과 나란히 나온다(1:49). 예수님의 첫 공적 행위는 성전을 장사하는 곳으로 만든 데 대한 행동이었고, 이스라엘의 종교적·정치적 최중심지를 "내 아버지의 집"이라 주장하셨다(2:16). 또한 예수님은 "호산나! 찬송하리로다. 주의 이름으로 오시는 이, 곧 이스라엘의 왕이시여!"(12:13) 하는 환호를 들으며 예루살렘에 입성하셨다. 이 모든 것은 하나님의 왕권을 가리키며, 이는 이스라엘의 성경 곳곳에 스며 있다. 이는 공관복음이(그리고 요한복음이 3장이) 말하는 "하나님 나라" 내지 "하늘나라"에 관한 것이다. 요한복음이 이 용어를 생명과 사랑의 언어로 바꾼 것[7]은 내세성을 의미하는 것이 아니며, 사적인 것과 공적인 것 혹은 종교적인 것과 정치적인 것을 분리한다는 의미도 아니다. 정확히 그 반대다. 또한 왕권을 그저 미래의 일로 여기는 것도 거부한다. 예수님은 아버지께로부터 오셨고, 만물 창조의 통로인 말씀이 육신이 되셨으며, 자신이 보냄받으신 것처럼 자기 제자들을 세상으로 보내셨다. 이는 로마 당국자와 유대 당국자(둘 다 정치, 경제, 사법, 종교와 뗄 수 없는 관계다)의 권력과 같은 세속 권력이 직접적으로, 급진적으로 지금 이 세상에서 주님께 도전받는다는 의미다. 제자들의 발을 씻기셨고, 곧 사랑 때문에 굴욕과 고난과 십자가 처형을 겪으실 분으로 인해 세속 권력에 도전이 가해진다.

예수님의 힘은 또한 비폭력적 성격이 있다. **"만일 내 나라가 이 세상에 속한 것이었더라면 내 종들이 싸워 나로 유대인들에게 넘겨지지 않게**

---

[7] 3:1-21에 관한 주석을 보라. 거기서 첫 두 번의 물결은 나라의 언어로 표현되는데, 이는 (3:16에 압축적으로 표현된 것처럼) 생명과 사랑의 측면에서 표현되는 세 번째 물결에서 절정에 이른다.

하였으리라." 38절 하반절에서 빌라도가 내린 "나는 그에게서 아무 죄도 찾지 못하였노라"라는 평결은 그가 예수님께 어떤 폭력적 위협도 없다고 생각한다는 점을 보여 준다.

"그러면 네가 왕이 아니냐?" 는 질문이 자연스럽게 이어진다. 예수님은 빌라도가 이해한 범주를 그대로 수용하지 않고 자신의 의미로 채우신다. 예수님은 **진리에 대하여 증언하려고** 인간으로 **태어났으며** 하나님께로부터 **세상에** 오셨다. 이는 앞서 하셨던 풍성한 생명과 빛을 선사하려고 오셨다는 말씀[8]만큼이나 매우 강력한 사명 선언이다. "진리"는 요한복음에서 처음부터 반복되던 주제다. 예수님은 "은혜와 진리가 충만하시다(1:14; cf. 1:17); 진리는 하나님의 완전성이다("하나님이 참되시다" [3:33; cf. 8:26]); 하나님을 예배하는 자는 "영과 진리로 예배"해야 한다 (4:23-24); 진리는 해방한다("진리가 너희를 자유롭게 하리라"[8:32]). 이는 고별 강론에서 절정에 이른다. 고별 강론에서 예수님은 진리와 동일시되고("내가 곧 길이요 진리요 생명이니"[14:6]), 제자들은 "진리의 영"을 약속받는데(14:17), 진리의 영에 대해 예수님은 "그가 나를 위하여 증언하실 것이요, 너희도 … 증언할 것이다"(15:26-27)라고 말씀하신다. 제자들의 사명 전체가 이 진리에 대한 그들의 헌신, 곧 예수님의 사명 및 인격과 분리될 수 없는 진리에 대한 헌신의 측면에서 이해될 수 있다. "그들을 진리로 거룩하게 하옵소서. 아버지의 말씀은 진리니이다. 아버지께서 나를 세상에 보내신 것같이 나도 그들을 세상에 보내었고, 또 그들을 위하여 내가 나를 거룩하게 하오니, 이는 그들도 진리로 거룩함을 얻게 하려 함이니이다"(17:17-19).

---

[8] 예컨대 "내가 온 것은 양으로 생명을 얻게 하고 더 풍성히 얻게 하려는 것이라" (10:10); "나는 빛으로 세상에 왔나니, 무릇 나를 믿는 자로 어둠에 거하지 않게 하려 함이로라"(12:46).

> 모든 진리 위의 진리가 비추어 주지 않는 한
> 인간의 지성이 결코 만족할 수 없음을
> 나는 잘 압니다.
>
> 한번 그 진리에 이르면,
> 마치 자기 굴속 짐승처럼 거기에 자리를 잡는데,
> 그렇지 못하면 온갖 욕망이 무너집니다.[a]
>
> — 단테 알리기에리,《신곡: 천국편》, 제4곡, 124-29행
>
> a. 단테가 진리와 신학을 이해하는 방식에 관한 풍성한 논의로는 다음을 보라. Montemaggi, Reading Dante's Commedia as Theology. 특히 1장과 2장을 보라. 요한복음의 만남들과 단테 작품에서의 만남들을 서로 관련시키면 수많은 유사점과 상호 조명점이 있다.

요한복음에서 진리에 관한 언급들을 그 언급된 맥락에서 이해하면, 그래서 핵심 주제들(이를테면 말씀과 성령, 신뢰와 믿음, 봄과 앎, 빛과 생명, 창조와 구원, 증언과 심판, 평화와 사랑)과 연결되고 칠십인역 전체와도 공명하게 하면, 이 마지막으로 나오는 "진리"에 관한 언급은 하나님은 누구시며 예수님은 누구시고 제자들은 누구인지에 관한 깊은 현실과 예수님과 제자들의 사명을 하나로 아우르는 것으로 보인다. 특히 신뢰성, 신자의 소속, 절대적으로 믿을 만하며 권위 있는 증언과 진리가 공명하는 점이 두드러진다. 그리고 당연히 요한복음 저자는 이 진리는 여러분 독자들에게 지금 주어지고 있는 것(분)이라고 암묵적으로 말하는 중이다.

그러나 여기서 이 진리는 체포되고 결박되며 뺨을 맞고 재판받고 더 심한 일들을 기다리는 분 안에 구현되어 있다. 예수님은 자신의 왕권을 인정하시되, 자신이 권력, 지배, 권위에 관한 통념들에 근본적으로 도전하고 계신다는 점이 분명해진 상황에서야 비로소 인정하신다.

"무릇 진리에 속한 자['호 온 에크 테스 알레테이아스' ὁ ὢν ἐκ τῆς ἀληθείας: 문자 그대로 옮기면 '진리에서 온 자' the one who is from the truth로, 앞서 '이 세상에 속한 것이 아니니라' is not from this world ('우크 에스틴 에크 투 코스무 투투' οὐκ ἔστιν ἐκ τοῦ κόσμου τούτου)에 대한 긍정적 내용이다]**는 내 음성을 듣느니라."** 이 같은 진리가 지배적이라는 것은 어떤 의미인가? 그것은 예수님께 끊임없이 주의를 기울이는 소속과 핵심 정체성으로의 초대다. 요한복음은 이 초대를 전달하기 위해 쓰였다. 이는 초대이면서 동시에 결정을 요구하는 도전이다. 우리 마음을 끄는 수많은 음성 중 누구의 소리에 귀 기울이는 것이 가장 가치 있는가?

빌라도가 이르되 "진리가 무엇이냐?" 하더라. 이 질문에 대한 여러 해석이 있다. 진심으로 묻는 것인가? 철학적 질문인가? 진리를 찾을 가능성에 대한 체념이 서린 회의적인 질문, 냉소적인 질문인가? 빈정대며 일축하는 물음인가? 아니면 빌라도가 이 구절 후반부에서 내리는 진실한 평결을 위한 성찰의 순간인가?

빌라도의 동기에 주목하면 오해로 이어질 수 있다. 오히려 이 질문이 맥락 속에서 어떻게 작용하는지에 주목하는 편이 나을 것이다. 재판 드라마 속에서 빌라도의 동기나 어조가 어떻든, 이 순간이 진리에 부합하는 결과로 이어지지 않는다는 점은 명백하다. 진리와 제국의 정치는 함께 가지 못한다. 독자는 예수님께서 "내가 곧 … 진리요"(14:6) 하신 말씀을 들었으므로 여기서 아이러니를 보게 된다. 빌라도가 진리를 눈앞에서 마주하면서도 '누가' 진리인지 묻는 대신 '무엇이' 진리인지 묻고 있기 때문이다. 요한복음을 다시 읽는 독자들이 볼 때, 예수님이 체포당하실 때와 부활하시고 나서 물으신 자신에 관한 질문, 곧 "누구를 찾느냐?"(18:4, 7; 20:15)는 질문은 올바른 질문을 시사하고 있다. "진리가 누구냐?"

밖에서(2): "이 사람이 아니라 바라바라!"(18:38b-40)

> [38b] 이 말을 하고 다시 유대인들에게 나가서 이르되 "나는 그에게서 아무 죄도 찾지 못하였노라. [39] '그러나' 유월절이면 내가 너희에게 한 사람을 놓아주는 전례가 있으니, 그러면 너희는 내가 유대인의 왕을 너희에게 놓아 주기를 원하느냐?" 하니, [40] 그들이 또 소리 질러 이르되 "이 사람이 아니라 바라바라!" 하니, 바라바는 강도였더라.

빌라도는 법률 언어로 평결을 내린다. **"나는 그에게서 아무 죄**['아이티아'^{aitia}: 죄, 이유, 고발의 타당성]**도 찾지 못하였노라."** 이 순간부터 무죄 석방 말고 다른 어떤 결과도 부당함이 분명해진다. 빌라도가 이 평결을 세 번 내린다는 점(19:4, 6 참조)을 통해 평결의 중요성이 강조된다.

'그러나'—빌라도는 거기서 재판을 끝내지 않는다. 그는 **유월절 … 전례**를 따라 예수님을 놓아주겠다고 제안한다. 빌라도는 **유대인들**을 데리고 노는 것인가? 그들을 조롱하고 있는 것인가? 아니면 진심으로 제안하는 것일까? 유대인들이 예수님을 처형하고자 하는 의도를 분명히 드러낸 후인데, 예수님을 놓아주자는 제안을 그들이 받아들일 거라고 기대한 것일까? 아니면 체면을 세우기 위한 타협안을 제시하는 것일까? 반복하자면, 빌라도의 동기에 집중하면 핵심을 놓칠 수 있다. 요한복음에서 바라바 방면 이야기를 전달하는 방식은 세 공관복음과 여러 면에서 다르다. 훨씬 짧게 다룬다는 점에서(바라바가 실제로 풀려나는 장면도 다루지 않았다) 그 핵심이 '누구 대 누구'의 극명한 대비로 보인다. 즉, **유대인의 왕/이 사람** 대 **바라바/강도**가 극명하게 대비된다. 요한이 이 사건을 전달하는 방식은 예수님의 자기 백성이 예수님의 왕권을 거부하는 결연한 모습을, 그리고 빌라도가 그런 선택을 제안하는 것 자체가 부당함을 선명히 드러내는 것이다. 이 과정에 여러 아이러니가 있다. 제안과 선택이 결합되어 이 재판이 사법 정의에 관한 것이 아님이 드러난다는 사실, "바라바"라는 이름이 '아버지의 아들'을 의미한다는 점, "강도"('레스테스'λῃστής—요한복음에는 이 단어가 딱 한 곳에 더 나오는데, 10:1, 8이다. 여기서 선한 목자이신 예수님과 강도가 대비된다[9])인 바라바가 예수님을 대신하여 선택된다는 점이 그렇다. 한 생명을 다른 생명으로 대신하는 행위는 다양한 연결고리가 있다. 유월절에 잡는 어린양과 연결되고, "세상 죄를 없애시는[지고 가는] 하나님의 어린양"(1:29)이시자 "양들을 위하여 목숨을" 버리는 선한 목자(10:11)이신 예수님과도 연결된다. 또한 "하늘에서 내려온 살아 있는 떡"이신 예수님과도 연결된다. 예수님이 "줄 떡은 곧 세상의 생명을 위한 내 살"이다(6:51). 또한 희생과 속죄/화해 atonement 전통 전체와도 연결된다. 그리고 "한 사람이 백성을 위하여 죽는" 것(11:50; 18:14)과도 연결되고, "사람이 친구를 위하여 자기 목숨을" 버리는 것(15:13)과도 연결된다.

---

9   요한복음 10장에서 핵심 주제는 18:37에서와 같이 선한 목자이신 예수님의 음성을 듣는 것이다.

요한복음 19:1-42

정죄와 십자가 처형

이제 드라마의 최고 절정이 다가온다. 독자들은 요한복음이 시작되는 장부터[1] 지금까지 줄곧 이 절정을 맞을 채비를 하고 있었지만, 여기서

1 요한복음 1장을 다시 읽으면, 이 장을 읽을 준비를 갖추는 데 특히 도움이 된다. 요한복음 1장에서 특히 다음을 주목하라. (1) 예수님께 초점을 맞춘 감탄의 외침과 증언들("요한이 그에 대하여 증언하여 외쳐 이르되, '… 이 사람을 가리킴이라'"[15절]; "요한이 예수께서 자기에게 나아오심을 보고 이르되, '보라['이데'(ἴδε)], 세상 죄를 없애시는 [지고 가는] 하나님의 어린양이로다!'"[29절; cf. 36절의 '이데'(ἴδε)]; "요한이 또 증언하여 이르되, '내가 보매 성령이 비둘기같이 하늘로부터 내려와서 그의 위에 머물렀더라. 나도 그를 알지 못하였으나, 나를 보내어 물로 세례를 베풀라 하신 그이가 나에게 말씀하시되 성령이 내려서 누구 위에든지 머무는 것을 보거든 그가 곧 성령으로 세례를 베푸는 이인 줄 알라' 하셨기에, 내가 보고 그가 하나님의 아들이심을 증언하였노라' 하니라"[32-34절]; "우리가 메시아를 만났다"[41절]; "모세가 율법에 기록하였고 여러 선지자가 기록한 그이를 우리가 만났으니, 요셉의 아들 나사렛 예수니라"[45절]; "랍비여, 당신은 하나님의 아들이시요! 당신은 이스라엘의 임금이로소이다!"[49절]). (2) 근본적이고 무궁무진한 물음들("누구냐?"[19, 22절]; "너희는 무엇을 찾느냐[구하느냐]?"[38절]; "어디 계시오니이까?"[38절]). (3) 시각적 언어, 곧 증인들과 예수님의 시선이 담긴 언어("우리가 그의 영광을 보니"[14절; 또한 앞서 언급한 29, 32, 33, 36, 38절]; "예수께서 돌이켜 그 따르는 것을 보시고"[38절]; "와서 보라"[39, 46절]; "그들이 가서 계신 데를 보고"[39절]; "데리고 예수께로 오니, 예수께서 보시고"[42절]; "예수께서 나다나엘이 자기에게 오는 것을 보시고"[47절]; "네가 무화과나무 아래에 있을

새로 마주해야 할 것들도 많다. 곧 예수님의 죽음이라는 적나라한 사건을 마주하게 되고, 또한 예수님의 변혁적 의미에 대한 더 많은 단서를 접하게 된다.

초점은 계속해서 예수님이다. 이제 다음과 같이 감탄문과 시각적 언어로 초점이 더욱 강조된다. "유대인의 왕, 만세![유대인의 왕이여 평안할지어다]"(3절), "보라['이데' ἴδε] … 보라['이두' ἰδού], 이 사람이로다!"(4-5절), "십자가에 못 박으소서! 십자가에 못 박으소서!"(6절), "보라['이데' ἴδε] 너희 왕이로다!"(14절), "없애소서! 없애소서![없이 하소서! 없이 하소서!] 그를 십자가에 못 박게 하소서!"(15절). "나사렛 예수 유대인의 왕"이라고 적힌 십자가 위의 명패를 둘러싼 논쟁은 초점을 계속 이어간다. 그러다 예수님이 십자가에 달리시자 예수님을 향하던 초점이 예수님이 향하는 쪽으로 바뀐다. "예수께서 자기의 어머니와 사랑하시는 제자가 곁에 서 있는 것을 보시고 … 보소서['이데' ἴδε], '당신의' 아들이니이다. … 보라['이데' ἴδε] 네 어머니라"(26-27절) 하고 말씀하신다. 그리고 다음과 같은 삼중적인 최종 초점이 이어진다. 예수님의 목마르심, 예수님의 마지막 말씀—"다 이루었다", 예수님의 마지막 행동—"머리를 숙이고 '자기[문자적으로는 '그'] 영[또는 '성령']을 내주셨다'[영혼이 떠나가시니라]"(30절). 예수님의 죽음 장면에서 헬라어 본문의 마지막 단어는 "영"이다.

예수님이 죽으셨을 때는 강조가 비상하게 두드러진다. 찔린 몸에서

> 때에 보았노라. … 이보다 더 큰 일을 보리라. … 하늘이 열리고 … '너희가' 보리라"[48, 50-51절]). 그리고 이 모든 것이 (4) 포괄적 지평 안에 있다. 바로 "육신이 되어 우리 가운데 거하시"(14절)는 하나님 말씀을 중심으로 한 프롤로그가 열어 주는 포괄적 지평이다. 이 육신의 취약함과 필멸성; '영광, 하나님의 어린양, 성령, 메시아, 하나님의 아들, 이스라엘의 임금, 더 큰 일'의 의미; 예수님을 보는 방식과 예수님이 보시는 방식; 증언의 중요성; 무엇보다도 예수님은 누구신가—요한복음 1장의 이 모든 요소가 요한복음 19장의 절정에 이른 드라마에서 쟁점이 된다. 독자들은 요한복음 1장에서 암시만 되었던 방식보다 훨씬 더 선명하게 이 모든 것 속으로 끌려 들어간다.

"피와 물"이 쏟아지는데(34절), 신뢰할 만한 목격자가 이를 보았고 성경이 이를 확인해 준다는 것이다. 그리고 요한복음 19장 헬라어 본문의 마지막 단어는 "예수"다.

그런데 어떤 왕인가? 이 사람은 누구인가? 그 죽음의 의미는 무엇인가? 그의 영\성령은 무엇인가? 어떤 식의 봄이 요구되는가?

재판 마지막 장면에서 신학적 의미는 왕권과 권력에 집중되어 있다. 제국의 권력이 집중된 이 지역의 중심지에서 다른 형태의 권력이 드러난다. 채찍질당하고, 조롱받고, 뺨 맞고, 사형을 선고받고, 벗겨지고 십자가에 못 박힌 사람에게 권력이 구현된다. 황제의 대리자인 빌라도는 "두려워"하고(8절), 그의 권력은 철저히 상대화된다. "위에서 주지 아니하셨더라면 나를 해할 권한이 네게 없었으리니"(11절). 유대 지도자들은 예수님에 대한 증오가 있었고 또한 종교적·정치적 목적이 있었는데, 이로 인해 그들은 (그들이 가진 성경의 표현을 빌리자면) 우상숭배와 신성모독을 하게 된다. "가이사 외에는 우리에게 왕이 없나이다"(15절). 빌라도에게는 두려움이 있었고, 이로 인해 그는 증오에 굴복하며 본인의 판단과 배치되는 행동을 한다. "내가 그에게서 아무 죄도 찾지 못한 … 나는 그에게서 죄를 찾지 못하였노라"(4, 6절). 그러나 "예수를 십자가에 못 박도록 그들에게 넘겨주니라"(16절).

예수님이 십자가를 지고 골고다로 올라가시자 "그들이 거기서 예수를 십자가에 못 박았다"(18절). 십자가에 달린 명패를 둘러싼 논쟁은 십자가에 달린 왕이라는 스캔들을 강조한다. 군인들이 예수님의 옷을 나누는 장면은 시편 22편을 통해, 예수님의 몸마름은 시편 69편을 통해 해석된다.

요한의 십자가 처형 기록에서 단연 독특한 사건은 예수님, 그의 어머니, 예수께서 사랑하시는 그 제자 사이에 일어난 일이다. 그것은 사랑,

욕망, 예수님의 보심에 관한 것이다. 예수님은 그들이 함께 있는 것을 "보시고"(26절), 새로운 "집" 기반의 공동체로 그들을 연합시키셨다. 이 공동체는 "그때부터" 시작된 것이다(27절).

예수님 죽음의 최종성은 동사 '텔레인' τελεῖν의 이중 사용으로 강조된다. 이 동사는 '끝내다, 완성하다, 이루다, 마치다'를 의미한다. "예수께서 모든 일이 이미 이루어진 줄 아시고 … 이르시되 '다 이루었다' 하시고"(28, 30절). 이는 또한 관련 동사인 '텔레이운' τελειοῦν으로 강화된다. 이 동사는 '이루다, 완전하게 하다, 완성시키다'를 의미한다. 예수께서 "성경을 이루게[용하게] 하려 하사 이르시되 '내가 목마르다' 하시니"(28절). 이 짧은 장면은 원래 있던 성경과 공관복음과 요한복음의 앞 장들과 공명한다. "머리를 숙이고 자기 영[또는 '성령']을 내주셨다[머리를 숙이니 영혼이 떠나가시니라]"(30절). 예수님의 죽음에 대한 이러한 서술은 예수님의 죽음이 성령을 주시는 일로 이해될 수 있는 여지를 둔다.

예수님의 죽음 이후 요한복음의 기록에서 가장 독특한 사건은 "군인이 창으로 옆구리를 찌르니 곧 피와 물이 나오더라"(34절) 하는 것이다. 이 찔림, 뼈가 꺾이지 않음, 피와 물은 깊은 의미를 연다. 예수님의 왕권과 권력, 예수님의 어머니와 예수께서 사랑하시는 그 제자, 예수님의 목마름, 영\성령을 내주심 또한 그렇다.

아리마대 요셉과 니고데모가 예수님의 장사를 지낸 것은 왕권을 최종적으로 암시한다. 많은 양의 몰약과 침향은 풍성함을 나타내는 또 하나의 표징으로서 왕족임을 시사한다. 마지막 절은 또다시 유월절이라는 배경을 상기시킨다. 유월절 배경은 요한복음의 이야기와 신학에서 결정적으로 중요하다.

안에서(2):
예수님께서 채찍질당하시고 조롱당하시고 뺨을 맞으심(19:1-3)

¹ 이에 빌라도가 예수를 데려다가 채찍질하더라. ² 군인들이 가시나무로 관을 엮어 그의 머리에 씌우고 자색 옷을 입히고 ³ 앞에 가서 이르되 "유대인의 왕, 만세![유대인의 왕이여 평안할지어다]" 하며 손으로 때리더라.

예수님은 **채찍질**을 당했는데, 이는 잔혹한 형태의 고문이다. 게다가 **가시나무**를 예수님의 머리에 눌러 씌우고 **자색 옷**을 상처 위에 입힌다. 왕의 대관식과 권력 수여를 빗댄 조롱이 계속 이어지는데, 이는 아이러니하게도 왕권이라는 주제를 더욱 부각한다. 또한 예수님을 우스꽝스럽고 무력하게 드러냄으로써, 빌라도는 예수님이 정치적으로 위협적이지 않음을 보여 주는 동시에, 유대 지도자들이 예수님을 심각하게 여기는 태도 자체를 조롱하고 있다.

밖에서(3): "보라, 이 사람이로다!"
"그가 자기를 하나님의 아들이라 함이니이다"(19:4-8)

⁴ 빌라도가 다시 밖에 나가 말하되 "보라['이데'ἴδε], 이 사람을 데리고 너희에게 나오나니, 이는 내가 그에게서 아무 죄도 찾지 못한 것을 너희로 알게 하려 함이로라" 하더라. ⁵ 이에 예수께서 가시관을 쓰고 자색 옷을 입고 나오시니, 빌라도가 그들에게 말하되 "보라['이두'ἰδού], 이 사람이로다!" 하매, ⁶ 대제사장들과 아랫사람들이 예수를 보고 소리 질러 이르되 "십자가에 못 박으소서! 십자가에 못 박으소서!" 하는지라. 빌라도가 이르되 "너희가 친히 데려다가 십자

가에 못 박으라. 나는 그에게서 죄를 찾지 못하였노라." ⁷ 유대인들이 대답하되 "우리에게 법이 있으니, 그 법대로 하면 그가 당연히 죽을 것은 그가 자기를 하나님의 아들이라 함이니이다."

⁸ 빌라도가 이 말을 듣고 더욱 두려워하여.

빌라도는 예수님의 고발자들에게 예수님을 조롱받는 왕의 모습으로 보여 줌으로써, 예수님의 무죄를 다시 확인해 준다. **"보라**['이두'ἰδού], **이 사람**['안트로포스'ἄνθρωπος]**이로다!"** 라는 말은 여러 방식으로 들릴 수 있다. 빌라도에게, 이 사람은 자기 권력 아래 있는 자. 분명 보잘것없고 위협적이지도 않다. **대제사장들과 아랫사람들**에게, 이 사람은 자신들의 종교적·정치적 권력을 위태롭게 하는 자다. **그가 자기를 하나님의 아들이라** 하기 때문이다. 앞 장들을 읽은 독자들에게, 예수님은 이미 서두에서부터 "하나님의 아들"(1:34, 49)이자 "사람['안트로포스'ἄνθρωπος]의 아들"(1:51)이었다. 이제까지 예수님의 인성, 신성, 인성·신성의 상호 관련성은 사건, 행동, 만남, 강론, 상호본문, 저자의 해설을 통해 그 내용이 채워졌고, 예수님이 누구신지를 결정적으로 드러내는 이 "때"를 가리키는 수많은 암시가 있었다. 따라서 지금 나오는 묘사는 예수님의 놀랍고 독특한 정체성에 내용을 추가한다. 요한복음을 다시 읽는 독자들에게, 이 사람은 성령을 내쉬며 죽을 사람이자, 부활하여 "나의 주님이시요 나의 하나님"(20:28)으로 불릴 분이다. 공관복음을 알고 있는 독자들에게, 이는 요한복음의 매우 긴 빌라도 재판 기록의 독특한 특징 중 하나이며, 예수님을 대표적 인간으로 보면서 공관복음을 다시 읽어 보라는 초대다. 특히 모욕당하는 자들과 동일시되는 대표적 인간으로 보면서 다시 읽도록 초대한다. 칠십인역을 아는 독자들에게, 많은 공명점이 있겠지만(이를테면 창 3:22나 단 7:13), 가장 분명한 공명점은 사울을 이스라엘의 초대 왕으로

지명하시는 주님의 음성을 사무엘이 듣는 장면이다. "보라, '이 사람이다. 내가 네게 말한 사람이」[이는 내가 네게 말한 사람이니] 이가 내 백성을 다스리리라"(삼상 9:17).[2] 이는 결국 사울의 비극적 마지막으로 이어진다. 그리스도교 예술을 아는 사람들에게, 이는 수많은 그림에 영감을 준 상징적 순간이다.

이야기 속에서 빌라도는 예수님을 고발한 자들이 오랫동안 준비해 온 계획을 물거품으로 만들겠다고 위협하며 그들을 비웃고 있다 — 그는 사실 **"너희가 친히 데려다가 십자가에 못 박으라"**고 말하면서도 그럴 권한이 그들에게 없음을 알고 있었다. 따라서 그들의 입장에서 보면, 예수님을 십자가에 못 박기 위해서는 반드시 빌라도를 설득해야 한다.

고함치는 것으로 목적을 달성하지 못하자, 그들이 근본적으로 고발하는 내용을 제시한다. **"우리에게 법이 있으니, 그 법대로 하면 그가 당연히 죽을 것은 그가 자기를 하나님의 아들이라 함이니이다"** — 아마 이는 레위기 24:16, "여호와의 이름을 모독하면 그를 반드시 죽일지니"를 말하는 것으로 보인다. 이는 종교적 카드를 꺼낸 것이지만, 정치적 카드이기도 하다 — 그들에게는 종교 권력과 정치 권력이 불가분하기 때문이며, 빌라도 마찬가지로 로마 황제가 신적 신분을 주장하는 세계에 속해 있기 때문이다. **빌라도는 이 말을 듣고 더욱 두려워하였다.** 빌라도의 두려움은 단지 대제사장들이 율법 중심적 정체성과 빌라도와의 관계를 전부 걸고 이 요구를 강력히 밀어붙이면 이 지방 통치에 있어 동맹자인 그들이 자신에게 광범위하게 영향을 미칠 수도 있다는 생각이 들어서만은 아닐 것이다. 그의 두려움은 또한 자기 앞에 서 있는 예수님의 존재 자

---

[2] 칠십인역에서 이 문구는 "이두 호 안트로포스"(Ἰδοὺ ὁ ἄνθρωπος)다. 빌라도가 요한복음 19:5에서 사용한 것과 같은 문구다. 이 두 절을 제외하면 칠십인역이나 신약 어디에도 이 문구는 안 나온다.

체에서 비롯된 것일 수도 있다. 예수님은 이미 빌라도가 생각하는 범주로 분류당하기를 거부하셨다. 또한 자신의 비밀이 "이 세상에 속한 것이 아닌"(18:36) 나라에 있고, 자신의 정체성과 사명은 초월적 현실과 관련되며 초월적 기원이 있다고 암시하셨다. "내가 이를 위하여 태어났으며, 이를 위하여 세상에 왔나니, 곧 진리에 대하여 증언하려 함이로라"(18:37). 이는 빌라도에게 "진리가 무엇이냐?"(18:38)라는 열린 물음으로 남았다. 이제 빌라도는 기원의 문제로 되돌아간다.

안에서(3): 예수님은 어디서 왔는가?
권력은 어디서 오는가? 위로부터!(19:9-12)

> ⁹ 다시 관정에 들어가서 예수께 말하되 "너는 어디로부터냐?" 하되, 예수께서 대답하여 주지 아니하시는지라. ¹⁰ 빌라도가 이르되 "내게 말하지 아니하느냐? 내가 너를 놓을 권한도 있고 십자가에 못 박을 권한도 있는 줄 알지 못하느냐?" ¹¹ 예수께서 대답하시되 "위에서 주지 아니하셨더라면 나를 해할 권한이 '네게' 없었으리니, 그러므로 나를 네게 넘겨준 자의 죄는 더 크다" 하시니라. ¹² 이때로부터[이러하므로] 빌라도가 예수를 놓으려고 힘썼으나, 유대인들이 소리 질러 이르되 "이 사람을 놓으면 가이사의 친구가[충신이] 아니니이다. 무릇 자기를 왕이라 하는 자는 가이사를 반역하는 것이니이다."

"**너는 어디로부터냐?**"라는 질문은 요한복음 전체에 걸친 예수님에 관한 근본 물음이다. 때로는 이 물음 자체가 명시적으로 이야기되었지만(7:27-28; 8:14; 9:29), 보통은 "위로부터"나 아버지께서 보내셨다는 언급을 통해 이야기되었다. 따라서 독자들은 이미 그 답을 알고 있으며, 빌라도 또한 열린 마음만 가지고 있다면 답을 얻을 만큼 예수님께서 충분히 말씀해 주셨다. 예수님의 침묵은 빌라도가 자신의 **권한**('엑수시아'ἐξουσία: 권력, 권세)을 주장하게 만든다. 예수님은 이를 반박하지 않으시고 긍정하시되, 다시금 하나님 중심의 더 큰 현실을 확인해 주신다. **"위에서 주지 아니하셨더라면 나를 해할 권한이 없었으리니."** 신학적으로 이는 또다시 신의 행위와 인간의 행위 및 책임의 관계 문제를 제기한다. 여기서 분명한 것은 하나님께서 주신 것을 사람들이 어떻게 사용하느냐에 따라 책임을 지게 된다는 점뿐만 아니라, 죄에도 경중이 있다는 점이다. **"그러므로 나를 네게 넘겨준 자의 죄는 더 크다."** 그렇다면 이는 누구를 가리키는 말인가? 단수 "자"는 유다나 가야바나 안나스를 가리킬 수도 있으나, 이 맥락에서는 집단적 행위 주체로 유대 지도자들을 가리킬 수도 있다. 이런 애매함이 의도적일 수도 있다. 그러나 여기서 가장 주목할 점은 예수님이 피고인이신데도 오히려 재판장 빌라도와 예수님을 빌라도 앞에 세운 모든 책임자에게 "위에서" 심판을 선고하신다는 점이다.

이때로부터[이러하므로] **빌라도가 예수를 놓으려고 힘썼다.** 그러나 그가 왜 그랬는지는 설명되지 않았다. 한 가지 가능성은 예수님의 말씀이 빌라도에게 영향을 미쳤고, "너는 어디로부터냐?"라는 질문에 대해 하신 대답이 정치적 위협을 담고 있지 않다고 판단했기 때문일 것이다.

그러나 이때 고발자들은 마지막 비장의 카드를 꺼낸다. **"이 사람을 놓으면 가이사의 친구가**[충신이] **아니니이다. 무릇 자기를 왕이라 하는 자는 가이사를 반역하는 것이니이다."** 이로써 초점은 빌라도와 유대 지도자들의 관계에서 빌라도와 로마 황제의 관계로, 즉 지방 정치에서 제국 정치로 옮겨 간다. "가이사의 친구[충신]"는 실제로 빌라도가 가진 공식 호칭이었을 수도 있다. 그렇지 않더라도 "이 말"(19:13)이 담은 협박—황제에게 불충하며, 황제의 권위에 대한 직접적인 도전을 제거하지 않았다는 고

발—은 빌라도가 예수님을 처형하도록 설득한 결정적 요인이 된다.

밖에서(4): "보라, 너희의 왕이로다!"
"없애소서! 그를 십자가에 못 박게 하소서!"(19:13-16a)

> ¹³ 빌라도가 이 말을 듣고 예수를 끌고 나가서 돌을 깐 뜰(히브리 말로 가바다)로 불리는 곳에 있는 재판석에 앉아 있더라. ¹⁴ 이날은 유월절의 준비일이요 때는 낮 열두 시라. 빌라도가 유대인들에게 이르되 "보라, 너희 왕이로다!" ¹⁵ 그들이 소리 지르되 "그를 없애소서! 그를 없애소서![없이 하소서 없이 하소서] 그를 십자가에 못 박게 하소서!" 빌라도가 이르되 "내가 너희 왕을 십자가에 못 박으랴?" 대제사장들이 대답하되 "가이사 외에는 우리에게 왕이 없나이다" 하니, ¹⁶ª 이에 예수를 십자가에 못 박도록 그들에게 넘겨주니라.

재판석으로 **나가**는 것은 빌라도가 판결을 선고할 준비가 되었음을 알리는 신호다. **앉아 있더라**에 해당하는 헬라어는 흥미롭게도 중의적이다. 빌라도가 앉아 있다는 의미일 수도 있고, 빌라도가 예수님을 재판석에 앉혔다는 의미일 수도 있다. 겹의미는 이번 재판에서 예수님이 심판받는 자이면서 동시에 심판자이심을 시사한다.

이 순간이 결정적이라는 점은 장소를 두 가지 언어로 정확하게 부르고 시간을 명시함으로써 암시된다. 그**곳**은 **돌을 깐 뜰** 또는 **히브리 말로 가바다**다. 그리고 **이날은 유월절의 준비일이요 때는 낮 열두 시라**('호라 엔 호스 헥테' ὥρα ἦν ὡς ἕκτη: 문자적으로는 "때는 여섯 시쯤이라"). 이곳은 로마 권력의 자리이고, 이 시간은 유대력에서 가장 거룩한 때다. 바로 이 "날" 낮 "열두 시"(헬라어 원문상으로는 "때"라는 중요한 용어가 사용되었다)쯤이 유월절 어린양들이 죽임을 당하는 때다.

빌라도가 유대인들에게 이르되 "보라['이데'ἴδε]**, 너희 왕이로다!"** 여기서도 다시 여러 겹의 의미가 있다. 빌라도는 무력하게 굴욕당하는 이 초라한 인물을 유대인의 왕이라고 선포함으로써 유대인들을 조롱하며 굴욕감을 주는 것으로 보인다. 이에 대한 반응으로 사람들은 **"그를 없애소서!**['아론'ἆρον] **그를 없애소서!**['아론'ἆρον][없이 하소서 없이 하소서] **그를 십자가에 못박게 하소서!"** 하고 외쳤다. "그를 … 그를 … 그를" 자신들과 동일시하지 않으려고 격렬하게 거부하고 있다. 여기서 독자들은 예수님의 첫 증인인 세례자 요한이 예수님에 대해 처음으로 칭송했던 머리글을 회상하게 된다. "보라['이데'ἴδε], 세상 죄를 없애시는['아이론'αἴρων][지고 가는] 하나님의 어린양이로다!"(1:29). 유월절 어린양들이 잡히는 시간인 지금 이때, 같은 동사 '아이레인'αἴρειν(요한복음 전반에서 생명 및 죽음과 자주 연결되는 동사다.)[3]이 죄를 없애는 데 사용되었던 것처럼 예수님을 없애는 데 사용되고 있다. 공관복음의 독자들에게, 왕권이라는 주제는 하나님 나라나 천국의

---

3   19:15에서 "없애소서"[없이 하소서]로 번역된 동사 '아이레인'(αἴρειν)의 기본 의미는 '취하다, 짊어지다, 치워 버리다, 없애다'이다. 요한복음에서 이 동사가 생명 및 죽음과 연관되어 쓰이는 것은 예컨대 다음 구절들에서 확인된다. "내가 내 목숨을 버리는 것은 그것을 내가 다시 얻기 위함이니 … 이를 내게서 빼앗는(αἴρει) 자가 있는 것이 아니라, 내가 스스로 버리노라. 나는 버릴 권세도 있고, 다시 얻을 권세도 있으니"(10:17-18). 나사로의 무덤에서 예수님은 "돌을 옮겨 놓으라(ἄρατε)"(11:39)고 하셨고, 나중에 막달라 마리아는 예수님의 무덤에서 돌이 "옮겨진(ἠρμένον)(20:1)것을 보고는 예수님께 "사람들이 내 주님을 옮겨다가(ἦραν) … 내가 가져가리이다(ἀρῶ)"(20:13, 15)라고 말한다. 또한 나사로가 살아난 후에, 대제사장들과 바리새인들이 "로마인들이 와서 우리 땅과 민족을 빼앗아 가리라(ἀροῦσιν)"(11:48) 하고 말한다. 아리마대 사람 요셉은 "예수의 시체를 가져가기를(ἄρῃ)" 요청하고, 이후 "예수의 시체를 가져간다(ἦρεν)"(19:38). 공관복음에서는 이 말이 제자들이 십자가를 지는 데 사용되고(마 16:24; 막 8:34; 눅 9:23), 무리가 재판소에서 "이 사람을 없이하고"라고 외치는 데 사용되며(눅 23:18), 구레네 사람 시몬이 예수님의 십자가를 지고 가는 데 사용된다(마 27:32; 막 15:21).

개시 선포로 제시되었다. 반면 여기서 빌라도의 왕권 선언과 이에 대한 격렬한 반응은 예수님의 왕권과 인격에 대한 강조를 심화하고, 예수님의 고유한 권위가 십자가 처형과 연결되어 있음을 강렬하게 드러낸다. 칠십인역 독자들에게, 동사 '아이레인'αἴρειν은 신약과 이후 교회사 전반에서 예수님의 십자가를 이해하기 위한 열쇠 구절을 가리키는 단서 중 하나다. 즉, 십자가를 이해하기 위한 바탕으로 이사야 52:13-53:12의 고난받는 종 구절을 가리키는 단서다.[4]

빌라도는 **"내가 너희 왕을 십자가에 못 박으랴?"**라는 마지막 질문을 던진다. 이 질문은 십자가 처형과 왕권이라는 주제를 결합하여 **대제사장들**을 마지막으로 도발한다. 그들은 **"가이사 외에는 우리에게 왕이 없나이다"**라고 대답한다. 이 대답은 예수님에 대한 최종 거절일 뿐만 아니라, 메시아적 왕에 대한 믿음 자체를 거부한 것이며, 하나님이 왕이라는 신앙까지도 거부한 것이다. 그들이 빌라도를 설득해서 예수님을 십자가에 못 박은 순간에, 그들은 빌라도에게, 그리고 빌라도가 대리하는 가이사에게 굴복하고 만 것이다.

이에 예수를 십자가에 못 박도록 그들에게 넘겨주니라['파레도켄'

---

[4] 이는 주요 상호본문으로 이미 앞서 논한 바 있다(12:20-36a에 관한 주석 참조). 여기에서 특히 중요하게 고려할 점은 다음과 같다. 개시 선언인 "보라['이두'(ἰδού)]"; 높이 들림, 지극히 존귀하게 됨(glorification), 왕들, 믿음, 목마름, 심판, 불의, 죽음과 장례라는 주제들; 폭력적인 채찍질, 굴욕, 거절과 죽음이라는 고난을 당하는 사람('안트로포스'[ἄνθρωπος])인 종, 도살장에 끌려가는 어린양에 비유되는 종; 동사 '파라디도나이'(παραδιδόναι)의 삼중적 사용("넘겨준", "넘겨주니라", "내주셨다[떠나가시니라]"[이는 본문의 다다음 문단에서 논할 것이다]); 종이 다른 사람들과 그들의 죄를 위해 고난받는다는 점에 대한 전반적인 강조. 동사 '아이레인'(αἴρειν)은 이사야 53:8에 두 번 나온다. "그의 재판(justice)은 굴욕당하며 치워졌다. 누가 그의 후손에 대해 말할 것인가? 그의 생명이 땅에서 없어졌기 때문이다. 내 백성의 범죄로 말미암아 그가 죽음으로 끌려간 것이다"(칠십인역을 내가 문자적으로 옮겼다).

παρέδωκεν]. 넘겨준다는 것, 즉 '파라디도나이'παραδιδόναι는 이 이야기에서 핵심 행동이며, 이야기가 진행되게 하는 결정적 사건들의 표지다. 이 말은 유다의 배반에 대해 사용되었고(6:64, 71; 12:4; 13:2, 11, 21; 18:2, 5; 19:11[어쩌면 이 구절도 유다를 가리킬 수 있다]; 21:20), 대제사장들이 예수님을 빌라도에게 넘길 때(18:30, 35)와 예수님이 그들에게 넘겨질 때(18:36) 사용되었다. 그리고 지금 예수님을 십자가에 못 박도록 넘길 때 사용되고 있다. 그러나 가장 중요한 넘겨줌이 아직 남아 있다. 19:30에서 예수님이 "자기 영[또는 성령]"을 내주시는 것이다.

여기서 **그들에게**는 누구를 의미하는가? 아마도 의도적으로 애매하게 쓴 것일 수 있다. 문법적으로는 대제사장들을 가리키고, 이어지는 전개에서는 로마 군인들을 가리킨다.

십자가 처형(19:16b-18)

> ¹⁷ 그들이 예수를 맡으매,* 예수께서 몸소[자기의] 십자가를 지시고 해골(히브리 말로 골고다)이라 하는 곳에 나가시니, ¹⁸ 그들이 거기서 예수를 십자가에 못 박을새, 다른 두 사람도 그와 함께 좌우편에 못 박으니, 예수는 가운데 있더라.

그들이 예수를 맡으매. 맡겨지는 일 Being taken 은 예수님이 체포당할 때(18:12), 가야바에게 보내지실 때(18:24), 빌라도에게 끌려가실 때(18:28), 빌라도가 예수님을 채찍질할 때(19:1), 예수님을 재판석으로 데려갈 때(19:13)도 일어났다. 그러나 이러한 예수님의 수동성은 예수님의 능동적

* 옮긴이 주: 헬라어 성경과 저자가 사용한 NRSV는 여기까지가 16절이다.

이고 자기 결정적인 행위와 나란히 나온다. 체포 때도 그렇고 안나스와 빌라도 앞에 계셨을 때도 능동적이고 자기 결정적이셨다. 공관복음에서 구레네 시몬이 예수님을 도왔다는 이야기(마 27:32; 막 15:21; 눅 23:26)와 대조적으로, 여기서는 **몸소**[자기의] **십자가를 지시고**[5] 가셨다. 십자가 처형의 중요성은 처형 장소가 두 언어로 명명됨으로써 선명해진다.

그들이 거기서 예수를 십자가에 못 박을새. 네 복음서 모두 예수님이 실제로 십자가에 못 박히신 일을 단순하게 진술할 뿐, 그 이상의 묘사는 하지 않는다.

다른 두 사람도 그와 함께 좌우편에 못 박으니, 예수는 가운데 있더라. B. F. 웨스트콧은 예수님이 중심에 계신 것에 대해 이렇게 논한다. "그리스도는 고난받으시는 중에도 왕으로 드러나신다."[6]

명패(19:19-22)

[19] **빌라도가 패**['티틀로스'$\tau i \tau \lambda o\varsigma$]**를 써서 십자가 위에 붙이니, "나사렛**['호 나조라이오스'$\dot{o}$ $N\alpha\zeta\omega\rho\alpha\tilde{\iota}o\varsigma$] **예수 유대인의 왕"이라 기록되었더라.** [20] **예수께서 못 박히신 곳이 성에서 가까운 고로 많은 유대인이 이 패를 읽는데, 히브리와 로마와 헬라 말로 기록되었더라.** [21] **유대인의 대제사장들이 빌라도에게 이르되 "유대인의 왕이라 쓰지 말고, 자칭 유대인의 왕이라 쓰라"** 하니, [22] **빌라도가 대답하되 "'내가 쓴 것은 이미 내가 쓴 것이다**[내가 쓸 것을 썼다]**'"** 하니라.

---

5 '지다', '감당하다'라는 동사('바스타제인'[$\beta\alpha\sigma\tau\dot{\alpha}\zeta\epsilon\iota\nu$])에 대해서는 16:12-15에 관한 주석을 보라.
6 Westcott, *The Gospel according to St. John*, 274.

이 **패**(이에 해당하는 통상적인 헬라어 표현은 '에피그라페'^{ἐπιγραφή}로, 마가복음 15:26과 누가복음 23:38에서 이 대목에 사용된다)는 '티틀로스'^{τίτλος}(칭호 title)라고 하는데, 이는 라틴어 '티툴루스'^{titulus}에서 차용한 말이다. 이는 의미심장할 수 있는데, 왜냐하면 '호 나조라이오스'^{ὁ Ναζωραῖος}(나사렛 사람)가 성전 재건과 관련된 왕적인 메시아 칭호였을 수도 있기 때문이다. 이는 요한복음이 (요한복음의 첫 유월절 기간인 2:13-25에서) 예수님의 죽음·부활을 성전 파괴·재건과 연결하는 것과도 상통한다.[7] 그렇다면 이 명패는 예수님의 왕권을 강조할 뿐만 아니라, 예수님과 성전을 동일시하는 것도 강조한다(뒤에서 더 자세히 다룰 것이다). **히브리와 로마와 헬라 말**을 사용했다는 것은 지금 벌어지는 일이 로마 제국 세계 전체와 관련됨을 시사한다.

빌라도는 **대제사장들**과의 논쟁에서 이 칭호 수정 요구를 거부한다. 이는 빌라도에게, 대제사장에게, 저자에게 각각 다른 의미였다. 저자는 빌라도의 **"내가 쓴 것은 이미 내가 쓴 것이다**[내가 쓸 것을 썼다]**"**라는 말을 성경화한다.

예수님의 옷을 나누는 것과 시편 22편의 성취(19:23-24)

> [23] 군인들이 예수를 십자가에 못 박고, 그의 옷을 취하여 네 깃에 나눠 각각 한 깃씩 얻고 속옷도 취하니, 이 속옷은 호지 아니하고 위에서부터 통으로 짠 것이라. [24] 군인들이 서로 말하되 "이것을 찢지 말고, 누가 얻나 제비 뽑자" 하니, 이는 성경에

---

7 메리 콜로이가 "The Nazarene King"에서 이렇게 주장한다.

> "그들이 내 옷을 나누고,
>
>   내 옷을 제비 뽑나이다"
>
> 한 것을 응하게 하려 함이러라.
>
>   군인들은 이런 일을 하고.

군인들이 예수를 십자가에 못 박을 때 예수님은 벌거벗은 상태였지만, 본문은 이 점에 주목하지 않는다. 그 대신 군인들이 **그의 옷**을 가지고 무엇을 하는지에 초점을 두고 있으며, 이 장면 전체를 성경이 포괄하고 있다. 이 성경 구절은 시편 22:18(LXX 21:19)에서 인용한 것이다. 이 시편은 앞서 16:32와 관련하여 이미 논한 바 있다. 이 시편 시인은 하나님께 버림받았다는 울부짖음으로 시작한다. "내 하나님이여, 내 하나님이여, 어찌 나를 버리셨나이까?" 그리고 나서 시인은 과거, 현재, 미래를 오간다. 그는 과거를 돌아보며 감사한 기억을 떠올린다("오직 주께서 나를 모태에서 나오게 하시고, 내 어머니의 젖을 먹을 때에 의지하게 하셨나이다"). 그는 또한 현재를 직시하며, 생생히 묘사된 현재의 굴욕과 고난 속에서 고뇌하고 탄식한다("나를 보는 자는 다 나를 비웃으며", "나는 물같이 쏟아졌으며", "내 힘이 말라 질그릇 조각 같고 내 혀가 입천장에 붙었나이다. 주께서 또 나를 죽음의 진토 속에 두셨나이다", "악한 무리가 나를 둘러"). 그러면서 도와달라고 부르짖는다. 시인은 또한 확신에 차서 미래를 바라본다. 가난하고 고통받는 다른 이들과 더불어 하나님께 구원받을 것을 기대하고, 이스라엘의 모든 백성과 더불어 하나님을 찬양할 수 있기를 고대한다. 나아가 "땅의 모든 끝이 여호와를 기억하고 돌아오며, 모든 나라의 모든 족속이 주의 앞에 예배하리니"라는 말로 훨씬 광대한 확신을 드러낸다. 열방 위에서 다스리시는 하나님의 왕권을 찬양하고, 자신을 비롯하여 "진토 속으로 내려가는 자"가 하나님께 대하여 살 것을 신뢰한다. 마지막으로 미래 세대가 하나님을 섬기고, "아직 태어나지 않은 세대도 주님께서 하실 일을 말하면서 '주님께서 그의 백성을 구원하셨다' 하고"새번역 선포하는 모습을 꿈꾼다.

네 복음서는 모두 십자가 처형 장면에서 이 시편을 인용하는데, 강조점은 각기 다르다. 마가와 마태는 이 시를 여는 외침과 더불어 예수님이 조롱당하시고 옷이 벗겨지시는 것에 초점을 둔다. 누가는 조롱당하심에 초점을 둔다. 요한만이 옷을 나누는 내용을 직접 인용한다. 하지만 대개 그렇듯이 그가 암시하는 바는 훨씬 더 광범위하다. 시편 22편을 요한복음 및 공관복음의 십자가 처형 기록과 나란히 읽어 보면, 다음과 같은 점이 특히 인상 깊을 것이다. 요한복음이 버림받았다는 부르짖음을 생략한 점, 왕권이라는 주제와 열방 "위에서" 온 권세를 공관복음보다 더 강조한 점, 세 가지 독특한 사건과의 공명(예수님의 어머니와 관련된 사건, 목마르다는 외침, 예수님의 죽은 몸 옆구리에서 물이 흘러나온 점)이다. 요한의 기록은 오랫동안 깊이 시편과 공관복음에 몰입한 흔적을 담고 있으며, 독자가 이 셋을 서로 비교해 가며 다시 읽도록 초대한다. 이는 끝없는 과정이지만(그리고 다른 상호본문을 추가함으로써 더욱 풍성해질 수 있지만), 나는 여기서 자주 제기되는 한 가지 물음에만 집중하려 한다. 시편 22편과 마가복음 및 마태복음에는 버림받았다는 부르짖음이 나오지만, 요한은 이를 생략했다는 사실을 어떻게 이해해야 하는가?

첫 번째 쟁점은 요한이 정말로 생략했느냐 하는 점이다. 같은 시편의 중간 부분을 인용함으로써 그 부분이 암시될 수도 있지 않을까? 성경을 인용할 때 같은 본문의 나머지 구절도 암시하는 식으로 인용하는 것인지는 학자들 사이에서 논쟁이 되어 왔다. 일반적인 답이 무엇이든 간에 (아마 모든 경우에 들어맞는 답은 없겠지만, 인용문을 인용문의 맥락에서 읽는 것이 저자도 그랬을 법한 상식적인 일반 원칙이다), 시편 22편과 복음서 수난 이야기의 경우 모든 복음서가 이 시편을 인용하고 있고 인용문 외에도 여러 공명점이 있기 때문에, 이 시편 전체를 염두에 두고 있다고 가정하는 편이 매우 설득력 있어 보인다.

그럼에도 요한복음이 명시적으로 무엇에 초점을 맞출지 선택했다는 점은 여전히 중요하다. 나는 요한과 요한복음의 첫 독자들이 공관복음을 알고 있었다고 가정하기 때문에,[8] 그들은 마가가 증언하고 마태가 반복한 예수님의 큰 부르짖음을 접했을 것이다. 버림받았다는 날것 그대로의 외침을 접했을 것이고, 이어서 숨을 거두실 때의 외침도 접했을 것이다. 그들은 또한 누가가 이 부르짖음을 생략하는 대신 시편 31:5를 인용하여 "아버지, 내 영혼을 아버지 손에 부탁하나이다"(눅 23:46)를 넣은 것도 알 것이다. 곧 우리는 요한복음이 독특하게 담고 있는 예수님이 십자가 위에서 하신 말씀들을 살펴볼 것이다. 그런데 요한이 버림받았다는 부르짖음을 생략했다는 사실이 어떤 영향을 미칠까? 요한이 이를 생략했다고 해서 예수님의 고뇌를 간과한 것은 아니다—요한복음에서, 예수님은 나사로의 무덤 앞에서 "심령에 비통히 여기시고 불쌍히 여기사" 눈물을 흘리신 것(11:33-35) 외에도, 기도하시며 "지금 내 마음이 괴로우니"라고 부르짖으셨고(12:27), 배신에 직면하여 심령이 괴로우셨으며(13:21), 십자가 위에서는 "내가 목마르다"라고 말씀하신다(19:28). 이 생략이 가져오는 첫 번째 영향은 독자들이 시편 22편의 첫 절을 넘어서 이 시편의 다른 요소들까지 고찰하도록 자극하는 것이다. 이를테면 옷을 나누는 것, 어머니, 목마름, 물처럼 쏟아짐 같은 요소다. 하지만 이뿐만 아니라 이 시편의 더 넓은 지평도 있다. 이 시편은 하나님과 온 세상을 다스리시는 하나님의 왕권에 대한 근본 확신을 담고 있다. 만일 버림

---

[8] 설령 그들이 몰랐다 하더라도 우리는 공관복음을 알고 있지 않은가?

받았다는 부르짖음으로 전체 지평을 가득 채운다면 이 점을 놓치기 쉽다. 때때로 이를 놓치기도 하고, 특정 시기에는 아마 모두가 놓칠 수도 있다. 요한은 부활 이후의 관점을 취하고 있으며, 부활 이전과 부활 이후의 고난, 증오, 조롱, 불의, 그 밖의 시편 시인과 예수님을 비롯한 수많은 사람이 겪은 여러 일들에 대해서도 현실적으로 보고 있다. 버림받았다는 부르짖음을 생략하고 그 대신 요한복음은 자신이 초점을 둔 곳에 집중함으로써, 그러한 고난과 악이 결론이 아님을 확언하고 있는 것이다. 결론은 버림받았다는 절규가 향하는 분께 있다.[9]

예수님의 옷을 군인들이 나누어 취했다는 것은 선명한 세부 묘사다. 이 군인들이 예수님을 십자가에 못 박았다는 언급이 이 묘사를 도입하고, 이 묘사는 십자가 처형으로 하고자 했던 모욕과 굴욕을 상기시킨다. 굴욕은 채찍질과 조롱과 십자가에 못 박혀 벌거벗은 채 달려 있음으로써 이미 가해졌으며, 바로 이어지는 내용에서는 신학적으로 매우 중요하다.

"여자여, 보소서. 당신의 아들이니이다", "보라, 네 어머니라"(19:25-27)

> [25] 예수의 십자가 곁에는 그 어머니와 이모와 글로바의 아내 마리아와 막달라 마리아가 섰는지라. [26] 예수께서 자기의 어머니와 사랑하시는 제자가 곁에 서

---

[9] E. C. 호스킨스는 예수님의 마지막 말씀에 관한 자신의 논의를 다음과 같이 맺는다. "따라서 마태-마가복음의 나의 하나님, 나의 하나님, 어찌하여 나를 버리셨나이까와 요한복음의 다 이루었다는 같은 의미다. 전자는 시편의 첫 구절을 인용함으로써 시편 전체를 포함하는 반면, 후자는 그 의미를 요약해 주므로 오해의 소지가 더 적다"(The Fourth Gospel, 531).

있는 것을 보시고, 자기 어머니께 말씀하시되 "여자여, 보소서['이데'ἴδε]. 당신의 아들이니이다" 하시고, ²⁷ 또 그 제자에게 이르시되 "보라['이데'ἴδε], 네 어머니라" 하신대, 그때부터 그 제자가 자기 집에 모시니라.

여성 네 명과 남성 한 명이 십자가에 달리신 예수님 가까이에 있다.¹⁰ **글로바**는 누가복음에서 부활하신 예수님이 엠마오로 가는 길에 두 제자와 함께하셨다는 기록에 나오는 글로바와 동일 인물일 수도 있다. **글로바의 아내 마리아**는 그 두 제자 중 나머지 한 명일 가능성이 있다(눅 24:13-35). 막달라 마리아는 요한복음에서는 이 시점에 처음 등장한다. 나중에 요한복음 20장의 부활 이야기에서 핵심 역할을 할 것이다. 따라서 이 두 여인은 **예수**와 그의 **어머니**와 예수께서 **사랑하시는 제자** 사이에 오간 중대한 말씀의 증인이다.

어떤 점에서 왜 중요한가?

- 이 일은 **그때** 일어났다. 요한은 독자들이 계속해서 이때를 준비하게 했다. 예수님이 "첫 표적"(2:11)을 행하시기 전에 자기 어머니께 "내 때가 아직 이르지 아니하였나이다"(2:4)라고 말씀하신 이래로, 요한은 이때를 맞이하도록 독자들을 계속 준비시켰다. 십자가에 달리신 예수님은 지고의 표적이다.¹¹ 이는 1장부터 시작하여 복음서

---

10 학계에서는 여성이 총 몇 명인지에 관한 논쟁이 있다. 나는 네 명이라고 본다(옮긴이 주: NRSV 본문은 이모와 글로바의 아내 마리아를 동격으로, 즉 "이모인 글로바의 아내 마리아"로 옮긴다).

11 요한복음에 기록된 예수님의 죽음에 관한 학술 저술이 쏟아져 나왔다. 그중 다수는 여러 해 전 R. H. 라이트풋이 썼던 바와 같이 "십자가 처형은 성 요한에게 의심할 바 없이 모든 표적 중 가장 위대한 표적이었다"는 점에 대해 상당한 의견 일치를 보인다. 이 인용문은 힐베르트 판 벨러의 권위 있는 논문 "The Death of Jesus and the Literary

전체에 걸쳐 암시되어 있다(각주 1 참조).

- 예수님이 십자가에서 "들리신" 것은, 하나님이 세상을 사랑하셔서 구원하시려고 자신의 독생자를 주셨다는 요한복음의 핵심 메시지(3:14-17)에 필수적인 요소다. 또한 예수님은 누구신가에 관한 결정적인 계시이기도 하다("너희가 사람의 아들을 든 후에 내가 그인 줄['에고 에이미' ἐγώ εἰμι]을 알고"[8:28]). 그리고 들리심은 어떻게 예수님이 사람들을 자신에게로 끌어당기시는지에 관한 비결이다("내가 땅에서 들리면 모든 사람을 내게로 이끌겠노라"[12:32]). 이제 그 들리심이 마침내 일어났고, 이 들리심의 자리에서 예수님이 하신 첫 말씀은 십자가에 이끌린 사람들을 새로운 공동체로 묶으신다.

- 특히 고별 강론은 예수님의 임박한 죽음의 핵심 의미, 즉 사랑을 다룬다. 고별 강론은 이렇게 시작한다. "예수께서 자기가 세상을 떠나 아버지께로 돌아가실 때가 이른 줄 아시고, 세상에 있는 자기 사람들['투스 이디우스' τοὺς ἰδίους]을 사랑하시되, 끝까지 사랑하시니라"(13:1). "자기 사람들" 중에서도 자기 사람이라 할 만한 이가 바로 "자기의

Unity of the Fourth Gospel"(p. 13)에 나온다. 이 논문에서 그는 이 주제에 대한 학문적 논의를 진척시킨다(예수님이 행하신 표적에 관한 요한복음 20:30-31의 요약적 진술이 왜 십자가 처형과 부활까지 포함하는 말로 여겨져야 하는지를 보여 주고, 나아가 "십자가가 요한복음에서 가장 탁월한 표적[the sign par excellence]임을 받아들일 수 있는가? 요한복음과 관련해서 '십자가의 표적'이라고 말하는 것이 옳은가?" 하는 식의 문제들에 관해 마땅히 긍정적인 답변이 나와야 함을 보여 준다)(p. 14). 그는 "요한복음에 기록된 예수님의 죽음에 관한 최신 연구"를 유용하게 개관하는 부록도 실었다(pp. 43-64). 이 방대한 분량의 논문 모음집에는 요한복음에 기록된 예수님의 죽음의 의미에 관해서 내가 볼 때 가장 도움이 되는 외르크 프라이의 다음 글도 있다. "Edler Tod—wirksamer Tod—stellvertretender Tod—heilschaffender Tod"(이 논문의 제목 전체를 번역하면 다음과 같다. "고귀한 죽음—효력 있는 죽음—대리적 죽음—속죄적\죄셋는 죽음: 요한복음에서 예수님의 죽음이 갖는 서사적, 신학적 의미에 관하여")(pp. 65-94).

어머니"와 13장 뒷부분에서 예수님의 가슴에 기댄 모습으로 처음 등장한 "사랑하시는 제자"일 것이다. 그리고 여기서 "자기 집에"에 해당하는 헬라어는 이와 연관된 표현인 '에이스 타 이디아'εἰς τὰ ἴδια 다.[12]

- 요한복음 13장에서 예수님이 노예처럼 제자들의 발을 씻기신 일은 십자가라는 표적을 나타내는 표적/표징이다. 십자가 위에서 이제 예수님은 로마인들이 특히 노예들에게 가했던 굴욕적인 죽음을 겪고 계신다. 그리고 발을 씻기신 사건의 마지막 문장은 이렇다. "내가 진실로 진실로 너희에게 이르노니, 내가 보낸 자를 영접하는['람바논'λαμβάνων] 자는 나를 영접하는['람바네이'λαμβάνει] 것이요, 나를 영접하는['람바논'λαμβάνων] 자는 나를 보내신 이를 영접하는['람바네이'λαμβάνει] 것이니라"(13:20). 이 구절을 이 십자가 장면과 나란히 놓고 읽으면, 예수님의 어머니가 예수께서 사랑하시는 그 제자를 영접하는/받아들이는 일과 그 제자가 예수님의 어머니를 영접하는/받아들이는 일의 더 깊은 의미를 엿볼 수 있다—**그 제자가 자기 집에 모시니라**['엘라벤'ἔλαβεν: 영접하다, 받다]는 같은 동사 '람바네인'λαμβάνειν을 사용한다.[13] 십자가상에서의 이 사건은 예수님과(따라서 예수님의 아버지와) 맺는 함께하는 사랑의 관계 안에서 서로를 받아들이면서 새로운 종

---

12 이 두 용어는 프롤로그에서도 사용되었다. "자기 땅에[또는 '자기 집에': '에이스 타 이디아'(εἰς τὰ ἴδια)] 오매 자기 백성이['호이 이디오이'(οἱ ἴδιοι)] 영접하지 아니하였으나"(1:11).

13 받음/영접은 보냄과 줌과 마찬가지로 요한복음에서 핵심 행위다. 이 세 행위는 모두 프롤로그에 처음 나온다. 프롤로그에서 '람바네인'(λαμβάνειν)과 가족 언어 및 가족을 넘어선 언어("하나님께로부터 난" 하나님의 자녀와 같은)를 사용한 것은 여기 십자가에서 일어난 일에 특히 중요하다. "영접하는['람바네인'(λαμβάνειν)] 모든 자, 곧 그 이름을 믿는 자들에게는 하나님의 자녀가 되는 권세를 주셨으니, 이는 혈통으로나 '육신의 뜻'[육정]으로나 사람의 뜻으로 나지 아니하고 오직 하나님께로부터 난 자들이니라"(1:12-13).

류의 가족이 창조되는 사건이다.¹⁴
- 고별 강론에서 사랑의 섬김에 관한 가르침은 더 심화된다. 예수님은 다른 사람을 위해 목숨을 바치는 우정을 말씀하신다. "사람이 친구를 위하여 자기 목숨을 버리면 이보다 더 큰 사랑이 없나니"(15:13). 그리고 십자가 곁에 있는 예수께서 사랑하시는 그 제자는 그런 친구를 대표한다.
- 그다음 심화와 고조의 절정이 나온다. 다음 날 있을 자신의 죽음을 내다보시는 예수님의 요한복음 17장 기도에 나타난다. 그 기도에는 예수님과 아버지, 그리고 그들을 사랑하고 신뢰하는 사람들 사이의 상호 소속에 관해 더할 나위 없는 확언이 담겨 있다. "내 것은 다 아버지의 것이요 아버지의 것은 내 것이온데, 내가 그들로 말미암아 영광을 받았나이다"(17:10). 이 기도는 궁극의 연합을 욕망하는데, 이 연합은 또한 서로 마주 보는 가운데 영광과 사랑 안에서의 연합이다. "아버지여, 내게 주신 자도 나 있는 곳에 나와 함께 있어 아버지께서 창세전부터 나를 사랑하시므로 내게 주신 나의 영광을 그들로 보게 하시기를 욕망하옵나이다[원하옵나이다]"(17:24). 여기 십자가에서 그 욕망이 성취되고 있다. 예수님께 주어진 두 사람, 곧 어머니와 사랑하시는 제자가 십자가에서 예수님의 영광을 본다. 이 영광은 하나님의 사랑에 뿌리를 두고 있다. 그리고 그 결과 "'당신의' 아들"과 "네 어머니"라는 친밀한 상호 소속이 이루어진다.

그런데 예수님께서 이 말씀을 **십자가에서** 하신 것이 어떤 점에서 중

---

14 또한 이후 20:11-18에 관한 주석에서, 부활하신 예수님께서 막달라 마리아에게 처음으로 하나님이 "내 아버지 곧 너희 아버지"라는 말씀을 하신 부분을 참조하라.

요한가? 나는 언젠가 라르슈 공동체의 국제 연맹 창설자인 장 바니에에게 이 점에 대해 물은 적이 있다. 라르슈는 심각한 학습 장애가 있는 사람들과 그렇지 않은 사람들이 가족과 같은 가정에서 함께 사는 공동체다.[15] 그는 그것이 라르슈 공동체와 어떤 관련이 있는지에 대해 이야기했다(글상자에서 바니에의 글을 보라).

"내가 목마르다"(19:28-29)

> [28] 그 후에 예수께서 모든 일이 이미 이루어진 줄 아시고, 성경을 이루게[응하게] 하려 하사 이르시되 "내가 목마르다" 하시니, [29] 거기 신 포도주가 가득히 담긴 그릇이 있는지라. 사람들이 신 포도주를 적신 해면을 우슬초에 매어 예수의 입에 대니.

십자가 처형이라는 이 고통과 번민의 순간에도, 요한복음은 18-19장 전체와 마찬가지로 예수님이 누구신지를 기억하려는 데 관심이 있다. 곧 예수님은 아버지와 하나이신 분, 특히 여기서는 **모든 일이 이루어진 줄** 아시는 분으로 나타난다. 장 바니에의 통찰은 요한이 증언하는 예수님의 십자가 처형이 매우 굴욕적인 사람들과의 사랑과 연대의 공동체를 어떻게 고무하는가였다. 반면 드니스 레버토프가 발전시킨 노리치의 줄리안의 통찰은 예수님은 누구신가 하는 그 정체성의 유일무이함에 초점을 맞춘다.(글상자에서 레버토프의 글을 보라) 즉, 반복 불가능하고, 단번에,

---

15 이는 2015년 런던에서 바니에의 템플턴상 수상을 기념하는 자리에서 물어본 것이다. 바니에에 관한 더 자세한 내용은 에필로그에서 〈계속되는 드라마〉 부분을 참조하라.

> 그 장이 시작되는 지점에서 예수님은 모욕을 당하십니다. 채찍질을 당하시고, 가시관이 머리에 눌러 씌워지고, 조롱당하시고, 뺨을 맞으십니다.
>
> 우리 공동체 안에서도 학습 장애가 있는 이들이 모욕을 당해 왔습니다. 이 사람들은 아무 가치도, 존엄성도 없는 존재로 여겨져 왔습니다. 다른 이들이 실제 중요하게 여기며 삶의 중심에 두는 것들에서 철저히 주변부로 밀려나 있습니다. 이를테면 지식과 교육과 직업, 성생활과 결혼과 가정생활과 우정, 건강과 스포츠와 아름다움, 권력과 부와 명예 같은 것들에서 말이죠.
>
> 그다음에 예수님은 십자가에 못 박히십니다. 그런데 그 자리에서 예수님이 무엇을 하십니까? 예수님은 공동체를 만들고 계십니다! 자기 어머니와 사랑하는 제자가 십자가 발치에 서 있는 것을 보시고, 어머니에게 말씀하십니다. "여자여, 보소서. 당신의 아들이니이다." 그 제자에게도 말씀하십니다. "보라, 네 어머니라." 요한복음은 그 제자가 예수님의 어머니를 자기 집에 모셨다고 전합니다. 이처럼 예수님은 극심한 모욕의 한가운데서 공동체를 창조하십니다. 이 공동체의 심장, 뿌리에는 바로 이 모욕당하신 분이 계십니다.
>
> ― 장 바니에

포괄적으로 "이루어진" 여기서 일어나는 일의 성격에 초점을 둔다.

레버토프는 요한적 의미에서 "신성과의 하나 됨", "지식의 범람", 성육신, "처음 시작부터 마지막 날까지" "모든 정신의 고통"과 "모든 육체의 고통"을 포괄하는 지평, "전부" 본 것, "모든 슬픔과 비참"과 연대하신 것을 강조한다. 이는 (그녀의 후기 시에서 다른 많은 요소와 마찬가지로) 예수님의 유일무이성과 보편적 연대성을 동시에 증언한 것으로, 예수님의 신성과 인성 어느 쪽과도 분리될 수 없으며, 신성과 인성에 관한 여러 통념에 도전한다.

줄리안의 20장 주제에 부쳐

여섯 시간 내내 햇볕에 팔 벌리고 있었지, 그래,
달아오른 나무, 못,
눈으로 스며드는 피, 그래—
오히려 양옆의 십자가에 매달린 강도들은
군인들이 와서 다리를 꺾을 때까지,
더 오래 버텨 냈단 말이야.
왜 그의 고통을 부각하나?
겨우 여섯 시간이 무엇이길래?
그때의 고문도, 지금의 고문도
다를 바 없지, 고통은 같아.
아득한 옛날의 인두 낙인,
전기 충격기.
학대받은 아이들을 위한 병동에서
혼미해진 아이는
그보다 더 심한 일을 겪지 않았나?
우리가 지금 마시는 이 공기,
바로 이 덧없는 구름들,
하늘의 변덕스런 바다 위에
나른히 떠다니며 사라지는 이것들을
우리는 형벌대에서 며칠, 몇 주를 버틴
남녀들과 함께 나누고 있지—
유구한 세월의 먼지 속에는
오랜 고통의 티끌들이
재가 되어 버린 것들이
얼마나 깃들었을까.

하지만 줄리안의 맑은 정신은

차이를 꿰뚫어 보았지.
그 짧은 날의 끝없는 길이를
어떤 두려움으로도 가늠하지 못하는 이유를,
고문당한 그 많은 사람 가운데
오직 한 분만이 "슬픔의 왕"이신 이유를.

그 하나 됨, 그녀가 보았던,
신성과의 하나 됨은 모든 정신의 고통에,
모든 육체의 고통에 자기를 개방하였지,
―바다의 모래, 사막의 모래 같이 많은 이에게―
처음 시작부터 마지막 날까지.
위대하고 경이로운 사실은
그 앎의 범람에서
궁극의 직관이 치솟는데도
그의 살과 뼈, 곧 인간 세포가
폭발하지 않았다는 것.
무한한 힘, 성육신이
역사의 한복판에서
유일무이한 고통 가운데
모든 고뇌의 총량을 지고
그 잔의 찌꺼기까지 마시던
그 시간을 그가 견디게 했지.

얽히고설킨 그 속에 자신도 짜여 들어가 있으면서도
그것을 보았지, 전부 보았지.
모든 슬픔과 비참을 보았고
연대하며 슬퍼하였지.

― 드니스 레버토프, 《물로 숨 쉬기》 *Breathing the Water*, 68-69

"**내가 목마르다.**" 이 외침은 요한복음 전체를 관통하는 마시기, 포도주, 물이라는 주제와 연결된다. 이 주제들은 이 장에서 시편 22편에 대한 인용, 이 목마름, **신 포도주**, 예수님이 성령을 내주심, 죽은 예수님의 몸이 창에 찔려 피와 물이 흘러나온 일에서 절정에 달한다. 이 모든 것은 생명과 죽음에 관한 것이고, 레버토프의 시처럼 모든 것이 예수님의 몸에 집중되어 있다. 바로 이 사람 안에서, 이 한 번의 죽음을 통해 변화가 일어나고 있다. 이 변화는 인간, 생명, 창조 세계의 물질과 철저히 결속되어 있으며, 또한 (이 유월절 시기에) 하나님의 해방하시는 사랑과도 완전히 결속되어 있다.

예수님은 무엇에 목말라하실까? 갈증으로 힘든 상황이므로 분명 마실 것을 원하신다. 이는 예수님의 취약성과 필멸성을 보여 준다. 육체적 고통 가운데 있는 이들과 모든 생명과의 연대성을 보여 준다. 수분은 식물, 동물, 인간의 생명에 필수다. 그러면서 동시에 예수님은 시편에 잠겨 있다. 시편에서의 갈증은 마실 것에 대한 갈증이면서 또한 하나님에 대한 갈증이다. "하나님이여, 사슴이 시냇물을 찾기에 갈급함같이, 내 영혼이 주를 찾기에 갈급하니이다. 내 영혼이 하나님, 곧 살아 계시는 하나님을 갈망하나니, 내가 어느 때에 나아가서 하나님의 얼굴을 뵈올까?"(시 42:1-2). "하나님이여, 주는 나의 하나님이시라. 내가 간절히 주를 찾되, 물이 없어 마르고 황폐한 땅에서 내 영혼이 주를 목말라[갈망]하며 내 육체가 주를 앙모하나이다. … 주의 인자하심이 생명보다 나으므로"(시 63:1, 3). "주를 향하여 손을 펴고, 내 영혼이 마른 땅같이 주를 목말라[사모]하나이다"(143:6). 예수님은 체포당하실 때 "아버지께서 주신 잔을 내가 마시지 아니하겠느냐?"(18:11) 하셨다. 이 목마름은 아버지의 뜻과 욕망이 이루어지기를 바라는 욕망이며, 예수님께서 일찍이 제자들에게 말씀하신 말과도 맞닿아 있다. "나의 양식은 나를 보내신 이의 뜻을 행하며 그의 일을 온전히 이루는 이것이니라"(4:34). 따라서 예수님은 창조된 생명체들과 하나이며 동시에 하나님과도 하나다. '예수님은 무엇에 목말라 하실까?'라는 질문을 통해, 그리고 그 질문을 넘어서 물어야 할 것은 '예수님은 누구를 목말라하시는가?'다. "내가 목마르다"는 "욕망하옵나이다[원하옵나이다]"(17:24)라는 말씀이 육신이 되신 것이다.

앞서 자신을 "생수"의 근원이라 하셨고, 따라서 "내가 주는 물을 마시는 자는 영원히 목마르지 아니하리니"(4:10-15; 또한 7:37-39를 보라)라고 말씀하셨던 분이 이제는 "내가 목마르다"고 하신다. 예수님의 첫 표적에서는 물을 "좋은 포도주"로 바꾸심으로써 그의 영광이 드러났는데(2:10-11), 이제 정작 본인은 "신 포도주"를 받으신다. 여기에는 엄청난 아이러니가 있으나, 그 이상도 있다. 이것은 비극적 아이러니다. 요한복음은 때때로 가장 비극적 요소가 적은 복음서로 일컬어지기도 한다. 그러나 오히려 그 반대가 맞을 것이다. 요한복음은 맨 처음부터 어둠, 죄, 고통, 죽음, 거짓, 악과 관련된 현실이 있다—"세상"뿐만 아니라 종교에도, 예수님의 제자들 안에도, 각 사람 안에도 있다. "빛이 어둠에 비치되 어둠이 빛을 이기지[깨닫지] 못하더라"(1:5)—이는 어둠이 사라진다는 말이 아니다. 요한복음과 비극을 심오하게 해석한 도널드 맥키넌은 "어둠은 계속된다"라고 썼다.[16] 어둠은 예수님의 십자가와 부활 직후에도, 요한일서·이서·삼서가 증언하듯 요한 공동체 안에도 남아 있다. 그리고 여러 세기를 지난 오늘날 전 세계에도 여전히 어둠이 계속된다. 요한복음 전체가 이러한 상황에서의 목마른 외침이며, 또한 마시라는 초대다. 이 마심은 마시는 자들을 예수님과 연합시킨다. "내 살을 먹고 내 피를 마시는 자는 내 안에 거하고, 나도 그들[그의] 안에 거하나니"(6:56). 이는 예수님의 갈증

16 MacKinnon, "Order and Evil in the Gospel," in *Borderlands of Theology*, 92.

과도 연합한다는 의미다.[17] 예수님의 갈증은 계속되는 갈증으로, 요한복음 17장의 기도에 표현된 욕망에 관한 드라마에서 계속되는 갈증이다.

사람들이 신 포도주를 적신 해면을 우슬초에 매어 예수의 입에 대니.
우슬초에 대한 언급(이 언급은 이상한데, 우슬초 줄기는 해면을 지탱할 만큼 튼튼하지 않기 때문이다)은 출애굽 때 죽음을 피하려고 이스라엘 집 문설주에 유월절 어린양의 피를 뿌리기 위해 사용한 우슬초를 되울리는 듯하다(출 12:22).

"다 이루었다"(19:30a)

| 30a 예수께서 신 포도주를 받으신 후에 이르시되 "다 이루었다" 하시고.

"다 이루었다" 는 말은 사실 누구나 죽음의 순간에 할 수 있는 말이다. 그러나 마침, 완성, 성취와 관련된 동사들은 예수님이 자기 사명 완수에 대해 말씀하신 것을 생각나게 한다. "다 이루었다"('테텔레스타이' τετέλεσται)라는 선언은 "아버지께서 내게 하라고 주신 일"을 "이루어"('텔레이오사스' τελειώσας)(17:4; 또한 4:34 참조) 내는 일이 예수님의 죽음으로 완성되고 있음을 보여 준다. 완성되고 있는 것은 예수님의 오심, 예수님의 이야기 전

---

17   자일스 월러는 여기서 요한이 어떻게 비극의 현실을 전달하고 있는지를 이야기했다. 요한이 요한복음 2장에서 긍정적인 상징이며 축제의 상징인 포도주를 요한복음 19장에서는 고통의 쓴맛을 드러내는 아이러니한 비극의 상징으로 전환한다는 것이다. 영광과 비참이 이 표지(sign) 안에 공존한다(이는 개인적으로 주고받은 이야기다. 또한 다음을 참조하라. Taylor and Waller, *Christian Theology and Tragedy*. 특히 월러의 에세이 "Freedom, Fate and Sin in Donald MacKinnon's Use of Tragedy," 101-18를 보라).

체, 예수님과 아버지의 관계, 예수님과 "만물"('판타'πάντα [1:3]), "끝까지"('에이스 텔로스'εἰς τέλος [13:1]) 사랑하신 제자들과의 관계를 통해 이해되어야 한다. 그 끝은 바로 지금이다. 따라서 예수님의 이 마지막 말씀의 지평은 저자가 바로 앞에 언급한 "예수께서 모든 일('판타'πάντα)이 이미 이루어진('테텔레스타이'τετέλεσται) 줄 아시고"(19:28)이다. 여기 사용된 동사는 수동태인데, 자연히 '누구에 의해 이루어진 것인가?'하는 질문을 하게 된다. 그 답은 분명하다. 예수님 자신이 이루신 것이다. 요한복음 전체가 예수님을 중심에 두고 이 "때"로 인도해 왔다. 이때 이 죽음의 순간은 가장 극에 달한 순간, 가장 집중된 시간이다. 이 전례 없는 순간, 절정에 달한 순간, 이보다 더한 것이 없는 순간에 무슨 일이 일어나고 있을까?

예수님이 자기 영\성령을 넘겨주셨다(19:30b)

30b '머리를 숙이고 자기 영['토 프뉴마'τὸ πνεῦμα: 그 영, 성령]을 내주셨다'['파레도켄'παρέδωκεν] 〔머리를 숙이니 영혼이 떠나가시니라〕.

이 순간 일어나는 일은 예수님의 죽음이자 동시에 새로운 시작으로, "그 영\성령"을 넘겨주시는 일이다. 이 죽음과 시작은 요한복음 첫 장부터 이제까지 준비되었다. 때로는 죽음이 중심이었고,[18] 때로는 영이 중심

---

[18] 예수님의 죽음에 관하여 빛을 비춰 주는 본문 중 이 시점에서 다시 읽을 만한 본문으로는 다음과 같은 것들이 있다. 예수님의 몸을 성전과 동일시하고 예수님의 죽음 및 부활을 성전 파괴 및 재건과 연결하는 구절(2:13-22). 예수님을 죽이려는 음모의 시작과, 이어서 심판, 죽음, 부활, 영생, 하나님에 대한 사랑, 성경, 영광에 관한 예수님의 강론(5장). 사람의 아들을 "드는" 것과 죽음을 이기시는 것이 예수님의 "나는 있다/…이다"라는 자기 묘사와 연결되는 구절(8:28, 58). 예수님이 양들을 위해 자기 목숨을

이었다.[19] 여기서 가장 빛을 비추어 주는 것은 그 두 가지가 함께 나오는 구절들이다.

요한복음 1장에서 세례자 요한은 예수님을 "세상 죄를 없애시는[지고 가는] 하나님의 어린양"이라고 선포한다. 또한 성령이 하늘에서 내려와서 그 위에 머무는\거하는 분이자 "성령으로 세례를 베푸는" 분이라고 선포한다(1:29, 32, 33). 이는 예수님의 죽음과 성령을 처음으로 묶는 부분이다. 어린양이 죽고 비둘기가 내려와 머무는 물리적 이미지를 통해서 묶는다. 이 머무는 임재로 인해, 예수님과 관련된 모든 것—사명, 말씀, 행동, 관계, "나는 있다/…이다"라는 정체성, 재판과 죽음—은 예수님 위에와 예수님 안에 있는 성령과 함께 이해되어야 하며 성령과 불가분하게 연결하여 이해되어야 한다.

요한복음 3장에서 니고데모와의 대화는 예수님의 죽음과 성령을 밀접하게 연결하는 새로운 이미지를 담고 있다. 예수님의 죽음에 관해서는 사람의 아들이 "들려"서 그를 믿는 자들을 영생으로 이끄는 이미지

버리는 선한 목자이시며, 동시에 자기 목숨을 버릴 권세와 다시 취할 권세를 가지신 분이라는 구절(10:11-18). 죽음과 부활에 관한 메시지와 더불어 나사로가 다시 살아나고, 그로 인해 예수님을 죽이려는 결정이 이루어지고, 또한 가야바가 의도치 않게 "예수께서 그 민족을 위하시고, 또 그 민족만 위할 뿐 아니라, 흩어진 하나님의 자녀를 모아 하나가 되게 하기 위하여 죽으실 것"을 예언하는 구절(11장). 마리아가 예수님의 발에 향유를 붓고, 예수님이 "나의 장례"를 예견하시는 구절(12:1-8). 한 알의 밀이 죽어서 많은 열매를 맺는 것으로 예수님 죽음의 의미가 이해되며, 또한 땅에서 "들리면 모든 사람을" 이끌어 영광스럽게 되심을 통해 예수님 죽음의 의미가 이해되는 구절(12:20-36).

19 이 시점에서 다시 읽을 만한 성령에 관한 본문으로는 다음과 같은 것들이 있다. "그의 충만한 데서 받으니 은혜 위에 은혜러라"(1:16)—이는 성령 주심을 통해 나중에 회고적으로만 이해될 수 있다. 사마리아 여인과 만남에 나오는 내용들, 곧 예수님이 주시는 "생수"가 "영생하도록 솟아나는 샘물"이 되는 것, 그리고 "하나님은 영이시니" 아버지께 "영과 진리로" 예배하는 것(4:1-26). 진리의 영이신 성령과 관련하여 읽을 수 있는 빛의 상징에 관한 구절들(1:4-9; 3:19-21; 8:12; 12:36).

가 있다. 이는 모두 하나님이 세상을 사랑하사 "독생자"를 주셨다는 맥락 속에 있다(3:16). 성령과 관련해서는 "물과 성령으로 나"서 "하나님 나라에 들어"가야 한다는 말씀(3:5), 이 성령이 "임의로 부는" 바람과 같다는 말씀(3:8)이 있다. 그리고 이 장의 마지막 부분에 성령에 관한 머리말 진술이 나온다. "하나님이 보내신 이는 하나님의 말씀을 말하나니, 이는 하나님이 성령을 한량없이 주심이니라"(3:34). 이 말씀은 성령을 성부와 예수님 자신과 연결한다. 또한 요한복음 전체에 걸쳐 반복되는 풍요로움—생명, 빛, 진리, 사랑, 물, 음식이 풍성함—이라는 주제와도 연결된다. 그리고 관련하여 또 다른 중요한 메시지가 있다. 요한복음에 기록된 "하나님 말씀"의 중요성과 권위에 대한 메시지다(3:34).

요한복음 6장에서는 다른 방식으로 예수님의 죽음이 성령과 연결된다. 예수님께서 "내가 줄 떡은 곧 세상의 생명을 위한 내 살이니라" 하시고는 "생명을 주는[살리는] 것은 영[또는 성령]이니, 육/살은 무익하니라. 내가 너희에게 이른 말은 영[또는 성령]이요 생명이라"고 말씀하신다(6:51, 63). 예수님의 죽음은 세상의 생명을 위한 자기 내줌이다. 그러나 생명을 주는 것은 죽음 자체가 아니라 "영\성령"이다. 그리고 여기서도 다시 "내가 너희에게 이른 말"에 관한 메시지가 나와서, 이 "말"을 통해 증언되는 본문에 성령의 권위를 부여한다.

현재 본문과 가장 직접적으로 연결되는 구절은 아마도 그다음 장인 7장일 것이다. "명절 끝날, 곧 큰 날에 예수께서 서서 외쳐 이르시되 '누구든지 목마르거든 내게로 와서 마시라. 나를 믿는 자는 마시라. 성경에 이름과 같이 "믿는 자의 속[ㄷ 배]에서 생수의 강이 흘러나오리라"' 하시니, 이는 그를 믿는 자들이 받을 성령을 가리켜 말씀하신 것이라. (예수께서 아직 영광을 받지 않으셨으므로 성령이 아직 그들에게 계시지 아니하시더라)"(7:37-39). 여기에는 목마름, 성령 주심, 예수님의 죽음이 결합되어

있다.[20]

가르침의 정점인 고별 강론은 이 고요한 사건, 즉 예수님의 죽음과 성령을 넘겨주심이 동시에 일어나는 사건을 준비시킨다. 요한복음 13-17장에 관한 주석에서 이미 논했듯이, 예수님이 죽음으로 떠나시는 것과 성령 약속은 불가분하다. 이제 십자가에 달리신 예수님의 성령(요한복음 17장의 기도에 요약되어 있듯이, 그의 생명, 진리, 사랑, 아버지와의 관계, 인류와의 관계, 창조와의 관계를 담고 있는 성령)이 넘겨진다. 그렇다면 먼저 누구에게로 넘겨졌는가?

머리를 숙이고 자기 영을 내주셨다[머리를 숙이니 영혼이 떠나가시니라]. 많은 주석가들이 이를 십자가 발치에 있는 그의 어머니와 사랑하시는 제자에게 성령을 내쉬신 것으로 본다. 타당하게 들린다. 그들과 함께 있던 두 여인에 대해 언급하는 경우는 별로 없지만, 이들이 포함되는 것도 타당하다. 특히 예수님의 부활 후 막달라 마리아의 역할과 글로바의 아내의 것일 수

---

[20] 7:37-39에 관한 주석을 보라. 그때 예수님께서 크게 외치신 장면은 요한복음이 전하는 죽음 이야기와 극명하게 대조된다. 다른 복음서와 달리 요한복음의 죽음 이야기에는 큰 소리 외침이나 웅장한 징조(예컨대 해가 어두워지거나 성전 휘장이 찢어지는 등)가 없다. 요한복음에서 예수님의 죽음은 소란스럽거나 웅장하지 않으며, 조용히 담담하게 묘사된다. 가장 두드러진 사건은 어머니와 사랑하는 제자와 친밀하게 소통하시는 것이다. 예수님은 친구 나사로의 무덤 앞에서는 "큰 소리로" 외치셨지만(11:43), 본인이 십자가 처형을 당하는 동안에는 큰 소리로 외쳤다는 언급이 나오지 않는다. 마찬가지로 요한이 전하는 성령 주심에 관한 두 장면 모두, 곧 여기 19:30과 뒤의 20:22도 조용하게 묘사된다. 전자는 성령 주심으로 읽지 않을 수 있으며, 번역자들도 "그의 영"인지, 아니면 "성령"인지 의견이 갈린다. 공관복음이나 사도행전과 달리, 요한복음은 성령을 불과 연결하는 것을 확연히 피한다. 하지만 요한복음이 표면상 이렇게 고요한 점은 다층적 깊이를 덮고 있지만, 요한복음을 다시 읽고 상호본문을 읽음으로써 여기서 일어나고 있는 일이 드러난다. 요한이 전하는 성령과 예수님의 죽음 이야기는 사도행전의 이야기를 보완하려고 의도한 것일 수도 있다. 즉, 거함, 기도, 배움, 사랑이라는 조용히 계속되는 드라마를 강조하여 보완하려는 것이다. 요한복음 21장에서 사랑하시는 제자에 관한 마지막 묘사에 내비쳐져 있듯이 말이다. 그 본문은 사랑하시는 제자가 예수님의 어머니와 함께 가정에서 조용히 "내가 올 때까지" "머무는\거하는" (21:22-23) 모습을 떠올려 보게 한다.

도 있는 역할(19:25에 관한 주석 참조)을 고려할 때 더욱 그렇다.

하지만 여기까지일까? 예수님께서 십자가에 들리실 때 일어나는 일로 요한이 이미 열어 놓은 지평은 "모든 사람을 내게로" 이끄는 일이다(12:32). 20:22에서 예수님은 두 번째로 성령을 제자들에게 주시면서 명확한 지침도 주셨다. 그러나 여기서는 영\성령이 덜 규정되어 있고, 그 주심에 관해서도 덜 규정되어 있으며 더 열려 있다. "임의로 부는" 바람('프뉴마' πνεῦμα: 숨, 입김)처럼(3:8), 십자가에 달리신 예수님이 사람들과 관계 맺는 방식은 자유롭다. 그것은 제자들에게만 국한되지 않고, 제자들 밖으로 확장된다.²¹ 호흡이 보이지 않지만 필수이듯, 여기에는 조용하고 극적이지 않으며 눈에 띄지 않는 관계 맺기가 암시되어 있다. 십자가에 달리신 예수님의 성령이 이렇게 대체로 눈에 띄지 않게 퍼져나가는 것이 기본이며 보편적일 수도 있다. 마치 지구를 감싸는 대기에서 우리가 숨 쉬는 공기처럼 우리를 아우르며 우리에게 주어져 있으며, 경계를 넘나들며 사람들, 집단들, 전통, 공동체, 국가, 운동에 놀라운 방식으로 계속해서 영감을 주고 있을 수도 있다.

이어지는 장면은 예상 밖의 사람들, 예상치 못한 장소, 예상치 못한 형태로 놀라움을 일으키는 성령의 자유가 암시되어 있다. 예수님이 성령을 내쉬실 때 십자가 밑에 있던 사람 중 한 명은 로마 병사였다. 그는 예수님을 십자가에 못 박았고, 예수님의 옷을 두고 제비뽑기했으며, 곧 예

---

21 그리스도교 신학과 그리스도교 교회들은 성령의 활동을 정의하고, 무엇이/누가 진정으로 하나님의 영 또는 예수님의 영에 감동받은 것/사람으로 인정될 수 있는지에 명확한 경계를 설정하려고 계속해서 노력해 왔다. 이 주석 전체를 통해, 나는 인간이 그렇게 통제하려는 노력에 저항하는 것으로 요한복음을 읽었다. 이 바람의 언저리는 볼 수 없으며, "한량없이" 주어지는 성령은 우리의 모든 분량을 초과하여 넘쳐흐르며, 예상을 뛰어넘는 놀라운 일들이 계속 일어난다. 요한의 초점은 누가 중심인지에 맞춰져 있지, 성령 안에서 예수님의 자유로운 임재, 빛, 생명, 사랑의 경계를 설정하는 데 있지 않다.

수님의 옆구리를 창으로 찌를 것이다. 이 행동에 특별한 의미가 부여된다. 그 또한 성령을 받았을지도 모른다.[22]

그러나 마지막으로 예수님의 죽음에 대한 주석은 그 깊은 의미를 어느 정도 탐구한 다음에 본문의 명백하고도 평이한 의미로 돌아와야 한다. "다 이루었다"(19:30a)는 예수님의 마지막 말씀이 사실 죽어가는 사람이라면 누구라도 할 수 있는 말인 것처럼, 예수님의 마지막 행동("자기 영을 내주셨다"[영혼이 떠나가시니라])도 모든 인간이 죽을 때 하는 행동이다. 예수님이 숨을 멈추시고 죽으셨다는 것이다.

찔린 옆구리:
피와 물, 꺾이지 않은 뼈, 목격자의 증언(19:31-37)

> [31] 이날은 준비일이라. 유대인들은 그 안식일이 큰 날이므로, 그 안식일에 시체들을 십자가에 두지 아니하려 하여, 빌라도에게 그들의 다리를 꺾어 시체를 치워 달라 하니, [32] 군인들이 가서 예수와 함께 못 박힌 첫째 사람과 또 그 다른 사람의 다리를 꺾고, [33] 예수께 이르러서는 이미 죽으신 것을 보고 다리를 꺾지 아니하고, [34] 그중 한 군인이 창으로 옆구리를 찌르니, 곧 피와 물이 나오더라. [35] 이를 본 자가 증언하였으니 그 증언이 참이라. 그가 자기의 말하는 것이 참인 줄 알고 너희로 믿게 하려 함이니라. [36] 이 일이 일어난 것은 "그 뼈가 하나도 꺾이지 아니하리라" 한 성경을 응하게 하려 함이라. [37] 또 다른 성경에 "그들이 그 찌른 자를 보리라" 하였느니라.

---

22   누가복음의 십자가 아래 로마 백부장에게 유사점이 있다. "백부장이 그 된 일을 보고 하나님께 영광을 돌려 이르되 '이 사람은 정녕 의인이었도다' 하고"(눅 23:47).

이날은 준비일이라. … 그 안식일이 큰 날이므로. 우리는 또다시 특별한 유월절 시기임을 상기하게 된다. 이러한 점은 **"그 뼈가 하나도 꺾이지 아니하리라"**라는 인용으로 강화된다. 이 인용문은 유월절 어린양의 뼈를 꺾지 말라는 출애굽기 12:46(평행 구절: 민수기 9:12)과도 연결되는 본문이며, 구원 시인 시편 34:20과 연결된다.

군인들이 **예수께 이르러서는 이미 죽으신 것을 보고**. 이 말씀이 전하는 기본 메시지는 예수님이 실제로 죽으셨다는 것이다. 자기 영을 내주셨다는 증언과 창에 옆구리를 찔렀다는 증언도 이 점을 뒷받침한다. 요한은 예수님이 아버지와 하나이시며 영원한 생명을 주시는 분임을 강조한다. 이는 자칫 예수님을 죽을 수 없는 존재로 생각하게 할 수 있다. 그러나 요한은 예수님께서 필멸의 육신을 지니셨음을 만만치 않게 강조한다. 예수님은 전례 없는 새로운 실재시다. 즉, 하나님이 이 필멸하는 특정한 사람 안에서 자유롭게 자신을 표현하시고 자신을 내주신 것이다. 이는 하나님과 인간 모두를 다시 성찰하게 하지만, 예수님의 신성이나 필멸하는 인성 중 한쪽을 부인하게 하지는 않는다. 그리스도교 신학은 이 점을 적절하게 표현할 방법을 찾기 위해 수백 년 동안 씨름해야 했다. 그리고 주로 요한복음이 그런 사유를 형성한 성경이다. 예수님의 죽음이라는 사실에 대해 주류 교회는 결코 타협할 수 없었다.

그러므로 **그중 한 군인이 창으로 옆구리를 찌르니, 곧 피와 물이 나오더라**라는 증언의 평이한 일차적 의미는 예수님이 실제로 죽으셨다는 것이다.

그러나 요한복음에서 평이한 의미는 종종 여러 차원의 의미와—내가 깊고도 평이한 의미라고 부르는 것과—함께 있다. 예수님의 실제 죽음에 대한 묘사도 이미 그런 식이었다. "자기 영을\그 성령을 내주셨다"(19:30)는 문구는 단순히 '숨을 거두다', '죽다'를 의미할 수도 있지만, 동시에 훨씬 많은 의미를 담을 수도 있다. 그렇다면 "곧 피와 물이 나오더라"는 죽음을 확인시켜 주는 것 말고도 어떤 의미가 있을까? 이어지는 구절들은 이 사건을 두드러지게 강조하면서 더 깊은 성찰로 초대한다. 주석가들은 다양한 제안을 내놓았는데, 세 가지 상호 보완적인 해석으로 수렴한다. 죽음과 생명, 세례와 성찬, (주석가들이 가장 덜 주목하는) 성전과 관련된 해석이다.

첫째, 가장 중요한 것은 피와 물은 생명을 의미한다는 점이다. 예수님의 죽음―사실 예수님 자신, 그의 죽은 몸이 나타내는 예수라는 분―은 생명의 근원이며, 이 사건은 바로 이 점을 증언한다. 이 생명을 어떻게 받는가? 성육신하셨고, 십자가에 못 박히셨으며, 다시 살아나신 예수님을 믿고 신뢰하며 신앙함을 통해 받는다. 예수님의 죽음은 예수님은 누구신가에 본질적인 부분이다. 예수님의 죽은 몸에 창이 찔린 이 사건을 증언하는 목적은 다음 절에 나온다. "너희로 믿게 하려 함이니라." 요한복음 전체의 목적을 요약하는 20:31에서 이를 반복하며 "또 너희로 믿고 그 이름을 힘입어 생명을 얻게 하려 함이니라"라는 말을 덧붙인다. 요한복음의 나머지 부분은 피와 물이 각각 무엇을 의미하는지를 명확히 보여 준다. 그리고 그것은 영원한 생명을 주시는 예수님 자신으로 수렴한다. 피와 관련하여 다시 읽어야 할 핵심 본문은 요한복음 6장, 특히 53-56절이다. "예수께서 이르시되 '내가 진실로 진실로 너희에게 이르노니, 사람의 아들의 살을 먹지 아니하고 사람의 아들의 피를 마시지 아니하면 너희 속에 생명이 없느니라. 내 살을 먹고 내 피를 마시는 자는 영생을 가졌고, 마지막 날에 내가 그를 다시 살리리니, 내 살은 참된 양식이요 내 피는 참된 음료로다. 내 살을 먹고 내 피를 마시는 자는 내 안에 거하고, 나도 그들 [그에] 안에 거하나니.'" 물과 관련된 핵심 본문은 지금 언급한 것 외에도 다음과 같은 구절이 있다. 물, 성령, 태어남, 하나님의 사랑, 영생을 연결하는 3:5-16, "생수"를 목마름과 영생과 연결하는 4:7-15, 목마름, 믿음, "생수", 성령, 예수님이 영광받으심을 연결하는 7:37-39.

둘째, 세례(물)와 성찬\성체성사\주의 만찬(피)은 단단하게 연결되어 있다. 이는 예수님 안에서 새 생명이 시작되고 지속됨을 상징한다. 이 둘은 전 세계 그리스도인 대다수의 정체성과 삶의 기초다. 창에 찔리신 사건은 세례와 성찬을 서로 단단하게 연결하고, 이를 예수님의 죽음과도 긴밀히 결합한다. 또한 피와 순교의 연관성도 설득력이 있다.

셋째, 피와 물은 성전에서 한데 모인다. 구약\히브리 성경 전반에 걸쳐 피는 성전 및 제사와 깊이 연관된다. 요한복음에서 예수님이 죽으시는 때는 유월절 어린양이 성전에서 잡혀서 그 피가 뿌려지던 때다. 요한복음은 예수님의 몸을 죽음 및 부활과 관련하여 처음으로 언급할 때, 이를 성전 파괴 및 재건에 비유하며 "예수는 성전 된 자기 육체를 가리켜 말씀하신 것이라"(2:21)고 전한다. 사마리아 여인에게 예수님은 "영생하도록 솟아나는 샘물"을 약속하셨고, 이어서 예배를 성전 중심으로 드리지 않을 "때"를 전망하시며 이때가 메시아인 자신과 연결된다고 말씀하셨다(4:7-26). 물에 관한 외침은 7:37-39에서 절정에 이른다. 이 외침은 물과 관련된 초막절의 "큰 날"[23]에 성전에서 하셨으며, 나는 이 구절을 주석하면서 이를 에스겔 47:1-12의 성전에서 흘러나오는 물에 대한 환상과 연결했다.[24] 이 구절은 여기서 다시 관련된다. 여기서 피와 물은 성전과 동일시되는 예수님의 몸에서 흘러나온다. 성전은 하나님의 임재와 가장 가깝게 연관되는 장소다.

---

[23] 같은 그리스어 표현이 바로 앞 19:31에도 사용되었다. 여기서 사용한 NRSV에는 "크고 엄숙한 날"(day of great solemnity)로 번역되어 있다.

[24] 7:25-52에 관한 주석을 보라.

여기에는 또 다른 함의가 있다. 예수님은 성전을 "내 아버지의 집"(톤 오이콘 투 파트로스 무'τὸν οἶκον τοῦ πατρός μου [2:16])이라고도 하셨다. 고별 강론에서는 "내 아버지 집에['엔 테 오이키아 투 파트로스 무' ἐν τῇ οἰκίᾳ τοῦ πατρός μου] 거할 곳들이 많도다"(14:2)라고 말씀하셨다.[25] 또한 13-17장의 내주\거함이라는 주제는 예수님과 신자들의 상호 내주, 성령의 내주, 예수님을 신뢰하는 자들이 예수님의 사랑 안에 거함, 예수님의 말씀이 예수님을 신뢰하는 자들 안에 거함을 아우른다. 그리고 요한복음 17장에서 하나님, 예수님, 신앙 공동체가 사랑으로 궁극의 연합에 이르는 것도 아우른다. 이처럼 요한복음 2장에서는 성전 건물에 있었던 강조점이, 14장에서는 사람들의 가정으로 확장되고, 17장에서는 '사랑의 정점'에 대한 비전으로 확장된다.[26] 십자가에서 예수님은 이미 자기 어머니와 사랑하는 제자를 묶으셔서 새로운 가정을 이루셨다.[27] 이제 이 새로운 가정은 생명을 주는 예수님의 몸이라는 생생한 이미지와 병치된다. 이 새로운 가정과 생명을 주는 피[28]와 물의 쏟아짐은 가족 이미지와 가족을 넘어서는 이미지, 성전 이미지와 성전을 넘어서는 이미지를 결합한다.

이를 본 자가 증언하였으니 그 증언이 참이라. 그가 자기의 말하는 것

---

25 이 문구에서 집에 해당하는 단어 '오이키아'(οἰκίᾳ)는 2:16의 '오이코스'(οἶκος)와 의미가 겹치지만, 그 안에 사람들까지 포함하는 집, 즉 '가정'(household)이라는 의미에 더 무게가 있다.

26 요한복음 17장에 관한 주석, 특히 20-26절에 관한 주석을 보라.

27 메리 콜로이는 이 발전을 다음과 같이 요약한다. "성전 이미지가 예수님께로 옮겨지면서 시작된 성전의 인격화 과정은 신자들이 '내 아버지의 집'을 구성하는 신자 공동체 안의 신적 내주에 관한 약속으로 이어지며, 이 장면에서 완성된다"("The Nazarene King," 847.).

28 1:12-13에 나오는 첫 번째 '피' 언급도 혈연으로 이루어진 일반적인 가족을 넘어서는 새로운 가정을 말하고 있다. "영접하는 모든 자, 곧 그 이름을 믿는 자들에게는 하나님의 자녀가 되는 권세를 주셨으니, 이는 혈통으로나 육신의 뜻(육정)으로나 사람의 뜻으로 나지 아니하고 오직 하나님께로부터 난 자들이니라."

이 참인 줄 알고 너희로 믿게 하려 함이니라. "이를 본 자"는 예수님의 옆구리를 찌른 군인일 수도 있고, 예수께서 사랑하시는 그 제자일 수도 있다. 21:24에서는 이와 유사한 표현을 통해 사랑하시는 제자가 이 복음서 전체를 증언한다고 말한다. 대부분의 주석가와 마찬가지로 나도 사랑하시는 제자라고 본다. 하지만 어느 쪽이든, 목격자의 증언과 그 증언을 믿는 것이 중요함을 매우 강조한다. 또한 그 증언이 참되며 증인이 이 진리를 안다는 점도 강조된다. 여기서 진리는 목격자의 증언과 이에 관해 사람들이 믿는 바를 모두 포함한다. 이 진리는 사실보다 더 깊은 것이며, 눈에 보이는 사건에 관한 표면적 묘사를 넘어선다. 요한복음에서 진리는 무엇보다도 예수님이 누구신지를 배우고 예수님의 "충만한 데서" 끝없이 받는 것(1:16)과 관련된다. 이 사건에서 독자들은 성전, 유월절, 도살된 어린양, 피, 물, 예수님의 시신의 깊은 의미와 연결되고 또한 성경 본문들과 깊이 연결된 사건 묘사를 통해 진리로 이끌려 들어간다.

그렇다면 이 목격자(사랑하시는 제자로 여겨지는)는 옆구리가 찔리는 사건에서 무엇을 보았으며, 독자들이 무엇을 믿게 하려고 하는가? 그 답은 요한복음 전체가 그렇듯이 바로 예수님은 누구신가다. 그러나 특히 이 사건과 관련해서는 예수님의 죽음에 관한 이전의 외침과 요약적 진술을 새롭게 듣는 것이 유익하다.

그 외침은 세례자 요한의 외침이다. "보라, 세상 죄를 없애시는[지고 가는] 하나님의 어린양이로다!"(1:29). 요한복음에서 핵심적인 죄는 불신이다. 즉, 예수님의 대한 신뢰와 믿음 같은 것이 없는 것이며, 이러한 불신은 상호적 사랑을 가로막는다. 믿음은 곧 이 죄가 없어지게 하는 것이다.

요약적 진술은 요한복음 3:14-16이다. 이는 "들려"진 사람의 아들을 믿음으로써 영생을 얻는 것에 관한 말씀으로, 영생을 얻는 것은 자기 독생자를 주신 하나님의 사랑 때문이다. 피와 물이 흘러나오는 것 pouring out

은 예수님께서 십자가에 들려지는 동안 일어난 마지막 사건이다. 이 사건은 자신을 비우는 하나님의 사랑으로 볼 수 있고, 생명을 부어 주시는 것 pouring out 으로도 볼 수 있으며, 예수님께 이끌린 사람들이 신뢰, 감사, 사랑으로 반응하도록 하는 초대로도 볼 수 있다.

그들이 그 찌른 자를 보리라는 선한 목자의 죽음에 관한 스가랴의 예언으로, 죽은 예수님을 생생하게 이해하는 틀이다. "내가 다윗의 집과 예루살렘 주민에게 은총과 간구하는 심령을 부어 주리니 pour out, 그들이 그 찌른 자를 보고[바 그를 바라보고] 그를 위하여 애통하기를 독자[LXX '아가페토스' ἀγαπητός: 사랑하는 자]를 위하여 애통하듯 하며 그를 위하여 통곡하기를 장자를 위하여 통곡하듯 하리로다. … 그날에 죄와 더러움을 씻는 샘이 다윗의 족속과 예루살렘 주민을 위하여 열리리라"(슥 12:10; 13:1).[29] 이 구절은 찔림을 중심으로 사랑하는 자, 자기 죽음, 자기 가족, 자기 민족, 죄를 씻는 물의 흐름을 함께 엮어 낸다.

왕의 장례(19:38-42)

[38] 아리마대 사람 요셉은 예수의 제자이나 유대인이 두려워 그것을 숨기더니, 이 일 후에 빌라도에게 예수의 시체를 가져가기를 구하매 빌라도가 허락하는지라. 이에 가서 예수의 시체를 가져가니라. [39] 일찍이 예수께 밤에 찾아왔던 니고데모도 몰약과 침향 섞은 것을 백 리트라쯤 가지고 온지라. [40] 이에 예수의 시체를 가져다가 유대인의 장례 풍속[법]대로 그 향품과 함께 세마포로 쌌

---

[29] 스가랴 9-14장은 나귀를 타고 예루살렘에 입성하는 왕의 모습을 시작으로(슥 9:9), 예수님의 수난과 죽음에 관한 네 복음서의 기록을 되울리는 반향실 역할을 한다. 요한복음은 스가랴의 왕권, 목자, 영광, 생수, 초막절에 관한 주제들을 심화한다.

더라. ⁴¹ 예수께서 십자가에 못 박히신 곳에 동산이 있고, 동산 안에 아직 사람을 장사한 일이 없는 새 무덤이 있는지라. ⁴² 이날은 유대인의 준비일이요, 또 무덤이 가까운 고로 예수를 거기 두니라.

이는 **유대인의 장례 풍속**[에]**대로** 치른 유대식 장례지만, **몰약과 침향 섞은 것을 백 리트라쯤** 가지고 치렀다는 점에서는 이례적이다—12:3에서 마리아가 사용한 것보다 100배나 많은 양이다. 이는 무덤이 **동산**에 있었다는 점과 더불어 풍요라는 주제를 보여 주는 또 하나의 사례다. 보통 왕실 무덤이 동산에 있었다. 그리고 예수님의 재판 과정과 그 후에 중요하게 나왔던 왕권 주제와 연결되는 마지막 언급이기도 하다. 주석가들은 향품, 수의, 동산 및 **새 무덤**이 있었다는 사실에서 또 다른 상징적 의미를 찾아 왔다. 또한 요한복음과 공관복음의 자료와 세부 사항의 차이에 대해서도 많은 논의가 있었다. 그러나 네 복음서 모두 장례를 치렀다는 사실과 **아리마대 사람 요셉**이 주도했다는 점에 대해서는 일치한다.

요셉과 관련하여 요한이 독특하게 강조하는 바는 **예수의 제자이나 유대인이 두려워 그것을 숨겼다**는 점이다. 또한 **일찍이 예수께 밤에 찾아왔던 니고데모**가 동참했다는 점도 강조한다. 마치 예수님의 죽음에서 예수님께로 이끌리는 사람의 범위가 확장되는 것처럼 보인다. 예수님의 죽음이 이전에 두려워했거나 결단하지 못했던 이들을 끌어들이는 것 같다. 요셉은 빌라도에게 감으로써 자신이 예수님을 따르고 있음을 '밝힌다.' 요셉과 함께하며 이렇게 아낌없이 바치는 니고데모 또한 공개적으로 자신을 밝히는 듯하다. 니고데모가 예수님과 처음 나눴던 대화에서 마지막으로 했던 말은 열린 질문이었다. "어찌 그러한 일이 있을 수 있나이까?"(3:9). 그 후 니고데모는 당국자들에게 예수님에 대한 합법적 심문을 요구했을 때, "그중의 한 사람"으로 묘사되었다(7:50). 그러나 이제 니고데모는 값비싼 향품을 바치고 요셉과 함께함으로써 대놓고 자기 입장을 표현한다. 과거에 대한 언급은 독자들로 하여금 니고데모와 예수님의 첫 만남을 다시 읽도록 부추긴다. 거기에는 하나님 나라, 태어남, 영\성령, 물, 증언, 들림, 사랑, 영생, 구원, 심판, 믿음과 같은 주제가 있다. 니고데모가 예수님과 나눈 대화에서 "그를 믿는 자"(3:18)에 관한 마지막 언급은 이렇다. "진리를 행하는[따르는] 자는 빛으로 오나니, 이는 그들의[그] 행위가 하나님 안에서 행한 것임을 나타내려 함이라"(3:21). 여기서 제시되는 니고데모의 행동은 이 말씀에 부합하는 선행으로 보인다.

부활 전 요한의 마지막 문장은 다시금 유월절이라는 배경을 상기시킨다. **이날은 유대인의 준비일이요.** 예루살렘에서는 유월절 어린양들을 죽이며 가장 중요한 절기인 유월절을 준비하고 있다.

요한복음 20:1-30

"마리아야!"

십자가에 못 박히시고 부활하신
예수님의 자유롭고 놀라운 임재

요한복음 19장 마지막에 예수님의 죽은 몸이 무덤에 안치되었다. 이제 "안식 후 첫날 일찍이"(1절), 즉 십자가 처형 후 사흘째 날, 막달라 마리아는 무덤을 봉한 돌이 옮겨진 것을 발견한다. 이는 세심하고 정교하게 짜인 네 장면 중 첫 장면의 시작이다. 첫 장면에서 마리아는 시몬 베드로와 예수께서 사랑하시던 제자에게 가서 누군가 예수님의 몸을 무덤에서 가져갔다고 말한다. 그들이 무덤에 달려가 보니, 죽은 몸은 사라졌지만 세마포는 아직 거기 있었고, 머리를 쌌던 수건은 딴 데 놓여 있었다. 예수께서 사랑하시던 제자는 "보고 믿었다"(8절). 무엇을 믿은 것일까? 보는 것과 믿는 것을 바탕으로 하는 이 장에서 이 말은 어떤 의미인가? 그리고 이어지는 진술과는, 곧 "그들은 성경에 그가 죽은 자 가운데서 다시 살아나야 하리라 하신 말씀을 아직 알지 못하더라"(9절)와는 어떤 관계가 있는가?

다음으로 두 번째 장면에서는 무덤 밖에서 울고 있던 마리아가 무덤 안을 들여다보다가 흰옷 입은 두 천사를 보고, 그들에게 "내 주님"을 사람들이 옮겼다고(13절) 고한다. 그녀가 몸을 돌리자 깊은 감동을 주는 인식의 장면이 펼쳐진다. 그녀가 간절히 찾던 중 부활하신 예수님이 그녀의 이름을 불러 "마리아야!"라고 하시자, 그녀가 "랍오니!"라고 하며 그 간절함이 이루어진다(16절). 이어지는 내용은 신비로워서 수없이 논의된 예수님의 말씀이다. "나를 붙들지 말라. 내가 아직 아버지께로 올라가지 아니하였노라"(17절). 그런 다음 예수님은 그녀를 다른 제자들에게 보내신다. 이때 처음으로 제자들을 "내 형제들"이라고 부르시고, 그들에게 "내가 내 아버지 곧 너희 아버지, 내 하나님 곧 너희 하나님께로 올라간다"는 메시지를 전하라고 하신다(17절). 이렇게 예수님은 제자들을 하나님의 자녀로 확증하시고, 하나님을 아버지로 하는 자신의 가족 관계 속에 제자들을 포함시키신다. 그녀는 가서 "내가 주를 보았다"고 알린다(18절).

세 번째 장면은 이 장 전체의 중심축 역할을 한다. 마리아가 제자들에게 전한 메시지는 이 장면을 위한 준비였다. 네 번째 장면, 곧 도마가 나오는 장면은 여기서 연유한다. 세 번째 장면은 같은 날 저녁에 일어난다. 제자들이 두려워서 문을 잠그고 모여 있을 때, "예수께서 오사 가운데 서"신다(19절). 앞서 막달라 마리아와 일대일로 만나신 장면은 제자들이 마리아가 전한 메시지를 이미 들었음을 함의한다. 이제 부활하신 예수님이 직접 나타나셔서 그녀가 전한 소식("내가 주를 보았다"[18절])을 확인시켜 주시며, 자신이 십자가에 못 박힌 예수임을 추가로 확증하신다("손과 옆구리를 보이시니"[20절]). 그뿐만 아니라 고별 강론의 핵심 약속을 성취하신다. 곧 평안의 약속("너희에게 평강이 있을지어다"를 두 번 반복해 말씀하신다[19, 21절]),[1] 기쁨의 약속("제자들이 주를 보고 기뻐하더라"[20절]),[2] 계

---

1 Cf. 14:27; 16:33.
2 Cf. 15:11; 16:19-22.

속되는 드라마로 보내신다는 약속("아버지께서 나를 보내신 것같이 나도 너희를 보내노라"[21절]),³ 성령의 약속("성령을 받으라"[22절])이다.⁴ 이 가족 공동체는 이제 예수님이 걸으신 삶의 방식과 사명을 따르기 위해, 예수님의 평화, 기쁨, 생명의 숨, 죄 사함의 권세를 나누어 받는다.

네 번째 장면에서, 도마는 예수님의 몸에 남은 십자가 자국과 죽음의 흔적을 보고 만져 보지 않고는 다른 사람들이 "주를 보았노라" 하는 말을 믿지 않겠다고 말한다(25절). 한 주가 지나서 도마가 다른 제자들과 모였을 때 보고 만질 기회가 생긴다. "예수께서 오사 가운데 서서 이르시되 '너희에게 평강이 있을지어다' 하시고"(26절). 예수님은 도마에게 손가락과 눈과 손을 써 보라고 말씀하신다. 그리고 "믿음 없는 자가 되지 말고 믿는 자가 되라"(27절)고 초청하신다. 도마의 반응은 만지고 봄으로써 할 수 있는 차원을 훨씬 뛰어넘는다. "나의 주님이시요 나의 하나님이시니이다!"(28절). 이는 요한복음에서 궁극의 신학적 확언이다. 이에 대한 예수님의 반응은 독자들에 대한 축복이다. 즉, 도마처럼 믿고 신뢰하라고 초대받았지만, 도마와는 달리 직접 목격자가 아니면서도 이 초대를 받아들인 독자들에 대한 축복이다. "보지 못하고 믿는\신뢰하는 자들은 복되도다"(29절).

그다음 독자들에게 직접 건네는 말이 나온다. 이 복음서는 "제자들 앞에서" 행하신 표적 중 일부만 선택적으로 기록한 것이다(30절). 이것을 기록한 목적은 "너희로" 예수님이 누구신지를, "하나님의 아들 메시아이심을 믿게 하려 함이요, 또 너희로 믿고 그 이름을 힘입어 생명을 얻게 하려 함이니라"(31절).

---

3 Cf. 17:18.
4 Cf. 14:16-17, 26; 15:26; 16:7, 12-15.

돌이 옮겨지고, 시체가 사라지고, 수건이 개켜 있다: 보고 믿으나 이해하지는 못함(20:1-10)

> ¹ 안식 후 첫날 일찍이 아직 어두울 때에, 막달라 마리아가 무덤에 와서 돌이 무덤에서 옮겨진 것을 보고, ² 시몬 베드로와 예수께서 사랑하시던 그 다른 제자에게 달려가서 말하되 "사람들이 주님을 무덤에서 가져다가 어디 두었는지 우리가 알지 못하겠다" 하니, ³ 베드로와 그 다른 제자가 나가서 무덤으로 갈 새, ⁴ 둘이 같이 달음질하더니, 그 다른 제자가 베드로보다 더 빨리 달려가서 먼저 무덤에 이르러, ⁵ 구부려 세마포 놓인 것을 보았으나 들어가지는 아니하였더니, ⁶ 시몬 베드로는 따라와서 무덤에 들어가 보니, 세마포가 놓였고, ⁷ 또 머리를 쌌던 수건은 세마포와 함께 놓이지 않고 딴 곳에 쌌던 대로 놓여 있더라. ⁸ 그때에야 무덤에 먼저 갔던 그 다른 제자도 들어가 보고 믿더라. ⁹ (그들은 성경에 그가 죽은 자 가운데서 다시 살아나야 하리라 하신 말씀을 아직 깨닫지[알지] 못하더라). ¹⁰ 이에 두 제자가 자기들의 집으로 돌아가니라.

예수님 장사와 빈 무덤 사이의 시간(교회가 성토요일로 부르는 기간 포함)에 대해 요한복음은 완전히 침묵한다. 요한복음 19장의 헬라어 본문의 마지막 단어는 "예수"다. 이제 요한복음 20장은 일련의 물리적 표적들을 담고 있고, 이와 더불어 예수님을 중심으로 하는 신적 규모로 드러나는 사건들의 의미를 점차 발견하고 깨닫는 과정을 보여 준다. 예수님의 인격, 곧 예수님은 누구인가는 불연속성(실제로 죽고 장사되셨으며, 이제 자유롭게 임재하시지만 알아보기는 더 힘든 방식으로 변화된 몸 — 이는 되살아난 결과가 아니다)과 연속성(예수님의 목소리와 몸에 남은 못 자국과 창 자국을 알아보는 것이 그 예다)을 모두 포함하고 있다. 이제 새로운 실재에 대한 증언이 나온다. 죽은 예수님은 죽음에서 살아난 예수님이 되셨고, 하나님과 동일시되신다—"나의 주님이시요 나의 하나님이시니이다!"

네 복음서에서 부활에 관한 증언은 이 유일무이하고 신적인 규모의 사건에 놀라서 더듬거리는 목소리로 들릴 수 있다. 기록마다 세부 묘사는 다르지만(또한 학자들 사이에서도 이 기록들의 상호 관계를 어떻게 이해해야 할지에 관한 합의가 없다) 두 가지 핵심 사안에 대해서는 일치한다. 곧 빈 무덤과 부활하신 예수님과의 만남이다. 요한의 첫 두 장면(20:1-10; 20:11-18)은 이 두 핵심 사안을 차례대로 확인해 준다.

첫 번째 물리적 표적은 무덤에서 옮겨진 돌이다. 막달라 마리아는 **아직 어두울 때** 이를 보고 잘못 이해한다. 모르는 **사람들이 주님을 무덤에서 가져다가 어디 두었는지** 모른다고 이해한 것이다. 그래서 그녀의 첫 반응은 시체를 훔쳐 간 사람들을 떠올리는 것이었다.

시몬 베드로와 예수께서 사랑하시던 그 다른 제자는 마리아의 말을 듣고 무덤으로 달려가서 두 번째 물리적 표적을 본다. **세마포 놓인 것과 머리를 쌌던 수건**이 **딴 곳에 쌌던 대로** 놓인 것이다. 예수께서 사랑하시던 그 제자는 결론으로 도약한다. **그 다른 제자도 … 보고 믿더라**. 마리아와는 다른 결론에 이른 분명한 이유 하나는 시체 도둑이 들었다면 시신을 풀어 헤친 다음 머릿수건을 그렇게 정성스럽게 개켜 놓았을 리 만무하다는 점이다. 또한 요한복음 11장에서 나사로가 살아난 후 이어진 일들과도 대조된다. "죽은 자가 수족을 베로 동인 채로 나오는데, 그 얼굴은 수건에 싸였더라. 예수께서 이르시되 '풀어 놓아 다니게 하라' 하시니라"(11:44). 이 차이는 여기서 일어난 사건이 나사로처럼 되살아난 것이 아니라 전혀 다른 일임을 내비친다. 그렇다면 예수께서 사랑하시던 제자는 무엇을 믿은 걸까? 한 가지 답은 예수님의 몸이 정말로 사라졌다는 것이다—마리아의 메시지 중 그 부분을 믿은 것이다. 이는 참이며 전혀 사소하지 않다. 예수님과 사별한 데 더해 예수님의 몸이 사라졌다는 사실을 받아들이는 일은 그에게 상당한 도전이었다. 시신의 부재는 여러 상황에서 '실종된 이들'의 가족이 너무 잘 아는 고통이며, 이를 받아들이기는 대단히 어렵다.

그러나 절대적인 "믿더라"는 그 이상의 무게를 담고 있다. 여기서 예수께서 사랑하시던 제자는 같은 것을 본 베드로와 구분된다. 사랑하시던 제자는 (나중에 도마와 마찬가지로) 자신이 본 것을 넘어서는 것을 믿은 것이다. 그는 부활 이후, 곧 예수님에 대한 온전한 믿음이 가능해진 최초의 순간에 처음으로 믿은 사람이다. 그가 지금 한 일은 예수님이 도마와 대화하시며 축복하신 바와 같다. "보지 못하고 믿는 자들은 복되도다"(20:29). 그는 부활하신 예수님을 아직 보지 못했으면서도 믿는다. 시인 R. S. 토머스가 이처럼 묻고 싶은 마음 가운데 믿음의 여명이 동트는 모습을 묘사한 것처럼 말이다.

그러나 단순히 몸이 사라졌음을 보는 것을 넘어서는 믿음의 내용은 무엇인가? 이는 결정적으로 중요한 무언가일 듯싶다. 하지만 다음 구절, 곧 **그들은 성경에 그가 죽은 자 가운데서 다시 살아나야 하리라 하신 말씀을 아직 깨닫지**[말지] **못하더라**는 구절을 고려하면, 죽은 자 가운데서의 부활을 믿은 것은 아닌 듯하다.[5] 아마도 예수님께서 말씀하셨던 대로 그가 아버지께로 돌아가셨음을 믿은 것 같다. 그러니까 예수께서 사랑하시던 제자는 예수님이 죽음에 붙들려 있지 않고 아버지와 함께 계심을 믿은 것이다. 그 또한 베드로를 비롯한 다른 제자들과 같이 부활하신 예

---

5 이 구절이 언급하는 "말씀"에 해당할 만한 본문이 여러 개 있는데, 다수의 주석가가 동의하는 본문은 시편 16:10-11이다(그 이유는 부분적으로 누가가 사도행전 2:24-28과 13:35에서 예수님의 부활과 관련하여 이 시편을 두 번 사용하기 때문이기도 하다). "이는 주께서 내 영혼을 스올에 버리지 아니하시며, 주의 거룩한 자를 멸망시키지 않으실 것임이니이다. 주께서 생명의 길을 내게 보이시리니, 주의 앞에는 충만한 기쁨이 있고, 주의 오른쪽에는 영원한 즐거움이 있나이다."

> **"답"에서 발췌**
>
> 차가운 성단소에
> 오랫동안 무릎 꿇고 있다가
> 내 마음에서 돌 하나 굴러가길래
> 들여다본 적 있어.
> 오랜 질문들이
> 한 곳에 그대로 고이 놓여 있었지.
> 사랑의 부활 몸을 싸고 있었던
> 수의처럼 말야.[a]
>
> — R. S. 토머스, 《시집: 1945-1990》 Collected Poems: 1945-1990, 359
>
> [a] 토머스 가드너는 이 시를 두고 이렇게 논평한다. "요한은 이를 믿음이라 불렀다—언어적 차원 아래에서 일어나는 인식의 순간, 그동안 자기 몸처럼 너무도 익숙하고 가까웠던 거대한 물음들이 그저 사라지고 생명 혹은 사랑이라고밖에 부를 수 없는 것으로 대체되는 순간이라 불렀다. … 몸의 비밀이 풀린 것도 아니고 문제는 여전히 그대로지만, 죽음처럼 조여 오던 것이 사라지고 그 자리에 생명과 호흡이 있다. 사유는 그다음에 따라온다. 내가 알기로는 이것이 믿음이 일어나는 방식에 대한 정확한 서술이다"(John in the Company of the Poets, 181-82).

수님을 만난 후에야 "성경을 깨닫게" 될 것이다. 예수님이 아버지께로 돌아가시는 일("내가 내 아버지 … 께로 올라간다"[20:17])은 놀랍고 원대한 만남이 있기 전에는 일어나지 않을 것이다. 즉, 예수님이 죽은 자 가운데서 다시 살아나셨기에 예수님을 만날 수 있게 되었다.

이처럼 빈 무덤과 세마포와 수건의 표적으로 인해 믿게 된 것은 예수께서 사랑하시던 제자에게 새로운 이해의 시작이었다. 이렇게 시작된 이해는 이후 예수님과 만나고 성경을 다시 새롭게 읽으며 깊어질 것이다. 이것이 바로 이 복음서 전체를 형성해 온 이해 방식이다. 요한복음에서 예수님에 대한 증언은 다양한 상호본문으로 심화되어 더 많은 진리로 이어지며, 독자들 또한 이런 과정에 합류하도록 초대받는다.

"내가 주를 보았다!"
마리아가 예수님을 만나 보냄받다(20:11-18)

> ¹¹ 마리아는 무덤 밖에 서서 울고 있더니, 울면서 구부려 무덤 안을 들여다보니 ¹² 흰옷 입은 두 천사가 예수의 시체 뉘었던 곳에 하나는 머리 편에, 하나는 발 편에 앉았더라. ¹³ 천사들이 이르되 "여자여, 어찌하여 우느냐?" 이르되 "사람들이 내 주님을 옮겨다가 어디 두었는지 내가 알지 못함이니이다." ¹⁴ 이 말을 하고 뒤로 돌이켜 예수께서 서 계신 것을 보았으나, 예수이신 줄은 알지 못하더라. ¹⁵ 예수께서 이르시되 "여자여, 어찌하여 울며, 너는 누구를 찾느냐?" 하시니, 마리아는 그가 동산지기인 줄 알고 이르되 "주여, 당신이 옮겼거든 어디 두었는지 내게 이르소서. 그리하면 내가 가져가리이다." ¹⁶ 예수께서 "마리아야!" 하시거늘, 마리아가 돌이켜 히브리 말로 "랍오니!" 하니(이는 선생님이라는 말이라). ¹⁷ 예수께서 이르시되 "나를 붙들지 말라. 내가 아직 아버지께로 올라가지 아니하였노라. 너는 내 형제들에게 가서 이르되 '내가 내 아버지 곧 너희 아버지, 내 하나님 곧 너희 하나님께로 올라간다' 하라" 하시니, ¹⁸ 막달라 마리아가 가서 제자들에게 "내가 주를 보았다"고 전하고, 또 주께서 자기에게 이렇게 말씀하셨다 이르니라.

마리아는 충격을 받고 슬픔으로 심란한 듯하다. 그녀는 예수님이 십자가에 못 박혀 죽는 모습을 목격했다. 그런데 이제 예수님의 시신이 사라져서 충격이 더 심해졌다. 그녀는 반복해서—제자들에게, 천사들에게, 예수님께—상실의 고통을 토로한다. 그녀는 예수님이 나사로의 무덤 앞에서 우신 것처럼 운다. 그녀는 계속 **울고** 있다가 두 천사와 정원사로 오인한 예수님께 이유를 설명할 때만 잠시 그친다. 그녀는 천사가 등장한 의의를 알아채지 못한 듯하다.[6] 그녀는 천사들의 대답도 기다리지 않고 돌아선다. 또한 예수님이 그녀의 이름을 부르시기 전에도 뒤돌아선 상태였던 듯하다. 이는 결정적인 전환점이다. 선한 목자가 그녀의 이름을 부르신 것이다. 예수님이 "큰 소리로 '나사로야, 나오라!'" 부르셨던 것처럼(11:43), 그러나 이번에는 조용히 **"마리아야!"** 하고 부르신다.[7] 그 순간 심란함에서 벗어나 예수님께 집중한다. **마리아가 돌이켜 히브리 말로 "랍오니!" 하니(이는 선생님이라는 말이라).**

그녀는 예수님을 보고도 알아보지 못했다—**예수이신 줄은 알지 못하더라.** 그러나 예수님의 한 단어 말에 돌아서서 응답했다. 그녀는 앞서 예수님을 "주님"(2절), "내 주님"(13절)으로 불렀고, 나중에 다른 제자들에게도 "내 주를 보았다"(18절)고 말한다. 그러나 지금 그녀는 예수님이 그녀에게 던지신 한 단어, 곧 그녀의 이름을 부르신 데 대해 예수님을 "선생님"이라고 부르며 응답한다. 눈으로 보았으나 **동산지기**인 줄 오인했던 **주님**을, 이제 한마디 말을 듣고 깨달아 **선생님**으로 인식한 것이다. 예수께서 사랑하시는 제자가 보고 믿었던 것을 부활로 이해하기 위해서

---

[6] 천사의 의의는 무엇인가? 독자들에게 천사는 평범한 것을 초월하는 놀라운 무언가를 암시하며, 하나님으로부터 메시지가 전달되는 사건을 나타낸다. 또한 **두 천사가 예수의 시체 뉘었던 곳에 하나는 머리 편에, 하나는 발 편에 앉았던** 것은 회막과 이후 성전의 지성소에 있던 그룹을 떠올리게 한다(출 25:17-22; 37:6-9; 대하 3:10-14; 5:7-10; 시 80:1; 99:1 참조). 지성소에 계신 보이지 않는 하나님의 임재는 그룹 사이의 공간으로 표상되듯이, 천사들 사이의 공간은 부활하신 예수님의 몸을 내비친다.

[7] 여기서 예수님은 자기 자신임과 동시에 전에 장사되었던 나사로와도 동일시된다. 이는 두 인물의 유사성과 차이점을 모두 강화한다.

성경이 필요했듯이, 마리아가 본 사람이 누군지―그리고 그녀 자신이 누구인지―이해하기 위해서는 예수님의 말씀이 필요했다.

어떤 주석가들은 "선생님"이라는 호칭이 "주님"이나 도마가 고백한 "나의 하나님"보다 낮은 칭호라고 보고, 예수님이 "나를 붙들지 말라" 하실 때 자신을 단지 인간 선생님으로만 대하는 마리아와 거리를 둔 것이라고 제안하기도 한다. 그러나 이런 식으로 칭호를 구분하여 위계를 설정하는 것은 사실과 맞지 않는다. "선생님"과 "주님"은 완전히 하나다.[8] 나를 붙들지 말라는 말씀의 의미는 곧 다시 다루도록 하고, 지금은 일단 "선생님"이라는 호칭을 요한복음의 앞부분과 연관해서 이해할 필요가 있다.

요한복음 1장을 다시 읽으면 특히 도움이 된다. 프롤로그에서 "말씀"이라는 칭호에서 시작하여 예수님이 가르치시는 분, 곧 이해와 진리의 전달자이심이 강조된다. 이 말씀은 하나님과 모든 실재라는 지평 안에 자리하고 계시며, "모든 사람의(사람들의) 빛"이시고, "각 사람에게 비추는 빛"이신데, "육신이 되어" "은혜와 진리"를 체현하신다(1:4, 9, 14). 마리아와의 이 만남과 관련해서, 그리고 요한복음 20장 전체와 관련해서 특히 중요한 부분은 프롤로그의 절정이다. "본래 하나님을 본 사람이 없으되, 아버지 품속에 있는 독생자 하나님이 하나님을 알려 주셨느니라(독생하신 하나님이 나타내셨느니라)"(1:18).[9]

마리아는 예수님의 시신을 간절히 찾고 있었다. 시신이 **어디** 있는가

---

8   Cf. 13:13.
9   NRSV가 '호 온 에이스 톤 콜폰 투 파트로스'(ὁ ὢν εἰς τὸν κόλπον τοῦ πατρὸς)를 "아버지 마음/가슴 가까이에 있는"으로 옮긴 것과, 존 맥휴가 "이제 아버지의 품으로 돌아가신"(who is now returned into the bosom of the Father)으로 번역한 것을 비교해 보라(*John 1-4*, 49).

하는 애끓는 물음을 계속 품고 있었다(2, 13, 15절). 그녀의 이런 모습은 모범적인 제자의 모습이다. 그녀는 예수님이 어디 "계신지"에 대한 궁극의 답을 예수님께 배우는 중이다. 그 답은 프롤로그 초반의 "태초에 하나님과 함께 계셨고"와 말미의 "아버지 품속에 있는"과 예수님의 마지막 기도에서 "지금 내가 아버지께로 가오니"(17:13)와 잇닿아 있다. 예수님은 마리아를 가르치시고, 그녀를 통해 나머지 자기 가족을 가르치신다. **"내가 내 아버지 곧 너희 아버지, 내 하나님 곧 너희 하나님께로 올라간다."** 이는 하나님과 또한 다른 이들과 사랑으로 영원히 관계 맺는 '곳'이다.

마리아와 예수님의 만남은 요한복음 1:35-42에서 첫 제자들이 예수님을 만난 일의 핵심 요소를 담고 있다. 듣기, 돌이키기, 보기, 선생님이신 예수님, '어디' 물음, 형제들, 이름하기, 예수님을 찾기가 그렇다. 그러나 두 가지 중요한 차이가 있다.

예수님이 제자들에게 하신 첫 말씀(요한복음에 나오는 예수님의 첫 말씀이기도 하다)은 질문이었다. "'너희'는 무엇을 찾느냐[구하느냐]?"(1:38). 그런데 마리아에게 물으신 것은 "'너는' 누구를 찾느냐?"다.[10] 이 "누구" 물음은 요한복음 전체의 핵심이었다. 마리아는 죽은 '무언가'를 찾고 있었지만, 그녀는 살아 있는 '누구'에게 질문받고 그 '누구'로 인해 놀란다.

둘째, 제자들이 처음으로 한 말은 예수님의 물음에 대한 반응으로 "어디" 물음이었다. "랍비여, 어디 계시오니이까?" 이에 예수님은 "와서 보라"라고 대답하셨고, 제자들은 오후 네 시쯤부터 예수님이 머무시는 곳에서 남은 하루를 함께 보냈다(1:38-39). 마리아의 "어디" 물음에 대한

---

10 이는 예수님이 체포될 때도 반복하여 물으신 질문이다(18:4, 7). 18:1-12에 관한 주석에서 각주 3을 참조하라.

대답, 즉 예수님이 아버지께로 올라가신다는 대답은 시간의 제약을 받는temporary 지상의 장소를 초월한다. 그리고 그 대답의 핵심은 '누구' 물음에 대한 답이다. 즉, 관계 속에 계신 부활하신 예수님이 대답의 핵심이다. 이는 예수님이 모든 곳, 모든 시간, 모든 사람과 자유롭게 관계 맺으실 수 있는 처소다.

독자들은 마리아와 예수님의 만남에서 요한복음의 시작 부분을 떠올리게 될 뿐만 아니라, 성경의 시작 부분을 떠올리게 된다(요한복음을 시작하는 말씀도 성경의 시작 부분을 떠올리게 한다). 동산에 남자와 여자가 있을 뿐만 아니라, 다른 암시도 많다. 오해에서 비롯되긴 했지만 "동산지기"는 아담을 "에덴동산에 두어 그것을 경작하며 지키게" 하신 내용을 연상시킨다. 아담은 자기 아내를 "여자"라 부르고, 그녀의 이름을 지었다(창 2:15, 23; 3:20). 이 동산에서도 보내심이 있다. 다만 이번에는 원수, 고통, 고된 노동, 죽음으로의 내보내심(창 3:14-24)이 아닌, 새로운 가족 안에서 누리는 생명의 메시지를 들고 가게 보내신 것이다. 수 세기 동안 주석가들은 이 본문을 비롯한 요한복음의 마지막 두 장에서 창세기 첫 부분과의 여러 공명점을 발견했다. 그중 일부는 해당 구절을 다룰 때 언급할 것이다. 그 핵심 메시지는 두 본문을 함께 읽고 또 읽으며 예수님의 부활을 새 창조로, 삶과 관계—특히 창세기의 창조 기사에 등장하는 땅과 모든 피조물과의 관계—의 새 출발로 마음속에 그리는 것이다.

요한복음이 대개 그렇듯이, 여기서도 다른 상호본문적 차원이 있다. 특히 흥미로운 것은 아가서와의 연관성이다. 아가에도 깊은 상호 소속 관계에 있는 남자와 여자가 있고, 사랑하는 이의 목소리와 모습이 핵심이며, 상당히 애타게 찾는 내용도 있고, 동산 이미지가 풍성하며, "사랑은 죽음같이 강하다"는 믿음이 있다(아 8:6). 요한은 막달라 마리아가 예수님과 연애 관계인 전직 창녀였다는 후대의 비성경적 전통에 대해 어떤 증거도 제공하지 않지만, 창세기 및 아가와 공명하는 두 사람 이야기를 구성했다. 이는 또한 종종 결혼 관계에 비유되는 하나님과 이스라엘의 언약적 유대와도 공명한다.[11]

이 모든 것을 고려할 때, **"나를 붙들지 말라**['메 무 하프투' μή μου ἅπτου]. **내가 아직 아버지께로 올라가지 아니하였노라**"는 예수님의 말씀을 어떻게 이해해야 할까?[12] 마리아에게 예수님과의 새로운 관계 형태가 있는 것이다. 이는 물리적으로 닿거나 육신으로 보는 것에 기반한 관계가 아니다. 그 대신 예수님이 아버지와 맺은 관계 안에서 예수님과 계속되는 영구적인 관계가 있을 것이다. 마리아가 **내 형제들에게**(제자들이 이렇게 불린 것은 이번이 처음이다) 전하라고 받은 소식은 최고의 소식이다. 제자들에게나, 그녀에게나, 이를 믿는 누구에게나 말이다. **"내가 내 아버지 곧 너희 아버지, 내 하나님 곧 너희 하나님께로 올라간다."** 이는 예수님의 또 다른 "들려 올려짐"으로, 십자가와 부활 너머의 들려짐이다. 고별 강론의 절정은 이 관계의 속을 언뜻 보여 준 것으로, 그 영광과 친밀함의 완전한 나눔을 열어 준다. "내게 주신 영광을 내가 그들에게 주었사오니, 이는 우리가 하나가 된 것같이 그들도 하나가 되게 하려 함이니이다. 곧 내가 그들 안에 있고 아버지께서 내 안에 계시어 그들로 완전히[온전함을 이루어] 하나가 되게 하려 함은 아버지께서 나를 보내신 것과 또 나를 사랑하심 같이 그들도 사랑하신 것을 세상으로 알게 하려 함이로소이다. … 이는 나를 사랑하신 사랑이 그들 안에 있고 나도 그들 안에 있게 하려 함이니

---

11 막달라 마리아와 부활에 관한 통찰력 있는 설명으로는 다음을 보라. 그녀에 관한 후대 전통에 대한 논의도 포함하고 있다. Lee, *Flesh and Glory*, 220-32.

12 이 말씀을 비롯하여 예수님과 막달라 마리아의 만남 전체에 관한 학술적 번역 및 해석에 관한 개관으로는 다음을 보라. Bieringer, "'I Am Ascending to My Father and Your Father.'"

이다"(17:22-23, 26). 따라서 "나를 붙들지 말라"[13]는 부정적 명령은 더 크고 더 완전한 친밀함의 서곡이다. 곧, 사랑 안에서 상호 내주하는 친밀함이다. "마리아야!"에서 "랍오니!"로 이어지는 '누구 대 누구'의 관계는 중단되지 않고 지속될 수 있다. 이는 독자들에게도 마찬가지다.

또한 이 말씀은 새로운 가족을 동반한다. 마리아가 여러 번 던진 '어디' 물음에 대한 답은 예수님이 아버지와 함께 하늘(아마도 하나님의 직접적이고 초월적인 임재가 영원히 있는 영역이며, 17:24에서의 예수님의 욕망이 성취되는 곳으로 가장 잘 이해될 수 있을 것이다)에 계신다는 것뿐만 아니라, 예수님과 아버지 모두 그들을 신뢰하고 사랑하는 사람과 상호 내주의 관계 가운데 임재해 계신다는 것이다. "너희 아버지 … 너희 하나님"에서 "너희"는 복수형으로, 새 가족을 의미한다. 이 가족에는 독자도 포함될 수 있다.

더 나아가 이 말씀은 계속되는 역사에서 새로운 목적을 동반한다. 마리아는 복음을 선포하러 보냄받은 최초의 사도다. **"너는 … 가서 이르되 …" … 막달라 마리아가 가서 제자들에게 … 전하고, 또 주께서 자기에게 이렇게 말씀하셨다 이르니라.** 제자들은 예수님의 말씀만 전달받은 게 아니라, **"내가 주를 보았다"**는 그녀의 개인적 간증도 들었다. 본다는 주제와 그것이 독자들에게 의미하는 바는 한 주 뒤 도마가 예수님을 만날 때 절정에 이를 것이다. 그러나 그 전에 공동체에 결정적인, 활력을 불어넣는 사건이 먼저 발생한다. 이 사건은 "나를 붙들지 말라"가 왜 좋은 소식인지의 또 다른 차원을 보여 줄 것이며, 이는 예수님께서 고별 강론에서

---

[13] 동사 '하프테인'(ἅπτειν)은 간혹 칠십인역에서 거룩한 것을 만지지 말라는 것과 관련해서도 사용된다(예: 레 12:4; 민 4:15). 그리고 이는 예수님의 죽음과 부활에 있어 예수님이 성전과 동일시된다는 점(2:1-12)을 강화할 것이다. 이 말씀을 중심으로 한 풍성한 문학적·신학적 고찰로는 다음을 보라. Cefalu, *The Johannine Renaissance*, 2장, "*Noli Me Tangere* and the Reception of Mary Magdalene in Early Modern England"(pp. 97-130).

말씀하신 것과도 일치한다. "그러나 내가 너희에게 실상을 말하노니, 내가 떠나가는 것이 너희에게 유익이라. 내가 떠나가지 아니하면 보혜사가 너희에게로 오시지 아니할 것이요."

제자들 가운데 오신 십자가에 못 박히신 예수님: 평강, 기쁨, 보내심, 성령, 사함(20:19-23)

> 19 이날, 곧 안식 후 첫날 저녁 때에 제자들이 유대인들을 두려워하여 모인 곳의 문들을 닫았더니, 예수께서 오사 가운데 서서 이르시되 "너희에게 평강이 있을지어다." 20 이 말씀을 하시고 손과 옆구리를 보이시니, 제자들이 주를 보고 기뻐하더라. 21 예수께서 또 이르시되 "너희에게 평강이 있을지어다. 아버지께서 나를 보내신 것같이 나도 너희를 보내노라." 22 이 말씀을 하시고 그들을 향하사 숨을 내쉬며 이르시되 "성령을 받으라. 23 너희가 누구의 죄든지 사하면 사하여질 것이요, 누구의 죄든지 그대로 두면 그대로 있으리라" 하시니라.

이 장면의 앞뒤에는 일 대 일 만남, 곧 예수님과 막달라 마리아의 만남과 예수님과 도마의 만남을 중심으로 하는 장면이 각각 있다. 이 장면은 **제자들** 가족을 결정적으로 형성하고 변혁하는 사건이다. 이 자리에 누가 있을까? 그 수와 이름은 제시되지 않았지만, 열두 제자로 한정된 모임이었다는 암시는 없다. 그 가운데 적어도 한 사람, 곧 도마는 그때 없었음을 우리는 나중에 알게 된다.

때는 **이날, 곧 안식 후 첫날 저녁**이다. 일요일은 최초의 그리스도인들이 성찬을 거행하기 위해 모이던 날이다. 메리 콜로이는 요한복음 20장 전체에서 초기 그리스도교 예배를 되울리는 흔적을 찾아보고, "요한복음 20장의 가정 장면은 미래의 신자들의 가정 모임이 열리게 하고, 그들이 표적을 보고 믿으라고 요청한다"고 결론 내린다.[14]

"열다"라는 말은 예수님께서 여기서 하시는 일을 잘 표현해 준다. 제자들은 문을 잠그고 두려워한다. 예수님은 그들이 십자가에 못 박히고 부활한 자신을 향해, 두려움 대신 자신의 평화와 기쁨을 향해 열리게 하신다. 또한 아버지께서 자신을 보내신 것처럼 그들을 보내심으로써, 그들이 미래와 온 세상을 향해 열리게 하신다. 예수님은 입을 열어 말씀하시고, 하나님께서 아담에게 생기를 불어넣으셨던 것처럼(창 2:7) 그들에게 숨을 내쉬며 **성령**을 나누어 주신다. 예수님은 용서/사함을 통해 과거가 미래를 향해 열리게 할 권위를 주신다. 그리고 이 장면에는 닫힘이 없다. 예수님의 떠나심도 없다.[15]

예수님은 이중의 "평강"을 가져오신다. 예수님의 첫인사 **"너희에게 평강이 있을지어다"**는 유대인들을 **두려워**하던 제자들에게 가닿는다. 적의 위협에 대한 두려움은 예수님의 처형 직후 제자들의 상황,[16] 회당과 고통스럽게 결별한 요한 공동체의 상황만이 아니라, 세기를 가로질러 오늘날 세계 곳곳의 상황에서도 겪는 감정이다.[17]

예수님은 제자들의 두려움을 어떻게 다루실까? **손과 옆구리를 보이셨다.** 이는 두려움에 맞설 수 있는 평화의 표징이다. 고난과 죽음은 결론이

---

14   Coloe, *Dwelling in the Household of God*, 188.
15   요한복음의 부활 이야기와 가장 유사한 것은 누가복음의 부활 이야기인데, 누가복음의 기록은 명백히 '열림'을 주제로 삼는다. "그들의 눈이 열려[밝아져]"(24:31); "우리에게 성경을 열어[풀어] 주실 때"(24:32); "이에 그들의 마음을 열어 성경을 깨닫게 하시고"(24:45).
16   제자들은 마리아가 주님을 봤지만 처음에는 도굴꾼을 의심했다는 소식을 듣고 두려움이 커졌을 수도 있다—제자들이 명백한 용의자이기 때문이다.
17   그리스도인에 대한 박해와 더불어 그리스도인이 유대인을 박해한 끔찍한 역사도 있다. 오랜 세월 곳곳에서 유대인들은 그리스도인이 두려워서 문을 잠그고 모여야 했다.

아니다. 어떤 두려움이든 간에, 설령 실제로 고난과 죽음을 초래할 수 있는 사람이나 사건에 대한 두려움이더라도, 그보다 큰 평화가 있다. "평안을 너희에게 끼치노니, 곧 나의 평안을 너희에게 주노라. 내가 너희에게 주는 것은 세상이 주는 것과 같지 아니하니라. 너희는 마음에 근심하지도 말고 두려워하지도 말라"(14:27). 이제 이 평안은 십자가에 못 박히시고 부활하신 예수님 안에 체현되었고, 인사의 말씀으로 거저 주어진다. 예수님 위에 머무르며 예수님을 십자가로 인도하신 성령께서 곧 이 평안을 제자들에게 나누어주실 것이다.

예수님의 임재, 예수님의 축복, 그리고 예수님의 손과 옆구리를 보는 것은 제자들의 두려움은 물론 슬픔도 달래 주었다. **제자들이 주를 보고 기뻐하더라.** 예수님은 전에 "너희 근심이 도리어 기쁨이 되리라"고 약속하셨다(16:20).

이때 예수께서 또 이르시되 "너희에게 평강이 있을지어다." 예수님은 단지 필요를 채우시고 부정적인 것을—두려움, 슬픔, 의심, 죄 등 여러 문제를—대처하도록 도우시는 데서 멈추시지 않는다. 예수님은 개인과 공동체의 삶을 형성하시고("너희"는 복수형이다), 깊은 의미와 목적을 주시고, 소명을 넓히시고, 비전을 불러일으키시고, 풍성한 삶을 가져다주고자 하신다. 예수님의 임재와 평안은 증언과 사랑과 섬김을 향해 나가기 위한 집과 같다. 바라는 것은 단지 문제 해결이 아니라, 히브리어 '샬롬'의 특징이 담긴 평화다. 곧, 하나님과의 화평, 나 자신 및 나의 과거와의 화평, 다른 사람과의 화평, 모든 피조물과의 화평이다—요한복음 17장에서 예수님이 다면적 연합을 위해 기도하신 것처럼.[18]

---

[18] 이 평화에 관한 신약의 고전적 표현은 에베소서에 있다. 에베소서는 특히 2장에서 3장의 사랑 중심의 기도를 거쳐 4장의 다면적 연합으로 이어진다.

그래서 예수님은 제자들에게 가장 포괄적 지침을 주신다. **"아버지께서 나를 보내신 것같이 나도 너희를 보내노라."** 요한복음에서 가장 중요한 몇몇 진술에 사용된 형식인 "…것같이 …하다/하라"는 문구로[19] 엄청난 소명이 개시된다. 이는 17:18의 기도를 되울린다. 거기서 예수님께서 보내심받은 것처럼 보내시는 것은 사랑의 소명을 받는 것으로 여겨졌다. 세상을 위한 생명을 주는 사랑의 소명이다.

한편으로, 이 보내심에는 예수님 자신의 사명에 나타난 요소들이 포함된다. 이를테면 성경에 깊이 뿌리내림, 배우는 공동체를 형성함, 가르침, 가까운 집단 너머의 사람들까지도 위한 풍성한 삶의 표적을 행하심, 얼굴을 마주하는 만남, 섬김, 기도, 어둠과 갈등과 고난과 죽음으로 보냄받음 같은 것이다.

다른 한편으로 이 포괄적인 "…것같이 …하다/하라"는 새로운 상황마다 새롭게 분별하며 창의적으로 연주하도록 초대한다. "…것같이"는 말씀이나 행동을 그대로 따라 하는 것을 넘어, 상상력을 사용한 변주, 창조적 유추, 대담한 혁신으로 말과 행동을 넓혀서, 예상치 못한 놀라움을 선사하는 데 이른다. 그러나 예수님은 누구신지, 그가 무엇을 말씀하셨고 행하셨는지에 대한 이해가 깊어지지 않는다면, 새로움이 피상적이거나, 부적절하거나, 열매 없거나, 예수님께 충실하지 않을 위험이 있다. 새로움이 진실하려면 예수님이 영감받으신 것처럼 영감을 받아야 한다. 그래서 핵심은 성령이다.

이 말씀을 하시고, 그들을 향하사 숨을 내쉬며 이르시되 "성령을 받으라."[20] 이는 고별 강론에서 하신 약속들을 성취할 뿐만 아니라,[21] 성령에

---

19 다음에 관한 주석을 보라. 3:14; 10:11-21; 13:15, 31-35; 17:18; 20:21.
20 헬라어 원문에는 성령(the Holy Spirit)에 정관사(the)가 없이 '프뉴마 하기온'(πνεῦμα ἅγιον)만 있어서, '거룩한 영'으로 번역할 수도 있다. 헬라어 사본에는 대소문자 구별이

관한 다른 언급들을 떠올리게 한다(예: 1:32-33; 7:37-39). 특히 3:3-10의 바람\영 이미지를 떠올리게 하는데, 이는 창세기 1:2에 나오는 하나님의 바람\영도 되울린다.

창세기를 되울리는 또 다른 표현이 있다. '숨을 내쉬다'에 해당하는 헬라어는 '에네퓌세센' ἐνεφύσησεν 인데,[22] 칠십인역 창세기 2:7에서 사용된 단어와 같다. "여호와 하나님이 땅의 흙으로 사람['안트로포스' ἄνθρωπος]을 지으시고, 생기를 그 코에 불어넣으시니['에네퓌세센' ἐνεφύσησεν], 사람['안트로포스']이 생령이 되니라." 예수님의 이 숨은 하나님으로부터 온 새 생명으로, 프롤로그가 창세기를 되울린 것을 되울리고, 프롤로그에서 말씀을 생명 및 빛과 연관시킨 것도 되울린다. 여기서 생명의 숨을 불어넣는 것은 평안, 보냄, 받음, 사함이라는 말과 분리될 수 없다. 제자들은 십자가에 못 박히시고 부활하신 예수님의 성령을 받아, 예수님의 삶과 죽음과 부활이라는 현실이 주입되며, 예수님이 보내심받은 것처럼 보내심받도록 영감을 받는다. 아마도 가장 중요한 점은 이 성령이 "아버지 품속에" 있는 아들(1:18)의 영이며, 예수님과 친밀히 연합해 있다는 점이다. 이 친밀함은 지금 예수님이 얼굴을 마주하여 말씀하시고 숨을 불어넣으시면서 구체적으로 드러난다.

또한 이는 공동체에 주어진 선물로, 에스겔이 마른 뼈에 생명이 주어지는 예언에 사용한 동일한 희귀 동사 "불어서"를 상기시킨다. "주 여호와께서 이같이 말씀하시기를 '생기야, 사방에서부터 와서 이 죽음을 당

없지만, 대부분의 주석가는 NRSV의 번역에 동의한다. 이 사건을 예견하는 7:39에서는 "영"이 정관사와 함께 사용되기도 하고 없이도 사용된다. 또한 '받다'에 해당하는 같은 동사('람바네인' λαμβάνειν])도 사용된다.

21 다음을 보라. 14:16-17, 26; 15:26; 16:13-15.
22 이 동사는 플루트와 같은 관악기에 숨을 불어넣는 것과 같은 '불어넣다'로 번역될 수도 있다.

한 자에게 불어서 살아나게 하라' 하셨다"(겔 37:9). 이는 "이스라엘 온 족속"을 위한 예언이며(11절), 이어서 "내가 또 내 영을 너희 속에 두어 너희가 살아나게 하고"(14절)라는 말이 나온다. 이 예언은 그 앞 장에 나온 예언에서 이어지는 것이다. 앞장에서는 "너희가 … 내 백성이 되고 나는 너희 하나님이" 될 때 "새 영 … 새 마음 … 내 영"이라는 선물이 약속되었다(36:26-28). 이는 예레미야의 예언, 곧 그들 마음에 기록될 "이스라엘 집"과의 "새 언약" 선물에 관한 예언과도 어울린다. 이 예언은 요한복음의 이 장면과 같이 용서로 끝맺는다. "내가 그들의 악행을 사하고, 다시는 그 죄를 기억하지 아니하리라"(렘 31:31, 34). 신약 저자들은 자신들이 예수님의 삶, 죽음, 부활, 성령 선물에서 발견한, 하나님 중심으로 연속되는 새로움에 대한 경험을 표현하고자 이 두 본문을 자주 사용했다.[23]

---

23 신약에서 성령 주심에 관한 주요 상호본문은 사도행전 2장의 오순절 성령 부어짐 기사다. 어떤 주석가들은 이 둘을 별개의 사건으로 보고, 두 사건의 관계를 다양한 방식으로 설명한다. 현대 주석가 중 다수는 두 사건을 하나의 성령 선물 경험에 대한 두 가지 증언 방식으로 본다—요한복음은 성령 주심을 고별 강론, 십자가 처형, 승천과 통합하는데, 이 모든 것이 예수님 중심이다. 누가-행전은 이를 오순절로 마무리되는 일련의 선형적 연쇄 사건으로 묘사한다. 요한의 성령 주심 기록은 앞서 해석했던 십자가 처형 이야기와 마찬가지로 조용하고 친밀하며, 예수님이 누구신지와 그가 행하신 바("…것같이 …하라")가 그 중심에 있으며, 고별 강론에서 약속하신 것이 실현된다. 사도행전은 시끌벅적하고 극적이며, 즉각적으로 공적인 영향을 미친다. 이와 마찬가지로 주요 성경 상호본문도 다르다. 요한의 상호본문은 창세기의 창조 이야기와 예언서 에스겔, 예레미야, 이사야다. 누가의 상호본문은 창세기의 바벨탑 이야기와 예언서 요엘이다. 둘 사이의 (게다가 이 둘보다 이른 시기에 기록된 바울 서신의 가르침으로 더욱 복잡해진) 대조와 종종 긴장은 여러 다양한 그리스도교 전통에서 오랜 세월 거듭되었고, 특히 지난 세기에 오순절 운동이 부상한 이후 두드러졌다. 나는 요한이 바울적 사조와 누가적 사조를 모두 의식하는 가운데 복음서를 집필했다고 보고, 요한이 요한복음 17장에 표현된 사랑 안에서의 연합/일치에 대한 예수님의 욕망과 예수님의 중심성을 강조함으로써 양쪽을 각각 확증하고 심화할 수 있는 서술과 신학을 제시했다고 본다.

"받다/영접하다"는 요한복음에서 마흔여섯 번 사용된 핵심 동사로, 보통 예수님을 영접하거나 예수님께로부터 받는 내용에 사용되었다(프롤로그에서부터 사용된다[1:12, 16]). 여기서 이 동사는 명령이면서 동시에 초대이고, 받고자 하는 열린 마음을 전제하고 있다. 그러나 초대라는 말도 명령이라는 말도 그 의미를 충분히 담아내지 못한다. 그들은 이미 기뻐하며 들떠있다. 이미 "평강 …"을 이중으로 받았고, 예수님과 같은 사명을 받았고, 이제 예수님께 궁극의 선물을 받는다. 이는 너무 좋은 소식이라서 환영하게 될 수밖에 없는 선포에 가깝다. 그래서 프레더릭 데일 브루너는 "성령을 환영하라!"로 번역한다.[24]

요한복음 전체가 첫 장부터 이 순간을 준비해 왔으며, 이 순간은 예수님과의 친밀함과 공동체의 사명을 중심으로 새로운 미래를 열어 준다. 게다가 과거와의 새로운 관계도 열어 준다. **"너희가 누구의 죄든지 사하면 사하여질 것이요, 누구의 죄든지 그대로 두면 그대로 있으리라."** 예수님이 가져오시는 평화는 죄의 현실을 마주하라고 요구한다. 성령은 거룩한 영이다. 평화, 신뢰, 연합/일치, 진리, 사랑의 공동체를 향한 (특히 요한복음 17장에 표현된) 예수님의 욕망이 이루어지려면, 용서가 결정적으로 중요하다. 그런데도 요한복음에서 용서가 언급된 것은 여기가 처음이다. 여기에, 곧 제자들이 부활하신 예수님을 만나고 사명을 수행하도록 보냄받고 약속된 성령을 받은 직후에 용서가 도입됨으로써 최대의 효과가 생긴다. 용서는 그들의 사명에 분명 필수적이다.

하지만 용서가 극히 중요하다는 점을 인정하더라도, 이 구절은 어떤 의미일까? 최소한 세 가지를 물을 수 있다.

첫째, "너희"는 누구를 말할까? 분명 그들은 거기에 모여 있던 제자들

---

24 Bruner, *The Gospel of John*, 1164.

이겠지만, 공동체 전체로 봐야 하는가, 아니면 단지 열두 명의 지도자로 봐야 하는가? 요한은 거기에 있던 이들이 단 열두 명이었는지(유다와 도마를 제외하면 실제로는 열 명이겠지만) 명확히 알려 주지 않는다. 나는 앞서 보다 폭넓은 무리를 가리킬 수도 있다는 점에 동조했다. 따라서 나는 죄를 용서할 권위가 그 공동체에 있던 모든 이들, 그리고 이후 공동체를 이어간 후계자들에게 주어졌다고 보는 입장에 동의한다. 그렇다고 해서 이 권위를 다른 공동체들에서 구조화하고 사용하는 폭넓은 방식을 배제해야 하는 것은 아니며, 요한이 애매하게 썼기에 다양한 해석이 가능해진다.

둘째, "너희가 누구의 죄든지 사하면 사하여질 것이요"라는 말로 어떤 종류의 권위가 주어지는가? 죄 용서라는 어마어마한 권위는 "사하여질 것이요"라는 신적 수동태 안에 놓여 있다—즉, 하나님에 의해, 예수님에 의해 사하여진다. 신적 행위와 인간 행위의 관계는 요한복음 여기저기서 쟁점이 되어 왔는데, 언제나 인간의 행위를 모든 것을 아우르는 하나님의 우선성 안에 두고 있다.[25] 예수님 이름 안에서의 권위는 개인의 재량이 아니라 예수님이 맡으시는 권위다. 예수님의 이름으로 드리는 기도와 마찬가지로 이 권위는 상호 내주의 친밀함에서, 계속되는 권위의 혁명에서(발 씻김에서 보여 주신 것과 같이), 더 많은 진리로 인도되는 데서 나올 때만 진정하다.

셋째, "너희가 … 누구의 죄든지 그대로 두면 그대로 있으리라"는 어떤 의미인가? 헬라어 '안 티논 크라테테 케크라텐타이' ἄν τινων κρατῆτε κεκράτηνται 에 대한 두 가지 번역이 있는데, 서로 매우 다르다.

여기서 NRSV의 번역은 헬라어 본문에는 나오지 않는 "죄" sins 를 가정

---

25 예를 들어, 다음에 관한 주석을 보라. 2:1-12; 9:35-41; 10:26.

하고 있다. 문장의 앞부분에서 이어진다고 본 것이다. 이는 뒷부분의 용서 불허가 앞부분의 용서 허가와 상응한다는 것이다.[26] 이는 요한복음이 심판을 강조하고, 예수님과 만날 때 결단할 것을 요구하며, 잘못된 결정을 내릴 가능성 보여 준 것과 조화된다. 요한복음에서 핵심 죄는 예수님을 거부하는 것, 예수님을 믿고 신뢰하지 않는 것이다. 이에 상응하는 긍정적 요구는 "하나님께서 보내신 이를 믿는 것이 하나님의 일이니라"(6:29)이다. 이러한 점에 비추어 볼 때, 죄를 사한다는 것과 그대로 둔다는 것의 한 측면은 누군가 제자 공동체에 들어올 때 그 공동체의 문턱에서 일어나는 일일 수 있다. 바로 이 지점이 예수님에 대한 믿음의 진정성 문제가 날카롭게 제기되는 지점이다. 누가 공동체의 일원이 될 수 있고, 누가 될 수 없는가? 그들은 예수님을 따르기 위해 죄를 회개할 것인가? 이는 중대한 물음이며, 긍정 대답과 부정 대답에 모두 열려 있다. 예수님이 날 때부터 시각 장애인 된 사람을 안식일에 고치신 일에 바리새인들이 이의를 제기했을 때, 예수님이 말씀하셨듯이 "너희 죄가 그대로 있느니라"(9:41).

   이 약속이 열려 있다는 점은 공동체에 들어오는 것을 넘어 공동체의 계속되는 삶까지 폭넓게 적용된다. 여기에는 대단히 복잡한 문제가 있는데, 어떤 문제는 명백하고(예컨대 권위를 오남용한 성적 학대를 비롯한 여러 형태의 폭력 등), 어떤 문제는 불분명하다(예컨대 진리 왜곡, 완고함, 나태, 교만 등). "가장 좋은 것의 타락은 가장 끔찍하다"는 격언은 여러 좋은 것에 적용되듯이, 용서에도 적용된다. 분명 요한 공동체부터가 이 영역에서 몇 가지 혹독한 교훈을 배워야 했을 것이다—요한일서는 죄와 용서에 관한 문제로 가득하다. 제자, 배우는 자라는 의미가 가장 중요해지는 지

---

26 마 16:19; 18:18이 자주 유사 구절로 거론된다.

점 하나는 자기 안에서, 공동체 안에서, 세상에서 죄에 어떻게 대처해야 하는가에 관한 지혜를 배울 때다. 그리스도인의 권위 행사가 종종 의문스럽고 그 자체가 죄가 되는 영역이 바로 죄를 다루는 영역이다. "그대로 두면"은 경고를 의도한 것일 수도 있다. 즉, 용서를 거부할 때 초래될 수 있는 비참, 파괴된 삶, 공동체 연합/일치에 대한 위협을 경고하는 것이다.

대안적인 소수의 번역은 다음과 같다. "너희가 누구든 그대로 머물도록 붙들면 붙들릴 것이요." 이는 NRSV와 달리 앞부분과 대조를 이루지 않고 앞부분을 강화한다. 이는 다음과 같은 의미다. 너희가 누군가를 "세상 죄를 없애시는[제고 가는] 하나님의 어린양"(1:29)이신 예수님께 인도하고 사랑의 공동체에 받아들임으로써 죄를 사함받을 수 있게 한다면, 또한 공동체 안에서 그들을 지탱해 준다면, 너희가 하나님이 욕망하시는 바를 행하고 있음을 알게 될 것이다—그들이 하나님에 의해, 예수님에 의해 "붙들려" 있기 때문이다. 이는 예수님께서 자신이 받아들인 사람들을 굳게 붙드신다고 반복하여 강조하신 말씀과도 부합한다. "그들을 내 손에서 빼앗을 자가 없느니라. 그들을 주신 내 아버지는 만물보다 크시매, 아무도 아버지 손에서 빼앗을 수 없느니라. 나와 아버지는 하나이니라"(10:28-30[또한 17:12; 18:9 참조]). 이러한 번역은 이 장면이 다소 침울하게 끝나는 것을 피하게 하고, 평강, 기쁨, 성령 받음, 용서라는 전반적 흐름과도 더 잘 어울린다. 그러나 요한복음이 흔히 그렇듯이 두 해석 노선에 모두 지혜가 있다.

"나의 주님이시요 나의 하나님이시니이다!"
듣는 것, 보는 것, 보지 않고 믿는 것(20:24-29)

²⁴ 열두 제자 중의 하나로서 디두모라 불리는 도마는 예수께서 오셨을 때에 함께 있지 아니한지라. ²⁵ 다른 제자들이 그에게 이르되 "우리가 주를 보았노라" 하니, 도마가 이르되 "내가 그의 손의 못 자국을 보며, 내 손가락을 그 못 자국에 넣으며, 내 손을 그 옆구리에 넣어 보지 않고는 믿지 아니하겠노라" 하니라. ²⁶ 여드레를 지나서 제자들이 다시 집 안에 있을 때에 도마도 함께 있고 문들이 닫혔는데, 예수께서 오사 가운데 서서 이르시되 "너희에게 평강이 있을지어다" 하시고, ²⁷ 도마에게 이르시되 "네 손가락을 이리 내밀어 내 손을 보고, 네 손을 내밀어 내 옆구리에 넣어 보라. 그리하여 믿음 없는 자가 되지 말고 믿는 자가 되라." ²⁸ 도마가 대답하여 이르되 "나의 주님이시요 나의 하나님이시니이다!" ²⁹ 예수께서 이르시되 "너는 나를 본 고로 믿느냐? 보지 못하고 믿는 자들은 복되도다" 하시니라.

예수님이 죽기 전날 밤, 도마는 예수님께 "주여, 주께서 어디로 가시는지 우리가 알지 못하거늘, 그 길을 어찌 알겠사옵나이까?" 하고 말했고, 이에 예수님은 다음과 같이 대답하셨다. "내가 곧 길이요 진리요 생명이니, 그 누구도 나로 말미암지 않고는 아버지께로 올 자가 없느니라. 너희가 나를 알았더라면 내 아버지도 알았으리로다. 이제부터는 너희가 그를 알았고 또 보았느니라"(14:5-7). 이어서 빌립의 말에 이렇게 대답하셨다. "나를 본 자는 아버지를 보았거늘 … 내가 아버지 안에 거하고 아버지께서 내 안에 계심을 믿으라. 그렇지 못하겠거든 행하는 그 일로 말미암아 나를 믿으라"(14:9, 11). 이 같은 보는 것과 믿는 것의 결합, 즉 믿는 바가 보이는 것을 넘어서는 결합은 앎에 이르고, 이 모든 것은 아버지와의 관계 속에서 예수님이 누구신가를 중심으로 한다—그리고 이제 도마에게 현실화된다. 프롤로그를 시작하는 문구에서 독자들은 예수님이 신적이라는 말을 전해 들었다. 이제 마침내 이야기 속 인물이 (예수님께서 자기 생명을 버리시고 다시 취하시는 절정의 사역을 완수하신 후에) 직접 말한다. **"나의 주님이시요 나의 하나님이시니이다!"**

요한복음의 신학은 이 지점에서 완결되었다. 그러나 그것이 예수님을 중심으로 하는 신학이므로, "그의 충만한 데서" "은혜 위에 은혜"를, "은혜와 진리"를 주시는 분을 중심으로 하는(1:16-17) 신학이므로, "너희를 모든 진리 가운데로 인도"하실 진리의 "성령을 한량없이" 주시는 분을 중심으로 하는 신학이므로, 이다음 장으로 넘쳐흐르고, 거기서 다시 무수한 책을 상상할 만큼 넘쳐흐르는 것이 자연스러울 수 있다.

도마는 다른 제자들이 한 **"우리가 주를 보았노라"**는 말을 믿으려 하지 않았다. 이 장면이 전하는 교훈 하나는 그들의 증언을 신뢰해야 한다는 것이다. 도마가 믿지 못한 것은 그들이 봤다는 사람이 과연 십자가에 못 박히셨던 예수님과 같은 인물인가 하는 동일성이다. 도마가 이를 확신하게 된 순간(그가 실제로 상처를 만졌다는 말은 없다—예수님을 보고 그 말씀을 들은 것만으로도 충분했을 수 있다), 또 하나의 교훈이 나온다. 절정에 이른 그의 신앙의 통찰(예수님이 암시하셨듯이, 다른 모든 이의 신앙도 마찬가지다), 그가 보고 만질 수 있는 것을 넘어서는 신앙의 통찰은 바로 예수님이 "나의 주님이시요 나의 하나님이시니이다!"라는 것이다. 끝으로 예수님은 미래를 이야기하신다. **"보지 못하고 믿는 자들은 복되도다."** 이 말씀으로 예수님은 도마의 경배의 고백을 받아들이시는 동시에, 다른 이의 증언을 통해 이 믿음에 이르게 될 모든 사람을 축복하신다.

부활의 신학적 정수와 요한복음의 신학적 정수가 여기에 압축되어 있다. 이는 예수님의 몸, 하나님, 믿음과 관련된다. 첫째, 부활하신 예수님의 몸에 관한 문제가 있다. 이는 다음과 같이 이 장 전체를 관통하는 주제다. 막달라 마리아는 돌이 옮겨진 것을 발견하고는 울며 예수님의 몸이 어디 있는지 모르겠다고 말했다. 베드로와 예수께서 사랑하시는 제자는 세마포와 개켜진 머릿수건을 발견했다. 마리아는 겉모습이 아닌 목소리로 예수님을 인지했다. 이때 예수님은 "나를 붙들지 말라"고 지시하셨다. 예수님은 문이 닫힌 상태에서 제자들에게 두 번 나타나셨다. 예수님은 제자들에게 손과 옆구리를 보여 주시고 숨을 내쉬셨다. 그리고 지금 마지막으로 손의 못 자국과 옆구리의 창상이 더욱 강조된다. 이 몸은 어떤 몸인가? 어떤 몸인지 직접적으로 언급하려 하지는 않지만, 주로 관심을 기울이는 바는 분명하다. 이는 나사로의 경우처럼 되살아난 사건이 아니라, 예수님이 누구신가에 초점이 맞춰진 사건이다―예수님이 누구신가는 다음과 같은 데서 드러난다. 마리아가 "랍오니!" 하고 소리치고 "내가 주를 보았다"고 전한 것, 예수님이 자기가 아버지께 올라간다고 말씀하시고 너희를 보낸다고 말씀하신 것, 예수님이 성령을 주신 것, 예수님이 누구신가에 대한 요한복음의 긴 고백 행렬이 정점에 달한 도마의 "나의 주님이시요 나의 하나님이시니이다!"라는 고백.[27]

이 최종 진술에 비추어 다른 모든 진술을 이해해야 한다. 부활은 신적 규모의 사건이다. "내 아버지 … 내 하나님"과 유일무이한 관계이면서도 고통받고 죽을 수 있는 인간의 몸이 되신 분을 중심으로 한 신적 규모의 사건이다. 이 사건과 이 인격은 유일무이해서 적절하게 들어맞는 선행 범주가 있을 것으로 생각되지 않는다―새로운 범주는 예수 그리스도,

---

27 이 고백들 중 일부를 여기서 다시 읽어 볼 필요가 있다. 1:15, 29, 34, 49(나다나엘과의 이 만남은 도마와의 만남과 특히 유사하지만, 전자는 새롭게 봄에 대한 약속에서 절정에 도달한다); 4:42; 6:69; 9:38; 11:27; 16:30; 20:16.

곧 성육신하시고, 십자가에 못 박히셨으며, 부활하시고, 아버지께로 올라가셨으며, 자기 영을 내쉬신 분이다. 이 사건은 새롭고, 놀라우며, 전례 없다. 또한 이 장에서 창세기의 창조 이야기가 많이 되울리면서 예수님의 부활과의 주요 유사점이 나타난다. 요한복음의 첫 부분도 하나님 말씀에 의한 창조―이 또한 새롭고, 놀라우며, 전례 없던 사건이다―라는 유사점으로 시작했다. 두 사건 모두에 있어 하나님의 독특한 자유, 지혜, 주도권, 능력, 사랑이 본질적이고 필수적이다. 하나님 없이는 생각할 수 없는 사건들이다. 또한 물리적이며, 물질적이며, 육체적인 현실과 불가분한 사건이기도 하다. 부활 사건의 차이는 십자가에 못 박혀 죽으신 예수님과 지금 마리아와 다른 제자들에게 나타나신 예수님 사이의 연속성과 불연속성의 문제다. 이 장의 주요 관심은 육체에 남은 상처와 인격적 인식으로 드러나는 정체성의 연속성을 확증하는 동시에, 문이 닫혀도 나타나시는 예수님의 자유와 특히 아버지께로 승천을 통해 드러나는 새로움을 확증하는 것이다. 이는 새로운 것이다. 여전히 몸을 가지고 있으시면서도 하나님과 하나이신 분, 이런 일은 전에 없었다.[28] 더 급진적인 점은 십자가에 못 박혔던 분이 하나님과 동일시된다는 것이다.

이처럼 예수님 정체성의 연속성이 중요하므로 빈 무덤에 대한 증언과 십자가에 못 박히셨던 예수님의 현현은 부활 신앙의 일부다. 예수님의 부활은 진정 뉴스news다―"내가 주를 보았다!" 그리고 모든 뉴스가 그렇듯, 이 뉴스도 믿지 않거나 의심받을 수 있고, 조작된 가짜 뉴스일 수 있다. **"믿음 없는 자가 되지 말고 믿는 자가 되라"**('메 기누 아피스토스 알라 피

---

[28] 바울은 고전 15:35-57에서 부활한 몸의 본성에 대해 고민할 때, 창조 이야기로 거슬러 올라가서 유비를 찾고 '영적인 몸' 개념을 제안한다. 거기에도 연속성과 새로움이 결합해 있다.

스토스'(μὴ γίνου ἄπιστος ἀλλὰ πιστός: 문자적으로, '믿지\신뢰하지\신실하지 않은 자가 되지 말고, 믿는\신뢰하는\신실한 자가 되라'). 공관복음도 의심, 혼란, 두려움, 불신, 감각기관으로 확인하고자 하는 욕망에 대해 말한다—도마 이야기에 가장 가까운 것은 누가복음 24:36-43이다. 현장에 있지 않은 사람이 과거에 있었던 누군가와의 만남을 확인할 방법은 증인들을 신뢰하는 길밖에 없다.[29] 이것이 부활 신앙의 차원이다. 부활은 예수님의 몸과 관련되고, 과거 소수의 사람만이 예수님을 만났을 뿐 더 이상 계속되지 않는 단발성 만남과 관련된다. 예수님께서 "보지 못하고 믿는 자들은 복되도다"라고 말씀하셨을 때, 이 말씀이 담고 있는 한 요소는 나의 부활에 대한 증인들을 신뢰하는 것이 전적으로 옳음을 당신이 알게 될 것이라는 점이다. 교회는 바로 이러한 증인들을 신뢰하는 사람들의 공동체다.[30]

그러나 증언은 세 요소 중 하나일 뿐이며, 증언만으로도 충분하다고 여기면 부활을 오해한 것이다. 부활은 예수님을 중심으로 한 신적 규모의 사건으로, 여기에는 핵심적인 두 차원이 더 있는데, 둘 다 "나의 주님이시요 나의 하나님이시니이다!"라는 도마의 외침에 나타나 있다.

두 번째 요소는 예수님이 하나님이신 아버지와 연합해 계시다는 것이다. 부활에서 하나님은 행하셨고, 예수님은 나타나셨으며, 도마는 신성과 인성이 함께 나타나는 이 새로운 계시를 요약한다. 예수님은 누구신

---

[29] 오늘날 영상이나 음성 기록 기술도 신뢰의 필요성을 없애지는 못한다—이 경우 신뢰란 기술이 다양한 형태의 조작에 노출될 수 있지만 정직하게 사용되었음을 믿는 것이다.

[30] 물론 증인들은 반대 심문을 받을 수 있고, 그들의 증언도 엄격한 검사 대상인데, 부활에 관한 보고는 계속해서 그런 과정을 겪어 왔다. 대개 법정에서 배심원들은 결국 특정 증인들을 믿을지 말지 결정해야 하는 상황에 직면한다. 부활 신앙에 관한 풍부하고 엄밀한 논의로는 다음을 보라. Carnley, *Resurrection in Retrospect*. 이 책의 강점 중 하나는 요한복음과 요한복음이 성령을 통한 예수님에 대한 지속적인 체험을 강조한다는 점을 제대로 다룬다는 것이다.

가에 관한 이 통찰은 보고 듣고 만질 수 있는 모든 것을 초월한 것이며, 요한복음 전체를 관통하는 주제다. 보고 듣고 만질 수 있는 것에 관한 증언은 필수이나("말씀이 육신이 되어 우리 가운데 거하시매"[1:14]: 누구든 이를 목격할 수 있었을 것이다), 그것만으로는 충분하지 않다("우리가 그의 영광을 보니, 아버지의 독생자의 ˹영광과 같고˼[영광이요], 은혜와 진리가 충만하더라"[1:14]: 모두가 이를 목격하지는 않았다). 눈에 보이는 표적들은 매우 다양한 방식으로 해석될 수 있다. 하나님께 마음을 열어 두는 것, 하나님이 일으키시는 놀라운 일들에 마음을 열어 두는 것은 실제로 목격자가 되는 것보다 훨씬 중요하다. 뒤따르는 이들에게 이상적인 것은 표적의 목격자들을 신뢰하고, 하나님은 누구시며 이 놀라운 일들이 무엇을 의미하는지에 관한 그들의 말에 마음을 열어 두는 것이다.

그리고 세 번째 필수 요소도 있다. 그것은 도마의 반복되는 "나의 … 나의 …"에 요약되어 있다. 이는 막달라 마리아의 "내 주님"(20:13), 예수님의 "내 아버지 … 내 하나님"(20:17), 그리고 다음 장에서 예수님이 베드로에게 일대일로 세 번 반복해 물으시는 "요한의 아들 시몬아, 네가 나를 사랑하느냐?"(21:15-17)와 상응한다. 이는 개인적 응답의 신비이며, 이 또한 요한복음 전체를 관통하는 내용이다. 이를 전부 꿰뚫는 관점은 없다. 각자가 하나님을 대면한다. 이는 하나님의 자유와 인간의 자유가 신뢰와 사랑 가운데 어우러지는 신비한 사건이다. 하나님과의 만남에 대한 어떤 증언들은 하나님의 자유로운 사랑의 주도권을 더 강조한다. 어떤 증언들은 인간의 자유로운 신뢰와 사랑의 응답을 더 강조한다. 요한은 무제한적으로 열린 "누구나", "모두", "모든 사람"에 대해서만 말하지 않고, 비극적 가능성에 대해서도 말한다. 잘못된 결정을 내리고, 믿고 신뢰하기를 거부하며, 심판을 받게 되고, 어둠에 머무를 가능성에 대해서 말이다. 요한복음 20장에서, 신적 자유와 인간의 자유는 내가 예수님의 명령적 초대 또는 선언이라고 묘사했던 말씀에 가장 분명하게 어우러져 있다. "성령을 환영하라!"

그래서 부활의 삼중적 본질은 하나님이 행하시고, 예수님이 나타나시며, 성령을 주시고 또한 받아들인다는 점이다.[31] 이 세 가지 필수 요소 ―하나님은 누구시며 무엇을 행하셨는가, 예수님에 대한 증언, 하나님의 주도권과 인간의 응답이라는 신비―는 요한복음 곳곳에 스며 있고, 이 장에서 절정이 이르렀다. 그리고 이 장은 도마의 고백에서 절정에 이른다.

수 세기 동안 이 구절을 통해 다른 여러 풍부한 신학적 통찰이 나왔는데, 여기서는 네 가지만 제시하겠다.

- Dominus et Deus Noster, 즉 "우리 주님이시며 하나님"라는 칭호는 로마 제국의 황제를 숭배하는 한 방식이었다. 도미티아누스 황제 때 처음 이런 호칭이 사용되었고, 통용되었다. 따라서 최초의 독자들에게 도마의 외침은 그들이 살던 세계에서 가장 강력한 사람에게 급진적으로 도전하는 것이기도 했다. 이 칭호는 개인적 영역에서든, 정치 영역에서든, 그 밖의 다른 영역에서든 전체를 아우르는 중요성을 참칭하는 모든 것―그게 사람이든, 관계든, 가족이든, 국가든, 이데올로기든, 정체성의 한 측면이든, 체계든, 삶의 방식이든, 어떤 문제든, 비전이든, 욕망이든―에 계속해서 도전을 가한다.
- 도마는 첫 번째 일요일에 다른 제자들과 함께 있지 않았기 때문에,

---

[31] 부활에 대한 이 설명은 다음 책에 설득력 있게 기술되고 분석되고 정당화되어 있다. Frei, *The Identity of Jesus Christ*. 이 책은 복음을 이해하는 방법에 관한 지난 세기의 가장 중요한 단일 저술일 것이다. 개정 증보판에 실린 마이크 힉턴의 서문은 그 논증과 그 중요성을 가장 유용하게 요약해 준다.

예수님을 만나지 못했고, 약속된 평강과 기쁨을 얻지 못했으며, 공동체로서 보냄받지 않았고, 성령도 못 받았다. 그다음 일요일에는 다른 제자들과 함께 있었고, 그때 예수님을 만나고 평강을 얻고, 의심이 은혜롭게 해결되고, 믿음에 이르렀다. 이 메시지는 분명하다. 즉, 연약하고 잘못을 범하기 쉬운 동료 제자\학습자의 공동체에 온전히 일원이 되라는 것이다—그리고 일요일 모임에 빠지지 말라는 것이다!

- 요한복음에는 행복 선언이 단 두 번밖에 안 나온다. 공관복음에 많이 나오는 것과 대비된다(마 5:1-12가 가장 잘 알려진 행복 선언이다). 첫 번째는 발씻김과 관련해서 나온다. "너희가 이것을 알고 행하면 복이 있으리라"(13:17). 두 번째는 도마의 고백과 상통하는 신앙\믿음\신뢰와 관련해서 나온다. "보지 못하고 믿는 자들은 복되도다." 다음과 같이 이 두 행복 선언을 결합하면 요한복음의 메시지를 요약하는 한 가지 방식이 된다. 예수님을 신뢰하고 예수님이 하신 것처럼 섬기라. 그리고 발씻김은 권력, 권위, 공동체와 관련하여 전복적 메시지를 담고 있으며, 로마 황제나 다른 누구나 무엇이 아니라 예수님이 "주님"이시며 "하나님"이시라는 진리가 실제로 구현되어 있는 모습을 보여 준다.

- 요한복음의 다른 모든 예수님의 부활 현현 이야기와 마찬가지로, 여기에도 예수님이 떠나신다는 언급이 없다. 예수님은 아버지께 올라가실 수 있지만, 자기가 원하는 대로 자유롭게 임재하실 수도 있다. 겉으로 보기에 예수님이 계시지 않은 데서 도마가 한 말을 예수님은 알고 계셨다. 이는 예수님이 다른 방식으로 계신다는 점을 시사한다. 루돌프 슈낙켄부르크는 요한이 여기서 예수님이 "항구히 살아 있는 현실"이며 "지속적으로 교제하실 것"을 나타낸다고 말한

> 그가[요한복음서 저자가] 다루는 다른 부활 이야기들과 마찬가지로, 그는 신자들을 부활하신 분께로 이끄는 데 관심을 두고 있다. 그에게 부활하신 분은 항구히 살아 있는 현실이다. 짐작건대 그는 이런 까닭에 이별 장면을 담지 않은 것 같다. 예수님께서 이 땅에 계실 때 이미 만찬 자리에서 자신이 떠날 것과 재림에 대해, 그리고 자신에게 속한 자들과 지속적으로 교제하실 것에 대해 말씀하셨기에, 요한이 보기에 이별 장면이 없어도 충분했을 것이다.
>
> — 루돌프 슈낙켄부르크, 《요한복음》 *The Gospel according to St. John*, 3:335

다(글상자에서 슈낙켄부르크의 글을 보라). 이는 예수님이 제자들에게 자기 영을 내쉬신 일을 다시 생각하도록 고무한다. 고별 강론, 특히 요한복음 15장과 17장에 표현된 예수님과 제자들의 상호 내주에 비추어 볼 때, 예수님이 이처럼 숨을 내쉬는 이미지는 거기서 끝나지 않도록 의도된 것임이 분명하다. 이렇게 성령을 주시는 방식은 일회성으로 의도된 게 아니다. 예수님이 제자들 안에 거하시고 제자들이 예수님 안에 거하는 동안, 부활하신 예수님이 성령을 내쉬는 일을 멈추시는 것을 상상해야 할까? 그렇지 않다면, 예수님의 말씀을 들을 때 동반되는 이 순간순간의 친밀한 면대면의 성령 나눔은 일상적인 그리스도인의 삶의 핵심에 닿아 있다.

이 글의 목적:
예수님이 행하신 표적을 통해 예수님이 누구신지를 알고 믿도록, 예수님의 생명을 나누도록 고무하는 것(20:30-31)

> ³⁰ 예수께서 제자들 앞에서 이 책에 기록되지 아니한 다른 표적도 많이 행하셨으나, ³¹ 오직 이것을 기록함은 너희로 예수께서 하나님의 아들 메시아이심을 믿게 하려 함이요, 또 너희로 믿고 그 이름을 힘입어 생명을 얻게 하려 함이니라.

예수님의 공적 사역 마지막 부분에서 저자는 이렇게 말했다. "이렇게 많은 표적을 그들 앞에서 행하셨으나, 그를 믿지 아니하니"(12:37). 이제 십자가 처형과 부활이라는 추가적인 표적이 있고,³² 부활하신 예수님이 **제자들 앞**에 나타나심으로 정점에 이른 다음, 독자들은 다른 여러 증언도 풍성히 있음을 듣게 된다. 그중에서 요한이 선택하여 담아낸 데는 특정한 목적이 있다.³³

예수께서 … 행하셨으나('에포이센 호 이에수스' ἐποίησεν ὁ Ἰησοῦς)라는 문구는 창세기의 창조 기사를 또다시 되울린다. 칠십인역 창세기는 '엔 아르케 에포이센 호 테오스' ἐν ἀρχῇ ἐποίησεν ὁ θεός("태초에 하나님이 … 창조하시니라"[창 1:1])로 시작한다. 여기서 "하나님"을 '예수'로 대체한 것은 요한복음 1:1 및 도마의 고백과 긴밀히 연결된다.³⁴

32　이는 앞서 2:18-22에서 절정의 표적으로 소개되었다.
33　"표적/표징"(sign)의 범위는 때때로 기적적인 면이 있는 행위로 좁혀지기도 하지만, 예수님의 다른 행동과 고난과 말씀을 모두 아우르는 예수님의 사명 전체로 보는 강력한 논거가 있다. 관련 용어인 '일'도 예수님의 사명 전체를 의미하는 데 사용될 수 있다(4:34; 17:4). 다음을 보라. Lincoln, *The Gospel according to Saint John*, 505-6.
34　1:1에 관한 주석에서 각주 3을 보라.

이 책에 기록되지 아니한 다른 표적도 많이라는 언급은 이러한 표적들이 기록된 다른 책들이 있음을 암시한다. 현재 학계에서는 요한이 공관복음을, 적어도 공관복음의 자료와 전승 중 상당 부분을 알고 있었다는 주장에 무게를 둔다. 이 주석도 그렇게 전제해 왔다. 사실 요한이 독자들도 그것들을 알고 있다고 가정하는 듯할 때가 잦다. 이렇든 저렇든 요한의 글은 공관복음을 상호본문으로 삼아 함께 읽을 때 더 완전하게 이해된다. 공관복음과 요한복음은 모두 일회적 표적을 본 목격자의 증언에서, 오래도록 반복해서 읽을 수 있도록 기록된 표적을 통해 증언하는 책으로 이행하는 과정의 일부다. 마거릿 데일리덴튼의 말처럼 "이 텍스트는 또, 또, 또다시 읽도록 요구하는 글이다." 그녀는 또한 앞 구절의 행복선언과 이 구절을 연결한 잉그리트 키즈베르거의 말을 인용한다. "복음서를 읽고 또 읽으며 믿는 자들은 복되도다."[35]

31절이 제시하는 요한복음의 목적은 요한이 왜 이렇게 특정하게 선별했는지에 대해 많은 통찰을 제공한다. 요한의 독특한 이중 초점은 예수님은 누구신가와 예수님을 믿고 신뢰하는 이들이 받는 생명에 있다.

이 메시지는 주로 개념이나 지침에 관한 것이 아니라, 이 유일무이한 인격, 곧 **하나님의 아들 메시아**이신 **예수**에 관한 것이다. 예수님은 다른 여러 방식으로도 묘사될 수 있는데, "말씀"으로 묘사가 시작된다. 이는 처음부터 글로 된 증언의 적절성을 암시한다.

오직 이것을 기록함은 … 믿게('피스튜세테'^{πιστεύσητε}) **하려 함이요.** '피스튜에테'^{πιστεύητε}로 기록된 다른 사본들도 있는데, 그러면 "계속해서 믿게 하려 함이요"라는 의미가 된다. 이 복음서의 목적은 사람들을 믿음으로 이끄는 것일까, 아니면 이미 믿고 있는 사람을 양육하여 굳건히 하는 것일

---

[35] Daly-Denton, *John*, 10.

까? 굳이 하나를 골라야 한다면 나는 후자를 택하겠지만, 내가 동의하는 바는 수전 하일렌과 게일 오데이의 결론이다. "처음 믿음에 이르는 것과 믿음 안에 계속 머무는 것이 서로 대비되도록 가정하면, 요한이 요한복음에서 믿음을 제시하는 방식을 오독하게 된다. 우리가 거듭 지적했듯이 믿음은 일회적 사건이 아니라 과정이다. 예수님을 믿었다가 나중에 거부한 사람이 많고, 자신의 두려움과 겨루고 있는 위태로운 믿음을 가진 사람도 있다. 심지어 믿는 이들도 완전히 이해하지는 못한다. 요한복음은 예수님이 메시아, 하나님의 아들이심을 이제 막 믿기 시작하려는 이들과 계속 믿으려는 이들 모두를 초대한다."[36] 나는 더 강하게 주장하고자 한다. 이 복음서의 놀라운 점 하나는 새로 온 이들을 위한 접근성과 더 성숙한 믿음이 있는 이들을 계속 먹일 수 있는 능력을 결합하여 둘을 동시에 담은 방식이다.

 마지막으로, **너희로 믿고**[또는 '신뢰하여'] **그 이름을 힘입어 생명을 얻게 하려 함이니라**는 예수님의 인격과 믿음의 응답을 다시 묶는데, 이번에는 예수님과 함께 생명을 강조한다. 이는 예수님의 말씀과 표적에 주의를 기울이고, 그의 영을 호흡하는 생명/삶이다. 그리고 사랑과 평화와 기쁨 안에서 아버지와 하나 됨, 다른 사람들과 하나 됨, 창조 세계 전체와 하나 됨을 실현하는 삶으로, 이러한 연합은 고별 강론에서 그 문이 열렸다. 그리고 "그 이름"으로 드리는 기도의 삶이기도 하다.[37]

---

36 O'Day and Hylen, *John*, 197-98.
37 이 복음서에서 이루어진 선택에 관해 훨씬 많은 이야기를 할 수 있다. 이 주석은 요한복음 17장에서 연합/일치에 대한 강조와 함께 신학적 절정이 도래한다고 보는데, 이에 부합하는 설득력 있는 제안이 있다. 바로 요한이 갈등과 불일치를 겪는 그리스도교 공동체를 위해 글을 쓰고 있다는 것이다. 따라서 요한은 그리스도인의 신앙과 실천에 핵심인 것들, 예컨대 하나님과 모든 실재라는 지평, 예수님은 누구신가, 성령을 받는 것, 계속되는 드라마에서 예수님을 따르는 일, 섬김과 사랑에 관한 몇 가지 기본적인 윤리적 지향 같은 것들에 집중한다. "마치 교회가 성장하며 다양한 상황과 실천적 도전에

직면할수록 신실한 그리스도인과 공동체들이 심히 다른 실천적 결론에 도달할 수도 있으며 그 결론이 예수님은 누구신가에 충실하다고 여겨질 수 있다면 교회 분열을 초래할 필요는 없다는 인식이 있는 듯하다. 요한복음은 에큐메니컬 복음서로도 읽을 수 있다. 즉, 성령 안에서 예수님과 아버지와의 관계로 깊이, 더 깊이 독자를 부르면서도 그 관계에 필수적이지 않은 것들은 강요하지는 않는다." Ford, "Mature Ecumenism's Daring Future."

요한복음 21:1-25

계속되는 드라마

이 마지막 장은 프롤로그와 짝을 이루는 에필로그다. 프롤로그는 하나님 말씀과 창조로 시작했다. 에필로그는 예수님을 향한 미래, "내가 올 때까지"(22, 23절)를 가리킨다. 프롤로그와 에필로그의 핵심은 예수님과 예수님에 대한 증언이며, 둘 다 풍요로움, 영광, 사랑의 선율이 있다. 예수님 중심성은 하나님 중심성도 의미한다(1:1, 2, 6, 12, 13, 14, 18). 이는 여기서 예수님을 거듭 "주님"으로 부름으로써 암시되고(21:7, 12, 15, 16, 17, 20), 베드로가 죽음으로 "하나님께 영광을" 돌린다는 말에 명시된다. 프롤로그는 말씀이 예수님 안에서 육신이 되어 "우리 가운데"(1:14) 생활하시며 하나님을 알려 주신다고 전하면서, 예수님의 삶, 죽음, 부활의 드라마를 도입했다. 에필로그는 제자들의 가족 공동체로 계속되는 드라마를 도입한다. 제자들이 예수님의 영을 호흡하고, 예수님을 사랑하며 따르고, 예수님의 사역을 이어갈 책임을 맡고, 예수님을 위해 기꺼이 살기도 하고 죽기도 하는 것이다. 그리고 이 모든 것을 알려 주는 저자를 밝히고, "예수께서 행하신" 많은 일 중에 선택하여 기록했다고 하며 마무리한다.

이 장은 프롤로그에 대한 더 많은 성찰일 뿐만 아니라, 더 깊은 이해와 실천적 함의로 초대하는 장이다. 특히 이전 장들과 상호 조명하는 방식으로 연결하면 더욱 그렇다. 많은 물고기는 풍성함에 관한 다른 표적, 상징, 가르침을 이어간다. 풍성함은 요한복음의 가장 두드러진 특징 중 하나로, 예컨대 다음과 같은 것들이 제시되었다. 돌항아리의 물이 포도주로 변한 일, 성령을 한량없이 주심, 영생하도록 솟아나는 샘물, 오천 명을 먹이시고 열두 바구니가 남은 일, 온 세상을 밝히는 빛, 넘칠 만큼 풍성한 생명, 향기로 가득한 집, 열매 맺는 포도나무, 비교할 수 없는 영광과 사랑과 기쁨. 여기서 물고기를 끌어 올린 일은 또한 공관복음의 이야기를 다시 읽도록 유도한다. 예컨대 예수님이 고기잡이를 도우시고 베드로에게 "네가 사람을 취하리라"고 말씀하신 일(눅 5:1-11), 엠마오로 가는 길에 예수님을 만난 두 제자가 식사 중에 부활하신 예수님을 알아본 일(눅 24:13-35) 같은 이야기를 말이다. 배움의 공동체가 모였고, 1:19 이후로 '누구' 물음이 이 공동체의 핵심이었는데, 여기서 부활하신 예수님을 알면서 이 모임과 물음이 충족된다—"제자들이 주님이신 줄 아는 고로 '당신이 누구냐?' 감히 묻는 자가 없더라." "와서 보라"(1:39)는 첫 초대가 "와서 조반을 먹으라"와 짝을 이루고, 이 공동체 안에서 식사의 지속적 중요성이 드러난다.

무엇보다도 예수님이 돌아가시기 전날 밤 체포와 재판과 십자가 처형으로 이어지는 마지막 만찬이 여기서 두 가지 방식으로 회상된다. 첫째, 베드로가 예수님을 따르는 데 실패한 일이 다시 떠오른다. "네가 나를 위하여 네 목숨을 버리겠느냐? 내가 진실로 진실로 네게 이르노니, 닭 울기 전에 네가 세 번 나를 부인하리라"(13:38). 베드로가 세 번 부인한 것은 예수님이 세 번 그의 이름을 부르고, 물으시고, 사명을 주시는 회복의 행보와 짝을 이룬다. 이는 고별 강론의 섬김과 사랑에 대한 가르침을 이어받아 목회자로서 베드로의 소명을 구성한다. 그리고 이때 예수님은 베드로의 죽음을 예언하시는데, 하나님께 영광 돌린다는 표현을 통해 그의 죽음을 자신의 죽음과 연결하신다(12:27-28; 13:31-32를 보라).

둘째, 예수께서 사랑하시는 그 제자가 다시 등장한다. 그는 마지막 만찬에서 처음 명시적으로 언급되었는데, 그 만찬석에서 그의 역할을 상기시키며 다시 등장한다. 그 사이에 그는 예수님의 어머니를 자기 집에 모셨으므로(19:27), 우리는 "내가 올 때까지" 그가 그의 집에서 계속 머문다\거한다고 상상하게 된다(21:22, 23). 이 제자 안에 사랑, 거함, 증언이라는 고별 강론의 핵심 주제가 한데 모일 뿐만 아니라, 이 주제들이 예수님 중심으로 미래를 지향한다는 점이 결합된다.

이 모든 것은 계속되는 공동체의 삶을 형성하려는 이 장의 실천적 취지를 보여 준다. 즉, 예수님의 말씀 듣기, 함께하는 식사를 통해 예수님을 만나기, 용서와 회복, 종처럼 섬기는 리더십, 정신을 빼앗는 것(가짜 뉴스 같은 것들)에 휘둘리지 않기, 예수님을 증언하기, 예수님을 따르기, 무엇보다도 예수께서 사랑하시는 그 제자처럼 "내가 올 때까지"(22, 23절) 거하는 것에 전념하기를 중심으로 공동체의 삶을 형성하는 것이다.

갈릴리, 곧 디베랴 호숫가를 배경으로 하는 이 장면을 포괄하는 머리글은 "예수께서 … 또 제자들에게 자기를 나타내셨으니"(1절)이다. 이는 중간쯤에서 다시 강조된다. "이것은 예수께서 죽은 자 가운데서 살아나신 후에 세 번째로 제자들에게 나타나신 것이라"(14절). 하지만 다른 현현 장면에서도 그랬듯이 떠나심에 대한 언급은 없다. 부활하신 예수님은 자유롭게 나타날 수도, 나타나지 않을 수도 있지만, 하나님이 임재하시듯이 항상 임재하신다. 이 장면은 시몬 베드로가 물고기를 잡으러 가겠다고 결정하고 여섯 제자가 합류하면서 시작된다. 이 장의 핵심 사건은 엄청 많은 물고기를 잡은 것, 예수님과 아침 식사를 함께한 것, 예수님과 베드로가 두 번 깊고도 미묘한 대화를 나눈 것이다—하나는 베드로 자신에 관한 대화이고, 다른 하나는 예수께서 사랑하시는 그 제자에 관한 대화다. 마지막으로, 예수께서 사랑하시는 그 제자가 "이 일들을 증언하고 이 일들을 기록한 제자"라고 신원을 밝히지만, 곧이어 덧붙는 말로 복잡해진다. "우리는 그의 증언이 참된 줄 아노라"(24절). "우리"는 누구인가? 그리고 마지막 절의 "내"는 누구인가?

요한복음 전체의 마지막 절은 이 풍성한 복음서의 풍성함을 이야기하며 끝맺는다. 요한복음의 풍요로움은 먼저 프롤로그에서 "만물이 그로 말미암아 지은 바 되었으니", "그의 영광 … 은혜와 진리가 충만", "그의 충만한 데서 … 은혜 위에 은혜"로 세 번에 걸쳐 암시되었다(1:3, 14, 16). 이제 결론부에서 어마어마하게 물고기를 잡음으로써 풍성함을 다시 보여 준다. 그리고 여기서 "예수께서 행하신 일이 이 외에도" 많다는 것과, "만일 낱낱이 기록된다면 … 이 세상이라도 이 기록된 책들을 두기에 부족할 것"을 강조한다(21:25). 이는 예수님이 지금도 행하고 계신 것들은 제쳐 두더라도 예수님이 이미 행하셨던 것들을, 무엇보다도 예수님이 누구신지를 확정적이고 종결적인 방식으로 요약하거나 마무리 짓거나 포괄하거나 묶어 두거나 글로 써내려는 모든 시도에 대한 최종 경고다.

"그물을 던지라", "주님이시라!"(21:1-8)

¹ 그 후에 예수께서 디베랴 호수에서 또 제자들에게 자기를 나타내셨으니, 나타내신 일은 이러하니라. ² 시몬 베드로와 디두모라 하는 도마와 갈릴리 가나 사람 나다나엘과 세베대의 아들들과 또 다른 제자 둘이 함께 있더니, ³ 시몬

베드로가 "나는 물고기 잡으러 가노라" 하니, 그들이 "우리도 함께 가겠다" 하고, 나가서 배에 올랐으나 그날 밤에 아무것도 잡지 못하였더니. ⁴날이 새어 갈 때에 예수께서 바닷가에 서셨으나, 제자들이 예수이신 줄 알지 못하는지라. ⁵예수께서 이르시되 "얘들아, 너희에게 고기가 있느냐?", 대답하되 "없나이다." ⁶이르시되 "그물을 배 오른편에 던지라. 그리하면 잡으리라" 하시니, 이에 던졌더니 물고기가 많아 그물을 들 수 없더라. ⁷예수께서 사랑하시는 그 제자가 베드로에게 이르되 "주님이시라!" 하니, 시몬 베드로가 벗고 있다가 주님이라 하는 말을 듣고 겉옷을 두른 후에 바다로 뛰어내리더라. ⁸다른 제자들은 육지에서 거리가 불과 한 오십 칸쯤 되므로 작은 배를 타고 물고기 든 그물을 끌고 와서.

도입부는 이 장의 핵심 초점을 강조한다. **예수께서 … 자기를 나타내셨으니, 나타내신 일은 이러하니라**. 주된 관심은 예수님이라는 분, 예수님의 자기 계시, 예수님이 자유롭게 나타나시고 말씀하시고 섬기시고 사랑하신다는 점에 있다. 이는 일해야 하고 먹어야 하는 일상의 삶에 나타나신 것이다. 핵심 현실은 **주님이시라**와 **주님이라**는 진술에 담겨 있다.

시몬 베드로를 위시하여 일곱 제자가 모여 있다. 그들 가운데는 **나다나엘**도 있다. 그는 1:43-51에 마지막으로 나왔던 인물이다. 그의 고향이 **갈릴리 가나**라는 언급은 그가 예수님의 첫 번째 표적(2:1-11)과 연결점이 있게 한다. 또한 **세베대의 아들들**도 있다. 그들은 이제까지 요한복음에 나오지 않았는데, 그들을 언급했다는 것은 독자들이 공관복음을 알고 있을 것을 전제한 듯하다. 공관복음에서는 그들을 야고보와 요한이라 부른다.

왜 **물고기 잡으러** 갔을까? 가장 확실한 대답은 생계를 위해 물고기를 잡으러 갔다는 것이다. 어떤 학자들은 그들이 앞 장에서 예수님께 보냄받은 바 사명을 수행하지 못하고 있다고 추측한다. 매우 강렬한 경험이 있더라도 곧 희미해지거나 행동을 형성하지 못할 수 있다는 점을 보여 주는 사례일 수도 있다. 하지만 여기에는 그들을 부정적으로 판단하는 암시가 전혀 없다. 오히려 긍정적인 관점이 있는데, 예루살렘에서 예수님이 문을 잠근 특별한 일요일 모임에 임재하셨던 요한복음 20장처럼, 갈릴리에서도 제자들이 일을 하는 평범한 삶을 꾸려 나가는 가운데 예수님이 임재하신다는 것이다. 게다가 **함께 있더니**라는 문구는 예수님이 예배 모임뿐만 아니라 경제활동을 위한 업무 모임 가운데도 자유롭게 임재하신다는 암시가 담길 수 있다.

그리고 이 특정한 일은 공관복음에 분명히 나와 있듯이 사람들을 예수님께로 이끌어 따르게 하는 일을 상징할 수도 있다. 따라서 이 구절 전체는 두 가지 차원으로 읽을 수 있다. **아무것도 잡지 못하였더니**—이는 일 또는 사명에 있어 낙심을 의미할 수도 있지만, 더 근본적인 것은 고별 강론에서 하신 말씀에 나와 있다. "나를 떠나서는 너희가 아무것도 할 수 없음이라"(15:5). 그리고 예수님의 지시에 대한 응답이 나온다. "**그물을 배 오른편에 던지라. 그리하면 잡으리라.**" 제자들은 듣고 순종하여 **이에 던졌다**. 흥미롭게도 물고기를 잡지 못했던 무능력은 이제 예상치 못한 많은 물고기를 감당하지 못하는 무능력으로 이어진다.

예수께서 사랑하시는 그 제자가 베드로에게 이르되 "주님이시라!" 하니. 앞 장의 무덤에서 그랬듯이, 예수께서 사랑하시는 그 제자는 올바른 결론으로 도약한다. 그리고 이제 베드로는 그를 신뢰하여 바다로 뛰어들고 예수님을 향한다. 더 통찰력 있고 관조적인 사람과 더 열정적이고 활동적인 사람 사이의 대조는 이 장의 후반부에서도 계속된다. 베드로는 활동적인 목회자이자 순교자로, 예수께서 사랑하시는 그 제자는 머무르며 기록하는 자로 묘사된다. 이들은 서로를 풍성하게 보완하는 존재로 제시된다.

주님이시라It is the Lord는 그리스어로 '호 퀴리오스 에스틴'ὁ κύριός ἐστιν인데, 이는 단순히 그를 알아보았다는 의미로 이해될 수 있다. 하지만 문자적으로는 "주님이 계신다"는 의미이며, 다음 문장에서 베드로가 이 말을 듣고 행동하는 서술에 그대로 반복되는데, 번역은 **주님이라**it was the Lord로 되어 있다. 그리고 12절에서 다른 제자들이 예수님을 알아볼 때 또다시 반복된다. 요한복음에 나오는 일련의 "나는 있다/…이다" 진술과 '있다/…이다' 동사의 다른 용례를 고려할 때, "주님이시라!"는 외침은 예수님의 계속되는 신적 임재를 고백하는 표현으로도 이해될 수 있다. 이는 도마가 예수님의 신적 정체성을 고백하며 외친 "나의 주님이시요 나의 하나님이시니이다!"(20:28)와도 일맥상통한다.

아침 식사에서 알게 된 것:
주최자, 요리사, 주님, 서빙자 예수님(21:9-14)

⁹ 육지에 올라보니 숯불이 있는데, 그 위에 생선이 놓였고 떡도 있더라. ¹⁰ 예수께서 이르시되 "지금 잡은 생선을 좀 가져오라" 하시니, ¹¹ 시몬 베드로가 올라가서 그물을 육지에 끌어 올리니, 가득히 찬 큰 물고기가 백쉰세 마리라. 이같이 많으나 그물이 찢어지지 아니하였더라. ¹² 예수께서 이르시되 "와서 조반을 먹으라" 하시니, 제자들이 주님이신 줄 아는 고로 '당신이 누구냐?' 감히 묻는 자가 없더라. ¹³ 예수께서 가셔서 떡을 가져다가 그들에게 주시고 생선도 그와 같이 하시니라. ¹⁴ 이것은 예수께서 죽은 자 가운데서 살아나신 후에 세 번째로 제자들에게 나타나신 것이라.

숯불은 베드로가 대제사장의 뜰에서 예수님을 세 번 부인할 때 몸을 녹이던 숯불을 떠올리게 한다(18:18). **생선과 떡**은 물고기와 떡으로 오천 명을 먹이시던 사건(6:9-11)과 이어지는 긴 강론을 떠올리게 한다. 요한복음 6장과의 평행은 매우 두드러져서 두 본문을 함께 읽도록 요청하는 것 같다. 예컨대 디베랴 바다라는 배경, 떡과 물고기 식사, 풍요, 예수님이 친히 음식을 주심, 예수님의 신비로운 등장(6:16-21에서 예수님은 바다 위로 걸어오셔서 "내니"['에고 에이미 ἐγώ εἰμι: "나는 있다/…이다"]라고 말씀하신다), 베드로의 주도적 역할(6:66-70)이 그렇다. 이 두 본문을 함께 읽으면, 이 작은 식사가 계속되는 공동체에서 거행되는 성찬 식사와 연결된다. 예수님의 계속적 임재와 연결된다. 영생의 선물과 연결된다. 예수님과 제자들의 상호 내주와 연결된다(6:56). 그리고 예수님의 말씀으로 힘을 얻고, 영감을 받고, 지탱되는 것과 연결된다. "내가 너희에게 이른 말은 영이요 생명이라"(6:63).

시몬 베드로가 올라가서 그물을 육지에 끌어 올리니. "끌어 올리니"에 해당하는 헬라어 동사 '헬케인' ἑλκύειν은 '끌다, 이끌다'를 의미하기도 한다. 전에 예수님이 십자가 처형을 통해 사람들을 끌어들이는 힘을 이야기하실 때도 이 동사가 사용되었다. "내가 땅에서 들리면 모든 사람[또는 '만물']을 내게로 이끌겠노라"(12:32). 이는 앞서 언급한 물고기 잡는 일의 두 번째 의미 차원, 곧 사람들을 공동체로 끌어들임을 상징하는 것과 맥이 통한다. 이 상징은 많은 사람을 이끌어 들이는 것, 여기에 따르는 수고를 암시하고, 또한 **그물이 찢어지지 아니하였더라**[1]는 사실을 통해 공동체가 확장되더라도 연합을 유지하는 것을 암시한다―비록 팽팽한 긴장은 있겠지만. 그런데 또 다른 함의가 있을 수도 있다. 왜 **백쉰세 마리**

---

1 눅 5:6에서는 그물이 찢어질 지경이었다.

인가? 이에 대한 제안이 많다. 그중 하나는 이 숫자가 당시 알려진 물고기 전체 종 수를 나타낸다는 것이다. 그렇다면 모든 종류의 사람이, 심지어 모든 종류의 피조물이 함께하는 공동체를 그리고 있는 것이다.[2]

예수님은 이 장면에서 여러 역할을 하신다. 이미 음식 준비를 시작하신 요리사이시다. 식사에 필요한 것을 요청하신다. **"와서 조반을 먹으라"** 고 초청하시는 주최자이시다. 음식을 서빙하시는 분이다. **예수께서 가셔서 떡을 가져다가 그들에게 주시고 생선도 그와 같이 하시니라.** 하지만 분명 가장 중요한 것은 그는 누구신가 하는 것이다. **제자들이 주님이신 줄 아는 고로 '당신이 누구냐?' 감히 묻는 자가 없더라.**

여기서 안다는 것은 어떤 종류의 앎인가? 매우 중요한 점은 예수님을 보는 것이 이 앎에 필수는 아니라는 것이다. 요한복음 20장은 보는 것에 관한 증언으로 가득하다. 그러나 요한복음 21장에는 예수님을 대상으로 하는 '봄'에 관한 언어가 없다. 이와 가장 가까운 단어는 1절에 두 번 사용된 동사 '에파네로센' ἐφανέρωσεν 으로, 예수님이 자신을 "나타내셨다"는 말이다. 그러나 이 동사가 반드시 봄과 관련되지는 않고, 드러남, 알거나 이해하게 됨, 계시를 의미한다. 이 동사는 14절에도 나오는데, 거기서는 수동태로 나온다. NRSV는 이를 **예수께서 … 나타나신**으로 번역한다. NAB는 수동태의 의미를 더 잘 살려서 "예수께서 드러나셨다" Jesus was revealed 로 번역한다. 이는 **죽은 자 가운데서 살아나신** was raised **후에**의 수동태

---

2   초기 교회 때부터 이 구절과 함께 읽은 상호본문은 겔 47:1-12다. 거기서의 그리는 환상은 다음과 같다. "또 이 강가에 어부가 설 것이니 엔게디에서부터 에네글라임까지 그물 치는 곳이 될 것이라. 그 고기가 각기 종류를 따라 큰 바다의 고기 같이 심히 많으려니와"(10절). 그러나 각기 종류대로 심히 많은 물고기만 있는 것은 아니다. "강 좌우 가에는 각종 먹을 과실나무가 자라서 그 잎이 시들지 아니하며, 열매가 끊이지 아니하고, 달마다 새 열매를 맺으리니, 그 물이 성소를 통하여 나옴이라. 그 열매는 먹을 만하고 그 잎사귀는 약재료가 되리라"(12절).

동사와 어울리며, 둘 다 '신적 수동태'로 불리는 방식으로 읽을 수 있다. 예수님이 하나님에 의해 "드러나셨고" 하나님에 의해 "살아나셨다"

여기서 무슨 일이 일어나고 있는가? 요한복음 20장은 막달라 마리아의 "내가 주를 보았다"(20:18)는 증언으로 시작하여 목격자 증언이 최고조에 이른다. 그러나 도마의 마지막 목격에 이어서 보지 않고도 믿는 후대 신자들에 대한 축복이 나온다(20:19). 이제 요한복음 21장은 후대 신자들로 전환하는 장으로 쓴 듯하다. 분명 어떤 식으론가 봄이 암시되어 있지만, 강조되는 것은 4절의 알지 못함("예수께서 바닷가에 서셨으나, 제자들이 예수이신 줄 알지 못하는지라")에서 12절의 앎으로의 이행이다. 나중에 밝혀지듯이 그들은 호숫가에서 "오십 칸쯤약 100미터" 떨어져 있었다(8절). 얼굴이 보이기는 하겠지만 확실하게 알아보기에는 먼 거리다. 따라서 예수께서 사랑하시는 그 제자가 "주님이시라!" 하며 예수님을 처음 알아봤을 때(7절) 시각적으로 식별한 게 아니었을 것이다. 일련의 일들이 누적되어 식별하게 된 것이다. 제자 무리에게 예수님이 묻고 지시하신 말씀, 제자들이 그에게 순종한 행동, 풍성한 어획량이라는 사건이 있었다. 이 모든 것은 후대 신자에게도 열려 있다. 신자는 예수님의 지시를 받고 따를 수 있으며, 함께 행동하며 하나님의 풍요로움을 보여 주는 표징을 만들어 낼 수 있다.

두 번째 인식, 곧 "주님이라"("주님이 계신다")는 7절에서 베드로의 반응에 나온다. 여기서 베드로는 예수께서 사랑하시는 그 제자의 증언에 반응한 것이다. 증언을 듣는 것은 후대 신자에게도 열려 있다.

세 번째 인식은 나머지 제자들의 인식이다. 예수님의 요청에 응답하여 제자들이 자신들의 물고기를 예수님께 건네고 나서 예수님과 함께 식사하기 시작했을 때, **제자들이 주님이신**('주님이 계신'—앞서 두 번 사용된 것과 같은 헬라어) **줄 알았다**. "제자들이 주님이신 줄 아는 고로 '당신이 누구냐?' 감히 묻는 자가 없더라"라는 구절은 지금은 심지어 가까이 있지만 단순한 시각적 식별의 문제가 아닌 다른 근거에 기반한 인식임을 시사하는 듯하다. 그다음에 이어지는 예수님께서 떡을 가지사 나누어 주시는 장면은 다른 신약의 성찬 언어와 공명한다(마 26:26-29; 막 14:22-25; 눅 22:15-20; cf. 24:30; 고전 11:23-26). 또한 **생선도 그와 같이 하시니라** 더해지면서 요한복음 6장의 성찬 언어와 연관성이 생긴다. 이처럼 이 세 번째 인식의 물결은 후대 신자들에게 익숙한 공동체적 경험을 시사한다. 즉, 예수님의 임재에 대한 인식이 있는 식사로 모이는 것이다.

그러나 이게 다가 아니다. 이 장의 나머지 부분은 후대 신자들에게 예수님은 누구신가를 전달하는 또 다른 방식을 덧붙인다. 바로 사랑으로 하는 목회적 돌봄(선한 목자이신 예수님이 하시는 것같이), 예수님을 따르되, 심지어 하나님께 영광 돌리는 순교에 이르기까지 따르는 것(예수님의 죽음이 그러했듯이), 머물러 거함(예수님이 "아버지 품속에"[1:18], 아버지의 마음/가슴 가까이에 계신 것같이 예수님의 가슴에 의지했던 예수께서 사랑하시는 그 제자가 거했듯이)이다.

마지막으로, 요한복음의 모든 독자가 예수님이 누구신지 배우고 예수님을 신뢰하며 아는 방법이 있다. 바로 예수께서 사랑하시는 그 제자에게서 비롯되어 기록된 증언을 통한 길이다. 이 글을 통해 첫 목격자 세대에서 이후 모든 세대로 전환이 가능해진다. 이 복음서는 핵심 증언을 정제하여 전할 뿐만 아니라, 마지막 장에서 예수님의 제자들조차도 이후 계속해서 예수님을 알아 가는 주된 방식을 요약한다. 즉, 예수님의 말씀에 주의를 기울이고 그의 계명을 지키는 것, 하나님의 생명과 사랑의 풍성함을 증언하는 표징을 행하는 것, 다른 제자들의 증언에 귀를 기울이는 것, 예수님의 임재에 대한 인식이 있는 식사를 중심으로 하는 공동체 모임에 참여하는 것, 이 공동체 안에서 사랑받고 양분을 받는 것, 치러야 할 대가가 무엇이든 예수님을 따랐던 모델들을 보는 것, 일상의 삶에서 충실하게 예수님의 사랑 안에 머무는 본을 보는 것, 성경을 읽고 또 읽는 것이다. 이러한 앎은 공동체적 삶의 방식과 분리될 수 없다.

그러나 요한복음에서 이 단락을 비롯한 여러 본문은 독자들이 초대받는 앎의 종류에 관한 물음 너머로 또 다른 문제를 열어 보인다. 그러한 모든 앎의 방식을 이끄는 가장 깊은 물음은 다음과 같다. 이분은 어떤 존재인가? 세 번 반복되는 '호 퀴리오스 에스틴'ὁ κύριός ἐστιν, 즉 "주님이 계신다"를 비롯하여 이전 장들에 언급된 이와 유사한 수많은 확언들, 특히 예수님의 "나는 있다/…이다" 선언은 이 복음서의 핵심 실재를 가리킨다. 제자들이 감히 묻지 못했던 "당신이 누구냐?"Who are you?라는 물음이 내비치는 신비로운 깊이와 너비, 길이와 높이를 가리킨다. 프롤로그는 이 질문을 열어 주고, 이 질문을 탐구하기 위한 지평을 제시할 뿐만 아니라, 1:18에서 그 핵심 신비를 가리킨다. 이어 1:19에 나오는 "네가 누구냐?"Who are you?라는 물음은 요한복음 전체를 관통하는 머리글이 된다. 각 장은 이해를 보태 나가다가 고별 강론에서 절정에 이른다. 고별 강론은 다시 요한복음 17장의 기도에서 정점에 이르면서 거기서 더 깊은 차원이 열린다. 하지만 이 신비의 진리는 무엇보다도 예수님이라는 분 안에 체현되었고, 예수님의 십자가 처형, 부활, 성령 주심, 승천에서 최고조에 이른다. 이제 이 마지막 장에 이르러 이 모든 것이 지나간 후에도 독자들에게 계속되는 물음이 남아 있다. "당신은 누구십니까?"Who are you? 이제 독자들은 예수님을 알도록 초청받은 모든 길을 욕망해야 하고 그 길로 들어가야 한다. 그 모든 길은 함께 예수님을 따르는 계속되는 드라마에서 한데 모인다.

앞서 언급했듯이, 이제 이 장의 후반부는 본보기가 되는 두 제자를 통해 이 따름이 무엇인지 더 깊이 들어간다.

"네가 나를 사랑하느냐?"—베드로의 목회, 고난, 죽음(21:15-19)

> [15] 그들이 조반 먹은 후에, 예수께서 시몬 베드로에게 이르시되 "요한의 아들 시몬아, 네가 이 사람들보다 나를 더 사랑하느냐?" 하시니, 이르되 "주님, 그러하나이다. 내가 주님을 사랑하는 줄 주님께서 아시나이다." 이르시되 "내 어린양을 먹이라" 하시고, [16] 또 두 번째 이르시되 "요한의 아들 시몬아, 네가 나를 사랑하느냐?" 하시니, 이르되 "주님, 그러하나이다. 내가 주님을 사랑하는 줄 주님께서 아시나이다." 이르시되 "내 양을 치라" 하시고, [17] 세 번째 이르시되 "요한의 아들 시몬아, 네가 나를 사랑하느냐?" 하시니, 주께서 세 번째 "네가 나를 사랑하느냐?" 하시므로, 베드로가 근심하여 이르되 "주님, 모든 것을 아시오매, 내가 주님을 사랑하는 줄을 주님께서 아시나이다." 예수께서 이르시되 "내 양을 먹이라. [18] 내가 진실로 진실로 네게 이르노니, 네가 젊어서는 스스로 띠 띠고 원하는 곳으로 다녔거니와, 늙어서는 네 팔을 벌리리니, 남이 네게 띠 띠우고 원하지 아니하는 곳으로 데려가리라." [19] 이 말씀을 하심은 베드로가 어떠한 죽음으로 하나님께 영광을 돌릴 것을 가리키심이라. 이 말씀을 하시고 베드로에게 이르시되 "나를 따르라" 하시니.

"네가 나를 사랑하느냐?"… "내가 주님을 사랑하는 …." 이 같은 상호적 사랑이 바로 요한복음의 목표다. 하지만 예수님과 베드로의 관계는 베드로가 자기 목숨을 기꺼이 내놓을 수 있다고 자신했음에도 불구하고 결국 예수님을 세 번 부인하면서 깨져 버렸다. 이제 예수님이 먼저 손을 내미시고 과거를 노골적으로 언급하지 않은 채 베드로가 새로 시작하게 해 주신다. 예수님이 친히 말씀하신 사랑이 입증되었다—"사람이 친구를 위하여 자기 목숨을 버리면 이보다 더 큰 사랑이 없나니"(15:13). 이제 예수님은 베드로에게 그 사랑이 상호적인지를 묻고 계신다. 베드로는 사랑받는 가운데 사랑을 점검받고 있다.

세 번의 반복은 이전에 했던 부인을 충분히 덮을 뿐만 아니라, 용서와 회복과 상호성을 나타낸다. 그러나 이러한 반복이 필요하다는 것은 우리가 관계를 망가뜨린 후 전적으로 사랑받고 용서받고 신뢰받을 때, 완전한 상호성으로 초대받을 때, 이를 온전히 받아들이기가 얼마나 어려운지를 시사한다. 아마도 예수님이 앞에 계신 곳에서 사랑받으면서 반복적으로 자신을 점검받아야 할 것이다. 관계를 망치는 패턴을 되풀이하지 않으려면 말이다.

그러나 이는 단지 개인에게 주어지는 새 출발에 관한 것만은 아니다. 다른 사람들을 향한 사랑의 섬김이라는 소명과도 관련된다. 예수님께서 "아버지께서 나를 보내신 것같이 나도 너희를 보내노라"(20:21)라고 명령하셨듯이, 베드로는 이제 사명을 받는다. 예수님께서 방금 제자들을 먹이셨듯이, 이제 베드로도 **내 양을 먹이라**는 명령을 받는다. 예수님은 자신을 선한 목자로 묘사하셨다. 선한 목자는 "양으로 생명을 얻게 하고 더 풍성히 얻게 하려" 하고, "양들을 위하여 목숨을 버린다"(10:10-11). 이제 베드로도 그래야 한다.

예수님과 베드로의 세 차례 문답에서 반복되는 각 요소는 의미심장하다. **요한의 아들 시몬아**(세 번)는 요한복음의 첫 부분으로 거슬러 올라간다. 거기서 예수님이 베드로를 처음 부르실 때 바로 이렇게 부르시고는 '게바'라는 새 이름을 주셨다. 이는 번역하면 베드로, 즉 반석을 의미한다(1:42). 그래서 "요한의 아들 시몬아" 하고 부르신 것은 새로운 출발을 암시할 뿐만 아니라, 과거와 특히 가족과 연결되어 있는 정체성을 새롭게 하신 것이다.

"네가 나를 사랑하느냐?" (헬라어 동사 '아가판' ἀγαπᾶν과 함께 15, 16절에 두 번 나온다*)는 사랑, 곧 '아가페' ἀγάπη를 베드로가 예수님과 맺는 관계의 핵심에 둔다. 사랑이 하나님이 세상과 맺는 관계(3:16), 아버지와 아들 사이의 관계(3:35; 10:17; 14:31; 15:9-10; 17:23-24, 26), 예수님이 제자들과 맺는 관계(13:1, 34; 15:9-10, 12), 제자들 서로 간의 관계(13:34; 15:12), 아버지가 예수님의 제자들과 맺는 관계(14:21, 23; 17:23)에 핵심이듯이, 그리고 예수님의 죽음에 핵심이듯이 말이다. 그러나 예수님의 사랑에 당연히 사랑으로 반응하겠거니 하는 짐작이 나오지는 않는다. 예수님은 이를 요청하시고 명령하신다. 요한복음 17장에서는 이를 욕망하시고 이를 위해 기도하신다. 하지만 고별 강론 곳곳에서 제자들이 사랑으로 반응하리라는 보장이 없음을 다음과 같이 예리하게 인식하고 계신다. 만일 "너희가 나를 사랑하면"(14:15), "사람들이 나를 사랑하면"(14:23), "나를 사랑하지 아니하는 자"(14:24), 너희가 "나를 사랑하였더라면"(14:28), "너희도 내 계명을 지키면 내 사랑 안에 거하리라"(15:10). 이 사랑에는 결정이 요구되며, 이는 예수님을 믿고 신뢰하는 것과 분리될 수 없다. 요한복음 전체를 이 신뢰와 사랑에 응답하라고 독자들에게 요청하는 호소로 읽을 수 있다. 이제 예수님께서 집요하게 반복적으로 하시는 질문에 이 호소가 집약된다. 여기서 베드로는 쓰라린 실패 후에 새로운 기회를 받았고, 그 기회를 붙잡는다.

주님을 베드로는 세 번 반복하여 말한다. 이제 이 호칭에는 도마가 "나의 주님이시요 나의 하나님이시니이다!"(20:28) 하고 예수님이 누구

---

* 옮긴이 주: 영어와 헬라어에서는 똑같은 문구가 두 번 나온다. *do you love me more than these?*(ἀγαπᾷς με πλέον τούτων;)(15절), *do you love me?*(ἀγαπᾷς με;)(16절).

신지 알았을 때의 무게가 온전히 담겨 있다.

"내가 주님을 사랑하는 줄 주님께서 아시나이다"(이 또한 세 번 반복된다)는 우리의 가장 중요한 결정과 헌신에서 실제로 일어나는 일의 비밀에 더 깊숙이 들어간다. 이는 종종 눈을 떠서 진실을 인식하는 것, 모두가 어떻게든 외면했던 "임금님 귀는 당나귀 귀"를 직시하는 것, 이러한 빛에 비추어 우리의 결정이 분명해지는 것에 가깝다. 사랑의 관계에서 우리는 때로 내가 나를 이해하는 것보다 다른 사람이 나를 더 잘 이해하고 있었음을, 그래서 내가 진실에 눈 뜨기를 기다리고 있었음을 발견한다. 하나님은, 예수님은 항상 그래 오셨다. 예수님은 우리가 응답하기를 참고 기다리신다. 예수님은 무엇이 우리의 가장 깊은 욕망과 우리를 향한 예수님의 욕망을 채울 수 있는지 아시고, 우리가 거기에 반응하기를 기다리신다. 예수님은 베드로가 이런 식으로 알게 될 것을 전에 알려 주셨다. 예수님께서 발을 씻기실 때, "내가 하는 것을 네가 지금은 알지 못하나, 이후에는 알리라"(13:7) 하고 베드로에게 말씀하셨다. 이어 마지막 만찬에서 "네가 나를 위하여 네 목숨을 버리겠느냐? 내가 진실로 진실로 네게 이르노니, 닭 울기 전에 네가 세 번 나를 부인하리라"(13:38)라고 말씀하셨다. 현재의 대화에서 드러나는 바는 발 씻김으로 대표되는 사랑의 섬김이 베드로가 양을 먹이는 일로 이루어질 것이며, 베드로는 실제로 자기 목숨을 버리게 되고, 부인의 수치와 상처가 치유된다는 것이다.

"내가 주님을 사랑하는 줄 주님께서 아시나이다"는 예수님의 사랑에 대한 응답을 결정이라 부르는 것이 어느 정도까지 맞는지에 관한 문제도 제기한다. 이 표현이 틀린 것은 아니지만 너무 주도적인 행위로 들릴 수 있다. 이는 오히려 선물을 받고자 마음을 여는 것과 더 유사하며, 결정이라기보다는 선물의 성격을 인식하는 것에 더 가까워 보인다 — 더 나아가 선물을 주는 분의 성품을 인식하는 것이다. 예수님은 자신을 주신다. 예수님을 받아들이기로 결정하는 것은 예수님이 진정 누구신지를 인식하는 데서 비롯된다. 베드로는 이미 예수님이 누구신지에 관한 계시를 이미 받았다. 이는 "예수께서 … 자기를 나타내셨으니\나타내신\나타나신"(1절에 두 번, 14절에 한 번)이 세 번 반복되고, "주님이시라\주님이라\주님이신"(7절에 두 번, 12절에 한 번)이 세 번 반복되며 강조되었다. 베드로가 예수님을 부인한 후 일어난 일 중에는 예수님이 숨을 내쉼으로써 베드로가 성령을 받은 일도 있다. 요한복음에서 자주 그랬듯이 여기서도 다시 하나님의 주도와 인간의 응답이라는 신비가 나타난다. 예수님의 반복된 질문에 대한 베드로의 응답에서 강조점은 예수님이 알고 계신 사실, 즉 베드로가 지금 예수님을 사랑한다는 데 있다. 이 관계는 전적으로 베드로가 예수님께 사랑받고 그 사랑을 받아들이는 데 의존한다. 예수님께 사랑받고 또 예수님께서 아신다는 이 조합은 이어서 나오는 마지막 장면에서 반복될 것이다. "예수께서 사랑하시는 그 제자"(20절)를 중심으로 말이다.

먹이라를 예수님께서는 두 번 반복하여 말씀하신다. 이는 요한복음에서 양분 공급이라는 주제가 얼마나 두드러지는지를 환기한다. 예수님 자신도 다음과 같은 내용에서 음식 및 음료와 매우 가깝게 나온다. 첫 표적에서(2:1-11), 예수님이 주시는 "생수"에서(4:7-15), 예수님 자신의 사명에서("나의 양식은 나를 보내신 이의 뜻을 행하며 그의 일을 온전히 이루는 이것이니라"[4:34]), 오천 명을 먹이신 일과 그 사건을 자신과 연관시키신 데서("나는 생명의 떡이니, '누구든지' 내게 오는 자는 결코 주리지 아니할 터이요, '누구든지' 나를 믿는 자는 영원히 목마르지 아니하리라"[6:35; 또한 목마름에 관한 7:37-38을 보라]), 마지막 만찬에서 유다를 먹이시는 장면에서(13:26-27), 요리사이자 주최자이자 서빙하는 분으로 마지막으로 나타나시는 지금

이 장면에서 그렇다. 만일 베드로가 예수님께서 먹이신 것처럼 먹이라고 보냄받는 것이라면, 베드로는 사람들에게 실제 음식을 공급해야 할 뿐만 아니라 삶을 변혁하는 의미를 공급해야 하며, 사랑하고 섬기려는 의지가 있다면 두 차원 모두 풍성하게 채워질 것을 확신할 수 있다.

내(세 번 반복됨)는 예수님과 예수님께 속한 이들의 공동체가 매우 동일시됨을 시사한다. 이는 특히 지도자들에 대한 경고다. 즉, 다른 누군가에게 속한 사람들을 너무 소유하려 들지 말고, 사람들이 예수님이 아니라 지도자 자신을 애착하도록 양육하지 말며, 자기가 속한 공동체의 경계가 마치 예수님의 양 우리의 경계인 것처럼 간주하지 말라는 경고다. 그러나 동시에 격려이기도 하다. 만물이 그로 말미암아 지은 바 된 창조 통로이시고, 자기 영을 한량없이 주시며, 모든 사람과 만물을 자기에게 이끌기를 원하시고, 사랑의 하나님이 임재하시듯 임재하시는 분께 속한 사람들로 인해 예상치 못한 일들을 접하며 끊임없이 놀랄 수 있도록 마음을 열어 두라는 격려다.

반복 가운데 나오는 변주들도 중요하다. 예수님은 왜 베드로에게 **"네가 이 사람들보다 나를 더 사랑하느냐?"** 하시며, 다른 제자들의 사랑과 베드로의 사랑을 비교하는 물음을 던지시는가? 이는 베드로가 예수님을 부인하기 이전에 보인 자신감을 넌지시 내비치는 듯하다. 그러나 베드로는 이제 교훈을 얻었다. 그는 대답하면서 자신이 우위에 있음을 주장하지 않는다. 다른 사람들과 비교하지 않고 다만 예수님에 대한 자신의 사랑만 긍정한다.

양이 아닌 **어린양**으로 시작하는 이유는 무엇일까? 성경에서 어린양은 취약하다는 점, 그래서 특별한 보살핌과 보호가 필요하다는 점과 연관된다(사 40:11; 53:7; 렘 11:19). 따라서 지도자는 약자, 어린 사람, 소외되거나 배제된 사람, 즉 "작은 자"에게 관심을 각별히 기울여야 한다.

왜 세 번의 명령 중 두 번째에서 **먹이라**가 아니라 **치라**고 하셨을까? 이는 먹는 이미지를 넘어서 지경을 넓히고 목회 사역의 폭넓은 범위를 성찰하도록 촉구하는 변주다.

변주들 중에서 가장 많이 논의된 것은 사랑으로 번역되는 단어들이다. 첫 두 번의 문답에서 예수님은 '아가판'^{ἀγαπᾶν}을 베드로는 '필레인'^{φιλεῖν}을 사용하여 말했다. 마지막 문답에서는 둘 다 '필레인'^{φιλεῖν}을 사용한다. 대부분의 학자는 두 단어를 서로 바꿔 써도 되며, 의미상의 차이를 의도한 것은 아니라고 본다. 하지만 그렇다고 이 변주에 아무런 의미도 없는 것은 아니다. 사랑에 해당하는 두 언어가 함께 사용된 또 다른 대목이 예수님께서 친구들('필로이'^{φίλοι})을 위해 자기 목숨을 버리는 사랑('아가페'^{ἀγάπη})으로 자기 죽음을 말씀하실 때(15:13)라는 점은 주목할 만하다. 예수님의 죽음이 사람들을 이끌어 신뢰와 사랑으로 응답하게 하는 것과 관련되는 것처럼("내가 땅에서 들리면 모든 사람을 내게로 이끌겠노라"[12:32]), 베드로의 리더십과 목회도 예수님을 사랑하는 데서 영감을 받아 하나님과 서로에 대한 사랑으로 연합한 가족 공동체를 형성할 것이다. 그리고 이 사랑의 연합은 "세상"으로 하여금 예수님이 누구시며 왜 오셨는지를 알고 신뢰하게 하기 위함이다(13:35; 17:21-23). 따라서 예수님의 죽음과 예수님의 가족 공동체의 삶은 모두 사랑의 지평을 제한 없이 열어 준다. 여기서 '아가판'과 '필레인'의 병용에 관한 결론은 15:13에서와 동일하다. '아가판'^{ἀγαπᾶν}은 기본적으로 성경에서 독특하게 사용되는 단어고, '필레인'^{φιλεῖν}은 주변 헬레니즘 문명에서 온 풍부하고 깊이 있는 단어로 성경에서도 사용된다. 둘을 함께 사용하면 각각의 의미와 실천의 영역이 서로 깊이 교류하게 된다. 그리고 예수님과 그의 공동체를 두고 함께 사용하면, 주변 문화에서 배우는 동시에 그것을 변혁하도록 고취할 것이다.

따라서 베드로는 예수님을 사랑해야 하고, 또한 예수님의 제자(배우는 자) 공동체를 사랑으로 목양해야 해야 한다. 곧 예수님이 누구신지와 예수님처럼 사랑하는 법을 더욱 배우게끔 먹여야 한다. 그리고 곧이어 예수님께서 말씀하시는 것처럼, 베드로 자신도 그러한 자기를 내주는 사랑의 본을 보일 것이다. 문자 그대로 자기 생명을 바치는 데까지 본을 보일 것이다.

"내가 진실로 진실로 네게 이르노니, 네가 젊어서는 스스로 띠 띠고 원하는 곳으로 다녔거니와." 이 말씀의 중요성은 요한복음에서 마지막으로 나오는 "내가 진실로 진실로 네게 이르노니"로 강조된다. 베드로는 그의 사랑을 따르고 있다. 하지만 사랑을 따른다는 것이 욕망하는 것을 모두 얻는다는 의미는 아니다—부모라면 배우듯이, 큰 사랑을 위해 보다 작은 욕망들을 종종 희생해야 한다. 욕망의 교육은 이미 앞 장들에서 요한복음 교육학의 핵심으로 제시되었다. 그것은 예수님의 첫 말씀, 곧 첫 제자들에게 던지신 "너희는 무엇을 찾느냐(구하느냐)?"에서 시작했고, 예수님 자신의 욕망이 성취되는 데서 완성될 것이다. "아버지여, 내게 주신 자도 나 있는 곳에 나와 함께 있어 … 나의 영광을 그들로 보게 하시기를 욕망하옵나이다(원하옵나이다)"(17:24). 그러나 이는 십자가의 길을 통해, 곧 예수님처럼 자기 부인과 하나님을 영화롭게 하려는 기꺼운 마음을 통해 이루어진다. 이에 관한 기본 가르침은 앞서 제시되었는데, 영광, 사랑, 섬김, 하나님, 예수님을 따름이라는 여기서와 같은 주제들이 결합해 있다. "예수께서 대답하여 이르시되 '사람의 아들이 영광을 얻을 때가 왔도다. 내가 진실로 진실로 너희에게 이르노니, 한 알의 밀이 땅에 떨어져 죽지 아니하면 한 알 그대로 있고, 죽으면 많은 열매를 맺느니라. 자기의 생명을 사랑하는 자는 잃어버릴 것이요, 이 세상에서 자기의 생명을 미워하는 자는 영생하도록 보전하리라. 사람이 나를 섬기려면 나를 따르

라. 나 있는 곳에 나를 섬기는 자도 거기 있으리니, 사람이 나를 섬기면 내 아버지께서 그를 귀히 여기시리라'"(12:23-26).

베드로는 바로 그렇게 따르게 될 것이다. 예수님이 덧붙이신 "나를 따르라"('아콜루테이 모이' ἀκολούθει μοι)는 요한복음에 나오는 예수님의 마지막 말씀에서 훨씬 더 단호하게 반복된다. 이 역시 베드로에게 하신 말씀이다. "너는 나를 따르라!"(22절).³ 요한복음은 예수님께서 부활하신 후 나를 따르라는 초대와 명령을 하시는 유일한 복음서다. 이는 계속되는 드라마에서 예수님이 자신을 따르는 이들과 함께하시며 지속적으로 임재하신다는 점과, 배우고 사랑하는 저 드라마가 제자도에서 가장 중요하다는 점을 확증하는 효과가 있다.

다른 방식으로 따르는 길: 거함과 증언(21:20-25)

따름의 풍부함(21:20-23)

²⁰ 베드로가 돌이켜 예수께서 사랑하시는 그 제자가 따르는 것을 보니, 그는 만찬석에서 예수의 품에 의지하여 "주님, 주님을 파는 자가 누구오니이까?" 묻던 자더라. ²¹ 이에 베드로가 그를 보고 예수께 여짜오되 "주님, 이 사람은

---

3   22절에서는 헬라어로 '쉬 모이 아콜루테이'(σύ μοι ἀκολούθει)다. 앞서 19절에 나온 명령에 강조의 '쉬'('너는')가 추가되어, "너"와 "나"를 나란히 배치함으로써 예수님과 제자 사이의 관계를 한층 강조한다—문자적으로는 "넌 나를 따르라!"(You me follow!)라는 뜻이다(옮긴이 주: 저자가 사용한 NRSV에는 '너는'이 표현되어 있지 않고 단순히 "Follow me!"로 번역되어 있다). 이는 요한복음 17장에서 예수님의 기도에 나오는 친밀한 언어를 상기시킨다. 즉, 4, 5, 8, 10절(두 번), 21, 23, 25절에서 "나"("I" 또는 "me")와 "너"("you" 또는 "yours"[옮긴이 주: 개역개정/새번역/공동번역개정/새한글 모두 '너'를 '아버지'로 옮긴다])를 바로 옆에 배치한 언어다. 하지만 대부분의 번역본에는 이러한 병치가 드러나지 않는다—NRSV에서는 전혀 드러나지 않고, 킹제임스에서는 5절에서만 드러난다.

어떻게 되겠사옵나이까?" 22 예수께서 이르시되 "내가 올 때까지 그를 머물게 하고자 할지라도 네게 무슨 상관이냐? 너는 나를 따르라!" 하시더라. 23 이 말씀이 형제들에게 나가서 '그 제자는 죽지 아니하겠다' 하였으나, 예수의 말씀은 '그가 죽지 않겠다' 하신 것이 아니라 "내가 올 때까지 그를 머물게 하고자 할지라도 네게 무슨 상관이냐?" 하신 것이러라.

따르는 것은 예수께서 사랑하시는 제자와도 바로 연관된다. 이 장의 심오한 주제들은 이제 최고조에 이르고, 다음과 같은 주제들의 무궁무진함은 풍성함의 이미지로 상징된다.

- 예수님을 아는 것(4, 7, 12절)과 예수님께 알려지는 것(15, 16, 17절)
- 예수님을 사랑하는 것(15, 16, 17절)과 예수님께 사랑받는 것(20절)
  (글상자에서 트러헌의 글을 보라)
- 예수의 지속적 임재(7, 12절)와 예수님을 지향하는 미래(22, 23절)
- 예수님께 받아먹는 것(12-13절)과 다른 사람들을 먹이는 것(15, 16, 17절)
- 예수님을 따르는 것(19, 22절)과 예수님을 증언하는 것(7, 24절)
- 예수님의 욕망과 머묾(22, 23절)

이 모든 것은 풍성함의 표적/표징 아래 있다. 곧 공급의 풍성함, 행위의 풍성함, 의미의 풍성함이다 – 이 셋은 사랑을 들려준다. 공급의 풍성함은 "그물 … 가득히 찬 큰 물고기"(11절)로 나타나고, 행동의 풍성함은 "예수께서 행하신 일"로 나타나며, 의미의 풍성함은 예수님에 대한 가능한 모든 증언을 기록한다면 "이 기록된 책들"로 넘쳐날 "이 세상"을 상상함으로써 나타난다(25절).

> 그러나 결국 사랑받는 자가 되는 것이 가장 큰 행복이다. 이 모든 영광과 모든 보화는 우리의 신부이자 친구이신 그분의 부속물과 장신구에 불과하다. 모든 것은 사랑을 위해, 사랑을 더욱 권하고 달콤하게 하려고 마련된 것이다. … 하나님은 사랑이시니 말이다. 그리고 이 모든 것은 나에게 그분의 사랑을 보여 준다. 그렇다, 그것은 내가 그분을 완전히 사랑하는 까닭, 곧 그분이 각 사람에게 무한한 사랑이심을 보여 준다.[a]
>
> — 토마스 트러헌
>
> a. 다음 책에서 인용하였다. Inge, *Happiness and Holiness: Thomas Traherne and His Writings*, 143

저 목록은 핵심 주제들에 대한 색인과도 같다. 특히 다음과 같은 항목 아래 다른 유사한 핵심 주제가 포함된다면 더욱 그럴 것이다—예를 들어, 앎과 증언 아래에는 말씀, 진리, 빛; 따름 아래에는 말씀, 신뢰, 믿음; 사랑과 음식과 따름과 거함 아래에는 생명; 임재와 거함 아래에는 "나는 있다/…이다". 그리고 예수님 자신은 이 모든 것에 핵심이실 뿐만 아니라, 예수님이 아버지와, 그리고 자신을 신뢰하고 사랑하는 이들과 나누시는 영광에도 핵심이시다.

예수께서 사랑하시는 그 제자가 처음으로 명시적으로 나온 것은 마지막 만찬 때 예수님의 가슴에 기대어 있는 모습이었는데, 이제 마지막 만찬에서 그의 역할을 다시 상기시키며 등장한다. 그 사이에 그는 예수님의 어머니를 자기 집으로 모셨기에(19:27), 우리는 **내가 올 때까지** 그가 계속 **머물**(또는 '거할') 곳으로 그 집을 상상하게 된다. 이는 베드로와, 그리고 베드로가 전면에 나서는 리더십과 대조를 이루는데, 요한복음에서 예수님의 어머니와 예수께서 사랑하시는 그 제자가 모두 익명으로, 거의 드러나지 않는 공동체의 일원으로 남아 있다는 사실로 이런 대조가 더 확연해진다. 예수께서 사랑하시는 그 제자 안에 고별 강론의 핵심 주제들—사랑, 거함, 증언—뿐만 아니라, 예수님 중심의 미래를 향하는 이 주제들의 지향성까지 한데 모인다.

신약의 다른 곳(특히 가장 이른 시기의 몇몇 문서, 예컨대 마가복음 13장이나 데살로니가전서 4-5장)에서는 저 미래가 장관을 이루는 환상적인 언어로 그려지며, 때로는 종말의 징후와 임박한 기대감도 담겨 있다. 아마 마가복음이 기록된 지 수십 년이 지나고 쓰였을 여기서는 저 미래에 대한 기대의 본질을, 정수를 담는다. 따라서 무엇, 언제, 어떻게, 이런지 저런지에 초점을 맞추지 않고, 누구에게 초점을 맞추고 있다. 즉, 미래는 예수님이시다. 시기의 문제나 특정한 누군가에게 무슨 일이 일어날지에 대한 추측은 단념하게 된다. 그 대신 예수님의 욕망, 곧 **하고자** 하시는('텔레오' θέλω: 뜻하다, 욕망하다) 바의 우선성을, 예수님을 따르는 이들이 예측할 수 없는 방식으로 행하실 자유를 부드럽지만 단호하게 주장하고, 또 반복을 통해 강조한다—실제로 예수님을 따르는 이들은 그렇게 예측하는 일을 자기 소관으로 여겨서는 안 된다. **"네게 무슨 상관이냐?"** 그러한 것들을 알고자 하는 대신, 예수님이 강조하시는 바에 관심을 두어야 한다. 바로 예수님 중심의 명령이다. **"너는 나를 따르라!"**⁴

---

4 앞서 살펴본 바와 같이, 19절에서 베드로에게 말씀하신 첫 번째 "나를 따르라"는 단순히 '아콜루테이 모이'(ἀκολούθει μοι)다. 22절에 나오는 두 번째 것은 '쉬 모이 아콜루테이'(σύ μοι ἀκολούθει)다—문자적으로 "넌 나를 따르라"(You me follow)이며, 문장에서 "너"가 강조되고, "나"와 나란히 배치됨으로써 예수님과의 관계가 부각된다(요한복음 17장의 인칭대명사에 관한 앞의 논의를 참조하라). 이 표현은 베드로가 예수님과의 관계에서 자신의 책무를 다시금 환기하게 한다(옮긴이 주: 저자가 사용한 NRSV에는 "너는"이 표현되어 있지 않고 단순히 "Follow me!"로 번역되어 있다).

놀라운 마지막 풍성함: 기록을 통한 증언(21:24-25)

²⁴ 이 일들을 증언하고 이 일들을 기록한 제자가 이 사람이라. 우리는 그의 증언이 참된 줄 아노라. ²⁵ 예수께서 행하신 일이 이 외에도 많으니, 만일 낱낱이 기록된다면 '내 생각에' 이 세상이라도 이 기록된 책들을 두기에 부족할 것이다[줄 아노라].

그다음으로 마지막 놀라움이 이어진다. 이 복음서의 증언과 집필이 예수께서 사랑하시는 그 제자에게 귀속된 것이다. 이보다 더 권위 있는 저자는 거의 없을 것이다. 만약 이 말이 사실이고 또한 요한복음이 네 복음서 중 마지막으로 완성되었다면, 이는 다음과 같은 것들로 이루어진 이상적인 조합에 가깝다. 예수님과 매우 가까운 어느 목격자의 증언, 이야기를 들려주고 이야기의 의미를 열어 주는 다른 시도들(20:30-31과 21:25에 암시된 다른 기록들)에 대한 사전 지식, 이에 대한 오랜 세월의 숙고(예수님을 따르는 계속되는 드라마에 참여함으로써 배우고 검증하고 더 깊이 천착하고, 예수님의 어머니를 비롯한 친구들의 공동체와 삶을 나누고, "나를 사랑하신 사랑이 그들 안에 있고 나도 그들 안에 있게 하려 함이니이다"[17:26] 하고 기도하신 예수님의 욕망을 따라 기도하면서 숙고한 것들)의 조합이다.

이는 사실인가? 그 복잡성은 24-25절에서 본문 자체에 드러난다. 여기서 증언과 기록은 예수께서 사랑하시는 그 제자에게 귀속된다. **이 일들을 증언하고 이 일들을 기록한 제자가 이 사람이라**. 그런데 그를 신뢰할 수 있다는 다른 이들의 증언도 덧붙는다. **우리는 그의 증언이 참된 줄 아노라**. 그리고 마지막 문장에는 저자가 자신을 '나'로 지칭하는 말이 유일하게 나온다. **내 생각에**. "우리"는 누구인가? "내"는 누구인가? "예수께서 사랑하시는 그 제자"는 누구인가?

이 물음들에 관한 방대한 양의 글이 있다. 이 구절이 말하고자 하는 바에 관한 나의 결론에는 몇 가지 요소가 있다.

첫째, 요한복음의 핵심에는 예수님의 제자 한 사람의 목격자 증언이 있다.

둘째, "우리"와 "나"는 모두 그 제자와 구별된다. 다음과 같은 앤드루 링컨은 제안은 설득력 있다. '그라파스' γράψας ("기록한")는 "실제로 손수 썼다기보다는 이야기의 대부분을 쓰도록 주도했거나 기록에 책임이 있다는 느슨한 의미로 이해하는 것이 가장 적절하다. 19:19, 22를 보면, 십자가에 명패를 쓰는 일에서 빌라도의 역할을 묘사할 때도 이 동사가 이런 식으로 느슨하게 사용된다. … 본문은 예수께서 사랑하시는 제자를 이 이야기의 증언을 형성하고 구석구석 관여한 그 고유의 관점에 대한 권위/출처 authority 로 주장하고 있다."[5]

셋째, 예수께서 사랑하시는 그 제자는 그의 공동체에서 지도자적 인물이었고, 그 공동체는 여기서 그의 증언의 진실성을 보증하는 "우리"에 해당한다. 이 마지막 구절들이 덧붙여질 무렵 그는 이미 세상을 떠났을 수도 있다 — 그래서 예수님이 그에 관해 하신 말씀이 퍼지면서 잘못 나온 소문(23절)에 대해 이 공동체는 우려하고 있었다.

넷째, 마지막 구절의 "'내'"는 예수께서 사랑하시는 그 제자 공동체의 일원으로 보이며, 실제 집필 작업의 일부를 담당한 것 같다 — 하지만 그 비중이 얼마만큼인지는 알 수 없다.

다섯째, 예수께서 사랑하시는 그 제자가 누구인지 확실하게 식별되지 않았다. 나는 요한복음의 완성 시기를 기원후 80년경으로 보는 이들의 견해에 동의한다. 이들 중 두 사람은 요한복음의 저자 문제 논의를 다음과 같이 시작한다. "가장 이른 시기의 사본에서 요한복음은 다른 모든

---

[5] Lincoln, *The Gospel according to Saint John*, 523.

복음서와 마찬가지로 익명 저술이었다. 복음서의 저작권을 부여한 제목은 나중에야 덧붙여진 것이다. 요한복음에 덧붙은 제목은 '카타 이오안넨' κατὰ Ἰωάννην, 즉 '요한에 따른' according to John 이었다. 그러나 이런 제목들도 어떤 요한이(어떤 마태가, 어떤 마가가, 어떤 누가가) 복음서를 썼는지 특정해 주지 않는다. 2-3세기 그리스도교 저술가들은 이 복음서를 예수님의 제자 세베대의 아들 요한에게 귀속시켰으나, 이 주장을 뒷받침하는 다른 증거는 거의 없다."[6] 최근 논의 중 가장 그럴듯한 결론에 이른 것으로 보이는 것은 리처드 보컴의 견해인데, 그는 장로로 불리며 예루살렘과 깊은 연고가 있었던 예수님의 제자인 또 다른 요한이 저자라고 주장한다.[7] 그러나 이 복음서 자체가 예수께서 사랑하시는 그 제자의 익명성을 지키고 있기에, 그가 과연 누구인지 밝히는 데 너무 무게를 두지는 말아야 한다.

마지막 절은 **예수께서 행하신 일이 이 외에도** 많음을 증언한다. 여기에는 '에포이에센 호 이에수스' ἐποίησεν ὁ Ἰησοῦς 라는 문구가 사용되었는데, 이 문구는 20:30에서 "다른 표적도 많이"와 관련해서 사용된 것과 똑같은 문구로, 요한복음 1:1과 창세기 1:1을 되울린다.[8] "이 외에도" 많은 "예수께서 행하신 일"을 예수님의 탄생과 요한복음 20장, 21장에 기록된 나타나심 사이의 일로 제한해야 할 이유는 없다. 요한복음에서 예수님의 활동은 창조와 모든 시간을 아우르며, 과거 시제 "행하신"은 그 문장이 기록된 순간까지─그리고 이후의 모든 순간까지─확장된다고 이해할 수 있다. 이는 예수님의 계속되는 활동이다. 즉, 하나님이 임재하시는 것처럼 임재하시고 성령 안에서 활동하시며 생명을 주는 표징, 사역, 사

6   O'Day and Hylen, *John*, 3.
7   Bauckham, *The Testimony of the Beloved Disciple*.
8   20:30에 관한 주석과 1:1에 관한 주석을 보라.

랑, 기도, 증언, 글쓰기에 영감을 주시는 예수님의 활동이다.

만일 낱낱이 기록된다면 내 생각에 이 세상이라도 이 기록된 책들을 두기에 부족할 것이다[줄 아노라]. 풍성함을 보여 주는 마지막 이미지는 다 기록될 수 있다면 책들로 넘쳐 날 "이 세상"('호 코스모스' ὁ κόσμος)이다(글상자에서 가벤타의 글을 보라). 이는 땅과 하늘을 통일하고 넘칠 만큼 풍성한 생명을 나누며 각 독자의 이름 부르기를 욕망하시는 분께 사랑받는 세계다.

"과잉 기록 보관소"는 예수님의 모든 행동을 다 기록하는 데 소요되는 책들을 온 세계가 담을 수 없다는 요한복음 21:25의 주장을 가리키려고 맥크래컨이 요한복음 연구에서 사용한 말이다.[a] 하지만 21장 전체를 특징짓는 말로도 적합하다. 이 결말은 과잉을 다룬다—153마리의 물고기, 물고기를 해변으로 끌고 오기 전에 이미 준비된 아침 식사, 찢어지지 않는 튼튼한 그물, 예수님께서 베드로에게 반복하신 질문, 베드로와 예수께서 사랑하시는 그 제자의 제자도, 특히 예수님의 행적의 무한한 특성이 그렇다. 요한복음 전체와 관련지어 보더라도, 이 장의 내용은 과잉이다. 요한복음은 이미 20장에서 하나의 결말을 지었기 때문이다. 하지만 요한복음 21장의 결말은 요한복음 전반에 걸친 일련의 장면들을 상기시키면서도 동시에, 이 이야기가 균형이 회복된 세계나 기껏해야 약간 달라진 세계에서 끝날 수 없음을 시사한다. 이 이야기 이후에는 변하지 않은 채 남아 있을 수 있는 것이 없다.

— 비벌리 로버츠 가벤타, "과잉 기록 보관소" The Archive of Excess, 249

a. 다음 책을 언급한 것이다. McCracken, *The Scandal of the Gospels*.

에필로그

이 책을 구상한 후 집필에 20년이 걸렸다. 긴 시간 쓰다 보니 삶의 다른 많은 일과 얽히게 되었다. 그래서 이 책을 쓰는 과정과 집필 기간에 함께 쓴 다른 저술들에 대한 설명을 조금 덧붙인다면, 바라건대 독자들이 이 책을 더 잘 이해할 수 있을 것이다. 서문에서 매우 유용하다고 했던 네 가지 제목을 사용하여 설명해 보려 한다.

풍성함

지난 20년 동안 나를 압도했던 경험은 요한복음에 담긴 의미의 풍성함이었다. 이 짧은 본문이 얼마나 탁월한 결실을 맺었으며 지금도 계속 맺고 있는지, 나는 계속 경탄했다.

    요한복음 주석 작업 시도는 새 천 년을 위한 프로젝트로 시작했다. 오래전부터 요한복음은 나를 사로잡았지만, 전체를 직접 다루는 일은 감히 시도할 엄두를 내지 못했다. 그러나 여러 요소가 함께 이 작업에 착수하도록 용기를 주었다.

주된 계기는 프랜시스 영과 함께(그리고 다른 많은 이들, 특히 대니얼 하디와의 대화를 통해) 바울의 고린도후서를 읽고 번역하고 가르치고 관련 논문을 쓰는 데 보낸 5년의 세월이다.[1] 그녀와 나는 모두 (그리스와 라틴) 고전학을 훈련받았고, 이후 그녀는 주로 신약과 초기 교회 신학을 전문적으로 탐구했고, 나는 대체로 지난 백 년 동안의 그리스도교 신학을 집중적으로 파고들었다. 5년의 협업 과정에서 서서히 알게 된 점은 내가 오랫동안 더듬어 찾던 무언가가 훨씬 명료해졌다는 것이다. 그것은 성경을 어떻게 제대로 다룰 것인가 하는 문제였다. 당시의 역사적 맥락에서 이해해야 하는 책으로서, 수 세기의 해석과 관련하여 이해해야 하는 책으로서, 또한 오늘날 삶을 위한 의미와 진리의 원천으로서 성경을 어떻게 제대로 다루어야 할지 나는 오랫동안 더듬어 찾았다.

학문, 해석학, 동시대 신학 및 여타 사유를 결합하는 이러한 접근 방식은 그리스도교의 지혜를 다룬 책의 한 장에 요약되어 있다.[2] 그러나 그보다 앞서 고린도후서에 관한 책의 후속 저작인 1990년대에 쓴 《자아와 구원: 변화됨》*Self and Salvation: Being Transformed*에서, 그러한 접근 방식을 실행에 옮겼다. 그 책에서는 주로 바울 서신, 공관복음, 구약\칠십인역\히브리 성경을 해석했지만, 요한복음과 관련된 물음도 끊임없이 솟구쳐 올랐다. 이를 회상하다가 에베레스트산을 처음 보았던 기억이 떠올랐다. 동틀 무렵 가족과 함께 다르질링 근처 전망대에서 기다리는데, 태양이 떠오르자 에베레스트의 숨 막힐 듯한 장관이 드러났다. 요한복음은 나에게

---

[1] Young and Ford, *Meaning and Truth in 2 Corinthians*.
[2] Ford, *Christian Wisdom*, 2장, "A Wisdom Interpretation of Scripture."

신학 이해의 에베레스트가 되었다.

새 천 년이 동틀 무렵, 나는 요한복음을 그리스도교 경전 텍스트의 정점으로 여기게 되었다. 그리고 요한복음 저자에게 동방정교회가 부여한 '그 신학자'라는 칭호가 합당하다고 생각했다. 나는 이 등산을 감행하기로 결심했다.

나의 기본 경험은 요한복음을 끊임없이 다시 읽는 일이었다—이 주석이 독자에게 이러한 습관을 기르게 북돋는 효과가 있다면 나는 기쁠 것 같다. 나는 요한복음이 공관복음보다 나중에 쓰였을 뿐만 아니라 공관복음과 대화하며, 그리고 아마 바울의 저작과도 대화하며 쓰였다고 확신하게 되었다. 다른 숱한 견해(요한복음에 관해서는 다른 복음서보다 상충하는 학문적 결론이 풍부하다)를 읽고 난 후에도 여전히 그렇게 생각한다. 요한복음에는 다음과 같은 것들이 결합해 있다. 목격자 증언, 다른 문헌들에 대한 선별적·성찰적·창의적 활용, 핵심 물음—그중 주요 두 물음은 '예수님은 누구신가?'와 '예수님을 따르는 이들에게 무엇이 본질적인가?'이다—에 대해 오랫동안 성찰하여 원숙해진 사유.

이 주석은 특히 하나님과 모든 실재라는 지평 안에서 이 물음들에 집중했다. 이 물음을 비롯한 여러 물음을 탐구하는 과정에서 가장 인상적이었던 것 가운데 하나는 내가 '깊고도 평이한 의미'라고 부르는 것이다—이는 요한이 신중하게 선택한 평범한 단어들이 이 복음서 안에서, 그리고 상호본문들과 주변 문화와 공명하면서 헤아릴 수 없는 깊이를 담게 되는 방식이다. 또 흥미로웠던 점은 요한복음의 저자가 본인의 성경 읽는 방식을 독자에게 보여 줌으로써, 독자도 자기가 쓴 텍스트를 그[3]와

---

[3] 저자는 남성일까? 이는 요한복음에 관한 수많은 논쟁 문제 중 하나다. 대다수의 학자는 남성이라는 견해를 지지하지만, 이와 같은 문제에서 흔히 그렇듯 소수의 주장도 통찰을 제공한다. 또한 현재 우리가 가지고 있는 본문이 완성되기까지 한 명 이상의 '저

같이 성경으로 읽도록 가르치는 방식이었다. 경전으로서 요한복음은 읽고 또 읽고 또 읽고 또 읽을수록 더 많은 의미를 드러낸다. 그래서 20년이 지난 지금도 다른 어떤 텍스트보다도 나를 사로잡는 힘이 있음을 계속 발견하게 된다. 그러나 이는 결코 다른 텍스트나 의미 전달자들과 경쟁한다는 뜻은 아니다. 요한복음은 다른 텍스트를 비롯한 모든 곳에서 발견되는 의미 및 진리와 끊임없이 교류하도록 부추긴다.

나는 아직도 요한복음을 읽는 방법을 배우는 중이다. 매번 다시 읽을 때마다 더 많은 것을 배운다. 이렇게 다시 읽는 과정에서 특히 지난 30년 동안 꽃핀 요한복음에 대한 문학적 접근법이 매우 도움이 되었다. 이러한 접근법은 본문의 세밀하고도 창의적인 기법, 이미지와 은유 사용, 다의성, 플롯, 인물, 반복, 아이러니, 관점, 시간, 장소, 공명, 의미의 다층성을 밝혀 준다. 요한복음에 관한 수많은 저술들에 비해 짧은 이 책에서는 이러한 의미의 향연을 겨우 맛보기로만 보여 줄 수 있을 뿐, 그 외에는 메뉴판을 가리키는 데 그칠 수밖에 없다.

그런데도 이상한 점이 있다. 이렇게 풍성히 넘침에도 불구하고, 요한복음이 아마 복음서 가운데 가장 즉각적이고도 평이하게 이해될 수 있다는 사실이다.[4] 이를테면 요한복음의 단순한 헬라어, 수적으로는 적지만 정교하게 구성된 표적·만남·대화에 관한 이야기들, 몇 가지 큰 명령들(믿으라, 따르라, 섬기라, 사랑하라, 거하라), 예수님은 누구신가에 명확히 일차적 초점을 둔다는 점 때문에 그렇다. 하지만 일단 요한복음에 사로잡히고 나면, 매번 다시 읽을 때마다 더 깊이, 더 멀리, 더 넓게, 더 높게 이끌린다. 높이를 나타내는 에베레스트 이미지는 적절하지만 충분하지

자'가 관여했다는 점을 고려할 때 두 답변 모두 가능하다.
4   새로 그리스도인이 된 사람이 처음 받는 선물, 혹은 처음 읽는 책이 요한복음인 경우는 흔하다.

는 않다. 다른 차원들—대륙의 넓이, 대양의 깊이와 넓이, 그 둘을 가로지르는 여정의 길이 같은 것—이 추가되어야 한다.

공간 이미지뿐만 아니라 시간 이미지도 필요하다. 나는 매년 요한복음을 다시 읽으면서 가장 걸맞은 부사가 '천천히'라는 것을 깨닫는다. 요한복음은 풍부한 시간을 요구한다. 이 프로젝트는 서두를 수 없는 과제로 느껴졌다. 그것만의 느린 템포가 있으며, 내가 억지로 페이스를 끌어올릴 때마다 결국 수정하거나 때로는 완전히 다시 써야 했다. 그리고 그 느린 속도를 따라 무언가를 썼을 때조차도 해석이 완성되었다는 느낌이 들지는 않았다. 항상 중간 보고서일 뿐이다.

이 요한복음을 느리게 하다 보니 이와 나란히, 그러나 더 빠르게 쓴 글도 있다. 요한복음 작업을 하던 지난 20년 동안 집필하고 편집한 책들 중 특히 여섯 권은 이 책의 상호본문으로서 의미가 있다.

《현대 신학자 연구》세 판을 편집한 일은 매우 풍성한 교육 경험이었다. 세 번째 판[5]은 신학과 생물학, 기도와 영성, 그리스도교 신학과 타 종교, 신학과 영화, 목회신학, 페미니스트 신학 및 우머니스트 신학, 신학적 윤리, 탈식민주의 성경 해석, 아시아 신학 및 아프리카 신학, 오순절 신학 및 동방정교회 신학 같은 영역에서 이전 판보다 내 지평을 더 넓혀 주었다. 전 세계 곳곳에서 펼쳐진 신학의 풍성함은 요한복음이 열어 놓은 지평, 특히 프롤로그와 고별 강론에서 열어 놓은 지평과 맥이 통하는 것 같다. 실제로, 요한적 지평과 "모든 진리 가운데로 인도"하시는 성령(16:13)은 지난 백 년 동안 그리스도교 신학이 놀랍게 번성하도록 한 영감의 근본 바탕이었다고 여겨질 수 있다.

지난 20년간 나는 혼자서도 요한복음을 읽었고, 동료 그리스도인들과

---

[5] 포드·무어스,《현대 신학자 연구》(*The Modern Theologians*, CLC 역간).

도 읽었으며, 다양한 학자들과도 함께 읽었다. 그뿐만 아니라 이른바 '경전숙의'Scriptural Reasoning라는 실천을 통해 다른 종교 전통의 신자들과도 경전을 정기적으로 읽었다. 나는 1990년대 초 유대교 경전, 그리스도교 경전, 이슬람 경전을 함께 읽으며 이 실천을 시작할 때부터 참여했다. 2012년 무렵에는 이 실천이 많은 나라로 퍼져 나갔고, 중국에서는 아브라함계 경전뿐만 아니라 유교, 도가, 불교의 경전까지도 함께 읽는 데 이르렀다. 이제 인도를 비롯한 다른 지역에서는 힌두교 경전과 시크교 경전도 포함하고 있다. 이 실천은 학계라는 출발점을 넘어 다양한 영역—학교, 다양한 종교의 지역 모임, 병원, 교도소, 기업, 군대, 공공 기관, 시민 사회 단체, 다양한 신앙인을 위한 공동의 리더십 훈련 등—으로 확산되었다. 나는 경전숙의에 참여하며 다른 신앙을 가진 이들과 함께 자주 요한복음을 읽었다. 이를 통해 풍요로워지고 도전을 받기도 했다. 이 참여의 성과는 이 주석의 여러 지점에 반영되었지만 이를 드물게만 명시했다. 이 주석 작업을 병행하며 경전숙의에 관해 글을 쓰며 또 다른 통찰을 얻었고(그 결실은 두 번째 책과 세 번째 책이다),[6] 이는 다양한 경전에서 나온 의미들 사이에서 일어날 수 있는 상호 조명(대개 확고한 의견 차이에 대한 이해를 증진하는 방식으로 일어나는 상호 조명)에 대해 더 깊이 성찰하도록 도움을 주었다.

네 번째와 다섯 번째 저술, 곧 《그리스도교의 지혜: 하나님을 욕망하며 사랑 가운데 배우기》Christian Wisdom: Desiring God and Learning in Love 와 《삶의 드라

---

[6] 다음을 보라. Ford and Pecknold, *The Promise of Scriptural Reasoning*. 또한 더 최근에 쓴 Ford and Clemson, *Interreligious Reading after Vatican II*를 보라. 또한 내 생각에 지금까지 나온 책 중 경전숙의에 관한 가장 중요한 책인 다음을 보라. Ochs, *Religion without Violence*. 더불어 www.scripturalreasoning.org 및 로즈캐슬 재단 웹 사이트(www.rosecastle.com)와 같은 곳에 때때로 게시되는 여러 글, 연설문, 웹 기반 자료도 참조하라.

마: 성령 안에서 지혜로워지기》*The Drama of Living: Becoming Wise in the Spirit*는 이 주석의 중대한 동반 저술이다.

《그리스도교의 지혜》(2007)는 요한복음에 대한 나의 이해 발전을 다른 성경책들과 통합한다. 특히 욥기, 시편, 아가, 이사야, 지혜서, 집회서, 누가복음, 사도행전, 고린도전서, 에베소서, 요한계시록과 그렇게 한다. 또한《그리스도교의 지혜》는 이 주석에 사용된 성경 접근법을 설명한다. 그 책은 주석에서 다루기 어려운 특정 신학적 주제들을 훨씬 깊게 논하는데, 그중 가장 중요한 것은 악과 고통, 하나님과 예수님과 성령, 전통, 예배에 관한 논의다. 책 전체를 관통하는 주제 중 이 주석과 가장 관련 있는 것은 지혜, 지식, 배움, 의미, 분별, 읽고 또다시 읽기, 외침과 욕망, 믿음과 사랑, 유대교, 하나님 나라와 풍요, 공동체와 교회, 인간 됨이다. 주석 책에는 적합하지 않은 세 가지 상세한 사례 연구도 담고 있는데, 각각은 요한복음을 읽은 데서 부분적으로 영향을 받았다. 바로 경전숙의에서 종교 간 지혜, 대학에서 학제 간 지혜, 학습 장애와 관련된 사람 간 지혜에 관한 연구다.

《삶의 드라마》(2014)는 더 폭넓은 독자를 겨냥한 책인데, 요한복음을 주요 본문으로 삼았고, 이 주석에서 계속되는 삶과 사랑의 드라마라고 부른 것에 주로 초점을 맞췄다. 이는 요한복음을 평범한 일상, 일과 사랑과 성, 그리스도교와 타 종교, 공동체와 장애, 노화와 죽음에 적용한 책이다. 요한복음 외에는 미홀 오쉬얼의 시가 주요 대화 상대다.《삶의 드라마》는 요한복음이 현재의 삶을 어떻게 형성할 수 있는지에 관한 나의 중간 보고서이며, 부분적으로는 자전적인 책이다.

이 두 책은 장르가 매우 다르다. 전자는 구성 신학 책으로, 주제와 논점을 설명하고 사례 연구를 곁들였다. 후자는 영성 책으로, 요한복음 및 다른 의미의 원천들이 담고 있는 형성적이고 변혁적인 잠재력에 대한 실천적 안내서다. 나는 다양한 장르의 비옥함에 매료되어 있지만(성경도 여러 장르를 담고 있다), 성경 해석이야말로 그리스도인의 생각, 기도, 삶, 저술에 기본이라고 믿는다. 그 해석이 다른 모든 장르에 두루 스미지 않는다면, 그리스도교적 이해와 예배와 실천은 가장 깊고 또한 가장 널리 공유되는 원천에서 양분을 공급받지 못한다. 이는 결코 새로운 결론이 아니다—세기를 거쳐 오늘날에 이르기까지 전 세계 대부분의 그리스도인들이 공유하는 공통의 토대다. 그러나 그 해석은 다양한 형태를 취할 수 있다. 나에게는 두 가지 주요 목표가 있었다.

첫째, 나는 다른 훌륭한 주석 및 해석과 대화하면서 요한복음을 읽어 왔다. 거기서 배우며 학문적 논의에 최대한 단단히 발 딛고 있으려 했지만, 학계의 세부 논의에 지나치게 매몰되지 않으려 했다. 또한 각주로 본문을 무겁게 하지 않으려고 했고, 그 대신 참고 문헌에서 내게 가장 중요한 요한복음 관련 저술을 명시했다. 하지만 그 영향을 각각 분간하기 어려울 때도 간혹 있었고, 심지어 기억해 내기 어려운 부분도 있었다. 혹시 공을 돌리지 못한 통찰이 있다면 사과드린다.

둘째, 과거와 현재, 예수님과 성령 안에서 하나님의 임재 감각을 전달하고자 했고, 이를 하나님과 모든 실재라는 지평 안에서 예수님을 따르는 계속되는 드라마와 연결하고자 했다. 여기에는 이른바 중립이라는 것이 없다—누구나 다 이런 문제들과 관련하여 어느 쪽엔가 서 있으며, 요한복음은 독자들에게 어디에 설 것이며 어느 길을 따를 것인지 결정하도록 끊임없이 요청한다. 나는 예수님의 추종자다. 나는 비록 실수와 오류를 범할 수밖에 없는 추종자지만, 요한복음이 비길 데 없이 유익하고 놀랍고 도전적인 텍스트임을 경험해 왔고, 그 결과 하나가 이 책의 집필이었다.

여섯 번째 책은 《빛을 말하다: 하나님과 교회에 관한 마지막 대화》

Wording a Radiance: Parting Conversations on God and the Church[7]인데, 내가 관여했던 모든 출판물 중 가장 이례적이고 가장 요한적인 저술일 것이다. 나의 장인이자 오랜 친구이며 대화 상대이자 공저자인 대니얼 하디는 2007년 초에 암 진단을 받고 6개월 남았다는 시한부 선고를 받았는데, 그 선고는 정확했다. 하디는 아내 데보라와 나의 집 바로 옆에 살았고, 그 몇 달 동안 전에 없던 밀도로 교류하고 대화했다. 그는 케임브리지대학교 출판부와 교회에 관한 책을 내기로 계약했었는데, 그 책을 집필하지 못할 것이 분명했다. 그러나 버지니아대학교의 유대철학 교수이자, 경전숙의의 공동 창립자이며, 우리 셋 모두의 가까운 친구인 피터 옥스는 그 책을 어떻게든 이끌어 내겠다고 마음 먹었다. 피터는 그 여섯 달 동안 거의 매일 댄에게 전화했고, 마침내 11월에 댄이 세상을 떠나기 직전에 "해냈어!"라고 선언했다.

피터와 데보라와 나는 몇 해 동안 그 일을 정면으로 마주하기 힘들었다. 그러나 결국 며칠을 함께 보내며 서로의 기록과 기억을 비교해 보았다. 그러면서 우리 손에 댄의 '고별 강론'에 해당하는 것이 있음을 깨달았다. 우리는 댄과 각자 깊지만 서로 매우 다른 관계를 맺었고, 우리 세 사람의 증언은 서로 수렴하기도 하고 갈리기도 했다. 그러나 그 핵심에는 댄의 놀라운 증언이 있었다. 성지에서 댄이 경험한 것, 그의 신학적 비전, 그리고 댄의 표현을 빌리자면 "신적인 것이 아무 방해 없이 밀려 들어오게 하면" 일어날 수 있는 일에 관한 증언이었다.[8] 거기에는 신학과 삶이 치열하게 그리고 자기 의식적인 요한의 방식으로 통합되어 있었고, 그 통합을 관통하는 황금실은 "하나님 안에 있는 의미의 실재와

---

7 Hardy, with Hardy Ford, Ochs, and Ford, *Wording a Radiance*.
8 Hardy, with Hardy Ford, Ochs, and Ford, *Wording a Radiance*, 뒤표지.

과잉"이었다.⁹

예수님

나는 이 책을 쓰는 경험을 통해 예수님과의 관계가 신뢰와 사랑 속에서 계속해서 거듭 새로워질 수 있었으며, 이 점이 이 책의 집필에 가장 중요했다. 예수님이 요한이 말한 분—하나님이 임재하시는 것과 같이 임재하시는 "나는 있다/…이다"이신 분—이라면, 이 복음서를 읽고 또 읽는 것은 예수님의 임재 안에서 하는 일이며, 믿음을 통해 예수님과 만나는 기회이자, 상호적인 앎, 신뢰, 사랑의 관계로 점점 더 깊이 이끌려 들어가는 기회다. 많은 사람들과의 대화, 공동체, 우정 속에서 해마다 이를 경험할 수 있었던 것은 놀라운 선물이자 겸손하게 만드는 선물이며 변화를 일으키는 선물이었다.

신학자로서 이 경험의 지적인 차원도 물론 중요했다. 그래서 다른 신학자들이 예수님에 관해 어떻게 생각해 왔는지 끊임없이 평가하는 일이 뒤따랐다. 저술들은 다시 읽고 검증하며 얼마나 통찰을 주는지를 발견하고 확인하면서 그 중요성이 커질 수도 있고 작아질 수도 있다.

내게는 다른 책들보다 두드러진 책이 하나 있다. 한스 프라이의 《예수 그리스도의 정체성》*The Identity of Jesus Christ*이다. 나는 한스 프라이를 알게 되는 특권을 누렸고, 그를 21세기의 우리에게 가장 많은 것을 가르쳐 줄 20세기의 북미 신학자라 여긴다. 내 생각에 그가 제안한 다양한 현대 그리스도교 신학자들과 신학들을 분류하는 방식은 최고이며,¹⁰ 또한 내가 판단

---

9   Hardy, with Hardy Ford, Ochs, and Ford, *Wording a Radiance*, 114.

하기로는 그의 《성서 내러티브의 상실》*The Eclipse of Biblical Narrative*, 감은사 역간은 20세기 신약 복음서 해석에서 단연코 가장 중요한 기여를 했다. 《예수 그리스도의 정체성》은 주로 공관복음에 초점을 두고 있으며, 나는 이 주석에 그 책의 성과와 제안[11] 중 상당수를 요한복음과 관련하여 발전시켰다. 여기에는 다음과 같은 것들에 대한 나의 접근법이 포함된다. 예수 그리스도의 정체성('누구' 물음)과 예수님의 임재 사이의 관계, 요한복음에서 역사와 신학의 관계, 요한복음의 '평이한 의미'를 어떻게 이해할 것인가, 무엇보다도 예수님의 부활을 역사적으로도 신학적으로도 어떻게 온당하게 다룰 것인가.[12]

계속되는 드라마

이 주석 집필이라는 나의 작은 계속되는 드라마에는 수년 동안 많은 등장인물이 출연했다.

이미 언급한 사람들과 저자들 외에도, 나는 케임브리지대학교, 세인트안셀름 공동체, 애틀란타 에모리대학교 캔들러신학대학원 등지에서 했던 요한복음에 대한 무수한 강의들과 잉글랜드 성공회를 비롯한 여러 교회에서 평신도 및 성직자와 함께했던 수많은 모임들을 감사한 마음으

---

[10] Frei, *Types of Christian Theology*. 이 책은 다음의 책 서문(세 판 모두 해당)에서 1918년 이후의 그리스도교 신학 지형도를 그리는 데 사용되었다. Ford and Muers, *The Modern Theologians*. 《현대 신학과 신학자들》(2판, CLC 역간), 《현대 신학자 연구》(3판, CLC 역간).
[11] 각각은 2013년 판에서 마이크 힉턴의 서문에 요약되어 있다.
[12] 2013년 판은 프라이의 논문 "예수님의 죽음과 부활 기록에 관한 신학적 성찰"(Theological Reflections on the Accounts of Jesus' Death and Resurrection)을 수록한 부록이 추가되어 더욱 유용하다.

로 떠올린다. 가르치는 일은 배우는 가장 좋은 방법 중 하나다. 문제가 있다면, 학생들과 대화를 주고받다가, 혹은 좋은 글을 읽다가 많은 아이디어가 떠오르곤 하는데, 나중에 그 아이디어가 어디서 비롯되었는지 기억해 내는 게 거의 불가능하다는 점이다—그래서 공을 돌리지 못한 모든 학생들과 함께한 사람들에게 사과를 드린다.

요한복음에 관한 즉흥적인 대화와 문답이 수없이 많았는데, 요한복음 관련하여 내가 좋아하는 책들의 몇몇 저자—수전 하일렌, 도로시 리, 마거릿 데일리덴튼—와도 그런 대화를 나누었다. 이 프로젝트를 시작한 지 거의 10년이 지난 2009년에는 요한복음을 놓고 지속적으로 대화한 적이 있었는데, 이는 영감과 기준점이 되었다. 리처드 보컴은 세인트앤드루스대학교에서 은퇴하고 막 케임브리지로 옮겨 온 상황이었고, 리처드 헤이스는 6개월의 안식월로 케임브리지에 와 있었다. 우리는 3시간씩 21차례 모임 일정을 잡았고, 셋이서 요한복음 전체를 함께 읽었다. 그 시간은 계속해서 풍성한 결실을 맺고 있다.

2014년에 맥도널드아가페 재단이 요한복음에 관한 심포지엄을 후하게 후원해 주어서 나는 며칠 동안 함께 토론하기를 간절히 바랐던 소수의 사람들을 초대할 수 있었다.[13] 그중 한 명은 학습 장애가 있는 사람과 없는 사람이 함께 삶을 나누는 라르슈 L'Arche 공동체의 창립자인 장 바니에다. 나는 그의 요한복음 주석이 매우 통찰력 있다고 보았다. 또한 나는 바니에, 프랜시스 영, 나의 아내 데보라, 라르슈의 국제 코디네이터들과 함께 여러 해 동안 라르슈와 관련된 사안들, 특히 국제 연맹으로서의 그 정신과 규약에 대해 논의하고자 모였던 작은 모임의 일원이기도 했

---

13 참가자는 조너선 에이킨, 리처드 보컴, 프랜시스 클렘슨, 마리아 다카케, 데보라 포드, 리처드 헤이스, 피터 맥도널드, 피터 옥스, 미홀 오쉬얼, 장 바니에, 저스틴 웰비, 프랜시스 영이다.

다. 또한 바니에는 데보라가 (다른 이들과 함께) 라르슈에 영감받은 공동체인 린즈하우스를 케임브리지에 설립하도록 격려해 주었다(뒤에 나오는 내용 참조). 그는 2019년에 세상을 떠났고, 이어 2020년에 라르슈가 세운 독립 조사위원회는 그가 자신에게 영적 지도를 받은 여러 여성을 성적으로 학대했다는 사실을 밝혀냈다. 라르슈 인터내셔널의 지도자인 스테판 포스너는 우리 모두를 대표해 이렇게 말했다. "우리는 깊이, 고통스럽게 흔들렸습니다."[14] 포스너의 성명서 전문은 "가슴 아픈 진실"과 마주하고 피해자들을 배려하며 바니에의 유산을 재평가해야 할 필요성, 그럼에도 그가 행한 일의 좋은 점과 그가 말하고 기록한 지혜의 가치도 계속 인정해야 할 필요성을 잘 표현했다. 이 주석과 관련한 문제는 바니에와 관련된 부분을 포함할지였다(그때 이미 대부분 집필한 상태였다). 상의 끝에 나는 내가 바니에에게 빚지고 있는 주석 속 통찰들을 그대로 유지하고 출처에 그를 표기하기로 결정했다—영적 동반 과정에서의 그의 행실에 관해 밝혀진 사실들이 그의 통찰이 틀렸음을 보여 주는 것은 아니기 때문이다. 그러나 바니에의 복잡한 유산을 놓고 라르슈 안에서, 라르슈 너머에서, 그리고 나도 개인적으로 계속 씨름하고 있다. 그래서 요한복음을 다시 읽게 되었고, 요한이 예수님의 반대자들뿐만 아니라 첫 제자들에게서도 분명히 보았던 것처럼 어둠이 (우리 자신 안에서, 다른 사람 안에서, 교회 안에서, 교회 밖 세상 속에서) 계속되고 있음을 새롭게 인식하게 되었다.

[14] Céline Hoyeau, "Stephan Posner, Standing Up When the Ground Slips from under You," L'Arche International, accessed March 10, 2021, https://www.larche.org/news/-/asset_publisher/mQsRZspJMdBy/content/when-the-ground-slips-from-under-you?, translation of "Stephan Posner, tenir debout quand le sol se dérobe," La Croix, August 3, 2020, https://www.la-croix.com/Religion/Stephan-Posner-tenir-debout-quand-sol-derobe-2020-08-03-1201107557.

2015년에는 옥스퍼드대학교에서 〈대담한 영: 지금 요한복음〉Daring Spirit: John's Gospel Now 이라는 주제로 여덟 편의 뱀턴 강연을 진행했다. 준비 과정, 옥스퍼드에서의 토론, 피드백이 있었고, 거기에 연구 지원, 편집 전문성, 통찰력 있는 대화를 아우르는 자일스 월러와의 긴밀한 협업이 더해지면서, 그 몇 해는 요한복음에 관해, 특히 다른 학자들의 연구와 관련하여 여러 판단에 이르게 된 밀도 있는 시간이 되었다. 자일스는 내가 이 주석 작업에 매달린 20여 년 동안 케임브리지대학교 신학부에서 함께했던 뛰어난 연구조교 중 네 번째였고, 다른 이들—폴 니모, 시미언 잘, 프랜시스 클렘슨—에게도 나는 큰 감사의 빚을 지고 있다. 자기 분야의 차세대 동료들과 나누는 집중적인 대화와 협업만큼 귀한 것은 드물다.

2015년 말 은퇴한 이후, 나는 학계를 넘어 요한과 관련된 훨씬 더 많은 일을 해 오고 있다. 교회 관련 연구의 날, 숙박형 컨퍼런스, 강좌, 강연이 훨씬 많아졌다. 특히 영국과 중국과 인도에서 경전숙의에 더 많이 참여하고 있다. 학습 장애가 있는 이들과 없는 이들이 우정을 나누며 함께하는 케임브리지 기반의 린즈하우스 공동체에서도 훨씬 더 많은 시간을 보냈다.[15] 또한 요한복음 및 관련 텍스트와 주제를 놓고 다양한 대화도 있었고, 케임브리지 리들리홀의 총장인 마이클 볼랜드와 요한복음에 대해 내가 그때그때 작업 중이던 부분을 함께 읽은 것도 매우 유익했다. 단테의 《신곡》을 읽고 성찰하는 방식으로 주로 진행된 소그룹[16] 정기 모임은 심리치료와 신학의 상호 관련성에 대한 통찰을 주었다.

특히 두 가지 책무는 요한복음의 새롭고 도전적인 함의를 열어 보여 주었다. 국고 지원을 받는 잉글랜드 성공회 교회 부속 학교에는 약 백만

---

15 다음을 보라. Ford, Hardy Ford, and Randall, *A Kind of Upside-Downness*.
16 데보라 하디 포드, 로레인 겔스토프, 비토리오 몬터마지.

명의 학생이 있다. 2016년에 잉글랜드 성공회 교육 비전을 마련한 실무 모임에 참여했는데, 이 경험은 이례적으로 만족스러웠다. 그리고 이 비전이 수천 개의 학교에서 환영받고 수행되고 정착되는 모습을 보는 것은 훨씬 더 만족스러웠다. 이 비전의 핵심 개념은 요한복음 10:10의 "넘칠 만큼 풍성한 생명"*에서 비롯된 것이다.[17]

로즈캐슬 재단(잉글랜드 북서부 컴브리아에 있는 800년 된 성에 기반을 둔다)은 깊은 분열을 넘어 화해에 헌신하는 이들을 양성하는 일, 종교 간 교류(영국에서 경전숙의 중심지이다), 종교 문해력 향상, 환경 보호에 전념하고 있다. 나는 창립 이사인 새라 스나이더가 주관하는 모임에 참여하여, "화해의 지혜" 작업을 함께 수행했다. 이 작업은 로즈캐슬과 캔터베리 대주교의 '화해 지도자 네트워크' 및 연계 사업인 '최전방 여성'을 통해 수행되는 일을 지원하기 위한 것이다. 이 과정은 요한복음에 대한 신선한 통찰—특히 요한복음 17:20-26의 포괄적 의미에 관한 통찰—로 이어졌다.

이 최근 단계의 결과로, 이 주석에 이미 써 놓았던 부분을 상당수 다시 읽게 되었고, 대대적으로 다시 쓰게 되었다.

하나님과 모든 실재

이 모든 과정이 일어난 지평은 상호 작용으로 점차 형성되었다. 요한복음 자체, 세기를 거듭하여 오늘날에 이르기까지 전 세계적으로 해석된

- 옮긴이 주: "in all its fullness"("넘칠 만큼 풍성한"으로 옮겼다)는 요한복음 10:10에 나오는 문구(개역개정: 더 풍성히; NRSV: abundantly)에 대한 또 다른 번역이다 (GNT, ICB 등).
- [17] https://www.churchofengland.org/media/2532839/ce-education-vision-web-final.pdf.

요한복음, 그리고 방금 언급한 교회, 학계, 세상에 관여한 일의 상호 작용으로 말이다. 그러나 이 지평 형성에, 21세기 세계에 대한 나의 인식에, 그리고 그 안에서 요한복음을 적절히 수용하는 데 독특하게 기여한 또 하나의 경험이 있다.

2018년에 미홀 오쉬얼이 《다섯 개의 오중주》The Five Quintets를 출간했다. 이 작품은 다섯 가지 주제를 각각 다룬 다섯 편의 장시로 되어 있는데, 초기 근대부터 현재까지를 다룬다. 각각의 제목은 예술에 관한 〈만들기〉Making, 경제에 관한 〈거래〉Dealing, 정치에 관한 〈조종〉Steering, 과학에 관한 〈발견〉Finding, 철학과 신학에 관한 〈의미〉Meaning다. 거의 오십 년 동안 나는 오쉬얼 시를 가장 먼저 읽은 독자였고, 그도 내 신학의 첫 독자였다. 《다섯 개의 오중주》는 집필에 10년 정도 걸렸기에, 내가 이 작품을 읽으며 반응하는 과정은 이 주석과 얽혀 진행되었다. 마찬가지로 그가 《다섯 개의 오중주》를 쓰는 동안 이 주석을 장별로 읽고 반응하는 일이 동반되었다. 나는 두 글이 서로에게 끼친 영향을 요약하지는 않을 것이다. 다만 하나님과 모든 실재에 관한 오쉬얼의 비전이 내가 이해해 온 요한복음의 비전을 비춰 주고 보완해 줄 수 있다는 점을 언급하겠다.[18] 나는 나중에 《삶의 드라마》의 속편을 써서 21세기적 사유, 기도, 삶과 관련하여 성경과 《다섯 개의 오중주》를 엮는 시도를 하고 싶다.

《다섯 개의 오중주》 출간 이후 정치와 경제, 환경 위기, 머신 러닝과 '정보 문명 세계' 등 다양한 분야에서 중대한 전 세계적 변화가 일어났고, 요한복음이 이러한 변화에 대한 반응을 형성하는 데 얼마나 적절한지 거듭 확인하면서 매우 흥미를 느꼈다. 가장 최근에는 코로나19, 곧

---

[18] 《다섯 개의 오중주》(*The Five Quintets*)에 관한 나의 응답으로는 다음을 보라. Ford, "Seeking a Wiser Worldview in the Twenty-First Century."

코로나바이러스 팬데믹이 있었다. 이 글을 쓰는 지금도 우리는 여전히 팬데믹의 한가운데 있으며, 서문의 마지막 부분에서 이에 대해 논했다. 이 책의 각 장을 최종 개정할 때 이 새로운 상황을 염두에 두고 했지만, 이를 명시적으로 다루는 일은 차후 간행물로 미뤄야 했다.

마지막으로 《다섯 개의 오중주》에서 한 구절을 인용하려 한다. 이는 마지막 곡이 하나님에 대한 비전 속에서 그 절정을 향하는 부분이다.

> 아치형 빛에 이끌린 영역을 지나는 내 여정을
> 오직 욕망만이 떠안을 수 있음을,
> 이 아치의 눈동자 안에서 모든 것이 하나 됨을
> 아직 이해할 수 없어도 마음으로는 알기에.[19]

19　O'Siadhail, *The Five Quintets*, 355(허락을 받아 사용함).

참고 문헌

이 주석을 쓰면서 읽고 참고한 저작을 모두 나열할 수는 없다. 보통 특정 절이나 장이나 주제를 연구할 때 여러 자료를 참고했지만, 단일 저자에게 귀속될 수 없는 결론에 이르는 경우가 많으므로, 각주에 누락된 출처도 많다—그 모든 출처를 명시하면 각주가 너무 많아질 것이다. 그래서 영향을 받은 저자 중 일부가 명시적으로는 거의 언급되지 않거나 전혀 언급되지 않은 이상한 결과가 발생하기도 했다. 이어지는 목록에서 (약 200개의 목록 중 특히 중요한 30개를 고르더라도) 애덤스, 아퀴나스, 애쉬튼, 아우구스티누스, 바르트, 보컴, 본회퍼, 브로디, 불트만, 콜로이, 에클스턴, 루스 에드워즈, 프라이Frei, 프라이Frey, 그렉스, 헤이스, 하일렌, 인게, 리, 레버토프, 옥스, 오데이, 쿠아시, 라인하르츠, 리쾨르, 린지, 슈나이더스, 손더레거, 웨스트콧, 영의 저작이 특히 그렇다. 1918년 이후의 현대 주석 중에서, 각 장마다 매우 다양한 방식으로 생각을 형성하는 데 가장 도움을 주는(완전히 동의한다는 말은 아니다) 십여 저작을 언급해야 한다면, 나는 아마 바레트, 브랜트, 브라운, 브루너, 데일리덴튼, 가드너, 호스킨스와 데이비, 링컨, 뉴비긴, 슈낙켄부르크, 바니에, 그리고 오데이와 하일렌의 짧지만 훌륭한 저작을 꼽을 것이다. 그리고 만약 존 맥휴가 생전에 주석을 완성했다면—요한복음 1-4장에 관한 단편만 사후 출판되었는데, 학문성과 역사신학적 측면에서 모두 탁월하다—그의 주석도 분명 포함했을 것이다.

참고 문헌 목록에는 주로 인용한 저작을 나열했지만, 중요한 영향을 받은 다른 저술도 다소 포함했다. 그러나 에필로그에서 언급했듯이, 이 기간에 내가 출판한 다른 저술에서 인용한 것들을 비롯하여 여기에 포함될 만한 관련 저작은 훨씬 많다.

ABBOTT, EDWIN A. *Johannine Vocabulary: A Comparison of the Words of the Fourth Gospel with Those of the Other Three*. London: Adam & Charles Black, 1905. Reprint, Eugene, OR: Wipf & Stock, 2005.
ADAMS, NICHOLAS. *Eclipse of Grace: Divine and Human Interaction in Hegel*. Oxford: Wiley-Blackwell, 2013.
ANDERSON, PAUL N. *The Christology of the Fourth Gospel: Its Unity and Disunity in the Light of John 6*. Valley Forge, PA: Trinity Press International, 1996.
ANSELM. *Proslogion*. In *St. Anselm: Basic Writings*, edited and translated by S. N. Deane. Chicago: Open Court, 1962. 박승찬 옮김.《프로슬로기온》,《모놀로기온 & 프로슬로기온》. 서울: 아카넷, 2002.
AQUINAS, THOMAS. *Catena Aurea: Commentary on the Four Gospels Collected out of the Works of the Fathers*. Edited by John Henry Newman. 4 vols. Southampton: Saint Austin, 1997.
―――. *Commentary on the Gospel of John*. Translated by Fabian Larcher and James A. Weisheipf. 3 vols. Washington, DC: Catholic University of America Press, 2010.
Ashton, John. *The Gospel of John and Christian Origins*. Minneapolis: Fortress, 2014.
―――. *The Interpretation of John*. 2nd ed. Edinburgh: T&T Clark, 1997.
―――. *Understanding the Fourth Gospel*. 2nd ed. Oxford: Oxford University Press, 2007.
ATTRIDGE, HAROLD W. "The Samaritan Woman: A Woman Transformed." In *Character Studies in the Fourth Gospel: Narrative Approaches to Seventy Figures in John*, edited by Steven Hunt, D. Francois Tolmie, and Ruben Zimmermann, 268–81. Wissenschaftliche Untersuchungen zum Neuen Testament 314. Tübingen: Mohr Siebeck, 2013.
AUGUSTINE. *Homilies on the Gospel of John 1–40*. Translated by Edmund Hill. Edited by Allan D. Fitzgerald. New York: New City Press, 2009.
AULÉN, GUSTAV. *Christus Victor: An Historical Study of the Three Main Types of the Idea of*

Atonement. Translated by A. G. Hebert. London: Macmillan, 1969. 김지호 옮김. 《승리자 그리스도》. 파주: 도서출판 100, 2025.
BARKER, MARGARET. *King of the Jews: Temple Theology in John's Gospel*. London: SPCK, 2014.
BARRETT, C. K. *The Gospel according to St. John: An Introduction with Commentary and Notes on the Greek Text*. 2nd ed. London: SPCK, 1978. 한국신학연구소 번역실 옮김. 《요한복음》. 서울: 알맹e, 2023.
BARTH, KARL. *Church Dogmatics*. Translated by G. T. Thomson. 4 vols. Edinburgh: T&T Clark, 1936-69. 황정욱 옮김. 《교회 교의학》 II/1, II/2. 서울: 대한기독교서회 2010, 2007.
―――. *Witness to the Word: A Commentary on John 1*. Translated by Geoffrey W. Bromiley. Edited by Walther Fürst. Grand Rapids: Eerdmans, 1986.
BARTON, STEPHEN C. "Johannine Dualism and Contemporary Pluralism." In Bauckham and Mosser, *Gospel of John*, 3-18.
BAUCKHAM, RICHARD. *Gospel of Glory: Major Themes in Johannine Theology*. Grand Rapids: Baker Academic, 2015. 문우일 옮김. 《요한복음 새롭게 보기》. 서울: 새물결플러스, 2016.
―――. *The Testimony of the Beloved Disciple: Narrative, History, and Theology in the Gospel of John*. Grand Rapids: Baker Academic, 2007.
BAUCKHAM, RICHARD, AND CARL MOSSER, eds. *The Gospel of John and Christian Theology*. Grand Rapids: Eerdmans, 2008.
BAYFIELD, TONY, ed. *Deep Calls to Deep: Transforming Conversations between Jews and Christians*. London: SCM, 2018.
BEGBIE, JEREMY S. *Resounding Truth: Christian Wisdom in the World of Music*. London: SPCK, 2008.
―――. *Theology, Music and Time*. Cambridge: Cambridge University Press, 2000.
BEGBIE, JEREMY S., AND STEVEN R. GUTHRIE, eds. *Resonant Witness: Conversations between Music and Theology*. Grand Rapids: Eerdmans, 2011.
BEHR, JOHN. *John the Theologian and His Paschal Gospel*. Oxford: Oxford University Press, 2019.
BIERINGER, REIMUND. "'I Am Ascending to My Father and Your Father, to My God and Your God' (John 20:17): Resurrection and Ascension in the Gospel of John." In *The Resurrection of Jesus in the Gospel of John*, edited by Craig R. Koester and Reimund Bieringer, 209-35. Wissenschaftliche Untersuchungen zum Neuen Testament 222. Tübingen: Mohr Siebeck, 2008.
BIERINGER, REIMUND, DIDIER POLLEFEYT, AND FREDERIQUE VANDECASTEELE-VANNEUVILLE, eds. *Anti-Judaism and the Fourth Gospel: Papers of the Leuven Colloquium, 2000*. Jewish and Christian Heritage 1. Assen: Royal Van Gorcum, 2001.
BONHOEFFER, DIETRICH. *Christ the Center*. Translated by Edwin Robinson. New York: Harper & Row, 1978.
BOUYER, LOUIS. *The Fourth Gospel*. Translated by Patrick Byrne. Westminster, MD: Newman, 1964.
BRANT, JO-ANN A. *John*. Paideia. Grand Rapids: Baker Academic, 2011.
BRODIE, THOMAS L. *The Gospel according to John: A Literary and Theological Commentary*. Oxford: Oxford University Press, 1993.

―――. *The Quest for the Origin of John's Gospel: A Source-Oriented Approach.* Oxford: Oxford University Press, 1993.
BROWN, RAYMOND E. *The Community of the Beloved Disciple: The Life, Loves, and Hates of an Individual Church in New Testament Times.* New York: Paulist Press, 1979. 최흥진 옮김.《요한 교회의 신앙과 역사》. 서울: 한국장로교출판사, 2010.
―――. *The Gospel according to John: Introduction, Translation, and Notes.* 2 vols. Anchor Bible 29, 29A. New York: Doubleday, 1966, 1970. 최흥진 옮김.《앵커바이블 요한복음》1-2. 서울: CLC, 2010.
BROWN, TRICIA GATES. *Spirit in the Writings of John: Johannine Pneumatology in Social-Scientific Perspective.* Journal for the Study of the New Testament Supplement Series 253. London: T&T Clark, 2003.
BRUNER, FREDERICK DALE. *The Gospel of John: A Commentary.* Grand Rapids: Eerdmans, 2012.
BULTMANN, RUDOLF. *The Gospel of John.* Translated by G. R. Beasley-Murray. Edited by R. W. N Hoare and J. K. Riches. Oxford: Basil Blackwell, 1971. 허혁 옮김.《요한복음서 연구》. 서울: 성광문화사, 1990.
―――. *Theology of the New Testament.* Translated by Kendrick Grobel. 2 vols. New York: Scribner, 1951, 1955. 허혁 옮김.《신약성서신학》. 서울: 성광문화사, 1997.
BYRNE, BRENDAN. *Life Abounding: A Reading of John's Gospel.* Collegeville, MN: Liturgical Press, 2014.
CALVIN, JOHN. *The Gospel according to John 1–10.* Translated by T. H. L. Parker. Edited by David W. Torrance and Thomas F. Torrance. Calvin's New Testament Commentaries 4. Grand Rapids: Eerdmans; Carlisle: Paternoster, 1994. 박문재 옮김.《칼빈주석 요한복음》. 고양: 크리스챤다이제스트, 2012.
―――. *The Gospel according to John 11–21 and the First Epistle of John.* Translated by T. H. L. Parker. Edited by David W. Torrance and Thomas F. Torrance. Calvin's New Testament Commentaries 5. Grand Rapids: Eerdmans; Carlisle: Paternoster, 1995.
CARAGOUNIS, CHRYS. "'Abide in Me': The New Mode of Relationship between Jesus and His Followers as a Basis for Christian Ethics (John 15)." In *Rethinking the Ethics of John: "Implicit Ethics" in the Johannine Writings*, edited by Jan G. van der Watt and Ruben Zimmermann, 250-63. Kontexte und Normen neutestamentlicher Ethik 3; Wissenschaftliche Untersuchungen zum Neuen Testament 291. Tübingen: Mohr Siebeck, 2012.
CARNLEY, PETER. *Resurrection in Retrospect: A Critical Examination of the Theology of N. T. Wright.* Eugene, OR: Cascade, 2019.
CARTER, WARREN. *John and Empire: Initial Explorations.* New York: T&T Clark, 2008.
―――. *John: Storyteller, Interpreter, Evangelist.* Peabody, MA: Hendrickson, 2006. Cefalu, Paul. *The Johannine Renaissance in Early Modern English Literature and Theology.* Oxford: Oxford University Press, 2017.
CHAFE, ERIC. *J. S. Bach's Johannine Theology: The St. John Passion and the Cantatas for Spring 1725.* Oxford: Oxford University Press, 2014.
COLOE, MARY L. *Dwelling in the Household of God: Johannine Ecclesiology and Spirituality.* Collegeville, MN: Liturgical Press, 2007.
―――. "The Nazarene King: Pilate's Title as the Key to John's Crucifixion." In *The*

Death of Jesus in the Fourth Gospel, edited by Gilbert Van Belle, 839-48. Bibliotheca Ephemeridum Theologicarum Lovaniensium 200. Leuven: Leuven University Press, 2007.

CULPEPPER, R. ALAN. *Anatomy of the Fourth Gospel: A Study in Literary Design*. Philadelphia: Fortress, 1983. 권종선 옮김.《요한복음 해부》. 서울: 알맹e, 2021.

―――. *The Gospel and Letters of John*. Interpreting Biblical Texts. Nashville: Abingdon, 1998. 박경미 옮김.《요한복음 요한서신》. 서울: 대한기독교서회, 2018.

CULPEPPER, R. ALAN, AND C. CLIFTON BLACK, eds. *Exploring the Gospel of John: In Honor of D. Moody Smith*. Louisville: Westminster John Knox, 1996.

DALY-DENTON, MARGARET. *David in the Fourth Gospel: The Johannine Reception of the Psalms*. Arbeiten zur Geschichte des antiken Judentums und des Urchristentums 47. Leiden: Brill, 2000.

―――. *John: Supposing Him to Be the Gardener*. Earth Bible Commentary. London: Bloomsbury T&T Clark, 2017.

DANTE ALIGHIERI. *The Divine Comedy: Purgatorio*. Translated and edited by Allen Mandelbaum. Berkeley: University of California Press, 1982.《신곡: 지옥편》. 역본 다수.

―――. *The Divine Comedy 1: Inferno*. Translated and edited by Robin Kirkpatrick. London: Penguin, 2006.《신곡: 연옥편》. 역본 다수.

―――. *The Divine Comedy 3: Paradiso*. Translated and edited by Robin Kirkpatrick. London: Penguin, 2007.《신곡: 천국편》. 역본 다수.

DAUPHINAIS, MICHAEL, AND MATTHEW LEVERING, eds. *Reading John with St. Thomas Aquinas: Theological Exegesis and Speculative Theology*. Washington, DC: Catholic University of America Press, 2005.

DEVILLERS, LUC. *La saga de Siloé: Jésus et la fête des Tentes (Jean 7,1–10,21)*. Lire la bible 143. Paris: Cerf, 2005.

DODD, C. H. *Historical Tradition in the Fourth Gospel*. Cambridge: Cambridge University Press, 1965.

―――. *The Interpretation of the Fourth Gospel*. Cambridge: Cambridge University Press, 1968.

DOKKA, TROND SKARD. "Irony and Sectarianism in the Gospel of John." In *New Readings in John: Literary and Theological Perspectives*, edited by Johannes Nissen and Sigfred Pedersen, 83-107. London: T&T Clark, 2004.

DONAHUE, JOHN R., ed. *Life in Abundance: Studies of John's Gospel in Tribute to Raymond E. Brown*. Collegeville, MN: Liturgical Press, 2005.

ECCLESTONE, ALAN. *The Scaffolding of Spirit: Reflections on the Gospel of St John*. London: Darton, Longman & Todd, 1987.

EDWARDS, MARK. *John*. Blackwell Bible Commentaries. Oxford: Blackwell, 2004.

Edwards, Ruth B. *Discovering John: Content, Interpretation, Reception*. 2nd ed. Discovering Biblical Texts. London: SPCK, 2014.

ELOWSKY, JOEL C., ed. *John 1–10*. Ancient Christian Commentary on Scripture: New Testament IVa. Downers Grove, IL: InterVarsity, 2006.

ENGBERG-PEDERSEN, TROELS. *John and Philosophy: A New Reading of the Fourth Gospel*. Oxford: Oxford University Press, 2017.

ESLER, PHILIP F., AND RONALD PIPER. *Lazarus, Mary, and Martha: Social-Scientific Ap-*

proaches to the Gospel of John. Minneapolis: Fortress, 2006.

FARELLY, NICOLAS. *The Disciples in the Fourth Gospel: A Narrative Analysis of Their Faith and Understanding.* Wissenschaftliche Untersuchungen zum Neuen Testament 2/290. Tübingen: Mohr Siebeck, 2010.

FARMER, CRAIG S., ed. *John 1–12.* Reformation Commentary on Scripture: New Testament 4. Downers Grove, IL: IVP Academic, 2014.

FORD, DAVID F. *Christian Wisdom: Desiring God and Learning in Love.* Cambridge Studies in Christian Doctrine. Cambridge: Cambridge University Press, 2007.

———. *The Drama of Living: Becoming Wise in the Spirit.* Norwich: Canterbury; Grand Rapids: Brazos, 2014.

———. "Mature Ecumenism's Daring Future: Learning from the Gospel of John for the Twenty-First Century." In *Receptive Ecumenism as Ecclesial Learning: Principles, Practices, and Perspectives,* edited by Paul D. Murray, Paul Lakeland, and Gregory A. Ryan. Oxford: Oxford University Press, forthcoming.

———. *Meeting God in John.* London: SPCK, forthcoming.

———. "Meeting Nicodemus: A Case Study in Daring Theological Interpretation." *Scottish Journal of Theology* 66, no. 1 (2013): 1–17.

———. "Reading Backwards, Reading Forwards, and Abiding: Reading John in the Spirit Now." *Journal of Theological Interpretation* 2, no. 1 (2017): 69–84.

———. "Seeking a Wiser Worldview in the Twenty-First Century: Micheal O'Siadhail's *The Five Quintets.*" *Studies: An Irish Quarterly Review* 110, no. 437 (Spring 2021): 59–83; no. 438 (Summer 2021): 213–30.

———. *Self and Salvation: Being Transformed.* Cambridge Studies in Christian Doctrine. Cambridge: Cambridge University Press, 1999.

———. "'To See My Glory': Jesus and the Dynamics of Glory in John's Gospel." In *Exploring the Glory of God: New Horizons for a Theology of Glory.* Edited by Adesola Joan Akala. Lanham, MD: Lexington Books / Fortress Academic, 2021.

———. "Ultimate Desire: The Prayer of Jesus in John 17." In *T&T Clark Handbook to Christian Prayer.* Edited by Ashley Cocksworth. London: T&T Clark, 2021.

———. "Who Is Jesus Now?—Maxims and Surprises." *Anglican Theological Review* 101, no. 2 (2019): 213–35.

FORD, DAVID F., AND FRANCES CLEMSON, eds. *Interreligious Reading after Vatican II.* Oxford: Wiley-Blackwell, 2013.

FORD, DAVID F., AND ASHLEY COCKSWORTH. *Glorification.* Grand Rapids: Baker Academic, forthcoming.

FORD, DAVID F., DEBORAH HARDY FORD, AND IAN RANDALL. *A Kind of Upside-Downness: Learning Disabilities and Transformational Community.* London: Jessica Kingsley, 2020.

FORD, DAVID F., AND RACHEL MUERS, eds. *The Modern Theologians: An Introduction to Christian Theology Since 1918.* 3rd ed. Oxford: Blackwell, 2005. 김남국·김완종·박찬호·최승근 옮김.《현대신학자 연구》. 서울: CLC, 2022.

FORD, DAVID F., AND C. C. PECKNOLD, eds. *The Promise of Scriptural Reasoning.* Oxford: Blackwell, 2006.

FRANCIS. *Laudato Si': Encyclical Letter of the Holy Father Francis on Care for our Common Home.* Rome: Libreria Editrice Vaticana, 2015. 한국천주교주교회의 옮김.《찬

미받으소서: 공동의 집을 돌보는 것에 관한 프란치스코 교황 성하의 회칙》. 서울: CBCK, 2015.
Frankl, Viktor. *The Doctor and the Soul: From Psychotherapy to Logotherapy.* Translated by Richard and Clara Winston. London: Penguin, 1973.
Frei, Hans W. *The Eclipse of Biblical Narrative: A Study in Eighteenth and Nineteenth Century Hermeneutics.* New Haven: Yale University Press, 1974. 김승주·조선영 옮김.《성서 내러티브의 상실: 18-19세기의 해석학 연구》. 서울: 감은사, 2022.
―――. *The Identity of Jesus Christ: The Hermeneutical Bases of Dogmatic Theology.* Updated and expanded ed. Eugene, OR: Cascade, 2013.
―――. *Types of Christian Theology.* Edited by George Hunsinger and William C. Placher. New Haven: Yale University Press, 1992.
Frey, Jörg. "'Die Juden' im Johanesevangelium und die Frage nach der 'Trennung der Wege' zwischen der johanneischen Gemeinde und der Synagoge." In *Die Herrlichkeit des Gekreuzigten*, 339-80. Wissenschaftliche Untersuchungen zum Neuen Testament 307. Tübingen: Mohr Siebeck, 2013.
―――. "Edler Tod – wirksamer Tod – stellvertretender Tod – heilschaffender Tod: Zur narrativen und theologischen Deutung des Todes Jesu im Johannesevangelium." In *The Death of Jesus in the Fourth Gospel*, edited by Gilbert Van Belle, 65-94. Bibliotheca Ephemeridum Theologicarum Lovaniensium 200. Leuven: Leuven University Press, 2007.
Frey, Jörg, Jan G. van der Watt, and Ruben Zimmermann, eds. *Imagery in the Gospel of John: Terms, Forms, Themes, and Theology of Johannine Figurative Language.* Wissenschaftliche Untersuchungen zum Neuen Testament 200. Tübingen: Mohr Siebeck, 2006.
Gardner, Thomas. *John in the Company of the Poets: The Gospel in Literary Imagination.* Waco: Baylor University Press, 2011.
Gaventa, Beverly Roberts. "The Archive of Excess: John 21 and the Problem of Narrative Closure." In *Exploring the Gospel of John: In Honor of D. Moody Smith*, edited by R. Alan Culpepper and C. Clifton Black, 240-54. Louisville: Westminster John Knox, 1996.
Grayston, Kenneth. *Dying We Live: A New Enquiry into the Death of Christ in the New Testament.* London: Darton, Longman & Todd, 1990.
―――. *The Gospel of John.* Narrative Commentaries. Philadelphia: Trinity Press International, 1990.
Greggs, Tom. *Dogmatic Ecclesiology.* Vol. 1, *The Priestly Catholicity of the Church.* Grand Rapids: Baker Academic, 2019.
Gregory Nazianzus. *On the Holy Passover.* Quoted in Dorothy Lee, "Ecology and the Johannine Literature," *St. Mark's Review* 212 (May 2010): 39-50, https://anglican.org.au/wp-content/uploads/2019/05/Ecology-and-the-Johannine-Literature-Dorothy-Lee.pdf.
Haenchen, Ernst. *John: A Commentary on the Gospel of John.* Translated and edited by Robert W. Funk. 2 vols. Hermeneia. Philadelphia: Fortress, 1984.
Hardy, Daniel W., with Deborah Hardy Ford, Peter Ochs, and David F. Ford. *Wording a Radiance: Parting Conversations on God and the Church.* London: SCM, 2010.

HARRINGTON, WILFRED J. *John, Spiritual Theologian: The Jesus of John.* Dublin: Columba, 1999.
HARRIS, ELIZABETH. *Prologue and Gospel: The Theology of the Fourth Evangelist.* Journal for the Study of the New Testament Supplement Series 107. Sheffield: Sheffield Academic, 1994.
HAWKINS, PETER S. "All Smiles: Poetry and Theology in Dante's *Commedia.*" In *Dante's Commedia: Theology as Poetry,* edited by Vittorio Montemaggi and Matthew Treherne, 36–59. Notre Dame, IN: University of Notre Dame Press, 2010.
―――. *Dante's Testaments: Essays in Scriptural Imagination.* Figurae. Stanford, CA: Stanford University Press, 1999.
HAYS, RICHARD B. *Echoes of Scripture in the Gospels.* Waco: Baylor University Press, 2016. 이영욱 옮김.《복음서에 나타난 구약의 반향》. 서울: 감은사, 2022.
HENGEL, MARTIN. "The Prologue of John as the Gateway to Christological Truth." In *The Gospel of John and Christian Theology,* edited by Richard Bauckham and Carl Mosser, 265–94. Grand Rapids: Eerdmans, 2008.
HIGTON, MIKE. *The Life of Christian Doctrine.* London: T&T Clark, 2020.
HILL, CHARLES. *The Johannine Corpus in the Early Church.* Oxford: Oxford University Press, 2004.
HOFIUS, OTFRIED, AND HANS-CHRISTIAN KAMMLER. *Johannesstudien: Untersuchungen zur Theologie des vierten Evangeliums.* Wissenschaftliche Untersuchungen zum Neuen Testament 88. Tübingen: Mohr Siebeck, 1996.
HOSKYNS, E. C., AND F. N. DAVEY. *The Fourth Gospel.* London: Faber & Faber, 1947.
Howard, Wilbert Francis. *The Fourth Gospel in Recent Criticism and Interpretation.* Revised by C. K. Barrett. 4th ed. Eugene, OR: Wipf & Stock, 2009.
HOWARD-BROOK, WES. *Becoming Children of God: John's Gospel and Radical Discipleship.* Eugene, OR: Wipf & Stock, 1994.
HUNT, STEVEN A. "The Men of the Samaritan Woman: Six of Sychar." In *Character Studies in the Fourth Gospel: Narrative Approaches to Seventy Figures in John,* edited by Steven Hunt, D. Francois Tolmie, and Ruben Zimmermann, 282–91. Wissenschaftliche Untersuchungen zum Neuen Testament 314. Tübingen: Mohr Siebeck, 2013.
―――. *Rewriting the Feeding of the Five Thousand: John 6:1–15 as a Test Case for Johannine Dependence on the Synoptic Gospels.* Studies in Biblical Literature 125. New York: Peter Lang, 2011.
HUNT, STEVEN, D. FRANCOIS TOLMIE, AND RUBEN ZIMMERMANN, eds. *Character Studies in the Fourth Gospel: Narrative Approaches to Seventy Figures in John.* Wissenschaftliche Untersuchungen zum Neuen Testament 314. Tübingen: Mohr Siebeck, 2013.
HYLEN, SUSAN. *Allusion and Meaning in John 6.* Beihefte zur Zeitschrift für die neutestamentliche Wissenschaft und die Kunde der älteren Kirche 137. Berlin: de Gruyter, 2005.
―――. *Imperfect Believers: Ambiguous Characters in the Gospel of John.* Louisville: Westminster John Knox, 2009.
INGE, DENISE, ed. *Happiness and Holiness: Thomas Traherne and His Writings.* Norwich: Canterbury, 2008.

──────. *Wanting Like a God: Desire and Freedom in the Work of Thomas Traherne*. London: SCM, 2008.

JENSEN, ALEXANDER S. *John's Gospel as Witness: The Development of the Early Christian Language of Faith*. Burlington, VT: Ashgate, 2004.

KARRIS, ROBERT J. *Jesus and the Marginalized in John's Gospel*. Collegeville, MN: Liturgical Press, 1990.

KÄSEMANN, ERNST. *New Testament Questions of Today*. New Testament Library. London: SCM, 1969.

──────. *The Testament of Jesus: A Study of the Gospel of John in the Light of Chapter 17*. Translated by Gerhard Krodel. Philadelphia: Fortress, 1968.

KEENER, CRAIG S. *The Gospel of John: A Commentary*. 2 vols. Peabody, MA: Hendrickson, 2003. 이옥용 옮김.《키너 요한복음》1-3. 서울: CLC, 2018.

KIERKEGAARD, SØREN. *Philosophical Fragments*. In *Philosophical Fragments; Johannes Climacus*. Edited and translated by Howard V. Hong and Edna H. Hong. Kierkegaard's Writings 7. Princeton: Princeton University Press, 1985. 표재명 옮김.《철학의 부스러기》. 서울: 프리칭아카데미, 2007.

──────. *Practice in Christianity*. Edited and translated by Howard V. Hong and Edna H. Hong. Kierkegaard's Writings 20. Princeton: Princeton University Press, 1991. 임춘갑 옮김.《그리스도교의 훈련》. 서울: 다산글방, 2005.

──────. *Works of Love*. Edited and translated by Howard V. Hong and Edna H. Hong. Kierkegaard's Writings 16. Princeton: Princeton University Press, 1995. 임춘갑 옮김.《사랑의 역사》. 서울: 치우, 2011.

KOESTER, CRAIG R. *Symbolism in the Fourth Gospel: Meaning, Mystery, Community*. 2nd ed. Minneapolis: Fortress, 2003.

KOESTER, CRAIG R., AND REIMUND BIERINGER, eds. *The Resurrection of Jesus in the Gospel of John*. Wissenschaftliche Untersuchungen zum Neuen Testament 222. Tübingen: Mohr Siebeck, 2008.

KÖSTENBERGER, ANDREAS J. *John*. Baker Exegetical Commentary on the New Testament. Grand Rapids: Baker Academic, 2004. 신지철·전광규 옮김.《요한복음》. 서울: 부흥과개혁사, 2017.

KRZNARIC, ROMAN. *The Good Ancestor: How to Think Long Term in a Short-Term World*. London: W. H. Allen, 2020.

KYSAR, ROBERT. *John: The Maverick Gospel*. 3rd ed. Louisville: Westminster John Knox, 2007.

──────. *John's Story of Jesus*. Eugene, OR: Wipf & Stock, 2003.

──────. *Voyages with John: Charting the Fourth Gospel*. Waco: Baylor University Press, 2005.

LABAHN, MICHAEL. "Simon Peter: An Ambiguous Character and His Narrative Career." In *Character Studies in the Fourth Gospel: Narrative Approaches to Seventy Figures in John*, edited by Steven Hunt, D. Francois Tolmie, and Ruben Zimmermann, 151-67. Wissenschaftliche Untersuchungen zum Neuen Testament 314. Tübingen: Mohr Siebeck, 2013.

LACOCQUE, ANDRÉ, AND PAUL RICOEUR. *Thinking Biblically: Exegetical and Hermeneutical Studies*. Translated by David Pellauer. Chicago: University of Chicago Press, 1998. 김창주 옮김.《성서의 새로운 이해: 주석학과 해석학의 대화》. 파주: 살림, 2006.

LAMB, DAVID A. *Text, Context and the Johannine Community: A Sociolinguistic Analysis of the Johannine Writings*. Library of New Testament Studies 477. London: Bloomsbury T&T Clark, 2014.

LEE, DOROTHY. *Flesh and Glory: Symbolism, Gender and Theology in the Gospel of John*. New York: Crossroad, 2002.

LEVERTOV, DENISE. *Breathing the Water*. New York: New Directions, 1987.

――. *Candles in Babylon*. New York: New Directions, 1982.

――. *The Collected Poems of Denise Levertov*. Edited by Paul A. Lacey and Anne Dewey. New York: New Directions, 2013.

――. "A Poet's View." In *New & Selected Essays*, 239–46. New York: New Directions, 1992.

LIERMAN, JOHN, ed. *Challenging Perspectives on the Gospel of John*. Wissenschaftliche Untersuchungen zum Neuen Testament 2/219. Tübingen: Mohr Siebeck, 2006.

LIEU, JUDITH. *I, II, & III John: A Commentary*. New Testament Library. Louisville: Westminster John Knox, 2008.

LIEU, JUDITH M., AND MARTINUS DE BOER, eds. *The Oxford Handbook of Johannine Studies*. Oxford: Oxford University Press, 2018.

LINCOLN, ANDREW T. *The Gospel according to Saint John*. Black's New Testament Commentaries. Peabody, MA: Hendrickson, 2005.

――. "The Lazarus Story: A Literary Perspective." In *The Gospel of John and Christian Theology*, edited by Richard Bauckham and Carl Mosser, 211–32. Grand Rapids: Eerdmans, 2008.

――. *Truth on Trial: The Lawsuit Motif in the Fourth Gospel*. Peabody, MA: Hendrickson, 2000.

LINDARS, BARNABAS. *The Gospel of John*. New Century Bible Commentary. London: Oliphants, 1972.

LUTHER, MARTIN. *Sermons on the Gospel of St. John: Chapters 1–4*. Edited by Jaroslav Pelikan. St. Louis: Concordia, 1957.

MACKINNON, DONALD. *Borderlands of Theology*. London: Lutterworth, 1968.

MALINA, BRUCE J., AND RICHARD L. ROHRBAUGH. *Social-Science Commentary on the Gospel of John*. Minneapolis: Fortress, 1998.

MARISSEN, MICHAEL. *Lutheranism, Anti-Judaism, and Bach's St. John Passion*. Oxford: Oxford University Press, 1998.

MARITZ, PETRUS, AND GILBERT VAN BELLE. "The Imagery of Eating and Drinking in John 6:35." In *Imagery in the Gospel of John: Terms, Forms, Themes, and Theology of Johannine Figurative Language*, edited by Jörg Frey, Jan G. van der Watt, and Ruben Zimmermann, 333–52. Wissenschaftliche Untersuchungen zum Neuen Testament 200. Tübingen: Mohr Siebeck, 2006.

MARSH, JOHN. *Saint John*. Westminster Pelican Commentaries. Philadelphia: Westminster, 1978.

MARTINI, CARLO M. *The Ignatian Exercises in the Light of St. John*. 2nd ed. Anand: Gujarat Sihitya Prakash, 1997.

MARTYN, J. LOUIS. *The Gospel of John in Christian History: Essays for Interpreters*. Eugene, OR: Wipf & Stock, 2004.

――. *History and Theology in the Fourth Gospel*. 3rd ed. Louisville: Westminster

John Knox, 2003. 류호성옮김.《요한복음의 역사와 신학》. 서울: CLC, 2020.

McCracken, David. *The Scandal of the Gospels: Jesus, Story, and Offense*. Oxford: Oxford University Press, 1994.

McGrath, James F. *John's Apologetic Christology: Legitimation and Development in Johannine Christology*. Cambridge: Cambridge University Press, 2001.

McHugh, John F. *A Critical and Exegetical Commentary on John 1–4*. International Critical Commentary. London: T&T Clark, 2009.

Menken, Maarten J. J. *Old Testament Quotations in the Fourth Gospel: Studies in Textual Form*. Contributions to Biblical Exegesis and Theology 15. Kampen: Kok Pharos, 1996.

Minear, Paul S. *John: The Martyr's Gospel*. 2nd ed. Eugene, OR: Wipf & Stock, 2003.

Miranda, José Porfirio. *Being and the Messiah: The Message of St. John*. Translated by John Eagleson. Eugene, OR: Wipf & Stock, 2006.

Moberly, R. W. L. *The Bible, Theology, and Faith: A Study of Abraham and Jesus*. Cambridge: Cambridge University Press, 2000.

Moloney, Francis J. *The Gospel of John*. Sacra Pagina. Collegeville, MN: Liturgical Press, 1998. 조장윤 옮김.《요한복음서》. 세종: 대전 가톨릭대학교 출판부, 2018.

─────. *"A Hard Saying": The Gospel and Culture*. Collegeville, MN: Liturgical Press, 2001.

Moltmann, Jürgen. *The Crucified God: The Cross of Christ as the Foundation and Criticism of Christian Theology*. Translated by R. A. Wilson and John Bowden. London: SCM, 1973. 김균진 옮김.《십자가에 달리신 하나님》. 서울: 대한기독교서회, 2017.

Montemaggi, Vittorio. *Reading Dante's* Commedia *as Theology: Divinity Realized in Human Encounter*. Oxford: Oxford University Press, 2016.

Newbigin, Lesslie. *The Light Has Come: An Exposition of the Fourth Gospel*. Edinburgh: Handsel, 1982. 홍병룡 옮김.《레슬리 뉴비긴의 요한복음 강해》. 서울: IVP, 2001.

Newheart, Michael Willett. *Word and Soul: A Psychological, Literary, and Cultural Reading of the Fourth Gospel*. Collegeville, MN: Liturgical Press, 2001.

Newton, Bert. *Subversive Wisdom: Sociopolitical Dimensions of John's Gospel*. Eugene, OR: Wipf & Stock, 2012.

Neyrey, Jerome H. *The Gospel of John*. New Cambridge Bible Commentary. Cambridge: Cambridge University Press, 2007.

Nissen, Johannes, and Sigfred Pedersen, eds. *New Readings in John: Literary and Theological Perspectives*. London: T&T Clark, 2004.

Ochs, Peter. *Religion without Violence: The Practice and Philosophy of Scriptural Reasoning*. Eugene, OR: Cascade, 2019.

O'Day, Gail. "Martha: Seeing the Glory of God." In *Character Studies in the Fourth Gospel: Narrative Approaches to Seventy Figures in John*, edited by Steven Hunt, D. Francois Tolmie, and Ruben Zimmermann, 487–503. Wissenschaftliche Untersuchungen zum Neuen Testament 314. Tübingen: Mohr Siebeck, 2013.

─────. *The Word Disclosed: John's Story and Narrative Preaching*. St. Louis: CBP Press, 1987.

O'Day, Gail R., and Susan E. Hylen. *John*. Westminster Bible Companion. Louisville: Westminster John Knox, 2006.

OLSSON, BIRGER. *"Deus semper maior?* On God in the Johannine Writings." In *New Readings in John: Literary and Theological Perspectives*, edited by Johannes Nissen and Sigfred Pedersen, 143-71. London: T&T Clark, 2004.
ORIGEN. *Commentary on the Gospel according to John*. Translated Ronald E. Heine. 2 vols. Fathers of the Church 80, 89. Washington, DC: Catholic University of America Press, 1989, 1993.
O'SIADHAIL, MICHEAL. *The Five Quintets*. Waco: Baylor University Press, 2018.
PARSENIOS, GEORGE L. *Departure and Consolation: The Johannine Farewell Discourses in Light of Greco-Roman Literature*. Supplements to Novum Testamentum 117. Leiden: Brill, 2005.
―――. *Rhetoric and Drama in the Johannine Lawsuit Motif*. Wissenschaftliche Untersuchungen zum Neuen Testament 258. Tübingen: Mohr Siebeck, 2010.
PATTE, DANIEL, ed. *Global Bible Commentary*. Nashville: Abingdon, 2004.
Placher, William. *Mark*. Louisville: Westminster John Knox, 2010.
PLANTINGA, RICHARD J. "The Integration of Music and Theology in the Vocal Compositions of J. S. Bach." In *Resonant Witness: Conversations between Music and Theology*, edited by Jeremy S. Begbie and Steven R. Guthrie, 215-39. Grand Rapids: Eerdmans, 2011.
QUASH, BEN. *Abiding*. London: Bloomsbury, 2012.
―――. *Found Theology: History, Imagination and the Holy Spirit*. London: Bloomsbury, 2013.
RAINBOW, PAUL A. *Johannine Theology: The Gospel, the Epistles and the Apocalypse*. Downers Grove: IVP Academic, 2014.
REINHARTZ, ADELE. *Befriending the Beloved Disciple: A Jewish Reading of the Gospel of John*. New York: Continuum, 2001.
―――. "The Jews of the Fourth Gospel." In *The Oxford Handbook of Johannine Studies*, edited by Judith M. Lieu and Martinus C. de Boer, 121-37. Oxford: Oxford University Press, 2018.
RIDDERBOS, HERMAN. *The Gospel according to John: A Theological Commentary*. Translated by John Vriend. Grand Rapids: Eerdmans, 1997.
RINGE, SHARON H. *Wisdom's Friends: Community and Christology in the Fourth Gospel*. Louisville: Westminster John Knox, 1999.
ROYCE, JOSIAH. *The Problem of Christianity*. 2 vols. New York: Macmillan, 1913.
Ruprecht, Louis A., Jr. *This Tragic Gospel: How John Corrupted the Heart of Christianity*. San Francisco: Jossey-Bass, 2008.
SANDERS, J. N., AND B. A. MASTIN. *A Commentary on the Gospel according to St. John*. Harper's New Testament Commentaries. New York: Harper & Row, 1968.
SANFORD, JOHN A. *Mystical Christianity: A Psychological Commentary on the Gospel of John*. New York: Crossroad, 1993.
SCHNACKENBURG, RUDOLF. *The Gospel according to St. John*. Translated by Kevin Smyth. 3 vols. Herder's Theological Commentary on the New Testament. London: Burns & Oates, 1980-82.
SCHNEIDERS, SANDRA M. *Jesus Risen in Our Midst: Essays on the Resurrection of Jesus in the Fourth Gospel*. Collegeville, MN: Liturgical Press, 2013.
SCHUCHARD, BRUCE G. "Temple, Festivals, and Scripture in the Gospel of John." In *The*

Oxford Handbook of Johannine Studies, edited by Judith M. Lieu and Martinus de Boer, 381-95. Oxford: Oxford University Press, 2018.

SEGOVIA, FERNANDO F., ed. *What Is John?* 2 vols. SBL Symposium Series 3, 7. Atlanta: Scholars Press, 1996, 1998.

SKINNER, CHRISTOPHER W., ed. *Character and Characterization in the Gospel of John*. Library of New Testament Studies 461. London: Bloomsbury T&T Clark, 2013.

Smalley, Stephen S. *John: Evangelist and Interpreter*. Eugene, OR: Wipf & Stock, 2012.

SMITH, D. MOODY. *John*. Abingdon New Testament Commentaries. Nashville: Abingdon, 1999.

———. *The Theology of the Gospel of John*. New Testament Theology. Cambridge: Cambridge University Press, 1995.

SONDEREGGER, KATHERINE. *The Doctrine of God*. Vol. 1 of *Systematic Theology*. Minneapolis: Fortress, 2015.《조직신학 1: 신론》. 파주: 도서출판 100, 2026 출간 예정.

———. *The Doctrine of the Holy Trinity: Processions and Persons*. Vol. 2 of *Systematic Theology*. Minneapolis: Fortress, 2020.

SOSKICE, JANET. *The Kindness of God: Metaphor, Gender, and Religious Language*. Oxford: Oxford University Press, 2007.

SOULEN, R. KENDALL. *Distinguishing the Voices*. Vol. 1 of *The Divine Name(s) and the Holy Trinity*. Louisville: Westminster John Knox, 2011.

STEVICK, DANIEL B. *Jesus and His Own: A Commentary on John 13-17*. Grand Rapids: Eerdmans, 2011.

STIBBE, MARK W. G. *John*. Readings. Sheffield: JSOT Press, 1993.

TANNER, KATHRYN. *God and Creation in Christian Theology: Tyranny or Empowerment?* Oxford: Basil Blackwell, 1988.

TAYLOR, T. KEVIN, AND GILES WALLER, eds. *Christian Theology and Tragedy: Theologians, Tragic Literature, and Tragic Theory*. Burlington, VT: Ashgate, 2011.

TEMPLE, WILLIAM. *Readings in John's Gospel*. London: Macmillan, 1955.

Thomas, R. S. *Collected Poems: 1945-1990*. London: Phoenix, 2000.

THOMPSON, MARIANNE MEYE. *The God of the Gospel of John*. Grand Rapids: Eerdmans, 2001.

———. "The Raising of Lazarus in John 11: A Theological Reading." In *The Gospel of John and Christian Theology*, edited by Richard Bauckham and Carl Mosser, 233-44. Grand Rapids: Eerdmans, 2008.

TICCIATI, SUSANNAH. *Job and the Disruption of Identity: Reading beyond Barth*. New York: T&T Clark, 2005.

TORRANCE, ALAN J. "The Lazarus Narrative, Theological History, and Historical Probability." In *The Gospel of John and Christian Theology*, edited by Richard Bauckham and Carl Mosser, 245-62. Grand Rapids: Eerdmans, 2008.

TOULMIN, STEPHEN. *Cosmopolis: The Hidden Agenda of Modernity*. Chicago: University of Chicago Press, 1992.

TSING, ANNA LOWENHAUPT. *The Mushroom at the End of the World: On the Possibility of Life in Capitalist Ruins*. Princeton: Princeton University Press, 2015.

VAN BELLE, GILBERT. "The Death of Jesus and the Literary Unity of the Fourth Gospel." In *The Death of Jesus in the Fourth Gospel*, edited by Gilbert van Belle, 3-64. Bibliotheca Ephemeridum Theologicarum Lovaniensium 200. Leuven: Leuven

University Press, 2007.

―――. ed. *The Death of Jesus in the Fourth Gospel*. Bibliotheca Ephemeridum Theologicarum Lovaniensium 200. Leuven: Leuven University Press, 2007.

VANDE KAPPELLE, ROBERT P. *Truth Revealed: The Message of the Gospel of John—Then and Now*. Eugene, OR: Wipf & Stock, 2014.

VAN DER WATT, JAN G., AND RUBEN ZIMMERMANN, eds. *Rethinking the Ethics of John: "Implicit Ethics" in the Johannine Writings*. Kontexte und Normen neutestamentlicher Ethik 3; Wissenschaftliche Untersuchungen zum Neuen Testament 291. Tübingen: Mohr Siebeck, 2012.

VANIER, JEAN. *Drawn into the Mystery of Jesus through the Gospel of John*. London: Darton, Longman & Todd, 2004. 김현수 옮김.《요한복음 묵상》. 서울: 겨자씨, 2010.

VOLF, MIROSLAV. "Johannine Dualism and Contemporary Pluralism." In Bauckham and Mosser, *Gospel of John*, 19–50.

WEBSTER, JOHN. *Holy Scripture: A Dogmatic Sketch*. Cambridge: Cambridge University Press, 2003.

WESTCOTT, B. F. *The Gospel according to St. John*. London: John Murray, 1898.

Wilbur, Richard. *The Mind-Reader: New Poems*. New York: Harcourt Brace, 1976.

Williams, Catrin H. "Faith, Eternal Life, and the Spirit in the Gospel of John." In *The Oxford Handbook of Johannine Studies*, edited by Judith M. Lieu and Martinus de Boer, 347–62. Oxford: Oxford University Press, 2018.

YOUNG, FRANCES M. *Biblical Exegesis and the Formation of Christian Culture*. Cambridge: Cambridge University Press, 1997.

―――. "Doctrine as Making Sense of Scripture: Clearing a Path through Early Christian Argument." Unpublished manuscript, 2020.

―――. *Exegesis and Theology in Early Christianity*. Burlington, VT: Ashgate, 2012.

―――. *From Nicaea to Chalcedon: A Guide to Literature and Its Background*. London: SCM, 1983.

―――. "Prelude: Jesus Christ, Foundation of Christianity." In *Origins to Constantine*, edited by Margaret M. Mitchell and Frances M. Young, 1–34. Vol. 1 of *The Cambridge History of Christianity*. Cambridge: Cambridge University Press, 2006.

―――. *Ways of Reading Scripture: Collected Papers*. Wissenschaftliche Untersuchungen zum Neuen Testament 369. Tübingen: Mohr Siebeck, 2018.

YOUNG, FRANCES M., AND DAVID F. FORD. *Meaning and Truth in 2 Corinthians*. London: SPCK, 1987; Grand Rapids: Eerdmans, 1988. Reprint, Eugene, OR: Wipf & Stock, 2008.

ZAHL, SIMEON. *The Holy Spirit and Christian Experience*. Oxford: Oxford University Press, 2020.

ZIMMERMAN, RUBEN. "Eschatology and Time in the Gospel of John." In *The Oxford Handbook of Johannine Studies*, edited by Judith M. Lieu and Martinus de Boer, 292–310. Oxford: Oxford University Press, 2018.

ZUBOFF, SHOSHANA. *The Age of Surveillance Capitalism: The Fight for a Human Future at the New Frontier of Power*. London: Profile Books, 2019.

성구 찾아보기

구약

창세기

1장 62
1:1 17, 58-60, 122, 224, 284n4, 702, 733
1:2 96, 687
1:3 59
1:7 284n4
1:16 284n4
1:21 284n4
1:25 284n4
1:26 284n4
1:27 284n4
2:7 159, 228, 377, 684, 687
2:15 680
2:23 680
2:24 568
3:5 221
3:14-21 680
3:20 680
3:22 630
3:24 464n5
22장 430n4
22:8 92
24장 197
28:10-22 109
28:14 111n21
28:16 109
28:19 109
29:1-14 197
49:25 161n7

출애굽기

2:15-22 197
3장 581
3:14 254
3:15 581
5:1 607n4
7:16 607n4
8:20 607n4
9:1 607n4
9:13 607n4
10:3 607n4
12장 89
12-15장 430n4
12:22 654
12:46 661
13:17-21 464n6
15장 265
15:13 430n4
16장 265
16:4 256
16:8 265
16:15 256
17장 265
17:7 265
24:2 251
25:17-22 677n6
25:22 161n7
26:33-34 579
31:14-15 218
33:11 507
34장 466
34:6-7 677n6
37:6-9 467
40:20 161n7

레위기

12:4 682n13
23:39-43 280
24:16 631

민수기

4:15 682n13
7:89 161n7
9:12 661
11:14 251
15:32-36 218
21장 168
21:8-9 168, 169n11

신명기

1:29-33 464n7
5:33 464n7
6:4-9 501
6:5 240
6:13 250
6:16 250
8:3 250, 251
11:10-12 209
18장 112n23
18:18-19 236, 247
30:19 317
32-33장 562(n3)
34:10 507

사무엘상

9:17 631

사무엘하

22:31 464n8

열왕기하

5:1-19 325

역대하

3:10-14 677n6
5:7 579
5:7-10 677n6

느헤미야

9:15 291
9:19 464n6
9:20 291

욥기

1:8-11 514
9:8 254
13:15 515
31:2 161n7
38장 465n11
38-41장 465n11
38:2 465n11
38:5 465n11
38:8 465n11
38:19 465n11
38:24 465n11
38:25 465n11
38:36 465n11
38:37 465n11
38:41 465n11

시편

1편 465n12
1:6 465n12
2편 112n23
9:7 104
9:8 LXX 104
16:10-11 674n5
21:19 LXX 640
22편 552, 627, 639, 641, 642, 652
22:9-11 553
22:18 640
22:23-24 553
22:27-29 553
25:5 537n11
31:5 642
32:11 LXX 104
33:11 104
34:7 LXX 514
34:19 LXX 514
34:20 661
35편 514
35:7 514
35:19 514
41:9 443, 582
42:1-2 195, 652
63:1 195, 652
63:3 652
68:5 LXX 514
68:37 LXX 514
69편 129, 133, 141, 142, 145, 514, 515, 627
69:4 514
69:9 142
69:36 514
78:16 195n4, 291
78:20 291
78:24 256
79편 544
80편 495
80:1 677n6
80:8 495
80:12 495
82:6 360
86:11 537n11
99:1 677n6
101:13 LXX 104
102:12 104
104:13-14 209
110:3 LXX 104
111:3 104
114:8 291
116:2 LXX 104
117:2 104
118편 399
119편 228, 465n12, 502
119:1 465n12
143:6 195, 652
143:10 537n11
147:4 LXX 209
147:15 209

잠언

13:12 597

18:4 196

아가

1:2 127
1:2-3 394
1:4 127
1:12 394
4:10 196
4:15 196
4:16 395
8:6 680

이사야

5:1-6 495
5:7 495
6:3 404, 577, 579
7장 112n23
9장 112n23
12:3 191, 291
14:24 LXX 105
25:6-10 126
30:18 105
32:15 161n7
40장 112n23
40-55장 92n6, 191, 233
40:8 LXX 104
40:11 534n8, 724
41:17-20 192
42:1-7 92n6
43장 232
43:3 208
43:9-13 233
43:10 233
43:11 208
43:12 233
43:18-21 234
43:20 291
44장 191
44:1-5 192
44:3 291
45:8 161n7
45:15 208
45:21 208

49:3 404
49:6 404
51장 254
51:10 254
51:12 LXX 254
52:13 93, 168
52:13-53:12 92n6, 169n11, 405, 406-9, 636
52:15 407n15
53장 112n23
53:1 406n9, n13, 417
53:5 93
53:7 93, 724
53:8 408n18, 636n4
53:9 408n18
53:11 93, 535n8
53:12 93, 408n18
54-55장 266
54:9-55:5 256
54:13 256, 266
55장 192, 194
55:1 126n3
55:3 192
55:10-11 209
55:11 267
55:13 192
56-66장 194n1
56:7 131
58:11 194n1, 291
62장 124, 125n2
62:2-5 125
62:4-5 182n17
64:1 112
66장 535n8
66:10-13 535n8
66:11-13 535n8
66:22 105

예레미야

2:2 182n17
2:13 194
2:21 495
3:8-9 198n6

11:19 724
17:13 194
31:31 688
31:31-34 145n16
31:33 576n13
31:34 688
32:39-40 465n9

에스겔

8:16 280
16:8 182n17
18장 465n10
18:30 465n10
18:32 465n10
23:4 182n17
23:37 198n6
34장 112n23, 348, 350
34:1 349
34:1-16 348n1
34:7 349
34:9 349
34:10 349
34:12 349
34:14 349
34:15 349
34:23 349
34:23-31 349n1
34:31 349
36:26-28 688
37:9 688
37:11 688
37:14 688
47장 20, 194, 290
47:1-2 291
47:1-12 20, 663, 715n2
47:3-5 290
47:7-12 290
47:10 715n2
47:12 194, 290, 715n2

다니엘

7:13 630
7:13-14 110, 410

호세아

1-3장 198n6
2:19-20 182n17
2:22 126n3

요엘

2:28 291
3:18 126n3, 291

아모스

9:13-14 209
9:14 126n3

스바냐

3장 112n23, 401
3:8 401
3:9 401
3:14-20 402
3:16 400

스가랴

9장 401
9-14장 666n29
9:9 400, 401, 666n29
9:9-17 401
9:10 401
9:11 401
9:12 401
9:16 401
9:17 401
12:10 666
13:1 666
14:8-9 291

구약 외경

집회서(시락)

6:14-17 535n9
6:24-29 536
15:3 196

지혜서

1-5장 505n12
6-9장 505n12
7:25-28 506
9:11 537
10-19장 506n12
16:5-7 169n11

신약

마태복음

1:18 157
1:20 157
1:20-24 157
1:23 157
2:6 157
2:12-13 130, 157
2:15 157
3:3 465
3:17 96
4:1-11 250
4:3 251
4:4 251
4:6 251
4:8-9 251
4:23-7:29 124
5:1-12 700
5:3-12 441n15
6:9 132
6:9-13 564
6:10 565
6:12 440n13
6:24 131
6:25-34 263
7:1-5 299
8:5-13 213
9:15 126
10:7-8 513
10:16-42 512
11:6 522
11:19 126
12:8 218

13:53-58 266
14:13 252
14:13-21 244
14:14 245
15:32 245
15:32-39 244
16:13-23 274
16:19 691n26
16:21 168
16:24 635n3
17:1-13 379n7
17:2 307
17:5 307
18:18 691n26
21:5 400
21:13 404
22:1-14 126
24:9-14 512
26:6-13 395n2
26:8 395
26:26-29 717
26:27-28 126
26:28 497
26:31 549
26:36-46 376
26:39 132
27:32 635n3, 638
27:46 550, 552
27:50 381

마가복음

1:1 60
1:3 465
1:11 96
1:17 205n11
1:21-31 124
2:19 126
3:6 218
4:26-29 209
6:1-6 266
6:32-44 244
6:34 245
6:37 247

8:1-10 244
8:2 245
8:27-33 274
8:31 168
8:31-33 432
8:33 275
8:34 635n3
8:38 275
9:2-13 379n7
11:15-17 130
11:17 131, 404
12:13-17 298
13장 730
13:9-13 512
13:26 153
14:3 396
14:3-9 395n2
14:4-5 395
14:22-25 717
14:6-9 396
14:23-24 126
14:23-25 496
14:27 549
14:32-42 376
15:21 635n3, 638
15:26 639
15:34 550, 552
15:37 381

누가복음

1:11-19 157
1:15 157
1:26-38 157
1:32 157
1:32-33 157
1:34 157
1:35 157
1:41 157
1:67 157
1:78 157
2:8-15 157
2:25-26 157
2:49 132

3:4 465
3:22 96
4:1-13 250
4:3 251
4:4 251
4:5-6 251
4:9 251
4:14-39 124
5:1 63
5:1-11 708
5:6 714n1
5:34 126
7:1-10 213
7:11-17 367
7:34 126
7:36-50 395n2
7:47 395n2
8:11 63
9:10-17 244
9:11 245
9:18-22 274
9:22 168
9:23 635n3
9:28-36 379n7, 563n6
9:31 430n3
10:38-42 391, 395n2
11:4 440n13
11:27 534
12:12 267n19
12:21 135
12:22-23 263
12:29-31 263
14:27 534
16:13 131
16:31 367
19:38 399n4
19:45-46 130
19:46 404
21:12-15 512
21:38 297
22:15-20 717
22:19 438
22:20 126, 497

22:27 438
22:39-46 376
23:18 635n3
23:26 638
23:34 505
23:38 639
23:46 381, 642
23:47 660n22
24:13-35 644, 708
24:30 717
24:31 684n15
24:32 684n15
24:36-43 697
24:45 684n15

요한복음

1장

1장 22, 23, 99, 101, 104, 106, 133, 135, 159, 163, 165, 179, 181, 256, 258, 288, 300, 374, 405, 449, 479, 524, 576n12, 618, 625n1, 626n1, 644, 656, 678, 702n34
1-4장 215, 218, 756
1:1 17, 20, 58, 60, 61, 87n2, 156, 212n12, 274, 309, 460, 464n4, 483, 504n11, 516, 702, 707, 733(n8)
1:1-2 76
1:1-4 153n3, 224, 308n6
1:1-5 57
1:1-9 65
1:1-18 21, 55, 95n11, 136n9, 171n12, 356n4, 436n9, 531n4, 546
1:2 707
1:3 21, 120, 235, 407n16, 422, 501, 536, 577, 583, 595, 655, 710
1:3-4 48, 66, 120, 611
1:3-5 501
1:4 78, 171, 309, 348, 383, 469n14, 528, 678

1:4-9 468, 656n19
1:5 47, 68, 70, 653
1:6 76, 120, 707
1:6-8 73
1:6-17 57
1:7 525
1:7-8 97
1:9 285n6, 374, 528, 678
1:10 78
1:10-13 77, 78, 171n12
1:11 141, 210, 296, 550, 646n12
1:11-12 77
1:12 57, 97, 120, 223, 255, 441n17, 568, 689, 707
1:12-13 154, 156, 223, 282, 646n12, 664n28
1:13 97, 382, 568, 707
1:14 21, 57, 61, 62, 71, 74, 78, 97, 120, 132, 200, 239, 267, 274, 309, 333, 359n5, 410, 430n4, 440n14, 449, 467, 483, 525, 548, 568, 593n27, 619, 625n1, 626n1, 678, 698, 707, 710
1:14-15 65
1:15 33, 73, 94, 97, 120, 296n1, 449, 625n1, 695n27
1:16 15, 57, 77, 97, 120, 185, 255, 259, 275, 312, 354, 441n17, 548, 572, 656n19, 665, 689, 710
1:16-17 22, 694
1:16-18 77, 171n12
1:17 76, 79, 97, 120, 146, 619
1:18 22, 49, 57, 62, 65, 67, 74, 75, 76, 85, 96, 104, 109, 133, 135, 173, 222, 228, 235, 258, 311, 333, 352, 381, 430n4, 436, 444, 479, 483, 500, 524, 531n4, 542, 587, 596, 678, 687, 707, 717, 718
1:19 13, 22, 25, 468, 625n1, 708, 718
1:19-28 86
1:19-51 22, 85, 112n23, 256n12, 356n4, 468n13
1:22 625n1
1:23 22, 162, 465, 537n10, 581n19
1:27 94
1:28 120
1:29 22, 100, 102, 141, 167, 300, 354, 358, 363, 385, 405n6, 430, 550, 589, 623, 625n1, 635, 656, 665, 692, 695n27
1:29-34 88, 173, 354n2, 430n4, 535n8
1:30 33, 94
1:32 111, 112, 120, 159, 258n15, 377, 580, 625n1, 656
1:32-33 26, 203, 227, 428, 480, 687
1:32-34 625n1
1:33 26, 120, 159, 258n15, 625n1, 656
1:33-34 22
1:34 92, 630, 695n27
1:35 405n6
1:35-42 67n6, 97, 101, 426n2, 679
1:35-51 405
1:36 101, 102, 141, 167, 358, 625n1
1:37 101
1:38 13, 22, 31, 54, 101, 102, 103, 108, 204, 213, 217, 241, 256, 258(n15), 278, 411n21, 415, 596, 607n3, 625n1, 679
1:38-39 498n8, 679
1:39 101, 200, 596, 625n1, 708
1:40 101, 452
1:41 22, 101, 108, 625n1
1:42 101, 108, 613, 625n1, 720
1:43 101, 223, 452
1:43-50 107
1:43-51 101, 711
1:45 23, 101, 625n1
1:46 101, 200, 625n1
1:47 101, 625n1
1:48 101, 626n1
1:49 23, 101, 248, 618, 625n1, 630, 695n27
1:49-50 399
1:50 101, 120
1:50-51 101, 626n1
1:51 23, 85, 101, 108, 111, 285n6, 630

2장
2장 24, 79, 132, 176, 181, 195, 197, 281, 288, 376n5, 521n1, 654n17, 664
2-6장 288
2-12장 115, 390, 420, 425, 431, 476
2-17 23
2:1-11 103, 124, 246, 496, 711, 723
2:1-12 117, 159n5, 246n2, 284n3, 356n4, 367n2, 682n13, 690n25
2:1-25 115
2:4 123, 167, 202, 390, 410, 644
2:5 183
2:10-11 653
2:11 23, 75n12, 77, 115, 120, 124, 223, 239, 284, 359n5, 379, 410, 567, 593n27, 644
2:12 281
2:13-22 459, 655n18
2:13-24 387
2:13-25 128, 249n5, 313n10, 315n14, 316, 356n4, 639
2:14-15 132
2:16 135, 202, 664(n25)

2:18-22 71n9, 702n32
2:19 135, 167, 363
2:19-21 132
2:19-22 202, 279
2:21 135, 309, 358, 394, 579, 663
2:22 139, 140, 272, 434
2:23-25 138

3장

3장 16, 179, 181, 187, 195,
    264n17, 288, 301, 541n13,
    564, 618, 656
3:1 165n9
3:1-2 149
3:1-10 97, 223, 480
3:1-16 26
3:1-21 39n13, 155, 164, 618n7
3:1-36 87n2, 149, 356n4, 565n7
3:2 157, 160, 165, 267n19
3:3 157, 158, 164n8, 165, 183,
    541, 577n14
3:3-4 151
3:4 165(n9)
3:5 158, 164n8, 165, 382, 541,
    657
3:5-10 158
3:5-16 663
3:6 158, 164n8
3:6-8 155
3:7 157, 183, 577n14
3:8 160, 161, 162, 164n8, 165,
    223, 309, 529, 593, 657, 659
3:9 166, 667
3:10 162, 164n8
3:11 164n8, 166, 441n17
3:11-13 165
3:11-21 74n10, 162, 201,
    440n14
3:12 164n8, 166
3:12-13 152
3:13 165, 166, 166
3:13-14 285n6
3:13-17 157

3:14 92n7, 166, 167, 168, 169,
    170, 686n19
3:14-15 144, 166
3:14-16 665
3:14-17 541, 645
3:15 164, 165, 171, 172, 469n14
3:15-16 223
3:15-18 383
3:16 49, 75n12, 164, 165,
    169n11, 172, 173, 176, 177,
    181, 222, 264, 575, 595,
    618n7, 657, 721
3:16-17 157, 583, 584
3:17-18 177
3:17-20 176
3:17-21 176
3:18 24, 668
3:18-21 165n9
3:19 165n9
3:19-21 468, 656n19
3:21 164, 165, 178, 179, 223,
    467, 537, 668
3:22-23 159
3:22-36 85n1, 100n13, 179
3:29 126, 197, 238, 582n23
3:29-30 133n7
3:30 183
3:31 181
3:32 441n17
3:33 441n17, 467, 619
3:34 15, 26, 27, 34, 54, 59, 183,
    203, 223, 332, 480, 496,
    526, 537, 548, 657
3:34-36 275
3:35 222, 721

4장

4장 149, 181, 187, 190, 191,
    192, 195(n3), 234, 288, 290,
    301
4:1-15 189
4:1-26 656n19
4:1-42 188, 250, 372

4:1-54 187
4:7-15 279, 663, 723
4:7-26 411n22, 663
4:10-15 653
4:13-14 223
4:14 15, 187, 192, 292, 309,
    469n14, 496
4:14-15 262
4:16-19 197
4:19 24
4:19-26 223
4:20-26 134, 200
4:21 195n3
4:23 26, 195n3, 579
4:23-24 480, 619
4:24 467, 480, 525
4:25 24
4:26 24, 115, 188, 254
4:27-30 205
4:29 24, 188, 200, 285n6
4:31 24
4:31-38 207
4:34 271, 565, 594, 653, 654,
    702n33, 723
4:38 209
4:39-42 208
4:40 199
4:42 24, 223, 695n27
4:43-54 210
4:50 187, 223
4:53 187, 223

5장

5장 149, 207, 215, 226, 228,
    232, 234, 239, 247, 284,
    288, 356, 513, 655n18
5-12장 215
5:1-9a 216
5:1-15 252n9
5:1-47 215
5:6 290
5:9 290
5:9b-18 218

5:11 290
5:12 23
5:13 218
5:14 218, 290
5:15 290
5:17 222
5:17-47 218
5:19-23 240
5:19-30 220, 222
5:19-47 23
5:20 220
5:21 122
5:21-29 383
5:23 240
5:24 218, 227
5:24-40 469n14
5:26 501
5:27 285n6
5:31-47 226, 227, 230, 247n3
5:32 232
5:33 467
5:33-36 179n16
5:36 594
5:37 232
5:37-38 235
5:43 441n17

6장

6장 17, 112, 139, 141, 207, 243, 244, 250, 251, 260(n16), 263, 268, 288, 438n12, 469, 470, 471, 472, 496, 507, 522, 570n10, 589, 657, 662, 714, 717
6:1-15 244, 252
6:1-71 243
6:3 251
6:4-14 496
6:4-71 387
6:9 243
6:9-11 714
6:14 374
6:15 251

6:16-21 253, 714
6:20 115
6:22-29 256
6:22-71 565
6:23 243
6:25-58 256
6:25-65 159n6
6:25-71 469n14
6:27 105, 247, 258(n15), 285n6, 470
6:29 244, 691
6:30 251
6:30-40 260
6:31 247
6:32 247
6:33 246, 501
6:35 23, 115, 254, 257, 258n14, 260n16, 262, 264, 279, 307, 309, 372, 470, 723
6:35-51 471n17
6:37-40 247
6:40 372
6:41 23, 115, 269
6:41-51 265, 438n12
6:42-47 247
6:45 256
6:47 247
6:47-48 470
6:47-59 411n22
6:48 23, 115, 254
6:49 247
6:51 140, 246, 254, 258, 385, 470, 507, 623, 657
6:52-59 269, 438n11
6:53 285n6
6:53-54 470
6:53-56 438, 662
6:54 71n9, 247
6:54-56 126
6:55 118, 247, 471
6:56 105, 244, 258n15, 471, 496, 507, 541, 653, 714
6:57 247

6:57-58 470
6:59 256, 267n19
6:60 140, 255, 269, 471, 570n10
6:60-71 272
6:61 522
6:61-63 270
6:61-64 140
6:62 285n6, 471
6:63 26, 34, 97, 184, 185, 270, 271, 273, 471, 480, 526, 714
6:63b 525
6:64 470n15, 637
6:65 247, 336
6:66 270, 522
6:66-69 613
6:66-70 714
6:67 250, 264
6:68 496
6:68-69 570
6:69 695n27
6:70-71 445, 470n15
6:71 637

7장

7장 195, 278, 288, 289, 657
7-9장 358
7-10 24
7:1 278, 279
7:1-13 279, 307n5
7:1-52 277
7:4 278
7:11 278
7:11-13 282
7:12 277
7:14 267n19
7:14-24 282
7:15 278
7:15-17 267n19
7:17 278
7:18 278
7:19 278
7:20 277, 278

7:22 284n5
7:23 284, 290
7:24 279
7:25 278
7:25-52 194n2, 285, 663n24
7:27 279
7:27-28 632
7:28 267n19
7:30 278
7:31 277
7:32 277
7:34 278
7:35 267n19
7:36 278
7:37-38 278, 723
7:37-39 27, 195, 411n22, 480, 653, 657, 658n20, 663, 663, 687
7:38 195n4, 496
7:38b 292
7:39 76, 137, 195n3, 687n20
7:40 277
7:41 277
7:41-42 279
7:44 278
7:46 277
7:49 279
7:50 667
7:50-52 150
7:52 278, 297
7:53-8:11 297

8장

8장 79, 143, 176, 241, 249n5, 279, 296, 300, 308, 309, 310, 311, 312, 315, 316, 317n15, 318, 376n5, 521n1
8:1-11 498
8:1-59 295
8:3 300n4, 327
8:12 31, 115, 295, 297, 468, 469n14, 529, 656n19
8:12-59 302, 305
8:13 310
8:14 310, 632
8:15 297, 310
8:16 296, 311, 467
8:17 310
8:18-19 296
8:19 311
8:20 267n19, 312
8:23 310
8:24 115, 295
8:25 295
8:26 267n19, 296, 619
8:28 115, 167, 267n19, 285n6, 295, 311, 645, 655n18
8:29 296, 311
8:31 105, 315
8:32 467, 537, 619
8:35-36 460
8:37 310
8:38 296, 311
8:40 267n19
8:44 296, 314, 414, 447, 582
8:47 296
8:51-55 580n18
8:52 296
8:53 295
8:54 311
8:58 33, 94, 115, 295, 307, 372, 460, 655n18
8:59 295

9장

9장 24, 149, 174, 264n17, 332, 341, 350
9:1 322
9:1-3 219
9:1-5 323
9:1-41 321, 322
9:2 322
9:3 322
9:4 369
9:5 369, 468
9:6-7 325
9:8-12 325
9:11 285n6
9:13-17 326
9:14 327
9:18-23 327
9:19 322
9:20 322
9:22 240
9:24-34 328
9:29 632
9:32 322
9:35 285n6, 326
9:35-41 330, 359n7, 690n25
9:38 695n27
9:41 691

10장

10장 349, 350, 355, 411, 494, 587, 623n9
10:1 623
10:1-6 345
10:1-42 343
10:2 352
10:3 162, 344, 372, 382, 494
10:3-4 343, 587
10:3-5 382
10:4 162
10:5 162
10:6 547
10:7 343, 587
10:7-10 347
10:8 623
10:9 344
10:10 31, 48, 115, 288, 344, 346, 382, 469n14, 496, 501, 619n8, 751
10:10-11 720
10:10b 383
10:11 115, 167, 343, 344, 385, 587, 603, 623
10:11-18 656n18
10:11-21 74n10, 351, 440n14, 686n19

10:14 115, 587
10:14-15 343, 354, 585
10:15 382, 587
10:16 162, 343, 588
10:17 344, 587, 721
10:17-18 635n3
10:18 372, 441n17, 587
10:21 279
10:22-42 355
10:26 690n25
10:27 162
10:27-28 162
10:28-30 692
10:30 173, 343, 588
10:33 285n6
10:38 329, 343
10:40-41 179n16

11장
11장 24, 149, 181, 225, 356, 357, 367n2, 374n3, 392, 393, 399, 411, 471, 472, 609, 656n18, 673
11:1-6 365
11:1-57 363
11:2 380
11:3 443
11:4 75n12, 359n5, 379, 567, 593n27
11:5 443
11:7-16 368
11:9-10 468
11:15 368
11:17-27 371
11:21 368
11:25 115, 172, 348, 370, 469n14, 472, 501
11:25-26 365, 383
11:27 398, 695n27
11:28-37 374
11:32 368
11:33 379, 443, 480, 561, 607n5

11:33-35 642
11:35 398, 561, 607n5
11:36 443
11:37 368
11:38 375, 561, 607n5
11:38-44 378
11:39 635n3
11:40 75n12, 359n5, 567, 593n27
11:43 162, 364, 372, 658n20, 677
11:44 673
11:45-53 383
11:45-54 384
11:47 285n6
11:47-53 609, 615
11:48 635n3
11:50 285n6, 623
11:51-52 376, 609
11:53 364
11:55-57 383, 386

12장
12장 24, 31, 95, 355, 356, 379, 383, 390, 392, 393, 396, 399, 401, 405, 407n16, 408n18, 410, 416, 417, 418, 419, 420, 421, 503, 589
12-21장 379
12:1 408n18
12:1-8 366, 380, 391, 434, 446, 656n18
12:1-50 389
12:2 393, 398
12:3 380, 496, 667
12:4 445, 637
12:7 366, 380, 408n18
12:9 408n18
12:9-11 367, 397
12:10 408n18
12:11 406n12
12:12-19 398
12:13 618

12:16 76, 406n7
12:17 408n18
12:19 390, 406n10
12:20 402
12:20-26 503
12:20-36 656n18
12:20-36a 402, 636n4, 656n18
12:20-50 589n24
12:21 406n11, 407n15
12:23 75n12, 76, 390, 406n7, 408n17, 443
12:23-26 727
12:23-34 285n6
12:24 50, 209, 348, 389, 408n18, 496
12:25 469n14
12:26 391, 458
12:27 376, 379, 416, 443, 561, 607n5, 642
12:27-28 239, 311n9, 503, 709
12:28 75n12, 359n5, 366, 406n7, 567, 593n27
12:31 408n17, 416, 447, 447
12:31-32 390
12:32 31, 50, 103, 174, 204, 229, 263, 331, 377, 385, 389, 402, 406n7, 407n16, 419, 443, 461n3, 473, 503, 566, 645, 659, 714, 725
12:32-33 92n7, 167
12:33 408n18
12:34 406n7
12:35 409n19
12:35-36 405, 468
12:36 406n12, 409n19, 656n19
12:36b 420n26
12:36b-43 417
12:37 406n12, 702
12:38 405, 406n9, n12, n13
12:39 406n12
12:39-40 336
12:40 406n11, 407n15
12:41 406n9, n11, 407n15

12:42 240, 328, 406n12
12:43 75n12, 567
12:44 406n12, 421
12:44-50 357, 419
12:45 421
12:46 406n12, 409n19, 468, 619n8
12:46-47 390
12:47 208
12:47-48 408n17
12:48 441n17
12:49 421
12:50 421, 469n14

13장
13장 151n2, 159n6, 251, 268, 394, 426, 438n12, 440n13, 445, 457, 476, 503, 511n14, 610, 646
13-15장 519
13-16장 489
13-17장 19, 24, 140, 207, 223, 267, 292, 312, 357, 371, 425, 427, 522, 658, 664
13:1 365, 370, 427, 443, 448, 511, 526, 594, 645, 655, 721
13:1-10 249
13:1-11 429
13:1-20 239
13:1-38 75n12, 425
13:2 414, 431(n5), 443, 445, 637
13:3 511
13:4 441n17
13:6-11 498
13:7 427, 549, 722
13:8 608
13:11 443, 637
13:12 441n17
13:12-20 29, 437
13:13 678n8
13:14 427
13:14-15 511, 585

13:15 74n10, 169, 686n19
13:16 434, 441, 511
13:17 496, 511, 700
13:18 443, 445, 582
13:19 440
13:20 255n11, 441, 441n17, 646
13:21 376, 379, 453, 480, 561, 607n5, 637, 642
13:21-30 442, 582n21
13:23 67, 436, 444
13:23-25 513
13:25 444
13:26-27 723
13:27 414
13:30 370, 441n17
13:31 76, 285n6
13:31-32 75n12, 311n9, 359n5, 366, 379n6, 567, 593n27, 709
13:31-35 74n10, 239, 440n14, 448, 686n19
13:34 29, 92, 169, 301, 490, 511, 585, 721, 721
13:35 44, 103, 484, 725
13:36 524
13:36-38 451
13:38 551, 612, 708, 722

14장
14장 176, 355, 427, 453, 457, 460, 463, 464n7, 467, 478, 484, 488, 516, 664
14-16장 579
14:1 67n6, 455, 487
14:1-3 457, 565n8
14:1-6 538n12
14:1-7 33, 373n1, 464n7
14:1-31 455
14:2 105, 331, 460, 462, 565, 664
14:2-3 366n1
14:2-4 542
14:3 455, 464

14:4-6a 462
14:5 370, 524
14:5-7 693
14:6 24, 176n15, 203, 271, 307, 348, 427, 455, 465, 465n10, 471, 529, 537n10, 583, 585, 619, 621
14:6b 466
14:6b-11 472
14:7 455
14:9 455, 693
14:10 105, 135
14:11 329, 456, 693
14:12 29, 57, 94, 123, 170, 225, 456, 496, 527
14:12-14 475
14:13 29, 203, 456
14:13-14 498, 575
14:13-17 427
14:15 580n18, 721
14:15-17 254n10, 479
14:16 456
14:16-17 27, 671n4, 687n21
14:17 34, 105, 140, 441n17, 457, 464, 619
14:18 455
14:18-26 482, 486
14:20 456
14:20-23 427
14:21 580n18, 721
14:23 135, 460, 464, 481, 721
14:23-24 580n18
14:24 721
14:25 135
14:26 27, 34, 140, 164, 267n19, 456, 479, 481, 671n4, 687n21
14:27 135, 455, 670n1, 685
14:27-29 486
14:28 478, 721
14:30 414, 447, 447, 456
14:30-31 487
14:31 484, 721

15장

15장 105, 133, 135, 258n15, 271, 428, 466, 467, 476, 481, 488, 505n12, 507, 509, 511, 514, 516, 548, 701
15:1 118, 126, 271, 489, 495
15:1-6 493
15:1-8 491
15:1-11 464
15:1-12 541
15:1-17 67n6, 411, 411n21, 488, 496, 505n12
15:1-27 489
15:2 490, 492, 493
15:3 436, 490, 516
15:4 94, 136, 493(n5), 500
15:4a 500
15:5 105, 489, 712
15:6 490, 493
15:7 34, 185, 271, 428, 516, 575, 582
15:8 490
15:9 105, 271, 428
15:9-10 508, 721
15:9-17 499
15:10 507, 508, 516, 580n18, 721
15:10-11 582
15:11 185, 490, 516, 582n23, 670n2
15:12 74n10, 585, 721, 721
15:12-13 508
15:12-14 153n3
15:12-17 29, 75n12, 450
15:13 76, 225, 366, 369, 385, 411, 477, 508, 623, 647, 720, 725
15:13-14 490
15:14 516
15:15 222, 289, 319, 490, 492n3, 516
15:16 29, 203, 336, 359n7, 428, 491, 508
15:17 516
15:18-20 82
15:18-25 505n12, 510
15:20 516, 580n18
15:22 516
15:26 428, 671n4, 687n21
15:26-27 97, 491, 509, 516, 619

16장

16장 428, 467, 481, 535n8, 544
16:1-4a 521
16:1-33 519
16:2 240, 328
16:3 530
16:4 428
16:4b-7 523
16:5 531
16:6-7 428
16:7 27, 520, 671n4
16:7-15 428
16:8-11 140, 527
16:9-11 529
16:11 414, 447
16:12 428, 541
16:12-15 97, 528, 533, 538, 638n5, 671n4
16:13 27, 57, 59, 140, 161, 164, 185, 235, 238, 308, 386, 468, 526, 537, 538, 548, 741
16:13-14 563n6
16:13-15 687n21
16:14 520, 539
16:14-15 34
16:16 544
16:16-24 539
16:19-22 670n2
16:20 685
16:20-22 428
16:20-24 582n23
16:23 542
16:23-24 29, 428, 464, 575
16:24 203, 542
16:25 542, 547
16:25-32a 545
16:26 428, 542
16:27 520, 542
16:28 428
16:29 542, 547
16:30 542, 695n27
16:31 256, 542
16:32 549, 550, 640
16:32a 552
16:32b-33 551
16:33 382, 415, 428, 520, 526, 542, 670n1

17장

17장 24, 26, 29, 31, 43, 66, 75, 94, 105, 133, 135, 154, 157, 173, 178, 179, 205, 226, 228, 234, 352, 360, 365, 373, 381, 410, 411, 420, 422, 425, 426, 428, 434, 449, 450, 451, 456, 459, 466, 467, 475, 477, 478, 481, 484, 497n7, 508, 519, 524, 531, 539, 545, 548, 562(nn3-4), 563n6, 564, 565, 566(n9), 567, 569, 570(n10), 572, 575n11, 579, 589, 590, 602, 606, 609, 647, 654, 658, 664(n26), 685, 688n23, 689, 701, 704n37, 718, 721, 727n3, 730n4
17:1 76
17:1-5 75n12, 203, 239, 311n9, 359n5, 366, 379n6, 416
17:1-8 561
17:1-26 81n17, 557
17:2 565, 584
17:3 76, 567
17:4 526, 527, 594, 654, 702n33, 727n3
17:5 33, 500, 558, 567, 578, 727n3

17:6 203, 571, 580
17:6-8 557
17:6-19 416
17:8 34, 558, 567, 727n3
17:9 484, 571
17:9-10 571
17:9-19 558, 573
17:10 75n12, 106, 497n7, 509, 647, 727n3
17:11 106, 567
17:11-12 203
17:12 106, 692
17:13 106, 503, 531, 559, 567, 679
17:14 509, 564
17:17 106, 459
17:17-19 539, 578, 585, 619
17:18 74n10, 169, 440n14, 558, 567, 575, 583, 671n3, 686, 686n19
17:19 106, 459, 559
17:20 428, 536, 558, 564
17:20-26 33, 40, 75n12, 75n12, 222, 239, 354, 359n5, 379n6, 381n9, 385, 416, 464, 531, 542, 548, 557n1, 559, 567, 571, 579, 586, 587, 664n26, 751
17:21 83, 106, 205, 459, 559, 567, 575, 727n3
17:21-23 451, 725
17:22 75n12, 203, 366, 449, 456, 682
17:22-23 484
17:23 44, 106, 385, 434, 459, 559, 567, 575, 721, 727n3
17:23-24 721
17:24 33, 75n12, 103, 203, 333, 412n23, 416, 428, 451, 458, 498n8, 500, 558, 559, 567, 571, 578, 647, 653, 682, 726
17:25 560, 567, 727n3
17:26 106, 203, 228, 360, 412n23, 422, 429, 459, 476, 558, 559, 560, 721, 731

18장
18장 296, 467, 584, 602, 603
18-19장 248, 251, 528, 648
18-21장 24, 602
18:1-12 605, 679n10
18:1-40 601
18:2 637
18:4 559n2, 621, 679n10
18:4-8 25
18:5 606, 637
18:6 606
18:7 559n2, 621, 679n10
18:8 606
18:9 603, 692
18:11 602, 652
18:12 637
18:12-27 605n2
18:13-18 608
18:14 285n6, 603, 623
18:15-18 570
18:17 285n6, 610
18:18 610, 714
18:19-24 611
18:20 267n19, 603
18:22 609
18:24 637
18:25 602, 610
18:25-27 570, 612
18:26-27 610
18:27 610
18:28 637
18:28-32 614
18:29 285n6
18:30 637
18:31 609
18:33 25, 603, 615
18:33-38 153
18:33-38a 616
18:35 602, 637
18:36 601, 602, 608, 632, 637

18:37 48, 601, 602, 603, 604, 623n9, 632
18:38 619, 632
18:38b-40 622

19장
19장 151n2, 195n3, 296, 354, 431, 584, 626n1, 627, 654n17, 669, 672
19:1 637
19:1-3 629
19:1-42 434n7, 625
19:3 626
19:4 622, 627
19:4-5 626
19:4-8 629
19:5 285n6, 614, 631n2
19:6 622, 626, 627
19:8 385, 627
19:9-12 632
19:11 627, 637
19:12-15 615
19:13 400, 633, 637
19:13-16a 400, 634
19:14 614, 626
19:15 616, 617, 626, 627, 635n3
19:16 627
19:16b-18 637
19:17 534
19:18 627
19:19 732
19:19-22 638
19:22 732
19:23-24 639
19:25-27 331, 411, 643
19:25-30 135
19:25 659
19:26 118, 549, 628
19:26-27 68, 118, 366n1, 626
19:27 513, 549, 628, 709, 729
19:28 190, 278, 289, 434n7, 628, 642, 655

19:28-29 94n9, 444n18, 648
19:30 28, 96, 159, 195n3, 209, 289, 357, 377, 382, 431, 434n7, 526, 527(n3), 594, 626, 628, 637, 658n20, 661
19:30-42 420
19:30a 654, 660
19:30b 655
19:31 614, 663n23
19:31-37 28, 71n9, 357, 660
19:33-37 71n9
19:34 190, 411, 627, 628
19:38 635n3
19:38-42 150, 357, 666
19:42 614

20장
20장 18, 38, 60, 151n2, 171, 173, 352, 357, 367n2, 374, 420, 610, 644, 672, 678, 683, 684, 698, 712, 715, 716, 733, 735
20-21장 101, 207, 452
20:1 635n3, 669
20:1-10 672, 673
20:1-30 669
20:2 677, 679
20:5-7 382
20:5-8 382
20:8 137, 513, 669
20:9 669
20:11-18 647n14, 673, 676
20:13 635n3, 670, 677, 679, 698
20:15 103, 559n2, 607n3, 621, 635n3, 679
20:15-16 102
20:16 104, 394, 670, 695n27
20:17 202, 531, 541, 670, 675, 698
20:18 670, 677, 716
20:19 554, 670, 716
20:19-23 617, 683

20:20 554, 569, 582n23, 670
20:21 28, 74n10, 169, 217, 292, 354, 440n14, 554, 670, 671, 686n19, 720
20:21-22 136, 184, 271, 583
20:22 28, 35, 59, 96, 159, 203, 222, 228, 255n11, 289, 301, 377, 441n17, 525, 658n20, 659, 671
20:24-29 370, 693
20:25 671
20:26 671
20:26-29 71n9
20:27 554, 671
20:28 25, 38, 42, 72, 173, 202, 310, 332, 617, 630, 671, 713, 721
20:29 137, 393, 441n16, 526, 542, 589, 671, 674
20:30 18, 43, 212n12, 508, 671, 733(n8)
20:30-31 60, 185, 355, 357, 645n11, 702, 731
20:31 18, 29, 35, 43, 79, 93, 100, 123, 151, 171, 213, 227, 364, 393, 458, 525, 572, 590, 662, 671, 703

21장
21장 18, 151n2, 190, 301, 352, 420, 434, 610, 613, 658n20, 715, 716, 733, 735
21:1 709, 715, 723
21:1-8 710
21:1-23 570
21:1-25 707
21:4 716, 728
21:6 205n11
21:7 25, 707, 716, 723, 728
21:8 716
21:9-14 713
21:11 205n11, 728
21:12 25, 707, 713, 716, 723,

728
21:12-13 728
21:14 709, 715, 723
21:15 54, 102, 707, 721, 728
21:15-17 617, 698
21:15-19 153n3, 346, 498, 610, 719
21:15-23 70, 75n12
21:16 707, 721, 728
21:17 707, 728
21:18-19 32, 175, 554, 569
21:19 57, 75n12, 359n5, 366, 379n6, 538, 567, 727n3, 728, 730n4
21:19-23 572
21:20 30, 67, 444, 513, 637, 707, 723, 728
21:20-23 265, 423, 436, 509, 538n12, 727
21:20-25 727
21:22 51, 57, 67, 153, 175, 176, 707, 709, 727(n3), 728, 730n4
21:22-23 461, 513, 658n20
21:23 33, 67, 153, 174, 525, 538, 707, 709, 728, 732
21:24 67, 426, 445, 525, 665, 710, 728
21:24-25 16n1, 55n1, 166, 731
21:25 16, 18, 43, 60, 212n12, 357, 508, 710, 728, 731, 735

사도행전
2장 688n23
2:24-28 674n5
6:2 63
9:15-16 534
13:5 63
13:35 674n5

로마서
3:21-25 513n17
15:1 534

고린도전서

2:13 267n19
11:23-26 717
15:35-37 696n28

고린도후서

11:2 182n18
11:7 513n17

갈라디아서

6:2 534
6:17 534

에베소서

2장 685n18
2:14 588
3장 685n18
3:14-21 588
4장 685n18
4:2-6 588
5:25-27 182n18

데살로니가전서

2:13 63
4-5장 730

디모데후서

2:9 63

히브리서

10:20 465

요한일서

1:1 63
1:5 308, 486
1:7-2:3 302
2:1 480
2:13-14 554
2:24 301
4:4 554
4:7-21 19
4:8 19, 486
4:16 19, 486

5:3-5 554

요한계시록

1:9 63
7:17 196n5
21:2 182n18
21:6 196n5, 290, 514n18
22:1 196n5
22:1-2 290
22:17 182n18, 196n5, 514n18

주제 찾아보기

ㄱ

가나 혼인 잔치 103, 115-16, 117-28, 182-83
가드너, 토머스(Gardner, Thomas) 89, 127, 675, 755
가야바 384, 601, 603, 608-9, 611-12, 614, 633, 637, 656n20
간음하다 잡혀 온 여인과 죄 297-302
갈릴리 211, 573, 712
"…같이"/"…것같이" 169, 340, 353, 440, 450, 458, 588, 559, 560, 586, 587, 686
개인 54, 493-94
개인주의 220, 423
거듭남 39n13, 83n18, 155-57
거함(abiding)
    고별 강론과 거함 457, 463, 709, 730
    공동체의 거함 301
    말씀과 거함 35, 185, 231, 235, 271, 318, 467, 516, 582, 664
    믿고 거함 268
    사랑과 거함 105, 428, 497, 509, 514, 582, 664, 717-18, 721
    사랑하시는 제자의 거함/머뭄 709, 712, 717, 729
    상호 내주 105, 135-36, 260, 271, 353-54,
442, 464, 471, 475, 481
    생명과 거함 471
    성령과 거함/머뭄 27, 34, 85-86, 95, 105, 133, 140, 227, 456, 459, 480, 656
    신뢰와 거함 348
    신자들의 거함 244, 653
    언약과 거함 497
    예수님과 거함 33, 50, 86, 94, 104-5, 106-7, 139, 268, 271, 301, 348, 522, 664
    요한복음과 거함 105, 238, 271, 576n12
    요한일서와 거함 301
    제자들의 거함 104-6, 153, 318, 541
    증언과 거함 727-30
    포도나무와 거함 428, 489-99
    또한 '메네인'을 보라.
결정
    결정/결단과 충격 요법 50, 339, 418
    결정과 종파주의 250
    결정의 이원론(dualism of decision) 186, 229, 324, 332, 336-37, 359n7, 397, 465n10
    성경과 결정 317
결혼 124-25, 196-200, 215, 238, 497, 568, 681
겹의미(double meaning) 16, 184, 259, 577, 595, 607, 634

경계 31-32, 42, 44, 47, 72, 83, 160, 204, 206, 208, 210, 213, 250, 393, 593, 595, 659, 724
경전숙의(Scriptural Reasoning) 52n23, 146, 742-43, 745, 750-51
경험 562n4
계명 448-51, 499-510
고난받는 종 169n11, 354, 405, 417, 636. 또한 '종의 노래'를 보라.
공관복음
  5천 명을 먹이심 139, 243-45, 256
  가나 혼인잔치와 공관복음 124
  공관복음의 비유 547
  기도 413, 588
  나사로 367
  데이($\delta\epsilon\tilde{\iota}$) 168
  말씀('로고스'[λόγος])과 공관복음 63
  바다를 건너심 254, 256
  베드로의 고백 274-75
  변모 75n12, 95, 307, 379, 563
  부활 168
  성전 정화 130-31, 404
  성찬 95, 267-68, 270, 469
  시험/유혹 95, 251, 414
  십자가 168, 382, 628, 635n3, 638, 641-42
  아버지 412-13, 588
  안식일 218
  예수님의 가족 266, 281
  예수님의 고뇌 376-77, 379, 443, 552, 607, 642
  예수님의 외침 381-82, 550, 641-42
  예수님의 재판 609, 612, 622
  예수님의 체포 604, 606-7
  예수님의 탄생 95, 414
  왕권 635
  요한복음과 공관복음 17, 20, 37, 60-61, 95, 96, 100, 116, 130-31, 137, 141, 142, 152, 173, 181, 183, 205n11, 206, 213, 222n1, 252, 256, 267, 270, 282, 291, 301, 313, 379-80, 395-96, 410, 438n12, 512, 547, 561, 630, 638, 641-42, 667, 703, 708, 711, 712, 738-39
  욕망 262-63, 697
  재림 458

하나님 173
하나님 나라 151-54, 618
행복 선언 700
혼인 잔치 126
공동체
  개인과 공동체 493-94
  계승과 공동체 523-27
  오류에 빠지기 쉬운 공동체 45
  종파주의와 공동체 82, 575
  죄 사함과 공동체 689-92
  거함과 공동체 301
  또한 '교회'를 보라.
교회 590. 또한 '공동체'를 보라.
그리스 39
그리스 비극 69, 341
《그리스도교의 지혜》(Ford, Christian Wisdom) 742-43
그리스도론 12, 36n6, 39, 93n8, 111, 168
글로바 643-44, 658
기도
  대담한 기도 456, 545, 575
  에베소서의 기도 588
  절정의 기도 94, 381, 519
  주기도문 425, 440n13, 560, 564-66, 588
기적 116, 121-23, 245-46, 325, 364, 375, 384, 702n33
깊고도 평이한 의미(deep plain sense) 16, 28, 60n3, 95, 112, 118, 119n1, 159n6, 165, 185, 458n1, 661, 739

ㄴ

나다나엘 86, 109, 111, 118, 399, 512, 625n1, 695n27, 711
나사로 24, 119, 162, 225, 348, 356, 363-73, 375-77, 378-83, 389, 391-94, 396-98, 402, 411, 443, 471-72, 569, 610, 635n3, 642, 656n18, 658n20, 673, 677, 695,
누가(복음) 17, 124, 135, 157, 168, 222n1, 250-51, 297, 367, 399n4, 430n3, 438-39, 497, 505n12, 534, 564, 639, 641-42, 644, 660n22, 674n5, 684n15, 697, 733, 743
뉴비긴, 레슬리(Newbigin, Lesslie) 220-22, 309n8, 532, 562, 563n4, 756

니고데모 16, 24, 26, 87n2, 133n7, 149-51, 154-66, 169, 171, 176, 178, 181, 184, 186-87, 201-2, 204, 206, 222, 263, 277, 288, 301, 322, 513, 613, 628, 656, 666-68

ㄷ

《다섯 개의 오중주》(O'Siadhail, The Five Quintets) 752
대예언서 191
대체주의 '유대교'에서 해당 항목을 보라.
데이비(Davey), F. N. 297
데일리덴튼, 마거릿(Daly-Denton, Margaret) 52n23, 141, 209, 350, 703, 748, 755
도레안(δωρεάν) 513-15
도마 370, 462-63, 670-71, 693-701
돈 47, 131, 134-36, 148, 396, 423, 446-47
드라마
    도레안(δωρεάν) 513-15
    삶의 드라마(drama of the life/living) 175, 289, 338, 340, 463
때 195n3, 202, 369, 370, 410, 443, 449, 452, 503, 546, 557, 561, 566, 578n15, 630, 634, 655, 663

ㄹ

라너, 칼(Rahner, Karl) 337
라르슈(L'Arche) 648, 748-49
라인하르츠, 아델(Reinhartz, Adele) 313-14
레버토프, 드니스(Levertov, Denise) 89, 92, 94n9, 354, 444n18, 648-51, 652, 755
르네상스, 요한 13, 39, 42, 46, 51, 485

ㅁ

마가(복음) 17, 60, 131, 151, 153, 168, 209, 210, 222n1, 247, 251, 298, 395-96, 432, 496-97, 549, 564, 639, 641-42, 643n9, 730, 733
마귀 '사탄'을 보라.
마귀 251, 296, 315, 414, 431, 445-47. 또한 '사탄'을 보라.
마르다 364-66, 368, 371-72, 374-75, 378, 380, 391-93, 397, 472, 513, 609
마리아(글로바의 아내) 644, 658
마리아(마르다의 자매) 364-66, 368, 371, 373-77, 379-80, 383, 391-96, 398, 445-46, 472, 503, 513, 609, 656n18, 667
마리아(예수님의 어머니) 49, 68, 100, 117-19, 120, 123, 148, 157, 181, 183, 212, 281, 331, 410-11, 424, 513, 534, 543-44, 549, 552, 626-28, 641, 644, 646-47, 649, 658, 664, 709, 729, 731
마리아, 막달라 25, 54, 102-3, 202, 513, 607, 635n3, 644, 647n14, 547, 669-70, 673, 676-83, 684n16, 695-96, 698, 716
마지막 만찬 67, 126, 267-68, 438, 469-70, 496-97, 561, 594, 708-9
마카비 358
마태(복음) 17, 124, 151-52, 157, 168, 222n1, 247, 250-52, 307, 395-96, 400-1, 425, 497, 513, 549, 564, 566n9, 641-42, 643n9, 733
만나 244, 247, 261-62, 439
말씀
    거함과 말씀 35, 185, 231, 235, 271, 318, 467, 516, 582, 664
    예수님의 말씀과 성령 140, 183-84, 526
    진리와 말씀 528, 583
말씀(λόγος) 21, 46, 61-64, 98, 139-40, 146-47, 153n3, 230, 274, 308, 420, 471, 504, 506n12, 559, 564, 570n10, 573, 589
맥휴, 존(McHugh, John) 67, 112, 531n4, 678n9, 756
머묾 '거함', '메네인'을 보라.
메네인(μένειν) 67-68, 95, 104-5, 153, 174, 182, 208, 220, 258n15, 284, 411, 460n2, 461, 496, 506n13, 509, 596
멸망 172-73, 176, 347, 359, 582
모세 22, 57, 76, 89, 138-39, 146, 168, 170, 173, 197, 201, 236, 244, 247-48, 250-51, 254, 279, 280, 288, 298, 307, 317, 321, 430n3, 464n7, 466, 506-7, 562, 581, 607n4
목격자 20, 402, 516, 525, 589, 609, 627, 665, 671, 698, 703, 716, 717, 731-32, 739
몰로니, 프랜시스(Moloney, Francis) 265
무덤, 빈 672-75
물 158, 188-96, 290-92, 652-53, 661-66

ㅂ

바니에, 장(Vanier, Jean) 134, 432-34, 648-49, 748-49, 756

바라바 602, 603n1, 604, 622-23
바레트(Barrett), C. K. 76, 130, 297, 549, 575, 755
바르트, 칼(Barth, Karl) 40, 174, 337, 339, 435n8, 755
바스타제인(βαστάζειν) 533-35, 638n5
바울 20, 40, 63, 513, 531n5, 534, 696n28, 738-39
 바울 서신 95, 141, 154n4, 155, 206, 259, 291, 458, 688n23, 738
 바울 신학 20
 바울 학파/전통 20, 154, 588
 바울의 교회들 20
바흐, 요한 제바스티안 40-41, 42n20
박해 143, 145, 241, 296, 316, 428, 491, 505, 511-12, 519, 521, 530, 684n17
반 벨, 힐베르트(Van Belle, Gilbert) 260n16
발 씻기기/씻김 24, 159n6, 169, 190, 268, 426, 429-37, 438-42, 446, 449, 450, 457, 471, 473, 476, 478, 484, 496, 498, 504, 511, 554, 568, 569, 584, 585, 594, 597, 690, 722
뱁턴 강연 8, 750
번, 브렌던(Byrne, Brendan) 200
베다니 87, 365, 371, 380, 391-92, 394, 395, 398
벡비, 제레미(Begbie, Jeremy S.) 8, 41n19
본회퍼, 디트리히(Bonhoeffer, Dietrich) 98, 755
봄(seeing) 333, 380, 474, 540, 542, 627, 669, 671, 677, 681, 693-94, 697-98, 715-46
봉헌절 '수전절'을 보라.
부활
 공관복음과 부활 697
 믿음과 부활 37-38, 674
 생명과 부활 469-71
 성령과 부활 701
 신앙과 부활 694, 696-97
 아버지와 부활 674-75
 의로움과 부활 531, 598
 의미와 부활 669
 제자들과 부활 683-85
 증언과 부활 694, 702-3
 표적과 부활 371, 702
 하나님과 부활 38, 696-99
부활 전 관점 24, 29, 37, 558
부활 후 관점 24, 29, 37, 137, 140, 148, 164-65, 202, 218, 274, 286, 288, 296, 311, 317, 328,

434, 4495, 452, 459, 552, 558, 561, 577, 594, 604, 607, 615, 643
불트만, 루돌프(Bultmann, Rudolf) 40, 186, 229, 337, 512n15, 562n4, 755
브라운, 레이몬드(Brown, Raymond) 101, 108, 755
브로디, 토머스(Brodie, Thomas) 100, 102, 251-52, 755
비극 69, 341, 653
빈 무덤 672-75
빌라도, 본디오 25, 153, 167, 248, 285n6, 384, 400, 513, 528, 601-4, 608, 612, 614-23, 627, 629-39, 667, 732
빛
 빛과 어둠 21, 71, 163, 302, 310, 332, 341, 364, 376, 416
 세상의 빛이신 예수님 31, 115, 295, 306-13, 318, 324, 369, 405, 529
《빛을 말하다》(Hardy with Hardy Ford, Ochs, and Ford, *Wording a Radiance*) 744-45

ㅅ

사랑
 계속되는 사랑의 드라마 26, 29, 50, 70, 111, 352, 435, 446, 743
 베드로의 사랑 719-27
 사랑과 계명 499-505
 사랑의 지평 450, 563, 725
 새 계명 448-50
 아가페(ἀγάπη) 182, 504, 721, 725
 작은 자들 449, 451
 필레인(φιλεῖν) 182, 220, 504, 725
 헬라어 사랑 182, 725
사마리아 여인 24, 26, 31, 134, 187-213, 222-23, 254, 262, 301, 309, 322, 372, 513, 579, 613, 656n19, 663
사탄 414-15, 445-48, 514. 또한 '마귀'를 보라.
삶의 드라마(drama of the life/living) 175, 289, 338, 340, 463
《삶의 드라마》(Ford, *The Drama of Living*) 743, 752
삼위일체 12, 27, 34, 39, 74, 97-98, 184-85, 221, 422, 478, 516. 또한 '성령', '아버지', '예수 그리스도', '하나님'을 보라.
상징 728. 또한 '표적'을 보라.

상호 내주 105, 135-36, 260, 271, 353-54, 442, 464, 471, 475, 481
새로 남 154-57
성령
　거함/머묾 26, 34, 85-86, 95-97, 104, 133, 140, 227, 480, 656
　계승 523-27
　교회와 성령 43, 161
　바람과 성령 159-61
　보혜사 479-81
　부활과 성령 499
　사도행전과 성령 40, 658n20, 688n23
　사랑과 성령 49
　새로 남 158-59
　생명과 성령 275
　성령 받음 27-28, 291-92, 686-87, 689, 699-700
　성령과 프롤로그 95-97
　성령의 가르침 140
　성령의 증언 516
　성령의 활동 659
　세상과 성령 528
　신뢰와 성령 486
　아버지와 성령 33-35, 480-81
　예수님과 성령 26-28, 34-35, 43, 95-97, 140, 159-60, 184, 203, 275, 291, 377, 456, 480-81, 525-527, 529, 580, 655-60, 686-89
　예수님의 말씀과 성령 140, 183-84, 526
　자유로운 성령 160-61, 528, 659
　제자들과 성령 684-85
　죄와 성령 528
　지평과 성령 286
　진리와 성령 161, 456-57, 528-30, 532, 533-34, 536-39
　파라클레토스(παράκλητος) 27, 430n4, 480, 535n8
　풍요와 성령 27, 183-85, 657
　하나님 나라와 성령 152
성육신 71-73, 120
성찬 45, 95, 112, 153, 159n6, 206, 243-44, 246-47, 267-68, 270, 438-39, 469, 471, 496-97, 499, 522, 589, 662-63, 683, 714, 717
성찬례에서의 임재 270
세계관 47, 62, 68, 237-38, 309, 311-12, 318, 573

세례자 요한 22, 26-27, 33, 85-97, 100, 179-85
세베대의 아들 711, 733
세팔루, 폴(Cefalu, Paul) 39
송이버섯 52-53
수용사(history of reception) 18, 38-42, 45, 241
수전절 356-58
순종 54, 147, 181, 186, 220-22, 301-2, 450, 544, 712, 716
슈낙켄부르크, 루돌프(Schnackenburg, Rudolf) 130, 168, 337, 605n2, 700-1, 755-56
스칸달리제인(σκανδαλίζειν)/스칸달론 (σκάνδαλον) 521-22
승리 554-55
시각장애인 23, 216-17, 219, 308n7, 322-23, 325-29, 332-33, 342, 343, 351, 368, 375, 377, 475, 691
시간/타이밍 33, 82, 122, 138, 295-96, 311, 369, 439, 449, 557, 576n11, 578
《신곡》 333-36, 542-44, 582n22, 620, 750
신랑과 신부 125, 133, 180, 182-83, 197
신뢰
　거함과 신뢰 348
　사랑과 신뢰 50, 93, 238-39, 456, 698
　성령과 신뢰 486
　신뢰의 성장 212
　죄와 신뢰 94, 512
　증언과 신뢰 100, 165-66, 694
　또한 '피스튜에인'을 보라.
신비 68-70, 74
신학, 그리스도교의 36-38, 55, 62-65, 98, 143
신학적으로 역사 쓰기 129-31

○

아가 127, 190, 196, 680-81, 743
아노텐(ἄνωθεν) 154-56, 160n7, 577n14
아리마대 요셉 150, 628, 635n3, 667
아버지
　공관복음의 아버지 413
　기도와 아버지 564-66
　부활과 아버지 674-75, 679
　성령과 아버지 33-35, 480-81
　성전과 아버지 131-36
　신자와 아버지 548

십자가와 아버지 225
아버지께 예배 202
아버지와 아들의 동등 220-22
아버지의 생명/삶 173, 226-27
아버지의 영광 74-75
아버지의 자기 226-28
아버지의 집 457-61
앎과 아버지 289, 353
예수님과 아버지 33-34, 62, 66-68, 131-33, 173, 181-82, 220-27, 235-36, 247, 264, 266-67, 271-72, 288-89, 295-96, 310-11, 343-44, 351-54, 355-61, 412-13, 416, 421-22, 456-57, 457-61, 472-75, 476, 478-79, 479-81, 499-503, 507-9, 546-48, 551-52, 591-92, 598, 674-75, 681-82
의로우신 아버지 598-99
파레시아(παρρησία) 547-48
또한 '하나님'을 보라.
아브라함 33, 92, 94, 138, 197, 295, 296n1, 303-5, 311, 316, 319, 372, 430n4, 460
아이러니 120, 211, 241, 276, 341, 370, 385, 528, 603, 621, 623, 629, 653, 654n17, 740
안나스 601, 608-11, 616, 633, 638
안드레 86
"…안에" 169, 178, 459, 588
안트로포스(ἄνθρωπος) 75, 165n9, 188, 284, 285n6, 407n16, 614, 630, 631n2, 636n4, 687
안티오쿠스 에피파네스 358
애쉬튼, 존(Ashton, John) 109, 110, 111, 562n4, 755
애트리지, 헤롤드(Attridge, Harold) 198-99
야곱 109, 111n21, 133, 134, 138, 188, 191-92, 197, 210, 404, 553
어린양 724. 또한 '하나님의 어린양'을 보라.
언약 143-45, 496-97, 576n13, 588
에드워즈, 루스(Edwards, Ruth) 144, 146, 313, 755
에베소서 20, 588, 685n18, 743
에큐메니칼 운동(ecumenical movement) 40, 590
에포이에센(ἐποίησεν) 59, 60n3, 212, 284, 508, 733. 또한 '포이에인'을 보라.
엑수시아(ἐξουσία) 567-68, 633
역사비평 36, 562n4
영, 프랜시스(Young, Frances) 39n11, 738, 748
영성 18, 36n6, 68, 134, 308, 405, 421, 485, 741, 743
영적 감각 380
예루살렘 129, 390, 391-92, 398-402
예배 197-98, 200-5
예수 그리스도
  기름부음 87, 98, 102, 383, 393-95, 446
  기쁨 501-3
  기원 157, 160, 211, 285, 291, 310, 324, 329, 414, 432, 478, 632
  길 464-66, 468
  "나는 있다/…이다" 선언 23-25, 30, 33, 41n17, 63, 87, 103, 115, 122, 134, 168, 170, 188, 200, 202, 208, 210, 254, 262-63, 270, 295, 307-8, 311-12, 325-26, 347, 359, 364, 372-73, 374n3, 383, 421, 428, 440-41, 449, 462-63, 466, 470-72, 486, 489, 492, 529, 562n3, 581, 587-88, 597-98, 602, 604, 606-7, 610, 617, 655n18, 656, 713-14, 718, 729, 746
  들리심 31, 166-69, 405, 406n7, 415-16, 645, 665-66
  메시아 87, 144
  목마르심 648-54
  목자
  문 347, 352, 354
  밀알 비유 411
  바다를 건너심 253-55
  버림받으심 549-50, 640-43
  빈 무덤 67, 672-73, 675, 696
  사람의 아들 108-11, 273-75
  성령과 예수님 26-28, 34-35, 43, 95-97, 140, 159-60, 184, 203, 275, 291, 377, 456, 480-81, 525-527, 529, 580, 655-60, 686-89
  세례 96, 100
  세상의 구주 19, 24, 188, 199, 208, 210, 249
  세상의 빛 31, 115, 295, 306-13, 318, 324, 369, 405, 529
  승천 28, 95, 168, 471, 526, 531, 541, 688n23, 696, 718
  신성모독 356, 360
  아버지와 예수님 33-34, 62, 66-68, 131-33, 173, 181-82, 220-27, 235-36, 247, 264, 266-67, 271-72, 288-89, 295-96, 310-11,

343-44, 351-54, 355-61, 412-13, 416, 421-
　　　22, 456-57, 457-61, 472-75, 476, 478-79,
　　　479-81, 499-503, 507-9, 546-48, 551-52,
　　　591-92, 598, 674-75, 681-82
　어머니　118-19, 643-47
　역사적 예수　36-38, 242, 563n4, 605n2
　연민　324, 568, 569
　예루살렘 입성　356, 390, 392, 398-402, 618,
　　　666n29
　예수님과 성전　116-17, 131-38, 143-45, 663-
　　　64
　예수님과 유대교　79, 143-47, 313-19, 359-
　　　60, 375-76, 384-85
　예수님과 지평　421, 655
　예수님의 형제들　278, 281-82, 670, 681
　요리사　715
　인격과 사역　93, 288
　인성　75-76, 111, 363, 630, 649, 661, 697
　장례　357, 380, 394, 396, 408n18, 503,
　　　656n18, 666-68
　재판　601-4, 609, 611-23, 630-31
　주님　25, 677-78, 693-701, 710-13, 715-16,
　　　721-23
　체포　25, 605-8
　칭호　22-23, 98, 102, 110, 248-49, 285n6, 356,
　　　374, 618, 639, 678, 699
　크게 동요하심　375-76
　탄생　95, 157, 291, 733
　하나님과 동등/동일시　220-22, 356, 358
　하나님과 예수님　61-62, 65-66, 172-73, 178-
　　　79, 282, 560, 695-99
　하나님의 아들　95-96, 224-25, 356, 361, 629-
　　　32
　또한 '그리스도론', '말씀'(λόγος), '성육신'을 보
　　　라.
오데이, 게일(O'Day, Gail)　171n13, 177, 321-22,
　　　392, 704, 755-56
오천 명을 먹이심　15, 23, 139, 141, 243, 244-47,
　　　372, 374, 438-39, 445, 496, 569, 613, 708, 714,
　　　723
왕/임금/왕권
　공관복음과 왕권　641
　나다나엘의 고백　109

로마 황제　248-49
발 씻김과 왕권　167
빌라도와 왕권　25, 153, 601, 603-4, 615, 616-
　　　19, 622, 629-30, 635-36
성전과 왕　639
영생과 왕권　565
오천 명을 먹이신 일과 왕　248-53
왕과 권력　153, 627
왕과 승리의 입성　390, 399-401, 618
왕과 십자가 처형　400-1, 626-30, 634-38,
　　　639-42
왕의 장례　666-68
왕이신 하나님　565, 617-18, 642
《요한 수난곡》 40-42
요한일서　19, 45, 272, 301, 307-8, 331, 486, 551,
　　　554, 653, 691,
욥기　69, 515
우슬초　430n4, 654
우정
　가이사와의 우정　633
　나사로와의 우정　369, 374-78, 392
　모세와의 우정　506-7
　사랑하시는 제자와의 우정　444, 645-46
　신랑과의 우정　133n7, 179-183, 185, 238
　유다와의 우정　444-45
　필레인(φιλεῖν)　182, 220, 504, 725
윌버, 리처드(Wilbur, Richard)　117, 127-28
유다(가룟)　174, 395-96, 431-35, 442-48, 582,
　　　606, 637
유대교
　그리스도교와 유대교　143-47, 176, 316-19
　대체주의(supersessionism)　45, 143-46, 316
　랍비 유대교　144-47, 317
　메시아이신 예수님　144
　믿은 유대인들　315
　사마리아 여인과 유대교　201
　십자가와 유대교　634-35
　어둠과 유대교　313-16
　예수님과 유대교　79, 143-44
　요한복음 수용사와 유대교　45
　요한복음과 유대교　45, 143, 145-47, 176,
　　　240-42, 249, 313-18, 521
　유대교와 성전 정화　143-45

집단적 행위 633
하나님 나라와 유대교 152
유대인들 '유대교'를 보라.
유월절 116, 129-30, 135, 141, 148, 244, 247, 386,
　　390-92, 430, 439, 602, 607n4, 614, 617, 622,
　　628, 634, 639, 652, 661, 665, 668
유월절 어린양 89, 135, 354, 359, 430, 614, 623,
　　635, 654, 661, 663, 668
유혹 248-53
윤리(학) 18, 36n6, 45n21, 64, 65, 80, 81, 98, 228,
　　253, 340, 436, 450, 576n13, 578n15, 608,
　　704n37, 741
은둔자들(anchorites) 252
은유 124, 135, 139, 156-57, 370, 414, 541, 585,
　　740
이사야 404-5, 418
이삭 92, 197, 354, 430n4
이원론(dualism) 71, 82, 229, 339
이중 예정 174, 264, 336-39

ㅈ

자본주의 134
자유
　성령의 자유 528, 659
　신자의 자유 340-41
　예수님의 자유 119, 281, 696, 711, 730
　인간의 자유 175, 259-60, 266, 359n7, 446,
　　698
　진리와 자유 318-19
　하나님의 자유 121, 233, 266, 359n7, 367, 446,
　　696, 698
장르 18, 39, 743-44
저자권/저자 문제(authorship) 12, 16n1, 55n1,
　　732-33
제테인(ζητεῖν) 102, 204, 241, 263, 278, 284
종의 노래 92, 535n8
종파주의 32, 82, 575
죄
　간음하다 잡혀 온 여인과 죄 297-302
　교회와 죄 45
　믿음과 죄 94, 529-30, 665
　빌라도와 죄 633
　사랑과 죄 94

성령과 죄 528
스가랴와 죄 666
시각장애인으로 태어남과 죄 321-23
신뢰와 죄 94, 512
신앙과 죄 94, 529-30
악과 죄 447
어둠과 죄 341
예수님과 죄 94, 327, 329, 529-30, 550
요한일서에서의 죄 301, 331n2, 691
죄 사함/용서 689-92
진노와 죄 185-86
질병과 죄 217-8, 219, 322-23
하나님의 어린양과 죄 22, 85, 88-94, 100,
　　167, 300, 354, 363, 385, 430, 589, 623,
　　625n1, 635, 656, 665, 692
주기도문 425, 440n13, 560, 564-66, 588
줄리안, 노리치의(Julian of Norwich) 253, 648, 650
증언
　거함과 증언 727-30
　기록을 통한 증언 731-34
　놀라움과 증언 310
　법정 증언 37, 72, 310, 697n30
　복음서 증언의 신뢰성 37
　부활에 대한 증언 694, 697, 702
　빛에 대한 증언 73
　사랑하시는 제자의 증언 731-34
　성령과 증언 516-17
　세례자 요한의 증언 73, 100
　신뢰와 증언 100, 165-66, 694
　요한복음의 증언 100, 702-3, 717
　제자들의 증언 717
　진실과 증언 72
　표적과 증언 698
　또한 '목격자'를 보라.
지복/행복 선언(beatitudes) 393, 441n15, 511, 597,
　　700, 703
지성소 116, 132, 134, 579-81, 677n6
지평
　1-4장에서 설정한 지평 218
　무한한 지평 123
　보편적 지평 82
　부활과 승천의 지평 471
　사랑의 지평 450, 563, 725

주제 찾아보기 | 791

상상력과 지평 103
성경의 지평 141
시간의 지평 295, 311, 449, 578n15
예수님과 지평 421, 655
요한복음 17장의 지평 43, 173
의미의 지평 270, 537
전 세계적 지평 390, 396, 401, 404, 406n10, 407n16, 412, 450
진리의 지평 537
포괄적 지평 32, 83, 231, 474, 626n1, 649
프롤로그의 지평 21-22, 42-43, 46, 57, 61, 68, 83, 141, 155, 204, 315, 546, 718, 741
허니님과 모든 실재라는 지평 21, 27, 30, 37, 43, 46, 65, 66, 106, 215, 468, 678, 704n37, 739, 744, 751-53
지혜서 30, 170, 317, 504-6, 743
진리/진실
　말씀과 진리 528, 583
　빌라도와 진리 621
　성령과 진리 161, 456-57, 528-30, 532, 533-34, 536-39
　신뢰와 진리 529, 619
　자유와 진리 318-19
　증언과 진실 72
　지평과 진리 537
　행함과 진리 537, 585

ㅊ

창세기 30, 58-60, 687
창의적 연주(improvisation) 35, 59, 61, 95, 139, 583-85
창조 595. 또한 '포이에인'을 보라.
철학 12, 18, 36n6, 63-64, 68, 226, 338, 582n22, 621, 752
초막절 26, 277, 279-82, 289-90, 306-7, 358, 663, 666n29
출애굽 116, 129, 138-39, 142, 148, 170, 173, 244, 248, 254, 279, 430, 439, 464n6, 654
충격 요법 50, 339, 417-18
칠십인역 16-17, 61-62, 104-5, 110n19, 251-52, 534
칭, 애나 로웬하우프트(Tsing, Anna Lowehaupt) 52-53

ㅋ

카라구니스, 크리스(Caragounis, Chrys) 489, 492, 493n5
코로나19 50, 752-53
키르케고르, 쇠렌(Kierkegaard, Søren) 423, 589
타이밍　또한 '시간/타이밍'을 보라.

ㅌ

토라 62, 144, 146-47, 170, 256, 262, 280, 307, 317, 464n7, 501-2, 531, 598

ㅍ

평이한 의미 59. 또한 '깊고도 평이한 의미'를 보라.
포네(φωνή) 156, 161n7, 162
포도나무/포도원 489-99
포도주 118-19, 121-22, 124-28, 270, 652-54
포이에인(ποιεῖν) 106, 224, 284, 508. 또한 '에포이에센'을 보라.
표상적 해석(figural interpretation) 138
표적
　나사로와 표적 371, 375, 396-97
　"다른 표적도 많이" 18, 703, 733
　무덤 표적 672-75
　믿음과 표적 123, 138, 210, 251, 327, 356, 385, 671, 675
　부활이라는 표적 702
　생명의 표적 115, 217, 466
　신앙과 표적 210
　십자가라는 표적 644, 702
　영광과 표적 123, 283, 378-80
　예수님과 표적 115-17
　예수님께 기름부은 표적 395
　요한복음과 표적 23, 115
　욕망과 표적 31
　일과 표적 702
　적대와 표적 396-97
　증언과 표적 698
　창조와 표적 77, 212
　표적의 의미 23, 115, 121, 217, 371, 375, 672
　표적의책 75n12, 115, 356, 390, 420, 471, 567
　풍요의 표적 15, 77, 116, 728
표적의 책 75n12, 115, 356, 390, 420, 471, 567

품(bosom) 22, 49, 66-68, 436, 444, 678-79
풍부/풍성/풍요(abundance)
  고별강론과 풍성함 520
  사랑의 풍성함 486
  성령과 풍요 27, 183, 657
  에필로그와 풍성함 707-8, 710
  예수님과 풍성함/풍요로움 20, 50, 352, 354, 657, 707-8, 728
  오천 명을 먹이신 풍요 245-47
  의미의 풍부/풍성 16, 46, 50, 59, 77, 275, 557, 728, 737
  표적과 풍요/풍성 15, 77, 117, 728
  풍성한 세상 734
  풍성한/풍요로운 삶/생명 26, 77-78, 127, 250, 263, 288, 347-50, 380
  프롤로그와 풍요 15
  행동의 풍성함 728
프라이, 한스(Frei, Hans) 38n10, 746, 755
플롯 363-65, 740
피스튜에인(πιστεύειν) 79, 171, 177, 257, 395n2, 406n12

ㅎ

하나님
  공관복음 173
  공동체와 하나님 594
  바흐의 하나님 40-41
  부활과 하나님 38, 696-99
  성전과 하나님 131-34
  신적 행위 120, 122, 259, 324, 338, 572, 633, 690
  영이신 하나님 202-3, 656n19
  예수님과 하나님 61-62, 65-66, 172-73, 178-79, 282, 560, 695-99
  예수님의 가르침의 근원이신 하나님 282
  예정과 하나님 174, 264
  왕이신 하나님 565, 617-18, 642
  하나님 안에 39n13, 163, 165, 178-79, 745
  하나님과 모든 것 43
  하나님과의 우정 504-7
  하나님에 관한 신학 422
  하나님의 뜻 94, 168, 207, 224n2, 282, 329, 565, 594, 596
  하나님의 매개 234-37
  하나님의 생명/삶 226-28, 457, 480
  하나님의 영광 74-77, 230-34, 239-41, 282-84, 378-83
  하나님의 욕망 94, 204, 207, 224n2, 596
  하나님의 이름 466, 581
  하나님의 자유 72, 122, 173, 203, 226-27, 233, 255, 260, 698
  하나님의 진노 185-86
  또한 '아버지'를 보라.
하나님 나라 151-54, 167, 497n7, 564-65, 618, 635
하나님의 백성 154
하나님의 자녀 21, 56-57, 77-78, 97, 120, 154, 156, 282, 376, 384-85, 568, 609, 646n13, 656n18, 664n28, 670
하누카 '수전절'을 보라.
행동/행위
  "…같이"와 행동 587
  기도와 행동 457, 475-77, 479
  마리아가 기름부은 행위 393-97
  믿음과 행동/행위 178-79, 259-60, 551
  발 씻김 행위 434, 436, 438-39
  빛과 행동 306-8
  성령과 행동 660
  신적 행위 120, 122, 259, 324, 338, 572, 633, 690
  심판과 행동 230
  연합과 행동 360
  영접과 행동 441
  유대 지도자들의 행위 633
  의미와 행동 308
  인간의 행위 123, 178-79, 259-60, 324, 338, 572, 633, 690
  제자도와 행동 41
  진리와 행동 537, 585
  하나님 안에서 한 행위 178-79
  행동과 드라마 369
  행동의 풍성함 728
헌트, 스티븐(Hunt, Steven A.) 199, 252
헤이스, 리처드(Hays, Richard) 17n2, 138, 748, 755
헬라인 31, 285, 291, 390, 402-5, 406n11, 410, 443, 503. 또한 '헬레니즘'을 보라.

헬레니즘 21, 30, 38n9, 64, 118, 127, 152, 202, 213, 249, 504, 725

《현대 신학자 연구》(Ford and Muers, *The Modern Theologians*) 741

현전과 시간 463, 578

호스킨스(Hoskyns), E. C. 297, 542, 643n9, 755

저자 찾아보기

A

Abbott, Edwin A. 756
Adams, Nicholas(애덤스, 니콜라스) 755-56
Aitken, Jonathan(조너선, 에이킨) 748n13, 756
Anderson, Paul N. 756
Anselm(안셀무스) 230(n6), 756
Aquinas, Thomas(토마스 아퀴나스) 333, 504-5, 755-56
Aristotle(아리스토텔레스) 504(n10)
Ashton, John(애쉬튼, 존) 109(n17), 110, 111(n2), 562-63n4, 755, 756
Attridge, Harold W.(애트리지, 해롤드 W.) 198-99(nn7-8), 756
Augustine(아우구스티누스) 45, 229, 755-56
Aulén, Gustav(아울렌, 구스타프) 415n24, 757

B

Bach, Johann Sebastian(바흐, 요한 제바스티안) 40-42(nn16-17, 19-20)
Balthasar, Hans Urs von(발타자르, 한스 우르스 폰) 40
Barker, Margaret 757
Barrett, C. K.(바레트, C. K.) 76(n13), 130(n5), 297(n2), 549(nn15-16), 575(n11), 755, 757

Barth, Karl(바르트, 칼) 40, 174(n14), 337, 339, 435n8, 755, 757
Barton, Stephen C. 229n5, 757
Bauckham, Richard(보컴, 리처드) 229n5, 332n3, 410n20, 733(n7), 748(n13), 755, 757
Bayfield, Tony 146n18, 757
Begbie, Jeremy S.(벡비, 제레미 S.) 41n19, 757
Behr, John 757
Bernard of Clairvaux(베르나르도, 클레르보의) 333
Bieringer, Reimund 376n5, 681n12, 757, 763
Black, C. Clifton 759
Bonaventure(보나벤투라) 333
Bonhoeffer, Dietrich(본회퍼, 디트리히) 98(n12), 755
Bouyer, Louis 757
Brant, Jo-Ann A. 341, 757
Brodie, Thomas L.(브로디, 토머스) 100, 101n14, 102, 251-52, 755, 757
Brown, Raymond E.(브라운, 레이몬드 E.) 81n17, 101(n15), 108, 109n16, 224n4, 755, 758
Brown, Tricia Gates 758
Browning, Robert(브라우닝, 로버트) 562-63n4
Bruner, Frederick Dale(브루너, 프레더릭 데일) 292-93, 425, 571, 689, 755, 758

Bultmann, Rudolf(불트만, 루돌프) 40, 186(n19), 229, 337, 512n15, 562n4, 755, 758
Byrne, Brendan(번, 브렌던) 200(n10), 758

C

Calvin, John(칼뱅, 장) 137n10, 758
Caragounis, Chrys(카라구니스, 크리스) 489(n1), 492(n3), 493n5, 758
Carnley, Peter 697n30, 758
Carter, Warren 248n4, 758
Cefalu, Paul(세파루, 폴) 39(n12), 682n13, 758
Chafe, Eric(체프, 에릭) 40-41nn16-18, 758
Chartres, Richard(차터스, 리처드) 393-94
Clemson, Frances(클렘슨, 프랜시스) 742n6, 748n13, 750, 760
Cocksworth, Ashley(콕스워스, 애슐리) 40n13, 52n23, 760
Coloe, Mary L.(콜로이, 메리) 488(n18), 639n7, 664n27, 683, 684n14, 755, 758
Culpepper, R. Alan 759

D

Dakake, Maria(다카케, 마리아) 748n13
Daly-Denton, Margaret(데일리덴튼, 마거릿) 52n23, 141(n14), 195n4, 208-9, 350(na), 355n3, 395n2, 450n19, 596n28, 703(n35), 748, 755, 759
Dante Alighieri(단테 알리기에리) 333, 336(nna-b), 542, 544(nb), 582n22, 620(na), 750, 759
Dauphinais, Michael 759
Davey, F. N. 297n3, 542n14, 762
da Vinci, Leonardo 41n17
de Boer, Martinus 764
Devillers, Luc 759
Dodd, C. H. 759
Dokka, Trond Skard 80, 759
Donahue, John R. 759

E

Ecclestone, Alan(에클스턴, 앨런) 485(na), 572-73, 755, 759
Edwards, Mark 759
Edwards, Ruth B.(에드워즈, 루스 B.) 144(n15), 146(n19), 313(nn10-11), 314n12, 315(n13), 755, 759
Elowsky, Joel C. 759
Engberg-Pedersen, Troels 759
Esler, Philip F. 366n1, 759

F

Farelly, Nicolas 760
Farmer, Craig S. 137, 760
Ford, David F.(포드, 데이비드 F.) 17n2, 37n8, 40nn13-15, 69n7, 75n12, 150n1, 359n5, 515n20, 557n1, 593n27, 705n37, 738nn1-2, 741n5, 742n6, 745nn7-8, 746n9, 747n10, 750n15, 752n18, 760, 768
Francis [pope](프란치스코 [교황]) 350na, 760-61
Frankl, Viktor(플랭클, 빅터) 573(na), 761
Frei, Hans W.(프라이, 한스 W.) 38n10, 699n31, 746, 747nn10, 747n12, 755, 761
Frey, Jörg(프라이, 외르크) 376n5, 645n11, 755, 761
Fox, George 40

G

Gardner, Thomas(가드너, 토머스) 89(n5), 127(n4), 675na, 755, 761
Gaventa, Beverly Roberts(비벌리 로버츠 가벤타) 734-35, 761
Gelsthorpe, Loraine 750n16
Grayston, Kenneth 761
Greggs, Tom(그렉스, 톰) 160-61, 590n26, 755, 761
Gregory Nazianzus(그레고리오스, 나지안조스의) 72-73
Gregory the Great(그리고리우스 [교황], 대) 505
Guthrie, Steven R. 757

H

Haenchen, Ernst 761
Hardy, Daniel W.(하디, 대니얼 W.) 738, 745(nn7-8), 746n9, 761
Hardy Ford, Deborah 52n23, 745(nn7-8), 746n9, 748-49, 750nn15-16, 760-61
Harrington, Wilfred J. 762
Harris, Elizabeth 762
Hawkins, Peter S.(호킨스, 피터 S.) 336na, 544nb, 762

Hays, Richard B.(헤이스, 리처드 B.) 17n2, 138(nn11-13), 748(n13), 755, 762
Hengel, Martin(헹엘, 마르틴) 63(n4), 64, 762
Higton, Mike(힉턴, 마이크) 699n31, 747n11, 762
Hill, Charles 762
Hofius, Otfried 762
Hoskyns, E. C.(호스킨스, E. C.) 297(n3), 542n(14), 643n9, 755-56, 762
Howard, Wilbert Francis 762
Howard-Brook, Wes 762
Hoyeau, Céline 749n14
Hunt, Steven A. 199(n9), 252nn7-8, 762
Hunt, Steven D. 513n16, 762
Hylen, Susan E.(하일렌, 수전 E.) 80n16, 171n13, 177, 244n1, 512n15, 704(n36), 733n6, 748, 755, 756, 762, 765

I

Inge, Denise 337na, 581na, 597nb, 729na, 762

J

Jensen, Alexander S. 763
Julian of Norwich(줄리안, 노리치의) 253, 648, 650

K

Kammler, Hans-Christian 762
Karris, Robert J. 763
Käsemann, Ernst 763
Keener, Craig S. 213n14, 267n19, 763
Kierkegaard, Søren 423(n28), 589(n25), 763
Kitzberger, Ingrid(키츠베르거, 잉그리트) 703
Koester, Craig R. 763
Köstenberger, Andreas J. 763
Krznaric, Roman 52n23, 763
Kysar, Robert 763

L

Labahn, Michael 613n6, 763
LaCocque, André 763
Lamb, David A.(램, 데이비드 A.) 81n17, 764
Lee, Dorothy(리, 도로시) 71(n8), 75n11, 131, 132n6, 204-5, 383, 681n11, 748, 764

Leigh, Robbie(리, 로비) 52n23
Levering, Matthew 759
Levertov, Denise(레버토프, 드니스) 89(nn3-4), 92, 94n9, 354, 444n18, 648-49, 651-52, 755, 764
Lierman, John 764
Lieu, Judith 764
Lightfoot, R. H. 664n11
Lincoln, Andrew T.(링컨, 앤드루 T.) 256n13, 359n6, 367n2, 504n10, 524(n2), 702n33, 732(n5), 756, 764
Lindars, Barnabas 764
Luther, Martin 40, 42n20, 45, 137n10, 213(n13), 316, 418, 764

M

MacKinnon, Donald(맥키넌, 도널드) 653(n16), 764
Malina, Bruce J. 764
Marissen, Michael(메리슨, 마이클) 42n20, 764
Maritz, Petrus 260n16, 764
Marsh, John 764
Martini, Carlo M. 764
Martyn, J. Louis 81n17, 764
Mastin, B. A. 766
McCracken, David 735na, 765
McDonald, Peter 748n13
McGrath, James F. 765
McHugh, John F. 67(n5), 112(n22), 531n4, 678n9, 756, 765
Menken, Maarten J. J. 765
Minear, Paul S. 765
Miranda, José Porfirio 765
Moberly, R. W. L. 765
Moloney, Francis J. 265(n18), 274n20, 280n2, 765
Moltmann, Jürgen 552, 765
Montemaggi, Vittorio 620na, 750n16, 765
Mosser, Carl 757
Muers, Rachel 40n15, 741n5, 747n10, 760

N

Newbigin, Lesslie(뉴비긴, 레슬리) 220-22, 309n8, 532(n6), 562, 563n4, 756, 765

Newheart, Michael Willett 765
Newton, Bert 765
Neyrey, Jerome H. 765
Nimmo, Paul 750
Nissen, Johannes 765

O

Ochs, Peter(옥스, 피터) 317n15, 742n6, 745(nn7-8), 746n9, 748n13, 755, 761, 765
O'Day, Gail R.(오데이, 게일 R.) 171n13, 177, 321-22, 392(n1), 512n19, 704(n36), 733n6, 755-56, 765
Olsson, Birger(올손, 비르예르) 271-72, 766
Origen, 766
O'Siadhail, Micheal(오쉬얼, 미홀) 52n23, 336nb, 743, 748n13, 752, 753n19, 766

P

Parsenios, George L. 341n5, 766
Patte, Daniel 766
Pecknold, C. C. 742n6, 760
Pedersen, Sigfred 765
Piper, Ronald 366n1
Placher, William(플래처, 윌리엄) 11(n1), 766
Plantinga, Richard J. 766
Pollefeyt, Didier 376n5, 757
Posner, Stefan 749

Q

Quash, Ben 766

R

Rahner, Karl(라너, 칼) 337
Rainbow, Paul A. 766
Randall, Ian 750n15, 760
Reinhartz, Adele(라인하르츠, 아델) 313-14, 766
Ricoeur, Paul(리쾨르, 폴) 755, 763
Ridderbos, Herman 766
Ringe, Sharon H. 766
Rohrbaugh, Richard L. 764
Royce, Josiah(로이스, 조사이어) 154n4, 582n22, 766
Ruprecht, Louis A., Jr. 766

S

Sanders, J. N. 766
Sanford, John A. 766
Schnackenburg, Rudolf(슈낙켄부르크, 루돌프) 130, 168, 224n3, 337, 605n2, 700-1, 756, 766
Schneiders, Sandra M. 766
Schuchard, Bruce G. 579n17, 766
Segovia, Fernando F. 767
Skinner, Christopher W. 513, 767
Smalley, Stephen S. 767
Smith, D. Moody 767
Snyder, Sarah(스나이더, 새라) 751
Sonderegger, Katherine(손더레거, 캐서린) 76n(14), 360n8, 146n20, 421n27, 767
Soskice, Janet 75n11, 767
Soulen, R. Kendall 581n20, 767
Stevick, Daniel B. 767
Stibbe, Mark W. G.(스티브, 마크 W. G.) 252(n9), 767

T

Tanner, Kathryn 338n4, 767
Taylor, T. Kevin 654n17, 767
Temple, William 767
Thomas, R. S.(토머스, R. S.) 674-75, 767
Thompson, Marianne Meye 376n2, 421n27, 767
Ticciati, Susannah 515n19, 767
Tolmie, Francois 513n16, 762
Torrance, Alan J. 367n2, 767
Toulmin, Stephen(툴민, 스티븐) 51(n22), 767
Tracy, David(트레이시, 데이비드) 139
Traherne, Thomas(트러헌, 토마스) 336-37, 580-81, 596-97, 597nb, 728-29
Tsing, Anna Lowenhaupt(칭, 애나 로웬하우프트) 52(n23)-53, 767

V

Van Belle, Gilbert(판 벨러, 힐베르트) 260n16, 644n11, 764, 767
Vandecasteele-Vanneuville, Frederique 376n5, 757
Vande Kappelle, Robert P. 768
van der Watt, Jan G. 761, 768

Vanier, Jean(바니에, 장) 134(n8), 432(n6), 434,
    648(n15)-649, 748(n13)-49, 767, 768
Volf, Miroslav(볼프, 미로슬라브) 229n5, 768
Volland, Michael 750

W

Waller, Giles(월러, 자일스) 654n17, 750, 767
Webster, John 768
Welby, Justin 748n13
Westcott, B. F.(웨스트콧, B. F.) 78, 79n15, 145(n17),
    638(n6), 755, 768
Wilbur, Richard(윌버, 리처드) 117, 127-28, 768
Williams, Catrin H. 768

Y

Young, Frances M.(영, 프랜시스 M.) 37n7, 39n11,
    738(n1), 478(n13), 768

Z

Zahl, Simeon(잘, 시미언) 750, 768
Zimmermann, Ruben(짐메르만, 루벤) 513n16,
    578n15, 761, 762, 768
Zuboff, Shoshana 52n23, 768

데이비드 F. 포드 David Frank Ford, OBE

케임브리지대학교 신학부 왕실임명 명예교수(Regius Professor of Divinity Emeritus)다. 아내는 성공회 성직자이고 세 명의 자녀가 있다.

1948년 아일랜드 더블린에서 태어나 아일랜드 성공회 신자로 자랐다. 더블린대학교에서 고전학을 전공했고(BA) 고전학 장학생으로 선발되었다. 졸업 후 취업을 하려다가 장학금 제안을 받고 케임브리지대학교에서 신학을 공부하기로 결정했다. 케임브리지를 졸업하고(BA), 예일대학교에서 석사학위(STM)를 받았다. 독일 튀빙엔대학교를 거쳐 케임브리지대학교에 돌아와 도널드 맥키넌과 스티븐 사익스의 지도로 바르트와 성경 내러티브를 주제로 박사학위를 받았다.

그 후 버밍엄대학교(1976-1991)와 케임브리지대학교(1991-2015)에서 가르쳤다. 케임브리지대학교 신학부에서는 왕실임명교수로 재직했다. 1540년에 이 직책이 제정된 이래 평신도로는 최초로 이 자리에 임명된 것이다.

세 명의 캔터베리 대주교의 신학 고문으로 활동했고, 정치신학, 교회 일치 운동, 현대신학, 찬양 신학, 성경 연구, 해석학, 종교 간 대화 등 다양한 분야에 관심을 두고 학술 활동을 해 왔다. 특히 종교신학고등연구센터(CARTS) 설립을 도왔고, 종교 간 대화를 위한 경전숙의(Scriptural Reasoning) 공동 창립자이며, 케임브리지 종교 간 프로그램의 초대 소장으로 활동했다.

신학 및 종교 연구·활동에서 탁월한 업적을 인정받아, 2008년에는 스턴버그 재단에서 메달을, 2012년에는 코벤트리 국제 평화 및 화해상을 받았다. 2013년에는 신학 연구 및 종교 관계에 대한 공로로 대영제국 명예훈장(OBE)을 받았다. 또한 버밍엄대학교, 볼튼대학교, 애버딘대학교, 더블린대학교 등에서 명예박사학위를 받았다.

그를 기념하는 논문집 The Vocation of Theology Today: A Festschrift for David Ford (Cascade, 2013)에는 로완 윌리엄스, 새라 코클리 등 우리나라에서도 잘 알려진 정상급 신학자가 대거 참여했다.

2015년에는 옥스퍼드대학교의 명망 있는 뱀턴강좌를 맡아 〈대담한 영: 지금 요한복음〉이라는 주제로 강연을 했다.

저술로는 프랜시스 영과 함께 저술한 *Meaning and Truth in 2 Corinthians* (SPCK, 1987)를 비롯하여, *Self and Salvation: Being Transformed* (Cambridge University Press, 1999), *Christian Wisdom: Desiring God and Learning in Love* (Cambridge University Press, 2007), *The Future of Christian Theology* (Wiley-Blackwell, 2011) 등이 있다.

우리말로 번역된 저술로는 VSI 시리즈의 《신학이란 무엇인가》(*Theology: A Very Short Introduction*, Oxford University Press, 1판 1999[동문선 역간, 2003], 2판 2013), 《현대 영국 신학의 흐름》(알맹e, 2023)이 있으며, 공동 편집한 《현대신학자 연구》(*The Modern Theologians: An Introduction to Christian Theology since 1918*, Wiley-Blackwell, 3판 2013[CLC 역간, 2022])도 번역 출간되었다.

옮긴이 김지호

대학에서 철학을 공부했고 출판사에서 일한다. 옮긴 책으로 《부끄럽지 않은 복음: 플레밍 러틀리지의 로마서 설교》, 《역사적 예수: 우리는 무엇을 어떻게 알 수 있는가?》, 《바울과 시간: 그리스도의 시간성 안에서 사는 삶》(이상 도서출판 100), 《신약 헬라어의 문법적 통찰》(감은사) 등이 있다.